Court Opinions
& Decisions
on Trade Secrets Cases
in China

商业秘密案件裁判规则

唐青林◎编著

全面梳理中国商业秘密案件司法裁判规则

中国法制出版社
CHINA LEGAL PUBLISHING HOUSE

序

易继明*

技术突飞猛进，资讯日趋发达，商业秘密保护已经成为企业发展和国家竞争的重要保障和基础。据统计，截至2020年，人类最先进的技术中，80%以上以商业秘密的形式存在，仅有不到20%左右的技术以专利的形式公之于众。而且，一旦发现竞争对手出现技术突破，竞争的双方难免出现你死我活的殊死搏斗，尤其容易将战火引入商业秘密领域。

对于中国企业而言，商业秘密的保护问题是我国经济增长及其与国际接轨过程中容易被忽视的硬伤。2020年1月15日，中美双方签署了《中华人民共和国政府和美利坚合众国政府经济贸易协议》（以下简称《中美经贸协议》）。该协议的签署对中美两国的知识产权、金融服务、农业等领域产生诸多影响。本书作者关注到了最终签署的协议文本中涉及商业秘密部分的条款。根据《中美经贸协议》，我国商业秘密领域出现“强保护”的发展趋势：（1）商业秘密保护是建设国际一流营商环境的重要环节，中国未来将显著提升商业秘密保护水准，除了扩大商业秘密保护范围至“保密商务信息”（confidential business information）之外，还将进一步采取各种措施遏制盗窃商业秘密的行为。（2）显著降低侵犯商业秘密刑事案件的立案门槛，取消以实际损失作为启动侵犯商业秘密刑事调查前提的要求，并明确电子入侵是一种侵犯商业秘密的犯罪行为。（3）将侵犯商业秘密的责任主体由“经营者”扩大到所有自然人、法人和非法人组织，并强化政府公务员等特殊主体的商业秘密保密义务。（4）通过规定民事诉讼举证责任转移，减轻原告举证责任，提高原告胜诉率。（5）在侵犯商业秘密案件中适用

---

* 易继明，北京大学法学院教授、博士生导师、北京大学国际知识产权研究中心主任，北京市第十五届人民代表大会代表。

临时救济措施，司法机关有权采取行为保全措施。

在上述背景之下，我欣喜地看到北京云亭律师事务所唐青林律师编著的《商业秘密案件裁判规则》书稿。该书全面地梳理了中国商业秘密案件司法裁判规则，根据中国既有的法律、法规和司法解释，结合最新司法实践，采取以案例说法的形式，让需要保护商业秘密的企业以及可能被指控涉嫌侵犯商业秘密的企业，能够迅速地了解到我国在该领域的相关裁判规则，能够起到指导企业保护商业秘密的积极作用。与此同时，该书作者还将本书目录及每个案件的裁判要旨翻译成英文，让英文世界能够了解到中国在商业秘密保护方面的最新实务状况，对中国加强商业秘密保护有更为真切的理解。

在商业秘密的管理与合规方面，中国企业的问题现在还比较突出。案发前主动合规的不多，更鲜有建立完备的保密体系者；往往是案发之后，遭受了重大损失，才亡羊补牢，开始思考如何设计自己的商业秘密保密体系。事实上，随着中国经济和科技实力的总体上升，企业需要技术立足，要谋求长足发展，就必须高度重视商业秘密的管理和合规，制定完善的商业秘密保密体系，铸牢保护商业秘密的铜墙铁壁。

是为序。

易继明

2021年12月18日

前　言

一、大量科技型企业并未采取适当的保密措施，他们是怀揣着商业秘密在激烈的市场竞争中裸奔

十多年来办理大量商业秘密后，本书作者惊讶地发现：为数不少的科技型公司拥有大量的技术信息和经营信息，却并未采取适当的保密措施！因为法律规定采取适当的保密措施是商业秘密被法律保护的必备前提，凡是未采取保密措施的“商业秘密”是不受法律保护的。一旦发生泄密事件，而由于这些科技公司并未采取保密措施，所以他们所谓的“商业秘密”在法律上是不予保护的，被泄露或者侵权后只能扼腕叹息——实际上他们是怀揣着商业秘密在激烈的市场竞争中裸奔。

根据本书作者的观察，中国很多企业在没有发生商业秘密案件的情况下，花费律师费主动聘请律师设计保密体系的不多，一般是发生侵犯商业秘密案件后损失数千万甚至数亿元市场之后，才愿意花律师费聘请律师设计商业秘密保密体系。

二、近年来我们办理了大量有意思的商业秘密案件，这些频发的商业秘密案件引起我们深思

本书作者近年来办理涉及商业秘密案件的经验来看，跳槽员工带走商业秘密、骨干人员另立门户、内部职员外卖商业秘密、竞争对手不择手段窃取商业秘密的案件大量涌现。商业战争就是一场没有硝烟的战斗，商业秘密被竞争对手获取，后果不堪设想，损失非常惨重。几乎每天都有企业商业秘密泄密，带来经济损失。

这些年我办理了很多有意思的商业秘密案件，既有在最高法院和各级法院审理的侵犯商业秘密民事案件，也有侵犯商业秘密罪的刑事案件，参加这些案件的办理，不禁感慨万千。我亲自参与办理的案件就可以拍摄多部商业谍战片大片了：

有一个年轻的工程师，大学毕业不到五年时间，因为筹备婚礼缺钱、不惜用高清相机偷拍技术图纸给竞争对手被判刑。这个年轻的工程师在山东某高科技公司工作。因为筹备婚礼缺钱，因此到处面试新的工作机会，希望找到更高工资的岗位。在竞争对手面试后，面试官提出“如果你能够带来一些技术资料、能够帮助项目技术攻关加快完成，可以给你四万元月薪，还有项目奖金”于是他面试结束后开始打起了自己所在单位技术图纸的主意。可是单位电脑的U盘接口被拆除、无法拷贝这些图纸，发送电子邮件也因为有网络防火墙而无法实现。经过一番考虑后他决定用谍战片中经常用的高清数码相机的方式获取这些商业秘密涉密图纸。于是在接下来的时间里他经常在办公室加班到午夜，实际上加班是假、窃取商业秘密图纸才是真！他打开自己的电脑访问公司的保密图纸、然后用高清照相机拍摄保密图纸、携图纸跳槽到竞争对手公司。就在他到新入职的公司工作不到三个月的时间事情就败露了，他在新公司门口的公交车站台被经侦警察扑到在地、搜出他背包里面有一个移动硬盘，里面有一千多张含有商业秘密的图纸的高清照片。最终他因触犯侵犯商业秘密罪被判刑四年半。

有一个40岁左右的总经理，因羡慕公司产品的高利润率，离职后利用掌握的原雇主的商业秘密创业开公司被判刑。八十年代大学毕业的他，作为大学生在公司得到领导赏识、从普通职员一直晋升到公司总经理，工资收入越来越高、而且在股改中还被授予激励股票，可是毕竟工资收入再高、拥有较小比例的激励股权肯定无法和公司大股东媲美，不甘人后的总经理动了歪念头，决定自己单独干一番大事业。于是丝毫不顾公司董事长的挽留决意辞职，辞职后他利用所掌握的原单位的技术秘密，自己悄悄地开了和与雇主经营范围相同的公司，获得了高额利润。可惜没有不透风的墙，原公司在一次竞标中发现他自己开了公司而且他生产的产品竟然和原公司的产品一模一样，于是怀疑他违法使用了公司的商业秘密，马上到管辖地的公安经侦部门报案，几乎不费吹灰之力就破案了，这位自作聪明的总经理被判刑六年，他自己开的公司的账户以及厂房和土地都被法院查封，最终不仅被判刑六年，他的非法获利被判决赔偿给原公司，拍卖被查封的厂房和土地后，创业几年的他不仅颗粒无收还失去了宝贵的人身自由，真的是偷鸡不成蚀把米。

看过电视机《潜伏》的人都知道卧底这个词，可是谁成想在商业社会中卧底也是不少见的呢？我们办理的一个案件中就有一个高级的商业间谍张某在我客户卧底，张某为获取竞争对手保密技术、不惜利用假身份证到竞争对手卧底，被以侵犯商业秘密罪判刑三年。张某为了窃取竞争对手化工领域某个核心生产技术，隐瞒自己是竞争对手公司的总工程师的职务和股东的身份，伪造身份证件到竞争对手打工“卧底”（应聘时所提供的身份证和学历证全都是伪造的）。卧底取得商业秘密后他不辞而别，然后用窃取的技术生产出相同的产品。案发后公司迅速到公安分经侦大队报案。经过立案侦查发现，他实际上真实的姓是“章”而不是“张”，其已经生产和销售侵犯商业秘密的产品非法获利1400万元，后该总工程师被判刑三年。

工科男怎么也想不明白的是：使用我自己研发的计算机软件创业，竟然也被判刑？这个案子也是我亲自参加办理的案子，案情是：某上市公司技术副总自己创业开设公司。他离职的同时带走了自己在原单位编写的程序的源代码。因为不懂法律，他坚信在创业中使用自己在原雇主单位研发的源代码不会构成知识产权侵权，更不会引发牢狱之灾。可是事实上，他在原公司工作期间编写的程序源代码的作品，属于职务创作、知识产权属于原雇主。哪怕这些源代码全部是这位工程师一行一行编写出来的，他离职后也不能擅自使用。他自己创业的公司利用这些源代码迅速产生利润，可是原单位发现他侵权后立刻报警，经侦队介入后很快就刑拘了他。我亲眼看着这个非常优秀的高级工程师，因为侵犯商业秘密罪被判刑五年，令作者扼腕！

我还办理了很多商业秘密案件，每个案件都有他自己的故事情节和背景。作为战斗在第一线的律师，我深知除了轰动全国的“力拓案”之外，全国各地还有技术总监、营销总监因为侵犯商业秘密（技术信息、经营信息、客户名单）被起诉、被羁押——只是他们的案件没有引起社会的广泛关注。

三、企业如何才能保护好自己的商业秘密？如何为企业构建固若金汤的商业秘密保护体系？

越来越多的企业认识到了保护商业秘密的重要性，但是随着市场竞争日趋激烈，高级管理人才和核心技术人才的争夺也越来越激烈。很多企业并不懂得如何保护自己的商业秘密，很多企业表面上签署了保密合同、制定了保密制度、支付了保密费、竞业禁止补偿金，可谓殚精竭虑，可是侵犯商业秘密犯罪案件数量还是逐年增多。屡屡发生的企业商业秘密案件，动辄带来数千万元数亿元的巨额损失，让涉案企业家冒一身冷汗。企业如何才能保护好自己的商业秘密？如何设计严密的保密制度体系？如何确保保密协议的合法有效？如何准确适用法律进行竞业禁止？

鉴于很多公司的上述困惑，我们密切关注商业秘密保密体系的设计，旨在通过帮助企业构建完善的企业商业秘密保护制度，实现预防商业秘密泄密、消除商业秘密泄密隐患，实现保护公司商业秘密，保障企业整体利益和长远利益，使企业长期、稳健、高效的发展，适应激烈的市场竞争。

制定保密措施也是我国商业秘密得到法律保护的必要前提，根据我国法律的规定，只有企业采取了适当的保密措施的信息才可能被确认为商业秘密，没有采取保密措施的技术信息和经信息不能作为商业秘密保护。商业秘密保密体系的建设，也是未来发生商业秘密侵权案件后，证明企业采取保密措施的重要证据。

我们北京云亭律师事务所已经为大量企业设计了商业秘密保密体系，包括为航天服务的高科技纤维材料的上市公司，也包括为中国交通大发展提供保障的大型芯片高科技公司，既有大型计算机软件公司、也有传统的大型化工企业。这些客户收到我们设计的保密体系后，大多会说“唐青林律师，您的团队为我们企业构建了一个固若金汤的商业秘密保护体系……”。

在激烈的市场竞争中，商战就是没有硝烟的战场，能让客户的商业秘密信息得到妥善的保密和保护，我们从内心得到些许安慰。

四、商业秘密距离我们并不遥远，企业负责人应该高度关注企业商业秘密的保护

商业秘密距离我们并不遥远，有些时候核心技术的泄密会导致企业业绩迅速滑坡、甚至走向破产，企业负责人应该高度关注企业商业秘密的保护。我们办理的一个发生在北京的商业秘密民事诉讼案件就通过一个个来证明，核心技术秘密被公司内鬼窃取后另设公司，最后权利人虽然没有破产，但是到案发三年之后市场日渐萎缩、已经明显感觉到公司已经走到了山穷水尽的地步。

我们深切关注这些依赖商业秘密而获得市场竞争力的优秀企业，我们更加深切关注这些优秀的工程师和杰出的营销精英。我们希望做点什么来帮助企业家保护自身的商业秘密，希望这些技术总监和营销总监离职后能够在不“越雷池”的前提下获得更大的职业发展空间——于是，我们决定写一本关于商业秘密的书，试图用最深入浅出的语言让读者了解掌握我国有关商业秘密的法律法规。正是出于这个考虑，我们不打算把书写得晦涩难懂。

同时，前事不忘后事之师，为了让读者更加贴近我国商业秘密法律保护的最前沿，我们收集了100个中国真实的涉及商业秘密的判例，并对之一一进行点评和分析。前事不忘后事之师，我们相信，在这些“血淋淋、活生生”的鲜活案例中，读者们一定能够得出我们自己保护商业秘密的“心得和体会”。当然，尽管每个案例都有很多值得借鉴和分析的亮点或遗憾，但是我们每个案例只选择一个“点”进行分析，不求面面俱到。

根据我国法律的规定，只有企业采取了适当的保密措施的信息才可能被确认为商业秘密，因此，商业秘密保密体系的建设，也是未来发生商业秘密侵权案件后，证明企业采取保密措施的重要证据。本书作者结合部分案例，对企业如何让建立保密体系进行了指引，但是本书中并未将如何制定体系的保密措施作为专门的篇章来介绍，我们会在后续的作品中对如何设计保密体系进行专门的介绍。

按照上述设想，我们在忙碌的工作和生活之余，利用夜晚和周末的时间，完成了本书的写作。尽管我们知道，未来肯定还会有人因为侵犯商业秘密被判刑，或者有公司和个人因侵犯商业秘密被判决赔偿损失。但我们希望看过本书的读者能够通过阅读本书，绷紧保护商业秘密的弦，绝不因为侵犯商业秘密而触礁；同时，相关企业结合本书关于建立保密体系的指引建立并逐渐完善商业秘密保密体系，构筑商业秘密的铜墙铁壁——这样，我们晚上熬夜辛苦写作的劳动就有了意义！

本书针对广大企业家、高层管理、核心技术人员关心的商业秘密法律问题做出针对性回答。对中国国内审理并公开判决的涉及商业秘密的案例（全书案例来源于裁判文书网，并经隐名处理）进行分析点评，试图从个案中寻找规律，从前人的教训中吸取经验。诚然，每个案例值得点评的亮点可能会有很多，但是本书作者不求全面点评每个案例中所有情节，可能仅点评其中之一。

由于本书作者水平有限，加之时间仓促，遗漏甚至错误在所难免，请各位读者不吝批评指正。如有任何意见或和建议，请与本书作者联系，联系邮箱：18601900636@ 163. com。

唐青林 律师

北京云亭律师事务所创始合伙人

2021 年 12 月 18 日

目　　录

民　事　篇

一、商业秘密纠纷的程序问题 ………………………………………………… 3
（一）商业秘密纠纷的管辖问题 ………………………………………………… 3
001 员工将合法持有的商业秘密带至其他公司非法披露、使用的，如何确定侵权行为地 ………………………………………………… 3
延伸阅读及类案裁判规则：
一、因侵害商业秘密提起的诉讼，由侵权行为地或者被告住所地人民法院管辖，而侵权行为地包括侵权行为实施地、侵权结果发生地 …… 6
二、侵犯商业秘密案件的侵权结果发生地，应为侵权行为直接产生的结果发生地，不能以原告受到损害就认为原告所在地就是侵权结果发生地 ………………………………………………… 7
三、侵害商业秘密案件中侵权产品的使用地、销售地不应作为侵权结果发生地成为确定管辖的连接点 ………………………………………………… 8
四、商业秘密案件一般各省根据均实行集中管辖，立案之前应检索各省高院关于知识产权案件管辖的特殊规定 ………………………………… 11
五、商业秘密案件多个被告的住所地、经常居住地分布在两个以上法院辖区的，各该法院都有管辖权，原告可选择其中某个法院起诉 ……… 12
六、仲裁仅适用于合同纠纷，侵犯商业秘密纠纷系侵权之诉，应由具有管辖权的人民法院管辖 ………………………………………………… 14
（二）商业秘密纠纷的诉讼主体问题 ………………………………………………… 15
002 自然人能否成为侵犯商业秘密案件适格被告 ………………………………… 15

延伸阅读及类案裁判规则：
一、知悉商业秘密并负有保密义务的人即可成为侵犯商业秘密纠纷被告，无论其是否与商业秘密权利人之间存在劳动关系 …………………… 17
二、在商业秘密案件管辖权异议程序中，若某个被告成为确定管辖的连结点，其是否适格直接影响到受诉法院对案件管辖权时，则应在管辖权异议阶段对被告是否适格问题进行审查。确认有初步证据证明被告与涉案事实存在形式上的关联性，无须对被告是否构成侵权、是否需要承担法律责任等实体内容进行审查 …………………………… 18
三、受委托为他人从事非经营活动，且与商业秘密权利人不存在竞争关系的律师等主体不属于侵犯商业秘密案件适格被告 ……………………… 19
四、因履行工作职责、完成工作任务而侵害商业秘密的行为属职务行为，而非以个人身份实施的侵权行为，其个人不构成适格被告 ……… 20
003 公司股东在特定条件下可就侵害公司商业秘密的行为以自己名义提起侵权诉讼 ……………………………………………………………………… 21
延伸阅读及类案裁判规则：
一、利用公司作为实施侵害商业秘密的工具时，公司并不构成共同侵权，而仅需被诉侵权人个人承担相应的侵权责任。若股东滥用法人独立人格和股东有限责任的，股东需对公司所需承担的赔偿责任承担连带责任 ……………………………………………………………………… 23
二、一人有限公司的股东未能证明公司财产独立于个人财产时，应对公司侵害他人商业秘密的赔偿责任承担连带责任 ……………………… 24
三、股东明知公司已涉侵犯商业秘密诉讼的情况下，通过注销公司以逃避债务，公司应承担的赔偿责任由股东在公司清算中所分配到的剩余财产范围内承担 ………………………………………………………… 25
004 公司更名、被收购、被吊销执照、关联公司混同等特殊情况下商业秘密归属 ……………………………………………………………………… 26
延伸阅读及类案裁判规则：
一、商业秘密的权利主体被吊销法人执照后，经同一法定代表人事实上的认可，实际使用商业秘密的主体即商业秘密的合法权利人 ………… 28

二、因公司收购行为导致企业的资产、人员等发生变动，完成相应的工商登记后，收购方随之成为被收购方的商业秘密的权利主体 ………… 29
三、资产混同、管理混同、经营混同的关联公司之间通过签订委托合同约定知识产权归属的，可以成为商业秘密的权利主体 ………………… 29
005 商业秘密使用许可的被许可人是否对侵害商业秘密的行为享有诉权 … 30
延伸阅读及类案裁判规则：
一、对于侵犯商业秘密行为，商业秘密普通使用许可合同的被许可人经权利人书面授权，有权单独提起诉讼 ………………………………… 32
二、商业秘密独占使用许可合同的被许可人有权作为原告向法院提起诉讼 ……………………………………………………………………… 33
三、商业秘密排他使用许可合同的被许可人和权利人可以共同提起诉讼，在权利人不起诉的情况下，也可以自行提起诉讼 ……………… 33
四、商业秘密权利人与第三人共享权利或权利人愿意向其让渡诉讼权利时，第三人有资格获得原告资格 ………………………………… 34
五、母公司与子公司属于独立法人，依法独自承担法律责任，子公司不能以二者密切关联为由对母公司享有的商业秘密主张权利 ……… 35
（三）商业秘密纠纷的诉讼时效问题 ……………………………………… 36
006 侵害商业秘密的诉讼时效期间为三年，自权利人知道或者应当知道权利受到损害之日起计算 ………………………………………… 36
延伸阅读及类案裁判规则：
一、商业秘密权利人就侵犯商业秘密行为向公安机关、人民法院、人民检察院报案、控告，请求保护民事权利的，诉讼时效从其报案或者控告之日起中断 ………………………………………………………… 39
二、商业秘密刑事案件进入审理阶段，民事案件的诉讼时效从刑事裁判文书生效之日起重新计算 ………………………………………… 40
三、侵犯著作权案与侵犯商业秘密案属不同之诉，权利人仅对著作权起诉不能视为主张商业秘密权利，不发生中断诉讼时效的效力 ………… 41
四、未提出侵犯商业秘密的权利主张的《催款通知书》，不能产生商业秘密纠纷的诉讼时效中断的效力 ………………………………… 42

五、持续性商业秘密侵权行为，诉讼时效期间自侵权行为结束时起算 …… 42

（四）商业秘密纠纷与劳动争议的关系 …… 43

007 侵犯商业秘密案件为侵权之诉，不能与违反竞业限制的违约之诉同时审理 …… 43

延伸阅读及类案裁判规则：

一、既违反竞业限制义务，又侵犯商业秘密的情况下，权利人可选择违约之诉或侵权之诉。若选择侵害商业秘密之诉，无须经过劳动争议的仲裁前置程序 …… 45

二、认定是否违反竞业限制，仅需考察离职后工作单位与原单位是否存在竞争关系，不以是否侵害原单位商业秘密为条件 …… 48

三、同时发生侵犯商业秘密纠纷和竞业限制纠纷的，在竞业限制纠纷中获得的违约金，应在侵害商业秘密案确定的赔偿额中予以扣除 …… 49

四、竞业限制属劳动争议纠纷，侵害商业秘密属侵权纠纷，二者不是同一法律关系，不应在同一个案件中处理 …… 50

008 以审理竞业限制纠纷后又以侵犯商业秘密起诉的不属不重复诉讼，法院可予受理 …… 51

延伸阅读及类案裁判规则：

一、权利人就相同事实主张过竞业限制的合同责任，又以侵犯商业秘密为由提出侵权之诉的，二者分别为违约之诉和侵权之诉，均系权利人的合法权利，不违反“一事不再理”原则，法院可以受理 …… 53

二、权利人就涉案技术的著作权提起的侵权之诉后，又提起侵害商业秘密之诉，因法律关系不同，不属于重复起诉，不违反“一事不再理”原则，法院可以受理 …… 56

三、法院准许撤诉后，原告就同一事实、同一诉求及相同的被告向法院提起诉讼，并非重复起诉，并不违反“一事不再理”原则 …… 56

（五）商业秘密纠纷的保全问题 …… 58

009 侵犯商业秘密案件中原告可请求法院依法裁定对侵权人采取行为保全措施 …… 58

延伸阅读及类案裁判规则：
一、判断是否实施诉前行为保全应考量是否情况紧急以及不采取行为保全措施是否会给申请人造成难以弥补的损害 …………………………… 61
二、商业秘密案件原告向法院申请撤诉的，应解除对被申请人的诉前行为保全措施 …………………………………………………………… 62
010 对诉前保全的证据擅自撕毁封条致使查封设备无法与涉案技术进行同一性比对，可直接认定实施了侵犯涉案技术秘密的行为………… 63
延伸阅读及类案裁判规则：
一、权利人在商业秘密案件收集证据时，应以查封扣押购买等方式取得被诉侵权产品作为同一性鉴定材料，否则难以证明存在侵权事实 …… 68
二、证据保全的前提是明确该证据的具体下落，双方当事人都不能证明该证据在何处的，法院对证据保全的申请不予支持 ………………… 69
三、商业秘密案件中财产保全的同时已实现证据保全目的时，法院对证据保全的申请不予支持 ……………………………………………… 69
（六）商业秘密纠纷案件中的反诉问题 ………………………………… 70
011 原告正当行使侵害商业秘密诉权，未捏造、散布虚伪事实的，法院对被告侵害商誉的反诉请求不予支持 …………………………… 70
延伸阅读及类案裁判规则：
一、商业秘密案件中，若反诉请求金额超出本诉法院管辖的级别标准的，本诉法院不予受理 ………………………………………………… 72
二、商业秘密案件的原告撤回部分诉请并不影响被告的反诉权利，法院准许本诉原告撤诉的，应当对反诉继续审理 ……………………… 72
三、反诉的目的在于抵消、排斥或者吞并本诉的诉讼请求，反诉与本诉的诉讼标的及诉讼请求所依据的事实和理由无关联的，法院不予受理 ……………………………………………………………………… 73
二、我国法律规定中可以构成商业秘密的信息种类…………………… 74
（一）技术信息 …………………………………………………………… 74
012 计算机软件能否作为商业秘密中的技术信息受法律保护 ………… 74

延伸阅读及类案裁判规则：
一、计算机软件可能属于著作权作品范畴，裁判时适用《著作权法》；相关技术信息也可以成为商业秘密的保护对象，裁判时适用《反不正当竞争法》 …… 77
二、某项计算机软件未进行著作权登记，而是通过采取合理的保密措施进行保护，使其始终处于不为公众所知悉的秘密状态，可构成商业秘密 …… 79
三、由于网站登录系统及其网页是通过互联网向公众开放使用，供互联网用户浏览，故不符合“不为公众知悉”的特点，不构成商业秘密 …… 80
四、网站经营者通过被动地接受互联网用户的注册请求而获得的客户资料，区别于普通经营者主动在市场中挖掘和培养的客户资源，不构成商业秘密中的“客户名单” …… 80
013 技术秘密被反向工程后并不必然丧失秘密性 …… 81
延伸阅读及类案裁判规则：
一、多数法院认为，同行业内两个以上权利人通过反向工程合法获得相同的信息，均可作为商业秘密进行保护 …… 84
二、少数法院认为，通过观察产品本身和反向工程等方法可以获得的技术信息本身并不具备可保密的特性，不能作为商业秘密保护 …… 85
（二）客户名单 …… 86
014 仅有客户名称、地址、联系方式的客户名单不能构成商业秘密保护的客户名单 …… 86
延伸阅读及类案裁判规则：
一、客户名单不要求客户信息的每部分都具有秘密性，只要整体具有秘密性即可。通常具有秘密性的深度信息包括客户的交易习惯、付款方式、购买产品的意向以及一些特殊需要 …… 88
二、投入人力、物力将客户信息汇集整理和加工所组成的客户名册，作为整体信息本身难以为所属领域的相关人员普遍知悉和容易获得，可构成商业秘密 …… 91

015 尚未进行实际交易的客户采购意向可作为构成商业秘密保护的客户名单 …… 94

延伸阅读及类案裁判规则：

一、与客户在不断沟通磋商并结合客户的定制要求所形成的与商业广告不同的定价，体现了针对不同客户个性需求及价格承受能力所确定的价格政策，可构成商业秘密 …… 97

二、进入实质性磋商阶段的客户范围及相应交易意向和交易需求，无法从公开信息渠道或者简单劳动获悉，可构成商业秘密 …… 98

016 一次性、偶然性的客户亦可能构成商业秘密保护的客户名单 …… 100

延伸阅读及类案裁判规则：

一、对于投入人力、物力并经反复磋商和洽谈而获得的客户名称、地址、业务联系人、联系方式、现实及潜在的需求意向、产品要求、成交价格区间等不为公众所知悉的信息，即使双方只发生过一次实际交易，也可构成商业秘密 …… 102

二、几乎没有付出时间、人力和财力，直接、偶然与之进行交易的对象不构成商业秘密中的客户名单 …… 103

三、一般而言，客户信息是在长期、稳定的交易中形成的，原告应当举证证明其所主张的客户与其存在相对稳定的交易关系 …… 105

四、判断原告与客户存在长期稳定的交易关系，可参考业务量、营业额和交易间隔时间等进行认定 …… 106

（三）作为商业秘密保护的其他经营信息 …… 109

017 投标文件载明的信息究竟是否属于商业秘密信息 …… 109

延伸阅读及类案裁判规则：

投标日期截止前为争取中标而按照招标要求和条件制定的投标文件，在符合商业秘密法定要件的情况下，可构成商业秘密 …… 112

018 书稿的策划创意、编排体例、内容选取等信息能否构成商业秘密 …… 113

延伸阅读及类案裁判规则：

尚未上映的电影作品素材即使其组成部分已经为公众所知悉，但只要各个部分相互组合取得全新的意义，即可作为商业秘密得到保护 …… 116

019 公司内部营销培训产品系统信息能否构成商业秘密 …………………… 117
延伸阅读及类案裁判规则：
一、从大量房地产开发信息中通过筛选、调查、分析等制作的项目利润分析报告可构成商业秘密 ………………………………………… 119
二、相关合同中记载的市场销售计划、主要规格产品参数、销售价格及与客户签订合同的固定格式等经营信息可构成商业秘密 ………… 120
三、产品对外销售价格一般属于交易中需向客户披露的信息，不符合保密性的要求，而通过一对一谈判所得产品进价或与固定客户的成交价可构成商业秘密 ……………………………………………… 122
四、将为公众所知悉的信息进行整理、改进、加工后形成的新信息构成“不为相关公众所知悉”的情况下，可构成商业秘密 ……………… 124
五、反映公司及内设部门某一特定时期财务状况和经营成果的内部财务分析报告可构成商业秘密 ………………………………………… 124
六、运用于公司经营管理的内部方案、制度、规章，在市场开拓、客户管理、员工管理等方面具有相应的商业价值，可构成商业秘密 ……… 125
020 产品的定价信息是否属于商业秘密 ………………………………… 126
延伸阅读及类案裁判规则：
一、判断技术、经营信息是否具有商业价值，应注意考虑该信息能否应用于生产实践及经营管理，以及是否能为权利人带来经济利益或市场竞争的优势 ………………………………………………………… 128
二、“阶段性成果”可以大量节省研发时间和成本、减少试错概率，为权利人带来竞争优势，具有现实的或者潜在的商业价值，应作为商业秘密保护 ………………………………………………………… 130
三、商业秘密“为权利人带来的经济利益”，既包括现实的经济利益也包括潜在经济利益 ……………………………………………… 131
四、商业价值应具有客观性、具体性及确定性，不能仅由所有人认为有价值的、抽象的概念或原理，也不应是内含及外延均无法界定的信息 ………………………………………………………………… 132

五、无法直接运用于企业参与市场竞争的信息，不能带来竞争优势和经济利益，不符合商业秘密的价值性特征 …… 133

三、商业秘密案件中如何认定采取了必要的保密措施 …… 134

021 多家公司共有商业秘密，只要有一家公司未采取保密措施，就认定未采取保密措施 …… 134

022 储存于人脑的信息因缺乏有形载体不符合商业秘密构成条件 …… 138

延伸阅读及类案裁判规则：

一、缺少具体步骤方法的思想如经验、想法等，无法构成完整、可供实施的技术方案，难以通过实施来解决问题或创造经济价值，也不能产生“禁止他人也这么做”的法律效果，不能作为商业秘密保护…… 141

二、员工离职时将记有客户名单的物质载体交还公司，并不意味着员工未带走客户名单信息 …… 141

023 合同履行期限届满是否还要对相关技术秘密负保密义务 …… 142

延伸阅读及类案裁判规则：

一、即使当事人在保密协议中约定的保密期限为在职期间，员工离职后也负有不得侵害公司商业秘密的义务 …… 144

二、通常判决停止商业秘密侵权不附有期限。但若商业秘密权利人的诉请限定了停止侵权的期限，应认可权利人对自己权利的处分 …… 145

三、因侵犯商业秘密是侵权之诉，在侵权之诉中即便保密协议中约定了保密期限，法院也不再参考保密合同中约定的保密期限判定停止侵权的期间范围 …… 146

四、客户名单不存在因技术进步而使相关公众合法自然知悉的情况，客户名单的具体信息随着时间推移必然发生变化，法院可判决侵权人在一定期限或者范围内停止使用该商业秘密 …… 146

024 与所有员工签订带有“保密条款”的格式合同能否认定采取了合理保密措施 …… 147

延伸阅读及类案裁判规则：
一、在《保密协议》《劳动合同》《管理制度》等中仅对员工提出简单的保守商业秘密的要求，未对商业秘密的具体内容、范围、保管措施等作出具体明确规定，因缺乏应具备的可识别性而无法被认定为“合理的保密措施” …… 152
二、劳动合同中约定的竞业禁止不能被视为商业秘密保密措施 …… 154
三、单位应证明保密义务人收到或知晓商业秘密保密制度，否则将会被认定为未采取合理保密措施 …… 155
四、商业秘密权利人虽未明确具体保密内容，但若权利人能举证证明公司成立以来只进行了一项具体研发工作，可认为采取了合理保密措施 …… 155
五、当事人在保密协议中有明确约定时，义务人承诺保守商业秘密的范围可及于关联公司 …… 155
六、商业秘密权利人不能证明员工在签订保密协议时所任职务，可依据相关业务单据证明该员工具备接触和掌握有关商业秘密的途径，属于负有保密义务的人员 …… 156

四、商业秘密司法鉴定的问题 …… 157

025 商业秘密案件中法院采信司法鉴定意见的规则 …… 157
延伸阅读及类案裁判规则：
一、技术信息是否构成商业秘密应由人民法院查清事实后运用司法程序予以认定，而不应由鉴定机构通过出具鉴定意见直接进行认定 …… 160
二、单方单独委托鉴定机构出具的鉴定意见，鉴定材料未经对方当事人质证、选择鉴定机构亦未征求对方当事人意见，法院对鉴定报告不予采信 …… 160
三、专家对于鉴定结论发表的个人咨询意见，与法院依法律程序委托鉴定所作的鉴定意见相比，证明力较弱，难以作为证据采信 …… 161
四、在技术秘密案件中，权利人应明确其主张技术秘密的具体技术构成和范围，但其明确程度应根据涉案技术的复杂程度、当事人自身的诉讼能力等因素在个案中具体确定 …… 162

五、当事人对法院委托鉴定机构进行鉴定的事项、范围、样机等事先知情无意见的情况下，又在于己不利的鉴定意见出具后对上述事项提出异议，法院不予采纳 …… 163
六、鉴定过程中，一方当事人申请变更鉴定范围，对方当事人无异议的，不违反法律规定 …… 164
七、鉴定机构的鉴定依据除双方提供的各种技术资料外，还包括双方生产的产品实物。鉴定人员依据其专业知识和技术经验、独立运用全面覆盖原则进行检索作出的鉴定结论符合法律规定 …… 164
八、鉴定程序合法、鉴定方法科学，鉴定结论经各方当事人质证，有关鉴定专家出庭接受质询、对各方异议进行答复的，该鉴定意见应作为证据予以采纳。鉴定意见如果未经质证程序的，不得作为证据采信 …… 167
九、署名的鉴定人不具备相关专业知识，但辅助司法鉴定专家组人员具有相关专业知识的，不影响法院采信鉴定结论 …… 169
026 法院审查商业秘密司法鉴定意见的七个因素及准许重新鉴定的四种法定情形 …… 169
延伸阅读及类案裁判规则：
一、先刑后民的商业秘密案件，已经庭审质证并被生效刑事判决采信的司法鉴定意见，若证据不足以推翻刑事案件认定的相关事实或不属于法定重新鉴定的情形，法院不予准许在民事诉讼中对同一事项重新鉴定 …… 173
二、商业秘密民事诉讼中，当事人却未能举证证明鉴定机构或者鉴定人员不具备相关的鉴定资格或鉴定程序严重违法等法定重新鉴定情形的，法院不予准许重新鉴定 …… 175
三、对司法鉴定意见持异议和申请重新鉴定是两回事。如果不服司法鉴定意见，应提出重新鉴定申请，而不是仅仅提出异议却不申请重新鉴定。如仅持异议却未申请重新鉴定，法院将采信该司法鉴定意见作为证据 …… 178

四、原告主张涉案信息不属公知信息，该项主张属消极事实，原告事实上无法举证。如被告主张涉案信息属公知信息，该项主张属积极事实，应由被告提交其认为属公知信息的文件作为对比文件。被告若不及时提交对比文件作为证据的，应承担举证不能的责任 …………… 180
027 当事人能否在原审判决生效后自行委托司法鉴定引发再审和重审 …… 181

五、构成侵犯商业秘密行为的认定 …………………………………………… 185

028 利诱竞争对手员工拍摄客户名单侵犯商业秘密 ……………………… 185
延伸阅读及类案裁判规则：
一、员工将商业秘密从公司处发送储存至个人电脑、获得商业秘密载体的行为，是否属于采用不正当手段获取商业秘密，关键在于该行为是否为保密协议所明确禁止（此时保密制度是否完善决定案件胜败） ………………………………………………………………… 188
二、用人单位在工作电脑中安装监控，收集到的员工非法获取公司商业秘密的证据是合法有效的，员工不能以侵犯隐私抗辩 ……………… 189
三、保护商业秘密要防止商业间谍。以为偷盗竞争对手的商业秘密为目的，指使亲属进入同业竞争的公司工作并利用职务之便获取、披露他人商业秘密的，构成商业秘密侵权 ……………………………… 190
四、邀请竞争对手公司的职工为自己提供技术指导，教唆其非法泄露公司商业秘密，属于采用非法手段获取他人的商业秘密 ……………… 191
029 使用通过合作磋商等方式所知悉的商业秘密是否构成侵权 …………… 191
延伸阅读及类案裁判规则：
通过签订承揽、承包合同获取对方商业秘密的，应当遵守保密约定，不得未经同意擅自使用所获悉商业秘密 ……………………………………… 194
030 辩护律师将涉案材料给鉴定机构鉴定不构成非法披露商业秘密 ……… 196
延伸阅读及类案裁判规则：
一、在另案诉讼中将他人商业秘密作为证据向法院提交，因涉案信息未被经营者用于恶意挤占他人的竞争优势，为自己谋取不正当利益，故不属于侵犯他人商业秘密 ……………………………………………… 199

二、在保密协议未禁止的情况下，员工将公司的商业秘密转发至本人掌握用户名及登录密码的邮箱不构成对商业秘密的非法披露（披露商业秘密应达到第三方直接知悉或容易获得，或者为相关公众普遍知悉或容易获得的效果） …… 200
三、将商业秘密上传至百度网盘致使商业秘密泄露被认定侵犯商业秘密…… 201
四、知道或应当知道涉案信息系他人通过非法途径获得的，媒体刊物未尽审慎的审查核实义务、擅自公开的行为，构成对他人商业秘密的披露 …… 201
五、员工离职带走原单位商业秘密后将其拷贝至在新任职公司经营场所的电脑上，即足以认定其披露了所掌握的商业秘密，至于该电脑究竟是个人电脑还是工作电脑并不影响披露行为的认定 …… 202
六、个人简历中描述此前工作经历及具体岗位职责，但未提及用人单位具体技术方案的行为，不构成披露商业秘密的行为 …… 203
031 销售、购买、使用侵犯商业秘密所生产的侵权产品是否构成侵权 …… 203
延伸阅读及类案裁判规则：
一、销售侵犯商业秘密所制造的侵权产品并不属于反不正当竞争法规定的侵犯商业秘密的行为 …… 206
二、通过正常商业渠道支付合理对价购买到的是侵权产品、购买方作为善意第三人合法取得了产品所有权，不构成商业秘密侵权，不应判决停止使用侵权产品 …… 208
六、不构成侵犯商业秘密行为的认定 …… 211
032 掌握商业秘密的离职员工以反向工程获得技术秘密进行侵权抗辩的，法院不予支持 …… 211
延伸阅读及类案裁判规则：
一、反向工程获取商业秘密，应以未参与或接触产品设计秘密、不了解技术开发的内情为前提 …… 214
二、以反向工程进行侵权抗辩的，应提交其通过拆解产品的实际测绘、分析等过程的技术数据资料作为证据 …… 214

三、以反向工程进行侵权抗辩的一方所提交的样机产品与涉案被侵权产品存在明显差异时，难以证明其通过反向工程获取了相关信息 ········ 215
033 员工能否凭借客户出具的声明以个人信赖进行侵权抗辩 ·················· 216
延伸阅读及类案裁判规则：
一、仅有客户出具的声明不足以支持员工的个人信赖抗辩，还应举证证明客户与原用人单位的交易是基于对员工的个人信赖 ··················· 218
二、商业秘密侵权案件中，若职工是利用单位所提供的物质条件或交易平台获得与客户进行交易机会的，不适用个人信赖抗辩 ··················· 219
三、主张个人信赖抗辩时提供的客户出具的《情况说明》，应由单位负责人及制作证明材料的人员签名并加盖单位印章 ························ 220
四、并非基于离职员工不正当行为，而是客户自主选择的结果时，不能仅凭公司与原单位的客户建立了相同业务关系就认为其侵害了商业秘密 ··· 220
七、关于共同侵权的认定 ·· 222
034 员工利用掌握的客户信息设立公司与单位低价竞争，和其所设立的公司构成商业秘密共同侵权 ································· 222
延伸阅读及类案裁判规则：
一、负有保密义务的员工将掌握的商业秘密披露给自己担任股东、法定代表人的公司使用，二者构成对他人商业秘密的共同侵权 ·············· 225
二、负有保密义务的员工隐名成立公司，足以推定其主观上有侵犯商业秘密的故意，员工与该公司构成共同侵权 ························· 229
三、负有保密义务的员工在职期间成立公司，违法披露的商业秘密前夕将公司法定代表人从自己变更为亲属且将股权转让给亲属，员工与公司依然构成共同侵权 ··· 230
四、离职员工与自己成立的公司共同侵害原用人单位的商业秘密，主观上共同追求侵权后果的发生，应共同承担连带赔偿责任 ·············· 230
五、掌握商业秘密的多名员工在职期间共同出资成立与用人单位具有竞争关系的公司，不能证明使用的涉案信息系通过合法途径获得，可认定员工与该公司构成共同侵权 ·· 232

035 第三人利诱掌握商业秘密的员工合资设立公司构成共同侵权 ………… 235
延伸阅读及类案裁判规则：
一、与在职员存在密切联系的公司，在较短的时间内就与用人单位的长期客户发生业务交易，可认定该员工与公司具有共同侵权的故意……… 238
二、员工利用在原单位长期经手业务交易形成的便利和信任，自己成立公司并引诱客户与自己公司交易，属于采取不正当手段使用原单位的客户经营信息，二者构成共同侵权 …………………………………… 239
三、公司法定代表人非法获取、披露原用人单位的商业秘密时，其履行职务行为代表的是公司的行为，故公司对于侵权事实是明知的，构成共同侵权 ………………………………………………………… 240
四、员工离职后，成为与原用人单位互相竞争的公司的股东，该公司在明知的情况下仍然使用，可推定该员工与该公司二者构成共同侵权……… 241
五、员工与他人共同出资成立与用人单位存在竞争关系的公司，在其担任该公司的股东、法定代表人或监事的情况下，推定其参与了该公司经营管理，公司不能证明其使用的信息有合法来源的，可认定该员工与该公司共同侵害原单位的商业秘密 ……………………………… 241
036 掌握商业秘密的员工与近亲属成立公司构成共同侵权 ………………… 245
延伸阅读及类案裁判规则：
一、员工采取不正当手段获涉案商业秘密，并非法披露给其亲属担任法定代表人、股东的其他公司，构成对商业秘密的共同侵权 …………… 248
二、负有保密义务的员工的近亲属成立公司，与该员工所在单位的固有客户进行同类业务交易，该公司不能证明其信息有正当来源时，可认定该员工、近亲属及其公司共同侵害他人商业秘密 ………………… 249
三、多名员工以亲属的名义共同投资设立与用人单位经营范围相同的公司，利用知悉的经营信息与客户进行交易，构成商业秘密共同侵权…… 251
四、两家主要股东相同、经营混同的公司，即使其中一家为商业秘密许可使用人，也不得擅自将该商业秘密披露给另一家公司使用，否则二者构成共同侵权 …………………………………………………… 252

五、若员工有机会接触公司商业秘密，可推定其在同一公司任职的配偶亦掌握了公司的该商业秘密 …… 253
037 用人单位为获技术而高薪挖人可能侵犯商业秘密 …… 254
延伸阅读及类案裁判规则：
一、第三人采用利诱手段，使在职员工披露其用人单位的商业秘密，员工与第三人的行为构成共同侵犯商业秘密 …… 256
二、若新用人单位不能举证证明获取的涉案信息的正当性，可认定离职员工向新用人单位披露了原用人单位的商业秘密，二者构成共同侵权 …… 257
三、在职员工采用“飞单”的形式将用人单位的商业秘密故意披露给其他公司，二者行为属于恶意串通，共同侵害他人的商业秘密 …… 262
四、离职员工成立新公司后，聘用原用人单位的其他离职员工，披露、使用原用人单位的商业秘密，公司与离职员工构成对他人商业秘密的共同侵权 …… 263
五、侵害商业秘密民事案件中，生效的刑事判决书中所确认的侵权事实可为法院所采纳，当事人有相反证据足以推翻的除外 …… 263
038 公司放任员工使用原单位的商业秘密是否要承担侵权责任 …… 264
延伸阅读及类案裁判规则：
公司在明知员工掌握原公司的商业秘密未尽注意义务，可能被判处构成侵犯商业秘密 …… 267
八、关于侵权责任承担的问题 …… 271
（一）商业秘密案件是否应判决停止侵权行为 …… 271
039 商业秘密权利人可主张侵权人交付、销毁商业秘密资料、设备和侵权产品 …… 271
延伸阅读及类案裁判规则：
一、商业秘密权利人主张侵权人应返还、销毁涉案商业秘密的资料、设备、产品，应明确其具体内容 …… 273
二、若生产线中仅部分设备侵犯涉案技术秘密的，判决责令停止披露、使用或允许他人使用他人商业秘密足以对其进行保护的，无须销毁全部生产线 …… 274

三、将产品中涉及技术秘密点进行拆除即可达到保护商业秘密的目的时，不宜将产品整体一并销毁 …… 274
四、双方当事人对技术交付有明确约定且协议尚未履行完毕的，法院对交付技术资料的主张不予支持，双方可另行解决 …… 274
五、从侵权产品衍生的其他产品可通过公开技术方案获得时，不应判令侵权人停止使用、销毁该衍生产品 …… 275

（二）关于商业秘密案件赔偿数额的认定 …… 276

040 侵害商业秘密案件中商业秘密权利人遭受的实际损失如何认定 …… 276
延伸阅读及类案裁判规则：
一、商业秘密权利人可主张以过往交易利润作为其可得利润损失 …… 279
二、造成权利人产品价格下降的因素是多元的、多因一果的，被侵权是产品价格下降的原因之一，法院可综合各种因素认定商业秘密权利人因侵权所受到的损失 …… 281
三、若商业秘密权利人赔偿其客户的损失并非由侵权行为直接导致，二者间不存在必然的因果关系，权利人不能主张此赔偿款为侵权行为造成的经济损失 …… 281
四、因侵权行为致使商业秘密泄露的，当事人可主张以其支付给第三人的保密协议违约金作为遭受的经济损失 …… 282
五、计算商业秘密权利人因侵权遭受的实际损失时，应以权利人的实际市场份额是否被占有为依据 …… 282
041 被侵权人的经济损失难以计算的情况下，可以侵权人所获利润作为赔偿数额 …… 283
延伸阅读及类案裁判规则：
一、商业秘密侵权案件中，侵权公司完全以侵权为业的，可以其销售利润计算其获利金额（而不是营业利润） …… 285
二、商业秘密权利人主张以侵权获利计算赔偿数额时，可参照侵权人制作的投标文件中的财务报表所载业绩收入，并结合成本，确定侵权人的实际获利 …… 286

三、侵权获利可通过侵权人开具的增值税发票记录的销售金额乘以主营业务利润率计算，自起诉之日起向前推算三年计算侵权损害赔偿数额 …… 286
四、计算侵权获利时，需结合双方当事人的主张，并考虑审计结论、研发投入、开拓客户成本、行业特点、市场竞争情况、经营风险、其他费用支出及具体侵权情况等因素，确定合理的利润率 …… 287
五、如果“秘点”所涉及的是侵权产品的一部分或者是部件，有些法院按侵权产品整体的利润进行计算，有些法院按根据该零部件本身的价值及其在实现成品利润中的作用等因素合理确定赔偿数额 …… 288
六、单纯从侵权人的出口额中无法当然计算出其侵权获利，要结合业务交易金额、汇率以及销售业务利润率范围，计算因侵权行为所获得的利润 …… 290
七、若侵权人的违法经营额和违法所得因产品品种及价位由多个部分组成而无法确认的，由法院酌定赔偿金额 …… 291
042 能否以侵权人、权利人主张的利润率来计算商业秘密侵权所获利益 …… 291
延伸阅读及类案裁判规则：
一、权利人没有充分证据证明自己公司的利润率，法院可结合相关侵权行为的时间、情节等因素，在权利人主张的基础上酌定利润率 …… 295
二、行业利润率是测算的参考依据，并不等于侵权人的实际获利利润率，当事人在经营规模、成本控制及最终业绩效益方面存在较大差异时，不宜简单地适用行业平均利润率作为计算依据 …… 296
三、司法鉴定中以相同产品的销售合同和财务资料为依据、结合侵权人签订的涉案销售合同，并对权利人提供的财务资料进行抽查及现场核实，据此分析计算的利润率可作为计算权利人经济损失的依据 …… 298
043 产品部分侵权时可否按侵权产品整体利润作为侵权赔偿金额 …… 299
延伸阅读及类案裁判规则：
一、若涉案技术是相关产品中不可或缺的核心技术、对产品整体利润的价值贡献起关键作用，或者涉案技术与其他技术共同成为一个整体，则应将销售侵权产品获得的全部利益作为赔偿金额 …… 303

二、按照侵权人因侵权所获得的利益确定赔偿数额时，侵权人因其他权利和生产要素产生的利润应合理扣减 …… 304
三、商业秘密的贡献率难以准确认定、侵权获利数额难以准确计算的，法院可适用法定赔偿方法确定赔偿数额。有证据表明侵权获利数额在法定赔偿限额之上的，也可以在法定赔偿限额之上酌情确定赔偿数额 …… 305
044 侵犯商业秘密案件赔偿金额可否参照技术许可使用费 …… 306
延伸阅读及类案裁判规则：
一、可以技术秘密的一般转让费作为认定商业秘密权利人的经济损失赔偿的标准 …… 308
二、以技术转让费作为侵权赔偿数额的依据时，涉及多项技术一体转让情况下，应以涉案的转让费用为标准确定赔偿额，不应以多项技术的技术整体转让费用为依据 …… 308
三、侵权人因转让他人商业秘密，而以实物方式收取的技术转让费，应依法认定为其因侵权所获利润，作为侵权赔偿数额依据 …… 309
四、若当事人签订的技术许可使用合同包括了对后续开发技术的许可，则其中的技术信息与涉案商业秘密不完全相同，不能以此许可使用费用作为确定赔偿数额的依据 …… 310
045 侵犯商业秘密但未造成损失，可按照保密协议约定诉请赔偿损失 …… 310
延伸阅读及类案裁判规则：
一、侵权人在承诺书中确认权利人的经济损失并表示愿意赔偿，可认定双方就侵权赔偿额达成一致，权利人可主张按照约定确定赔偿金额 …… 312
二、在参考《承诺书》约定赔偿金额的基础上，应综合考虑侵犯商业秘密的情节、时间和承诺书签署当时的客观情况等酌情确定，对不合理的赔偿金额进行调整 …… 313
三、侵权人和权利人达成调解协议后，若一方不愿意继续履行调解协议的，在侵权诉讼中不能以调解协议确定的金额作为确定损失金额的依据 …… 313

四、若当事人在保密合同中约定了违约责任及赔偿金额，商业秘密权利人可在约定的范围内主张侵权损害赔偿额 …………………………… 314
046 侵害商业秘密案件可根据商业秘密的商业价值确定赔偿金 ………… 315
延伸阅读及类案裁判规则：
一、涉案商业秘密因侵权行为已为公众所知悉的，商业秘密权利人可主张根据商业秘密的价值作为确定赔偿金的标准 ……………… 317
二、涉案商业秘密仅产品生产工艺中的一部分且具体比重难以确定时，不宜按照生产工艺整体的研发投入费用确定赔偿数额 ………… 318
三、作为赔偿标准的商业秘密研发费用，应是与涉案商业秘密形成有关的费用，且应是涉案商业秘密载体形成之前支出的费用 ………… 319
四、因侵权行为致使商业秘密以专利的形式为公众所知悉时，若商业秘密权利人取得了该专利权，则无权再向侵权人要求赔偿商业秘密的研发费用 ………………………………………………………… 319
047 为制止商业秘密侵权行为所支付的合理开支应由侵权人赔偿 ………… 320
延伸阅读及类案裁判规则：
一、若法院只采信了司法鉴定报告中的部分结论，权利人在鉴定中所主张涉案信息秘密点没有全部确认为商业秘密，则不应由侵权人负担全额鉴定费用 ………………………………………………………… 322
二、商业秘密权利人可通过其他正常手段调查侵权行为的情况下，专门聘请调查公司的费用不属于"合理费用"的范畴………………… 322
三、在商业秘密刑事案件中支出的律师费，不能在后续商业秘密民事案件中认定为合理维权费用 …………………………………………… 323
四、权利人为制止侵权行为支付的法律咨询费用属于合理费用的范畴 …… 323
五、应结合案件证据事实、诉讼难度、审理时长、律师工作量、律师费收费标准等因素确定制止侵权的合理费用 ………………………… 324
六、商业秘密权利人放弃主张部分权利的，相应部分合理费用不应再由侵权人承担 ……………………………………………………………… 325

九、商业秘密刑事、行政案件与民事案件的关系 ………………………… 326

048 商业秘密行政处罚案件中行政部门认定的基本事实，权利人在民事诉讼中无须再证明 ………………………………………………………… 326

延伸阅读及类案裁判规则：

一、当事人在商业秘密民事诉讼中提出的主张与行政机关所作的询问笔录内容所陈述的事实明显相悖的，法院采信当事人在行政部门调查时所陈述的事实 ………………………………………………………… 329

二、已发生法律效力的工商局（市场监督局）作出的行政处罚决定书或法院作出的行政判决书中认定的侵权事实，可以在商业秘密民事诉讼中予以采信 ………………………………………………………… 331

三、若司法鉴定意见书是作出行政处罚的依据，法院直接采纳该鉴定意见书有利于确保与行政处罚的一致性，但审判中其是否属于商业秘密仍应由法院独立进行司法认定 ………………………………… 332

三、商业秘密民事诉讼中无法证明权利人遭受经济损失的具体金额时，可根据市场监督局查证的相关材料酌定合理赔偿金额 ……………… 333

四、对侵害商业秘密的行为，相关行政处罚中已责令停止违法行为，法院对要求停止侵权等诉讼请求不再重复处理。侵害商业秘密造成损害的，法院仍应判决赔偿责任 ……………………………………… 333

049 侵害商业秘密民事诉讼可采信生效刑事判决书中所确认的事实，当事人有相反证据足以推翻的除外 ………………………………………… 334

延伸阅读及类案裁判规则：

一、侵犯商业秘密刑事诉讼中被采信的鉴定报告，可作为证据在相关民事诉讼中被采信（有相反证据足以推翻已经生效裁判文书的除外） …… 337

二、共同侵权人的侵犯商业秘密案件，若部分侵权人已给予一定赔偿，法院确定侵权赔偿额时可在认定的损失金额基础上酌情减少 ………… 339

三、侵权人在民事案件审理中对已生效的刑事判决提出异议，法院不予采纳，当事人应通过申诉途径处理 ………………………………… 340

四、即便侵害商业秘密侵权人已承担刑事责任（包括罚金或其他刑罚），权利人依然可请求民事侵权赔偿责任 ……………………………… 340

十、商业秘密民事诉讼纠纷的举证责任规则 …………………………… 342
050 商业秘密案件中未提交商业秘密载体的应驳回诉讼请求 ……………… 342
延伸阅读及类案裁判规则：
一、商业秘密的内容应当固定在相应的载体上，但人脑不能作为技术秘密的载体。没有载体、仅仅储存于人脑中的信息不构成商业秘密 …… 344
二、商业秘密不保护单纯的“思想”，因为单纯的思想无法构成完整的、可供实施的技术方案 …………………………………………………… 345
三、商业秘密的具体内容应当固定在相应载体上，没有载体的不构成商业秘密 ……………………………………………………………… 345
四、担心“二次泄密”，并非当事人拒绝向法院提交商业秘密载体的正当理由 ……………………………………………………………… 345
五、商业秘密是某种信息，而不是载体本身，不能将载体本身认定为商业秘密 ……………………………………………………………… 346
六、当事人除了明确商业秘密的具体内容，还应当提供与商业秘密点内容相一致的载体 ………………………………………………………… 346
七、报价单等经营信息载体作为公司内部制作的凭证必然系由单方形成，不宜因其是由权利人单方形成而否认其真实性 ……………… 349
051 权利人提供初步证据证明存在侵害商业秘密时，不存在侵权行为的证明责任转移给涉嫌侵权人 ………………………………………… 349
052 非法获得的信息不能作为商业秘密进行保护 …………………………… 352
延伸阅读及类案裁判规则：
违反国家法律法规、损害社会公共利益、违背社会公共秩序的信息，即使在形式上符合商业秘密的构成要件，也不受法律保护 ……………… 355
053 商业秘密共有人共同起诉时，应明确各项涉案信息的形成时间和相应权利人，不能以“最原始权利人”笼统主张 ……………………… 356
延伸阅读及类案裁判规则：
一、公司与子公司约定共享商业秘密，两公司均系商业秘密共同权利人，均有权提起诉讼 ……………………………………………………… 359

二、事实上共享商业秘密，其他共有人未提出异议的，商业秘密部分共有人有权单独提起诉讼 …… 360

刑 事 篇

一、侵犯商业秘密罪刑事案件的程序问题 …… 363

054 侵犯商业秘密罪案件由犯罪行为地或犯罪结果发生地法院管辖 …… 363

延伸阅读及类案裁判规则：

一、侵犯商业秘密罪犯罪结果地对侵犯商业秘密罪案件有管辖权 …… 366

二、犯罪预备属于犯罪行为，犯罪行为预备地法院对侵犯商业秘密罪案件有管辖权 …… 366

三、侵犯商业秘密的侵权产品销售地不应视为使用商业秘密的侵权结果发生地 …… 366

055 检察院对侵犯商业秘密罪不起诉的，被害人可直接向法院提起侵害商业秘密罪自诉 …… 367

056 侵犯商业秘密罪的被害人能否提起刑事附带民事诉讼 …… 369

延伸阅读及类案裁判规则：

一、有些法院判决认为权利人不能提起侵害商业秘密刑事附带民事诉讼…… 372

二、有些法院判决认为权利人可以提起侵害商业秘密刑事附带民事诉讼…… 372

三、有些法院判决认为在刑事自诉案件中被害人亦可提起附带民事诉讼…… 375

四、有些案件中侵犯商业秘密罪案件被告人无罪、但附带民事诉讼被法院支持 …… 375

二、构成侵犯商业秘密罪的认定 …… 376

057 公司使用明知是非法披露的商业秘密，应认定构成侵犯商业秘密罪 … 376

延伸阅读及类案裁判规则：

一、公司不是以实施犯罪为主要活动的（为违法犯罪活动而设立的公司、公司设立后以实施犯罪为主要活动），以单位犯罪论处，而不认定个人犯罪 …… 379

二、为违法犯罪活动而设立的公司，或者公司设立后以实施犯罪为主要活动的，不以单位犯罪论处，而是直接认定个人犯罪 …………………… 379
三、侵犯商业秘密的非法所得归单位所有的，应当以单位犯罪论处 ……… 380
058 侵害商业秘密造成 50 万元损失的可追究刑事责任 ………………………… 381
延伸阅读及类案裁判规则：
一、行为人侵犯商业秘密获利数额超过五十万元，给权利人造成重大损失，构成侵犯商业秘密罪，应判处三年以下有期徒刑或者拘役，并处或者单处罚金 ………………………………………………………… 384
二、侵犯商业秘密，给权利人造成损失二百五十万元以上，属于造成特别严重后果，应当以侵犯商业秘密罪判处三年以上十年以下有期徒刑，并处罚金 ………………………………………………………… 385
059 违反保守商业秘密要求非法使用并造成重大损失的，构成侵犯商业秘密罪 ………………………………………………………………… 387
延伸阅读及类案裁判规则：
违反保密约定，披露、使用或者允许他人使用其所掌握的商业秘密，给商业秘密的权利人造成重大损失的，构成侵犯商业秘密罪 ……………… 389

三、侵犯商业秘密罪刑事案件中如何认定被害人经济损失 ………………… 392

060 参照技术许可使用费认定侵犯商业秘密损失的前提条件 ………………… 392
延伸阅读及类案裁判规则：
一、侵害商业秘密所获得利益难以确定，参照该公司技术合作转让费及为引进技术所支出的培训费来计算权利人的经济损失 ………………… 394
二、侵害商业秘密所获得利益难以确定，可以该商业秘密的许可使用费来计算权利人的经济损失 ……………………………………………… 394
061 侵犯商业秘密罪案件可以被告所获利润作为认定损失的依据 ………… 395
延伸阅读及类案裁判规则：
一、被告人所获利润可以作为认定侵犯商业秘密罪案件中损失的依据 …… 397
二、侵权人收取的涉案技术使用费是被告人侵犯商业秘密的违法所得，在计算所获利润时不应扣除 ………………………………………… 398

三、在侵犯商业秘密犯罪案件中，若尚未规模销售无法以销售利润作为认定损失依据，可采用商业秘密许可使用费的倍数以及商业秘密的商业价值作为依据 …… 399
四、侵犯商业秘密罪案件中计算侵权人获利时，不相关的其他客户利润不应作为计算利润率的鉴定对象 …… 399
062 商业秘密被侵权人违法公开的，研发成本可作为侵犯商业秘密罪中的损失 …… 400
延伸阅读及类案裁判规则：
商业秘密被公开，权利人研发投入必然会遭受损失。应考虑取得商业秘密的成本等因素合理认定侵犯商业秘密罪的损失 …… 403
063 未造成商业秘密扩散，预计未来损失不属侵犯商业秘密罪中的经济损失 …… 404
延伸阅读及类案裁判规则：
如无证据证明被告人造成商业秘密扩散、无法证实市场占有率下降、技术优势丧失等损失，所以预计的未来损失不能作为侵犯商业秘密造成的经济损失 …… 406
四、如何为侵犯商业秘密罪案件被告人作无罪辩护 …… 407
064 证明没有犯罪故意是侵犯商业秘密罪无罪辩护的关键点之一 …… 407
延伸阅读及类案裁判规则：
一、证据不足以证实公司明知或应知雇员与前公司签有保密合同并实施侵犯商业秘密的行为，亦不足以证实公司实施或者指使雇员实施侵犯前雇主公司商业秘密的行为的，不能认定公司构成侵犯商业秘密罪 …… 410
二、行为人明知其对公司商业秘密有保密义务，但仍然实施侵犯商业秘密行为的，应当认定其有侵犯商业秘密的故意 …… 411
065 证明涉案技术信息已被公开是侵犯商业秘密罪无罪辩护的关键点之一 …… 412
延伸阅读及类案裁判规则：
一、无法确认案涉技术信息具有非公知性，被告人不构成侵犯商业秘密罪 …… 414

二、虽然涉案相关技术获专利，但若技术信息并不相同、虽然少量工艺技术已被专利公开，但大部分具体而又关键的信息并未被文献公开的，不应认定技术信息已对外公开 …… 415
066 证明侵犯商业秘密造成经济损失未达法定标准，是侵犯商业秘密罪无罪辩护的关键点之一 …… 415
延伸阅读及类案裁判规则：
一、可以侵权产品的销售数，乘以权利人因被侵权而被迫降价前的平均销售利润，来计算权利人的经济损失 …… 418
二、给商业秘密的权利人造成损失数额在五十万元以上的，属于“给商业秘密的权利人造成重大损失” …… 419
五、侵犯商业秘密罪刑事责任 …… 420
（一）关于侵犯商业秘密罪量刑的问题 …… 420
067 法院判处侵犯商业秘密罪被告人缓刑的四个前提条件 …… 420
延伸阅读及类案裁判规则：
一、侵犯商业秘密罪案件，犯罪情节较轻、有悔罪表现、没有再犯罪的危险、宣告缓刑对所居住社区没有重大不良影响，可适用缓刑 …… 423
二、一审适用缓刑，上诉并发回重审后改判实刑，违反了上诉不加刑原则，应当依法缓刑 …… 423
068 侵犯商业秘密案件中以证人身份被询问时如实交代犯罪事实的应认定自首，可从轻或者减轻处罚 …… 424
延伸阅读及类案裁判规则：
一、在侵犯商业秘密共同犯罪中起辅助作用、构成从犯的，应当从轻处罚 …… 426
二、在侵犯商业秘密犯罪案件中，如实供述自己罪行的，可以从轻处罚 …… 427
三、在侵犯商业秘密罪中，归案后认罪态度较好，确有悔罪表现的，可以酌情从轻处罚 …… 428
四、在侵犯商业秘密罪中，被告人属于初犯、偶犯，且认罪态度好，可以从轻处罚 …… 429
五、被告人构成自首的，可以从轻或者减轻处罚 …… 429

六、在侵犯商业秘密罪案件中，对被害人损失进行弥补的，可以酌情从轻处罚 …… 429
069 如何认定侵犯商业秘密罪的主犯和从犯 …… 430
延伸阅读及类案裁判规则：
一、积极实施犯罪行为，在侵犯商业秘密的共同犯罪中起主要作用的，属于侵犯商业秘密罪的主犯 …… 432
二、在侵犯商业秘密犯罪活动中负责运营管理及指导工作的是主犯，承担次要或辅助作用的是从犯 …… 432
三、各被告人所起作用相当、不宜区分主从犯的，根据其在犯罪中的地位和作用分别对其作出相应的刑罚 …… 433
（二）关于侵犯商业秘密罪适用主刑的问题 …… 434
070 侵犯商业秘密罪造成 250 万元以上损失的、属造成特别严重后果、应判三年以上十年以下有期徒刑 …… 434
延伸阅读及类案裁判规则：
一、侵犯商业秘密罪案件中给商业秘密权利人造成二百五十万元以上损失的，属于造成特别严重后果，应当以侵犯商业秘密罪判处三年以上十年以下有期徒刑，并处罚金 …… 437
二、仅退税获利就超二百五十万元，可认定侵犯商业秘密的行为造成特别严重后果，应以侵犯商业秘密罪判处三年以上十年以下有期徒刑，并处罚金 …… 438
（三）关于侵犯商业秘密罪适用附加刑的问题 …… 439
071 侵犯商业秘密被行政机关罚款的金额应折抵刑罚的罚金 …… 439
072 侵犯商业秘密罪案件确定罚金数额的两个重要规则 …… 441
延伸阅读及类案裁判规则：
构成侵犯商业秘密罪的，在违法所得的一倍以上五倍以下，或者按照非法经营数额的 50%以上一倍以下确定罚金数额 …… 443
附录：中国商业秘密案件法院管辖最新规定（全面梳理） …… 445

民事篇

（Civil Actions）

一、商业秘密纠纷的程序问题

（Procedural Issues Concerning Trade Secret Disputes）

（一）商业秘密纠纷的管辖问题

（Jurisdiction of Trade Secret Disputes）

001 员工将合法持有的商业秘密带至其他公司非法披露、使用的，如何确定侵权行为地（How to determine the place of infringement when the employee brings the trade secrets lawfully held to other companies for illegal disclosure or use.）

裁判要旨

因侵害商业秘密提起的诉讼，由侵权行为地或者被告住所地人民法院管辖，而侵权行为地包括侵权行为实施地、侵权结果发生地。员工在任职期间接触、复制商业秘密系正当职务行为。但离职后负有归还义务而不归还，非法披露、使用该商业秘密的，其复制行为便转变为商业秘密侵权行为，复制技术秘密的行为地即为侵权行为实施地，复制技术秘密行为地法院据此有管辖权。

案情简介

一、尹某大在 A 公司位于四川省眉山市的子公司担任总工程师、常务副总等重要职务，在职期间接触、复制了案涉技术秘密。

二、B 设计院、C 公司与当时仍为公司员工的尹某大进行接触，期望获取 A 公司的商业秘密，D 公司在明知尹某大的任职经历以及其所提供的技术属于他人商业秘密的情况下，依然使用了案涉技术。

三、A 公司以侵害商业秘密为由向眉山市中级人民法院提起诉讼。被告提出管辖异议。一审法院认定四被告的住所地或经常居住地分别在山东省德州市、浙江省宁波市、湖南省衡阳市和广东省广州市；侵权结果发生地是山东省德州市和浙江省宁波市。一审法院裁定将该案移送至广东省广州市中级人民法院审理。

四、A公司不服一审裁定，向四川省高级人民法院上诉称，尹某大的侵权行为实施地在四川省眉山市，一审法院对本案具有管辖权，不应将本案移送广东省广州市中级人民法院，请求法院驳回被上诉人的管辖权异议，裁定本案由四川省眉山市中级人民法院审理。

五、二审法院认为，尹某大在单位任职期间接触、复制案涉技术秘密系正当职务行为，但在其离职后在其他单位非法披露、使用该技术秘密，其复制技术秘密的行为便转变成了实施侵权行为的行为，而该侵权行为的地点在四川省眉山市，因此认定复制技术秘密行为地法院有管辖权。

六、二审法院裁定该案应由四川省眉山市中级人民法院审理。

法院判决

四川省高级人民法院在本案民事判决书的“本院认为”部分就上述争议焦点进行如下论述：

本院经审查认为，因侵害商业秘密行为提起的诉讼，由侵权行为地或者被告住所地人民法院管辖，侵权行为地包括侵权行为实施地和侵权结果发生地。

一、关于被告住所地和侵权结果发生地问题。原审法院认定四被告的住所地或经常居住地分别在山东省德州市、浙江省宁波市、湖南省衡阳市和广东省广州市；侵权结果发生地是山东省德州市和浙江省宁波市，上诉人对此无异议，本院不予审查。

二、关于移送法院问题。《最高人民法院关于北京、上海、广州知识产权法院案件管辖的规定》第一条规定：“知识产权法院管辖所在市辖区内的下列第一审案件：（一）专利、植物新品种、集成电路布图设计、技术秘密、计算机软件民事和行政案件……”第二条规定：“广州知识产权法院对广东省内本规定第一条第（一）项和第（三）项规定的案件实行跨区域管辖。”上诉人在原审法院选定广东省广州市中级人民法院作为本案的管辖法院违反了上述规定，上诉人的该项上诉理由，本院予以认可。

三、关于侵权行为实施地问题。1993年《中华人民共和国反不正当竞争法》第十条第一款规定：“经营者不得采用下列手段侵犯商业秘密：（一）以盗窃、利诱、胁迫或者其他不正当手段获取权利人的商业秘密；（二）披露、使用或者允许他人使用以前项手段获取的权利人的商业秘密；（三）违反约定或者违反权利人有关保守商业秘密的要求，披露、使用或者允许他人使用其所掌握的商业秘密。”构成侵害商业秘密的客观要件包括窃取、披露、使用或允许他人使用权利人的技术秘密。窃取、披露和使用商业秘密的地点都可以认定为侵权行为实施地。本案被上诉人尹某大在上诉人单位任职期间接触、复制案涉技术秘密系正当职务行为，但在其离职后仍不交回原单位管理或销毁该技术秘密，并在其他被上诉人单位披露、使用该技术秘密，其复制技术秘密的行为已经转变成了实施侵权行为的窃取行为，该窃取行为的地点在四川省眉山市。虽然被上诉人披露、使用该技术秘密的地点在山东省德州市和浙江省宁波市，上述两地是侵权行为实施地，但本案的侵权行为实施地也包括四川省眉山市。对上诉人的该项上诉理由，本院予以支持。

本案相关法律法规

《最高人民法院关于审理不正当竞争民事案件应用法律若干问题的解释》

第十八条 反不正当竞争法第五条、第九条、第十条、第十四条规定的不正当竞争民事第一审案件，一般由中级人民法院管辖。

各高级人民法院根据本辖区的实际情况，经最高人民法院批准，可以确定若干基层人民法院受理不正当竞争民事第一审案件，已经批准可以审理知识产权民事案件的基层人民法院，可以继续受理。

《中华人民共和国民事诉讼法》

第二十二条第三款 同一诉讼的几个被告住所地、经常居住地在两个以上人民法院辖区的，各该人民法院都有管辖权。

第二十九条 因侵权行为提起的诉讼，由侵权行为地或者被告住所地人民法院管辖。

《最高人民法院关于适用〈中华人民共和国民事诉讼法〉的解释》

第二十四条 民事诉讼法第二十八条规定的侵权行为地，包括侵权行为实施地、侵权结果发生地。

案件来源

四川省高级人民法院审理的A公司、尹某大侵害技术秘密纠纷案［（2017）川民辖终113号］

延伸阅读及类案裁判规则

一、因侵害商业秘密提起的诉讼，由侵权行为地或者被告住所地人民法院管辖，而侵权行为地包括侵权行为实施地、侵权结果发生地（A lawsuit filed concerning a trade secret misappropriation shall be under the jurisdiction of the court where the infringement is conducted or at the place where the defendant is domiciled. The place where the infringement occurred includes the place where the infringing act is committed and the place where the consequence of the infringing act occurs.）

案例一：江苏省高级人民法院审理的A公司与郭某才等侵犯商业秘密纠纷案［（2008）陕民三终字第41号］认为，“根据《中华人民共和国民事诉讼法》第二十九条‘因侵权行为提起的民事诉讼，由侵权行为地或者被告住所地人民法院管辖’。其中侵权行为地包括侵权行为实施地、侵权结果发生地。本案中，A公司起诉郭某才的事由是郭某才1999年至2006年2月28日在该公司工作期间侵犯其商业秘密的行为，因该公司的住所地在西安市，故其侵权地在西安市，西安市中级人民法院对本案享有管辖权。虽然郭某才与B公司住所地均在河南省郑州市，但A公司选择了向西安市中级人民法院起诉符合法律的规定；至于郭某才在陕西省西安市原告处工作时，与原告是否有纠纷，这是案件的实体审理问题，在此不予审查。故郭某才的上诉理由不能成立，依法不予支持”。

案例二：上海市第一中级人民法院审理的A公司与B公司侵犯商业秘密竞业限制纠纷案［（2011）沪一中民三（民）终字第2364号］认为，“关于原审法院就本案有无管辖权，被上诉人B公司在原审中先以周某存在违反竞业限制约定之行为为由，要求周某承担违约责任、A公司承担连带责任。原审法院作为劳动争议中用人单位B公司所在地的基层人民法院，受理此案，于法有据。后B公司变更诉讼请求，明确表示在构成侵权的情况下，将要求周某承担违约责任之诉请变更要求周某承担损失赔偿责任，暨侵权损害赔偿责任。鉴于侵权行为实施地、侵权结果发生地的人民法院对于侵权行为享有管辖权，故原审法院在B公司变更请求后，继续审理本案，依据充分。上诉人周某、A公司主张原审法院不享有管辖权，缺乏依据，本院不予采纳”。

案例三：北京市第一中级人民法院审理的A公司等与B公司等侵害商业秘密纠纷案［（2014）一中民终字第04315号］认为，“本案为侵害商业秘密纠纷案，应适用因侵权行为提起诉讼的管辖规则，由被告住所地或者侵权行为地人民法院管辖。侵权行为地包括侵权行为实施地和侵权结果发生地。B公司在一审诉称A公司在百度搜索引擎上设置关键词，使网络用户点击相关链接后可直接进入 A 公司网站（www. ×××. net），对其商业信誉及经营造成了损害。因 B 公司住所地在北京市海淀区，故 B 公司所在地可视为本案的侵权结果发生地。本案中，刘某丽称其户籍所在地为河北省承德市，但同一诉讼的几个被告住所地在两个以上人民法院辖区的，各该人民法院都有管辖权，B 公司可以向其中一个人民法院起诉。因 B 公司住所地在北京市海淀区，其有权向北京市海淀区人民法院起诉。上诉人 A 公司、上诉人刘某丽上诉理由不能成立，本院不予支持。一审法院裁定正确，本院予以维持”。

二、侵犯商业秘密案件的侵权结果发生地，应为侵权行为直接产生的结果发生地，不能以原告受到损害就认为原告所在地就是侵权结果发生地（In trade secrets misappropriation cases, the place where the consequence of the infringing act occurs shall be the place of occurrence of consequences directly caused by infringing acts. The domicile of the plaintiff shall not be regarded as the place where the consequences of the infringement occur for the plaintiff has suffered damages.）

案例四：南昌市中级人民法院审理的 A 公司、马某乾侵害商业秘密纠纷案［（2017）赣 01 民辖终 189 号］认为，“如一审法院所述，根据《最高人民法院关于全国部分法院知识产权审判工作座谈会纪要》第二部分第二条第 2 项地域管辖的规定：‘在知识产权侵权纠纷案件中，侵权结果发生地，应当理解为是侵权行为直接产生的结果发生地，不能以原告受到损害就认为原告所在地就是侵权结果发生地’，本案上诉人 A 公司所谓的侵害商业秘密的侵权结果发生地为侵权行为直接产生的结果发生地，即长沙经济开发区××路××号，亦即被上诉人 B 住所地。B 公司的住所地属于湖南省长沙市长沙县人民法院管辖区域。根据《最高人民法院关于同意指定湖南省长沙县和津市市人民法院审理部分知识产权民事纠纷案件的批复》［法函（2011）57 号］的规定，长沙县人民法院可以管辖诉讼标的额在 300 万元以下的普通知识产权民事纠纷案件。因此，本案的被告住所地及侵权行为地均属于长沙县人民法院管辖区域，南昌经济技术开发区人民法院将本案移送湖南省长沙市长沙县人民法院处理并无不当。上诉人的上诉理由不成立，本院不予采纳”。

案例五：重庆市第五中级人民法院审理的 A 公司与 B 公司等侵害商业秘密纠纷案［（2017）渝 05 民初 1312 号］认为，“原告起诉的是，两被告之间就已经转让给原告独家生产、销售的羊包虫疫苗生产签订技术转让合同并申报生产批准文号，侵犯了原告在中国境内合法拥有的技术秘密的权利，即本案两被告涉嫌的侵权行为是，两被告签订涉案包虫疫苗生产的技术转让合同的行为以及就涉案技术向农业部申报生产批准文号的行为。两被告之间的技术转让合同的签订地、履行地及申报行为发生地等均系商业秘密侵权行为的实施地，两被告陈述上述行为均发生在北京，而原告未就上述行为实施地发生在重庆市提供相关证据证明。商业秘密侵权行为的结果发生地应当理解为侵权行为直接产生的结果发生地，不能以权利人认为受到损害就认为原告所在地就是侵权结果发生地，即本案中被告之间签订技术转让合同及申报生产批准文号的行为之时，原告起诉的涉案技术秘密的秘密性受到损害的后果即已发生，侵权结果发生地与侵权行为实施地重合，均不位于重庆市。另查明，被告 B 公司、被告畜牧研究所的住所地分别位于山东省济南市、北京市海淀区。综上，本案被诉侵权行为的实施地、结果发生地以及被告住所地均不位于重庆市，原告未提供充分证据证明本院对本案具有管辖权的依据，本院对本案没有管辖权。因被告畜牧研究所所在地位于北京市海淀区，北京市海淀区人民法院对本案具有管辖权”。

三、侵害商业秘密案件中侵权产品的使用地、销售地不应作为侵权结果发生地成为确定管辖的连接点（In trade secret misappropriation cases, the place where the misappropriated products are used or sold shall not be deemed as the place where the consequence of the infringing act occurs.）

案例六：A 深圳公司、A 公司与 B 公司、B（广州）有限公司、B（昆山）有限公司、B（中国）有限公司、C 印刷厂、D 经营部侵犯商业秘密纠纷管辖权异议案［最高人民法院〔案件字号〕（2007）民三终字第 10 号］

“根据 1993 年《中华人民共和国反不正当竞争法》第十条的规定，销售侵犯商业秘密所制造的侵权产品并不属于该法所规定的侵犯商业秘密的行为。通常情况下，使用商业秘密的过程就是制造侵权产品的过程，当侵权产品制造完成时，使用商业秘密的侵权结果即同时发生。因此，使用商业秘密的行为实施地和结果发生地通常是重合的，不宜将侵权产品的销售地视为使用商业秘密的侵权结果发生地。”

“本院认为，A 公司、A 深圳公司虽然在起诉状中指控 C 印刷厂、D 经营部销售侵犯原告商业秘密所制造的侵权产品，但根据 1993 年《中华人民共和国反不正当竞争法》第十条的规定，销售侵犯商业秘密所制造的侵权产品并不属于该法所列明的侵犯商业秘密的行为，故 C 印刷厂、D 经营部被控销售侵犯商业秘密所制造的侵权产品的行为不是反不正当竞争法规定的侵犯商业秘密的行为。因此，广东省佛山市中级人民法院不能因 C 印刷厂、D 经营部被控销售侵犯商业秘密所制造的侵权产品而具有本案的管辖权。一般而言，使用商业秘密的行为实施地和结果发生地是重合的。亦即，使用商业秘密的过程，通常是制造侵权产品的过程，当侵权产品制造完成时，使用商业秘密的侵权结果即同时发生，不宜将该侵权产品的销售地视为使用商业秘密的侵权结果发生地。因此，虽然 A 公司、A 深圳公司指控上诉人 B 公司等将被控侵权产品销往佛山市，但佛山市并不是上诉人 B 公司等使用商业秘密行为的侵权结果发生地，广东省佛山市中级人民法院亦不能据此具有本案的管辖权。关于 A 公司、A 深圳公司指控的 C 印刷厂、D 经营部使用侵犯原告商业秘密所制造的侵权产品，因该行为不属于反不正当竞争法规定的侵犯商业秘密的行为，故此不能成为佛山市中级人民法院管辖本案的依据。至于 A 公司、A 深圳公司在二审答辩中提及的 C 印刷厂、D 经营部使用侵权设备和工艺进行分条、切张等，因起诉状没有相关记载且其未提交初步证据予以证明，故此亦不能成为佛山市中级人民法院管辖本案的依据。

因此，根据民事诉讼法及其司法解释的有关规定，广东省佛山市中级人民法院对本案没有管辖权，广东省高级人民法院对本案有管辖权。但因本案与江苏省高级人民法院受理的（2004）苏民三初字第 003 号案件是当事人基于同一法律事实而发生的纠纷，且江苏省高级人民法院的立案时间早于广东省高级人民法院的立案时间，故根据《最高人民法院关于在经济审判工作中严格执行〈中华人民共和国民事诉讼法〉的若干规定》第二条规定，本案应移至江苏省高级人民法院合并审理”。

案例七：北京知识产权法院审理的 A 公司等与缪某茂等侵害商业秘密纠纷案［（2015）年京知民初字第 1847 号］认为，“针对侵犯商业秘密所制造的侵权产品销售地是否可以作为管辖连接点的问题，最高人民法院在 2009 年 1 月 15 日作出的（2007）民三终字第 10 号民事裁定书中记载：‘销售侵犯商业秘密所制造的侵权产品并不属于《反不正当竞争法》所列明的侵犯商业秘密的行为，被控销售侵犯商业秘密所制造的侵权产品的行为不是反不正当竞争法规定的侵犯商业秘密的行为。因此，广东省佛山市中级人民法院不能因 C 印刷厂、D 经营部被控销售侵犯商业秘密所制造的侵权产品而具有本案的管辖权。一般而言，使用商业秘密的行为实施地和结果发生地是重合的。亦即，使用商业秘密的过程，通常是制造侵权产品的过程，当侵权产品制造完成时，使用商业秘密的侵权结果即同时发生，不宜将该侵权产品的销售地视为使用商业秘密的侵权结果发生地。’其明确的裁判规则是：商业秘密侵权案件中侵权商品的销售地不应作为侵权结果发生地进而作为确定管辖的连接点。上述规则本院予以遵循。同时，《最高人民法院民事案件案由规定理解与适用》（人民法院出版社 2011 年修订版）关于侵害商业秘密纠纷的管辖规定中也明确：‘商业秘密保护与专利保护不同，商业秘密特别是技术秘密保护的是产品制造过程中所使用的有关信息，并不当然延及对产品本身的保护。因此，不能简单地以产品销售商为被告提起诉讼，也不能由产品销售地法院对产品制造者行使管辖权，除非表面证据已经表明销售商和制造商共同侵权。’因此，虽然原告 A 公司、B 公司主张被告 E 公司将其使用被诉侵权的技术设备生产的三乙基铝产品销售给 F 公司，但是在原告 A 公司、B 公司未提供初步证据表明 F 公司对被诉侵犯商业秘密行为是明知或者应知的情况下，不能将销售地认定为使用商业秘密的侵权结果发生地，故本院不能基于该销售行为发生的地点对本案享有管辖权”。

案例八：四川省高级人民法院审理的温某军等与 A 公司等侵害商业秘密纠纷案［（2015）川民终字第 687 号］认为，“该规定对侵犯商业秘密的行为作了列举式规定，销售侵犯商业秘密所制造的产品并不属于侵犯商业秘密的行为，而使用商业秘密的过程，通常是制造侵权产品的过程，当侵权产品制造完成时，使用商业秘密的侵权结果即同时发生。因此在本案中，侵权行为实施地及侵权结果发生地均为 B 公司的住所地，即四川省成都经济技术开发区星光中路×号。原审法院认为本案侵权行为的结果发生地为 C 公司的经营场所即四川省自贡市系认定事实错误”。

案例九：四川省高级人民法院审理的 A 公司、B 公司侵害商业秘密纠纷案［（2018）川民辖终 52 号］认为，“本案被告住所地位于四川省资阳市，被诉侵权行为地也在四川省资阳市，故四川省资阳市中级人民法院对本案享有管辖权。被告将维修完毕的设备运送至 C 公司在重庆市永川区的生产现场并使用，不能视为在该地实施了侵权行为或侵权结果发生在该地。于 2018 年 12 月 24 日裁定：驳回上诉，维持重庆市第五中级人民法院将案件移送四川省资阳市中级人民法院处理的裁定。2019 年 3 月 20 日，四川省资阳市中级人民法院以本案系商业秘密纠纷，该院对该类案件无管辖权为由，报请本院指定管辖。本院认为，依照《中华人民共和国民事诉讼法》第二十八条‘因侵权行为提起的诉讼，由侵权行为地或者被告住所地人民法院管辖’及《最高人民法院关于适用〈中华人民共和国民事诉讼法〉的解释》第二十四条民事诉讼法第二十八条规定的侵权行为地，包括侵权行为实施地、侵权结果发生地的规定，根据 D 公司起诉事由，不能确定案涉产品侵权行为地在重庆市，故本案应由被告住所地人民法院管辖”。

案例十：北京知识产权法院审理的 A 公司与 B 公司、C 公司侵害技术秘密纠纷案［（2017）京 73 民初 1975 号］认为，“由于在本案中 A 公司主张其商业秘密为饲料级胍基乙酸新产品的生产工艺，因此 A 公司所主张的 C 公司及 B 公司在北京地区销售被控侵权产品的行为不属于《反不正当竞争法》第十条第一款、第二款规定的侵犯商业秘密行为，故被控侵权行为的实施地不在北京市地区，本院不能因此具有对本案的管辖权。最后，对于 A 公司主张被控侵权结果发生地在北京地区的理由，本院认为，民诉法解释中规定的侵权结果应当是被控侵权行为所产生的直接结果。本案中，依照反不正当竞争法的规定以及 A 公司的主张，C 公司与 B 公司的被控侵权行为可能涉及以下行为：以盗窃、利诱、胁迫或者其他不正当手段获取饲料级胍基乙酸新产品的生产工艺；披露、使用或者允许他人使用以前项手段获取的饲料级胍基乙酸新产品的生产工艺；违反约定或者违反权利人有关保守商业秘密的要求，披露、使用或者允许他人使用其所掌握的饲料级胍基乙酸新产品的生产工艺；第三人明知或者应知前述所列违法行为，获取、使用或者披露饲料级胍基乙酸新产品的生产工艺的行为。上述被控侵权行为所产生的直接结果为，A 公司所主张的饲料级胍基乙酸新产品的生产工艺不再处于不为公众所知悉的状态。而销售被控侵权产品的行为发生在该生产工艺不再处于不为公众所知悉的状态之后，并非被控侵权行为产生的直接结果，故不能作为本院管辖本案的依据。另外，由于销售产品的行为可以由当事人自行控制，不具有客观性，故销售被控侵权产品的行为可能遍及全国各地，易造成管辖法院的不确定性。因此，北京地区不属于本案的被控侵权结果发生地，不能作为本院管辖本案的依据。A 公司的主张没有事实及法律依据，本院不予支持。综上，本案的被控侵权行为实施地、被控侵权结果发生地或者被告住所地均不在北京地区，本院对本案不具有管辖权”。

案例十一：北京知识产权法院审理的 A 公司诉被告 B 研究所、C 公司侵害商业秘密纠纷一案［（2015）京知民初字第 2268 号］认为，“根据上述法律规定，销售侵犯商业秘密所制造的侵权产品并不属于该法所列明的侵犯商业秘密的行为。最高人民法院在（2007）民三终字第 10 号民事裁定书中曾认定：一般而言，使用商业秘密的行为实施地和结果发生地是重合的。亦即，使用商业秘密的过程，通常是制造侵权产品的过程，当侵权产品制造完成时，使用商业秘密的侵权结果即同时发生，不宜将该侵权产品的销售地视为使用商业秘密的侵权结果发生地。故在本案中，两被告被控销售侵权产品的行为不是《反不正当竞争法》规定的侵犯商业秘密的行为。据此，即使原告能够举证证明两被告将被控侵权产品销往北京市，但北京市并非两被告使用商业秘密行为的侵权结果发生地，本院亦不能据此具有对本案的管辖权”。

四、商业秘密案件一般各省均实行集中管辖，立案之前应检索各省高院关于知识产权案件管辖的特殊规定（Cases concerning trade secrets are generally subject to the centralized jurisdiction of each province. Special provisions of the Higher People's Court of all provinces concerning the jurisdiction over intellectual property cases shall be researched before the case is filed.）

案例十二：四川省高级人民法院审理的 A 公司、B 公司侵害商业秘密纠纷案

［（2018）川民辖终 52 号］认为，“本案被告 C 公司住所地在四川省资阳市雁江区，结合《四川省高级人民法院关于调整全省法院知识产权案件管辖范围的通知》（川高法〔2017〕33 号）第一条第一款‘成都市中级人民法院管辖以下知识产权案件：发生在四川省辖区内有关的专利、植物新品种、集成电路布图设计、商业秘密、计算机软件、驰名商标认定及垄断纠纷的第一审知识产权民事和行政案件’的规定，四川省成都市中级人民法院对本案有管辖权”。

案例十三：日照市中级人民法院审理的 A 公司与 B 公司、C 某侵害技术秘密纠纷案［（2018）鲁 11 民初 61 号］认为，“本案系发生在日照市辖区内有关技术秘密的第一审知识产权民事案件，根据《最高人民法院关于同意杭州市、宁波市、合肥市、福州市、济南市、青岛市中级人民法院内设专门审判机构并跨区域管辖部分知识产权案件的批复》（法〔2017〕236 号）之规定，本案不属于本院管辖，本案应由青岛市中级人民法院管辖”。

案例十四：大连市西岗区人民法院审理的原告 A 公司与被告 B 公司、万某新侵害商业秘密纠纷一审民事裁定书［（2018）辽 0203 民初 3219 号］认为，“本院受理原告 A 公司与被告 B 公司、万某新侵害商业秘密纠纷一案后，经审查，原告明确其在本案中主张的商业秘密包含原告为案外人 C 公司服务的实验室设备维修、保养的计量橇、在线余氯分析仪的指数（海水出入口）、OPTA 在线取样系统、ABB 分析小屋、气瓶间-压力-BAR 等相关技术参数、技术指标以及巡检时间、人员安排等服务方法，达到的技术要求等技术信息；经营秘密包含原告的客户名单及为客户服务的场地场所等内容。本院认为，原告请求保护的商业秘密包含技术秘密及经营秘密两方面内容。依据《辽宁省高级人民法院关于调整我省知识产权案件管辖的通知》（辽高法〔2018〕65 号），大连市辖区内涉及技术秘密的案件由大连市中级人民法院集中管辖，故本院对本案没有管辖权，应移送至有管辖权的大连市中级人民法院审理”。

五、商业秘密案件多个被告的住所地、经常居住地分布在两个以上法院辖区的，各该法院都有管辖权，原告可选择其中某个法院起诉（Where the domiciles or habitual residences of several defendants of a trade secret case are located in two or more jurisdiction of different courts and all the courts have jurisdiction, the plaintiff may file the case in one of those courts.）

案例十五：北京市高级人民法院审理的浙江 A 公司等与 B 公司北京燕山分公司等侵害商业秘密纠纷案［（2014）高民终字第 1599 号］认为，“本案系侵权纠纷，依据《中华人民共和国民事诉讼法》第二十八条的规定：‘因侵权行为提起的诉讼，由侵权行为地或者被告住所地人民法院管辖’，本案中，北京 A 公司与 A 科技公司的住所地均为北京市海淀区，任某文、孙某伶、邢某辉的户籍所在地均在北京市房山区，均位于一审法院辖区。针对五上诉人所称任某文、孙某伶、邢某辉经常居住地为浙江省嘉兴市的主张，因浙江 A 公司、任某文、孙某伶、邢某辉所提交的证明材料不足以证明上述三自然人的经常居住地均为浙江省嘉兴市，本院亦不予采信。另，依据《中华人民共和国民事诉讼法》第二十一条第三款的规定：‘同一诉讼的几个被告住所地、经常居住地在两个以上人民法院辖区的，各该人民法院都有管辖权’。故一审法院对本案具有管辖权。浙江 A 公司、任某文、孙某伶、邢某辉、C 公司上诉理由没有法律依据，本院予以驳回。一审裁定正确，本院应予维持”。

案例十六：北京知识产权法院审理的张某忠与 A 公司等侵害商业秘密纠纷案［（2015）京知民终字第 1025 号］认为，“首先，本案系侵权纠纷，依据《中华人民共和国民事诉讼法》第二十八条规定：‘因侵权行为提起的诉讼，由侵权行为地或者被告住所地人民法院管辖。’该法第二十一条及第三十五条规定，同一诉讼的几个被告住所地、经常居住地在两个以上人民法院辖区的，各该人民法院都有管辖权；两个以上人民法院都有管辖权的诉讼，原告可以向其中一个人民法院起诉。本案中，原审被告 B 公司的住所地于北京市朝阳区，原告选择向北京市朝阳区人民法院起诉，符合法律规定。其次，侵害商业秘密纠纷案件依法不属于中级人民法院或知识产权法院管辖的第一审民事案件，故北京市朝阳区人民法院对本案具有管辖权”。

案例十七：北京市第一中级人民法院审理的全某茜与 A 公司侵犯商业秘密纠纷上诉案［（2006）一中民终字第 10442 号］认为，“依照《中华人民共和国民事诉讼法》第二十九条、第三十五条之规定，因侵权行为提起的诉讼，由侵权行为地或者被告住所地人民法院管辖。两个以上人民法院都有管辖权的诉讼，原告可以向其中一个人民法院起诉。因本案属于知识产权诉讼，全某茜的住所地在本市东城区，全某茜的被控行为地在 B 公司所在地本市海淀区××街，故北京市朝阳区人民法院及北京市海淀区人民法院均有管辖权。A 公司作为诉讼提起人有权选择其中任何一个法院审理本诉讼，现其选择北京市海淀区人民法院作为本案的受诉法院，并无不当，全某茜管辖异议不能成立，其上诉请求由北京市第二中级人民法院审理，因该法院是北京市朝阳区人民法院的上级法院，全某茜的请求已超出地域管辖异议范围，本院不予支持。据此，原审法院所作裁定并无不当”。

六、仲裁仅适用于合同纠纷，侵犯商业秘密纠纷系侵权之诉，应由具有管辖权的人民法院管辖（Arbitration is only applicable to contractual disputes. The trade secret misappropriation dispute is a tort action and shall be subject to the jurisdiction of the court.）

案例十八：重庆市第五中级人民法院审理的A公司与B公司侵犯商业秘密纠纷一案［（2009）渝五中法民初字第299号］认为，‘即使从合资经营合同的相关约定内容来看，合同所指“纠纷协商不能解决的，提交中国国际经济贸易仲裁委员会仲裁’，应当理解为因签订和履行合同发生的纠纷才提交中国国际经济贸易仲裁委员会仲裁，提交仲裁的纠纷属于合同纠纷。本案A公司提起的是商业秘密权的确认之诉和侵权之诉，A公司依法可以向有管辖权的人民法院提起”。

（二）商业秘密纠纷的诉讼主体问题
（Issues concerning the Litigants in Trade Secret Disputes）

002 自然人能否成为侵犯商业秘密案件适格被告（Whether a natural person can be a proper defendant in a trade secret misappropriation case.）

裁判要旨

司法实践中对于员工等自然人可追究其侵犯商业秘密责任早已达成共识。《反不正当竞争法》（2019）及2020年9月10日颁布的《最高人民法院关于审理侵犯商业秘密民事案件适用法律若干问题的规定》亦将经营者以外的其他自然人、法人和非法人组织纳入侵犯商业秘密责任主体的范围。

案情简介

一、A公司独立研发的××技术曾获国家技术发明二等奖，公司对相关生产技术信息均采取了保密措施。

二、B公司为提高生产D-泛酸钙的生产技术和能力，派公司保安部部长姜某海到临安物色A公司职工，非法获取A公司生产技术信息。姜某海、李某发通过中间人结识了A公司职工马某锋。

三、马某锋利用在A公司当生产调度员掌握大量技术信息资料的机会，先后将生产的操作规程、图纸、原料、操作记录、成品小样等资料提供给B公司。马某锋还利用B公司送的电脑，通过电子邮件解答B公司提出的技术问题，应邀为其提供技术指导。

四、临安市人民法院作出（2008）临刑初字第358号刑事判决，认定姜某海、马某锋犯侵犯商业秘密罪，杭州市中级人民法院作出（2009）浙杭刑终字第75号刑事裁定，对上述刑事判决予以维持。

五、A公司以侵害商业秘密为由向上海市第一中级人民提起民事诉讼。经过审理，一审法院认定涉案技术信息构成商业秘密，姜某海、马某锋、B 公司共同侵害他人商业秘密，应承担相应侵权责任。

六、在二审中，姜某海答辩称因自己是自然人，其并非《中华人民共和国反不正当竞争法》意义上的经营者。

七、二审法院认为根据立法宗旨，“经营者”也包括未直接从事经营活动，但违背自愿、平等、公平、诚实信用原则和公认商业道德，损害其他经营者合法权益、扰乱社会经济秩序，对其他市场主体造成损害的法人、经济组织和个人。

八、二审法院以姜某海在本案中属于侵害行为人可以作为适格被告为由，对其答辩意见不予采纳。

法院判决

上海市高级人民法院在本案民事判决书的“本院认为”部分就上述争议焦点进行如下论述：

关于原审被告姜某海所称的其并非《中华人民共和国反不正当竞争法》意义上的经营者，因而不是本案适格被告的意见，本院认为，《中华人民共和国反不正当竞争法》意义上的经营者，不仅包括实施了经营行为的法人、其他经济组织和个人，也包括虽未直接从事经营活动，但违背自愿、平等、公平、诚实信用原则和公认的商业道德，损害其他经营者合法权益、扰乱社会经济秩序，对其他市场主体造成损害的法人、其他经济组织和个人。凡从事了不正当竞争行为的行为人，均应受到《中华人民共和国反不正当竞争法》的规制，否则将违背其立法宗旨。不正当竞争行为人与受侵害经营者之间存在侵害与被侵害的关系，是不正当竞争行为的实质。姜某海直接实施了非法获取本案系争商业秘密的行为，其行为具有破坏他人竞争优势、损害竞争秩序的后果，且其行为已被浙江省临安市人民法院（2008）临刑初字第 358 号刑事案件及其上诉案件的生效裁判文书认定犯侵犯商业秘密罪，其在本案中属于侵害行为人，可以作为本案被告。

本案相关法律法规

《中华人民共和国反不正当竞争法》

第九条第二款、第三款 经营者以外的其他自然人、法人和非法人组织实施前款所列违法行为的，视为侵犯商业秘密。

第三人明知或者应知商业秘密权利人的员工、前员工或者其他单位、个人实施本条第一款所列违法行为，仍获取、披露、使用或者允许他人使用该商业秘密的，视为侵犯商业秘密。

《最高人民法院关于审理侵犯商业秘密民事案件适用法律若干问题的规定》

第十一条 法人、非法人组织的经营、管理人员以及具有劳动关系的其他人员，人民法院可以认定为反不正当竞争法第九条第三款所称的员工、前员工。

第十六条 经营者以外的其他自然人、法人和非法人组织侵犯商业秘密，权利人依据反不正当竞争法第十七条的规定主张侵权人应当承担的民事责任的，人民法院应予支持。

北京市高级人民法院《关于审理反不正当竞争案件几个问题的解答（试行）》的通知

反不正当竞争法中的“经营者”是指向市场提供商品或者服务的法人、其他组织和个人。虽然不是专门从事商品经营或营利性服务，但向市场提供作品、技术等智力成果的，也构成反不正当竞争法中的经营者。

案件来源

上海市高级人民法院审理的A公司与B公司、姜某海等侵害商业秘密纠纷案二审民事判决书［（2012）沪高民三（知）终字第62号］

延伸阅读及类案裁判规则

一、知悉商业秘密并负有保密义务的人即可成为侵犯商业秘密纠纷被告，无论其是否与商业秘密权利人之间存在劳动关系（In a dispute over trade secret misappropriation，any person who has knowledge of the trade secret and assumes duty to maintain its secrecy may become a defendant，regardless whether he has an employment relationship with the owner of the trade secret.）

案例一：广西壮族自治区高级人民法院审理的周某贵、A公司侵害商业秘密纠纷［（2018）桂民终227号］认为，“关于周某贵是否为本案适格被告的问题。周某贵上诉提出，其与A公司不存在劳动关系，也未签订保密协议，故不能作为本案适格被告。商业秘密侵权人并非必然与商业秘密权利人具有劳动关系，因各种身份关系知悉商业秘密并负有保密义务的人，即可能成为侵犯商业秘密纠纷的被告……根据上述查明的事实，周某贵在外派工作期间接受A公司的管理，理应遵守A公司制定的包括商业秘密保护规定在内的规章制度，且周某贵的代理人在二审庭审时承认周某贵在工作中能够接触到A公司主张构成商业秘密的《检查指引（27号版本）》文件的电子版本，故周某贵因身份关系知悉A公司的商业秘密并负有保密义务，可以作为本案侵犯商业秘密纠纷的被告，周某贵认为其与A公司没有劳动关系和保密协议，不能作为本案被告的上诉理由不能成立”。

二、在商业秘密案件管辖权异议程序中，若某个被告成为确定管辖的连结点，其是否适格直接影响到受诉法院对案件管辖权时，则应在管辖权异议阶段对被告是否适格问题进行审查。确认有初步证据证明被告与涉案事实存在形式上的关联性，无须对被告是否构成侵权、是否需要承担法律责任等实体内容进行审查（In the procedure for objecting to the jurisdiction of a trade secret case, if a certain defendant becomes the connecting factor for determining the jurisdiction, whether the defendant is proper shall be investigated at the stage for objecting to the jurisdiction. If preliminary evidence proves that there is formal relevance between the defendant's conduct and the facts involved, there is no need to examine whether the defendant has constituted misappropriation and whether he shall bear legal liability at that stage.）

案例二：最高人民法院审理的A公司与B公司等侵害经营秘密、擅自使用他人企业名称纠纷管辖权异议申请案［（2014）民提字第30号］认为，“一审法院对本案享有管辖权的前提是适格被告住所地或者被诉侵权行为地在江苏省连云港市。B公司一审起诉时所列的被告为A公司和于某燕，A公司的住所地为浙江省宁波市海曙区，于某燕的住所地为江苏省连云港市。因此，只有在于某燕是本案适格被告或者被诉侵权行为发生在江苏省连云港市的情形下，江苏省连云港市中级人民法院才具有对本案的管辖权。本案中，B公司以于某燕出具的‘说明’作为主要证据，认为于某燕与A公司恶意串通，披露B公司商业秘密，构成共同侵权，因此起诉时将于某燕列为本案共同被告。于某燕在说明中虽称A公司曾经给其打过电话，但却未提及具体人员，亦未提及具体商业秘密的内容，且其自认的事实对其不利；一审法院虽在前案中对其进行了询问，但于某燕在本案中却始终未出庭，一审法院亦未再次对其询问，其所述内容可信度存疑。虽然A公司提供的录音证据的来源不明、通话人身份不明，其可信度也不高，但鉴于于某燕出具的“说明”不足以形成优势证据，不能证明于某燕与A公司存在共同侵权的情形，因此，现有证据无法证明于某燕为本案的适格被告。一审法院以于某燕的住所地来确定本案管辖权错误”。

案例三：最高人民法院审理的A苏州公司、A上海公司侵害技术秘密纠纷二审民事裁定书［（2020）最高法知民辖终16号］认为，“A苏州公司上诉称：根据B

荷兰公司提供证据4-3‘C公司安徽工商登记信息’载明的C公司经营范围的仅涉及‘子午胎’，没有任何部分提及‘半钢子午线轮胎’，而C公司仅生产全钢胎产品，该生产过程无须使用被控侵权的HPC-105型号成型机，因此C公司不可能实施被控侵权行为，其并非本案的适格被告……至于C乘用公司、C公司是否在明知情形下使用涉案技术秘密，是否与A苏州公司具有侵权合意，属于实体审理的范畴，不属于管辖权异议的审查范围，原审法院的相关认定并无不当。A苏州公司、A上海公司还提出A上海公司、C公司并非为本案适格被告的上诉理由，该理由是否成立亦应当通过实体审理予以查明”。

案例四：北京市西城区人民法院审理的A公司与B公司等侵害商业秘密纠纷一审民事裁定书［（2019）京0102民初30408号］认为，“本案被告包括C公司、C江苏分公司、B公司，C公司所在地为北京市西城区，成为本案由本院管辖的唯一管辖连接点，C公司是否是本案的适格被告直接影响到本院对案件的管辖权，故本院在管辖权异议审查阶段应重点对被告是否适格问题进行审查，并依据审查结果作出管辖权异议的裁定……本院认为，该调查笔录中并未称C公司或C江苏分公司索要代码事宜，且原告未提交相应证据证明C公司与其他被告具有共同的意思联络，现有证据无法认定C公司与其他被告存在共同侵权行为，故C公司非本案适格被告，原告对C公司的起诉应予驳回”。

三、受委托为他人从事非经营活动，且与商业秘密权利人不存在竞争关系的律师等主体不属于侵犯商业秘密案件适格被告（Lawyers who are entrusted to engage in non-business activities for others and do not have a competitive relationship with trade secret owners are not proper defendants in trade secret misappropriation cases.）

案例五：北京市海淀区人民法院审理的A公司与B律所等侵害商业秘密纠纷案［（2016）京0108民初28061号］认为，“A公司与C公司均经营投资管理等相关业务，二者存在竞争关系。B律所受C公司委托，对A公司举办的‘A-C中国基金年会暨投资者答谢会’申请和配合公证取证，受托人B律所提供的法律服务产生的后果均归属委托人C公司，且B律所与A公司之间并不存在竞争关系，故B律所并非本案适格被告。刘某作为B律所的工作人员参与现场公证取证，属于履行工作职责、完成工作任务的职务行为，该行为的法律后果应由B律所承担，故刘某亦非本案适格被告”。

四、因履行工作职责、完成工作任务而侵害商业秘密的行为属职务行为，而非以个人身份实施的侵权行为，其个人不构成适格被告（If an individual commited trade secrets misappropriation during performance of duties or work tasks, it is an act of performing work duties instead of an tortious act as an individual, thus the individual is not a proper defendant.）

案例六：最高人民法院审理的A公司与B公司、陈某云等侵害商业秘密纠纷申诉、申请民事裁定书［（2015）民申字第1518号］认为，“李某第系B公司的法定代表人，作为B公司的管理人员，二审判决根据本案事实认定其行为属于履行职务的行为，侵权责任应由B公司承担，在认定事实和适用法律上，并无不当”。

案例七：最高人民法院审理的程某中、A公司与B公司、C集团等侵害商业秘密纠纷［（2013）民三终字第6号］认为，“其次，在本案中吴某亮是否侵害了程某中、A公司的涉案商业秘密。应当明确，吴某亮在本案中的一系列行为，从与程某中就涉案房地产项目进行沟通、获取有关材料，到与五原县人民政府就涉案房地产项目进行磋商，均是其作为B公司法定代表人的职务行为，程某中、A公司在与吴某亮进行联系时亦明确指称吴某亮为‘无锡C集团房地产开发有限公司吴总经理’，因此，在本案中，吴某亮作为自然人并不存在独立的侵害涉案商业秘密的行为”。

案例八：北京市高级人民法院审理的A公司等与B公司侵害商业秘密纠纷二审民事判决书［（2015）高民（知）终字第22号］认为，“李某第出席《石油钻机销售合同》的合作签字仪式时身份系A公司的总裁。其后，在A公司与伊朗C公司签订《石油钻机销售合同》时，李某第作为A公司的总裁。综合本案情况，李某第的行为均为以A公司总裁的身份履行职务，B公司没有证据证明李某第以个人身份实施侵犯其商业秘密的行为。因此，李某第个人不应成为侵犯B公司商业秘密的适格被告，B公司对李某第的侵权指控没有事实和法律依据，本院不予支持。原审判决关于李某第的涉案行为实质性地偏离了完成A公司员工工作所必须或应当实施的行为范畴，与执行职务不具有适当关联性，不属于职务行为的认定有误，本院予以纠正”。

003 公司股东在特定条件下可就侵害公司商业秘密的行为以自己名义提起侵权诉讼（Under certain conditions, each shareholder of the company may file a suit in its own name with respect to trade secrets misappropriation of the company.）

裁判要旨

他人侵犯公司商业秘密给公司造成损失的，有限责任公司的股东、股份有限公司连续一百八十日以上单独或者合计持有公司百分之一以上股份的股东，在经过特定程序后，公司未起诉的，股东可直接自行以自己的名义向人民法院提起诉讼。

案情简介

一、A 公司系 B 公司的股东之一，持股比例为 25%。在 A 公司与案外人 C 公司投资合同纠纷一案开庭过程中，A 公司收到一份证明材料，该材料为高某瑜出具的一份《研究报告》。

二、A 公司认为该报告使用了 B 公司的图纸等技术秘密以及销售信息等经营秘密，遂向 B 公司董事会、监事会及清算组发出函件，要求 B 公司立即对 D 大学能动学院、高某瑜提起诉讼，调查商业秘密泄密原因，对泄密人员采取法律措施。

三、B 公司收到前述函件后并未起诉，故 A 公司以侵害商业秘密为由向西安市中级人民法院提起诉讼。

四、一审法院认为 A 公司作为 B 公司的股东，在诉讼前，要求 B 公司董事会、监事会及清算组对高某瑜的被控侵权行为提起诉讼未果，遂以自己名义直接提起诉讼，是本案适格原告。

五、庭审中，高某瑜提交了 B 公司出具的证明，表明《研究报告》系受 B 公司委托所完成，且不认可其中的信息为 B 公司的商业秘密。A 公司则认为该证明是高某瑜与 B 公司恶意串通所为，对该证据不予认可。

六、一审法院认为 A 公司未能完成相关举证责任，判决驳回 A 公司的诉讼请求。A 公司不服一审判决向陕西省高级人民法院提起上诉，二审法院以相同理由判决驳回上诉，维持原判。

法院判决

陕西省高级人民法院在本案民事判决书的“本院认为”部分就上述争议焦点进行如下论述：

原审法院认为，本案主要涉及以下几个问题：一、A公司的原告主体资格问题。《中华人民共和国公司法》第一百五十一条规定：董事、高级管理人员有本法第一百四十九条规定的情形的，有限责任公司的股东、股份有限公司连续一百八十日以上单独或者合计持有公司百分之一以上股份的股东，可以书面请求监事会或者不设监事会的有限责任公司的监事向人民法院提起诉讼；监事有本法第一百四十九条规定的情形的，前述股东可以书面请求董事会或者不设董事会的有限责任公司的执行董事向人民法院提起诉讼。监事会、不设监事会的有限责任公司的监事，或者董事会、执行董事收到前款规定的股东书面请求后拒绝提起诉讼，或者自收到请求之日起三十日内未提起诉讼，或者情况紧急、不立即提起诉讼将会使公司利益受到难以弥补的损害的，前款规定的股东有权为了公司的利益以自己的名义直接向人民法院提起诉讼。他人侵犯公司合法权益，给公司造成损失的，本条第一款规定的股东可以依照前两款的规定向人民法院提起诉讼。根据查明的事实，A公司在B公司持股25%。诉讼前，A公司曾致函B公司董事会、监事会及清算组，要求对高某瑜的前述被控侵权行为提起诉讼未果，遂以自己名义直接提起诉讼，符合前述法律规定，A公司是本案适格原告。

本案相关法律法规

《中华人民共和国公司法》

第一百五十一条 董事、高级管理人员有本法第一百四十九条规定的情形的，有限责任公司的股东、股份有限公司连续一百八十日以上单独或者合计持有公司百分之一以上股份的股东，可以书面请求监事会或者不设监事会的有限责任公司的监事向人民法院提起诉讼；监事有本法第一百四十九条规定的情形的，前述股东可以书面请求董事会或者不设董事会的有限责任公司的执行董事向人民法院提起诉讼。

监事会、不设监事会的有限责任公司的监事，或者董事会、执行董事收到前款规定的股东书面请求后拒绝提起诉讼，或者自收到请求之日起三十日内未提起诉讼，或者情况紧急、不立即提起诉讼将会使公司利益受到难以弥补的损害的，前款规定的股东有权为了公司的利益以自己的名义直接向人民法院提起诉讼。

他人侵犯公司合法权益，给公司造成损失的，本条第一款规定的股东可以依照前两款的规定向人民法院提起诉讼。

《中华人民共和国民事诉讼法》

第一百二十二条 起诉必须符合下列条件：

（一）原告是与本案有直接利害关系的公民、法人和其他组织；

（二）有明确的被告；

（三）具体的诉讼请求和事实、理由；

（四）属于人民法院受理民事诉讼的范围和受诉人民法院管辖。

案件来源

A公司与高某瑜、B公司侵犯商业秘密纠纷民事二审判决书［（2018）陕民终466号］

延伸阅读及类案裁判规则

一、利用公司作为实施侵害商业秘密的工具时，公司并不构成共同侵权，而仅需被诉侵权人个人承担相应的侵权责任。若股东滥用法人独立人格和股东有限责任的，股东需对公司所需承担的赔偿责任承担连带责任（When the company is used as a tool to misappropriate trade secrets, the company does not constitute joint infringement with the infringer, but only the infringer who is sued shall bear the corresponding infringement liabilities. Where a shareholder abuses the independent personality of a legal person and the limited liability of a shareholder, the shareholder shall bear joint and several liability for the compensation that the company shall bear.）

案例一：扬州市中级人民法院审理的颜某尧与A公司侵害商业秘密纠纷案［（2019）苏10民终1380号］认为，“本院认为上诉人颜某尧侵犯了A公司的商业秘密，应当承担相应的法律责任。虽然颜某尧设立的B公司为A公司代理商，本案中合同签订主体为B公司，但上诉人颜某尧非法使用A扬州分公司的客户信息，通过B公司使用A扬州分公司的办公设施、人力资源，将A扬州分公司的商业交易机会交由B公司完成，且向A公司隐瞒B公司系其设立并运营的事实，其成立的B公司仅系其实施相关违法犯罪行为的工具。关于颜某尧认为相关法律责任应由B公司承担的理由，本院不予采信”。

案例二：上海知识产权法院审理的 A 公司、B 公司等与施某玲侵害商业秘密纠纷案［（2017）沪 73 民终 248 号］认为，“本案中判断朱某文应否承担连带赔偿责任，在于适用‘揭开公司面纱’原则的三个条件：（1）本案中，朱某文并未提供证据证明 C 香港公司的具体运营情况、公司架构，因此，鉴于朱某文作为 C 香港公司的唯一股东及董事，应当认为朱某文掌控了 C 香港公司的全部经营活动，并获得了 C 香港公司的所有利润。（2）本案中，朱某文与李某斌原系夫妻关系，A 公司涉案商业秘密‘D 公司的采购意向’这一经营信息，显然是由李某斌告知朱某文，再由朱某文交由 C 香港公司使用，朱某文在明知其获取的是 A 公司商业秘密的情况下，仍交由 C 香港公司使用上述信息，且朱某文作为 C 香港公司代表与 D 公司签订了涉案合同。因此，朱某文利用 C 香港公司的独立法律人格，将 C 香港公司作为其从事违法行为的工具，具有逃避法律责任的主观恶意。C 香港公司是否存在其他经营行为，均不影响本案中对于朱某文上述具有逃避法律责任的主观恶意的认定。（3）一审法院根据当事人的举证责任、证据取得的难易程度，合理分配由 C 香港公司提供公司账册证明其财产情况，但 C 香港公司拒绝提供公司账册、固定资产等证据，不能证明 C 香港公司本身存在的财产足以赔偿其侵权造成的损失，亦无证据证明确实存在其他可由 C 香港公司实施的救济手段可以弥补 A 公司的损失，故一审法院据此判决朱某文对 C 香港公司在本案中所应承担的赔偿责任承担连带责任，依法有据，并无不当”。

二、一人有限公司的股东未能证明公司财产独立于个人财产时，应对公司侵害他人商业秘密的赔偿责任承担连带责任（If any shareholder of a one-person limited liability company fails to prove that the property of the company is independent of its personal property, such shareholder shall be jointly and severally liable for the compensation liabilities for the company's misappropriation of the trade secrets of others.）

案例三：上海知识产权法院审理的 A 公司、B 公司等与施某玲侵害商业秘密纠纷案［（2017）沪 73 民终 248 号］认为，“首先，对于 B 公司所应承担的共同侵权责任，本院已在上文中明确表述，在此不再赘述。其次，对于潘某荣应否在本案中承担连带赔偿责任，本院认为，B 公司系一人有限公司，现潘某荣作为 B 公司股东，未提供证据证明 B 公司的财产独立于潘某荣自己的财产，故根据公司法的有关规定，潘某荣应当就 B 公司对 A 公司的赔偿责任承担连带责任”。

案例四：盐城市中级人民法院审理的 A 公司诉周某明等侵犯商业秘密竞业限制纠纷案［（2009）盐民三初字第 57 号］认为，“俞某应当对 B 公司的侵权承担连带责任。《中华人民共和国公司法》第六十四条规定：一人有限责任公司的股东不能证明公司财产独立于股东自己的财产的，应当对公司债务承担连带责任。该条明确一人公司的独资股东应当对其个人财产与公司财产是否混同承担举证责任。本案中，B 公司系俞某以个人名义注资 100 万元成立的一人有限公司。俞某并未向法庭提供公司财产独立于其个人财产的有效证据。相反，从原告 A 公司提供的中国工商银行东台支行的客户存款对账单中，已清楚地表明在 2008 年 6 月 3 日 B 公司以转账支票形式将 100 万元注册资金转至与 B 公司并无业务往来的东台市 C 房地产开发有限公司名下，故认定 B 公司有其独立财产无事实依据，俞某主张不承担法律责任的该项抗辩理由不足，本院不予采纳”。

案例五：上海市闵行区人民法院审理的 A 公司与 B 公司、朱某建等侵害商业秘密纠纷案［（2014）闵民三（知）初字第 644 号］认为，“朱某建与朱某玲虽均为 B 公司的股东，但原告没有证据证明 B 公司曾分红，B 公司的非法利益已转化为股东的个人收益，原告也没有证据证明 B 公司的资产与股东的资产混同，故 B 公司的债务应以其资产及注册资本为限独立承担责任，无须股东朱某玲承担连带责任；原告没有证据证明朱某玲对朱某建的涉案侵权行为明知，也没有证据证明朱某建为涉案侵权行为系为了维持婚姻家庭生活之必需，故朱某建因涉案侵权行为将被法院判决承担的赔偿款，并非法律规定的夫妻共同债务。综上分析，被告朱某玲无须对朱某建需承担的涉案赔偿款承担连带赔偿责任”。

三、股东明知公司已涉侵犯商业秘密诉讼的情况下，通过注销公司以逃避债务，公司应承担的赔偿责任由股东在公司清算中所分配到的剩余财产范围内承担（If the shareholder of the company deregisters the company to evade debts as it is aware of the company's involvement in a trade secret misappropriation action, the company shall perform its liability of indemnification within the scope of the remaining properties distributed to the shareholder during the liquidation of the company.）

案例六：苏州市中级人民法院审理的 A 公司、B 公司与廖某强、袁某等侵害商业秘密纠纷案［（2013）苏中知民初字第 0242 号］认为，“C 公司及被告袁某应当就其侵害两原告商业秘密的行为承担停止侵权并连带赔偿经济损失的民事责任。但 C 公司在诉讼过程中注销，其主体资格已经不存在。根据《中华人民共和国公司法》第二十条规定，股东不得滥用公司法人独立地位和股东有限责任损害公司债权人的利益，股东滥用公司法人独立地位和股东有限责任，逃避债务，严重损害公司债权人利益的，应当对公司债务承担连带责任。因此以虚假清算骗取注销登记的，股东应当对公司未清理完毕的债务承担相应清偿责任。本院于 2013 年 7 月 3 日向廖某强送达应诉材料，而 C 公司随即在 7 月 16 日通过股东会议解散公司。鉴于廖某强曾参与 C 公司的经营管理，且与 C 公司股东肖某艳存在夫妻关系，故本院有理由相信 C 公司股东袁某、肖某艳、徐某林、杨某华系在明知 C 公司已经涉及侵权诉讼的情况下通过解散公司的股东会决议并申请注销公司以逃避相应债务。C 公司向工商部门申请注销登记时称债权债务已厘清，存在虚假清算行为。故在 C 公司已经实际注销的情况下，其因侵权行为所应承担的赔偿责任应当由其股东袁某、肖某艳、徐某林、杨某华在公司清算中所分配到的剩余财产的范围（分别为 461550 元、384625 元、384625 元、307700 元）内承担。为避免当事人诉累，对于两原告在本案中追加肖某艳、徐某林、杨某华并要求三被告在本案中承担相应赔偿责任的主张，本院予以支持。肖某艳虽辩称 C 公司股东实际并未分配到相应剩余财产，但其并未提交有力证据推翻 C 公司向工商部门提交的相应清算文件，故本院对其抗辩主张不予采纳”。

004 公司更名、被收购、被吊销执照、关联公司混同等特殊情况下商业秘密归属（Trade secret ownership under special circumstances, such as business name change, acquisition, revocation of license and legal personality confusion between affiliated companies.）

裁判要旨

仅公司名称变更不影响其作为商业秘密权利人的认定，更名后的公司作为商业秘密的实际持有人有权提起侵权之诉。

案情简介

一、1998 年，A 公司取得进出口经营权。随后，A 公司先后更名为 B 公司、C 公司和 D 公司。同时，由 B 公司、E 公司作为发起人，成立了 F 公司，取得了 C 公司的进出口经营权。1998 年以来，F 公司一直在同一进出口经营权下从事外贸业务。

二、马某东和刘某在工作期间能够接触、掌握公司的客户信息和其他经营信息资料，并且与D公司签订了劳动合同书和保密协议。

三、2001年，马某东与刘某先后离职到G公司工作，从事与原工作性质相同的业务。马某东和刘某通过窃取的F公司的业务邮件记载的交易、价格谈判方式，向客户发送有关G公司销售业务的电子邮件，与客户就G公司的货物进行交易。

四、F公司以侵害商业秘密为由向宁夏回族自治区高级人民法院法院提起诉讼，请求判令马某东、刘某和G公司停止侵害商业秘密、赔偿经济损失和赔礼道歉。一审判决G公司停止侵权、赔礼道歉以及赔偿经济损失2584324.99元、客户经营信息开发费896178.06元。

五、G公司不服一审判决向最高人民法院提起上诉，称F公司不是本案的适格原告，理由在于：与马某东、刘某签订劳动合同、保密协议的不是F公司，故本案商业秘密所有者为G公司，F公司与G公司是不同的企业法人，二者相互独立，不存在承继关系。

六、最高法院认为：F公司的名称及结构发生了多次变更，无论公司的名称如何变更，马某东、刘某的实际雇主未变。F公司是涉案商业秘密的权利人，G公司构成侵权，判决G公司承担停止侵权、赔偿经济损失934834元的民事责任。

法院判决

最高人民法院在本案民事判决书的"本院认为"部分就上述争议焦点进行如下论述：

从原审法院查明事实分析，F公司的名称及结构发生了多次变更，均是经过当地政府批准并在工商管理部门登记注册的。无论公司的名称如何变更，围绕着公司的进出口权的撤销和取得，马某东、刘某的实际雇主未变，业务范围未变。马某东、刘某一直从事外销业务，虽然与他们签订劳动合同的是D公司，但本案诉争的客户经营信息的实际持有者是F公司。因此，F公司作为商业秘密的实际持有人有权提起侵权之诉。上诉人G公司上诉称F公司诉讼主体不适格的理由不能成立。

本案相关法律法规

《中华人民共和国反不正当竞争法》

第二条第三款 本法所称的经营者，是指从事商品生产、经营或者提供服务（以下所称商品包括服务）的自然人、法人和非法人组织。

《中华人民共和国公司法》

第九条 有限责任公司变更为股份有限公司，应当符合本法规定的股份有限公司的条件。股份有限公司变更为有限责任公司，应当符合本法规定的有限责任公司的条件。

有限责任公司变更为股份有限公司的，或者股份有限公司变更为有限责任公司的，公司变更前的债权、债务由变更后的公司承继。

《中华人民共和国民法典》

第五百三十二条 合同生效后，当事人不得因姓名、名称的变更或者法定代表人、负责人、承办人的变动而不履行合同义务。

案件来源

最高人民法院审理的G公司与F公司一案二审民事判决书［（2007）民三终字第1号］

延伸阅读及类案裁判规则

一、商业秘密的权利主体被吊销法人执照后，经同一法定代表人事实上的认可，实际使用商业秘密的主体即是商业秘密的合法权利人（The actual trade secrets user shall be deemed as the lawful owner of such trade secrets subject to the recognition of the same statutory representative subsequent to revocation of the license of the owner of such trade secrets.）

案例一：最高人民法院审理的A公司与B研究所、C公司、胡某云、余某祥、郑某斌、邓某方侵害商业秘密纠纷上诉案［（2001）民三终字第11号］认为，“从原审法院查明的事实看，JP6C变频器技术成果即A公司所主张的19项技术秘密点，是由B研究所于1994年完成并通过四川省科学技术委员会组织的技术鉴定的，其成果权应属于B研究所所有。其后，该项技术成果一直由A公司独家使用，1997年11月B研究所被吊销企业法人营业执照后，该项技术成果经过原B研究所的法定代表人吴某林事实上的认可，已实际处于A公司的合法掌控之下。因此，A公司应当属于JP6C变频器技术成果的合法权利人。C公司等被上诉人以JP6C变频器技术成果系由B研究所开发完成为由，认为A公司并非JP6C变频器技术秘密的合法权利人的答辩理由，显然不能成立”。

二、因公司收购行为导致企业的资产、人员等发生变动，完成相应的工商登记后，收购方随之成为被收购方的商业秘密的权利主体（The acquirer shall be the owner of trade secrets originally owned by acquiree following completion of relevant business filing due to assets and staff changes as a result of M&A.）

案例二：河南省高级人民法院审理的A公司等与B公司侵犯商业秘密纠纷案［（2002）豫法民三终字第86号］认为，“关于ZD系列半自动包装机和OCS系列电子称B公司是否有诉权的问题，因C公司已收购了电子称厂，C公司又于1998年4月将电子称厂的资产（包括无形资产）、人员投入B公司，并于1999年8月进行了工商变更登记，因此，包括ZD系列半自动包装机和OCS系列电子吊称在内的技术秘密自然也属于B公司所有，A公司等上诉人称B公司无诉权的主张不能成立，本院不予支持”。

三、资产混同、管理混同、经营混同的关联公司之间通过签订委托合同约定知识产权归属的，可以成为商业秘密的权利主体（A company may be the owner of trade secrets if such company who intermingle assets, management, and business operation with its affiliate companies, sign a commission agreement to stipulate the ownership of intellectual property.）

案例三：上海知识产权法院审理的A公司与B公司、严某青等侵害技术秘密纠纷案［（2015）沪知民初字第567号］认为，“根据本院查明的事实，首先，原告和C公司法定代表人相同，股东相同。且从原告和C公司双方之间的《技术研发委托协议》、共同发布的《商业秘密管理规定》、被告严某青在江桥工商所关于‘原告与C公司系同一老板，其中原告系销售公司，C公司系制造公司。两家公司的人员均由同一人事部予以管理’的陈述，被告江某波在江桥工商所关于‘在原告处工作时，江某波是与C公司签订的劳动合同，工资由原告支付。江某波知道原告和C公司系同一老板’的陈述，被告汤某在江桥工商所关于‘汤某于2000年进入原告工作，其间劳动关系曾经变更到C公司’的陈述，可以确定原告和C公司属于关联公司。其次，原告和C公司在2010年8月签订的《技术研发委托协议》中，明确了C公司由原告股东投资设立，C公司的研发团队就是原告既有的研发人员，并约定C公司按照原告要求进行新技术和新产品的研发与生产，以及对相关技术和产品进行后续改进。双方明确，因履行上述协议所产生的研究开发成果及其相关知识产权权利（包括但不限于专利申请权、技术秘密权、版权等权利）均归原告所有。上述《技术研发委托协议》中还明确了自动平板培养皿灌装线技术（即平板灌装线）系原告委托C公司研发。综上，本院认为，根据上述协议的约定，由涉案技术即平板灌装线技术所产生的相关知识产权权利，应归属于原告所有。若上述涉案技术符合《中华人民共和国反不正当竞争法》第十条的规定属于技术秘密的，则涉案技术秘密的权利人亦是原告”。

005 商业秘密使用许可的被许可人是否对侵害商业秘密的行为享有诉权（Whether a licensee who has been permitted to use trade secrets can bring an action for trade secret misappropriation.）

裁判要旨

对于侵犯商业秘密行为，商业秘密独占使用许可合同的被许可人提起诉讼的，人民法院应当依法受理。商业秘密的独占使用许可的商业秘密被许可人，依据使用许可合同成为涉案信息的合法使用人，是商业秘密侵权之诉的适格原告。

案情简介

一、2009 年，A 公司与 B 公司签订《技术转让协议》，约定将四氯化硅冷氢化技术及其装置设备，以电子或其他形式或媒介交付资料转让给 A 公司，并且在协议生效后的三年半或设备开始生产后的两年内，B 公司及其关联企业不得直接或间接许可任何第三方在位于中国境内的设备中使用该技术。

二、A 公司依照上述《技术转让协议》支付了技术许可费，享有在中国境内 2013 年 12 月 19 日前的独家使用权。

三、唐某东在 A 公司工作期间历任 C 分厂厂长、C 装置总监、生产副总经理助理兼生产运营部经理等技术要职，熟知公司的核心技术，并签订过《保守商业秘密与竞业限制变更协议》。

四、作为与 A 公司具有竞争业务的 D 公司以高薪为条件邀请唐某东加入其团队，唐某东遂从 A 公司辞职至 D 公司工作。

五、A 公司以侵害商业秘密为由向徐州市中级人民法院提起诉讼。经最高人民法院裁定，该案移送新疆维吾尔自治区高级人民法院审理。

六、D 公司答辩称，A 公司的冷氢化技术来源于 B 公司授权，其不能将 B 公司的技术作为自有的知识产权请求商业秘密保护，如认为自身权利受损，也只能向 B

公司主张违约救济而不能控告 D 公司侵权。

七、新疆高院以商业秘密的权利人包括商业秘密所有人和经商业秘密许可的商业秘密使用人，A 公司依据《技术转让协议》成为案涉技术的合法使用人，提起本案诉讼并无不当为由，对 D 公司该项抗辩理由不予采信。

法院判决

新疆维吾尔自治区高级人民法院在本案民事判决书的“本院认为”部分就上述争议焦点进行如下论述：

《中华人民共和国民事诉讼法》第一百一十九条规定：“起诉必须符合下列条件：（一）原告是与本案有直接利害关系的公民、法人和其他组织；（二）有明确的被告；（三）有具体的诉讼请求和事实、理由；（四）属于人民法院受理民事诉讼的范围和受诉人民法院管辖。”此条规定为原告起诉的条件，也是法院受理民事案件的条件。民事诉讼法对受理条件的规定首先要求原告与案件有直接利害关系，而适格原告应当是争议的法律关系的主体。《中华人民共和国合同法》第三百四十二条规定：“技术转让合同包括专利权转让、专利申请权转让、技术秘密转让、专利实施许可合同。技术转让合同应当采用书面形式。”故商业秘密的权利人包括商业秘密所有人和经商业秘密许可的商业秘密使用人，本案中，A 公司依据其与 B 公司所签订的《技术转让协议》，成为案涉技术的合法使用人，其认为案涉技术属于其掌握控制的商业秘密，并提起本案诉讼并无不当。D 公司关于 A 公司不具有本案诉权的抗辩理由不能成立，本院不予采信。

本案相关法律法规

《最高人民法院关于审理侵犯商业秘密民事案件适用法律若干问题的规定》

第二十六条　对于侵犯商业秘密行为，商业秘密独占使用许可合同的被许可人提起诉讼的，人民法院应当依法受理。

排他使用许可合同的被许可人和权利人共同提起诉讼，或者在权利人不起诉的情况下自行提起诉讼的，人民法院应当依法受理。

普通使用许可合同的被许可人和权利人共同提起诉讼，或者经权利人书面授权单独提起诉讼的，人民法院应当依法受理。

《最高人民法院关于审理不正当竞争民事案件应用法律若干问题的解释》

第十五条　对于侵犯商业秘密行为，商业秘密独占使用许可合同的被许可人提起诉讼的，人民法院应当依法受理。

排他使用许可合同的被许可人和权利人共同提起诉讼，或者在权利人不起诉的情况下，自行提起诉讼，人民法院应当依法受理。

普通使用许可合同的被许可人和权利人共同提起诉讼，或者经权利人书面授权，单独提起诉讼的，人民法院应当依法受理。

《中华人民共和国民事诉讼法》

第一百二十二条 起诉必须符合下列条件：

（一）原告是与本案有直接利害关系的公民、法人和其他组织；

（二）有明确的被告；

（三）具体的诉讼请求和事实、理由；

（四）属于人民法院受理民事诉讼的范围和受诉人民法院管辖。

案件来源

新疆维吾尔自治区高级人民法院审理的A公司与唐某东、D公司侵害商业秘密纠纷一审民事判决书［（2019）新民初14号］

延伸阅读及类案裁判规则

一、对于侵犯商业秘密行为，商业秘密普通使用许可合同的被许可人经权利人书面授权，有权单独提起诉讼（A licensee who signed a non-exclusive trade secrets license agreement is entitled to bring a separate action for misappropriation subject to a right holder's written authorization.）

案例一：广西壮族自治区高级人民法院审理的周某贵、A公司侵害商业秘密纠纷［（2018）桂民终227号］认为，“周某贵上诉认为，东莞B公司与A公司是互相独立的两家公司，A公司无权代东莞B公司向周某贵主张权利。经查，涉案《检查指引（27号版本）》文件页眉标识的企业名称是东莞B公司，上诉人周某贵据此认为《检查指引（27号版本）》所载信息属东莞B公司所有，被上诉人A公司、原审被告广东C公司对此均未提出异议，在没有相反证据的情况下，本院依法推定东莞B公司是《检查指引（27号版本）》所载信息的权利人。二审时，A公司向本院提交了东莞B公司出具的授权书，拟证明A公司经东莞B公司授权，是《检查指引（27号版本）》等文件的普通使用被许可人，并可以自身名义对本案提起诉讼。周某贵、广东C公司质证认为，该授权书系事后补充确认，反而证明A公司在一审起诉时不具备诉讼主体资格。对此本院认为，东莞B公司在一审时出具情况说明，证明东莞 B 公司和 A 公司多年来资源共享，东莞 B 公司同意 A 公司使用抬头标明为东莞 B 公司的案涉商业机密文件，该情况说明有利于 A 公司且载明本案一审案号，足见东莞 B 公司明知并认可 A 公司提起本案诉讼，东莞 B 公司二审时出具的授权书是对前述意思表示的书面确认，周某贵、广东 C 公司的质证意见不足以否定该授权书的证据资格和证明效力。本院依法认定 A 公司作为涉案《检查指引（27 号版本）》普通使用被许可人，经权利人书面授权提起诉讼，是本案适格的原告”。

案例二：贵阳市中级人民法院审理的 A 公司与 B 档案整理工作室、周某霞侵害商业秘密纠纷［（2019）黔 01 民初 62 号］认为，“原告当庭主张其对涉案的计算机软件系统和黔南州、黔东南州的客户资源享有独占使用许可。经查，C 公司与原告 A 公司之间的分包合同证实原告 A 公司为 C 公司提供电子档案一体化软件接口以及全部档案人工整理项目的服务，C 公司为此支付报酬，原告 A 公司对软件系统的使用为 C 公司提供档案整理和电子录入服务的前提条件，虽然 C 公司与 A 公司并未签订书面的明确的使用许可合同，但仍可视为 C 公司许可原告 A 公司对计算机程序系统的普通使用。同时，授权书第三条明确载明 C 公司授权原告对两周内从事同类业务，违反保密协议、竞业禁止的行为独立行使诉讼权利，可以当然认定 C 公司许可原告使用其软件平台系统，并书面授权其单独提起诉讼”。

二、商业秘密独占使用许可合同的被许可人有权作为原告向法院提起诉讼（A licensee who signed an exclusive trade secrets license agreement is entitled to bring an action to a court as a plaintiff.）

案例三：江苏省高级人民法院审理的 A 公司等与 B 实验工厂侵犯商业秘密纠纷案［（2002）苏民三终字第 054 号］认为，“1. B 实验工厂作为原告主体适格。根据 B 大学的授权声明，B 实验工厂对其主张的技术秘密享有独占使用权和独立的诉权。在技术秘密受到侵害时，其独占许可的被许可人有权作为原告向法院起诉。因此，B 实验工厂的原告主体适格。A 公司、C 公司认为涉案技术所有人为 B 大学，B 实验工厂作为一审原告主体资格不当的上诉理由不能成立”。

三、商业秘密排他使用许可合同的被许可人和权利人可以共同提起诉讼，在权利人不起诉的情况下，也可以自行提起诉讼（A licensee who signed a sole trade secrets license agreement can bring an action jointly with the right holder. Such licensee may bring an action separately if the right holder does not bring an action.）

案例四：苏州市中级人民法院审理的 A 公司、B 公司与廖某强、袁某等侵害商业秘密纠纷案［（2013）苏中知民初字第 0242 号］认为，“A 公司的 R36 转子插纸机、R38 转子插片机、R900 双飞叉绕线机、S3000 定子内绕机、S36BJ 定子插纸机、

RJC-01 转子测试机的相关技术图纸信息符合《反不正当竞争法》所保护的商业秘密的构成要件。A 公司对上述技术信息享有的商业秘密应受法律保护。A 公司授权 B 公司以排他许可方式使用上述商业秘密，并有权就侵犯上述商业秘密的行为以自己的名义提起诉讼。因此 B 公司亦为本案适格的当事人”。

四、商业秘密权利人与第三人共享权利或权利人愿意向其让渡诉讼权利时，第三人有资格获得原告资格（A third party is entitled to be a plaintiff if a trade secrets owner and a third party jointly own rights, or a right holder agree to assign its litigious right to a third party.）

案例五：合肥市中级人民法院审理的 A 公司、仰某水与 B 大学侵害商业秘密纠纷［（2015）合民三初字第 00176 号］认为，“关于仰某水作为本案原告是否适格的问题，由于本案另一原告 A 公司认可仰某水设计了涉案的公寓床样式及相关规格参数，认可仰某水对涉案公寓床设计具有权利，因此当 A 公司、仰某水认为双方对公寓床样式共同享有利益，均认为被告侵害这种利益时，双方有权提起诉讼，仰某水在本案中具备原告资格。

换言之，即使仰某水并非公寓床的设计者，但只要另一方 A 公司愿意向其让渡利益，仰某水即有资格成为本案的原告”。

案例六：苏州市中级人民法院审理的 A 公司与陈某侵害商业秘密纠纷案［（2019）苏 05 知初 340 号］认为，“A 公司与陈某签订了《劳动合同》及《保密协议》，双方签订的《离职协议》载明陈某被任命为 A 公司子公司 B 公司的法定代表人兼总经理，陈某亦参与 B 公司的经营管理，现 B 公司书面声明愿将侵犯涉案商业秘密的诉讼权利无条件归 A 公司所有，故 A 公司是提起本案诉讼的适格原告”。

案例七：南京铁路运输法院审理的广州 A 公司、B 公司与 C 公司、陆某侵害经营秘密纠纷案［（2017）苏 8602 民初 708 号］认为，“本案中，原告 A 公司全资设立了 B 公司，并在设立后即与其签订《关于涉税软件产品研发销售安排的备忘录》，对涉税软件市场的产品研发、市场推广、销售和服务进行了全面资源整合约定，并对客户资源的开发、共享、保密，客服团队的培养、使用，新形成知识产权权利的共有，以及权利被侵害的维护等事项进行了具体约定。根据两原告提交的合同、CRM 管理系统等证据，可以证明两原告在实际经营中也是按照备忘录的约定予以履行。通过商业经营的约定和实际履行的情况，本院认为，两原告系本案所主张的商业秘密的共同权利人，有权向法院提起诉讼，共同主张相关权益”。

五、母公司与子公司属于独立法人，依法独自承担法律责任，子公司不能以二者密切关联为由对母公司享有的商业秘密主张权利（Parent company and its subsidiary are independent legal person and shall assume liability respectively. A subsidiary shall not claim any rights to trade secrets owned by its parent company due to their close connection.）

案例八：阳江市中级人民法院审理的A公司、B公司侵害商业秘密纠纷［（2019）粤17民终303号］认为，"关于广州A公司对其主张邱某东、B公司侵犯的商业秘密是否享有请求权的问题。广州A公司提供的证据反映的是广东A公司、阳东A公司或阳江A公司与C、D两公司存在贸易往来，但未能证实广州A公司与C、D两公司相关的交易情况。虽然广州A公司是广东A公司的全资子公司，但在法律上两者属于独立的法人，依法独自承担法律责任。广州A公司上诉主张广东A公司与广州A公司关联性紧密，从而主张C、D两公司是广州A公司的客户，其对上述两公司的相关信息等商业秘密享有主张的权利显然缺乏法律依据和事实依据，本院不予支持"。

（三）商业秘密纠纷的诉讼时效问题
（The Statute of limitations for Trade Secrets Disputes Claims）

006 侵害商业秘密的诉讼时效期间为三年，自权利人知道或者应当知道权利受到损害之日起计算（The statute of limitations for trade secrets infringement claims is three years from the date when the right holder knows or should have known the damage occurred.）

裁判要旨

侵害商业秘密案件适用《民法通则》的二年诉讼时效。诉讼时效期间自权利人知道或者应当知道权利受到损害以及义务人之日起计算。

《民法典》颁布之后，适用三年诉讼时效，诉讼时效期间自权利人知道或者应当知道权利受到损害以及义务人之日起计算。

案情简介

一、A 公司与 B 公司签订《合作协议》，A 公司以电子邮件形式向 B 公司提供了其独立创作完成的《技术方案》电子版，用于帮助其投标。

二、C 公司与 B 公司签订协议，约定成立投标联合体参加上述项目。C 公司负责制作完成《投标技术文件》，并以联合体的名义参与投标，最终中标。

三、A 公司认为 C 公司的《投标技术文件》中使用了 A 公司拥有著作权的部分软件名称、文档及《技术方案》的部分内容，遂以侵害著作权为由两次将 C 公司诉至法庭。

四、经审理，南宁市中级人民法院分别作出（2007）南市民三初字第 29 号民事判决、（2007）南宁民三初字第 78 号民事判决（以下简称 78 号案），均认定 C 公司构成著作权侵权。

五、2009年，A公司以B公司违反《合作协议》不支付设计费为由，将B公司诉至法院。2010年，A公司以B公司违反保密约定，侵犯A公司商业秘密为由，向南宁市中级人民法院提起民事诉讼。

六、一审法院认为A公司在78号案起诉时就主张B公司将《技术方案》泄露给了C公司，导致C公司侵权，A公司至此应当知道B公司侵害其商业秘密，但并未在两年内提起侵害其商业秘密之诉。故一审法院认为该案已超过两年诉讼时效期间，判决驳回原告的诉讼请求。

七、A公司不服一审判决，向广西壮族自治区高级人民法院提起上诉，认为诉讼时效应以已生效的判决确认B公司将《技术方案》交给了C公司时开始计算；并且A公司向B公司发出《催款通知书》、提起侵害著作权之诉的行为能发生中断诉讼时效的效力。

八、二审法院认为根据A公司在78号案件中的诉讼主张，其已知B公司涉嫌对其商业秘密的侵犯，诉讼时效期间从知道或者应当知道权利被侵害时起计算，至此已超过诉讼时效且不存在诉讼时效中断的情形。故二审法院判决驳回上诉，维持原判。

法院判决

广西壮族自治区高级人民法院在本案民事判决书的“本院认为”部分就上述争议焦点进行如下论述：

关于A公司提起本案诉讼是否已超过两年诉讼时效的问题。B公司提出A公司对本案的起诉已经超过诉讼时效。依照《中华人民共和国民法通则》第一百三十五条规定：“向人民法院请求保护民事权利的诉讼时效期间为二年，法律另有规定的除外。”第一百三十七条规定：“诉讼时效期间从知道或者应当知道权利被侵害时起计算……”本案诉讼时效期间，应从A公司知道或者应当知道B公司侵害其商业秘密时起算。从查明的情况看，A公司于2007年7月9日起诉C公司侵犯《技术方案》作品著作权纠纷的78号案时，诉称其根据与B公司的合作协议以电子邮件的形式将《技术方案》提供给了B公司，而B公司又与C公司签订××投标联合体协议，C公司有机会接触A公司交给B公司的《技术方案》，并且在该案中明确了A公司于2006年7月知悉××联合体中标南宁项目，认为C公司为南宁项目制作的《投标技术文件》擅自使用了A公司《技术方案》的章节内容，侵犯了其著作权，遂起诉至该院。这说明A公司在78号案起诉时就认为B公司将《技术方案》交给了第三方C公司，存在泄露其《技术方案》的行为才导致了C公司的最终侵权。A

公司至此应当知道B公司侵害其商业秘密，但A公司并未在两年内提起侵害其商业秘密之诉。因此，该院认为，本案诉讼时效期间应当从2007年7月9日起算，至A公司向南宁市青秀区法院提起本案诉讼的时间即2010年5月13日止，A公司提起本案诉讼已经超过法定的二年诉讼时效期间，况且A公司在本案中没有提交B公司持续侵权或诉讼时效中断或因其他障碍不能行使请求权的有关证据。据此，该院认定A公司丧失了本案胜诉权，其诉讼请求不能得到支持……

（一）关于一审判决认定上诉人A公司提起本案诉讼超过两年诉讼时效是否有事实和法律依据的问题。

A公司诉称，B公司违反合作协议的保密约定，将A公司的技术方案交给联合投标的C公司进行修改、复制，侵犯其商业秘密。因此，A公司何时知道或应当知道B公司将A公司的技术方案提供给联合投标的C公司使用是判断本案是否超过诉讼时效的关键。A公司在78号案中诉称，其根据与B公司的合作协议以电子邮件的形式将《技术方案》提供给了B公司，而B公司又与C公司签订××投标联合体协议，C公司有机会接触A公司交给B公司的《技术方案》，认为C公司为南宁项目制作的《投标技术文件》擅自使用了A公司《技术方案》的章节内容，侵犯了其著作权。而A公司在该案中提交的第二组证据即《投标技术文件》，该投标技术文件署名C公司和B公司，故，A公司在提起78号案诉讼时就知道C公司与B公司作为联合投标体，在××联合投标体竞标所提交的《投标技术文件》中共同使用了A公司的《技术方案》，既然主张C公司有机会接触并使用了其《技术方案》，侵犯了其著作权，就应当知道C公司与B公司所共同使用的A公司的《技术方案》由B公司所提供。因此A公司在提起78号案件诉讼时即2007年7月9日就已经知道A公司涉嫌对其商业秘密的侵犯。根据《中华人民共和国民法通则》第一百三十五条“向人民法院请求保护民事权利的诉讼时效期间为二年，法律另有规定的除外”及第一百三十七条“诉讼时效期间从知道或者应当知道权利被侵害时起计算”之规定，本案的诉讼时效最迟亦应当于2007年7月9日起算，至A公司向南宁市青秀区法院提起本案诉讼的时间即2010年5月13日止，A公司提起本案诉讼已经超过法定的二年诉讼时效期间。

本案相关法律法规

《中华人民共和国民法典》

第一百八十八条 向人民法院请求保护民事权利的诉讼时效期间为三年。法律另有规定的，依照其规定。

诉讼时效期间自权利人知道或者应当知道权利受到损害以及义务人之日起计算。法律另有规定的，依照其规定。但是，自权利受到损害之日起超过二十年的，人民法院不予保护，有特殊情况的，人民法院可以根据权利人的申请决定延长。

《最高人民法院关于审理民事案件适用诉讼时效制度若干问题的规定》

第十五条 权利人向公安机关、人民检察院、人民法院报案或者控告，请求保护其民事权利的，诉讼时效从其报案或者控告之日起中断。

上述机关决定不立案、撤销案件、不起诉的，诉讼时效期间从权利人知道或者应当知道不立案、撤销案件或者不起诉之日起重新计算；刑事案件进入审理阶段，诉讼时效期间从刑事裁判文书生效之日起重新计算。

《最高人民法院关于审理专利纠纷案件适用法律问题的若干规定》

第十三条 权利人向公安机关、人民检察院、人民法院报案或者控告，请求保护其民事权利的，诉讼时效从其报案或者控告之日起中断。

上述机关决定不立案、撤销案件、不起诉的，诉讼时效期间从权利人知道或者应当知道不立案、撤销案件或者不起诉之日起重新计算；刑事案件进入审理阶段，诉讼时效期间从刑事裁判文书生效之日起重新计算。

案件来源

广西壮族自治区高级人民法院审理的 A 公司与 B 公司侵害商业秘密纠纷二审民事判决书［（2014）桂民三终字第 6 号］

延伸阅读及类案裁判规则

一、商业秘密权利人就侵犯商业秘密行为向公安机关、人民法院、人民检察院报案、控告，请求保护民事权利的，诉讼时效从其报案或者控告之日起中断（The statute of limitations shall be suspended as of the date when a right holder of trade secrets reports the misappropriation to a public security agency, brings an action to a court, or petitions to a procuratorate for civil rights protection.）

案例一：最高人民法院审理的 A 工厂、刘某驰与 B 厂技术秘密侵权纠纷上诉案［（1999）知终字第 5 号］认为，“A 工厂虽然于 1991 年 5 月就从刘某驰处获得了有关技术，随后即制造了设备，但是其使用设备进行生产的侵权行为和结果一直持续发生到 1997 年 4 月拆除设备为止。在此期间，A 工厂通过对设备的使用，一直在利用B厂技术秘密的效能，保证了生产的安全、正常进行和产品的质量。虽然，B厂仅向检察机关举报要求追究刘某驰的法律责任，未向人民法院提出追究A工厂侵权责任的请求，但是在检察机关侦查终结于1994年12月提出检察建议之前，没有证据证明B厂当时已经清楚知道其权利被A工厂侵犯的情况，故B厂于同年12月20日起诉A工厂，并没有超过诉讼时效；其根据群众揭发的线索向检察机关举报刘某驰，等待检察机关侦查结束后提起民事诉讼，应当认为诉讼时效自其举报时起中断，因此，B厂起诉A工厂和刘某驰，均未超过诉讼时效”。

案例二：徐州市中级人民法院审理的吴某军与A公司一案［（2006）徐民三初字第9号］认为，“本院认为，向人民法院请求保护民事权利的诉讼时效期间为二年，诉讼时效因提起诉讼、当事人一方提出要求或者同意履行义务而中断。从中断时起，诉讼时效期间重新计算。

原告针对商业秘密侵权的诉由经过本院的行政诉讼，引起诉讼时效的中断。本院于2005年4月11日作出（2005）徐行终字第116号行政判决，原告于2006年3月30日以同样的诉由提起民事诉讼，原告的主张并未超过二年的法定诉讼时效期间，因此按照《民法通则》第一百三十五条、第一百四十条之规定，对被告的该抗辩理由本院亦不予采信”。

案例三：重庆市沙坪坝区人民法院审理的A公司与田某河、B公司侵害商业秘密纠纷案［（2017）渝0106民初5724号］认为，“《最高人民法院关于审理民事案件适用诉讼时效制度若干问题的规定》第十五条第一款规定：权利人向公安机关、人民检察院、人民法院报案或者控告，请求保护民事权利的，诉讼时效从其报案或者控告之日起中断。原告于2014年3月26日向苏州虎丘公安分局报案称被告田某河借职务之便，借壳B公司转移客户的资源，客户名单、销售信息均属于客户资源，故可以推定原告具有主张保护其客户名单的意思表示，应认定诉讼时效中断，原告的起诉未超过诉讼时效”。

二、商业秘密刑事案件进入审理阶段，民事案件的诉讼时效从刑事裁判文书生效之日起重新计算（The statute of limitations of a civil case shall be recounted from the date a verdict come into force if a criminal case regarding trade secrets enters into the phase of trial.）

案例四：广东省高级人民法院审理的李某莉、卞某军侵害商业秘密纠纷［（2018）粤民终1574号］认为，“一审（2012）深南法知刑初字第8号生效刑事判决及其二审（2012）深中法知刑终字第34号生效刑事判决认定李某莉等人侵害A公司的商业秘密。该二审生效刑事判决作出时间为2012年12月18日，本案一审起诉时间为2014年3月7日。A公司的起诉未超出诉讼时效。李某莉认为应当以其被公安机关逮捕的时间即2011年8月为诉讼时效起算点。对此，本院认为，二审（2012）深中法知刑终字第34号生效刑事判决作出之前，A公司并不能确认李某莉等人存在侵害其商业秘密的事实。该二审生效刑事判决作出之后，A公司才确定侵害商业秘密事实的存在。因此，本案诉讼时效的起算点应当在二审（2012）深中法知刑终字第34号生效刑事判决生效之日起。李某莉该上诉理由依据不足，本院不予支持”。

案例五：上海市高级人民法院审理的A公司与B公司、姜某海等侵害商业秘密纠纷案［（2012）沪高民三（知）终字第62号］认为，“浙江省临安市人民法院（2008）临刑初字第358号刑事案件中，马某锋于2007年9月24日被刑事拘留、姜某海于2007年12月10日被刑事拘留，该刑事案件于2009年2月23日由浙江省杭州市中级人民法院作出终审裁定。本院认为，B公司对A公司、姜某海、马某锋的侵权行为的诉讼时效，应自该终审裁定生效之日起重新计算。因此B公司于2010年提起本案民事诉讼，并未超出两年诉讼时效。因此，本院对B公司关于A公司起诉已过诉讼时效的上诉意见不予采信”。

三、侵犯著作权案与侵犯商业秘密案属不同之诉，权利人仅对著作权起诉不能视为主张商业秘密权利，不发生中断诉讼时效的效力（Copyright infringement case is different from trade secrets infringement case. The statute of limitations shall not be recalculated if a right holder only brings an action for copyright，which shall not be deemed as claiming for trade secrets remedy.）

案例六：广西壮族自治区高级人民法院审理的A公司与B公司侵害商业秘密纠纷［（2014）桂民三终字第6号］认为，“A公司起诉C公司的78号案诉的是C公司侵犯其著作权与本案主张B公司侵犯其商业秘密是针对不同的被告，提出不同的权利主张，C公司与B公司并非同一案件中的连带债务人，故A公司在78号案件中对C公司提出的侵犯其著作权的权利主张不能视为A公司已向B公司主张过侵犯商业秘密的权利。A公司关于其就C公司、B公司联合投标‘××项目’一事侵犯A公司著作权已经提起的诉讼能发生中断本案诉讼时效的效力的上诉理由不能成立，本院不予支持。因此，一审法院认为本案诉讼时效期间应当从2007年7月9日起算，至A公司向南宁市青秀区法院提起本案诉讼的时间即2010年5月13日止，A公司提起本案诉讼已经超过法定的二年诉讼时效期间，且不能证明存在诉讼时效中断或因其他障碍不能行使请求权的事由，A公司丧失了本案胜诉权，其诉讼请求不能得到支持并无不当，本院予以维持”。

四、未提出侵犯商业秘密的权利主张的《催款通知书》，不能产生商业秘密纠纷的诉讼时效中断的效力（The statute of limitations regarding trade secrets dispute shall not be recalculated if a Notice of Payment does not contain claim for misappropriation.）

案例七：广西壮族自治区高级人民法院审理的A公司与B公司侵害商业秘密纠纷［（2014）桂民三终字第6号］认为，"A公司主张其于2008年6月6日，在公证员的监督下，通过国内特快专递向B公司发出《催款通知书》要求B公司在收到该通知书之日起15日内向其支付'××项目'的设计费及违约金，诉讼时效中断。但该催款通知书并没有提出侵犯其商业秘密的权利主张，不能构成对本案即侵犯商业秘密纠纷的诉讼时效中断，B公司的答辩理由成立，本院予以支持"。

五、持续性商业秘密侵权行为，诉讼时效期间自侵权行为结束时起算（For persistent trade secret misappropriation, the statute of limitations shall be counted from the date when the misappropriation terminates.）

案例八：北京知识产权法院审理的窦某彬、A公司与B公司侵害商业秘密纠纷案［（2017）京73民终1093号］认为，"B公司有关侵犯商业秘密的诉请是否超出了诉讼时效。诉讼时效的计算，应首先明确诉讼时效的起算点问题。侵权纠纷诉讼时效自知道或应当知道权利受侵犯之日起计算，同时《最高人民法院关于贯彻执行〈中华人民共和国民法通则〉若干问题的意见》第一百九十四条规定：'侵权行为是持续发生的，诉讼时效从侵权行为实施终了之日起计算。'本案一审中B公司提起诉讼，认为窦某彬与A公司在多个项目中，均侵犯了B公司的商业秘密，可以认定侵犯商业秘密的行为具有持续性，诉讼时效的起算点应从侵权行为实施终了之日起计算。本案中实际被诉的侵权行为涉及多个项目，包括C公司、D船厂、E大厦等。根据其中一份合同'××项目多媒体动画演示片制作合同'约定，'乙方应按照甲方要求，不迟于2016年7月2日完成本合同项目的制作，包含一部正式附带中文配音的中文版动画'。可以认定，合同的履行届满期限为2016年7月2日，也即合同侵犯商业秘密的行为持续到2016年。本案中，B公司的起诉时间为2016年5月31日，故其相关主张并没有超出诉讼时效"。

（四）商业秘密纠纷与劳动争议的关系（The Relationship Between Trade Secrets Dispute and Employment Dispute）

007 侵犯商业秘密案件为侵权之诉，不能与违反竞业限制的违约之诉同时审理（Trade secrets infringement cases are tort cases， which shall not be simultaneously tried with non-compete cases which in nature are breach of contract cases.）

裁判要旨

由劳动者与用人单位之间的竞业限制或禁止约定引发的纠纷，若当事人以违约为由主张权利，则属于劳动争议，依法应当通过劳动争议处理程序解决，不属于侵害商业秘密案件的审理范围。

案情简介

一、徐某自2004年就职于A公司，任职业务部科长，负责开发客户和客户管理。2015年，徐某与A公司签订《劳动合同》和《竞业限制（保密）协议》，其中约定了竞业限制期限、保密范围、保密期限及保密津贴等内容。

二、2016年，徐某投资设立B公司。2017年，徐某从A公司离职。辞职前后，徐某向A公司的多名客户发送邮件，告知自己的离职情况，其新公司的产品质量和A公司等同，而A公司的设备维修后质量下降。邮件所附报价单中的产品价格低于A公司，邮件落款为B公司及其联系方式。

三、随后，客户又将上述邮件转发A公司请其查看徐某的报价。徐某离职后，A公司与多名客户交易的产品价格均低于2016年相同产品的价格。A公司认为徐某、B公司使用A公司客户信息开展同业经营获利，故以侵害商业秘密为由向青岛市中级人民法院提起诉讼。

四、一审法院以 A 公司在本案中提交的证据无法确实、有效地证明其主张的客户名单、产品价格构成商业秘密为由，判决驳回原告的诉讼请求。

五、A 公司不服一审判决，向山东省高级人民法院提起上诉。徐某、B 公司答辩称，A 公司诉讼请求不明确，一审中以竞业禁止和不正当竞争提出索赔要求，二审虽名义上是以侵害商业秘密作为诉求，但实质仍是以竞业禁止和不正当竞争提出索赔要求。

六、二审法院认为涉案信息构成商业秘密且侵害商业秘密的事实成立；但 A 公司主张的竞业限制违约行为属于劳动争议，不属于侵害商业秘密案件的审理范围，故对该问题不予审查。

法院判决

山东省高级人民法院在本案民事判决书的“本院认为”部分就上述争议焦点进行如下论述：

关于 A 公司主张的竞业限制违约行为应否予以审理的问题。本院认为，对于劳动者与用人单位之间的竞业限制约定引发的纠纷，如果当事人以违约为由主张权利，则属于劳动争议，依法应当通过劳动争议处理程序解决。故，A 公司主张的竞业限制违约行为不属于本案审理范围，本案仅对 A 公司主张的侵犯商业秘密不正当竞争纠纷进行审查。

本案相关法律法规

《最高人民法院关于审理侵犯商业秘密民事案件适用法律若干问题的规定》

第十一条 法人、非法人组织的经营、管理人员以及具有劳动关系的其他人员，人民法院可以认定为反不正当竞争法第九条第三款所称的员工、前员工。

第十二条 人民法院认定员工、前员工是否有渠道或者机会获取权利人的商业秘密，可以考虑与其有关的下列因素：

（一）职务、职责、权限；

（二）承担的本职工作或者单位分配的任务；

（三）参与和商业秘密有关的生产经营活动的具体情形；

（四）是否保管、使用、存储、复制、控制或者以其他方式接触、获取商业秘密及其载体；

（五）需要考虑的其他因素。

《中华人民共和国劳动合同法》

第二十三条 【保密义务和竞业限制】用人单位与劳动者可以在劳动合同中约定保守用人单位的商业秘密和与知识产权相关的保密事项。

对负有保密义务的劳动者，用人单位可以在劳动合同或者保密协议中与劳动者约定竞业限制条款，并约定在解除或者终止劳动合同后，在竞业限制期限内按月给予劳动者经济补偿。劳动者违反竞业限制约定的，应当按照约定向用人单位支付违约金。

案件来源

山东省高级人民法院审理的A公司、徐某侵害商业秘密纠纷案二审民事判决书［（2018）鲁民终958号］

延伸阅读及类案裁判规则

一、既违反竞业限制义务，又侵犯商业秘密的情况下，权利人可选择违约之诉或侵权之诉。若选择侵害商业秘密之诉，无须经过劳动争议的仲裁前置程序（The right holder may choose to bring a breach of contract action or tort action if someone breach non-compete obligation and misappropriate trade secrets simultaneously. If the right holder chooses to bring a trade secrets misappropriation action, there is no need to take a labor dispute arbitration as a pre-procedure.）

案例一：河南省高级人民法院审理的石某宏、A公司侵害商业秘密纠纷案［（2016）豫民终656号］认为，“由于B公司一审主张的是张某、石某宏将B公司的商业秘密泄露给A公司，A公司应知张某、石某宏泄露的相关信息、技术属于B公司的商业秘密，仍然使用这个商业秘密进行投标和生产经营，其行为属于不正当竞争行为，应该承担侵权责任。即B公司向人民法院提起诉讼主张的民事法律关系是商业秘密，法院也是根据民事法律关系的原始性质来确定案由，因此本案应定性为侵犯商业秘密纠纷。对于A公司、石某宏提出的本案性质是劳动争议的上诉理由不能成立，本院予以驳回”。

案例二：天津市高级人民法院审理的A公司与B公司侵害商业秘密纠纷［（2012）津高民三终字第40号］认为，“本案案由在《起诉状》中明确列为侵害商业秘密纠纷，《起诉状》中所陈述的事实及理由也是围绕B公司、C公司、D公司、李某、沈某五被上诉人侵犯商业秘密给E公司造成损害进行阐述，原审法院亦是围绕上诉人主张的六项商业秘密进行的审理。现上诉人主张原审法院漏审有关违反竞业禁止义务，侵占合资公司业务及合同的诉讼请求，该主张不仅超出其原审诉讼请求的范围，而且侵害商业秘密与违反竞业禁止义务，侵占合资公司业务及合同，两者之间从行为表现、法律规范等方面看，并不属于同一法律关系。故原审法院依当事人的诉讼请求审理商业秘密侵权问题，不存在偏离或遗漏诉讼请求的情节”。

案例三：海口市中级人民法院审理的A公司与姜某阳侵害商业秘密纠纷［（2017）琼01民初427号］认为，“关于案件能否直接向人民法院起诉的问题。姜某阳主张其只是A公司的普通员工，不是公司的高级管理人员，不应适用公司法的有关规定，而是适用劳动法、劳动合同法的相关规定，本案为劳动争议纠纷，应适用劳动仲裁前置程序，A公司不能直接向人民法院起诉。对此，本院认为，姜某阳系A公司的职工，双方在劳动合同中约定了严守商业秘密的条款。A公司可以选择按劳动合同法的规定提出违反竞业限制约定的劳动争议仲裁和诉讼，也可以依照反不正当竞争法和侵权法的规定提出侵害商业秘密之诉。现A公司依据反不正当竞争法的规定向本院提起诉讼，无须经过仲裁前置程序”。

案例四：乌鲁木齐市中级人民法院审理的A公司与邢某、B公司、某星一场侵害商业秘密纠纷［（2016）新01民初70号］认为，“关于某星一场主张因《保密协议》系B公司与邢某所形成的劳动合同的附件部分，故本案应为劳动争议纠纷而非侵害商业秘密纠纷的辩称意见，本院认为，根据劳动合同法的相关规定，用人单位与劳动者可以在劳动合同中约定保守用人单位的商业秘密和知识产权相关的保密事项；对负有保密义务的劳动者，用人单位可以在劳动合同或者保密协议中与劳动者约定竞业限制条款。本案A公司以邢某擅自将其获得的商业秘密投入使用而发生的侵犯商业秘密争议，本院受理并无不当”。

案例五：佛山市中级人民法院审理的A公司、李某芳侵害商业秘密纠纷［（2018）粤06民终7976号］认为，“上诉人A公司上诉认为，被上诉人李某芳违反了双方约定的《保密及竞业禁止协议》的有关条款，应当承担相应的民事责任。对于这一点，从最高人民法院《民事案件案由规定》对‘侵害商业秘密纠纷’下的第四级案由调整也可以反映出来：2008年《民事案件案由规定》曾将“侵犯商业秘密竞业限制纠纷”作为四级案由，但在2011年修订时，则删除了这一案由，原因在于既违反竞业限制义务，又侵犯商业秘密的，性质上仍属侵犯商业秘密纠纷。本案中，上诉人A公司所诉请的是商业秘密（技术信息）保护，在其所诉商业秘密与竞业禁止重合的情况下，一审法院根据上诉人A公司所诉确立的案由进行审理符合法律规定”。

案例六：郑州市中级人民法院审理的A公司诉部某国、B公司侵犯商业秘密及竞业禁止纠纷［（2011）郑民三初字第125号］认为，“竞业禁止是指根据法律或合同的规定，禁止本企业雇员在任职期间或离职后一定期限内，利用在职期间掌握的雇主拥有的商业秘密，在一定区域内从事与雇主相同、相似的竞争性营业行为，其目的是保护雇主商业秘密免受不可避免的泄露的危险。而商业秘密是指不为公众所知悉，能为权利人带来经济利益，具有实用性并经权利人采取保密措施的技术信息和经营信息。由此说明，竞业禁止是以保守商业秘密为前提的，二者之间虽有一定的联系，但仍属于不同的法律关系。原告起诉时要求被告部某国承担侵犯商业秘密的侵权责任，故本案受理并不违反劳动仲裁前置程序的规定。诉讼中A公司明确赔偿的依据系部某国违反保密合同约定在相关竞争企业就职并要求赔偿及返还保密费用，实际是以部某国违反竞业禁止约定作为依据，因此本案性质应属竞业禁止纠纷”。

案例七：中山市中级人民法院审理的A公司诉吴某银等侵害商业经营秘密纠纷［（2003）中中法民三初字第12号］认为，“前述《保密合同》中明确吴某银离职后两年内进入与A公司生产相同产品的企业工作，或自行从事与其在A公司工作期间相同的工作，向A公司赔偿最低5万元的约定，是在法定保密义务以外限制吴某银离职后的就业行为的竞业禁止条款。该竞业禁止条款属A公司为保护其商业秘密而采取的措施。吴某银离职后到其丈夫开办的与A公司生产同类产品的企业工作，并使用原A公司的经营信息，在违反法定保密义务的同时，又违反了上述竞业禁止条款约定义务，即吴某银的行为导致应承担的侵权责任与违约责任相竞合。由于A公司选择的是侵权之诉，吴某银只能在《反不正当竞争法》所规定的法定义务范畴内承担相应的责任，对竞业限制条款中超出法律规定范围的相关约定，因A公司在选择诉讼理由和诉讼方式时已放弃相应权利而不予保护。A公司根据上述竞业禁止条款，要求吴某银作出赔偿，不作支持”。

案例八：深圳市福田区人民法院审理的A公司与程某、B公司深圳分公司侵害商业秘密纠纷［（2012）深福法知民初字第288号］认为，“‘被告程某辩称，双方争议发生在双方解除劳动合同之前，本案属于是否违反保密制度引起的争议，应当先经过仲裁程序’。当侵权之诉与违约之诉竞合时，受损害方有权选择要求对方承担违约责任或者侵权责任。本案原告已选择以被告侵犯其商业秘密要求其承担侵权责任，不属于劳动争议。被告提出本案应先经过劳动仲裁程序的抗辩理由不成立，本院不予采纳”。

二、认定是否违反竞业限制，仅需考察离职后工作单位与原单位是否存在竞争关系，不以是否侵害原单位商业秘密为条件（To determine whether a former employee violates non-compete obligation, the competitive relationship between the subsequent employer and the former employer is the only factor to be considered. Misappropriation of the former employer's trade secrets is not a precondition to ascertain non-compete violation.）

案例九：贵阳市中级人民法院审理的A公司与B工作室、周某霞侵害商业秘密纠纷［（2019）黔01民初62号］认为，“竞业禁止约定是针对负有保密义务的劳动者在劳动关系结束后一定期限内不得到与原用人单位有竞争关系的其他单位任职，或者自己开业生产或者经营同类产品、从事同类业务，其限制的是负有保密义务的劳动者在离职后的工作领域范围。认定劳动者是否构成违反竞业限制约定的违约行为，仅需考察该劳动者离职后的工作单位以及工作性质与原用人单位的生产经营是否存在竞争关系，不以该劳动者是否侵害原用人单位的商业秘密为条件”。

案例十：杭州市中级人民法院审理的A公司与王某敏侵犯商业秘密竞业限制纠纷［（2014）浙杭民终字第62号］认为，“首先关于A公司提起本案诉讼是否属于重复诉讼的问题。竞业限制约定是针对负有保密义务的劳动者在劳动关系结束后一定期限内不得到与原用人单位有竞争关系的其他单位任职，或者自己开业生产或者经营同类产品、从事同类业务的行为而言，限制的是负有保密义务的劳动者在离职后的工作领域范围。认定劳动者是否构成违反竞业限制约定的违约行为，仅需考察该劳动者离职后的工作单位以及工作性质与原用人单位的生产经营是否存在竞争关系，不以该劳动者是否侵害原用人单位的商业秘密为条件。

而在杭州市西湖区人民法院（2011）杭西知初字第935号案及本院（2013）浙杭知终字第95号案中，C公司、A公司的诉讼请求所针对的是王某敏以不正当手段获取C公司、A公司的商业秘密，并提供给D公司使用的侵权行为。两案中的诉讼请求所依据的法律事实并不相同，并不存在请求权竞合的问题。王某敏违反竞业限制的约定，即应承担违约责任。这与其是否另行存在侵害C公司及A公司的商业秘密的侵权行为无关。王某敏就此提出的上诉理由不能成立”。

案例十一：连云港市中级人民法院审理的A公司与李某、徐某等侵害经营秘密纠纷案［（2014）连知民初字第0040号］认为，“该案审理的是徐某是否实施了劳动合同约定的在中国境内从事与A公司相同或相近贸易工作的行为。而本案中，原告A公司诉称徐某等三被告实施了违法使用其商业秘密的行为，诉请徐某等承担侵权责任，赔偿给其造成的经济损失。两案中所诉行为并非同一行为，对诉称行为的审查内容、审查标准也不相同。劳动合同中竞业限制条款的约定虽然可以以保护商业秘密为目的，但判断是否违反竞业限制条款构成违约，并不以存在商业秘密为前提。而判断侵害商业秘密行为是否成立，必须以存在商业秘密为前提。即使被告人徐某实施了竞业限制案中所诉的限制行为而构成违约，也不必然构成对原告 A 公司商业秘密的侵害。所以，A 公司不能以徐某实施了竞业限制案中所诉的违约行为为由，既可以选择要求其承担违约责任也可以选择要求其承担侵权责任。那么，也就不能以 A 公司与徐某之间已经存在的竞业限制之诉为由，而排斥其对徐某提起商业秘密之诉的权利。因此，原告 A 公司对徐某提起的本案诉讼不违反一事不再理原则”。

三、同时发生侵犯商业秘密纠纷和竞业限制纠纷的，在竞业限制纠纷中获得的违约金，应在侵害商业秘密案确定的赔偿额中予以扣除（Damages obtained from a non-compete dispute shall be deducted from the damages determined in a trade secret misappropriation case if the non-compete dispute and the trade secret misappropriation dispute occur simultaneously.）

案例十二：常州市中级人民法院审理的 A 公司与 B 公司、朱某刚等侵害商业秘密纠纷案［（2016）苏 04 民初 22 号］认为，“根据相关法律规定，侵犯商业秘密纠纷与竞业限制纠纷既非竞合，也非相互独立，根据法律关于竞业禁止的制度设计，只要当事人未对两种情形的违约金分别进行约定，或者无法对第二种情形所造成的损害赔偿额作出明确认定，该两种情形应在同一违约金维度下一并评析。本案中，现已查明三被告在 2013 年 2 月 7 日前使用原告涉案 9 家企业相关经营信息并与之发生交易，由此计算出因侵犯商业秘密所产生的获利及合理费用为 403982. 91 元，但无法对未使用商业秘密所进行的交易给原告带来的损失作出明确认定，故前案竞业限制纠纷所确定的违约金数额应在本案确定的数额中予以扣除。另外，前案竞业限制纠纷原告依生效裁判可从包括朱某刚、居某芬在内的八名离职员工处共计获得 160 万元违约金，基于本案该二被告其总经理、销售经理及总经理助理的职务，可以认定该二人所知悉的商业秘密范围大于或至少等于另六位离职员工所知悉范围之和，且八名离职员工均在被告 B 公司工作，故可将八名离职员工的竞业限制违约金一并纳入本案进行处理，以减轻当事人诉累。至于前案执行阶段的当事人和解，原告实际获得的违约金数额少于生效裁判所确定的数额，此为当事人对自己权利的处分，并不违反法律规定，原告如数收取和解协议所约定的金额，即视为生效裁判所确定的给付金钱义务已经履行完毕，故本案确定侵犯商业秘密赔偿数额后，应以 160 万元予以扣减。因所需扣除的金额大于本案确定的赔偿数额，故本院对原告在本案中主张损失赔偿的相关诉讼请求亦不予支持。

原告可在举证证明三被告还存在侵犯其他商业秘密的情况下依法另案主张。综上，三被告构成对原告涉案9家企业的相关经营信息这一商业秘密的共同侵犯，但因承担的停止侵害责任的期限已过，且本案中原告的损失已获得竞业限制违约金的填平，故其诉讼请求不能成立”。

四、竞业限制属劳动争议纠纷，侵害商业秘密属侵权纠纷，二者不是同一法律关系，不应在同一个案件中处理（Non-compete dispute is an labor dispute while trade secrets infringement dispute is a tort dispute. They belong to different legal relationships，which shall not be tried in one action.）

案例十三：东莞市中级人民法院审理的A公司、叶某欣侵害商业秘密纠纷［（2018）粤19民终2519号］认为，“本案系侵害商业秘密纠纷。上诉人A公司主张被上诉人吕某逊对A公司负有竞业禁止义务，但竞业禁止纠纷属于劳动争议纠纷，故本院在本案中不作审理”。

案例十四：佛山市中级人民法院审理的A公司、李某芳侵害商业秘密纠纷［（2018）粤06民终7976号］认为，“上诉人A公司上诉认为，被上诉人李某芳违反了双方约定的《保密及竞业禁止协议》的有关条款，应当承担相应的民事责任。对此，本院认为，上诉人A公司与被上诉人李某芳于2015年2月7日签订的《保密及竞业禁止协议》实质上包括两个方面的内容：其一是保密条款；其二是竞业禁止。对于前者而言，因上诉人A公司诉请保护的技术信息不构成《中华人民共和国反不正当竞争法》意义上的“商业秘密”而不能得到法律支持和保护；对于后者而言，竞业禁止属于经营者与特定人员约定的、该特定人员不得从事某种具有竞争性质的行业活动，因而本质上是合同关系，受《中华人民共和国合同法》或其他相关规定调整。竞业禁止是为保护经营者的商业秘密等而设定的一种措施、手段，对于商业秘密的法律保护应当类似于侵权法律保护。因此，从这个意义上说，保密约定与竞业禁止不属于同一法律关系”。

案例十五：东莞市中级人民法院审理的A公司诉B公司东莞分公司等侵害商业秘密纠纷案［（2005）东中法民四知初字第33号］认为，“原告未举证证明被告芮某贵、韦某平、周某源及C公司存在侵犯其商业秘密的行为，徐某林、芮某贵、韦某平、周某源离开原告后有自主选择职业的自由，徐某林、芮某贵及韦某平成立C公司这一行为本身不构成对原告商业秘密的侵犯，至于四自然人被告是否存在违反其与原告之间关于竞业禁止的约定的情况，不属本案审查的范畴。故本院驳回原告对被告芮某贵、韦某平、周某源及C公司的诉讼请求”。

案例十六：佛山市禅城区人民法院审理的A公司与杨某寓、林某生侵害商业秘密纠纷［（2018）粤0604民初1327号］认为，“至于判令被告杨某寓在离职后一年内不得在顺德区域与原告经营或提供同类服务的地产中介企业担任任何直接竞争性的职务的请求，属于竞业禁止的劳动纠纷问题，属于另一法律关系，不属于本案侵犯商业秘密纠纷案件处理范畴”。

案例十七：绍兴市上虞区人民法院审理的A公司与韩某江、B公司侵犯商业秘密纠纷［（2013）绍虞知初字第20号］认为，“对于原告要求被告韩某江继续履行竞业禁止义务的请求，本院经审查认为该义务属于双方之间的合同义务，性质上属于劳动合同纠纷，不属于本案侵犯商业秘密纠纷的审理范围。经庭审释明，原告拒不撤回或变更诉讼请求，故本院对该请求依法驳回。对于原告要求两被告终止劳动合同的请求，本院认为，一般情况下，劳动者与用人单位自主建立、变更或者终止劳动关系，不受第三方的干涉，但对于违反劳动者与原用人单位竞业限制的规定而建立的劳动合同关系是否应终止，性质上亦属于劳动者与原用人单位的劳动合同纠纷，应采取仲裁前置。退一步讲，即使原告庭审中将该请求界定为要求两被告停止侵犯其商业秘密的责任形态，在原告无法举证证明两被告构成侵权的情况下，该停止侵权的责任形态亦不应予以支持”。

008 以审理竞业限制纠纷后又以侵犯商业秘密起诉的不属于重复诉讼，法院可予受理（It's not a case of multiplicity of actions if a plaintiff brings a trade secrets misappropriation action after the court has tried such non-compete dispute based on the same facts. The court may accept such filing.）

裁判要旨

因竞业限制争议向劳动人事争议仲裁委员会申请仲裁，与侵害商业秘密纠纷属于不同的诉，已审理竞业限制纠纷后又以侵犯商业秘密进行起诉的，不属于重复诉讼。

案情简介

一、王某有先后担任A公司交易科长、市场部副部长、经营部副部长等职务，主要负责交易的日常管理、客户服务工作。王某有与A公司签订了无固定期限劳动合同和竞业限制承诺书，约定王某有应保守A公司的商业秘密，不应聘到竞争对手处工作及介绍市场经营的客户到竞争对手处经营。

二、2013年，在未办理离职手续的情况下，王某有离开A公司到B中心任职。随后，大量由王某有出面联系其主管区域的客户，终止在A公司的经营，而到王某有现任职的B中心经营。

三、A公司认为，王某有在A公司任职期间为竞争企业服务，并将大部分经营客户联系到新任职企业经营，故以侵害商业秘密为由向西安市中级人民法院提起诉讼，请求判令王某有在与A公司有业务竞争关系企业所获得的全部收入28万元归A公司所有，并赔偿经济损失122万元。

四、一审法院认为A公司主张的客户基本信息、市场各类交易信息、数据等经营信息属于商业秘密、王某有的行为构成侵害商业秘密，应承担相应侵权责任。

五、王某有不服一审判决，向陕西省高级人民法院提起上诉，王某有辩称A公司的上诉请求已经通过劳动仲裁和诉讼另行请求，该诉讼属于重复起诉。

六、二审法院认为，A公司因与王某有竞业限制争议，向劳动人事争议仲裁委员会申请仲裁，与本案侵害商业秘密纠纷属于不同的诉，故本案不存在重复起诉的问题。

法院判决

陕西省高级人民法院在本案民事判决书的“本院认为”部分就上述争议焦点进行如下论述：

上诉人A公司因与王某有竞业限制争议，向劳动人事争议仲裁委员会申请仲裁，与本案侵害商业秘密纠纷属于不同的诉，故本案不存在重复起诉的问题，王某有此项辩解理由不能成立。

本案相关法律法规

《中华人民共和国劳动合同法》

第二十三条　【保密义务和竞业限制】用人单位与劳动者可以在劳动合同中约定保守用人单位的商业秘密和与知识产权相关的保密事项。

对负有保密义务的劳动者，用人单位可以在劳动合同或者保密协议中与劳动者约定竞业限制条款，并约定在解除或者终止劳动合同后，在竞业限制期限内按月给予劳动者经济补偿。劳动者违反竞业限制约定的，应当按照约定向用人单位支付违约金。

《最高人民法院关于适用中华人民共和国民事诉讼法的解释》

第二百四十七条第一款 当事人就已经提起诉讼的事项在诉讼过程中或者裁判生效后再次起诉，同时符合下列条件的，构成重复起诉：

（一）后诉与前诉的当事人相同；

（二）后诉与前诉的诉讼标的相同；

（三）后诉与前诉的诉讼请求相同，或者后诉的诉讼请求实质上否定前诉裁判结果。

案件来源

陕西省高级人民法院审理的A公司与王某有侵害商业秘密纠纷案二审判决书［（2015）陕民三终字第00012号］

延伸阅读及类案裁判规则

一、权利人就相同事实主张过竞业限制的合同责任，又以侵犯商业秘密为由提出侵权之诉的，二者分别为违约之诉和侵权之诉，均系权利人的合法权利，不违反“一事不再理”原则，法院可以受理（If a right holder brings both a tort action for misappropriation and a contractual liability claim for non-compete based on the same facts, those actions are for contract and tort respectively, the initiation of either action are the right holder's legal rights and is not against non bis in idem principle, thus the court may accept such filings.）

案例一：长沙市中级人民法院审理的A公司与黄某侵害商业秘密纠纷二审民事判决书［（2015）长中民五终字第07885号］认为，“上诉人认为，被上诉人以同一事实，既向一审法院提起侵犯商业秘密之诉，又以上诉人违反竞业限制为由另案申请劳动仲裁，明显违反‘一事不再理’的民事诉讼原则。被上诉人认为本案属于侵犯商业秘密纠纷，与被上诉人在长沙市劳动争议仲裁委员会以违反竞业限制为由提出的劳动仲裁并不冲突，一个为侵权之诉，另一个为违约之诉，系被上诉人的合法权利。本院认为，《最高人民法院关于适用〈中华人民共和国民事诉讼法〉的解释》第二百四十七条规定，当事人就已经提起诉讼的事项在诉讼过程中或者裁判生效后再次起诉，同时符合下列条件的，构成重复起诉：（一）后诉与前诉的当事人相同；（二）后诉与前诉的诉讼标的相同；（三）后诉与前诉的诉讼请求相同，或者后诉的诉讼请求实质上否定前诉裁判结果。本案中，被上诉人向一审法院提起侵害商业秘密之诉在前，为前诉，向长沙市劳动人事争议仲裁委员会提起劳动争议之诉在后，为后诉。本案作为前诉，不涉及‘一事不再理’的情形，不能适用上述规定，故上诉人的主张不成立”。

案例二：南京市中级人民法院审理的上诉人A公司、张某侵害经营秘密纠纷案［（2015）宁知民终字第141号］认为，“一审法院认为，商业秘密侵权与违反竞业限制约定法律关系性质不同。本案中，原告主张被告A公司实施了侵害原告商业秘密的行为，要求A公司承担相应的民事责任，并要求张某承担连带责任，主要事实依据是认为张某违反了在劳动关系存续期间与其签订的保密协议，披露、允许他人使用掌握的原告商业秘密，而A公司明知张某存在上述违法行为，仍获取、使用原告商业秘密，从而构成共同侵权。本院认为，虽然被告A公司抗辩原告已就相同事实向张某主张过竞业限制的合同责任，但并不能因此否定原告向A公司主张侵权责任的诉求。因此，被告认为本案原告的诉讼违反了‘一事不再理’原则的抗辩，本院不予采纳。本院认为，上诉人与被上诉人之前经历的竞业禁止合同违约之诉，虽与本案存在部分当事人重合现象，但该案与本案分属不同的法律关系，案涉争议事实不相同，案件当事人也不完全相同，故本案不违反‘一事不再理’原则。上诉人此上诉理由无事实和法律依据，本院不予采信”。

案例三：连云港市中级人民法院审理的A公司与李某、徐某等侵害经营秘密纠纷案［（2014）连知民初字第0040号］认为，“徐某与A公司竞业限制纠纷一案（以下简称竞业限制案）中，A公司诉称徐某违反了与其签订的劳动合同中的竞业限制条款，即‘若乙方离职后，两年内不得在中国境内从事与本公司相同或相近的贸易工作。甲方于每年三月给予乙方经济补偿人民币贰万元，若乙方违约，需支付给甲方补偿金人民币壹佰万元及由此给甲方造成经济损失75%的赔偿金’，实施了该竞业限制条款所限制的行为，诉请由徐某承担违约责任。该案审理的是徐某是否实施了劳动合同约定的在中国境内从事与A公司相同或相近贸易工作的行为。而本案中，原告A公司诉称徐某等三被告实施了违法使用其商业秘密的行为，诉请徐某等承担侵权责任，赔偿给其造成的经济损失。两案中所诉行为并非同一行为，对诉称行为的审查内容、审查标准也不相同。劳动合同中竞业限制条款的约定虽然可以以保护商业秘密为目的，但判断是否违反竞业限制条款构成违约，并不以存在商业秘密为前提。而判断侵害商业秘密行为是否成立，必须以存在商业秘密为前提。即使被告人徐某实施了竞业限制案中所诉的限制行为而构成违约，也不必然构成对原告 A 公司商业秘密的侵害。

所以，A 公司不能以徐某实施了竞业限制案中所诉的违约行为为由，既可以选择要求其承担违约责任也可以选择要求其承担侵权责任。那么，也就不能以 A 公司与徐某之间已经存在的竞业限制之诉为由，而排斥其对徐某提起商业秘密之诉的权利。因此，原告 A 公司对徐某提起的本案诉讼不违反‘一事不再理’原则”。

案例四：苏州市中级人民法院审理的 A 公司、B 公司与廖某强、袁某等侵害商业秘密纠纷案［（2013）苏中知民初字第 0242 号］认为，“在（2013）相商初字第 0077 号及（2014）相民初字第 0461 号两案纠纷中，B 公司分别以廖某强作为公司高级管理人员存在损害公司利益的行为以及存在与 B 公司经营同类业务的行为为由提起诉讼，其中并未涉及廖某强侵害 B 公司商业秘密的行为。故上述两案中，B 公司对廖某强的起诉所依据的事实理由与本案不同，本案并不存在违反‘一事不再理’原则的情形。廖某强提出的本案应当驳回 B 公司对其起诉的意见于法无据，本院不予支持”。

案例五：北京市第二中级人民法院审理的 A 公司诉韩某侵犯商业秘密纠纷案［（2006）二中民初字第 611 号］认为，“虽然原告 A 公司就被告韩某违反竞业禁止协议的行为已经申请了劳动仲裁，但是其在本案中主张的是韩某侵犯其商业秘密，与上述所诉违约非同一法律关系，不属于就同一事实重复起诉的情形。对韩某据此提出应驳回 A 公司起诉的请求，本院不予支持”。

案例六：重庆市沙坪坝区人民法院审理的 A 公司与田某河、B 公司侵害商业秘密纠纷案［（2017）渝 0106 民初 5724 号］认为，“原告针对被告侵犯商业秘密行为提起侵权之诉，与 A 公司向被告提起的禁业限制纠纷，诉讼当事人、诉讼标的及诉讼请求均不相同，已审理竞业限制纠纷是针对劳动者解除或终止劳动合同后的违反竞业限制约定的行为，而本案原告的诉讼请求基于原、被告劳动合同关系存续期间被告侵犯商业秘密的侵权行为，不构成重复起诉”。

案例七：苏州工业园区人民法院审理的 A 公司与王某明、陆某花等侵害商业秘密纠纷一审民事判决书［（2016）苏 0591 民初 9769 号］认为，“原告曾以张某飞、王某明、陆某花违反竞业限制协议向涉案四被告提起诉讼，要求被告承担违约金，且这些判决已生效；但本案的诉由是侵犯商业秘密纠纷，原告提起的诉讼请求是被告承担侵权赔偿责任，因此，已生效的判决与本案尽管在当事人方面存在重合，但在诉讼标的和诉讼请求上均是不相同的，故原告提起本案诉讼并不违反‘一事不再理’原则”。

二、权利人就涉案技术的著作权提起的侵权之诉后，又提起侵害商业秘密之诉，因法律关系不同，不属于重复起诉，不违反“一事不再理”原则，法院可以受理（It's not multiplicity of actions and is not against non bis in idem principle because there are different legal relationships if a right holder brings an action for misappropriation subsequent to a tort action for infringed copyrights. The court may accept such filing.）

案例八：广西省高级人民法院审理的A公司与B公司侵害商业秘密纠纷二审民事判决书［（2014）桂民三终字第6号］认为，“一审法院认为：（一）关于本案中A公司的起诉是否属于重复起诉的问题。针对B公司提出A公司就涉案技术方案已经在该院审理的29号案、78号案等著作权侵权纠纷案中就同一侵权法律关系、同一侵权行为、同一侵权后果起诉并判决生效获得了赔偿之后，再次提起本案诉讼属重复起诉的问题。该院认为，29号案、78号案是A公司追究C公司侵犯A公司就涉案技术方案享有的著作权引起的侵权之诉，而本案是A公司追究B公司违反《合作协议》的保密约定侵犯A公司商业秘密的侵权之诉。本案与29号案、78号案的被诉侵权主体不同、行为指向不同、法律关系不同，侵权事实亦非相同。故A公司对本案提起侵犯商业秘密的诉讼是其行使诉权的表现，不属重复起诉，B公司主张系重复诉讼的理由不能成立。对于B公司提出A公司就B公司使用《技术方案》的行为违反《合作协议》的事实已向广州市天河区人民法院提起了违约之诉并获一、二审法院的支持和判决已生效之后，A公司再次提起本案侵权之诉，属违反我国法律责任竞合规定不应得到支持的问题。该院认为，A公司向广州市天河区人民法院提起的（2009）天法知民初字第308号案是因B公司未按《合作协议》的约定支付涉案技术方案的设计费引起的违约之诉，而本案是A公司追究B公司违反《合作协议》的保密约定侵犯A公司商业秘密的侵权之诉，不是同一违约行为，也不是对同一权利的损害，不属于法律规定的权利竞合，故B公司的该项抗辩无事实及法律依据，不予支持”。

三、法院准许撤诉后，原告就同一事实、同一诉求及相同的被告向法院提起诉讼，并非重复起诉，并不违反“一事不再理”原则（It's not multiplicity of actions and is not against non bis in idem principle if a plaintiff brings an action against the same defendant under the same cause of action and claims after a court allow such plaintiff to drop the case previously.）

案例九：四川省高级人民法院审理的A公司、B公司侵害商业秘密纠纷案［（2018）川民辖终52号］认为，“依据《中华人民共和国民事诉讼法》第三十五条‘两个以上人民法院都有管辖权的诉讼，原告可以向其中一个人民法院起诉’之规定，B 公司作为原告选择向侵权行为地有管辖权的人民法院起诉，符合法律规定，故四川省成都市中级人民法院裁定驳回尹某大、C 公司、A 公司、D 设计院的管辖权异议并无不当。四川省眉山市中级人民法院作出的（2016）川 14 民初 8 号之四民事裁定已准许 B 公司撤诉，故 B 公司就同一事实、同一诉求及相同的被告向四川省成都市中级人民法院提起诉讼并不违反‘一事不再理’原则，并非重复起诉”。

（五）商业秘密纠纷的保全问题
（Injunctions Regarding Trade Secrets Dispute）

009 侵犯商业秘密案件中原告可请求法院依法裁定对侵权人采取行为保全措施（A plaintiff may apply to court for interim injunctions in a trade secret misappropriation case.）

导 读

行为保全也被通俗地称为临时禁令，是保障商业秘密权利非常重要的手段。《中美贸易协定》将使用或试图使用所主张的商业秘密信息认定为“紧急情况”时，司法机关有权采取行为保全措施。目前我国立法中已有行为保全的规定，但是在司法实践中，法官由于担心发生错误的行为保全，对此态度十分谨慎，认定也比较严苛。

根据2020年9月10日颁布的《最高人民法院关于审理侵犯商业秘密民事案件适用法律若干问题的规定》，最新规则中对行为保全问题做出了强调，鼓励法院采取行为保全措施：被申请人试图或者已经以不正当手段获取、披露、使用或者允许他人使用权利人所主张的商业秘密，不采取行为保全措施会使判决难以执行或者造成当事人其他损害，或者将会使权利人的合法权益受到难以弥补的损害的，人民法院可以依法裁定采取行为保全措施。前款规定的情形属于《中华人民共和国民事诉讼法》第一百条、第一百零一条所称情况紧急的，人民法院应当在四十八小时内作出裁定。

裁判要旨

行为禁令是商业秘密侵权案中重要的救济方式，权利人能够初步证明涉嫌侵权人获取并掌握了涉案商业秘密，致使权利人所主张该商业秘密存在被非法披露而造成无法弥补的损害时，符合行为保全的条件。

案情简介

一、黄某炜在中国 A 公司担任化学主任研究员。中国 A 公司与黄某炜签订《保密协议》，并进行了相应的培训。黄某炜从中国 A 公司的服务器上下载了 48 个文件（其中 21 个为核心为密商业文件），并私自存储至自己所拥有的设备中。

二、经交涉，黄某炜向中国 A 公司承认上诉行为并签署承诺函，允许公司检查和删除这些公司文件及相关内容。此后，中国 A 公司曾数次派员联系黄某炜，要求其配合删除机密商业文件，但黄某炜拒绝履行同意函约定的事项。

三、美国 A 公司、中国 A 公司遂向上海市第一中级人民法院起诉状告黄某炜侵害技术秘密，同时提出行为保全的申请，请求法院责令被告不得披露、使用或者允许他人使用从申请人处盗取的 21 个商业秘密文件。

四、为支持其申请，中国 A 公司向法院提供了商业秘密文件的名称及内容、黄某炜的承诺书、公证书、员工信息设备配备表格、劳动关系终止通知函、成本统计表等证据材料以及担保金 10 万元。

五、法院审查认为，根据证据能够初步证明被申请人获取并掌握了涉案商业秘密文件，由于被申请人未履行承诺，致使申请人所主张的商业秘密存在被披露、使用或者外泄的危险，可能对申请人造成无法弥补的损害，符合行为保全的条件。

六、法院遂作出民事裁定，禁止被申请人黄某炜披露、使用或允许他人使用申请人美国 A 公司、中国 A 公司主张作为商业秘密保护的 21 个文件。

法院判决

上海第一中级人民法院在本案民事判决书的“本院认为”部分就上述争议焦点进行如下论述：

申请人提交的证据能够初步证明被申请人获取并掌握了申请人的商业秘密文件，由于被申请人未履行允许检查和删除上述文件的承诺，致使申请人所主张的商业秘密存在被披露、使用或者外泄的危险，可能对申请人造成无法弥补的损害，符合行为保全的条件。2013 年 7 月 31 日，该院作出民事裁定，禁止被申请人黄某炜披露、使用或允许他人使用申请人美国 A 公司、中国 A 公司主张作为商业秘密保护的 21 个文件。

本案相关法律法规

《最高人民法院关于审理侵犯商业秘密民事案件适用法律若干问题的规定》

第十五条 被申请人试图或者已经以不正当手段获取、披露、使用或者允许他人使用权利人所主张的商业秘密，不采取行为保全措施会使判决难以执行或者造成当事人其他损害，或者将会使权利人的合法权益受到难以弥补的损害的，人民法院可以依法裁定采取行为保全措施。

前款规定的情形属于民事诉讼法第一百条、第一百零一条所称情况紧急的，人民法院应当在四十八小时内作出裁定。

《中华人民共和国民事诉讼法》

第一百零六条 财产保全采取查封、扣押、冻结或者法律规定的其他方法。人民法院保全财产后，应当立即通知被保全财产的人。

财产已被查封、冻结的，不得重复查封、冻结。

《最高人民法院关于审查知识产权纠纷行为保全案件适用法律若干问题的规定》

第六条 有下列情况之一，不立即采取行为保全措施即足以损害申请人利益的，应当认定属于民事诉讼法第一百条、第一百零一条规定的“情况紧急”：

（一）申请人的商业秘密即将被非法披露；

（二）申请人的发表权、隐私权等人身权利即将受到侵害；

（三）诉争的知识产权即将被非法处分；

（四）申请人的知识产权在展销会等时效性较强的场合正在或者即将受到侵害；

（五）时效性较强的热播节目正在或者即将受到侵害；

（六）其他需要立即采取行为保全措施的情况。

第十条 在知识产权与不正当竞争纠纷行为保全案件中，有下列情形之一的，应当认定属于民事诉讼法第一百零一条规定的“难以弥补的损害”：

（一）被申请人的行为将会侵害申请人享有的商誉或者发表权、隐私权等人身性质的权利且造成无法挽回的损害；

（二）被申请人的行为将会导致侵权行为难以控制且显著增加申请人损害；

（三）被申请人的侵害行为将会导致申请人的相关市场份额明显减少；

（四）对申请人造成其他难以弥补的损害。

案件来源

最高人民法院公布八起知识产权司法保护典型案例之一：申请人美国A公司、中国A公司与被申请人黄某炜行为保全申请案［《最高人民法院公报》2014年第5期（总第211期）］

延伸阅读及类案裁判规则

一、判断是否实施诉前行为保全应考量是否情况紧急以及不采取行为保全措施是否会给申请人造成难以弥补的损害（When considering whether to grant a preliminary injunction，the court shall consider whether the case is emergent and whether the applicant will suffer irreparable harm unless the injunction is issued.）

案例一：上海市第一中级人民法院审理的 A 公司诉贺某其他申请保全案件一案一审民事裁定书［（2014）沪一中民保字第 1 号］认为，“判断是否实施诉前行为保全应考量两个要件是否情况紧急以及不采取行为保全措施是否会给申请人造成难以弥补的损害，而是否情况紧急又需要进一步考虑申请人是否提出了具有理据的严肃争议、双方当事人利益是否明显失衡、本申请是否具有紧迫性以及是否违反公共利益等因素。就本案而言，申请人的申请符合上述要件，本院予以准许，兹分析如下：

一、申请人是否提出了具有理据的严肃争议

在涉及侵权的纠纷中，情况紧急一般表现为权利人的合法权益面临迫在眉睫的侵害，故在理想状态下，应首先对申请人是否受到侵害做出判断，但要充分判断侵害可能性须以双方当事人诉辩的方式来查明，并花费大量的时间。本案是一起诉前行为保全案件，具有时间上的紧迫性，依据法律规定，必须在 48 小时内做出裁定，如果以上述理想状态来查明侵害可能性显然不切实际，若以短时间内无法查明侵害可能性为由简单驳回申请，到时难以弥补的损害即有可能成为现实，此亦不符合诉前行为保全制度的设计初衷。因此，本院在动态综合考虑以下所有因素的情况下，将侵害可能性因素的考虑重点侧重于申请人是否提出了具有理据的严肃争议。

申请人在听证中主张，根据被申请人签署的员工手册和劳动合同，被申请人对申请人的商业秘密负有保密义务，且根据合同约定，被申请人在职期间成果的知识产权均归属于申请人。涉案两个项目项下的电子文件属于申请人的商业秘密，相关文件存储于申请人的服务器中，设置了访问权限。申请人另主张，被申请人在离职前的较短时间内大量访问并转存服务器上的前述文件，违反了员工离职前将申请人的商业秘密资料及财产归还申请人的合同约定，属于以不正当手段获取商业秘密。申请人对于其在申请书及听证中主张的事实均陈述并出示了相关证据材料，该等主张在《中华人民共和国反不正当竞争法》上亦有其请求权基础。据此，本院有理由相信，申请人提出了一个具有正当理由和法律依据的严肃争议。

二、是否会造成难以弥补的损害

本案中，这个问题的答案是显而易见的。申请人主张，其将研发资料作为商业秘密保护，这就意味着申请人选择用保密的方式来保护其有关药物研发可能形成的智力财产。如果他人未经申请人许可，将其运用于相同领域，无疑会给申请人造成损害，而且这种损害难以用金钱来衡量。如果他人未经申请人许可，进一步向特定主体披露这些研发资料甚至将其公诸于众，则更将对申请人通过前期投入大量时间和金钱所建立的竞争优势带来难以挽回的损害。本院认为，冻结被申请人的行为以维持现状并阻止损害发生符合本案的实际情况。

三、双方当事人利益是否明显失衡

如前所述，涉案研发资料对申请人而言至关重要，如果不采取行为保全措施，申请人的合法权益将可能受到难以弥补的损害。如果采取行为保全措施禁止的是被申请人本不打算实施的行为，则该行为保全对被申请人并无损害；如果相反，即使不考虑申请人声明被申请人对前述资料不享有任何权益的因素，临时禁止被申请人披露、使用以及允许他人使用前述资料对被申请人而言也难谓有重大损害。此外，本院审酌本案情况已经要求申请人提供人民币 10 万元的担保金，这对被申请人利益亦具有保障作用。本院认为，两利相权取其重，不采取行为保全措施将很可能使申请人陷入困境，故对这一因素的判断也明显倾向于申请人。

四、本次申请是否具有紧迫性

基于申请人的前述主张，本院有理由相信被申请人未经申请人许可，获取了申请人的秘密文件。由于这些文件已经脱离了申请人的控制范围，被申请人随时有可能披露、使用或允许他人使用，因此，禁止该等行为的实施就显得刻不容缓。

五、本行为保全是否违反公共利益

本行为保全申请系申请人请求获得商业秘密保护的救济，属于私权范畴，本院没有发现本行为保全将对社会公共利益造成损害的可能。

综上所述，申请人的申请可予准许。

二、商业秘密案件原告向法院申请撤诉的，应解除对被申请人的诉前行为保全措施（The preliminary injunction shall be dismissed if a plaintiff of a trade secrets case drops the case.）

案例二：上海市第一中级人民法院审理的 A 公司诉贺某侵害商业秘密纠纷一案一审民事裁定书［（2014）沪一中民五（知）初字第 25 号之三］认为，“本院在受理原告 A 公司诉被告贺某侵害商业秘密纠纷一案前，原告于 2014 年 1 月 7 日向本院提出诉前行为保全的申请，经审查，本院于同年 1 月 8 日作出（2014）沪一中民保字第 1 号诉前行为保全的裁定，裁定在本院做出进一步裁判前，被申请人贺某不得披露、使用或允许他人使用‘申请人商业秘密文件列表’所列的 879 个文件（包括文件名本身)。本案审理中，原告向本院申请撤诉，本院于 2015 年 9 月 25 日作出（2015）沪一中民五（知）初字第 25-3 号民事裁定予以准许，因情势发生变化，故继续采取保全措施已不合适”。

010 对诉前保全的证据擅自撕毁封条致使查封设备无法与涉案技术进行同一性比对，可直接认定实施了侵犯涉案技术秘密的行为（The court may directly rule that the defendant constituted misappropriation if he ripped the seal on the evidence under preliminary injunction， which cause the court cannot make an identity comparison between the evidence and technology concerned.）

裁判要旨

根据 2020 年 11 月 16 日颁布的《最高人民法院关于知识产权民事诉讼证据的若干规定》，最新规则中规定，人民法院依法要求当事人提交有关证据，其无正当理由拒不提交、提交虚假证据、毁灭证据或者实施其他致使证据不能使用行为的，人民法院可以推定对方当事人就该证据所涉证明事项的主张成立。

被诉侵权人对诉前保全的证据擅自撕毁封条，进行转移、拆卸，实施实质性破坏行为，致使查封设备无法与涉案技术秘密进行同一性比对的，可根据证明妨碍原则认定其实施了侵犯涉案技术秘密的行为。

案情简介

一、吴某庆、何某良在 A 公司分别担任车间及供应科负责人和销售部区域经理。A 公司的《公司保密制度》《劳动合同》《人员在离职保密协议书》等都设有保密条款。吴某庆、何某良离职至 B 公司，分别负责生产、销售工作。

二、A 公司发现 B 公司就相同的产品与 A 公司的多名客户签订了涉案产品买卖合同，但其售价还不到 A 公司的一半，故以侵害商业秘密为由向济宁市中级人民法院提起诉讼。

三、一审法院依 A 公司申请对 B 公司进行了诉前证据保全，在 B 公司厂房内对3台涉案给料机进行了查封，对可能涉及密点的部件贴上了封条。后一审法院进行现场勘验，发现B公司擅自撕毁了封条，并转移、拆卸了保全查封的给料机。

四、一审法院认为B公司对诉前保全的证据给料机擅自撕毁封条，进行转移、拆卸，实施了实质性破坏行为，致使无法与A公司的技术秘密进行同一性比对，其依法应当承担相应的不利后果。

五、故一审法院认定无须通过同一性比对即可依法认定B公司在生产销售使用了与A公司主张的技术秘密相同的技术，即B公司、吴某庆、何某良共同侵害商业秘密的事实成立。

六、三被告不服一审判决，向山东省高级人民法院提起上诉，称其仅拆卸了三台保全设备中的一台，且拆卸的电机并非原告主张保护的技术秘密，具备同一性比对的条件，并申请二审法院进行比对鉴定。

七、二审院认为B公司擅自破坏证据的行为已经导致法院无法确定现在的设备与一审法院保全设备的一致性，一审法院认为无法比对并根据举证责任认定B公司侵犯了A公司的技术秘密并无不当，且对B公司的同一性鉴定申请不予准许。二审法院判决维持原判。

八、B公司不服二审判决，向最高人民法院申请再审，主张不应以B公司破坏保全措施为由直接推定其侵犯涉案技术秘密。

九、最高人民法院认为被诉侵权设备至少能辅助确定B公司实际采用的工装工艺，由于被查封设备被实质性破坏，无法根据破坏后的查封设备进行特定部分工装工艺的比对，原审法院根据证明妨碍原则认定B公司实施了侵犯涉案技术秘密的行为，并无明显不当，故裁定驳回再审申请。

法院判决

山东省高级人民法院在本案民事判决书的“本院认为”部分就上述争议焦点进行如下论述：

由一审法院查明的事实可知，B公司对一审法院诉前保全的证据给料机擅自撕毁封条，进行转移、拆卸，实施了实质性破坏行为，致使无法与A公司的技术秘密进行同一性比对，其依法应当承担相应的不利后果。故一审法院不需要通过同一性比对即可依法认定B公司生产销售的甲带式给料机的相关技术与A公司主张的技术秘密相同或者实质相同，即B公司侵犯了A公司的涉案技术信息秘密。

……

关于B公司、吴某庆是否侵犯了A公司的技术秘密的问题。本案中，A公司主张吴某庆违反约定将其掌握的A公司的技术信息非法披露给B公司，B公司明知吴某庆系非法行为仍获取并使用上述技术信息，侵犯了A公司的技术秘密。A公司为证明B公司与吴某庆侵犯了其技术秘密，申请法院保全B公司生产的甲带式给料机。但B公司擅自撕毁一审法院封条，对一审法院保全的甲带式给料机进行转移、拆卸，一审法院据此认为B公司“实施了实质性破坏行为，致使无法与A公司的技术秘密进行同一性比对，其依法应当承担相应的不利后果”。B公司主张一审法院保全了三台设备，但其仅拆卸了一台，且拆卸的电机并非A公司主张保护的技术秘密，因此可以进行比对，并申请本院进行比对鉴定。对此，本院认为，根据一审法院勘验时拍摄的照片，B公司擅自撕毁了三台设备的封条并进行了转移、拆卸，其擅自破坏证据的行为已经导致法院无法确定现在的甲带式给料机设备与一审法院保全的设备的一致性，因此，一审法院认为无法比对、并根据举证责任认定B公司生产的甲带式给料机侵犯了A公司的技术秘密并无不当，本院对B公司的申请亦不予准许。B公司虽在二审中提供自己生产甲带式给料机的工艺，但本院认为，其公证书展示的工艺过程并不完整，无法体现生产的整个过程，且公证书无法证明在2011年法院保全时其使用的就是公证书中的工装工艺。B公司还主张其在2010年吴某庆到B公司工作前就生产了甲带式给料机，但是其提交的发票并非销售甲带式给料机的发票，因此其该主张不能成立。综上，吴某庆作为A公司的车间负责人，在其离职后，根据其与A公司签订的相关协议，应负有对A公司甲带式给料机的工装工艺技术信息保密的义务，但其却在到B公司工作后，将其掌握的上述技术信息非法披露给B公司，而B公司明知吴某庆存在上述行为，仍获取并使用A公司的技术秘密生产甲带式给料机，故B公司与吴某庆的行为侵犯了A公司的技术秘密。

最高人民法院在本案民事裁定书的“本院认为”部分就上述争议焦点进行如下论述：

B公司申请再审主张，本案中被认定为商业秘密的六项技术密点均为产品的工装和工艺，并非产品本身，应对该六项技术秘点与B公司的工装和工艺技术信息进行比对；不应以B公司破坏保全措施为由直接推定其侵犯本案技术秘密；B公司的被诉侵权设备加工工艺与本案六项技术秘点并不相同。对此，本院认为：

关于B公司破坏保全措施的行为与本案侵权认定的关系。首先，B公司实施了破坏法院保全措施的行为。根据一、二审判决确定的内容，2011年12月2日，一审法院依A公司申请对B公司进行了诉前证据保全，在B公司厂房内对3台涉案给料机进行了查封，对可能涉及密点的部件贴上了封条，并当场告知B公司要妥善保管查封设备等义务及相应法律后果，制作了证据保全笔录，并对保全过程进行了拍照、录像。2012年8月17日，一审法院依A公司申请对诉前证据保全的涉案给料机进行现场勘验，发现B公司擅自撕毁了封条，并转移、拆卸了保全查封的给料机。对此，一审法院于2012年8月21日作出（2011）济民三初字第165号罚款决定书，对B公司作出罚款20万元的决定。B公司提出异议申请，二审法院于2013年2月4日作出（2013）鲁民三复议字第1号复议决定书，予以维持。B公司于2012年10月22日将20万元罚款履行完毕。根据上述事实可以确定，B公司对被查封设备进行了转移、拆卸。其次，被查封的被诉侵权设备可以反映部分工装工艺。根据鉴定报告中的六项密点，从查封设备的组装结构、装配精度等方面进行分析，被诉侵权设备至少能够部分确定或者辅助确定B公司实际采用的工装工艺。由于B公司对被查封设备进行转移、拆卸后，其已经对能够进行同一性比对的设备进行了实质性破坏，因此无法根据被破坏后的查封设备进行特定部分工装工艺的比对。在此情况下，至少对于被诉侵权设备所反映的部分工装工艺技术秘点，B公司应当承担证明其未侵害A公司相应技术秘密的举证责任。在B公司本案证据不足以证明其并未侵害特定技术密点的情况下，原审法院根据证明妨碍原则认定B公司实施了侵犯涉案技术秘密的行为，并无明显不当。

本案相关法律法规

《最高人民法院关于知识产权民事诉讼证据的若干规定》

第十一条 人民法院对于当事人或者利害关系人的证据保全申请，应当结合下列因素进行审查：

（一）申请人是否已就其主张提供初步证据；

（二）证据是否可以由申请人自行收集；

（三）证据灭失或者以后难以取得的可能性及其对证明待证事实的影响；

（四）可能采取的保全措施对证据持有人的影响。

第十二条 人民法院进行证据保全，应当以有效固定证据为限，尽量减少对保全标的物价值的损害和对证据持有人正常生产经营的影响。

证据保全涉及技术方案的，可以采取制作现场勘验笔录、绘图、拍照、录音、录像、复制设计和生产图纸等保全措施。

第十三条 当事人无正当理由拒不配合或者妨害证据保全，致使无法保全证据的，人民法院可以确定由其承担不利后果。构成民事诉讼法第一百一十一条规定情形的，人民法院依法处理。

第十四条 对于人民法院已经采取保全措施的证据，当事人擅自拆装证据实物、篡改证据材料或者实施其他破坏证据的行为，致使证据不能使用的，人民法院可以确定由其承担不利后果。构成民事诉讼法第一百一十一条规定情形的，人民法院依法处理。

第十五条 人民法院进行证据保全，可以要求当事人或者诉讼代理人到场，必要时可以根据当事人的申请通知有专门知识的人到场，也可以指派技术调查官参与证据保全。

证据为案外人持有的，人民法院可以对其持有的证据采取保全措施。

第十六条 人民法院进行证据保全，应当制作笔录、保全证据清单，记录保全时间、地点、实施人、在场人、保全经过、保全标的物状态，由实施人、在场人签名或者盖章。有关人员拒绝签名或者盖章的，不影响保全的效力，人民法院可以在笔录上记明并拍照、录像。

第十七条 被申请人对证据保全的范围、措施、必要性等提出异议并提供相关证据，人民法院经审查认为异议理由成立的，可以变更、终止、解除证据保全。

第十八条 申请人放弃使用被保全证据，但被保全证据涉及案件基本事实查明或者其他当事人主张使用的，人民法院可以对该证据进行审查认定。

《中华人民共和国民事诉讼法》

第八十七条 送达诉讼文书必须有送达回证，由受送达人在送达回证上记明收到日期，签名或者盖章。

受送达人在送达回证上的签收日期为送达日期。

《最高人民法院关于民事诉讼证据的若干规定》

第二十五条 当事人或者利害关系人根据民事诉讼法第八十一条的规定申请证据保全的，申请书应当载明需要保全的证据的基本情况、申请保全的理由以及采取何种保全措施等内容。

当事人根据民事诉讼法第八十一条第一款的规定申请证据保全的，应当在举证期限届满前向人民法院提出。

法律、司法解释对诉前证据保全有规定的，依照其规定办理。

案件来源

山东省高级人民法院审理的 A 公司与 B 公司、吴某庆等侵害商业秘密纠纷案二审民事判决书［（2016）鲁民终 1364 号］

最高人民法院审理的 B 公司、A 公司侵害商业秘密纠纷再审审查与审判监督民事裁定书［（2017）最高法民申 1650 号］

延伸阅读及类案裁判规则

一、权利人在商业秘密案件收集证据时，应以查封扣押购买等方式取得被诉侵权产品作为同一性鉴定材料，否则难以证明存在侵权事实（The right holder shall obtain the misappropriated products in the way of seizure or purchasing for identity comparison when they collect evidence for a trade secrets case, otherwise the facts about misappropriation cannot be verified.）

案例一：广东省高级人民法院审理的汪某建与A公司一案［（2012）粤高法民三终字第594号］认为，“B公司在二审期间向本院提出鉴定申请，要求将C公司软件源代码与B公司被诉侵权软件的目标代码进行比对鉴定。对此本院认为，由于本案被诉侵权行为发生在2007年，原审法院依据C公司的申请采取证据保全措施时未查封扣押到被诉侵权软件，而B公司未能提供证据证明其已销售的软件是否还是B公司销售时的原始状态，更为重要的是，B公司未能证明其上述三张截图来源的合法性，因此，B公司的鉴定申请对认定本案事实已无实质意义，本院不予以支持”。

案例二：云南省高级人民法院审理的A公司、B大学侵害技术秘密纠纷案［（2017）云民终494号］认为，“A公司向一审法院申请证据保全的理由是，三位被上诉人‘在诉讼中极有可能会向国家科技部撤回资料导致该部分证据灭失并难以取得’，故向法院申请证据保全。本院经审查认为，A公司申请保全证据的目的是将这些证据与A公司的技术秘密进行比对，但如前所述，目前本案并没有将二者进行比对的必要性，而且，A公司要求保全的这些证据存于国家科技部，所谓‘灭失并难以取得’的风险显然出于A公司自己的主观臆想，并没有现实的紧迫性和必然性，因此一审驳回A公司的保全申请并无不当”。

案例三：深圳市中级人民法院审理的A公司与尹某、张某、B公司专利权权属纠纷［（2012）深中法知民初字第687号］认为，“C知识产权司法鉴定中心出具的鉴定意见认为，二者的目标程序存在差异，无法由目标程序比对判断二者是否具有技术同一性，需要进行源程序的比对判断。因B公司在法院证据保全时提供的‘E××’软件源程序与原告公证购买的‘E××’软件目标程序不对应，而B公司坚称被诉‘E××’软件源程序已删除而无法提交。故未能进行源程序比对系被告B公司的过错所致，根据本案证据能初步判定侵权成立时，则可合理推定构成侵权。首先，原告提交的权利证据源程序（检材）存在的问题及后果。原告主张三被告侵害赢××软件中的涉案技术秘密，该软件的开发完成日期为2009年8月6日；而原告提交的权利证据源程序（检材）形成时间为2012年6月，不仅晚于赢××软件近三年，亦晚于公证购买被诉‘E××’软件的时间。原告称其提交的权利证据源程序系赢××软件的升级版，涉案技术秘密在赢××软件中已经存在。经查，原告不能确认其保存的所有版本中具体哪个版本与登记的赢××（登记号××××）相符。此外，原告在国家版权局登记备案的赢××软件的源程序亦不完整。综上，原告该项主张难以查明系其过错及举证不能所致，对其不利法律后果应自行承担”。

二、证据保全的前提是明确该证据的具体下落，双方当事人都不能证明该证据在何处的，法院对证据保全的申请不予支持（A precondition of interim injunctions for evidence is the knowledge of such evidence's specific whereabouts. The court will not grant an interim injunction for evidence if both parties to the case is not capable of proving where it is.）

案例四：上海市高级人民法院审理的A公司与陈某昌、袁某民等侵害商业秘密纠纷案［（2014）沪高民三（知）终字第43号］认为，“商业秘密纠纷案件中，权利人对涉嫌侵权人违法获取、使用其商业秘密的事实，应当承担举证责任，即应提供证据证明侵权人的产品或技术使用了权利人的商业秘密。本案中，上诉人未能证明B公司实际生产的产品或使用的技术使用了上诉人的技术秘密，而原审中原审法院已应上诉人申请多方调取评估报告但无果，在上诉人未能提供其他证据证明评估报告中的技术构成侵权的情况下，原审法院综合判断认定上诉人未能完成其举证责任证明被上诉人袁某民、陈某昌、赵某鸣的入股技术构成侵权，并无不当。关于审理中上诉人要求对科华评估报告证据保全的申请，因证据保全的前提是明确该证据的具体下落，但因双方当事人都未能证明该证据在何处，因此对该申请，本院不予支持”。

三、商业秘密案件中财产保全的同时已实现证据保全目的时，法院对证据保全的申请不予支持（The court will not grant an interim injunction for evidence in trade secrets cases if the purpose of such injunction has been satisfied simultaneously with another interim injunctions for property.）

案例五：绍兴市中级人民法院审理的A公司与B公司侵害商业秘密纠纷［（2012）浙绍知初字第77号］认为，“对于原告提出的证据保全申请，因财产保全已实现其证据保全的目的，不予支持。对原告提出的调查取证申请，因原告对被告侵权指控尚未证明，调查被告获利亦无必要，也不予支持”。

（六）商业秘密纠纷案件中的反诉问题（Counterclaims Regarding Trade Secrets Dispute）

011 原告正当行使侵害商业秘密诉权，未捏造、散布虚伪事实的，法院对被告侵害商誉的反诉请求不予支持（A court shall overrule defender's counterclaim for goodwill infringement if a plaintiff duly exercises litigious right for misappropriation and didn't fake or disseminate falsehoods.）

裁判要旨

诉权是当事人享有的基本权利，提起诉讼系正当行使诉权，无论其诉讼请求是否得到支持，该诉权的行使均应得到法律保障。只要诉讼行为本身不属于捏造、散布虚伪事实，亦不会对商誉造成损害。故在侵害商业秘密案件中对构成商业诋毁的反诉请求不予支持。

案情简介

一、A 公司与 B 公司签订《××时尚 PLM 服务协议》，销售经理吕某英负责该项目的销售。随后，A 公司员工王某昕向吕某英发送主题为细分市场、《超过一亿元的中国服装制造商清单》的电子邮件两份，该清单上有企业名称、地址、电话、销售收入。该份报告系 A 公司向其他公司购买所得。

二、次年，吕某英等多名员工先后离职至 C 公司工作。C 公司的美国母公司购买的客户信息中有 B 公司信息。不久，B 公司向 C 公司的母公司发送电子邮件寻求合作。C 公司遂安排吕某英跟进该项目。

三、不久，B 公司向 A 公司发出《实施终止通知》，终止与 A 公司的业务往来。A 公司以 C 公司侵害其商业秘密为由向上海市浦东新区人民法院提起诉讼。

四、C 公司则认为 A 公司提起诉讼是以打压竞争对手为目的，通过捏造、散布虚伪事实等不正当手段，对竞争对手的商业信誉进行恶意的诋毁，谋取不正当利益构成商业诋毁，故向法院提起反诉。

五、一审法院认为涉案信息不构成商业秘密，侵权事实不成立；A 公司通过诉讼的方式解决与 C 公司的纠纷，不构成商业诋毁，故对被告的反诉请求不予支持。

六、C 公司不服一审判决向上海知识产权法院提起上诉，称原审认定 A 公司的行为不构成商业诋毁有误。

七、二审法院认为 A 公司提起诉讼的行为系正当行使诉权，并不属于捏造、散布虚伪事实，不会对 C 公司的商誉造成损害，故二审法院判决驳回上诉，维持原判。

法院判决

上海市知识产权人民法院在本案民事判决书的“本院认为”部分就上述争议焦点进行如下论述：

……

一、关于本案的反诉。原告通过诉讼的方式解决其与被告的纠纷，不构成商业诋毁。而被告诉称的其他不正当竞争行为，无事实、法律依据。故对被告的反诉请求，本院不予支持。

二、A 公司提起本案诉讼的行为是否构成商业诋毁

1993 年《中华人民共和国反不正当竞争法》第十四条规定，经营者不得捏造、散布虚伪事实，损害竞争对手的商业信誉、商品声誉。关于 A 公司提起本案诉讼的行为是否构成商业诋毁，对此，本院认为，首先，诉权是当事人享有的基本权利，A 公司提起本案诉讼系正当行使诉权，无论其诉讼请求是否得到支持，该诉权的行使均应得到法律保障。其次，A 公司的提起本案诉讼的行为本身，并不属于捏造、散布虚伪事实，亦不会对 C 公司的商誉造成损害。综上，对于 C 公司的上诉请求，本院不予支持。

本案相关法律法规

《中华人民共和国反不正当竞争法》

第十一条 经营者不得编造、传播虚假信息或者误导性信息，损害竞争对手的商业信誉、商品声誉。

《最高人民法院关于适用〈中华人民共和国民事诉讼法〉的解释》

第二百三十三条 反诉的当事人应当限于本诉的当事人的范围。

反诉与本诉的诉讼请求基于相同法律关系、诉讼请求之间具有因果关系，或者反诉与本诉的诉讼请求基于相同事实的，人民法院应当合并审理。

反诉应由其他人民法院专属管辖，或者与本诉的诉讼标的及诉讼请求所依据的事实、理由无关联的，裁定不予受理，告知另行起诉。

案件来源

上海知识产权法院审理的 A 公司、B 公司侵害经营秘密纠纷二审民事判决书［（2016）沪 73 民终 69 号］

延伸阅读及类案裁判规则

一、商业秘密案件中，若反诉请求金额超出本诉法院管辖的级别标准的，本诉法院不予受理（A court shall not accept counterclaim if the amount alleged in a counterclaim exceed the hierarchical standard provided for such court's jurisdiction in trade secrets cases.）

案例一：A 公司因与被上诉人 B 公司侵害商业秘密纠纷二审民事裁定书［（2014）粤高法立民终字第 960 号］认为，"原审裁定认为，反诉的目的在于抵消、排斥或者吞并本诉的诉讼请求。A 公司在本案中以 B 公司恶意诉讼造成其损失为由，请求 B 公司赔偿其损失的诉讼请求和诉讼理由与本诉并非基于同一事实或者同一法律关系，故其不能在本案中通过反诉来主张，可另行向有管辖权的法院提起诉讼……原审法院已裁定准许 B 公司撤回本案的本诉，而 A 公司基于本诉提出的反诉请求标的金额仅有 600000 元，根据《最高人民法院关于同意调整广东基层法院管辖第一审知识产权民事案件标准的批复》（法〔2013〕135 号），本反诉不属于原审法院管辖第一审知识产权民事案件的级别标准。因此，原审法院裁定驳回 A 公司的反诉正确，本院予以维持；对于 A 公司的上诉请求，本院不予支持"。

二、商业秘密案件的原告撤回部分诉请并不影响被告的反诉权利，法院准许本诉原告撤诉的，应当对反诉继续审理（Dropping part of the claim in a trade secret case does not affect the defendant's right to counterclaim，the court shall proceed the trail on counterclaim where such court allow the original claim plaintiff to drop a lawsuit.）

案例二：湖北省高级人民法院审理的 A 公司等与 B 公司侵犯商业秘密纠纷上诉案［（2009）鄂民三终字第 36 号］认为，"上诉人 A 公司、刘某钟提出 B 公司在庭审后，撤回了对技术信息的诉请导致其丧失反诉权利的问题。由于B公司不是增加诉讼请求，而是撤回部分诉讼请求。A公司、刘某钟直至庭审结束，都没有针对B公司的诉请提出反诉。B公司撤回部分诉请，并不影响两上诉人的反诉权利”。

三、反诉的目的在于抵消、排斥或者吞并本诉的诉讼请求，反诉与本诉的诉讼标的及诉讼请求所依据的事实和理由无关联的，法院不予受理（Where the purpose of counterclaim is to offset, nullify, or annex the original claim, a court shall not accept such counterclaim if there is no connection between the cause of action for counterclaim and cause of action for original claim.）

案例三：佛山市禅城区人民法院审理的A公司与陈某友侵害商业秘密纠纷一审民事裁定书［（2018）粤0604民初20613号］认为，“本案中，A公司已在诉讼中明确本诉诉讼请求为判令陈某友停止侵犯A公司商业秘密的行为，并在广州日报上登报道歉、消除影响及支付赔偿金10万元，故本案为侵害商业秘密纠纷，属于侵权纠纷。陈某友提出的撤销其与A公司于2017年3月10日签署的《保密与竞业限制协议》的反诉诉讼请求，不属于侵权的法律关系”。

二、我国法律规定中可以构成商业秘密的信息种类

（The classification of information that constitutes trade secrets pursuant to Chinese laws）

（一）技术信息
（Technical Information）

012 计算机软件能否作为商业秘密中的技术信息受法律保护
（Whether a computer software can be protected as technical information of trade secrets by laws.）

裁判要旨

《最高人民法院关于审理侵犯商业秘密民事案件适用法律若干问题的规定》明确计算机程序及其有关文档属于商业秘密中的技术信息。不为公众所知悉、具有商业价值并经权利人采取相应保密措施的计算机程序及其有关文档可作为商业秘密中的技术信息，受《反不正当竞争法》的保护。

案情简介

一、A 公司的“某可视化编辑器软件”曾获国家版权局颁发《计算机软件著作权登记证书》，权利取得方式为原始取得，权利范围为全部权利。

二、徐某文在 A 公司先后担任软件工程师、研发部经理等职，与公司签订了《保密协议》和《竞业禁止协议》。徐某文从 A 公司离职后不久，便创立了 B 公司，其经营范围包括三维仿真软件的开发、销售。

三、A 公司向市场监督管理局投诉徐某文侵犯其商业秘密。经立案调查，该局查明徐某文从 A 公司离职前，未经公司同意擅自将其参与开发的软件项目源代码复

制备份，并在离职后一直持有上述源代码直至案发。但未发现徐某文使用源代码获取违法所得的事实。

四、厦门市市场监督管理局作出《行政处罚决定书》，认定徐某文构成窃取 A 公司商业秘密的行为，责令其彻底删除擅自复制备份的源代码并罚款 5 万元。徐某文不服，提起行政复议。厦门市人民政府作出《行政复议决定书》，维持上诉《行政处罚决定书》。

五、A 公司以侵害商业秘密为由向厦门市中级人民法院提起民事诉讼，请求判令徐某文停止侵害、赔礼道歉及赔偿经济损失 50 万元。

六、一审法院认为 A 公司所主张的计算机软件“某可视化编辑器软件源代码及其技术文档”具备商业秘密的特征，徐某文侵害该商业秘密的事实成立。故判决徐某文停止侵权，赔偿经济损失 20 万元。

七、徐某文不服一审判决，向福建省高级人民法院提起上诉。二审法院判决变更赔偿数额为 10 万元，维持一审判决的其他判项。

法院判决

福建省高级人民法院在本案民事判决书的“本院认为”部分就上述争议焦点进行如下论述：

关于焦点一，原告某可视化编辑器软件源代码及其技术文档是否具备商业秘密的特征。一审法院认为，根据《中华人民共和国反不正当竞争法》第九条第三款的规定，商业秘密包括不为公众所知悉、具有商业价值并经权利人采取相应保密措施的技术信息和经营信息。本案，原告某可视化编辑器软件源代码及其技术文档系商业秘密中的技术信息。原告某可视化编辑器软件获国家版权局颁发《计算机软件著作权登记证书》，被告未提供反驳证据，故原告涉案软件的著作权受法律保护。

原告涉案软件源代码及技术文档符合非公知及不易获得的特性，具备商业秘密的秘密性。且具有现实的商业价值，能为权利人带来竞争优势，具备商业价值性。本案，原告与员工签订《保密协议》和《竞业禁止协议》，就保守商业秘密作出了约定，并已支付竞业补偿金，可以认为原告对某可视化编辑器软件源代码及技术文档采取了合理的保密措施；另外，《公司法》第一百四十八条规定，公司董事、经理等高管对公司负有忠实和勤勉义务。被告作为公司高管，对公司的商业秘密不仅负有保密义务，基于其职责还应积极采取保密措施维护公司的利益。所以，从约定义务及法定职责看，涉案软件源代码及其技术文档均符合商业秘密保密性的法律特征。被告辩称原告未采取保密措施，但并未提供充分证据证明，对该项辩称一审法院不予采纳。故本案某可视化编辑器软件源代码及技术文档具备商业秘密的特征。

……

本院认为，《中华人民共和国反不正当竞争法》第九条第三款规定，商业秘密是指不为公众所知悉、具有商业价值并经权利人采取相应保密措施的技术信息和经营信息。A公司的某可视化编辑器软件进行了计算机软件著作权登记，且具有一定的商业价值，该软件源代码及其技术文档属于商业秘密中的技术信息。徐某文主张涉案软件没有实用性和价值性，不构成商业秘密，与事实不符，不予支持。根据《最高人民法院关于审理不正当竞争民事案件应用法律若干问题的解释》第十一条第一款之规定，权利人为防止信息泄露所采取的与其商业价值等具体情况相适应的合理保护措施，应当认定为反不正当竞争法第十条第三款规定的“保密措施”。徐某文在A公司工作期间，A公司与徐某文签订了《保密协议》《竞业禁止协议》《员工保密及竞业禁止协议书》，上述协议中明确将“公司所有的软件设计文档、软件程序、软件源代码、数据库、各种软件通讯协议、算法、3D模型数据及建模方法”列为公司的商业秘密。上述协议详细约定了保密义务、竞业禁止义务以及支付保密费、竞业禁止补偿费等，可以认定A公司具有明确的保密目的并且采取了正确合理的保密措施。徐某文主张A公司未采取保密措施，与事实不符，不予支持。徐某文还主张其签订的《保密协议》《竞业禁止协议》没有盖骑缝章，存在协议内容更换的可能。经查，徐某文除了在上述协议中的“乙方”签名，还在协议的骑缝章签名，不存在徐某文主张的协议内容被更换的可能，徐某文的该主张缺乏依据。

本案相关法律法规

《中华人民共和国反不正当竞争法》

第九条第四款 本法所称的商业秘密，是指不为公众所知悉、具有商业价值并经权利人采取相应保密措施的技术信息、经营信息等商业信息。

《最高人民法院关于审理侵犯商业秘密民事案件适用法律若干问题的规定》

第一条第一款 与技术有关的结构、原料、组分、配方、材料、样品、样式、植物新品种繁殖材料、工艺、方法或其步骤、算法、数据、计算机程序及其有关文档等信息，人民法院可以认定构成反不正当竞争法第九条第四款所称的技术信息。

第三条 权利人请求保护的信息在被诉侵权行为发生时不为所属领域的相关人

员普遍知悉和容易获得的，人民法院应当认定为反不正当竞争法第九条第四款所称的不为公众所知悉。

第四条 具有下列情形之一的，人民法院可以认定有关信息为公众所知悉：

（一）该信息在所属领域属于一般常识或者行业惯例的；

（二）该信息仅涉及产品的尺寸、结构、材料、部件的简单组合等内容，所属领域的相关人员通过观察上市产品即可直接获得的；

（三）该信息已经在公开出版物或者其他媒体上公开披露的；

（四）该信息已通过公开的报告会、展览等方式公开的；

（五）所属领域的相关人员从其他公开渠道可以获得该信息的。

将为公众所知悉的信息进行整理、改进、加工后形成的新信息，符合本规定第三条规定的，应当认定该新信息不为公众所知悉。

案件来源

福建省高级人民法院审理的徐某文与A公司侵害商业秘密纠纷一案二审民事判决书［（2019）闽民终424号］

延伸阅读及类案裁判规则

一、计算机软件可能属于著作权作品范畴，裁判时适用《著作权法》；相关技术信息也可以成为商业秘密的保护对象，裁判时适用《反不正当竞争法》（The computer software may be within the extent of copyright which shall be tried pursuant to the *Copyright Law*; The appropriate technical information also can be the object of trade secrets protection which shall be tried pursuant to the *Anti-unfair Competition Law*.）

案例一：广东省高级人民法院审理的汪某建与A公司一案［（2012）粤高法民三终字第594号］认为，“对于B公司所主张的技术信息，首先，该信息是B公司以延吉市公安局提供的办案信息为基础，通过组织公司的技术人员，在付出了时间、资金和劳动进行研发而获得，该技术信息不为其所属领域的相关人员普遍知悉和容易获得，具有秘密性。其次，B公司的软件已成功销售，已获得经济利益，具有现实和潜在的商业价值，符合价值性的特征。再次，该软件能够解决客户工作中的实际问题，具有明显的实用性。最后，B公司对该技术信息采取了保密措施，其与员工签订《保密协议》，并在员工离职时要求与其签署《离职承诺书》，承诺保守公司所开发软件等的商业秘密，因此，该技术信息也具有保密性的特征。综上分析，B 公司所主张的技术信息符合商业秘密的构成要件，应予确认为商业秘密”。

案例二：贵阳市中级人民法院审理的 A 公司与 B 工作室、周某霞侵害商业秘密纠纷［（2019）黔 01 民初 62 号］认为，“对于涉案计算机软件系统而言，其应定性为技术信息，第一，该软件平台是用于纸质档案的扫描、录入、编辑、上传、整理、储存，其具备现实的商业价值，能够为权利人带来竞争优势和经济利益。第二，原告 A 公司对该软件系统平台的登录设置了密码，并在公司会议上申明保密制度，在员工入职时签署保密协议，应当认定为其采取了保密措施。第三，该系统只能通过专业的局域网络方能登录，具有不为公众所知悉的特点，同时对系统平台的密码的使用也限定于包括项目总监在内的高管人员。故此涉案软件系统平台符合商业秘密的各项特点，应当被认定为商业秘密”。

案例三：北京知识产权法院审理的 A 设计院与 B 公司等侵害计算机软件著作权纠纷案［（2018）京 73 民终 1249 号］认为，“本案案由明确为侵害商业秘密纠纷，核心问题为 C 公司所主张的商业秘密，即已采取保密措施、不为公知的数据库表、存储过程、函数等技术秘密，是否受到他人的非法侵犯。本案中，B 公司使用上述技术秘密并通过计算机语言将预定程序编译为软件后，交付给 A 设计院使用。由此可见，涉案技术秘密并不是涉案软件本身，而是在编写涉案软件过程中所使用的具体技术方案，涉案软件只是经过编译后生成的可执行程序，属于具体的表达。虽然涉案软件可能属于作品的范畴，但本案 C 公司所主张的权利客体并非上述软件，而是开发上述软件所使用的技术秘密。《中华人民共和国著作权法》所保护的权利客体亦是具体的表达，而非表达中涉及的技术方法或者思想。A 设计院主张本案应当适用《中华人民共和国著作权法》的意见，偏离了 C 公司诉讼请求所指的保护客体以及本案争议的法律关系，故本院不予采纳”。

案例四：深圳市中级人民法院审理的 A 公司与尹某、张某、B 公司专利权权属纠纷［（2012）深中法知民初字第 687 号］认为，“关于‘秘密性’，指商业秘密所处的状态应当是秘密的，没有被公开过，外人不可能从公开的渠道所获悉。原告在本案中明确了涉案技术秘密点（即秘密点一为网站数据的标记和匹配协议；秘密点二为网站数据的处理流程和功能实现核心协议；秘密点三为出于安全考虑，对一些有关安全的信息进行加密处理的加密算法；秘密点四为提高产品效果，使用的系统数据文件 rule. dat 是一种自己内部秘密算法生成的文件）。C 知识产权司法鉴定中心出具的《鉴定意见书》认为上述技术秘密点属于反不正当竞争法所称的‘不为公众知悉的技术信息’；被告无抗辩证据推翻该鉴定意见，依法应认定符合‘秘密性’要求。关于‘价值性’和‘保密性’。原告提交的经营及纳税证据显示涉案软件具有实用性，且销售涉案软件给原告带来了经济利益，符合‘价值性’要求。原告与员工签订有《员工保密合同》，约定的保密范围涵括计算机软件、技术秘密等内容。因此原告采取的保密措施符合‘保密性’要求。综上，本院认为原告主张的涉案技术信息构成法律意义上的商业秘密”。

案例五：西安市中级人民法院审理的A公司与B公司等侵犯计算机软件、侵害商业秘密纠纷案［（2005）西民四初字第019号］认为，“本案中A公司作为‘某ERP’的软件著作权受让人，已合法掌握了该项软件的商业秘密，B公司亦认可其侵犯了A公司的‘某ERP’软件著作权，同时B公司使用的软件与A公司的软件有高比例相同之处，由此说明B公司使用了‘某ERP’软件中的商业秘密，加之卢某帆、王某军与A公司签订的劳动合同内容证明卢某帆、王某军在A公司实际从事软件开发工作，B公司未能提供其软件的合法来源及B公司使用软件时间等事实足以说明卢某帆、王某军违反与A公司保密条款的约定，披露并允许B公司使用了A公司的商业秘密；B公司应知卢某帆、王某军原系A公司职员，掌握着相关商业秘密，仍使用A公司的商业秘密，因此卢某帆、王某军、B公司的行为符合侵犯商业秘密的构成要件”。

二、某项计算机软件未进行著作权登记，而是通过采取合理的保密措施进行保护，使其始终处于不为公众所知悉的秘密状态，可构成商业秘密（A computer software may constitute trade secrets if such software has been protected by reasonable confidentiality measures which keep it secret from the public though it has not been registered as a copyright.）

案例六：北京市海淀区人民法院审理的A公司诉B公司及刘某春等人不正当竞争纠纷一审案［《最高人民法院公报》1998年第3期（总第55期）］认为，“A公司投入大量人力、财力开发的IC卡技术，投放到市场后用户反映良好，给该公司带来了较好的经济效益。该公司对此项技术没有进行计算机软件的著作权登记，而是通过与员工签订保密协议和加强公司内部管理等方式进行保护，使自己的技术及其经营信息始终处于不为公众所知悉的秘密状态中。因此，A公司的IC卡技术信息和商业信息是商业秘密，应该受到法律的保护。虽然IC卡技术系统在功能上大致相同，但从技术的角度来讲，支持该系统的软件在源程序及操作的原理图等方面都存在着很大的差异，尽管结果相似，到达的途径和手段却大相径庭。被告B公司辩称A公司的IC卡技术是一种公知技术，通过‘反向工程’也可获悉，不构成商业秘密的理由，不能成立。IC卡技术是系统工程技术，A公司除向客户提供产品外，还负责安装、调试以及在使用过程中的维护，客户对A公司提供的IC卡系统只是进行使用和简单的管理，没有机会接触到该技术的实质，因此IC卡技术的商业秘密始终掌握在A公司手中，该公司没有必要与客户签订保密协议。B公司关于A公司未与客户签订过保密协议，因此该公司的IC卡技术并非商业秘密的辩解理由也没有道理，不予采纳”。

三、由于网站登录系统及其网页是通过互联网向公众开放使用，供互联网用户浏览，故不符合“不为公众知悉”的特点，不构成商业秘密（A website login system and its web pages shall not constitute trade secrets because they are open-access via Internet and can be browsed by Internet user，which does not correspond to “non-publicity” as a factor of trade secrets.）

案例七：广州市白云区人民法院审理的A公司诉B公司侵犯商业秘密纠纷案［（2007）云法民三初字第46号］认为，“本案中，原告认为被告侵犯的商业秘密，既包括A公司中的会员登录系统及相应网页，又包括A公司网站中相关的客户资料，两者是否属于商业秘密应分别予以认定。对于网站中的会员登录系统及相应网页，其可归类于技术信息范畴，但由于该系统是通过互联网向公众开放使用，而相关网页也是供互联网用户浏览，因此，其并不符合‘不为公众知悉’即秘密性，这一商业秘密的首要构成要件，更谈不上为此而采取保密措施了。因此，其并非《反不正当竞争法》中所保护的商业秘密”。

四、网站经营者通过被动地接受互联网用户的注册请求而获得的客户资料，区别于普通经营者主动在市场中挖掘和培养的客户资源，不构成商业秘密中的“客户名单”（A customer documents obtained passively through Internet user's sign-up by website operator shall not constitute a “Customer List” in trade secrets，compared to customer resource obtained actively through digging and cultivating in the market by a general operator.）

案例八：广州市白云区人民法院审理的A公司诉B公司侵犯商业秘密纠纷案［（2007）云法民三初字第46号］认为，“对于网站中相关的客户资料，其可归类于经营信息范畴。在现代市场经济条件下，客户资源的取得要靠经营者不断地挖掘和培养。经营者付出经营成本形成的客户资料，构成经营者市场竞争的潜在优势和利益，应当依法予以保护。而本案中，原告并没有证据证实其客户资料的具体情况，本院无法认定原告所指的客户资料的具体数量与所包含的经营信息，以及原告为此所采取的保密措施，因此，亦无法认定原告网站中所谓的客户资料是否符合商业秘密的构成要件。再者，根据原告的表述，其经营的网站中所谓的客户资料，只是互联网用户利用其贸易服务平台进行供求双方互动的信息平台。任何互联网用户都可以按自己的需要，选择是否在相关的网站中注册，而作为网站经营者只能被动地接受互联网用户的注册请求，这明显区别于普通经营者主动在市场中挖掘和培养的客户资源”。

013 技术秘密被反向工程后并不必然丧失秘密性（A technical secret may still be confidential after reverse engineering.）

裁判要旨

通过反向工程获得的技术秘密只要仍被权利人和获得方采取保密措施而处于保密状态，就具有相对秘密性，符合不为所属领域的相关人员普遍知悉和容易获得的商业秘密之要件，技术秘密并不会因为被反向工程后就丧失秘密性。

案情简介

一、曹某、周某、李某保原系A公司的销售人员、技术人员、售后服务人员。在工作期间，接触并掌握了相关“A公司边测量边锯切的设计”技术秘密。三人在与A公司签订的劳动合同和保密合同中均约定了保密义务。

二、李某保、周某、曹某共同出资设立B公司。公司设立前后，三人分别从A公司离职。A公司发现B公司生产优选横截锯200所使用的技术方案与A公司采用的技术方案一致，并且与A公司的客户进行交易。

三、A公司以侵害商业秘密为由向上海市中级人民法院提起诉讼，请求判令四被告赔偿经济损失及合理开支300万元。

四、一审法院认为四被告未经A公司许可，共同披露、使用A公司的涉案商业秘密，包括A公司的“边测量边锯切的设计”技术秘密及其他经营秘密，应当共同赔偿A公司包括合理费用在内的经济损失1450000元。

五、四被告不服一审判决，向上海市高级人民法院提起上诉，认为A公司“边测量边锯切的设计”来自公知的“木材优选截断方法及其优选截断锯”专利中的工艺，A公司仅是将上述案外专利和对德国优选锯产品进行的反向工程相结合，根据德国产品仿制源程序和硬件，故该技术信息不构成技术秘密。

六、二审法院认为技术信息并不因为其系由A公司通过反向工程获得而丧失秘密性，只要该技术信息仍处于保密状态，具有相对秘密性，符合不为所属领域的相关人员普遍知悉和容易获得的商业秘密之要件，就能构成商业秘密。故二审法院判决驳回上诉，维持原判。

法院判决

上海市高级人民法院在本案民事判决书的“本院认为”部分就上述争议焦点进行如下论述：

本院认为，根据案外人C公司与D大学签订的《电脑优选横截锯研发》合同，约定由D大学根据C公司提供的样机为原型进行仿制，但是该合同中也要求研发方完成包括机械（气动）设计、电控机软件设计和外型设计在内的设计。

在该技术开发合同的附件中，在机械（气动）设计部分对于标识台、进料传送带、测量站等处均提出了自己的设计要求，尤其是在标识台部分，附件中明确载明“划线部分由原装的带传送改为前端一部分带传送，后面改为人送送料的舵轮机构”。因此，上述证据表明“系列电脑优选横截锯”系由案外人以德国样机为原型进行仿制，并在具体研发时进行了相应的自主设计。

再结合该项技术的研发是在2008年3月31日以前，而本案鉴定机构作出的鉴定结论表明在2012年4月5日之前“A公司边测量边锯切的设计”技术信息不为公众所知悉，使得法院初步认定“A公司边测量边锯切的设计”技术信息在2012年4月5日之前处于不为公众所知悉的事实状态，现四上诉人无法提供相应证据证明“边测量边锯切的设计”技术信息与德国样机所采用的技术信息相同或实质相同并已被该信息所属领域的相关人员普遍知悉和容易获得，故应由其承担举证不利的法律后果。

退言之，即使A公司对德国优选锯样机进行反向工程，并仿制出具有与该样机完全相同技术信息的“系列电脑优选横截锯”，根据《最高人民法院关于审理不正当竞争民事案件应用法律若干问题的解释》第十二条的规定，A公司通过反向工程获得商业秘密亦不属于侵犯商业秘密行为。只要该技术信息被A公司和德国优选锯公司采取保密措施而处于保密状态，仍具有相对秘密性，仍然符合不为所属领域的相关人员普遍知悉和容易获得的商业秘密之要件，不因此丧失其秘密性。

故四上诉人关于“A公司边测量边锯切的设计”技术信息由于反向工程而丧失秘密性的上诉主张没有事实和法律依据，本院不予支持。

本案相关法律法规

《最高人民法院关于审理侵犯商业秘密民事案件适用法律若干问题的规定》

第十四条 通过自行开发研制或者反向工程获得被诉侵权信息的，人民法院应当认定不属于反不正当竞争法第九条规定的侵犯商业秘密行为。

前款所称的反向工程，是指通过技术手段对从公开渠道取得的产品进行拆卸、测绘、分析等而获得该产品的有关技术信息。

被诉侵权人以不正当手段获取权利人的商业秘密后，又以反向工程为由主张未侵犯商业秘密的，人民法院不予支持。

《最高人民法院关于审理不正当竞争民事案件应用法律若干问题的解释》

第九条 有关信息不为其所属领域的相关人员普遍知悉和容易获得，应当认定为反不正当竞争法第十条第三款规定的“不为公众所知悉”。

具有下列情形之一的，可以认定有关信息不构成不为公众所知悉：

（一）该信息为其所属技术或者经济领域的人的一般常识或者行业惯例；

（二）该信息仅涉及产品的尺寸、结构、材料、部件的简单组合等内容，进入市场后相关公众通过观察产品即可直接获得；

（三）该信息已经在公开出版物或者其他媒体上公开披露；

（四）该信息已通过公开的报告会、展览等方式公开；

（五）该信息从其他公开渠道可以获得；

（六）该信息无需付出一定的代价而容易获得。

第十二条 通过自行开发研制或者反向工程等方式获得的商业秘密，不认定为反不正当竞争法第十条第（一）、（二）项规定的侵犯商业秘密行为。

前款所称“反向工程”，是指通过技术手段对从公开渠道取得的产品进行拆卸、测绘、分析等而获得该产品的有关技术信息。当事人以不正当手段知悉了他人的商业秘密之后，又以反向工程为由主张获取行为合法的，不予支持。

案件来源

上海市高级人民法院审理的 B 公司、曹某等与 A 公司侵害技术秘密纠纷案二审民事判决书［（2016）沪民终 470 号］

延伸阅读及类案裁判规则

一、多数法院认为，同行业内两个以上权利人通过反向工程合法获得相同的信息，均可作为商业秘密进行保护（The majority of courts hold that the information obtained through reverse engineering by two or more right holders in the same industry shall be equally protected as trade secret.）

案例一：佛山市中级人民法院审理的A公司、B公司侵害商业秘密纠纷二审民事判决书［（2018）粤06民终514号］认为，"'不为公众所知悉'是指有关信息不为其所属领域的相关人员普遍知悉和容易获得。其保护要点有三：（1）'不为公众所知悉'中的公众，应当是指该信息所属领域的相关人员；（2）该信息本身并非本行业内众所周知，或者与普通信息之间有最低限度的区别；（3）该信息除权利人外，存在他人知悉的可能，但并未在本行业内众所周知。就知识产权法保护的本质而言，知识产权法保护的是经智力劳动而产生的信息资源，适用于商业秘密同样如此。同行业内有两个以上的权利人通过各自研究或者反向工程（反向工程是指通过技术手段对从公开渠道取得的产品进行拆卸、测绘、分析等而获得该产品的有关技术信息）等合法渠道，获得了相同的信息，并均以商业秘密予以持有。此时，该些权利人各自掌握的信息均可作为商业秘密保护。因为法律并不禁止不同权利人各自掌握相同的商业秘密，法律禁止的是没有合法的理由，获得、使用权利人的商业秘密，从而占有本属于权利人通过努力所获得的合法资源……本案中，上诉人A公司主张B公司、周某发、胡某龙、杨某松、郭某江生产的产品图纸以及加工出来的零部件产品及半成品与A公司产品是一样的。但众所周知的事实是，在日益发展的现代社会，不同的研究主体可能研究、制作相同或类似的产品，或者通过反向工程获得相关技术信息，掌握相关技术要点。无论是哪种方式，均为合法的成果，都可以各自作为商业秘密保护。因为法律并不禁止不同权利人各自掌握相同或类似的技术信息秘密；法律禁止的是通过不当手法，非法获得、使用权利人的技术信息秘密，从而占有本该属于权利人通过自身努力获得的合法资源。但在本案中，上诉人A公司亦未向法院提供能够证实五被上诉人通过非正当途径获取其技术信息秘密的证据"。

案例二：绍兴市中级人民法院审理的A公司与B公司侵害商业秘密纠纷一审民事判决书［（2012）浙绍知初字第77号］认为，"被告虽在合同终止后有保守原告商业秘密的后合同义务，但商业秘密的所有者并非仅限一个主体，所有通过自行研发或反向工程得来的信息，只要符合商业秘密的法定条件，均可为研发人或有权利人合法利用。C 公司通过与 D 公司合作获得了涉案技术信息，其有权合法使用。被告在合同终止后与 C 公司合作，因 C 公司也掌握了诉称技术信息，被告根据该信息生产轴承属于合法使用技术信息，不属于不正当手段。因此，即使原告主张的诉称技术信息符合商业秘密的法定条件，原告也无证据证明被告采用了不正当手段”。

案例三：广东省高级人民法院审理的黄某锋诉 A 制品厂侵犯商业秘密纠纷案［（2000）粤法知终字第 9 号］认为，“原审认为，原告诉称的商业秘密是否成立，应根据反不正当竞争法的规定予以确认。原告称其技术秘密主要表现在四方面，原材料的配方及比例、真空机进行真空处理的时间及温度、模具的制作、颜色的调配。原告对此技术通过反向工程掌握的事实可以认定。原告对这种树脂花生产技术的商业秘密应在于具体的生产工艺，主要是模具的制作。因此，原告对该技术采取了一定的保密措施，并给权利人带来了一定的效益，原告诉称的商业秘密依法成立，受法律保护……综上所述，原告以反向工程进行研制生产树脂花产品的技术属于法律保护的商业秘密，依法予以保护”。

二、少数法院认为，通过观察产品本身和反向工程等方法可以获得的技术信息本身并不具备可保密的特性，不能作为商业秘密保护（The minority of courts hold that technical information obtained through production observation or reverse engineering shall not be protected as trade secrets because it does not have the feature of confidentiality.）

案例四：黑龙江省高级人民法院审理的 A 公司与 B 公司等侵犯技术秘密纠纷上诉案［（2008）黑知终字第 35 号］认为，“原审法院认为，本案争议的焦点是 B 公司、周某才、魏某水、经某度是否侵犯了 A 公司的技术秘密。《中华人民共和国反不正当竞争法》第十条规定：‘本条所称的商业秘密，是指不为公众所知悉、能为权利人带来经济利益、具有实用性并经权利人采取保密措施的技术信息和经营信息。’通过自行开发研制、反向工程等方法获得的技术，属于通过合法途径获得技术信息，不能构成法律保护的技术秘密。如果技术信息仅表现为一种产品的尺寸、结构、材料、部件的简单组合等，所涉技术信息范围的人通过观察产品本身就可以直观地获得该技术信息的，产品进入市场后，该项技术信息即可以认为通过使用而公开。A 公司的量仪产品作为通过公开渠道销售的产品，所涉技术信息范围的人通过观察产品本身和反向工程等方法，完全可以获得有关的技术信息，其技术本身并不具备可保密的特性，是能够通过合法途径为公众所知悉的”。

（二）客户名单
（Customer List）

014 仅有客户名称、地址、联系方式的客户名单不能构成商业秘密保护的客户名单（It shall not constitute a customer list under trade secrets protection if such list only includes customer's name，address，and contact information.）

裁判要旨

商业秘密中的客户名单并非单纯指客户名称、地址、联系方式等简单信息，还应包括客户的交易习惯、意向、内容、价格等需要经过长期积累才能形成，非参与交易者不经过努力将无从知晓，难以在公开领域直接获得的深度信息。

案情简介

一、朱某基原系 A 公司的国际销售副总裁，负责国际贸易和开发公司在国际市场的业务，二者签订《劳动合同》，约定朱某基违反保密义务和竞业限制义务，应承担赔偿责任。

二、后朱某基离职至 B 公司担任总经理职务，向 A 公司的客户发送离职跳槽邮件，并使用大量的文字介绍 B 公司的产品，告知下订单的具体操作方式，表明交易意愿。

三、A 公司认为朱某基利用其掌握的客户资源，向 A 公司的客户销售相同产品，不正当地增加了 B 公司的交易机会，给自己造成了重大损失，故以侵害商业秘密为由向上海市浦东新区人民法院提起民事诉讼。

四、一审法院认定 A 公司主张的客户信息构成商业秘密，B 公司、朱某基侵害了 A 公司的经营秘密，应承担侵权责任。

五、B 公司、朱某基不服一审判决，向上海市第一中级人民法院提起上诉，主张涉案客户的客户名称、联系人、联系方式等简单信息并不具有任何的商业价值或者竞争优势，且朱某基未与客户实际接触，不掌握客户的深度信息。

六、二审法院认为根据A公司所提供的往来业务邮件、商业发票、海关报关单、装箱单、采购订单中，不仅反映出公知领域中的一般客户资料，更体现客户在产品需求、交易习惯、付款方式、联系人性格等方面的特殊需要。虽客户的名称、经营范围、联系方式等一般性信息可查询得知，但属于商业秘密范畴的深度信息难以为公众所知悉。

七、二审法院对两上诉人关于客户名单不符合秘密性的上诉理由，不予采纳，故判决驳回上诉，维持原判。

法院判决

上海第一中级人民法院在本案民事判决书的“本院认为”部分就上述争议焦点进行如下论述：

商业秘密中的客户名单不是简单客户名称的列举，而应当是客户的综合信息，除了客户名称，还包括在与客户长期交易过程中形成的价格承受能力、需求类型、项目负责人的联络方式及性格特点等全面信息。被上诉人所提供的与四家客户的往来业务邮件、商业发票、海关报关单、装箱单、采购订单中，不仅反映出公知领域中的一般客户资料，也体现出四家客户在产品需求、交易习惯、付款方式、联系人性格等方面的特殊需要，上述信息需要经过长期积累才能形成，非参与交易履行者不经过努力将无从知晓，也很难在公开领域直接获得。虽然两上诉人称通过互联网及展会上发出的名片能够查询到四家客户的名称、联系人及电子邮件等信息，但一方面，互联网、名片等公知领域仅能反映四家客户的名称、经营范围、联系方式等一般性信息，而属于商业秘密范畴内的深度信息并不能从中获得。这些客户的项目负责人、所需产品的特殊需求等信息并没有反映在网页和名片中，要获得这些信息必须通过一定时间的交流和交易。即便互联网上有部分客户的信息，但去网上搜索这些客户信息的前提是要知道有这个客户的存在，并且还要知道客户对氨基酸和多肽是有需求的，因此该些信息并不为所属领域人员普遍知悉和容易获得。另一方面，两上诉人确认其提交的名片是朱某基在被上诉人处工作时获得，而这些名片是被上诉人通过参加各类国内外行业展会才获得的，为此付出了一定的人力、物力和财力，并非容易获得，同时，被上诉人在与朱某基签署的《技术及商业保密条例》已经明确确定了“名片属于公司的商业秘密”，故两上诉人关于四家客户名单不符合秘密性的上诉理由，本院不予采纳。

本案相关法律法规

《最高人民法院关于审理侵犯商业秘密民事案件适用法律若干问题的规定》

第一条第二款、第三款 与经营活动有关的创意、管理、销售、财务、计划、样本、招投标材料、客户信息、数据等信息，人民法院可以认定构成反不正当竞争法第九条第四款所称的经营信息。

前款所称的客户信息，包括客户的名称、地址、联系方式以及交易习惯、意向、内容等信息。

《最高人民法院关于审理不正当竞争民事案件应用法律若干问题的解释》

第十三条第一款 商业秘密中的客户名单，一般是指客户的名称、地址、联系方式以及交易的习惯、意向、内容等构成的区别于相关公知信息的特殊客户信息，包括汇集众多客户的客户名册，以及保持长期稳定交易关系的特定客户。

《中华人民共和国反不正当竞争法》

第九条第四款 本法所称的商业秘密，是指不为公众所知悉、具有商业价值并经权利人采取相应保密措施的技术信息、经营信息等商业信息。

案件来源

上海市第一中级人民法院审理的B公司等诉A公司侵害经营秘密纠纷案二审民事判决书［（2014）沪一中民五（知）终字第74号］

延伸阅读及类案裁判规则

一、客户名单不要求客户信息的每部分都具有秘密性，只要整体具有秘密性即可。通常具有秘密性的深度信息包括客户的交易习惯、付款方式、购买产品的意向以及一些特殊需要（A customer list protected as a trade secret does not require every part of customer information to be confidential，as long as the whole is confidential. The in-depth information which is usually treated as confidential information，includes trading habits，payment method，purchase intention，and other special demand.）

案例一：最高人民法院审理的A公司与B公司侵犯商业秘密纠纷上诉案［（2007）民三终字第1号］认为，“本案诉争的客户名单等经营信息是上诉人A公司通过长期从事脱水蔬菜出口外销业务积累形成的与国外客户的往来业务邮件，不同于公开领域中的一般客户资料。在扣押的马某东窃取的43份电子邮件及马某东窃取复制的传真件记载的内容中，不仅包含客户的名称、地址、联系方式，还包含了外销业务中客户的交易习惯、付款方式、购买产品的意向以及在交易中对方客户的一些特殊需要，构成了深度信息。通过互联网虽然能够查询到涉案8家国外客户，但这些客户联系出口业务的电子邮件地址以及交易习惯、付款方式、包装规格、所需货物的品名、质量、特殊需求等信息资料在该经营领域内不为相关人员普遍知悉，且获得这些信息资料具有一定难度”。

案例二：福建省高级人民法院审理的徐某平、A公司侵害商业秘密纠纷案［（2017）闽民终1140号］认为，《流单客户列表（部分）》显示了公司名称、项目名称、联系人、联系方式、电子邮箱、产品类型、项目预计合作时间、参训人数、项目毛利预估等信息；《客户名单》显示了公司名称、联系人、联系方式、电子邮箱或微信号、合作时间、金额等信息。上述信息并非已有通讯录或厂商名录的复制，系B公司在公共信息的基础上通过坚持不懈地开展经营活动，积累总结而成，耗费了人力和财力，付出了创造性的劳动，包含不为其所属领域的相关人员普遍知悉和容易获得的深度信息，与一般的公知信息不同，具有秘密性的法律特征”。

案例三：山东省高级人民法院审理的A公司与B公司、吴某庆等侵害商业秘密纠纷案［（2016）鲁民终1364号］认为，“关于经营信息是否具有秘密性的问题。A公司二审中明确，其主张保护的经营信息是长期稳定的特定客户名单和经营战略、交易价格等深度信息。一审中，A公司主张C公司、D公司、郑州E公司、F公司系其长期稳定的客户，并提供了与C公司、D公司、E公司的交易合同。根据A公司提供的合同及发票，其自2007-2010年与C公司、D公司、E公司等进行了大量、持续的交易，上述客户构成其长期稳定的特定客户。而A公司提供的合同及业务人员信息反馈表中的产品型号、价格及交易习惯、交易意向等信息相关公众通过公共渠道无法获得，其提供的业务人员信息反馈表及客户名单中联系方式、人员职务、某些人员后标注‘调’、‘新’、‘已调走’等信息公众通过公共渠道不容易获得，故A公司主张保护的经营信息符合‘不为其所属领域的相关人员普遍知悉’和‘不容易获得’的特征，具有秘密性”。

案例四：天津市高级人民法院审理的A公司、杨某玲与B公司侵害商业秘密纠纷［（2013）一中民五终字第0055号］认为，“案外人C设计院、D公司、E公司为被上诉人的长期客户。被上诉人主张的商业秘密包括与上述三个公司交易的底价、不同类型效果图的报价方式和优惠幅度。上述价格策略是在长期交易中形成的深度信息，无法从公开渠道获得。基于这些深度信息，被上诉人可以在同行业竞争中获得竞争优势。因此，本院认定被上诉人主张的客户名单信息具有秘密性、价值性。被上诉人通过保密协议以及限定客户名录知悉人员的范围等方式，明确了被上诉人保护其商业秘密的主观愿望，并明确了将客户名录信息作为商业秘密保护的信息范围”。

案例五：江苏省高级人民法院审理的孙某龙等与A公司侵害经营秘密纠纷案［（2013）苏知民终字第0096号］认为，“上诉人称相关公众可以通过互联网、114查号台等公开渠道直接查询获悉有关B煤矿的客户信息，该信息不具有秘密性，但其提供的证据显示的均为B煤矿的企业名称、联系方式等一般性信息，并不包含B煤矿及其下属单位具体办理此项业务的工程师、负责人的联系电话、传真号码、产品需求等深度信息，故上诉人以此主张涉案客户信息为公知信息，不具有秘密性的上诉理由不能成立，本院不予支持”。

案例六：山东省高级人民法院审理的王某瑞、A公司与B公司侵害商业秘密纠纷案［（2008）鲁民三终字第17号］认为，“因此，B公司主张的客户名单并非仅为简单的客户名称、地址及联系方式，而是包含了客户的供求状况、价格条款、交易习惯、意向等内容的特殊客户信息，符合法律规定的商业秘密的构成要件，属于B公司的商业秘密，应当受到法律保护。王某瑞和A公司虽主张上述三家客户名单均可以从三家公司网站上公开获得，但从该三家公司的网站上看，仅有其公司简介及地址、联系电话等简要信息，对其所需钢球产品的种类、规格、价格、质量、供求状况、交易规则等特殊信息并未在公开信息中披露，一般的钢球生产企业无法从公开渠道直接获得，故王某瑞和A公司的该主张不能成立”。

案例七：北京知识产权法院审理的石某田、陈某等与A公司侵害商业秘密纠纷案［（2017）京73民终1776号］认为，“第一，关于秘密性。B公司作为C系统的企业，考虑到其开展业务的准入门槛和市场化程度，虽然在相关网络媒体上有相关项目的概括性介绍，但所属领域的相关人员通过公开渠道无从得知具体项目内容、审批资金来源、前期服务的运营标准、项目验收标准、价格承受能力等核心信息，也无从知晓相关负责人联络方式、性格特点、交易习惯、交易倾向等深度信息，而这些信息是把握商业机遇和取得竞争优势的关键，特别是对于软件开发运维服务这类更新换代快、时限性要求较高的领域”。

案例八：南京市中级人民法院审理的A公司与B公司、张某等侵犯商业秘密纠纷案［（2012）宁知民终字第1号］认为，“关于C公司的客户信息。A公司提交了2008年6月2日与C公司签订的编号为‘TNJ（外）字××××’号委托制作合同，以及自2008年6月起至2010年10月其与C公司签订的十余份‘TNJ（外）字××××’号委托制作合同的附件等。

这其中包含了双方在合同履行期间所产生的交易内容、习惯、方式、合同价格等经营信息，表明A公司在经营过程中签订相关合同通过与交易对象持续深入接触客户，形成了具有特定化的客户信息。这些特定化的信息并不能直接从公知领域获得，通常也不为在该市场领域从事有关工作的人员所普遍了解和掌握……被上诉人B公司和张某辩称相关公众可以通过互联网等公开渠道直接查询获悉涉案客户信息，因此该信息并非不为公众所知悉。但是，其证据显示的均为相关客户的企业名称、地址等一般性信息，并不包含相关客户的负责人联系方式、交易内容、习惯、方式、合同价格等深度信息；且该查询结果是其在已知相关客户名单的基础上进行针对性地查询获知的信息，被上诉人B公司和张某的抗辩理由不能成立，本院不予采信”。

案例九：北京市石景山区人民法院审理的A公司与B公司等侵害经营秘密纠纷案［（2018）京0107民初1518号］认为，“本案中，原告A公司主张应作为经营秘密保护的客户名单为汇集众多客户的客户名册，具体信息包括客户单位具体负责人或联系人的职务及微信、电话、QQ号、邮箱等联系方式、每次与客户联系时获取的包括考场规模、采购意向、交易习惯在内的信息以及历次交易记录，上述信息显然不是能够在公开领域内轻易获得的信息。从被告B公司的举证来看，其欲证明可以在综合类信息网站上收集到客户信息，但也仅能找到某单位某部门某些人员的姓名、职务、固定电话和邮箱等一般性信息，并不包括该客户负责相关业务的具体联系人及联系方式，更无法获取采购意向、交易习惯等重要信息。而上述信息的获取，需要经营者付出长期努力，并体现出其经营智慧和策略，法律要保护的也正是这样一种无形财产，而非对一般性信息进行保护”。

二、投入人力、物力将客户信息汇集整理和加工所组成的客户名册，作为整体信息本身难以为所属领域的相关人员普遍知悉和容易获得，可构成商业秘密（It may constitute trade secrets if the right holder puts human resources and material resources to sort and process customer information into customer lists, which as a whole is not generally known to and is difficult to acquire by person in the relevant fields.）

案例十：湖南省高级人民法院审理的A公司、赵某坚等与李某君、雷某芳侵害商业秘密纠纷案［（2016）湘民终89号］认为，“本案中，被上诉人作为家居建材经营者，通过派出大量的业务员，在全县各个小区收集具有装修意向客户的姓名、地址、联系方式、装修进度、购买意向等信息，并经加工后形成了客户名单。被上诉人通过此客户名单掌握客户的装修意向，对其经营效益具有十分重要的意义，因此，该客户名单凝聚了经营者的经营成本，并能为经营者带来潜在的商业利益，亦并非为公众所知悉。在收集客户名单的过程中，被上诉人指派专人与客户沟通，并及时将客户资料交负责人保管，可见，被上诉人对该客户名单采取了必要的保密措施。综上，被上诉人花费人力、物力形成的客户名单构成为商业秘密。本案中，上诉人认为其只获取了与被上诉人相同的部分电话号码，其他信息，包括姓名一概不知，因此单纯的电话号码不能称为商业秘密。本院认为，本案的客户名单作为重要的经营信息，旨在为家居建材经营者提供潜在客户，尽管电话号码本身不属于商业秘密，但客户名单中的电话号码是被上诉人收集、整理后能够指向具体的具有装修意向的个人，是客户名单中最为核心的部分，仅掌握客户名单中的电话号码信息即能开发潜在客户，因此，作为本案客户名单中的电话号码也属于反不正当竞争法上的商业秘密。故上诉人认为单纯的电话号码不能构成商业秘密的上诉理由不能成立”。

案例十一：南京铁路运输法院审理的 A 公司、B 公司与 C 公司、陆某侵害经营秘密纠纷案［（2017）苏 8602 民初 708 号］认为，“本案中，原告主张的 476 家客户信息系由原告 CRM 管理系统中的信息汇聚组成，单条已交易客户信息均有‘客户名称、联系人（姓名及手机号）、合同起始日期、合同终止日期、开票日期、合同编号、发票号码、类型、价格、业务员’；单条潜在客户信息均包含‘客户名称、联系人姓名、联系人手机号’。首先，这些信息为原告多年投入人力、物力和财力，与相关客户形成信赖关系的实际交易信息或潜在客户信息，区别于一般信息源，不为所属领域相关人员普遍知悉和容易获得。尤其是由大量单条特殊客户信息汇集整理所组成的客户名册，作为整体信息库更无法从一般渠道完整获取，具有秘密性”。

案例十二：北京市第一中级人民法院审理的 A 公司诉 B 公司等侵犯商业秘密及其他不正当竞争纠纷案［（2007）一中民初字第 10042 号］认为，“许某哲从 A 公司离职时带出的客户名单上汇集众多客户的名称、具体联系人姓名和职务。首先，虽然该客户名单中具体的客户单位名称多为公开信息，但相关客户的具体联系人姓名和职务属于客户名称以外的深度信息，而且将如此众多有类似业务需求的客户汇集一处，本身也已经使得该客户名单的相关内容不为其所属领域的相关人员普遍知悉和容易获得”。

案例十三：徐州市中级人民法院审理的吴某军与 A 公司一案［（2006）徐民三初字第 9 号］认为，“被告关于客户享有自由选择的权利，可以同时向两个以上网络公司提供同一条信息，因此原告的信息属于公知信息的抗辩理由，本院认为，A公司的信息虽取自客户、用至客户，但都是通过A公司的经营活动实现的，A公司为此投入了一定的人力、物力，原告所拥有的配载信息是针对特定客户群提供的零散信息进行汇集而形成的整体信息，具有一定的新颖性，能够为原告形成特有的竞争优势，因此为原告所特有。故对两被告的该抗辩理由本院不予采信，本院认定该信息不为公众所知悉”。

案例十四：义乌市人民法院审理的A公司与B公司、熊某霞侵害商业秘密纠纷[（2019）浙0782民初13094号］认为，“本案中，原告主张涉案七个客户信息、原告供应商信息构成商业秘密，本院结合商业秘密的相关规定进行分析。商业秘密中的客户信息一般是指客户的名称、地址、联系方式以及交易的习惯、意向、内容等构成的区别于相关公知信息的特殊客户信息，包括汇集众多客户的客户名册，以及保持长期稳定交易关系的特定客户。本案原告主张七个客户信息，该七个客户数量有限、信息汇集内容有限，故不属于汇集了众多客户的客户名册”。

案例十五：北京市朝阳区人民法院审理的呼某娜与A公司侵犯商业秘密一案[（2013）朝民初字第07562号］认为，“就涉案客户名单而言，首先，涉案34个客户均是与A公司存在业务关系的客户，且其中部分客户多年来与其保持着长期稳定的业务关系，通过为上述客户代理商标业务，A公司能够获得相应经济利益。其次，A公司主张商业秘密的内容是区别于公共信息的客户名单，除客户的名称、联系地址外，还包括相应客户的具体联系人、联系方式以及客户的交易习惯、倾向等。就其中一个客户而言，相关信息或许可以从公共领域获得，但对于由众多客户信息所组成的整体信息而言，则需要花费相当的人力、财力去汇集、整理和加工，从而将客户名单从不特定的公共信息中分离出来而特定化。尤其是A公司本案主张商业秘密的客户信息均是已经与其发生过业务关系的客户的相关信息，故由此形成的一整套信息归A公司所特有，上述信息如不对外公开，不可能为所属领域的相关人员普遍知悉和容易获得”。

案例十六：深圳市罗湖区人民法院审理的A公司与邱某静侵害商业秘密纠纷[（2013）深罗法知民初字第917号］认为，“从上述规定可见，构成商业秘密的客户名单，不能是简单的客户名称，必须含有名称以外的深度信息，其内容应包括客户名称、客户联系方法、客户需求类型和需求习惯、客户的经营规律、客户以商品价格的承受能力等综合性客户信息，这是因为必须拥有深度信息的客户名单才能为权利人带来经济利益。

而本案所涉的客户名单仅为公司名称、联系人姓名和性别、手机/电话号码、

QQ 号码，并无交易的习惯、意向、内容等综合性客户信息。该客户名单并非汇集众多客户的客户名册。在没有深度信息的前提下，汇集众多客户的客户名册更容易被认定构成商业秘密，这是因为汇集众多客户的客户名册一般均是权利人花费了大量劳动整理而成。而本案所涉客户名单仅 17 家公司信息，并非汇集众多客户的客户名册，且原告不能够证明其投入了大量成本进行开发”。

015 尚未进行实际交易的客户采购意向可作为构成商业秘密保护的客户名单（Even though there is no actual trading, the purchase intention of customers may constitute a customer list under trade secrets protection.）

裁判要旨

通常只有在特定主体向相对方告知的情况下，特定采购意向才为相对方所掌握，故特定主体的特定采购意向具备不为公众所知悉的特点，通过掌握的采购意向可获取相关的采购订单，能带来经济利益、具有实用性，若经权利人采取合理保密措施，可构成商业秘密。

案情简介

一、上海 A 公司系德国 A 公司的全资子公司。李某斌、施某玲分别系上海 A 公司的销售人员，均与公司签订了劳动合同并约定保守公司的商业秘密。在职期间，李某斌与其妻子朱某文共同成立 B 公司，李某斌的父亲潘某荣成立 C 公司。

二、德国 A 公司分别授权 C 公司和 B 公司作为其不同产品、不同地区的独家代理商，负责产品的销售、市场推广和售后服务支持工作。后德国 A 公司因发现 C 公司系李某斌的关联公司，解除了其独家经销的授权。

三、D 公司与 B 公司签订《购销合同》，B 公司为履行合同向德国 A 公司购买了相关的产品。李某斌、施某玲就涉案合同的履行多次与 D 公司进行沟通。

四、上海 A 公司以李某斌、施某玲、B 公司、朱某文、C 公司、潘某荣共同侵害商业秘密为由向上海市杨浦区人民法院提起诉讼。

五、一审法院认为上海 A 公司主张的客户名单、自身经营信息构成商业秘密，证据不足，判决对其诉讼请求不予支持。

六、上海A公司不服一审判决，向上海市知识产权法院提起上诉，将其主张的商业秘密限缩为D公司的采购意向，具体内容包括报价、具体数量、支付条件、货期、销售利润、定制产品的特定性能数据、定制产品的采购渠道等信息。

七、二审法院认为从公开渠道仅能获知D公司系项目集成商，并没有证据表明其进行的特定采购的信息已被公开，上海A公司根据其掌握的采购意向获取了客户的采购订单，可以带来经济利益，具有实用性，故在上海A公司采取了合理保密措施的情况下，该信息符合商业秘密的构成要件。

法院判决

上海市知识产权人民法院在本案民事判决书的“本院认为”部分就上述争议焦点进行如下论述：

关于上海A公司实际掌握的“D公司的采购意向”的经营信息（即D公司在长沙磁浮项目中采购德国A公司生产的标准通道KPR-111C型号，宽通道KPR-121C型号等扇门产品的意向）是否属于上海A公司的商业秘密。

1. 关于“不为公众所知悉”

本案中，上海A公司实际掌握的“D公司的采购意向”的经营信息，属于特定主体（D公司）的特定采购意向（D公司为长沙磁浮项目进行的德国A公司生产的标准通道KPR-111C型号，宽通道KPR-121C型号等扇门产品的采购），一般情况下，只有在特定主体向相对方告知的情况下，特定主体的特定采购意向才为相对方所掌握，故特定主体的特定采购意向难以为其所属领域的相关人员普遍知悉和容易获得。本案中，从公开渠道亦仅能获知D公司系长沙磁浮项目的集成商，并没有证据表明D公司为长沙磁浮项目进行的特定扇门采购的信息已被公开，故本案中应当认定上海A公司实际掌握的“D公司的采购意向”的经营信息属于上海A公司不为公众所知悉的经营信息，一审法院关于“D公司的采购意向”从公开渠道应能获知的认定，缺乏相关事实依据，本院依法予以纠正。

2. 关于“能为权利人带来经济利益、具有实用性”

本案中，上海A公司一旦根据其掌握的“D公司的采购意向”，而获取了D公司的采购订单，显然可以为上海A公司带来经济利益，具有实用性。故上海A公司实际掌握的“D公司的采购意向”的经营信息符合《反不正当竞争法》第十条第三款的规定，能为权利人带来经济利益、具有实用性。

3. 关于“保密措施”

本案中，一审法院查明的事实表明，李某斌、施某玲与上海A公司签订的劳动合同均约定，李某斌、施某玲必须为上海 A 公司保守商业秘密。而劳动合同附件“劳动纪律及制度”第 5 点规定，公司或集团内部的商业机密指非对外公开的信息、行为或行动计划、发展动向、管理机密、生产组织及管理等。而上海 A 公司实际掌握的“D 公司的采购意向”的经营信息显然属于上海 A 公司非对外公开的信息。因此，应当认为上海 A 公司对其实际掌握的“D 公司的采购意向”的经营信息通过签订劳动合同中约定保密条款的方式，采取了合理的保密措施。

综上，本院认为，上海 A 公司实际掌握的经营信息（即“D 公司的采购意向”，包括 D 公司在长沙磁浮项目中采购德国 A 公司生产的标准通道 KPR-111C 型号，宽通道 KPR-121C 型号等扇门产品的意向），符合《反不正当竞争法》第十条第三款的规定，属于上海 A 公司的商业秘密。

本案相关法律法规

《中华人民共和国反不正当竞争法》

第九条第四款 本法所称的商业秘密，是指不为公众所知悉、具有商业价值并经权利人采取相应保密措施的技术信息、经营信息等商业信息。

《最高人民法院关于审理侵犯商业秘密民事案件适用法律若干问题的规定》

第一条第二款、第三款 与经营活动有关的创意、管理、销售、财务、计划、样本、招投标材料、客户信息、数据等信息，人民法院可以认定构成反不正当竞争法第九条第四款所称的经营信息。

前款所称的客户信息，包括客户的名称、地址、联系方式以及交易习惯、意向、内容等信息。

第三条 权利人请求保护的信息在被诉侵权行为发生时不为所属领域的相关人员普遍知悉和容易获得的，人民法院应当认定为反不正当竞争法第九条第四款所称的不为公众所知悉。

第五条 权利人为防止商业秘密泄露，在被诉侵权行为发生以前所采取的合理保密措施，人民法院应当认定为反不正当竞争法第九条第四款所称的相应保密措施。

人民法院应当根据商业秘密及其载体的性质、商业秘密的商业价值、保密措施的可识别程度、保密措施与商业秘密的对应程度以及权利人的保密意愿等因素，认定权利人是否采取了相应保密措施。

第七条 权利人请求保护的信息因不为公众所知悉而具有现实的或者潜在的商业价值的，人民法院经审查可以认定为反不正当竞争法第九条第四款所称的具有商业价值。

生产经营活动中形成的阶段性成果符合前款规定的，人民法院经审查可以认定该成果具有商业价值。

案件来源

上海知识产权法院审理的 A 公司与 B 公司、C 公司等侵害商业秘密纠纷二审民事判决书［（2016）沪 73 民终 313 号］

延伸阅读及类案裁判规则

一、与客户在不断沟通磋商并结合客户的定制要求所形成的与商业广告不同的定价，体现了针对不同客户个性需求及价格承受能力所确定的价格政策，可构成商业秘密（A pricing may constitute trade secrets，if such pricing is generated from sustained negotiation and customized requirements of customer，which indicated a pricing policy based on customers' different requirements and affordability.）

案例一：常州市中级人民法院审理的 A 公司与 B 公司、朱某刚等侵害商业秘密纠纷案［（2016）苏 04 民初 22 号］认为，"本案中，原告所提交的 10 家企业相关经营信息并非仅为客户的名称、地址、联系方式等容易从公开渠道获得的普通客户信息，而是包括了交易所涉的商品名称、规格（含材质、颜色等）、数量、价格以及运输时间和方式等特殊客户信息，这些信息体现出客户的交易需求、成交价格底线等有别于公知信息的深度内容，被告也提出原告报价单的价格与其《产品目录》中报价不同，但此等价格差异恰恰说明，原告为促成与客户之间的交易，与客户在不断沟通磋商的基础上结合客户的定制要求所形成的与商业广告不同的定价，反映出原告投入的人力、物力成本，体现了针对不同客户个性需求及价格承受能力所确定的价格政策。尽管被告对原告提交的报价单等经营信息载体真实性提出异议，但是报价单作为原告内部制定价格以及下单交由生产部门进行制作的凭证，必然系由原告单方形成，其内容具体翔实，甚至包括不同部件的连接关系、切割角度、打孔位置等内容，不宜仅因系原告单方形成而否认其真实性，更为重要的是，该等经营信息载体并非孤证，而是与增值税发票、付款凭证等其他证据相互印证，相关交易真实发生，故本院对其真实性予以采信，对于联络信息等手写件或打印件证据，同理本院亦予采信。基于上述客户信息载体证据的相互印证，本院对原告所提供客户信息的真实性均予采纳，本院认为，涉案 10 家企业相关经营信息需要经过长期积累方能形成，非实际参与交易者不经过充分的市场努力将无从知晓，满足秘密性要件”。

案例二：北京知识产权法院审理的石某田、陈某等与A公司侵害商业秘密纠纷案［（2017）京73民终1776号］认为，“关于价值性。兵家曰：‘知己知彼，百战不殆’。商业如战场，在具体的商业项目中，客户的交易需求、特殊偏好、实际验收标准、价格承受能力，往往是极为重要的核心信息，特别是价格承受底线等敏感信息，往往需要在长期的商业合作、商务谈判、市场调研中才能获得，也是商业主体争取竞争优势、成功获取项目的关键。掌握客户的核心需求、特殊偏好以及价格底线，能够使得竞争者在最短的时间、以最低的代价在竞争中把握机遇，成功获得合作机会，赚取商业利润，显然具有重要的商业价值”。

二、进入实质性磋商阶段的客户范围及相应交易意向和交易需求，无法从公开信息渠道或者简单劳动获悉，可构成商业秘密（Information about customers under substantive negotiation and their appropriate trade intention and demand may constitute trade secrets，since these information may not be obtained from public source or through simple labor.）

案例三：北京市高级人民法院审理的王某军等与A公司侵犯经营秘密纠纷案［（2011）高民终字第3267号］认为，“《中国水泥行业名录（2003年）》公开了法定代表人姓名、电话号码、传真号码、地址、电子信箱、窑型、主要产品等信息，《中国水泥生产许可证企业名录》公开了地址、电话号码、产品品种等信息，任何社会公众均可通过以上公开出版物获得相关信息。但是，由于A公司生产、销售的‘柔性密封装置’技术为A公司特有的专利技术，在众多的水泥生产企业中，哪些水泥企业使用了A公司的技术或者存在意向，并未被上述证据所公开，公众亦无从知晓A公司的交易对象。

由于‘柔性密封装置’的特有性，与A公司发生过交易的客户，在客观上均有从事后续维修、替换等交易的需求，从而与A公司建立起持续、稳定的交易关系，此客户的范围无法从公开出版物所提供的信息中直接得到。对已经与A公司进入实质性磋商阶段的客户范围及相应的交易意向和交易需求，必须通过市场开拓等途径予以掌握，无法从公开信息渠道或者简单劳动可以获悉”。

案例四：常州市中级人民法院审理的A公司与张某光、B公司侵害商业秘密纠纷案［（2017）苏04民初155号］认为，“首先，‘不为公众知悉’一般是指有关信息不为所属领域的相关人员普遍知悉和容易获得。原告提供的‘C公司（需求3套一拖三）、联系人：厂长133××××6160、地址绍兴县××路’的信息，虽然被告辩称该信息在上海展会上参会的同类企业均有可能获得，但这仅是被告推断，被告未提供证据证明，且即使有参会的其他企业也获得该信息，也不能认定为所属领域的相关人员普遍知悉。同时因该信息是在展会中通过宣传、推销、洽谈等方式付出劳动和经济成本后获得，故该信息从公开渠道无法获得。因此，该信息符合‘不为公众所知悉’的构成要件。其次，该经营信息具有商业价值，能为原告带来竞争优势。因该信息是一种不为公众所知悉的商业机会，该信息包括客户产品需求意愿、大致的需求数量和产品结构要求，以及联系电话等，属于原告通过市场调查后获得的潜在客户信息。与未获得该信息的同行业企业相比，原告获得该信息所涉业务的可能性明显增大。最后，原告和张某光签订保密协议，明确了张某光在参加上海展会期间以及在原告单位工作期间其他情况下获得的客户信息、购买设备的资源信息均不得透露给第三人。故原告针对上述经营信息采取了保密措施。故原告在上海展会上获得的‘C 公司（需求 3 套一拖三）、联系人：厂长 133××××6160、地址绍兴县××路’的经营信息，属于原告的商业秘密”。

案例五：苏州市虎丘区人民法院审理的 A 公司与扈某侵害经营秘密纠纷案［（2016）苏 0505 民初 4842 号］认为，“在本案中，首先，从出差及交易证据来看，A 公司为达成与‘B 公司、C 公司’的交易，付出了相应的劳动、金钱和时间成本。上述两家公司的相应联系方式，关于箱子产品的交易习惯、交易需求、价格承受能力可以构成客户名单经营信息，该整体信息具有不为公众所知悉的特征。因此，A 公司主张的 B 公司、C 公司客户信息符合不为公众所知悉的秘密性要件。其次，原告与被告签定了相应的保密协议。双方在签订的保密协议中，对需要保守的商业秘密的范围、方法和责任均进行了明确的约定，因此，可以认定 A 公司对 B 公司、C 公司客户信息采取了相应的保密措施。另外，B 公司、C 公司客户信息对 A 公司具有现实的商业价值，能为 A 公司带来相应的竞争优势，对这些信息的了解与掌握有助于交易人取得竞争的主动权和达成交易的成功率。因此，以上信息亦具有价值性。综上，原告所主张的其与 B 公司、C 公司之间的相应联系方式，关于箱子产品的交易习惯、交易需求、价格承受能力等信息构成商业秘密中的经营秘密。对于原告主张的 D 公司的相应客户信息，由于在本案中原告并未举证其与 D 公司的相应交易信息，故对于该客户信息的商业秘密主张，本院不予确认”。

016 一次性、偶然性的客户亦可能构成商业秘密保护的客户名单（The information of one-time or occasional customers may constitute customer list under trade secrets protection.）

裁判要旨

通常来说，客户名单应当具备交易稳定性，但根据商业模式特性，在权利人可依据交易获得的综合性客户信息，向客户提供后续服务或者产品而无须额外花费获客成本，带来一定竞争优势的情况下，对于仅交易一次的客户仍应当综合考虑认定其商业秘密属性。

2020 年 9 月 10 日颁布的《最高人民法院关于审理侵犯商业秘密民事案件适用法律若干问题的规定》删去了“保持长期稳定交易关系”的限定性表述，“长期稳定的交易关系”不是认定特定客户属于商业秘密的必要条件。当事人仅以未与特定客户保持长期稳定交易关系为由，主张抗辩该特定客户属于商业秘密的，人民法院也不予支持。

案情简介

一、A 公司的主营业务均为计算机软件销售和服务。公司的内部规章明确了员工的保密义务，并且使用相应软件系统对其客户档案、交易记录等进行管理，登录需输入用户名、密码。该系统中记载的客户信息包括客户名称、联系人、联系电话、客户地址、产品名称、产品标准价格、折扣率、销售金额、成本、毛利、销售日期等。

二、岳某丽原系 A 公司的服务部经理，其系统账户的使用权限被设置为允许查看所有用户档案及销售金额。在职期间，岳某丽成立了经营范围与 A 公司一致的 B 公司。

三、在岳某丽离职后的两年多时间里，与 B 公司发生交易的近半数客户，曾经与 A 公司发生类似业务关系。故 A 公司以侵害商业秘密为由向上海市徐汇区人民法院提起上诉。

四、一审法院认定涉案客户名单构成商业秘密，岳某丽违反保密义务，披露、使用了涉案客户名单，B 公司使用了岳某丽披露的上述商业秘密，判决二者共同承担侵权民事责任。

五、B 公司、岳某丽不服一审判决向上海市知识产权法院提起上诉，主张一审法院在客户名单中未剔除并非 A 公司长期稳定客户的交易对象。

六、二审法院认为无论是长期稳定客户、有过一次交易的客户，还是未进行过交易的潜在客户，只要是权利人经过一定的努力和付出，包括人、财、物和时间的投入，在一定时间段内相对固定的、有独特交易习惯内容，具有现实的或者潜在的商业价值，能给权利人带来一定的竞争优势，即可认定为客户名单。

七、二审法院对上诉人主张向 A 公司一次交易经历的客户提供服务或者耗材销售的行为，均没有利用 A 公司的市场竞争优势的意见不予采纳，判决驳回上诉，维持原判。

法院判决

上海知识产权法院在本案民事判决书的“本院认为”部分就上述争议焦点进行如下论述：

本院认为，判断客户名单“不为公众所知悉”性，可从客户的特有性以及获取客户名单的难易程度两个角度分析。无论客户属于权利人的长期稳定客户、有过一次交易的客户，还是未进行过交易的潜在客户，如果是权利人经过一定的努力和付出，包括人、财、物和时间的投入，在一定时间段内相对固定的、有独特交易习惯内容，具有现实的或者潜在的商业价值，能给权利人带来一定的竞争优势，可以根据上述三要件认定为客户名单。

就本案而言，A 公司对外提供用友软件维护、更新和耗材销售业务，通过互联网营销方式发展客户，岳某丽在 A 公司工作期间担任服务二科经理，向副总经理报告工作，所在部门负责与用友软件维护、更新相关的客户服务。岳某丽在 A 公司工作期间接触且获取了 A 公司的客户信息，在离职后的两年多时间内利用其获得的客户信息以 B 公司的名义对外开展与 A 公司相竞争的业务，侵犯了 A 公司客户名单的商业秘密。

针对上诉人认为涉案客户名单中非 A 公司长期稳定客户、交易内容为非用友软件维护服务的客户、注销的客户应当剔除的主张，本院认为，A 公司的经营业务包括向使用用友软件的客户提供软件维护、软件升级、耗材销售的经营活动，从这种商业模式的特性来看，即使是 A 公司提供过一次维护服务的客户，这些客户系 A 公司通过自身的努力收集获得的，A 公司掌握该等客户的名称、联系人、联系方式、客户需求类型，属于能区别于公知信息的综合性客户信息，A 公司可以据此向客户提供与使用用友软件相关的服务或者产品，而无须额外花费获客成本，具备价值性，能给A公司在从事与用友软件维护和更新相关的经营活动中带来一定的竞争优势。

反不正当竞争法禁止侵犯商业秘密的目的在于保护商业秘密给权利人带来的竞争优势。两上诉人主张向A公司一次交易经历的客户提供服务或者耗材销售的行为，均没有利用A公司的市场竞争优势，本院不予采纳。

本案相关法律法规

《最高人民法院关于审理侵犯商业秘密民事案件适用法律若干问题的规定》

第二条第一款 当事人仅以与特定客户保持长期稳定交易关系为由，主张该特定客户属于商业秘密的，人民法院不予支持。

第三条 权利人请求保护的信息在被诉侵权行为发生时不为所属领域的相关人员普遍知悉和容易获得的，人民法院应当认定为反不正当竞争法第九条第四款所称的不为公众所知悉。

《最高人民法院关于审理不正当竞争民事案件应用法律若干问题的解释》

第十三条第一款 商业秘密中的客户名单，一般是指客户的名称、地址、联系方式以及交易的习惯、意向、内容等构成的区别于相关公知信息的特殊客户信息，包括汇集众多客户的客户名册，以及保持长期稳定交易关系的特定客户。

案件来源

上海知识产权法院审理的B公司、岳某丽与A公司侵害商业秘密纠纷案二审民事判决书［（2018）沪73民终79号］

延伸阅读及类案裁判规则

一、对于投入人力、物力并经反复磋商和洽谈而获得的客户名称、地址、业务联系人、联系方式、现实及潜在的需求意向、产品要求、成交价格区间等不为公众所知悉的信息，即使双方只发生过一次实际交易，也可构成商业秘密（Any non-public information, such as customer name, address, liaison officer, contact information, existing or potential intention, production demand, or transaction price range, which someone put human resources and physical resources into and obtained through sustained negotiation, may constitute trade secrets, even though trade only happened once.）

案例一：宁波市北仑区人民法院审理的A公司、B公司、张某娜侵害商业秘密纠纷［（2018）浙0206民初961号］认为，“原告与C公司之间，虽然在被告张某娜离职前，实际仅发生一笔交易，但双方已进行了一年多时间的贸易洽谈，对方还两次到原告公司实地考察，通过双方之间的协商及实际成交，原告不仅获得该客户的名称、地址等基本信息，而且知悉具体业务联系人、联系方式、现实及潜在的需求意向、产品要求、成交价格区间等交易习惯和交易内容。这些信息均是原告付出一定的努力争取得来的，已经形成特殊的客户群，并非其所属领域的相关人员普遍知悉的信息，从其他公开渠道也不易获得，属于不为公众所知悉”。

案例二：深圳市福田区人民法院审理的A公司与B公司、毕某秋侵害商业秘密纠纷［（2013）深福法知民初字第103号］认为，“从本案证据来看，虽然原告已举证证明其与C集团的交易次数只有一次，但对于一次金额高达4.8亿元的交易而言，原告获取该交易必然需要通过投入一定的人力、物力并经反复接触才能洽谈而成。而且从原告与C集团在《合作协议书》中约定的原告对C中心项目享有优先权来看，原告与C集团已经建立了相对稳定的交易关系”。

二、几乎没有付出时间、人力和财力，直接、偶然与之进行交易的对象不构成商业秘密中的客户名单（The list of trade partners with direct or occasional transactions shall not constitute the customer list under trade secrets if it is formulated with few time or human resource.）

案例三：梅州市中级人民法院审理的A公司与B公司、徐某颜著作权权属纠纷［（2019）粤14民初5号］认为，“除客户A某外，A公司主张的客户C某、F某、Y某、W某、G某均是通过互联网平台先联系A公司，在徐某颜、饶某兰就职期间仅与公司存在一两次交易或者尚未发生交易，从客户与徐某颜、饶某兰的聊天记录看，不能反映上述客户有特殊的交易习惯、意向。因此，上述客户名单不构成商业秘密”。

案例四：深圳市中级人民法院审理的A公司、王某丽、马某与B公司侵害商业秘密纠纷［（2015）深中法知民终字第769号］认为，“关于C公司是否构成与被上诉人保持长期稳定交易关系的特定客户。按照相关法律规定，特定客户作为商业秘密受到保护应具备‘保持长期稳定交易关系’的必要条件。

因为客户作为单位或个人存在的经营主体，具有公开性，任何主体均可与之接触并发生交易；故客户名单要构成商业秘密，必须通过投入一定的人力、物力并经过反复接触、交易，从而形成相对长期稳定的客户信息资料。被上诉人必须通过交易发生、经营往来、投入劳动、付出时间和资金等方面证据来证明，其与C公司之间已经建立了相对长期稳定的业务关系，该客户系其长期、大量付出时间、精力、资金所获得的特有资源。对此，被上诉人提交了2012年5月15日，其与C公司签订的《洁净室环境监测系统买卖合同》作为其商业秘密的载体和内容证据。从该证据载明的内容来看，在2012年12月5日A公司与C公司签订合同之前，被上诉人与C公司仅有过一次交易，不符合'长期稳定交易关系'的法定构成要件"。

案例五：南京市中级人民法院审理的A公司与B公司、张某等侵犯商业秘密纠纷案［（2012）宁知民终字第1号］认为，"上诉人还认为C公司和D公司均是上诉人的重要客户，其中C公司与上诉人多次合作，D公司双方虽只合作过一次，但关系良好并后续还有已约定的合作。本院认为，关于D公司的客户信息，从现有证据来看，A公司与这家公司在经营过程中只进行过一次交易即只签订过一次合同。该证据并不能证明A公司付出了一定的时间、金钱和人力与该公司之间建立了长期稳定的客户关系，形成了一些特定化的客户信息。因此，D公司的客户信息不符合商业秘密的构成要件，不能构成商业秘密"。

案例六：中山市中级人民法院审理的易某雪与A公司一案［（2006）中中法民三初字第44号］认为，"A公司要求保护的经营信息共有6个客户名单，其中A公司主张潮安县B包装厂、潮安县C公司、潮安县D包装厂等4个客户为其客户名单，但A公司只举证4个公司向其发出的内容一致的取消定购成形机通知书，并未举证证明这4个客户是A公司通过付出创造性劳动，花费财力、精力建立起来的特定的客户以及对此采取了保密措施。A公司举证的4张取消订购的通知书仅能证明双方有过一次性交易的意向，不能因此确定4个公司属A公司客户名单"。

案例七：佛山市禅城区人民法院审理的A公司与陈某友侵害商业秘密纠纷［（2018）粤0604民初20613号］认为，"本案中，原告请求保护的商业秘密为包含林某江名称、联系电话、地址、交易内容（产品名称、包装规格、数量）、发货方式等信息的客户名单，并提交了2016年销售客户信息表及送货单、收款回单、发票、记账凭证作为证据。上述证据相互印证，可以证明原告主张的客户名单中的客户林某江与其存在真实的业务交易，但上述证据反映原告仅于2016年与林某江有两次业务交易，之后再无交易往来。而商业秘密意义上的客户名单，是经过权利人不断努力和积累，耗费了人力、物力和财力后而形成的相对稳定的、有其客户自身交易习惯和特点的客户名单，当中的交易习惯、意向、内容等区别于相关公知信息的特殊客户信息是权利人在与客户的长期商业往来过程中积累获得。原告主张的客户名单中的客户林某江并未与原告形成稳定的交易关系，该客户名单包含的林某江名称、联系电话、地址、交易内容（产品名称、包装规格、数量）、发货方式的信息系原告与林某江偶发性交易而形成，并未能反映该客户的交易习惯、意向、特殊需求等区别于相关公知信息的深度信息，不具有特定性”。

案例八：深圳市罗湖区人民法院审理的深圳市A公司与邱某静侵害商业秘密纠纷［（2013）深罗法知民初字第917号］认为，“该客户名单所涉客户不具有稳定性。受法律保护的客户名单中的客户群应是权利人经过一定的努力和付出，包括人、财、物和时间的投入，在一定时间段内相对固定的、有独特交易习惯内容的客户，这是因为只有与权利人存在长期业务来往的稳定客户，才能给权利人带来一定的竞争优势，具有实用性，能为权利人获得市场竞争中的独占优势，换取有形的价值或无形的价值，而不会轻易改变交易对象，是权利人的无形资产。而本案中原告提交的证据只能证明客户名单中除B公司，C公司外的16家公司均是与D公司发生一次性、偶然性的业务往来，因此，并非权利人的稳定客户”。

三、一般而言，客户信息是在长期、稳定的交易中形成的，原告应当举证证明其所主张的客户与其存在相对稳定的交易关系（Generally speaking，customer information is generated in long-term and stable trades. A plaintiff shall present its case that it has a relatively stable relationship with the customer it alleged.）

案例九：江苏省高级人民法院审理的A公司与钱某琴等侵犯商业秘密纠纷上诉案［（2008）苏民三终字第0159号］认为，“A公司为上述客户的形成付出了相当的成本和努力，且已形成了相对稳定的交易关系。首先，根据A公司一审提供的证据，A公司与上述客户均发生过多笔玻璃钢格栅交易，应当认定A公司与上述客户之间已形成了相对稳定的交易关系。其次，根据上诉人一审提供的1995年至2007年参加国内外各类复合材料展览会的展费发票以及其与上述客户之间往来邮件等相关证据，应当认定A公司为涉案客户名单的形成付出了长期的劳动，并支付了大量的成本。被上诉人对此持有异议，认为上诉人并未提供证据证明其开发涉案客户的过程，其所提供的参加展览会的发票与本案并无关联，并不能证明上诉人在上述展览会上与涉案客户进行了联系。本院认为，一般情况下，稳定的交易关系本身即能表明权利人为客户形成所付出的努力。本案中，若要求上诉人在提供其参加相关展览会以及其与上述客户之间往来邮件等证据之外，进一步提供其在产品展览会上如何具体开发涉案客户的详细证据，对上诉人要求显属过严，且也有失公平。据此，本院认为上诉人所提供证据已能证明其为客户形成所付出的努力，被上诉人相关抗辩理由不能成立”。

案例十：滨州市中级人民法院审理的孙某英与A公司侵害商业秘密纠纷一案［（2012）滨中民三知初字第1号］认为，“本案中，要确定被告的行为是否侵犯原告的商业秘密，首先应当确定原告所主张的客户名单和产品资料是否构成商业秘密。对此，本院认为，根据原告举证的原告与 B 公司的三份合同，可以看出原告与 B 公司之间的业务关系并非偶然的，而是具有相当的稳定性和连续性，该客户信息以及双方交易的习惯及价格并非公众易于知悉，且显然能为原告带来现实的经济利益。因此，对于原告而言，B 公司这一客户的信息构成其商业秘密”。

案例十一：北京市第二中级人民法院审理的李某等与 A 中心侵犯商业秘密纠纷一案［（2009）二中民终字第 6057 号］认为，“首先，在上诉人购买的软件、相关会议《代表名录》中，虽然有 B 公司、C 公司的联系方式和业务需求，但是，要想与之成功交易仅有这些是远远不够的，因为《反不正当竞争法》所保护的客户信息是在长期、稳定的交易中形成的，它的基础是通过交易建立彼此间的信任，更好的交流理解对方的需求和意向，并使双方在经济利益上取得共赢，它需要的是一个交往的过程，第一就是时间，而不是仅仅得到对方的一个联系方式就能换来的。被上诉人 A 中心与 B 公司、C 公司之间存在的客户关系就属于这种情形，包括价格在内的信息都属于受《反不正当竞争法》保护的商业秘密。对上诉人李某和 D 中心提出被上诉人 A 中心主张的客户信息不构成商业秘密的主张，依据不足，本院不予支持”。

四、判断原告与客户存在长期稳定的交易关系，可参考业务量、营业额和交易间隔时间等进行认定（A court may refer to sales volume, business volume, and trading frequency to determine whether a plaintiff has a long-term and stable trade relationship with a customer.）

案例十二：海南省高级人民法院审理的 A 公司、B 公司与符某敏、梁某均等侵害商业秘密纠纷［（2017）琼民终 295 号］本院认为，“上诉人提交的是 C 食品公司生产的椰子片和椰子角的销售商名单，这仅为 C 食品公司销售商名称和地址的罗列，并不能证明这些销售商原本是上诉人的固定客户。上诉人在本案中提交的其与 D 公司签订的供销合同、与 E 公司签订的委托加工协议以及与 F 厂签订的委托加工协议，上述合同的履行期限分别为 2009 年 6 月 1 日至 2009 年 12 月 31 日、2012 年 6 月 18 日至 2012 年 12 月 30 日、2012 年 8 月 13 日至 2012 年 12 月 30 日，该事实并不能反映上诉人与 D 公司、E 公司和 F 厂存在长期稳定的合作关系。另外，上诉人提交的同时销售‘天某’牌产品和‘椰某’牌产品的商店的照片仅反映上述市场主体的正常经营活动，是社会公众可以通过公开途径获知的信息，并不能反映上述商店名单是上诉人在经营过程中通过深入接触，花费了人力、物力、财力积累形成了特定化的不为公知领域获得，区别于相关公知信息的特殊客户名单。因此，上诉人在本案中并未举证证明上述客户名单中‘不为公众所知悉’的具体的特殊内容，对上诉人关于被上诉人侵害其客户名单商业秘密的主张，本院不予支持”。

案例十三：义乌市人民法院审理的A公司与应某芳、B公司侵害商业秘密纠纷［（2019）浙0782民初14024号］认为，“受法律保护的商业秘密中的客户名单，并不是客户名称的简单列举，而应当是客户的综合信息，包括在与客户长期交易过程中形成的价格承受能力、需求类型等全面信息。

在本案中，原告虽然主张涉案公司系其合作多年的客户，但原告除提供一份授权委托书外并未提供其他证据证明其与该涉案公司已经形成了长期的、稳定的交易，且原告也未对客户信息中受反不正当竞争法保护的价格承受能力、需求类型等内容予以具体化”。

案例十四：杭州市滨江区人民法院审理的A公司与B公司、黄某秀侵害商业秘密纠纷［（2018）浙0108民初1308号］认为，“本案中，原告陈述其所主张的商业秘密为‘与C公司之间的合作信息、联系渠道、潜在的合作项目信息’。本院认为，其一，根据原告的举证，C公司系D公司的客户，不能当然视为原告的客户；其二，单一的客户信息构成商业秘密一般应包括客户名称、地址、联系方式以及客户需求类型、交易习惯和经营规律等综合性客户信息，一般应是与其存在相对稳定的交易关系的客户，而非一次性、偶然性的交易对象，而本案中原告仅举证了其所谓关联公司D公司与C公司之间签订的一份合同，无法证明该客户与其存在相对稳定的交易关系”。

案例十五：上海市浦东新区人民法院审理的侵害商业秘密纠纷案［（2016）沪0115民初25453号］认为，“本案中，原告要求将A公司作为其客户名单保护，原告首先需举证证明其与A公司之间存在长期稳定交易关系。而原告在本案中仅提供了其与A公司之间签订的一份合同。仅凭该份合同并不能证明A公司与其已形成长期稳定交易关系的事实”。

案例十六：上海市普陀区人民法院审理的A公司诉张某等侵犯商业秘密纠纷案［（2011）普民三（知）初字第6号］认为，“根据原告提供的三份增值税发票反映，原告在2010年、2011年两年间向其客户佛山市南海区B涂料厂共计供货阴极电泳涂料5000公斤。按此供货量及营业额而言，不能视作与原告保持长期稳定交易关系的特定客户”。

案例十七：上海市普陀区人民法院审理的A商行诉徐某某等侵害商业秘密纠纷案［（2011）普民三（知）初字第16号］认为，“原告在庭审中陈述其共向被告徐某某提供300-500家客户信息，B舞蹈团、C少年宫从1997年至2001年成为原告的客户，一般每年做两次业务，营业额从 1 万元至 4 万元不等。按原告的陈述，原告的客户数量众多，而 B 舞蹈团、C 少年宫就其与原告之间发生的业务量及营业额而言，不能视作与原告保持长期稳定交易关系的特定客户”。

案例十八：上海市浦东新区人民法院审理的 A 公司等诉 B 公司等侵犯技术秘密、侵犯经营秘密纠纷案［（2009）浦民三（知）初字第 173 号］认为，“对于 C 公司、D 大学和 E 公司而言，‘保持长期稳定交易关系’系将客户作为商业秘密中的客户名单保护的主要举证责任，但原告在上述三公司与原告业务往来的举证中，对 C 公司和 D 大学仅提供了一笔业务，原告与 E 公司之间虽存在三笔业务，但间隔时间较短，业务量不大，不能认定原告与上述三公司之间存在长期稳定交易关系，故无法将上述公司作为原告的客户名单予以保护”。

（三）作为商业秘密保护的其他经营信息（Other Business Information That Can Be Protected as Trade Secrets）

017 投标文件载明的信息究竟是否属于商业秘密信息（Whether information specified in bidding documents is a trade secret.）

导　读

一般而言，投标文件是投标人在投标日期截止前为争取中标而按照招标要求和条件制定的文件。投标文件中的相关报价及技术方案，决定着投标人是否具有竞争优势、能否中标。在开标之前，竞争对手一旦知悉他人的投标报价及技术方案，便可以有针对性地调整自己的相关报价及方案，以获得较高的中标机会。因此，这些信息无论是对于投标人自身还是对于其他潜在投标人来说，都具有重要的商业价值，能给投标人带来经济利益。因此，采取保密措施的招标文件技术信息和经营信息属于商业秘密。

本案虽然也和招投标文件有关，但是本案的侧重点在于，产品进入市场后，产品（窗帘结构件）的材质和设计、窗帘的面料信息无法再保持保密状态，所以本案中法院判决该等信息不构成商业秘密。

裁判要旨

根据2020年9月10日颁布的《最高人民法院关于审理侵犯商业秘密民事案件适用法律若干问题的规定》，最新规则中对于《反不正当竞争法》中的经营信息做了更详细的规定，明确了与经营活动有关的招投标材料属于商业秘密中的经营信息。招投标程序结束后，若中标，按照投标样板生产的产品将进入市场，投标样板上所体现的上述信息必然公开，故投标样板所体现的窗帘结构件的材质和设计、窗帘的面料信息无法再保持保密状态，不再构成商业秘密。

案情简介

一、广东省政府采购网发布“窗帘采购及安装项目”的招标公告，A公司与B公司都参加了招标，并按照规定递交了密封的投标文件及投标样板。该项目经过开标、评标和评标委员会评定，A公司被评为中标候选人。

二、在项目开标、评审结束及评审专家离开评审现场后，B公司在评审现场取回自己的投标样板时，其工作人员打开装有A公司投标样板的纸箱（封条已拆封）查看A公司的投标样板，被现场工作人员制止。

三、随后，B公司向招标组织方发出《质疑函》，认为中标人A公司存在提供的面料检验报告材质与其提供的投标样板材质不一致等问题，其中标结果应为无效。B公司又向财税局提出投诉，称“招标文件要求的面料的检验报告是非常严格的，A公司提供的投标样板不可能通过招标文件要求的检验”。

四、A公司认为B公司在招标过程中、评标未完成时，对A公司投标样板进行窥探、拍照，完全可能剽窃A公司样板设计及结构、材质、面料选材用于其他项目，是以不正当手段获取他人商业秘密的行为，故以侵害商业秘密为由向佛山市禅城区人民法院提起民事诉讼。

五、一审法院认为A公司的投标样板只是商业秘密的载体，并非法律保护的商业秘密本身，而A公司并未对商业秘密具体内容作出明确说明，应承担举证不能的后果。故一审法院判决驳回A公司的诉讼请求。

六、A公司不服一审判决向佛山市中级人民法院提起上诉。二审法院认为在招投标程序完结后以及A公司中标后，按照投标样板生产的产品必然进入市场，投标样板上所体现的上述信息必然公开，不可能再保持保密状态。故二审法院认定A公司所主张的投标样板所体现的信息不构成商业秘密，判决驳回上诉，维持原判。

法院判决

佛山市中级人民法院在本案民事判决书的“本院认为”部分就上述争议焦点进行如下论述：

其次，A公司的投标样板作为投标文件的组成部分，在开标之前处于保密状态，在竞标中可以为其带来竞争优势，但依照《招标投标法》第三十五条和第三十六条的规定，开标由招标人主持，并邀请所有投标人参加，招标人在招标文件要求提交投标文件的截止时间前收到的所有投标文件，开标时都应当当众予以拆封、宣读，故开标之后，投标文件依法应向所有投标人予以公开，而B公司查看设案投标样板的行为均发生于开标和评标之后。更为重要的是，A公司将涉案样板作为投标文件进行投标，其目的在于中标并使得按照投标样板生产的产品能够进入市场，而进入市场即意味着公开该样板上所体现的窗帘结构件的材质和设计、窗帘的面料信息，故即使A公司的投标样板体现的上述信息在其投标过程中处于保密状态以及招标人在开标时未实际公开投标样板，但在招投标程序完结后以及A公司中标后，按照投标样板生产的产品必然进入市场，投标样板上所体现的上述信息必然公开，A公司不可能再保持该投标样板所体现的上述信息的保密状态，因而，A公司主张涉案样板上所体现的上述信息为其商业秘密明显与其投标行为和案件事实相悖。

本案相关法律法规

《最高人民法院关于审理侵犯商业秘密民事案件适用法律若干问题的规定》

第三条 权利人请求保护的信息在被诉侵权行为发生时不为所属领域的相关人员普遍知悉和容易获得的，人民法院应当认定为反不正当竞争法第九条第四款所称的不为公众所知悉。

第四条 具有下列情形之一的，人民法院可以认定有关信息为公众所知悉：

（一）该信息在所属领域属于一般常识或者行业惯例的；

（二）该信息仅涉及产品的尺寸、结构、材料、部件的简单组合等内容，所属领域的相关人员通过观察上市产品即可直接获得的；

（三）该信息已经在公开出版物或者其他媒体上公开披露的；

（四）该信息已通过公开的报告会、展览等方式公开的；

（五）所属领域的相关人员从其他公开渠道可以获得该信息的。

将为公众所知悉的信息进行整理、改进、加工后形成的新信息，符合本规定第三条规定的，应当认定该新信息不为公众所知悉。

案件来源

佛山市中级人民法院审理的A公司、B公司侵害商业秘密纠纷二审民事判决书［（2017）粤06民终7562号］

延伸阅读及类案裁判规则

投标日期截止前为争取中标而按照招标要求和条件制定的投标文件，在符合商业秘密法定要件的情况下，可构成商业秘密（Bidding documents made pursuant to invitation for bid requirements prior to bid deadline may constitute trade secrets, subject to compliance with trade secrets statutory requirements.）

案例一：云南省高级人民法院审理的A公司、B公司侵害商业秘密纠纷案［(2017) 云民终226号］认为，“关于A公司的涉案《投标文件》是否构成商业秘密的问题。上诉人认为自己的招标文件属于商业秘密的法律要件，能为上诉人带来经济利益具有实用性并经采取保密措施的技术信息和经营信息。本院认为，商业秘密是指不为公众所知悉、能为权利人带来经济利益具有实用性并经权利人采取保密措施的技术信息和经营信息。投标文件是投标人在投标日期截止前为争取中标而按照招标要求和条件制定的文件。投标文件中的相关报价及技术方案，决定着投标人是否具有竞争优势、能否中标，在开标之前，竞争对手一旦知悉他人的投标报价及技术方案，便可以有针对性地调整自己的相关报价及方案，以获得较高的中标机会。因此，这些信息无论是对于投标人自身还是对于其他潜在投标人来说，都具有重要的商业价值，能给投标人带来经济利益。综上所述，上诉人采取保密措施的招标文件技术信息和经营信息属于商业秘密”。

案例二：山东省高级人民法院审理的A公司、B公司侵害商业秘密纠纷案再审民事判决书［(2016) 鲁民再480号］认为，“本案中，二审判决列表中除前述无法认定客户信息具体内容外，其他12家客户均与A公司有过实际交易，再结合笔记本记录的内容，能够体现对产品的规格、型号、交易价格的特殊需求及其他交易习惯等区别于公知信息的特殊客户信息。关于C公司，虽然A公司没有与之实际交易的证据，但其制作了标书并参加了C公司的招标并进行投标，王某远也认可标书内容来源于其电脑，亦认可系其参加的投标，实际上A公司与C公司已经实质上进行了接触，特别是标书里的产品规格、型号、标底等关键信息能够体现出区别于公知信息的特殊客户信息”。

案例三：广东省高级人民法院审理的李某新等与A公司等侵犯商业秘密纠纷［(2009) 粤高法民三终字第27号］认为，“《B公司标识物品制作项目投标文件》是A公司的投标书，包含标识物品制作项目各组成部件的数量、价格、产地、制作成本及技术方案，兼具技术信息和经营信息。虽然完成于2004年1月9日，但两上诉人并未举证证明该投标书内容已经公开，故该文件亦应认定为商业秘密，这与它是否已用于投标、投标项目是否结束没有必然联系，因而两上诉人称《B公司标识物品制作项目投标文件》不是商业秘密的理由亦不成立。综上，本院认为，对上述《广告互动媒体设备报价书》《对国外客户的报价单》《加工定作合同》MSN洽谈记录、《B公司标识物品制作项目投标文件》均未为社会所公知，相同行业可直接应用并可带来经济利益，而且A公司与李某新签订了保密协议，采取了保密措施，具备商业秘密的基本特征，因此属于A公司的商业秘密。两上诉人上诉称上述资料不是商业秘密的理由不成立，本院对其主张不予支持”。

案例四：上海市浦东新区人民法院审理的A公司诉B公司侵害商业秘密纠纷案［（2011）浦民三（知）初字第473号］认为，“对于1. 中某项目的报价信息及技术方案；2. 某某项目的报价信息。本院认为，投标文件是投标人在投标日期截止前为争取中标而按照招标要求和条件制定的文件。在开标之前该投标文件不为公众所知悉。投标文件中的相关报价及技术方案，决定着投标人是否具有竞争优势、能否中标。在开标之前，竞争对手一旦知悉他人的投标报价及技术方案，便可以有针对性地调整自己的相关报价及方案，以获得较高的中标机会。因此，该些信息无论是对于投标人自身还是对于其他潜在投标人来说，都具有重要的商业价值，能给投标人带来经济利益。在中某项目中，原告根据招标要求制定了包括工程报价汇总、管路系统报价、设备部分报价、GDS &Power System报价、人工及测试部分报价在内的报价信息，以及实现招标项目所需的技术方案；在某某项目中，原告制定了包括工程报价汇总、主管路系统材料、人工及测试部分报价在内的报价信息。该些报价信息及技术方案体现了原告在中某项目及某某项目投标中的竞争能力，对于原告及其竞争对手而言，具有现实和潜在的商业价值，符合秘密性、价值性、实用性、保密性的法定要件，构成原告的商业秘密”。

018 书稿的策划创意、编排体例、内容选取等信息能否构成商业秘密（Whether the creation, layout, and content selection regarding book constitute trade secrets.）

裁判要旨

以书稿为载体的相关图书出版策划创意、编排体例、内容选取等信息，可构成《反不正当竞争法》所称的商业秘密，依法应当予以保护。

案情简介

一、A 公司策划和创设了甲图书意向，并取得了该书稿的著作权。A 公司与员工、书稿编撰者和照排人员均签订协议，约定其对书稿负有保密义务。

二、后 A 公司与 B 出版社洽商出版事宜并将书稿及其修改稿电子版一并发送给对方。A 公司就出版报批事宜与 B 出版社沟通时，仅与其负责人联系并严格限制了书稿内容的知悉范围。但根据国家相关规定，甲书稿未能通过相关审批程序。

三、随后，B 出版社与王某签订委托编辑协议书，约定由王某编写乙书稿并由 B 出版社出版。经申报，该选题通过了相关审批程序，最终得以出版。经比对，B 出版社的乙书稿与 A 公司的甲书稿在选题创意策划、体例编排、内容选取方面存在高度的相似性。

四、A 公司以侵害商业秘密为由，向北京市第二中级人民法院提起诉讼，请求判令 B 出版社承担赔偿损失、赔礼道歉的民事责任。

五、一审法院认为 A 公司甲书稿书稿的相关信息可构成商业秘密，B 出版社出版乙书稿时使用了 A 公司拥有的商业秘密，构成侵权，故判决 B 出版社赔偿 A 公司经济损失 8 万元。

六、A 公司不服一审判决，向北京市高级人民法院提起上诉，认为根据图书的利润和销量，被告销售所得利润至少为 240 万元，并且研究开发成本包括 A 公司取得著作权时支付给作者的费用，实施该项商业秘密的收益和可得利益可作为被告的侵权所得利益，故原审判决确定的经济损失数额过低。

七、二审法院认为，A 公司甲书稿书稿为载体的相关图书出版策划创意、编排体例、内容选取等信息已构成《反不正当竞争法》所称的商业秘密，依法应当予以保护。A 公司不能证明侵权图书的印刷数量，且已印刷的图书能否真正实现获利是不确定的，但原审判决的赔偿数额明显过低，故在综合考虑市场调研成本、商业秘密经济价值、市场需求及经营风险等因素，对原审判决确定的赔偿数额予以调整。二审法院判决 B 出版社赔偿 A 公司 50 万元。

法院判决

北京市高级人民法院在本案民事判决书的“本院认为”部分就上述争议焦点进行如下论述：

虽然在相关图书出版市场上，以国家领导人答记者问为选题的图书早已存在，但是包括图书选题、策划创意在内的相关信息是否具有新颖性并非其构成商业秘密的法定要件。而且，具体到以哪一位国家领导人为选题对象进行策划创意，不同的市场经营主体会有不同的选择。因此，只要符合《反不正当竞争法》第十条第二款的规定，即使是市场上已知的图书选题、策划创意仍然可以作为商业秘密加以保护。本案中，A 公司将我国某国家领导人会见外国元首和接见外国记者等内容作为图书选题加以确定，并将相关素材加以择选汇编，形成上述两部分内容有机结合的新的编排体例，该策划创意、编排体例、内容选取等信息本身并不为公众所知悉。A 公司虽非具有相应资质的图书出版机构，但这并不影响其在法律规定的范围内与有关图书出版机构合作、将书稿交由有关图书出版机构出版发行。虽然根据国家相关法律法规的要求，甲书稿需要经过审批备案后方可出版，2009 年甲书稿也未能通过相关审批程序，但这并不排除该书稿在作出相应修改后存在获得审批通过的可能。事实也证明，经过修改后的 2010 年甲书稿即由相关部门审查批准同意出版，故 A 公司以甲书稿为载体的相关经营信息能够为其带来经济利益、具有实用性。A 公司与其内部员工、书稿编撰者和照排人员均签订协议，约定相关人员对甲书稿负有保密义务；在就书稿出版报批事宜与 B 出版社联系沟通时，A 公司亦仅与作为专业出版机构的 B 出版社的法定代表人马某联系，严格限制了书稿内容的知悉范围，故可以认定 A 公司已在其能力所及的范围内采取了保密措施，尽到了合理的注意义务。综上，以 A 公司甲书稿为载体的相关图书出版策划创意、编排体例、内容选取等信息已构成《反不正当竞争法》所称的商业秘密，依法应当予以保护。而 A 公司主张的作为商业秘密而存在的实施方案，在甲书稿中无法体现，A 公司亦未就此提供相关证据，故不能认定相关实施方案属于商业秘密。

本案相关法律法规

《中华人民共和国反不正当竞争法》

第九条第四款 本法所称的商业秘密，是指不为公众所知悉、具有商业价值并经权利人采取相应保密措施的技术信息、经营信息等商业信息。

《最高人民法院关于审理侵犯商业秘密民事案件适用法律若干问题的规定》

第一条第二款 与经营活动有关的创意、管理、销售、财务、计划、样本、招投标材料、客户信息、数据等信息，人民法院可以认定构成反不正当竞争法第九条第四款所称的经营信息。

第三条 权利人请求保护的信息在被诉侵权行为发生时不为所属领域的相关人员普遍知悉和容易获得的，人民法院应当认定为反不正当竞争法第九条第四款所称的不为公众所知悉。

第七条 权利人请求保护的信息因不为公众所知悉而具有现实的或者潜在的商业价值的，人民法院经审查可以认定为反不正当竞争法第九条第四款所称的具有商业价值。

生产经营活动中形成的阶段性成果符合前款规定的，人民法院经审查可以认定该成果具有商业价值。

案件来源

北京市高级人民法院审理的 A 公司、B 出版社与 C 公司第一分公司、马某侵害商业秘密纠纷上诉案［（2013）高民终字第 34 号］

延伸阅读及类案裁判规则

尚未上映的电影作品素材即使其组成部分已经为公众所知悉，但只要各个部分相互组合取得全新的意义，即可作为商业秘密得到保护（The footage of anunreleased movie，parts of which has been known to the public，may be protected as trade secrets so long as the combination of each part of the footage will create new meaning.）

案例：北京市朝阳区人民法院审理的 A 公司与 B 公司侵害商业秘密纠纷案［（2017）京 0105 民初 68514 号］（一审案件，尚未查询到二审判决书）认为，"本案中，虽然 B 公司提到服装、道具及场景等已经为公众所知悉，但电影作品并非所有服装、道具及场景等素材的简单结合，即使其组成部分已经属于公有领域或者已经为公众所知悉，但只要各个部分相互组合取得全新的意义，即可作为商业秘密得到保护。涉案素材除未包含片头、片尾完整字幕及部分特效内容外，完整展现了涉案电影的全部内容，在电影公开放映之前，该等信息当然不为其经营领域内的相关人员所普遍知悉，且电影凝结了演员、导演、摄像等众多人员的创造性劳动，对该等信息的获得具有极大难度，故涉案素材具有秘密性。关于价值性，即商业秘密能为权利人带来现实的或潜在的经济利益。涉案素材已基本涵盖了即将上映影片的全部内容，其必将为权利人带来经济利益。关于保密性，《最高人民法院关于审理不正当竞争民事案件应用法律若干问题的解释》第十一条第三款规定：'具有下列情形之一，在正常情况下足以防止涉密信息泄漏的，应当认定权利人采取了保密措施：……（五）签订保密协议……'本案中，A 公司与 B 公司签署的《电影音频制作委托合同》中有关于保密义务的专门约定，且其中已经明确《悟空传》电影内容、A 公司提供的素材及包括剧情、制作进程等在内的其他未公开之信息均属于保密义务范围内的秘密。此外，A 公司在涉案电影拍摄的其他各环节均签订有保密条款。故应当认定 A 公司对涉案素材已经采取了适当的保密措施。因此，涉案素材构成反不正当竞争法保护的商业秘密”。

019 公司内部营销培训产品系统信息能否构成商业秘密（Whether the information of corporates' internal marketing systems constitutes trade secrets.）

裁判要旨

反映公司完整商业模式的营销培训产品系统信息可用于构建、完善自身的商业销售模式，无法被所属领域相关人员甚至是普通员工普遍知悉和获得，在采取合理保密措施的情况下，可构成商业秘密。

案情简介

一、陆某任 A 公司吴江办事处经理。在劳动合同存续期间，双方签订了《保密协议书》，约定陆某保守公司的商业机密，范围包括公司的行销及财务资料、顾客及供应商、经销商资料等，且该保密规定在陆某离职后三年内仍适用。

二、陆某向公司辞职后，以自然人独资身份成立 B 公司。该公司在成立不满一年且仅有陆某一名员工的情况下，迅速与原公司的大量客户建立了交易关系。

三、A 公司及其子公司以侵害商业秘密为由向南京运输铁路法院提起民事诉讼。其主张的商业秘密除了客户名册，还有公司营销培训产品系统信息，包括营销架构体系、产品体系、价格、优惠政策、详尽的各种培训课件以及相匹配的对客户和销售人员的考核管理制度。

四、南京运输铁路法院认为上述营销培训产品系统信息，由众多内容、种类不同的大量文件集合而成，完整系统反映了 A 公司多年商业经营所形成的商业模式。

五、法院认为作为反映公司完整商业模式的系统信息具有秘密性；他人借助该信息可直接快速完整复制其商业销售模式，构建完善自身的销售服务团队，具有价值性；从信息集合的整体性角度而言，该种完整性本身即一种保密状态。

六、然而，A 公司及其子公司不能证明 B 公司与自己的培训方式、课程内容、收费方式、销售策略等一致，法院对其主张陆某、B 公司侵害其营销培训产品系统信息组成的商业秘密的相关诉讼请求不予支持。

法院判决

南京铁路运输法院在本案民事判决书的“本院认为”部分就上述争议焦点进行如下论述：

两原告主张的完整的营销培训产品系统信息构成商业秘密中的经营信息。

对完整的营销培训产品系统信息的商业秘密内容，原告明确为完整的营销架构体系，产品体系、价格、优惠政策，详尽的各种培训课件，相匹配的对客户和销售人员的考核管理制度，共同汇聚形成的信息集合。

首先，原告主张的上述完整的营销培训产品系统信息，由众多内容、种类不同的大量文件集合而成，完整系统反映了其多年商业经营所形成的商业模式。一方面，就单个文件而言。如《2016 年税务事业部江苏销售服务部绩效考核细则》，为原告公司 2016 年销售服务部的整体工作目标和管理实现方式的规定文件，显然系原告不对外公开的内部考核文件，不能为一般人员普遍知悉和容易获得，具有秘密性。再如《税务事业部 2016 年销售方案》，完整全面记载了原告的产品价格体系，以及不同产品服务不同情况下的底价标准、销售策略。作为记载原告完整价格体系和具体营销体系的内部文件，同样无法被一般人员普遍知悉和容易获得，亦具有秘密性。另一方面，就该部分的信息集合而言。虽然个别资料如某次培训的课件，可能被相关人员普遍知悉和获得，但作为反映原告完整商业模式的系统信息，无法被所属领域相关人员甚至是原告的普通员工普遍知悉和获得，具有秘密性。

其次，一旦所属领域的相关人员获得信息集合资料后，可以直接快速完整复制原告的商业销售模式，构建自身的销售服务团队，甚至补足原有模式的不足，获得更便利的竞争优势，具有价值性。

最后，原告与被告陆某签订《保密协议》，明确约定了保守原告商业秘密的范围。原告还制定了《税务产品事业部工作管理规范》对信息安全管理进行规定，并在关键性的内部管理文件中明示“不得外泄”。此外，从信息集合的整体性角度而言，本院一定程度上认同原告所述该种完整性本身即一种保密状态的观点。故对该部分商业秘密信息，原告采取了相适应的合理保密措施。

综上，原告主张的完整的营销培训产品系统信息构成商业秘密中的经营信息。

本案相关法律法规

《中华人民共和国反不正当竞争法》

第九条第四款 本法所称的商业秘密，是指不为公众所知悉、具有商业价值并经权利人采取相应保密措施的技术信息、经营信息等商业信息。

《最高人民法院关于审理侵犯商业秘密民事案件适用法律若干问题的规定》

第一条第二款 与经营活动有关的创意、管理、销售、财务、计划、样本、招投标材料、客户信息、数据等信息，人民法院可以认定构成反不正当竞争法第九条第四款所称的经营信息。

前款所称的客户信息，包括客户的名称、地址、联系方式以及交易习惯、意向、内容等信息。

第三条 权利人请求保护的信息在被诉侵权行为发生时不为所属领域的相关人员普遍知悉和容易获得的，人民法院应当认定为反不正当竞争法第九条第四款所称的不为公众所知悉。

案件来源

南京铁路运输法院审理的A公司、C公司与B公司、陆某侵害经营秘密纠纷案一审民事判决书［（2017）苏8602民初708号］

延伸阅读及类案裁判规则

一、从大量房地产开发信息中通过筛选、调查、分析等制作的项目利润分析报告可构成商业秘密（A project profit analysis report may constitute trade secrets, if such report was made through sorting, investigating, and analyzing a large amount of real property development information.）

案例一：最高人民法院审理的程某中、A公司与B公司、C集团等侵害商业秘密纠纷［（2013）民二终字第6号］认为，“在本案二审程序中，程某中、A公司明确表示其据以主张权利的商业秘密，即为一审判决确认的‘关于在某地存在一项含有具体土地价等利润分析情况的房地产开发项目的经营信息’，以涉案的两份项目利润分析报告为载体。本院认为，两份项目利润分析报告所载的内蒙古五原县隆兴昌大街××道路两侧商业房项目的成本利润分析等有关信息，是程某中、A公司从海量的房地产开发信息中通过筛选、调查、与政府磋商、分析等特定经营活动获得的，符合《最高人民法院关于审理不正当竞争民事案件应用法律若干问题的解释》第九条关于商业秘密“不为公众所知悉”的认定条件，即“不为其所属领域的相关人员普遍知悉和容易获得”。该两份项目利润分析报告，可以为房地产开发企业选择投资项目、做出投资决策提供帮助，故对于报告的所有人而言具有实用性，并能为其带来经济利益。此外，程某中、A公司在其商业经营活动中，对内与其工作人员签订包含保密条款的劳动合同，对外隐去涉案房地产项目的具体地点信息并明确提出保密要求，据此可以认定程某中、A公司对两份利润分析报告采取了保密措施。综上，可以认定以两份项目利润分析报告为载体的‘关于在某地存在一项含有具体土地价等利润分析情况的房地产开发项目的经营信息’构成商业秘密。一审法院的认定并无不当，B公司关于一审法院错误地认定程某中、A公司所主张的商业秘密成立的上诉理由不能成立”。

案例二：佛山市禅城区人民法院审理的A公司与杨某寓、林某生侵害商业秘密纠纷［(2018）粤0604民初1327号］认为，“本案中，原告陈述其主张的商业秘密的具体内容为：楼盘资源，也就是客户提供给原告的销售楼盘的资源信息。由于其他人无法获得该销售楼盘的信息，上述信息具有‘秘密性’，并且原告采取了合理的保密措施。《最高人民法院关于审理不正当竞争民事案件应用法律若干问题的解释》第十一条规定：权利人为防止信息泄露所采取的与其商业价值等具体情况相适应的合理保护措施，应当认定为‘保密措施’。本案中，被告杨某寓入职原告公司时，原告公司与被告杨某寓签订了《保密协议》，因此，本院认定原告主张权利的楼盘经营信息采取了合理的保密措施。综上，原告所主张享有权利的客户房源资料，应当认定属于我国《反不正当竞争法》所保护的商业秘密”。

二、相关合同中记载的市场销售计划、主要规格产品参数、销售价格及与客户签订合同的固定格式等经营信息可构成商业秘密（Business information specified in contracts, such as marketing plan, primary specifications, sale price, and file format, may constitute trade secrets.）

案例三：山东省高级人民法院审理的A公司崂山分公司与潘某莉侵害商业秘密纠纷案［（2016）鲁民终310号］认为，“本案中，A公司明确其要求保护的商业秘密为记载在涉案《合作协议书》和《补充协议》中的销售计划、产品参数及销售价格。对此，本院认为，依据1993年《中华人民共和国反不正当竞争法》第十条第三款的规定，商业秘密是指不为公众所知悉、能为权利人带来经济利益、具有实用性并经权利人采取保密措施的技术信息和经营信息。据此，涉案经营信息是否构成商业秘密，需要看其是否具备秘密性、保密性以及实用价值性。本案中，首先，A 公司与案外人签订的涉案《合作协议书》和《补充协议》文件中均标有‘机密’二字，其内容记载有市场销售计划、主要规格产品参数及销售价格等经营信息，并约定 A 公司对前述信息应予以严格保密，禁止向第三方透露。可见，涉案经营信息符合秘密性要求。其次，A 公司在《公司保密管理制度》中规定，对其经营信息应采取保密措施；在与潘某莉签订的《员工岗位声明书》中亦约定了潘某莉负有保密义务，上述事实可以证明 A 公司对其涉案经营信息采取了合理的保密措施。最后，涉案经营信息具有现实的或潜在的商业价值。综上，本院认为，涉案经营信息符合商业秘密的构成要件，依法应予保护”。

案例四：广东省高级人民法院审理的李某新等与 A 公司等侵犯商业秘密纠纷［（2009）粤高法民三终字第 27 号］认为，“《广告互动媒体设备报价书》是李某新与杨某明拟签协议的附件，形成于李某新在 C 公司任职期间，体现的是广告互动媒体设备器材的构成及价格；《对国外客户的报价单》从内容上虽然超过约定的交货期间，没有买方签字，但它体现了该种灯箱的材料构成、价格及对国外客户签订合同的固定格式；《加工定作合同》虽然未有标的物品名、规格、数量及金额等约定内容，但它是被上诉人公司自己根据自身生产经营特点制定的，目的是便于与客户实现便捷快速的交易。即使如两上诉人上诉所称《广告互动媒体设备报价书》《对国外客户的报价单》《加工定作合同》是李某新制作，而这些文件也是形成于李某新在被上诉人处的任职期间内，属于被上诉人的业务经营和技术信息，李某新对此亦有保密义务，两上诉人提出的上述文件不是商业秘密的抗辩理由不成立”。

案例五：上海市高级人民法院审理的 A 公司等与 B 公司侵害商业秘密纠纷上诉案［（2006）沪高民三（知）终字第 1 号］认为，“本案中，被上诉人 B 公司在与 C 协会上海代表处进行合同洽谈过程中形成的商品名称、数量、价格、对象等信息，他人无法从公开渠道获得，能为被上诉人带来经济利益，且被上诉人对此亦采取了合理的保密措施，故上述信息符合商业秘密的构成要件，是被上诉人拥有的商业秘密，应当受到法律保护”。

案例六：广东省高级人民法院审理的吴某银与 A 公司侵害商业经营秘密纠纷案［（2004）粤高法民三终字第 205 号］认为，“根据 2001 年 6 月 9 日产品购销合同及钱亮的证言证实，从 2001 年 6 月 9 日 A 公司与 S 经营部签订产品购销合同起到现在双方一直保持经销关系，由 S 经营部经销 A 公司的产品。上述信息属于 A 公司的经营信息，具有实用性，能给 A 公司带来经济利益；经营信息包括客户资料、产品价格等内容，S 经营部经销 A 公司产品的经销行为虽能从其产品放在 S 经营部处的事实中获知，但由于经营信息的产品价格等内容均不是一般公众能从公开渠道可以直接获取，不为公众所知；A 公司对其经营信息采用与员工签订保密合同及承诺书的方式进行保密，依照《中华人民共和国反不正当竞争法》第十条第三款规定，上述经营信息属于 A 公司的商业秘密，应受法律保护”。

案例七：安阳市中级人民法院审理的 A 公司与李某侵害商业秘密纠纷案［（2018）豫 05 民初 94 号］认为，“本案中，原告 A 公司的经营模式、客户名单、教学软件等经营信息系其花费大量资金和人力长期积累起来的，是其重要的无形资产，并不为该领域其他人员普遍知悉和容易获得，具有现实或潜在的商业价值，能为原告带来竞争优势，原告为防止信息泄露以签订协议的形式采取了自我保护措施。故原告的经营信息构成了法律上的商业秘密”。

案例八：上海市第二中级人民法院审理的 A 公司、卢某胜与 B 公司、王某龙等侵害商业秘密纠纷二审案［（2014）沪二中民五（知）终字第 24 号］认为，“B 公司主张的报价体系以及第 78 号邮件反映的营销信息系 B 公司的内部信息，并不为公众所知悉；上述经营信息是 B 公司与同行业其他公司进行市场竞争的重要信息，能够为 B 公司带来竞争优势和经济利益，B 公司亦对上述信息采取了多种保密措施，故 B 公司主张的上述信息属于反不正当竞争法保护的商业秘密”。

三、产品对外销售价格一般属于交易中需向客户披露的信息，不符合保密性的要求，而通过一对一谈判所得产品进价或与固定客户的成交价可构成商业秘密（Sale prices are information that should be disclosed to customer generally, which are not confidential, while purchase prices obtained from one-on-one negotiation or transaction prices with a long-term customer may constitute trade secrets.）

案例九：苏州市中级人民法院审理的 A 公司与 B 公司、李某昌等侵害商业秘密纠纷案［（2016）苏 05 民初 662 号］认为，“A 公司所主张的离型膜、硅胶、银胶三类产品的对外销售价格，属于在交易中需要向客户披露的信息，不符合秘密性、保密性的要求，本院亦不予支持。关于离型膜、硅胶、银胶三类产品的进价，该三类产品属于工业原材料，并非大众消费品，A 公司的进货渠道主要来自生产型企业且交易量较大，故本院对其主张的进价系一对一谈判所得予以采信，则上述信息并非公众所能知悉，或通过公开渠道可以轻易获得。鉴于 A 公司系从事上述产品的中转贸易，产品进价关系其经营成本，且往往与后续交易的报价体系、营销策略相联系，故上述产品进价信息关系 A 公司在市场中的竞争优势，能为 A 公司带来经济利益。而 A 公司也实际采取了有效的保密措施，包括与员工签订保密协议、对产品进价限定知晓人员范围并明确要求保密。综上，本院认为 A 公司所主张的三类产品的进价可作为商业秘密要求保护。李某昌作为 A 公司销售人员，因业务需要知晓上述产品进价以及相应的报价体系及营销策略，应当遵守其保密承诺，不得有非法披露、擅自使用的行为”。

案例十：中山市中级人民法院审理的易某雪与A公司一案［（2006）中中法民三初字第44号］认为，“A公司主张成形机配件、整机的销售价格是其商业秘密，为此A公司提供了其生产成形机的成本清单，销售发票。本院认为，A公司没有提供证据证明成形机配件、整机的销售价格是其商业秘密的证据。其所提供的成本清单是单方制作出来，没有具体的形成依据，吴某、黄某不予认可，本院对此不予认定。由于产品销售价格受产品品牌、质量、销售渠道等因素影响，A公司提供的销售发票只能证明其实际销售价格，不能以此证明吴某、黄某实际披露、使用其销售价格获利。因此A公司主张成形机配件、整机的销售价格是其商业秘密，无事实和法律依据，本院不予支持”。

案例十一：苏州市虎丘区人民法院审理的A公司与陆某伟、B公司侵害经营秘密纠纷案［（2013）虎知民初字第0152号］认为，“对于‘苏州苏×克价格总表2011’，如果该经营信息为商业秘密，其应首先具备能够为权利人带来竞争优势的属性，即具备价值性，同时应为‘不为公众所知悉’。一方面，通过对相同型号产品的实际销售价格进行对比，可以发现B公司实际销售的价格比A公司还要高，这也印证了C公司《有关对C公司事业部前员工左某某的通报》中有关故意将价格抬高的内容，而价格表中标注的价格比两公司的实际销售价格都要高。从上述数据来看，该价格表很难体现出其竞争优势属性及价值性。另外，A公司作为××产品在中国的独家代理商，正常情况下，正规的刀具产品均应来源于A公司，B公司亦表示其所销售的刀具系从A公司购买，从这点来看，A公司主要竞争应来自销售类似产品的企业，而非本身销售××产品的企业。另一方面，对于产品的售价，并不能一概而论均为商业秘密，对于产品的出厂价格或与固定客户的成交底价等明显具有秘密性且具竞争优势属性的经营信息，可以被认定为商业秘密。但在本案中，A公司在庭审中述称该价格表为其公司在中国大陆的销售价格，针对不同的客户会作出相应的调整，下降比例为10%左右。在市场交易中，产品的对外销售价格一般是为消费者或买受方所知悉的，并且在www.××-threadmill.com网站中，也标明了不同型号的产品价格，A公司在本案中未能说明也未有证据证明涉案价格表的价值性及秘密性，因此，综合来看并不构成反不正当竞争法意义上的商业秘密”。

四、将为公众所知悉的信息进行整理、改进、加工后形成的新信息构成“不为相关公众所知悉”的情况下，可构成商业秘密（If new information which is generated from sorting, improving, and processing public information becomes “not known to the public”, it may constitute trade secrets.）

案例十二：上海知识产权法院审理的A公司与吕某英侵害经营秘密纠纷案［（2016）沪73民终70号］认为，“关于细分市场表格，其中既包括了非上市公司的信息，亦包括了上市公司的公开信息，该份表格系上诉人对相关公司信息收集、筛选、整理后而形成，并无证据表明可以从公开渠道获取该份表格，该表格具有不为公众所知悉的属性，且具有价值性和保密性，上诉人主张该份细分市场表格构成商业秘密的诉请，本院予以支持。关于《超过一亿元的中国服装制造商清单》，本院认为，上诉人在原审庭审中明确是以15万元从第三人处购买，没有进行加工，但在二审中又主张其购买的并非现成的数据，而是与第三方进行数据整合后形成的数据。对此，上诉人并未提供进一步的证据予以证明，本院对其该节主张不予采纳。但需强调的是，商业秘密的构成要件是秘密性、保密性、价值性，该清单是否系直接从案外人处购买并不当然影响其是否构成商业秘密，如果案外人只将该清单销售给上诉人，或者有选择地进行销售，在该清单不为相关公众所知悉的情况下，该清单仍可能构成商业秘密。原审法院认为该清单系从市场上购买的资料，不属于上诉人的客户名单的认定有误，本院予以纠正”。

五、反映公司及内设部门某一特定时期财务状况和经营成果的内部财务分析报告可构成商业秘密（An internal financial statement analysis indicating financial situation and business performance of a company or its internal departments for a specific period may constitute trade secrets.）

案例十三：深圳市中级人民法院审理的A公司与孔某、李某利、B公司侵害商业秘密纠纷［（2015）深中法知民终字第1222号］认为，“A公司在本案中请求保护的商业秘密包括A公司财务数据资料；A公司收集整理的《副本设备卡片列表》、天津实验室设备卡片列表、《标准物质统计表》以及A公司所编辑的2013年第1期《检测行业研究报告》。财务分析报告系由A公司财务部门制作，反映了A公司及内设部门某一特定时期的财务状况和经营成果等信息，可以为A公司加强管理、改善经营提供资料，也为投资者和债权人的投资、贷款决策提供信息。《副本设备卡片列表》、天津实验室设备卡片列表列明了纺织品实验室筹建所需的包括厂家、规格和价格等在内的设备仪器清单，《标准物质统计表》列明了A公司纺织品实验室采购的标准物质的厂家、单价，而标准物质是实验室检测的耗材，其质量的稳定和单价，直接决定了检测的准确性和实验室检测的成本。《检测行业研究报告》是A公司董事会办公室专门提供给公司高管和事业部总经理用于制定实施A公司的战略。上述资料及清单或系A公司内部财务数据，或系A公司多方收集整理资料编撰而成，前述资料的掌握与运用能够为相关企业带来竞争优势，均具有现实或潜在的商业价值。对于前述资料，仅特定范围的人员才能接触、掌握，且A公司与相关人员以签订劳动合同、保密协议等方式约定了保密义务，A公司对相关资料采取了保密措施。前述资料属于商业秘密范畴，依法应予保护”。

案例十四：佛山市禅城区人民法院审理的A公司与朱某南侵害商业秘密纠纷［（2017）粤0604民初15572号］认为，“本案中，原告请求保护的商业秘密包括原告的财务报表、银行账户资料及客户名单、客户银行账户资料。首先，原告的资产负债表、损益表系原告的内部财务报表，与其提交给相关行政部门公示的企业年报信息（含简要的企业资产状况数据）不同，其详细反映了原告某一特定时期的具体财务状况和经营成果等信息，相关公众通过公开渠道难以获得，且上述资料可以为原告加强管理、改善经营提供依据及参考，也能为投资者和债权人的投资、贷款决策提供信息……对于前述的资产负债表、损益表、A公司委托文件（客户名单），仅特定范围的人员才能接触、掌握，且原告通过在公司内制定《商业秘密保护规定》及向员工发放《员工守则》（规定了泄露公司商业及技术秘密的责任）等方式约定了保密义务，即使是曾为原告后整理车间的普通工人，被告朱某南入职时亦已知晓需对原告的商业秘密负有保密义务，故原告对前述资料已采取了保密措施。因此，原告请求保护的资产负债表、损益表、A公司委托文件（客户名单）属于商业秘密范畴，依法应予保护”。

六、运用于公司经营管理的内部方案、制度、规章，在市场开拓、客户管理、员工管理等方面具有相应的商业价值，可构成商业秘密（The internal plans, rules, and guidelines applied in the company’s business management, with relevant business value in marketing, customer management, and employee management, may constitute trade secrets.）

案例十五：深圳前海合作区人民法院审理的A公司与刘某凡侵害商业秘密纠纷［（2019）粤0391民初553号］认为，“运营管理中心薪酬制度试运行方案包含了原告各岗位的工资分配制度和职责，一般而言，企业对员工薪酬分配方案会在一定范围内予以保密，具有商业价值，且原告亦采取了与员工签订保密协议的保密措施，在被告未举证证明上述方案已为公众所知悉的情况下，本院依法认定上述方案属于原告的商业秘密”。

案例十六：深圳市福田区人民法院审理的A公司与李某圣侵害商业秘密纠纷［（2013）深福法知民初字第20号］认为，“关于原告诉请保护的‘商业秘密’是否符合商业秘密法定条件的问题。原告诉请保护的商业秘密为：1.《A营销中心省外市场拓展方案（试行）》及激励方案附表；2.《A公司客户档案管理制度》；3.《A公司员工出差管理规章（试行）》。原告作为经营医疗设备的营利性企业，其制定的上述内部方案、制度、规章系其经营信息，并不为其所属领域的相关人员所普遍知悉和容易获得，具有商业秘密的秘密性特征。原告将上述内部方案、制度、规章运用于其公司经营管理，分别在市场开拓、客户管理、员工管理等方面具有相应的商业价值，能为原告带来竞争优势，上述内部方案、制度、规章亦具有商业秘密的实用性特征。原告通过与被告签订《商业保密协议》的形式，约定被告负有相应保密义务，属于法律意义上的保密措施。因此，原告主张权利的上述内部方案、制度、规章，作为其经营信息具有秘密性、实用性、保密性特征，构成受法律保护的商业秘密”。

020 产品的定价信息是否属于商业秘密（Is the pricing information of the product a trade secret.）

裁判要旨

单纯的定价信息难以获得更多的交易机会，在未举证证明或作进一步解释其定价信息如何为公司带来经济利益或获得竞争优势的情况下，法院未认定定价信息这一经营信息具备“现实的或者潜在的商业价值”商业秘密构成要件。

案情简介

一、殷某雨在A公司参与生产部生产制造、质量管理或物流配送或技术部之技术引进、开发、调整或管理部之生产管理业务，二者签订过《员工保密协议书》。

二、B公司与A公司就正面银浆产品存在长期稳定的交易关系，二者于2013年、2014年、2015年1月至3月分别交易2笔、10笔、6笔，单价的波动区间为4743.59元至6324.79元。

三、殷某雨在任职期间接触到涉及B公司的内容为“正面银浆实验”、B公司样品数据等，其离职至C公司后，C公司与B公司就正面银浆发生近百笔交易，单价的波动区间为4401.71元至5042.73元。

四、A公司以侵害商业秘密为由向宜兴市人民法院提起民事诉讼，其主张的经营秘密内容即为A公司与B公司交易正面银浆的成交价格、B公司对于正面银浆产品的特殊需求。

五、一审法院认为难以通过单纯的价格比较即认定C公司系因为定价而获得交易机会，故法院以交易价格不具有“现实的或者潜在的商业价值”，认定涉案信息不构成商业秘密为由，判决驳回原告的全部诉讼请求。A公司不服一审判决向无锡市中级人民法院提起上诉。

六、二审中，A公司确认其主张的秘点之一为正面银浆的销售价格，认为产品价格虽然受银价的影响，但仍然存在基数，而基数具有保密性。C公司则辩称，其制定销售价格的决定性因素是银粉价格，且对于A公司所称的价格基数并不知情。

七、二审法院认为难以通过单纯的价格比较即认定C公司系因为定价而获得交易机会，故法院以交易价格不具有“现实的或者潜在的商业价值”为由，认定该经营信息不构成商业秘密，判决驳回上诉，维持原判。

法院判决

无锡市中级人民法院在本案民事判决书的“本院认为”部分就上述争议焦点进行如下论述：

第二方面的经营信息，即A公司与B公司正银产品的交易价格。因公司之间的交易价格一般均难以通过公开渠道予以获悉，本案双方对此亦有上述共识，故可以认定该方面的经营信息具有的秘密性。A公司主张C公司获悉了A公司正银产品的定价，以普遍低于A公司定价的报价才获得了与B公司的交易机会，即A公司的产品定价具有商业价值。对此，本院认为，首先，A公司认可正银产品的价格受到国际银价的影响，而A公司、C公司与B公司的交易时间并没有重叠，在A公司未提供证据证明两个交易时间国际银价的情况下，不同时间的价格不具有可比性；其次，A公司与C公司正银产品的价格均有一定的波动区间，而两个区间具有部分的重叠，即C公司较高的成交价格高于A公司较低的成交价格，此外，C公司与B公司正银产品的交易笔数约五倍于A公司与B公司的交易量，交易量也会对交易价格产生影响，因此，单纯的价格比较难以认定C公司是因为定价而获得交易机会。而且，A公司并未举证证明或作进一步解释其定价可以为A公司带来经济利益或获得竞争优势，因此，本院难以认定该方面的经营信息具备“现实的或者潜在的商业价值”这一商业秘密构成要件，同时亦无法认定C公司在经营中使用了上述经营信息。

本案相关法律法规

《中华人民共和国反不正当竞争法》

第九条第四款 本法所称的商业秘密，是指不为公众所知悉、具有商业价值并经权利人采取相应保密措施的技术信息、经营信息等商业信息。

《最高人民法院关于审理侵犯商业秘密民事案件适用法律若干问题的规定》

第七条 权利人请求保护的信息因不为公众所知悉而具有现实的或者潜在的商业价值的，人民法院经审查可以认定为反不正当竞争法第九条第四款所称的具有商业价值。

生产经营活动中形成的阶段性成果符合前款规定的，人民法院经审查可以认定该成果具有商业价值。

《最高人民法院关于审理不正当竞争民事案件应用法律若干问题的解释》

第十条 有关信息具有现实的或者潜在的商业价值，能为权利人带来竞争优势的，应当认定为反不正当竞争法第十条第三款规定的“能为权利人带来经济利益、具有实用性”。

《国家工商行政管理局关于禁止侵犯商业秘密行为的若干规定》

第二条第三款 本规定所称能为权利人带来经济利益、具有实用性，是指该信息具有确定的可应用性，能为权利人带来现实的或者潜在的经济利或者竞争优势。

案件来源

无锡市中级人民法院审理的 A 公司与 B 公司、殷某雨侵害经营秘密纠纷二审民事判决书［（2017）苏 02 民终 461 号］

延伸阅读及类案裁判规则

一、判断技术、经营信息是否具有商业价值，应注意考虑该信息能否应用于生产实践及经营管理，以及是否能为权利人带来经济利益或市场竞争的优势（When determining whether technology or business information has commercial value，it shall be taken into account that whether it can be applied in production and business management，and whether it will bring economic benefit or competition advantage to the right holder.）

案例一：常州市中级人民法院审理的瞿某、A 公司与 B 公司侵害商业秘密纠纷案［（2019）苏04民终3773号］认为，“本案中，根据B公司提交的采购订单、销售合同、发票等证据，可以证明B公司与英国C公司在2013年5月至2015年5月存在大量出口贸易业务关系，形成相对稳定的长期交易关系。作为B公司长期稳定交易对象，B公司所掌握的英国C公司相关信息具有现实或者潜在的商业价值，能为交易方带来竞争优势，有助于B公司取得竞争主动权，提高交易成功率，B公司主张的客户信息具备一定经济价值。因此，B公司在本案中所主张的客户信息依法符合商业秘密的特征”。

案例二：北京知识产权法院审理的石某田、陈某等与A公司侵害商业秘密纠纷案［（2017）京73民终1776号］认为，“第二，关于价值性。兵家曰：‘知己知彼，百战不殆’。商业如战场，在具体的商业项目中，客户的交易需求、特殊偏好、实际验收标准、价格承受能力，往往是极为重要的核心信息，特别是价格承受底线等敏感信息，往往需要在长期的商业合作、商务谈判、市场调研中才能获得，也是商业主体争取竞争优势、成功获取项目的关键。掌握客户的核心需求、特殊偏好以及价格底线，能够使得竞争者在最短的时间、以最低的代价在竞争中把握机遇，成功获得合作机会，赚取商业利润，显然具有重要的商业价值”。

案例三：北京知识产权法院审理的窦某彬、A公司与B公司侵害商业秘密纠纷案［（2017）京73民终1093号］认为，“本案B公司主张其客户信息为商业秘密，包括C公司项目人员的联系方法、需求类型和习惯、可以承受的价格范围等。B公司认为C公司与B公司长期保持合作关系，是重要客户之一。为了保护客户信息采取了给员工配备工作电话、限制人员接触范围等方法，联系客户时原则上只允许用单位工作电话进行联系，与客户对接时，通过公司管理层联系业务后，由主管与客户进行业务对接，减少客户信息的泄露。通常情况都是先做项目，项目满意后再补签合同与招标手续，因此客户名单对能否与客户合作拿到项目起到至关重要的作用，具有非常高的经济价值。本案中，根据当事人提交的在案证据，可以认定C公司是B公司的长期客户，B公司对客户名单进行了一定的限制与保密措施。窦某彬也认可公司配备了工作电话，但是对电话使用的方式不认可。本院认为，客户名单是否可以作为商业秘密要根据行业特点与客户名单的获得方式进行分析。B公司通过长期合作获得客户名单，并积累了双方之间的信任，可以使用客户将工作交给熟悉的合作者迅速完成，帮助制作方获得业务。因此客户名单具有商业价值，是B公司的竞争资源，能够带来竞争优势，且不为外人知悉，属于B公司的商业秘密”。

案例四：南京市中级人民法院审理的原告A公司与被告陈某、B公司侵害商业秘密纠纷案［（2012）宁知民初字第430号］认为，“涉案技术方案能为原告带来经济利益、具有实用性。（1）原告研发涉案技术方案的余热发黑剂项目获科学技术部科技型中小企业创新基金管理中心立项，并通过验收。2008年，原告向科学技术部科技型中小企业创新基金管理中心申报余热发黑剂项目，该项目的主要研究内容即包括无机氧化物和有机高分子材料选择的余热发黑剂的双膜技术方案。之后原告的余热发黑剂创新基金项目不仅获得立项，而且通过验收。南京市C技术委员会出具的验收意见中详细记载了该项目完成的总投资额、新增投资、销售收入、净利润、缴税额，分别为829.26万元、687.22万元、8782万元、1072万元、700万元。（2）原告使用涉案技术方案的余热发黑剂产品已实际销售。原告使用涉案技术方案生产PR506等余热发黑剂产品，并销售给相关的客户单位，获得了相应的经营收入。（3）原告使用涉案技术方案的余热发黑剂产品已获得相关奖项。原告的余热发黑剂、余热发黑剂PR506产品分别获得‘南京市自主创新产品’、‘2010年中国机械通用零部件工业协会紧固件行业自主创新优秀新产品优秀奖’等荣誉。由此可见，原告的涉案技术方案不仅具有实用性，能用于生产余热发黑剂产品，而且能为其创造较大的经济利益和较高的行业地位”。

案例五：重庆市第五中级人民法院审理的A公司与B公司侵犯商业秘密纠纷一案［（2009）渝五中法民初字第299号］（未找到二审判决书）认为，“各方当事人认可争议商业秘密的内容为××可乐浓缩液乙料的成分、配方及其生产工艺。该部分技术为××可乐配方中的核心部分，属于上述规定所指‘技术信息’中的‘产品配方、制作工艺’。C集团和A公司都是饮料生产企业，饮料配方对饮料具有决定性影响。××可乐配方及生产工艺已经通过审验并投产，配方中的核心部分及其工艺无疑对产品的质量、品质、信誉以及是否为消费者接受具有至关重要的影响。因此应当认为，××可乐浓缩液乙料的成分、配方及其生产工艺具有现实的或者潜在的商业价值，能为权利人带来竞争优势和经济效益，符合‘能为权利人带来经济利益，具有实用性’的条件”。

二、“阶段性成果”可以大量节省研发时间和成本、减少试错概率，为权利人带来竞争优势，具有现实的或者潜在的商业价值，应作为商业秘密保护（The “Phase deliverable” has existing or potential commercial value for it may save a lot of R&D time and expenses and may reduce trial and error rate and may bring competitive advantage for the right holder, which, therefore it shall be protected as trade secrets.）

案例六：成都市中级人民法院审理的丁某刚、周某军、A公司与B公司侵害商业秘密纠纷案［（2014）成知民终字第 75 号］认为，“B 公司举出的其与 C 公司签订的委托开发合同及鉴定机构关于市面上尚无相同产品的认定，能够证明其手持点歌器项目具有现实的或者潜在的商业价值，能为权利人带来竞争优势，B 公司在本案中主张的信息虽系研发手持无线点歌机即 ROCK 项目过程中形成的阶段性成果，但其对手持无线点歌机的研发完成具有重要的意义，仍具有上述特点，因而这些信息具有实用性”。

三、商业秘密“为权利人带来的经济利益”，既包括现实的经济利益也包括潜在经济利益（Trade secrets may“bring the right holder economic benefit”，which includes both existing and potential economic benefit.）

案例七：广西壮族自治区高级人民法院审理的周某贵、A 公司侵害商业秘密纠纷［（2018）桂民终 227 号］认为，“二是针对《检查指引（27 号版本）》所载信息的价值性，周某贵上诉提出，A 公司自认是 B 公司生产、销售涉案产品，且提交的生产资料表、生产调配表及发票等证据系自行制作，故 A 公司不能证明《检查指引（27 号版本）》能为其带来经济利益、具有实用性。本院经审查认为，首先，根据《最高人民法院关于审理不正当竞争民事案件应用法律若干问题的解释》第十条规定：有关信息具有现实的或者潜在的商业价值，能为权利人带来竞争优势的，应当认定为反不正当竞争法第十条第三款规定的‘能为权利人带来经济利益、具有实用性’。根据上述规定可知，具有潜在价值的商业秘密没有被权利人直接使用和投入生产销售的，并不因此对价值性造成影响。其次，根据 A 公司陈述，《检查指引（27 号版本）》涉及的‘外观检查的排序，能侧面体现工艺流程，从而完善整个产品制造，排序不同工艺流程则不同，能体现 A 公司排序的独特性’‘过程检查工序划分，能充分体现加工工序，侧面了解加工工艺’‘NC 工序，补充说明了部分尺寸带 SC/PTC/HIC 特性，说明此尺寸的重要性，如有问题会对客户产品产生功能性失败’‘检查工具气动量仪，此工具的选择能提高检查效率和真实性’‘检查频率的不同性，能有效避免过多的资源浪费’，说明《检查指引（27 号版本）》所载内容是经过不断实验得到的最佳技术信息的配比配套，能够对产品‘F0819Z’的品质产生特定效果，从而为权利人在市场竞争中带来特殊优势。最后，在案证据表明权利人对涉案检查指引长期保持更新，案发时从初始版本更迭至 27 号版本，一审时又更迭至 30 号版本，进一步印证了涉案检查指引蕴含着权利人长期以来不断勘误、优化和完善的智力成果。因此，周某贵提出《检查指引（27 号版本）》所载技术信息没有价值性的上诉理由不能成立”。

案例八：广东省高级人民法院审理的张某萍等与 A 厂侵害商业秘密纠纷

［（2006）粤高法民三终字第 92 号］认为，“是否具有经济利益以及实用性。客户名单的经济利益，体现在其能够带来竞争优势。在付出了时间、资金和劳动的基础上而获取的客户名单，会大大增加交易的机会，减少交易的费用，为名单的拥有者带来经济利益。客户名单的价值可以是已经体现或正在体现的，也可以是潜在的、将会体现的价值。显然，A 厂所拥有的这四个客户名单已经给 A 厂带来了经济利益，将来也许还会再带来经济利益，因此，具有价值性。而且，该客户名单的内容是明确具体的，不是抽象模糊的概念，能够用于解决经营过程中的现实问题，其实用性也是显而易见的”。

案例九：桂林市叠彩区人民法院审理的 A 学校与 B 公司、李某飞侵害经营秘密纠纷［（2015）叠民初字第 605 号］认为，“在付出了时间、资金和劳动的基础上而获取的客户名单，能大大增加交易的机会，减少交易的费用，故客户名单的经济利益具体体现在，其能够为名单持有人带来竞争优势，从而增加经济收益。客户名单的价值可以是已经体现或正体现的，也可以是潜在的、将会体现的价值。本案原告系一民办培训学校，其在市场活动中主要依靠招收学生进行培训来获得经济收益，故学生名册作为其客户名单，能够给原告招收学生、增加收入带来现实的或将来的市场利益，具有实用性和价值性”。

四、商业价值应具有客观性、具体性及确定性，不能仅由所有人认为有价值的、抽象的概念或原理，也不应是内含及外延均无法界定的信息（Commercial value must be objective，specific，and certain. It shall not be an abstract concept or principle that the owner considers it’s valuable，nor shall it be information of which the inclusion and extension cannot be defined.）

案例十：北京市朝阳区人民法院审理的 A 公司与梁某侵害商业秘密纠纷案［（2018）京 0105 民初 18924 号］认为，“关于《3D 各省销量预测模型》表格是否构成商业秘密，商业秘密应当具有价值性，能够为经营者带来竞争优势。价值性需要具有客观性、具体性及确定性，即商业秘密应当是客观上有价值的信息，而不能仅由所有人认为有价值；应当是具体的、具有实际内容的信息，而不是抽象的概念或原理；应当是具有确定边界的信息，而不是内含及外延均无法界定的不确定信息。本案中，《3D 各省销量预测模型》表格中虽然包含了各省理论 HCV 治疗总人数、假设影响因素 X、产品历史销量 Y、预测 3D 销量等表头，除各省理论 HCV 治疗总人数一栏有具体数字外，其余项下均无具体内容，且无计算方法，该表格内容并不具体或确定，进而很难认定该表格能为经营者带来竞争优势，故本院认定该表格不构成商业秘密”。

五、无法直接运用于企业参与市场竞争的信息，不能带来竞争优势和经济利益，不符合商业秘密的价值性特征（Information that cannot be employed to market competition directly cannot bring competition advantage and economic benefit, and thus does not comply with trade secrets' valuable feature.）

案例十一：云南省高级人民法院审理的A公司、B公司侵害商业秘密纠纷案［（2017）云民终226号］认为，“社会保险证明及证明、云南省地方税务局电子缴款凭证并不具有现实的或者潜在的商业价值，不属于能为权利人带来经济利益、具有实用性的信息。因此，社会保险证明及证明、云南省地方税务局电子缴款凭证不属于《反不正当竞争法》所称的商业秘密”。

案例十二：上海市第二中级人民法院审理的A公司、卢某胜与B公司、王某龙等侵害商业秘密纠纷二审案［（2014）沪二中民五（知）终字第24号］认为，由于第60号、第98号邮件反映的系A公司的人事变动信息，该信息对于A公司参与市场竞争并不具有实用性，不能为A公司带来竞争优势和经济利益，故A公司主张的第60号、第98号邮件反映的人事变动信息并不属于反不正当竞争法保护的商业秘密”。

案例十三：北京市朝阳区人民法院审理的A公司与关某侵害商业秘密纠纷案［（2018）京0105民初8193号］认为，“就‘具有商业价值’这一构成要件而言，涉案三名员工的工资仅为个别月份或是试用期的临时数额，而非整个员工工资体系，A公司未提交证据证明涉案信息的价值性，亦未能对涉案信息的价值进行合理的说明，故根据在案证据尚不足以证明涉案信息具有商业价值，能为权利人带来直接利益或竞争优势”。

案例十四：佛山市禅城区人民法院审理的A公司与朱某南侵害商业秘密纠纷［（2017）粤0604民初15572号］认为，“原告银行账户资料（中国工商银行回单/外汇会计凭证、中国建设银行电子汇划款补充报单、佛山农商银行委托银行批量转账申请书、进口贴息事项申请表）反映的是原告及其关联公司的银行账号、开户行信息，虽不为该行业相关公众所知悉，但单凭上述银行账号及开户行的信息（未涉及原告资金、经营、交易等深度信息）亦难谓可给原告带来竞争优势，不具备商业价值”。

三、商业秘密案件中如何认定采取了必要的保密措施

（**How to determine whether adequate confidentiality measures has been taken in trade secrets cases**）

021 多家公司共有商业秘密，只要有一家公司未采取保密措施，就认定未采取保密措施（In the case that a trade secret is jointly owned by multiple companies， a court shall determine that confidentiality measure has not been taken if any entity did not take confidentiality measures.）

裁判要旨

不论是共同共有还是按份共有，各共有人对该非公知信息均应采取合理的保密措施，才能认定采取了合理的保密措施，各共有人采取的保密措施不能互相替代。多家公司共有商业秘密，只要有一家公司未采取保密措施，就认定未采取保密措施。

案情简介

一、周某敏、陈某新均先后任 A 材料厂和 B 公司的高管；陈某与周某敏系夫妻关系，曾是 A 材料厂员工；戴某勋原系 A 材料厂员工，后任 C 公司区域销售员；李某敏原系 A 材料厂研发部门的员工。

二、2000 年 B 公司设立，A 材料厂系股东之一；2003 年，C 公司设立，B 公司将其所拥有技术信息作价投入 C 公司，系股东之一。涉案信息中的一部分以出资的方式，在 A 材料厂与 B 公司之间，以及 B 公司与 C 公司之间，先后经历了两次权利人的变更。

三、D 公司成立于 2003 年，以 PBT 改性产品的生产、销售为主。周某敏、陈某新、陈某、李某敏、戴某勋离开原单位后，陆续至 D 公司工作。周某敏任总经理，陈某新任副总经理，陈某、李某敏从事产品研发工作，戴某勋从事销售工作。

四、2005年，A材料厂、B公司、C公司要求公安部门依法查办周某敏等人和D公司涉嫌侵犯商业秘密一事。港闸分局对举报内容进行了立案侦查。在公安询问笔录中，五名自然人称在D公司曾参照、使用过A材料厂的相关技术信息和经营信息。2007年，港闸分局以“情节显著轻微、危害不大、不认为是犯罪”为由，作出了撤销案件的决定。

五、三公司主张其PBT改性产品系C公司主导生产，其他两家提供技术、人员服务，故B公司、C公司在实际生产经营中也执行A材料厂规定的保密措施。三公司以五自然人、D公司侵害商业秘密为由共同向江苏省高级人民法院提起民事诉讼。一审法院认为三原告未对涉案信息采取合理的保密措施，不构成商业秘密，涉案侵权指控不能成立。

六、三家公司不服一审判决向最高人民法院提起上诉，二审法院认为由于三家公司中有一家公司（C公司）未对涉案信息采取合理的保密措施，故认定三原告未对涉案信息采取合理的保密措施，不构成商业秘密，上诉请求不能成立，判决维持原判。2017年，最高人民法院裁定驳回A材料厂、B公司、C公司三申请人的再审申请。

法院判决

最高人民法院在本案民事判决书的“本院认为”部分就上述争议焦点进行如下论述：

首先对此本院认为，其一，在C公司成立之后，直至三上诉人于2007年6月请示共有涉案信息以及批复之前，涉案信息属C公司的财产。C公司作为此时间段内涉案信息的权利人，应当对涉案信息采取合理的保密措施。其二，在三上诉人主张共有之前，五自然人被上诉人均已从三上诉人处离开。在没有相反证据证明的情况下，因共有而发生的涉案信息权利人的变更并不能对形成共有之前的保密措施的认定带来实质性影响。其三，关于共有人对共有财产享有的权利和承担的义务，《中华人民共和国民法通则》第七十八条规定：“共有分为按份共有和共同共有。按份共有人按照各自的份额，对共有财产分享权利，分担义务。共同共有人对共有财产享有权利，承担义务。”《最高人民法院关于贯彻执行〈中华人民共和国民法通则〉若干问题的意见（试行）》第八十九条规定：“共同共有人对共有财产享有共同的权利，承担共同的义务……”本案中，三上诉人未明确其对涉案信息是按份共有还是共同共有，但不论共有方式如何，各上诉人均应就涉案信息采取合理的保密措施。因此，一审法院认定“在共同共有的状态下，合理的保密措施还意味着各共有人对该非公知信息均应采取合理的保密措施”并无不当。三上诉人有关“只要某一上诉人采取了合理的保密措施，就应视为三上诉人均采取了合理的保密措施”的主张缺乏事实和法律依据，本院不予支持。

其次，C公司未就涉案信息采取合理的保密措施。在三上诉人主张共有之前，C公司作为涉案信息唯一的权利人，应当就涉案信息采取合理的保密措施。在三上诉人主张共有之后，C公司作为共有人之一，亦应当就涉案信息采取合理的保密措施。但是在本案中，三上诉人提供的证据不能证明C公司采取了合理的保密措施……

最后，三上诉人有关C公司也实施了A材料厂、B公司的保密措施的主张不能成立。其一，A材料厂、B公司、C公司为各自独立的民事主体，组织机构各不相同，本案并无充分证据证明三上诉人存在“三个单位、一套人马、三位一体”的情形。其二，五自然人被上诉人中，陈某与李某敏仅在A材料厂工作，戴某勋系从A材料厂离职后，才到C公司任职。周某敏、陈某新虽同时在三上诉人处任职，但两人在B公司的任职，是经由B公司股东会推选、聘任后才担任相关职务；两人在C公司的任职，亦是由B公司委派，并经南通市崇川区对外贸易经济合作局批复同意。其三，三上诉人二审证据3.1仅能证明各自然人被上诉人领取工资的情况。其中，C公司发放了戴某勋的工资，A材料厂发放了其他四自然人被上诉人的工资。该证据证明C公司和A材料厂在人员管理和财务上是互相独立的，不足以证明C公司实施了A材料厂的保密措施，也与三上诉人主张的“三个单位、一套人马、三位一体”相矛盾。其四，二审证据3.2系三上诉人有关员工出具的任职情况的证言，但由于这些员工均与本案三上诉人有利害关系，且没有出庭质证。在没有其他证据佐证的情况下，根据《最高人民法院关于民事诉讼证据的若干规定》第六十九条的规定，本院对二审证据3.2不予采信。

综上所述，由于C公司未对涉案信息采取合理的保密措施，三上诉人主张的涉案信息不构成《反不正当竞争法》第十条规定的商业秘密，不能受到反不正当竞争法的保护。一审判决驳回三上诉人的诉讼请求正确。

本案相关法律法规

《最高人民法院关于审理侵犯商业秘密民事案件适用法律若干问题的规定》

第五条 权利人为防止商业秘密泄露，在被诉侵权行为发生以前所采取的合理保密措施，人民法院应当认定为反不正当竞争法第九条第四款所称的相应保密措施。

人民法院应当根据商业秘密及其载体的性质、商业秘密的商业价值、保密措施的可识别程度、保密措施与商业秘密的对应程度以及权利人的保密意愿等因素，认定权利人是否采取了相应保密措施。

第六条 具有下列情形之一，在正常情况下足以防止商业秘密泄露的，人民法院应当认定权利人采取了相应保密措施：

（一）签订保密协议或者在合同中约定保密义务的；

（二）通过章程、培训、规章制度、书面告知等方式，对能够接触、获取商业秘密的员工、前员工、供应商、客户、来访者等提出保密要求的；

（三）对涉密的厂房、车间等生产经营场所限制来访者或者进行区分管理的；

（四）以标记、分类、隔离、加密、封存、限制能够接触或者获取的人员范围等方式，对商业秘密及其载体进行区分和管理的；

（五）对能够接触、获取商业秘密的计算机设备、电子设备、网络设备、存储设备、软件等，采取禁止或者限制使用、访问、存储、复制等措施的；

（六）要求离职员工登记、返还、清除、销毁其接触或者获取的商业秘密及其载体，继续承担保密义务的；

（七）采取其他合理保密措施的。

《中华人民共和国民法典》

第二百九十七条 不动产或者动产可以由两个以上组织、个人共有。共有包括按份共有和共同共有。

第二百九十九条 共同共有人对共有的不动产或者动产共同享有所有权。

第三百零五条 按份共有人可以转让其享有的共有的不动产或者动产份额。其他共有人在同等条件下享有优先购买的权利。

《最高人民法院关于审理不正当竞争民事案件应用法律若干问题的解释》

第十一条 权利人为防止信息泄漏所采取的与其商业价值等具体情况相适应的合理保护措施，应当认定为反不正当竞争法第十条第三款规定的“保密措施”。

人民法院应当根据所涉信息载体的特性、权利人保密的意愿、保密措施的可识别程度、他人通过正当方式获得的难易程度等因素，认定权利人是否采取了保密措施。

具有下列情形之一，在正常情况下足以防止涉密信息泄漏的，应当认定权利人采取了保密措施：

（一）限定涉密信息的知悉范围，只对必须知悉的相关人员告知其内容；

（二）对于涉密信息载体采取加锁等防范措施；

（三）在涉密信息的载体上标有保密标志；

（四）对于涉密信息采用密码或者代码等；

（五）签订保密协议；

（六）对于涉密的机器、厂房、车间等场所限制来访者或者提出保密要求；

（七）确保信息秘密的其他合理措施。

案件来源

最高人民法院审理的A材料厂、C公司等与E公司（原D公司）、陈某新等侵害技术秘密纠纷二审民事判决书［（2014）民三终字第3号］和最高人民法院审理的F商社、C公司侵害技术秘密纠纷再审审查与审判监督民事裁定书［（2017）最高法民申1602号］

022 储存于人脑的信息因缺乏有形载体不符合商业秘密构成条件（Information stored in someone's brain may not constitute trade secrets due to the lack of physical carrier.）

裁判要旨

商业秘密的内容应当固定在相应的载体上，但人不能作为技术秘密的载体，储存于人脑中的想法、经验因缺乏有形的载体，无法固定涉密信息的具体内容，不构成商业秘密。

案情简介

一、A公司系一家在新加坡注册成立的外国企业，B公司系A公司与C公司及案外人D公司合资成立的外商投资企业。

二、E为F公司设立的独资企业，F公司系由案外人G集团出资设立。C公司现已成为F公司独资企业。

三、沈某受A公司委派担任B公司总经理，后沈某辞职，出任E总经理。A公司认为E公司、C公司收买B公司的总经理并抢占该合资公司员工，致使B公司的业务下降，长期无法正常经营。

四、A 公司 B 公司对 E 公司、C 公司及沈某等提起侵犯商业秘密等侵权诉讼，未果，A 公司以股东身份直接向天津市第二中级人民法院提起诉讼。

五、A 公司主张保护的商业秘密中一项即为有关人员作为技术秘密载体，并提交了为相关媒体对沈某及 E 公司的报道宣传内容以及 B 公司网上招聘信息作为证据。

六、法院认为有关人员虽然可能掌握商业秘密，但其本身不能作为商业秘密进行保护，故认定该项内容不构成商业秘密。

七、A 公司不服一审判决，向天津市高级人民法院提起上诉。二审法院认为，人脑中的相关信息因缺乏有形的载体，不符合商业秘密的构成条件，判决驳回上诉，维持原判。

法院判决

天津市高级人民法院在本案民事判决书的“本院认为”部分就上述争议焦点进行如下论述：

第四项的有关人员虽然可能掌握商业秘密，但其本身不能作为商业秘密进行保护……第四项有关人员作为技术秘密的载体所承载的商业秘密。本院认为，以人作为载体，以储存于人脑中的相关信息作为商业秘密，因缺乏有形的载体固定涉密信息的内容，故不符合商业秘密的构成条件，上诉人将该项作为商业秘密的主张不能成立。

本案相关法律法规

《最高人民法院关于审理侵犯商业秘密民事案件适用法律若干问题的规定》

第五条 权利人为防止商业秘密泄露，在被诉侵权行为发生以前所采取的合理保密措施，人民法院应当认定为反不正当竞争法第九条第四款所称的相应保密措施。

人民法院应当根据商业秘密及其载体的性质、商业秘密的商业价值、保密措施的可识别程度、保密措施与商业秘密的对应程度以及权利人的保密意愿等因素，认定权利人是否采取了相应保密措施。

第六条 具有下列情形之一，在正常情况下足以防止商业秘密泄露的，人民法院应当认定权利人采取了相应保密措施：

（一）签订保密协议或者在合同中约定保密义务的；

（二）通过章程、培训、规章制度、书面告知等方式，对能够接触、获取商业秘密的员工、前员工、供应商、客户、来访者等提出保密要求的；

（三）对涉密的厂房、车间等生产经营场所限制来访者或者进行区分管理的；

（四）以标记、分类、隔离、加密、封存、限制能够接触或者获取的人员范围等方式，对商业秘密及其载体进行区分和管理的；

（五）对能够接触、获取商业秘密的计算机设备、电子设备、网络设备、存储设备、软件等，采取禁止或者限制使用、访问、存储、复制等措施的；

（六）要求离职员工登记、返还、清除、销毁其接触或者获取的商业秘密及其载体，继续承担保密义务的；

（七）采取其他合理保密措施的。

第十二条 人民法院认定员工、前员工是否有渠道或者机会获取权利人的商业秘密，可以考虑与其有关的下列因素：

（一）职务、职责、权限；

（二）承担的本职工作或者单位分配的任务；

（三）参与和商业秘密有关的生产经营活动的具体情形；

（四）是否保管、使用、存储、复制、控制或者以其他方式接触、获取商业秘密及其载体；

（五）需要考虑的其他因素。

第十八条 权利人请求判决侵权人返还或者销毁商业秘密载体，清除其控制的商业秘密信息的，人民法院一般应予支持。

《最高人民法院关于审理不正当竞争民事案件应用法律若干问题的解释》

第十四条 当事人指称他人侵犯其商业秘密的，应当对其拥有的商业秘密符合法定条件、对方当事人的信息与其商业秘密相同或者实质相同以及对方当事人采取不正当手段的事实负举证责任。其中，商业秘密符合法定条件的证据，包括商业秘密的载体、具体内容、商业价值和对该项商业秘密所采取的具体保密措施等。

案件来源

天津市高级人民法院审理的A公司与B公司侵害商业秘密纠纷一案二审民事判决书［（2012）津高民三终字第40号］

延伸阅读及类案裁判规则

一、缺少具体步骤方法的思想如经验、想法等，无法构成完整、可供实施的技术方案，难以通过实施来解决问题或创造经济价值，也不能产生“禁止他人也这么做”的法律效果，不能作为商业秘密保护（Idea lacks specific approach or method such as experience and thought, shall not be protected as trade secret, since it cannot constitute a complete and operational technical plan, nor can it be employed to solve problems or create economic benefits, nor can it generate legal effect of prohibiting others to do the same thing.）

案例一：成都市中级人民法院审理的A公司、宋某侵害商业秘密纠纷案［2018川01民初3608号］认为，“然而A公司在本案中主张的信息并非任何技术方案，其所主张技术秘密分为两类：一类是思想，其自称为‘想法’，即认为是自己公司提出了将原来多用于工业领域的磁悬浮技术用于制造游乐设施，以及利用皮带机、滚筒机、链条传动机、皮筏机等输送、传动或提升设备来实现游乐设施中的多级提升、垂直或斜坡提升的功能或效果的想法，却没有说明在游乐设施研制过程中使用磁悬浮技术的步骤、方法及操作流程。虽然由经验和知识构成的技术属于思想的范畴，但缺少具体步骤、方法的思想无法构成完整的、可供实施的技术方案，更难以通过实施来解决问题或创造经济价值。在《反不正当竞争法》框架下，仅凭‘第一个想到可以这么做’这一抽象、概括的‘想法’并不能产生‘禁止他人也这么做’的法律效果；法律禁止的是他人使用相同的操作步骤或实施方案来削弱技术秘密持有人的竞争优势”。

案例二：广州知识产权法院审理的A制品厂与朱某健侵害商业秘密纠纷一审民事判决书［（2018）粤73民初514号］认为，“原告A制品厂主张变频器参数的调节方法是由调机师傅掌握的一种经验，没有形成书面材料，A制品厂所主张的上述调节方法并不具有载体，亦没有明确的具体内容，不符合商业秘密的法定条件，故不属于商业秘密”。

二、员工离职时将记有客户名单的物质载体交还公司，并不意味着员工未带走客户名单信息（If an employee returns the physical carrier containing the consumer list to the company when he resigns, it does not mean he has not taken away the customer list information.）

案例三：成都市中级人民法院审理的A公司诉郭某敏侵害商业秘密纠纷案［（2003）成民初字第591号］认为，“A公司提出的这些合同中的经营信息，因是其所要求保护的客户名单的组成部分，通过比较，能够证明B公司所签合同的信息与A公司客户名单的信息具有一致性，同时郭某敏曾经作为A公司的高级管理人员，具有获取客户名单信息的条件。对郭某敏称其离职履行了相关手续，且离职时已将工作资料移交，没有带走A公司的客户名单的主张，本院认为，商业秘密并非一定存在于物质有形载体中，客户名单系一种信息的种类，其带走与否与工作资料的移交之间并无必然的因果关系，故对郭某敏的抗辩理由不予支持”。

023 合同履行期限届满是否还要对相关技术秘密负保密义务（Do parties to contract still assume confidentiality obligation for technical secret subsequent to the termination of such contract.）

裁判要旨

即使合同中的保密条款没有约定具体保密期限，只要商业秘密尚未公开，即便合同履行期限届满，因订立合同而知悉商业秘密的一方仍应承担保密义务。

根据2020年9月10日颁布的《最高人民法院关于审理侵犯商业秘密民事案件适用法律若干问题的规定》，最新规则中明确了“保密义务”不仅包括法定的保密义务、合同约定的保密义务，还包括合同随附义务。违反作为合同随附义务的保密义务，也可能构成侵犯商业秘密行为。

案情简介

一、朱某奎原系A公司的技术工人，有机会接触及掌握产品的配料、生产工艺及其他相关技术秘密。双方于2001年签订劳动合同和保密协议，其劳动合同中亦存在保密条款。B机械厂系为A公司加工模具的模具生产厂家，双方在其定作合同中载明模具图纸由A公司提供，并明确约定了模具图纸的保密条款。

二、2008年，成某与路某民因朱某奎称A公司的生产工艺和原料配方是其发明的，故欲将其拉拢入伙生产相关产品。最初朱某奎称其未退休，不同意加入。后因路某民和成某帮助朱某奎的儿子上了大学，朱某奎遂同意入伙，但称该产品是A公司的保密产品，其入伙不承担任何风险。

三、2009年，C公司成立，朱某奎是股东之一，其向路某民披露A公司的设备是由B机械厂加工的，并说服B机械厂按照A公司的模具图纸为C公司加工模具。在朱某奎的指导下，C公司利用与A公司相同的配方、工艺、设备、模具从事相同产品的生产、销售。

四、A公司以朱某奎、C公司、B机械厂侵害商业秘密为由向淄博市中级人民法院提起民事诉讼。B机械厂提出一项抗辩，即B机械厂为C公司加工模具时已超过了其与A公司签订的加工定作合同的有效期间。一审法院认为其抗辩理由不成立，故认定涉案信息构成商业秘密，三被告侵权事实成立。

五、朱某奎、C公司、B机械厂不服一审判决向山东省高级人民法院提起上诉。二审法院认为，B机械厂主张其与A公司的合同到期后，就不应再履行保守秘密的义务，但该两份合同中没有约定具体的保密期限，即便合同履行期限届满，只要涉案技术秘密尚未公开，B机械厂就仍要负保密义务。故二审法院判决维持原判。

法院判决

山东省高级人民法院在本案民事判决书的“本院认为”部分就上述争议焦点进行如下论述：

A公司为证明B机械厂使用其图纸为C公司生产了涉案被控侵权模具，提交了淄博高新技术产业开发区公安分局刑事侦查大队对朱某奎及B机械厂厂长张某宝所作的笔录，在上述笔录中，朱某奎及张某宝均认可B机械厂使用A公司的图纸为C公司生产了涉案被控侵权模具，能够相互印证。本案中，B机械厂依据两份其与A公司的加工定做合同，主张合同到期后，就不应再履行保守秘密的义务。但该两份合同中没有约定具体的保密期限，即便合同履行期限届满，只要涉案技术秘密尚未公开，B机械厂就仍要负保密义务。B机械厂虽主张其为A公司生产的模具为其自主设计，但二审庭审中，其认可模具生产所依据的图纸系A公司提供。二审中，B机械厂提交了图纸、照片等证据证明其为C公司生产的涉案被控侵权模具与为A公司生产的模具不同，但其提供的证据无法体现二者模具存在区别。综上，B机械厂提供的证据无法推翻上述笔录中记载及其自认的事实，故原审判决认定B机械厂侵犯了A公司的涉案技术秘密并无不当。

本案相关法律法规

《最高人民法院关于审理侵犯商业秘密民事案件适用法律若干问题的规定》

第十条 当事人根据法律规定或者合同约定所承担的保密义务，人民法院应当认定属于反不正当竞争法第九条第一款所称的保密义务。

当事人未在合同中约定保密义务，但根据诚信原则以及合同的性质、目的、缔约过程、交易习惯等，被诉侵权人知道或者应当知道其获取的信息属于权利人的商业秘密的，人民法院应当认定被诉侵权人对其获取的商业秘密承担保密义务。

《最高人民法院关于审理不正当竞争民事案件应用法律若干问题的解释》

第十六条 人民法院对于侵犯商业秘密行为判决停止侵害的民事责任时，停止侵害的时间一般持续到该项商业秘密已为公众知悉时为止。

依据前款规定判决停止侵害的时间如果明显不合理的，可以在依法保护权利人该项商业秘密竞争优势的情况下，判决侵权人在一定期限或者范围内停止使用该项商业秘密。

案件来源

山东省高级人民法院审理的C公司与A公司一案二审民事判决书［（2011）鲁民三终字第190号］

延伸阅读及类案裁判规则

一、即使当事人在保密协议中约定的保密期限为在职期间，员工离职后也负有不得侵害公司商业秘密的义务（Even if the confidentiality period agreed by the parties in the confidentiality agreement is the on-the-job period, the employee has the obligation not to infringe the company's trade secrets after leaving the company.）

案例一：天津市第一中级人民法院审理的A公司等诉B公司侵害商业秘密纠纷［（2013）一中民五终字第0055号］认为，“二上诉人提出杨某玲与被上诉人签订的保密协议约定的保密期间为在职期间，而本案涉及侵害商业秘密发生在杨某玲与被上诉人解除劳动合同之后，属于竞业限制，而非侵害商业秘密。对此，本院认为，杨某玲与B公司签订的保密协议是B公司对其商业秘密采取的必要保密措施，杨某玲作为B公司原市场部主管，可以接触到B公司作为保密信息的客户名单，无论其是否离职都负有不得侵害被上诉人商业秘密的义务。因此，对上诉人的该项主张本院不予支持”。

案例二：上海市徐汇区人民法院审理的A公司与B公司、朱某微侵害商业秘密纠纷案［（2018）沪0104民初20905号］认为，“本案的争议焦点在于A公司主张的侵权期间，朱某微是否具有保密义务及涉案客户权利的归属。就第一个争议焦点，本院认为，根据A公司与朱某微签订的保密协议第9条，该协议与劳动合同具有同等法律效力，如两者有抵触，则以保密协议为准。而根据保密协议第1条（a），A公司员工对公司客户名单及客户等保密信息的保密期间为员工受聘期间；保密协议第3条（b），员工不得将公司业务转移至他处的期间为受聘公司期间及聘用关系终止或解除后一年内，该条款中亦包含了不披露公司客户信息及业务往来信息的相关内容。因此，朱某微负有涉案经营信息保密义务的期间最迟至2015年4月10日开始起算的一年内，2016年4月10日后朱某微即不再负有上述信息的保密义务”。

案例三：深圳市中级人民法院审理的刘某鹏、李某、冯某洁、熊某辛、周某洹与A公司、A公司深圳分公司侵害商业秘密纠纷［（2017）粤03民终6092号］认为，“在上诉人刘某鹏、李某、冯某洁、熊某辛、周某洹与被上诉人A公司深圳分公司所签订的《保密协议》中，均明确约定保密期限为劳动合同期内及合同终止后的两年内，而上诉人最迟已于2013年7月离职，故截至2015年7月，上诉人已无须承担保密义务，故一审于2016年5月仍判决上诉人立即停止侵犯被上诉人商业秘密的行为，不得利用刘某鹏、李某、冯某洁、熊某辛、周某洹在职期间从A公司深圳分公司处获取的客户信息、联系方式开展与A公司及深圳分公司相同的业务，没有法律依据，对此，本院予以纠正”。

案例四：上海市卢湾区人民法院审理的A公司诉金某等侵犯商业秘密纠纷案［（2009）卢民三（知）初字第27号］认为，“被告A公司明知被告金某有侵犯他人商业秘密的行为而使用他人的商业经营信息，同样构成对他人商业秘密的侵犯，依法应当与被告金某共同承担停止侵权，赔偿损失的民事责任。两被告承担停止侵权民事责任的起止时间可参照被告金某与原告的商业秘密保护条款，即被告金某在原告公司终止工作后两年内（从2008年10月16日起计算）不得泄密，除非原告的商业经营信息在该期间内为公众所知悉”。

二、通常判决停止商业秘密侵权不附有期限。但若商业秘密权利人的诉请限定了停止侵权的期限，应认可权利人对自己权利的处分（Generally, a judgment which rules seizing misappropriation binds the infringer immediately. If a trade secret owner includes a period of infringement termination in its claim, the court shall recognize such claim.）

案例五：江苏省高级人民法院审理的何某东等诉A公司侵犯商业秘密纠纷案［（2001）通中民初字第69号］认为，“何某东、张某侵犯A公司商业秘密，应承担停止侵权的民事责任。通常只要商业秘密继续存在，对于侵权人来说，停止侵权一般不附有期限。但在本案中，A公司诉讼请求何某东、张某于判决生效后一年内停止与其客户发生贸易往来，意味着商业秘密的权利人仅针对侵权人停止使用其商业秘密限定了一年的期限，但并未对侵权人停止披露或允许他人使用其商业秘密附加期限。也即一年之后，何某东、张某虽然可以使用A公司的客户名单，但只要该客户名单不丧失商业秘密属性，仍然负有不得披露和允许他人使用该商业秘密的义务。这是权利人对自己权利的处分，因不违反法律的规定，应当予以认可”。

三、因侵犯商业秘密是侵权之诉，在侵权之诉中即便保密协议中约定了保密期限，法院也不再参考保密合同中约定的保密期限判定停止侵权的期间范围（Misappropriation of trade secrets is a tort lawsuit. Even if there is confidentiality term provided in confidentiality agreement, a court may not refer to the confidentiality term provided in the confidentiality agreement to determine the period extent for infringement termination.）

案例六：江苏省高级人民法院审理的何某东等诉A公司侵犯商业秘密纠纷案［（2001）通中民初字第69号］认为，“何某东提出由于自己与A公司签订有保密合同，而合同中约定的是在其离职后一年内不得与任职期所接触的客户发生贸易关系，故判决应当根据合同约定。但由于本案系违约之诉与侵权之诉竞合，而权利人选择的是侵权之诉。在侵权之诉中，一些问题的解决若当事人没有明确要求，可以参考合同约定。而本案权利人对停止使用其商业秘密的起算点、期限都有明确的要求，该要求合理合法，故应当按照权利人的要求，而不再参考合同的约定。因此，何某东、张某认为停止侵权应从何某东离职之日起算的主张不能成立，本院不予支持。但原审法院对此内容的判决与权利人的本义不符，应予更正”。

案例七：东莞市第二人民法院审理的A公司与曾某杰侵害商业秘密纠纷［（2018）粤1972民初6174号］认为，“被告曾某杰侵犯了原告A公司的商业秘密，理应承担停止侵权，并承担相应的赔偿责任。关于停止侵害的时间一般持续到该商业秘密已为公众知悉时为止，但考虑原告只诉请被告的离职之日起三年内，故停止侵害的时间直至该商业秘密已为公众知悉时为止，最长不超过被告离职之日起三年，即最长不超过2020年12月20日”。

四、客户名单不存在因技术进步而使相关公众合法自然知悉的情况，客户名单的具体信息随着时间推移必然发生变化，法院可判决侵权人在一定期限或者范围内停止使用该商业秘密（As a customer list will not be known to the public legitimately due to technological development and the specific information of a customer list will change over time, a court may decide that an infringer to stop using such trade secrets within a given period or extent.）

案例八：北京市第一中级人民法院审理的A公司诉B公司等侵犯商业秘密及其他不正当竞争纠纷案［（2007）一中民初字第10042号］认为，“与作为技术信息的商业秘密相比，经营信息尤其是客户名单几乎不存在因技术进步而使相关公众合法自然知悉的情况，但若因此禁止许某哲和B公司永久停止使用该客户名单上的相关经营信息，将不当地限制B公司与A公司展开正当商业竞争的权利，也将不当地减少许某哲个人在其熟悉行业中的就业机会，存在明显不合理之处。本院将参照《劳动合同法》第二十四条第二款有关竞业限制不得超过二年的规定，综合考虑双方所处行业的客户特点、所保护经营信息的竞争优势时间等因素，酌定许某哲和B公司停止使用相关经营信息商业秘密的期限为一年”。

案例九：上海市徐汇区人民法院审理的A公司诉B公司等侵害商业秘密纠纷案［（2012）徐民三（知）初字第23号］认为，“鉴于《反不正当竞争法》不仅制止不正当竞争行为，更在于鼓励和保护公平竞争，本案中原告掌握C海南公司客户信息的具体信息随着时间推移必然会发生变化，不设限期予以保密则无必要，故本院综合考量原告A公司获取该客户信息的难度大小、保护原告享有该客户信息竞争优势的合理期限、平衡商业秘密权利人和社会公众之间的利益等因素，判定在2013年12月31日前，涉案被告不得侵害原告享有的涉案商业秘密”。

024 与所有员工签订带有“保密条款”的格式合同能否认定采取了合理保密措施（Whether reasonable confidentiality measures have been taken by signing standard form contracts including “confidentiality clause” with all employees.）

导 读

是否采取保密措施，历来就是商业秘密案件的必争焦点。有些企业采取的保密措施与商业秘密缺乏匹配度。之前在很多案件中出现两个极端，要么认为保密措施与商业秘密必须严格吻合，只要在保密协议或保密规定中没有明确写明商业秘密的名称就认为没有针对该商业秘密信息采取保密措施；要么就认为只要在劳动协议中或其他文件中笼统地提到保密要求，就认为企业采取了保密措施。

在目前的审判实践中，关于是否采取保密措施的判断标准并不统一，各地法院都有各自的判断标准，甚至互相冲突和矛盾。例如，有些法院认为，签订与经营信息或者技术信息对应范围的保密协议书或竞业禁止协议、支付保密费用或竞业禁止费用可以认定为权利人对信息采取了保密措施。有些法院却认为，仅仅建立保密制度而缺乏有针对性的措施不能认定为采取了适当的保密措施。

根据2020年9月10日颁布的《最高人民法院关于审理侵犯商业秘密民事案件适用法律若干问题的规定》，法院在判断是否采取保密措施时要考虑“保密措施与商业秘密的对应程度”。达到什么程度的对应程度就可以认定？大量的案件发生后业界已经意识到这个问题：如果仅有笼统的“保密”要求，可否认定企业采取了保密措施？是否要求企业在制定保密措施或签署保密协议时必须写明对某项信息采取保密措施才能认定采取了合格的保密措施？虽然这个解释针对“保密措施与商业秘密的对应程度”的判断标准不是非常明确，但是至少已经意识到这个问题，“保密措施与商业秘密的对应程度”在日后的司法实践中，将会成为大量案件的争议焦点。

另外，《最高人民法院关于审理侵犯商业秘密民事案件适用法律若干问题的规定》中列举了常见的“保密措施”，包括权利人采取的事前、事中和事后保密措施，对保密措施的具体方式进行了细化与完善，实际上减轻了权利人对“保密措施”的举证责任，降低了对构成商业秘密的构成要件的要求，更加有利于权利人主张权利。

裁判要旨

商业秘密权利人通过章程、培训、规章制度、书面告知等方式，对能够接触、获取商业秘密的员工提出保密要求或者在劳动合同中约定保密义务的，可以被认定为采取了合理保密措施。

案情简介

一、于某奎原系A公司业务营销员，后成为A公司的股东。2001年和2004年，于某奎与A公司两次签订《劳动合同协议书》，约定于某奎保守A公司技术经营秘密，泄露机密或利用厂技术机密与厂竞争者，A公司保留追究经济损失的权利。此外，于某奎还签订《销售服务责任书》，承诺在职期间或离开公司三年内，不利用原销售渠道销售与公司同类的产品。

二、2002年，尚在任职期间的于某奎成立B公司，并通过高薪从A公司招聘技术人员，利用其掌握的销售渠道及其他离职人员掌握的技术信息，生产和销售经营与A公司同类的设备。

三、A公司以侵害商业秘密为由向唐山市中级人民法院提起诉讼。一审法院认为A公司主张的工艺规程、工艺技术参数及销售渠道构成商业秘密；于某奎及B公司上述行为侵犯了涉案商业秘密。故一审法院判决于某奎及B公司承担停止侵权、赔偿损失等民事责任。

四、于某奎及B公司不服一审判决向河北省高级人民法院提起上诉，称A公司未对涉案信息采取法律规定的保密措施，不符合商业秘密的构成要件。而A公司增加了营销服务责任书和销售管理制度两份证据，表明双方约定“在职期间和离职三年之内，不得利用原销售渠道销售公司同类产品”。

五、二审法院认为A公司针对技术信息仅制定了原则性的针对所有人员的保密制度，与所有员工签订了带有“保密条款”的格式合同，不属于合理的保密措施；针对经营信息，A公司未明确保密的主观愿望、作为商业秘密保护的信息的范围及于某奎的保密义务，仅限制其一定时间内不得通过原有渠道销售公司同类产品，故应认定为竞业限制约定而非保密措施。

六、二审法院认定A公司主张的涉案技术与经营信息均不能构成商业秘密，故判决撤销一审判决，驳回A公司全部诉讼请求。

法院判决

河北省高级人民法院在本案民事判决书的“本院认为”部分就上述争议焦点进行如下论述：

具体到本案中，首先，关于A公司《关于保密工作的几项规定》，该规定仅有四条，且内容仅原则性要求所有员工保守“企业销售、经营、生产技术秘密”，在“在厂期间和离厂二年内，不得利用所掌握的技术生产或为他人生产与本公司有竞争的产品和提供技术服务”，上述规定并未体现涉案技术秘密的具体内容，也未存在切实可行的防止技术秘密泄露的措施，在现实中不能起到保密的效果。其次，关于劳动合同中的保密条款，该劳动合同为劳动人事局等部门制定的格式合同，仅在第十一条解除条款中与“严重违法劳动纪律、严重失职等情形”一并列举了“乙方要保守甲方的技术经营机密，泄露甲方机密或利用厂技术机密与厂竞争者，甲方保留追究经济损失的权利”，不能认定为保密措施。最后，关于证人证言，本案证人系从A公司到B公司工作，其后又回到A公司工作，与涉案双方存在利害关系，而且其陈述的保密措施也局限于上述规定和劳动合同，不能证明A公司采取了其他保密措施。综上，在本案中，A公司虽然采取了一定的措施，但仅是制定了原则性的针对所有人员的保密制度，跟所有员工签订了带有“保密条款”的格式合同，并未采取“限定涉密信息的知悉范围、单独签订保密协议等确保秘密的合理措施”，因此综合本案的情况，本院认为依据现有证据，不能认定A公司采取了适当、合理的保护措施。关于涉案技术是否是公知技术，考虑到本院已经认定A公司未采取合理的保密措施，因此该技术问题本院不再涉及……关于经营信息是否采取保密措施，A公司增加了营销服务责任书和销售管理制度两份证据，该两份证据的措施基本一致，为约定“在职期间和离职三年之内，不得利用原销售渠道销售公司同类产品”。如上所述，本院认为符合《中华人民共和国反不正当竞争法》第十条规定的保密措施应当表明权利人保密的主观愿望，并明确作为商业秘密保护的信息的范围，使义务人能够知悉权利人的保密愿望和保密客体，并在正常情况下足以防止涉密信息泄露。在本案中上述证据中的约定没有明确A公司作为商业秘密保护的信息的范围，也没有明确于某奎应当承担的保密义务，而仅限制于某奎在一定时间内通过原有渠道销售公司同类产品，该约定应认定为竞业限制约定，即使其主要目的可能就是保护商业秘密，但由于该约定没有明确用人单位保密的主观愿望、作为商业秘密保护的信息的范围、义务人应当承担的保密义务，因而不能构成《中华人民共和国反不正当竞争法》第十条规定的保密措施。

本案相关法律法规

《最高人民法院关于审理侵犯商业秘密民事案件适用法律若干问题的规定》

第五条 权利人为防止商业秘密泄露，在被诉侵权行为发生以前所采取的合理保密措施，人民法院应当认定为反不正当竞争法第九条第四款所称的相应保密措施。

人民法院应当根据商业秘密及其载体的性质、商业秘密的商业价值、保密措施的可识别程度、保密措施与商业秘密的对应程度以及权利人的保密意愿等因素，认定权利人是否采取了相应保密措施。

第六条 具有下列情形之一，在正常情况下足以防止商业秘密泄露的，人民法院应当认定权利人采取了相应保密措施：

（一）签订保密协议或者在合同中约定保密义务的；

（二）通过章程、培训、规章制度、书面告知等方式，对能够接触、获取商业秘密的员工、前员工、供应商、客户、来访者等提出保密要求的；

（三）对涉密的厂房、车间等生产经营场所限制来访者或者进行区分管理的；

（四）以标记、分类、隔离、加密、封存、限制能够接触或者获取的人员范围等方式，对商业秘密及其载体进行区分和管理的；

（五）对能够接触、获取商业秘密的计算机设备、电子设备、网络设备、存储设备、软件等，采取禁止或者限制使用、访问、存储、复制等措施的；

（六）要求离职员工登记、返还、清除、销毁其接触或者获取的商业秘密及其载体，继续承担保密义务的；

（七）采取其他合理保密措施的。

第十条 当事人根据法律规定或者合同约定所承担的保密义务，人民法院应当认定属于反不正当竞争法第九条第一款所称的保密义务。

当事人未在合同中约定保密义务，但根据诚信原则以及合同的性质、目的、缔约过程、交易习惯等，被诉侵权人知道或者应当知道其获取的信息属于权利人的商业秘密的，人民法院应当认定被诉侵权人对其获取的商业秘密承担保密义务。

《最高人民法院关于审理不正当竞争民事案件应用法律若干问题的解释》

第十一条 权利人为防止信息泄漏所采取的与其商业价值等具体情况相适应的合理保护措施，应当认定为反不正当竞争法第十条第三款规定的“保密措施”。

人民法院应当根据所涉信息载体的特性、权利人保密的意愿、保密措施的可识别程度、他人通过正当方式获得的难易程度等因素，认定权利人是否采取了保密措施。

具有下列情形之一，在正常情况下足以防止涉密信息泄漏的，应当认定权利人采取了保密措施：

（一）限定涉密信息的知悉范围，只对必须知悉的相关人员告知其内容；

（二）对于涉密信息载体采取加锁等防范措施；

（三）在涉密信息的载体上标有保密标志；

（四）对于涉密信息采用密码或者代码等；

（五）签订保密协议；

（六）对于涉密的机器、厂房、车间等场所限制来访者或者提出保密要求；

（七）确保信息秘密的其他合理措施。

案件来源

河北省高级人民法院审理的A公司、于某奎侵害商业秘密纠纷二审民事判决书［（2016）冀民终689号］

延伸阅读及类案裁判规则

一、在《保密协议》《劳动合同》《管理制度》等中仅对员工提出简单的保守商业秘密的要求，未对商业秘密的具体内容、范围、保管措施等作出具体明确规定，因缺乏应具备的可识别性而无法被认定为“合理的保密措施”（Without specific and clear provisions concerning content，extent，and preservation measures for trade secrets，a general clause under the Confidentiality Agreement，the Employment Contract，or the Management Rules shall not be considered as “reasonable confidentiality measures” due to lacking identifiability.）

案例一：山东省高级人民法院审理的A公司与李某滨、刘某新等侵害商业秘密纠纷案［（2015）鲁民三终字第156号］认为，“B公司提交的《企业管理制度》《劳动合同》中亦仅是对员工提出了保守公司商业秘密的要求，对于其商业秘密的具体内容、范围、保管措施等并未明确规定，不能证明其对上述销售合同、发票采取了合理的保密管理措施。综上所述，原审法院认定B公司主张的涉案客户名单不符合法律规定的商业秘密构成要件，不构成商业秘密，并无不当”。

案例二：佛山市中级人民法院审理的A公司、B公司侵害商业秘密纠纷二审民事判决书［（2018）粤06民终514号］认为，“本案中，上诉人A公司认为其与胡某龙、杨某松所签《劳动合同》中关于保密义务条款的约定属于双方关于商业秘密的约定，并据此认为该公司已经采取相应保密措施。

但《劳动合同》关于保密内容的条款只是简单约定保密义务及责任，并未具体详尽约定保密内容、保密范围等具体保密措施。这种简单的约定，无法使合同相对人明确得知哪些内容属于保密范畴，哪些内容属于权利人的技术信息秘密和经营信息等不为外人所知的范围，即保密措施的可识别度有限。如果以此作为限制合同相对人，明显对合同相对人不利”。

案例三：佛山市中级人民法院审理的A公司、李某茂侵害商业秘密纠纷［（2018）粤06民终8097号］认为，“保密措施的合理性审查应当考虑以下因素：（1）有效性：权利人所采取的保密措施要与被保密的客体相适应，以他人不采取不正当手段或不违反约定就难以获得为标准；（2）可识别性：权利人采取的保密措施，足以使全体承担保密义务的相对人能够意识到该信息是需要保密的信息；（3）适当性：保密措施应与该信息自身需要采取何种程度的保密措施即可达到保密要求相适应。上诉人A公司提交的《保密及竞业禁止协议》第二、三条约定了被上诉人李某茂在上诉人A公司任职期间及离职后的竞业禁止、限制性义务；同时，在第六条第1、2点明确了技术秘密、商业秘密的范围和内容。对于双方约定的上述内容，可以认定为有效，但正如本判决上文所述，《保密及竞业禁止协议》第六条第1、2点属于宽泛的商业秘密范围，既未明确经营信息的秘密点，也未明确上述经营信息与公知信息的区别，从保密义务人的角度而言，无法识别具体的保密内容和要求，即缺乏保密措施应当具备的可识别性。综上，依上诉人A公司现有证据，尚不能认定其请求保护的经营信息构成商业秘密，一审对此认定正确，本院予以维持”。

案例四：沈阳市中级人民法院审理的A制造厂与兰某忠、王某娜、B制造厂侵害商业秘密纠纷一案［（2004）沈民四权终字第4号］认为，“本案中，上诉人对其商业秘密的范围并不清楚，因此没有相应证据证明上诉人采取了合理、适当的保密措施。上诉人主张其采取保密措施的证据有1991年的会议纪要、档案升级的证明。关于会议纪要，其上没有记载上诉人所涉的商业秘密究竟是什么，哪些人员应该对哪些技术秘密负有保密义务，只是在会议纪要上强调‘反内盗’。关于档案升级，只能证明上诉人单位的档案管理达标，并不能作为上诉人对具体商业秘密采取合理、适当保密措施的依据”。

案例五：杭州市余杭区人民法院审理的A公司与吕某树、B公司侵害技术秘密纠纷［（2016）浙0110民初17163号］认为，“保密措施应具体、有效，能够防止信息泄露。如果保密制度以及其中的保密措施是泛泛的，没有明确具体的保密信息和保密范围，一般不能认定保密制度中的保密措施是合理的。本案中A公司是否对上述秘密点采取了保密措施，本院认为：一、A公司于2007年1月30日制定并实施的《A技术保密协议》及其与被告吕某树签订的保密协议中的保密范围均仅有‘A公司的新项目、新设计、特殊生产工艺及专利技术；生产流程、工艺图纸、作业方法’的笼统约定，该些约定不能与A公司在本案中主张的秘密点形成明确的对应关系。吕某树亦不能因该些约定明确认识到A公司在本案中主张的秘密点系其负有保密义务的技术秘密”。

案例六：中山市第一人民法院审理的A公司与陈某荣、陆某威侵害经营秘密纠纷［（2015）中一法知民初字第285号］认为，“A公司反映，其对涉案经营秘密采取保密措施主要体现在设定电脑开机密码以及劳动合同中订立保密条款，但其未提供证据证明刘某在其公司使用的电脑设定有开机密码。而从A公司与陈某荣、陆某威、刘某签订的格式化的填充式的中山市劳动合同中的保密条款的内容来看，该保密条款实际已包括了保密以及竞业禁止条款，所列的商业秘密的范围广而复杂，其中包括了很多显然不属于商业秘密的资料。从本案证据来看，不能认定A公司为防止有关信息泄露采取了与其商业价值等具体情况相适应的合理保护措施。综合上述分析，本院认定A公司主张权利的客户联系表及产品照片不具备商业秘密的构成条件，不构成A公司的商业秘密”。

二、劳动合同中约定的竞业禁止不能被视为商业秘密保密措施（A non-compete provision under an employment contract shall not be deemed as a confidentiality measure of trade secrets.）

案例七：上海市高级人民法院审理的A公司与黄某瑜等侵犯商业秘密纠纷上诉案［（2010）沪高民三（知）终字第45号］认为，“A公司主张其关于日商‘某某会社’的特定交易信息为其商业秘密，但本案中并无证据表明A公司对上述合同及相关附件采取了相关保密措施。A公司虽辩称，其与黄某瑜签订的劳动合同第十一条系其对本案主张的商业秘密采取的保密措施，但该合同第十一条第一款规定：‘乙方在与甲方解除本合同后，五年内不得与在解除本合同前与甲方已有往来的客户（公司或个人）有任何形式的业务关系。否则，乙方将接受甲方的索赔’，由此可见该条款既没有约定A公司（甲方）哪些信息是商业秘密，也没有约定黄某瑜（乙方）应对哪些商业秘密负有保守秘密的义务，故上述第十一条第一款之约定应认定为竞业禁止条款。而且该条款仅约定了限制黄某瑜择业自由的内容，而未涉及因此限制而应支付的补偿费，在本案中，也没有证据证明A公司曾支付给黄某瑜相关补偿费用。因此，A公司并不能援引上述条款主张黄某瑜侵犯了其商业秘密。A公司在本案中主张的体现在销售合同及其附件中的日商‘某某会社’的特定交易信息，尚不能构成我国反不正当竞争法规定的商业秘密”。

案例八：南京铁路运输法院审理的A公司与B公司、秦某明侵害商业秘密纠纷案［（2017）苏8602民初8号］认为，“本案中，原告主张的保密措施是其与被告秦某明签订了《企业员工保密协议》《销售总监承诺书》，以及《保证书》中竞业禁止的约定。而《企业员工保密协议》中约定的‘保密内容及范围’并未涉及具体信息，故使相对方无法明知具体的保密客体，以履行相应的保密义务。同时，前述协议及《保证书》中约定的被告秦某明或家人在一定时间内不得从事与原告A公司相同的业务或销售同类产品，亦不得与原告公司客户进行业务联系等，为单纯的竞业禁止条款，其未明确用人单位作为商业秘密保护的具体信息范围。另，原告A公司与被告秦某明签订包括前述竞业限制内容的协议后，原告既未书面约定也未提供证据证明其向被告秦某明支付过合理的补偿费用。因此，原告主张为保密措施的上述协议等，不构成《反不正当竞争法》第十条规定的保密措施”。

三、单位应证明保密义务人收到或知晓商业秘密保密制度，否则将会被认定为未采取合理保密措施（The entity shall prove that the confidentiality obligors have received or known the confidentiality system of trade secrets, otherwise it will be considered that they had not taken reasonable confidentiality measures.）

案例九：长沙市中级人民法院审理的A学校与何某华、B公司及C学校、D学校侵犯商业秘密纠纷案［（2017）湘01民终3071号］认为，“合理的保密措施有以下构成要件：1. 商业秘密持有人具有保密的主观意愿，即持有人明确知道商业秘密的存在，并且不愿同行业竞争者知悉；2. 需保密的内容要具体明确，即保密措施中明确保密信息的内容，允许传播的范围，信息的知情者义务；3. 要有具体的保密行为，即必须采取物理性的防范措施。本案中，A学校、C学校与何某华签订的聘用合同中约定‘保证甲方的商业秘密，不得向传媒界或任何第三者透露本合同的具体内容及在签署谈判过程的甲方商业秘密’，以及A学校制定的《教师管理条例》显示‘保守学校的商业机密，严禁向外界泄露本校的招生方式和教学管理方法、教学课程安排、收费标准等’，上述约定和条例的规定并没有明确商业秘密是否包括学生名册、培训方案等。且何某华否认收到《教师管理条例》，A学校亦未能提供证据证明何某华收到或知晓上述条例。故，一审法院认定上诉人A学校对其主张的《学生名册》与《美术专业培训方案》未采取合理的保密措施，本院予以支持”。

四、商业秘密权利人虽未明确具体保密内容，但若权利人能举证证明公司成立以来只进行了一项具体研发工作，可认为采取了合理保密措施（It shall be decided that an employer has taken reasonable confidentiality measures if a right holder can prove such entity only conduct one specific R&D since its incorporation even though such right holder has not specified the confidential content.）

案例十：成都市中级人民法院审理的丁某刚、周某军、A公司与B公司侵害商业秘密纠纷案［（2014）成知民终字第75号］认为，“在本案中，B公司采取了制定员工手册、要求员工签署保密声明等措施，上述资料中虽未明确具体的保密内容，但B公司成立以来仅进行了案涉项目的研发工作，因此，原审法院认为B公司对案涉信息具有保密的意愿，其采取的保密措施是合理的”。

五、当事人在保密协议中有明确约定时，义务人承诺保守商业秘密的范围可及于关联公司（The scope of trade secrets that an obligor promised to keep confidential may extend to affiliates if the parties specified that in the confidentiality agreement expressly.）

案例十一：广东省高级人民法院审理的李某新等与A公司等侵犯商业秘密纠纷

［（2009）粤高法民三终字第 27 号］认为，“本院认为，李某新与 A 公司于 2005 年 9 月 26 日签订的《保密及竞业限制合同》是自愿签订的，意思表示真实，不违反法律、行政法规的强制性规定，依法应确认有效，双方均应遵守。虽然李某新与 B 公司、C 公司没有签订保密协议，但 B 公司、C 公司属 A 公司的关联公司，李某新在与 A 公司中的保密协议中已承诺保密的范围不限于 A 公司的商业秘密，还包括了 A 公司的关联公司的商业秘密，该承诺对李某新有约束力，李某新对 B 公司、C 公司的商业秘密也有保密义务。两上诉人上诉称保密协议无效、B 公司、C 公司未采取保密措施的理由不成立”。

案例十二：南宁市青秀区人民法院审理的李某凤、A 公司侵害商业秘密纠纷［（2018）桂 0103 民初 12969 号］认为，“原告与被告建立劳动关系后，签订了劳动合同，但劳动合同并未约定原告的关联公司 B 公司的商务专员保密制度适用于原告公司及被告，也未约定被告与 C 公司签订的《保密及知识产权协议》等继续对原、被告发生效力，原告据此主张被告负有约定的保密义务，本院不予采信”。

六、商业秘密权利人不能证明员工在签订保密协议时所任职务，可依据相关业务单据证明该员工具备接触和掌握有关商业秘密的途径，属于负有保密义务的人员（To establish an employee bear the obligation of confidentiality, the trade secrets right holder may prove that the employee has an access to relevant trade secrets if such right holder cannot prove such employees' position when they signed the confidentiality agreement.）

案例十三：温岭市人民法院审理的 A 公司与李某庆侵害商业秘密纠纷一审民事判决书［（2014）台温知初字第 32 号］认为，“依照双方的书面劳动合同，被告的职位为驾驶员，但被告在担任驾驶员职务期间，有时也以业务员身份送货，因此，虽然原告不能证明被告的职务在签订保密协议时已从驾驶员转为销售员，但原告提供的被告以业务员身份签字的发货通知单可以证明被告知道原告单位一定的销售渠道与客户名单等商业秘密，因此，被告是负有保密义务的人员。原告 A 公司系高新技术企业，并有一定的经营规模，因而其有相应的销售渠道和客户资源，同时拥有与公司业务相关的知识产权。因此，原、被告自愿签订的保密协议，可以作为双方之间劳动关系的组成部分，保密协议主体适格”。

四、商业秘密司法鉴定的问题

（Forensic science examination regarding trade secrets）

025 商业秘密案件中法院采信司法鉴定意见的规则（Rules of courts adopting forensic science opinion for trade secrets case.）

裁判要旨

对有缺陷或需要进一步明确的鉴定意见，法院可委托鉴定机构进行补充鉴定、组织重新质证或者补充质证等方法解决。

案情简介

一、A 铜材总厂与 B 公司签订《技术转让合同》，约定 A 铜材总厂将精密铜管制造技术许可给 B 公司使用，并约定使用期限内不得泄密。C 公司与二者签订《补充协议》，约定继承 A 铜材总厂在上述合同中的权利义务。

二、王某、张某斌、毛某在 B 公司分别担任副总经理、生产调度、工程师，并分别与公司与签订了保密协议，三人先后离职至 D 公司，担任与原工作相关的职务。

三、C 公司以侵害商业秘密为由向上海市第一中级人民法院提起诉讼。一审法院委托上海市科技咨询服务中心对涉案技术进行非公知性鉴定和同一性鉴定。

四、鉴定报告出具后，一审法院委托鉴定机构对鉴定报告中关于 C 公司技术秘密的认定是否有误以及鉴定结论中“无法比对”“相似”等需进一步明确的内容进行补充鉴定。鉴定机构出具补充鉴定报告，增加认定了几项具有非公知性和同一性的技术。

五、一审法院依法认定涉案技术信息构成商业秘密，被告侵权事实成立，应承担相应侵权责任。D 公司不服一审判决，向上海市高级人民法院提起上诉，称法院对 D 公司组织国内知名专家论证后提出的论证意见只字未提，且一审中的两次鉴定意见相互矛盾。

六、二审法院认为原审法院已通过委托鉴定程序认定C公司涉案技术为非公知技术，而D公司未能提供证据否定上述鉴定意见的证明力，一审法院对D公司单方提供的专家论证意见不予采纳，不违反法律规定。二审法院认定一审法院综合该案证据对鉴定意见予以采信，并无不当，判决驳回上诉，维持原判。

法院判决

上海市高级人民法院在本案民事判决书的“本院认为”部分就上述争议焦点进行如下论述：

2009年7月9日，原审法院对原告C公司前述主张享有技术秘密的铜管生产工艺是否属于公知技术以及被告D公司提供的铜管生产工艺与其是否相同委托上海市科技咨询服务中心进行技术鉴定。2011年3月10日，该鉴定机构出具（2009）鉴字第23号技术鉴定报告。鉴定结论是……2011年9月23日，原审法院致函上海市科技咨询服务中心，对鉴定报告中关于C公司技术秘密的认定是否有误以及鉴定结论中“无法比对”“相似”等需进一步明确等委托其进行补充鉴定。2012年6月25日，鉴定机构出具补充鉴定报告，其补充鉴定结论是……关于涉案技术信息是否构成商业秘密，本院认为，技术信息或经营信息能否构成商业秘密，取决于是否满足以下三个要件：一是不为公众所知悉，二是能为权利人带来经济利益、具有实用性，三是经权利人采取保密措施。首先一审审理过程中，原审法院已通过委托鉴定程序认定C公司涉案19项技术信息为非公知技术，现D公司未能提供证据证明涉案技术信息为公知技术并否定上述鉴定意见的证明力，故一审法院综合本案证据对鉴定意见予以采信，并无不当。

本案相关法律法规

《最高人民法院关于知识产权民事诉讼证据的若干规定》

第十九条 人民法院可以对下列待证事实的专门性问题委托鉴定：……（三）当事人主张的商业秘密与所属领域已为公众所知悉的信息的异同、被诉侵权的信息与商业秘密的异同……

第二十条 经人民法院准许或者双方当事人同意，鉴定人可以将鉴定所涉部分检测事项委托其他检测机构进行检测，鉴定人对根据检测结果出具的鉴定意见承担法律责任。

第二十一条 鉴定业务领域未实行鉴定人和鉴定机构统一登记管理制度的，人民法院可以依照《最高人民法院关于民事诉讼证据的若干规定》第三十二条规定的鉴定人选任程序，确定具有相应技术水平的专业机构、专业人员鉴定。

第二十二条 人民法院应当听取各方当事人意见，并结合当事人提出的证据确定鉴定范围。鉴定过程中，一方当事人申请变更鉴定范围，对方当事人无异议的，人民法院可以准许。

第二十三条 人民法院应当结合下列因素对鉴定意见进行审查：

（一）鉴定人是否具备相应资格；

（二）鉴定人是否具备解决相关专门性问题应有的知识、经验及技能；

（三）鉴定方法和鉴定程序是否规范，技术手段是否可靠；

（四）送检材料是否经过当事人质证且符合鉴定条件；

（五）鉴定意见的依据是否充分；

（六）鉴定人有无应当回避的法定事由；

（七）鉴定人在鉴定过程中有无徇私舞弊或者其他影响公正鉴定的情形。

《中华人民共和国民事诉讼法》

第七十九条 当事人可以就查明事实的专门性问题向人民法院申请鉴定。当事人申请鉴定的，由双方当事人协商确定具备资格的鉴定人；协商不成的，由人民法院指定。

当事人未申请鉴定，人民法院对专门性问题认为需要鉴定的，应当委托具备资格的鉴定人进行鉴定。

《最高人民法院关于民事诉讼证据的若干规定》

第四十条第一款、第三款 当事人申请重新鉴定，存在下列情形之一的，人民法院应当准许：

（一）鉴定人不具备相应资格的；

（二）鉴定程序严重违法的；

（三）鉴定意见明显依据不足的；

（四）鉴定意见不能作为证据使用的其他情形。

对鉴定意见的瑕疵，可以通过补正、补充鉴定或者补充质证、重新质证等方法解决的，人民法院不予准许重新鉴定的申请。

《司法鉴定程序通则》

第四十条 委托人对鉴定过程、鉴定意见提出询问的，司法鉴定机构和司法鉴定人应当给予解释或者说明。

案件来源

上海市高级人民法院审理的C公司、D公司等侵害商业秘密纠纷二审民事判决书［（2013）沪高民三（知）终字第134号］

延伸阅读及类案裁判规则

一、技术信息是否构成商业秘密应由人民法院查清事实后运用司法程序予以认定，而不应由鉴定机构通过出具鉴定意见直接进行认定（Whether technical Information constitute trade secrets shall be determined by the court itself through judicial procedure after fact-finding，instead of being determined directly by a forensic laboratory through issuing forensic science opinion.）

案例一：最高人民法院审理的A公司与B链条厂等侵犯商业秘密纠纷上诉案［（2000）知终字第10号］认为，"当然，《鉴定意见》有其不足之处，如《鉴定意见》中出现了'不能认定为专有技术'字样。首先，该结论超出了原审法院委托的范围，而且含义不明；其次，如果这里使用的'专有技术'是指技术秘密，也应由人民法院查清事实后运用司法程序予以认定，而不应由专业技术人员认定。但这一不足之处，并不如A公司在上诉理由中所说，《鉴定意见》没有否定该公司的技术信息为商业秘密。事实上，《鉴定意见》认为A公司的套筒卷制模具与工艺技术和冲压行业已有技术及链条行业现有技术主要结构与关键工序相同或相仿，即已说明其上述技术已成为公知公用技术，《鉴定意见的说明》也进一步阐明了这一观点。

该说明明确称A公司使用的四工位模具，其关键工序过程和模具主要结构与链条行业现有技术没有实质性差别，'可看作现行公众所知技术的一种'。因此，这一不足之处，并不影响鉴定意见在总体上的正确性"。

二、单方单独委托鉴定机构出具的鉴定意见，鉴定材料未经对方当事人质证、选择鉴定机构亦未征求对方当事人意见，法院对鉴定报告不予采信（Without cross-examination by both parties，a forensic science opinion shall not be adopted by the court if such opinion was made by a forensic laboratory solely commissioned by one party.）

案例二：最高人民法院审理的A公司诉B电子研究所等侵犯商业秘密纠纷案［（2001）民三终字第11号］认为，"综合双方的意见，本院认为，中国测试技术研究院××号检测报告是A公司单方委托进行的，不仅检测项目不全，如对涉及软件的技术部分均没有检测，而且内容也存在明显错误。如在'主要元件对比'一项，检测的29个元件中，只有4个相同，但得出的结论却是‘绝大部分相同’，甚至把‘技术性能相同’、个数相同，也认为是元件相同，这样的检测报告显然不能采信……四川省电工技术学会的《认定意见》是在‘听取了中国测试技术研究院检测报告介绍’的情况下作出的，而这个检测报告在内容上有明显错误，所以在这个检测报告的影响下作出的认定意见根据也不扎实，而且这个认定意见内容含糊，也是由A公司单方委托作出，很难作为证据采信”。

案例三：北京市高级人民法院审理的商某明等与A公司侵害技术秘密纠纷再审审查与审判监督案［（2017）京民申4800号］认为，“二审审理过程中，北京市柳沈律师事务所委托北京B知识产权司法鉴定中心出具《司法鉴定意见书》（简称智慧鉴定意见），认为秘点2亦属公知信息。鉴于智慧鉴定意见是一方当事人单独委托鉴定机构出具的鉴定意见，鉴定材料未经对方当事人质证，选择鉴定机构亦未征求对方当事人意见，二审法院未予采信并无不当”。

案例四：广东省高级人民法院审理的陈某明与A公司专利权权属纠纷［（2015）粤高法民三终字第150号］认为，“关于A公司根据深衡评（2014）011号《资产评估报告书》主张涉案经营秘密价值人民币90万元及侵权损失人民币100万元的问题。原审法院认为，仅从该评估报告的表面情况看，评估的经营信息包含构成商业秘密的代理商信息和不构成商业秘密的供应商信息；侵权损失中包含前述矿灯配件模具报废受损的金额；计算的合理维权费用高达人民币398000元等诸多与原审法院认定不符之处。综上，该项评估系A公司单方委托且仅依据A公司材料得出的结果，其客观性、真实性存疑，原审法院对此不予采信”。

案例五：上海市第二中级人民法院审理的A公司与B公司、洪某侵害商业秘密纠纷再审民事判决书［（2013）沪二中民五（知）再重字第1号］认为，“鉴于C鉴定中心鉴定结论系被告前任律师单方委托，鉴定过程中也未通知A公司，且鉴定机构聘请的顾问与委托人又存在利害关系，故C鉴定中心的报告不能被采信”。

案例六：上海市高级人民法院审理的魏某刚与A公司侵害商业秘密纠纷一案二审案［（2011）沪高民三（知）终字第56号］认为，“B鉴定中心出具的鉴定报告系上诉人单方面委托，原审法院不予采信并无不当”。

三、专家对于鉴定结论发表的个人咨询意见，与法院依法律程序委托鉴定所作的鉴定意见相比，证明力较弱，难以作为证据采信（Compared with the forensic science opinion made by a forensic laboratory which is commissioned by the court pursuant to law, an expert witness's personal opinion about forensic science opinion has less probative value.）

案例七：最高人民法院审理的A公司诉B电了研究所等侵犯商业秘密纠纷案

[（2001）民三终字第11号］认为，“C大学机电工程系教授、博士生导师李某东对一审鉴定意见的咨询意见，主要是认为原审鉴定意见没有对软件程序进行对比，而这与原审鉴定意见的内容不符，本院已在异议之五中作了阐述。李某东的个人咨询意见与原审法院依照法律程序委托鉴定单位组织的专家组所作出的鉴定意见相比，证明力较弱，也不能作为证据采信”。

案例八：四川省高级人民法院审理的A设备厂与B机电工程研究所一案［（2005）川民终字第81号］认为，“本次鉴定结论与一审法院对C大学朱某成教授的咨询结论存在矛盾之处属实，但根据证据证明效力，由朱教授参与的专家组共同对工艺技术作的正式结论的效力应大于之前其个人在非技术环境下作出的简单陈述。故该项异议不能成立”。

四、在技术秘密案件中，权利人应明确其主张技术秘密的具体技术构成和范围，但其明确程度应根据涉案技术的复杂程度、当事人自身的诉讼能力等因素在个案中具体确定（A right holder shall specify the specific technical composition and extent in a technical secret case. However, the specific extent shall be determined case by case subject to the complication of the technology concerned and the parties' capacity for action.）

案例九：江苏省高级人民法院审理的A公司与华某守等侵犯技术秘密纠纷上诉案［（2006）苏民三终字第0078号］认为，“二审鉴定报告认为，上诉人涉案技术要素之间的组合体现为制造工艺，该制造工艺不为公众知悉。被上诉人对此提出异议，认为二审委托鉴定事项中的‘技术之间的组合’是指7份图纸所反映的技术内容的组合，并不能超越‘技术设计’的内容而将‘制造工艺’等同于‘技术之间的组合’，因此鉴定报告的该部分内容超出了委托鉴定范围。

对此，本院认为，首先，制造工艺属于将涉案救生艇制造技术组合并形成最终产品的技术内容，因此可以将制造工艺理解为技术组合的范畴。其次，在技术秘密案件审理中，权利人固然须明确其主张技术秘密的具体技术构成和范围，但从确保案件审理实体公正的角度出发，权利方对其技术秘密的明确程度也应根据涉案技术的复杂程度、当事人自身的诉讼能力等因素在个案中具体确定。本案所涉救生艇技术相对复杂，涉及较多技术环节及工艺流程，因此要求权利人精确地表述其技术秘密的具体构成和环节过于苛严。据此，从公平平等保护当事人合法权益及查明案件事实角度出发，本案二审委托鉴定事项中‘技术之间的组合’的表述不应仅理解为救生艇设计技术之间的组合，还应包括根据设计技术组合成最终产品的制造工艺，鉴定机构据此作出鉴定结论并无不当。被上诉人关于二审鉴定报告超越委托鉴定事项的主张不能成立，本院不予采纳”。

五、当事人对法院委托鉴定机构进行鉴定的事项、范围、样机等事先知情无意见的情况下，又在于己不利的鉴定意见出具后对上述事项提出异议，法院不予采纳（A court shall overrule an objection if such objection is brought by one party when the forensic science opinion is unfavorable to such party and such party did not object to the item，extent，and prototype examined by the forensic laboratory commissioned by the court.）

案例十：最高人民法院审理的A公司诉B电子研究所等侵犯商业秘密纠纷案［（2001）民三终字第11号］认为，“异议之一是A公司认为原审法院委托鉴定的事项不完整、不准确。对此，本院并不如此认为。由于A公司所主张的19项技术秘密点是否属于‘不为公众所知悉’、希望C公司等被上诉人是否获取、披露、使用了A公司的技术秘密，也就是希望C公司的变频器产品与A公司的产品是否相同，均涉及专业技术问题，所以原审法院就这两个事项委托鉴定机构进行鉴定并无不妥之处。事实上，双方当事人对原审法院委托的鉴定事项于事前都是知道的，A公司事前不提异议，在鉴定意见作出后才提出这样的异议，难以使人信服”。

案例十一：最高人民法院审理的A公司诉B电子研究所等侵犯商业秘密纠纷案［（2001）民三终字第11号］认为，“异议之二是鉴定所依据的资料不全面、不真实，鉴定的样机只是46个规格中的一种，根本无法反映A公司的技术秘密要点。对此，本院查阅了A公司向原审法院提交的《民事起诉状》《追加被告请求书》《证据保全申请书》以及A公司在原审向法庭所作的陈述的有关笔录，证实鉴定机构所鉴定的C公司生产的BT40S2.2KWI变频器样机属于A公司指控的被控侵权产品的范围，以该样机代表所有的被控侵权产品是A公司的本意。该样机是原审法院根据A公司的证据保全申请所保全的产品，鉴定机构通知双方提供鉴定样机也是经过原审法院征求了双方当事人的意见后才提供的。A公司在提供样机时不提出异议，在鉴定结果出来并对其不利的情况下，才提出鉴定的样机只是46个规格产品中的一个，甚至认为上诉人的技术秘密主要被运用在C公司1999年元月以前生产的产品中，而该样机是C公司1999年以后生产的产品，不能反映A公司的技术秘密要点，更难令人信服”。

案例十二：江苏省高级人民法院审理的A公司与邓某旺等侵犯技术秘密纠纷案［（2011）苏知民终字第0058号］认为，“鉴定程序中，鉴定机构在法院的主持下对双方包括原料在内的样品进行现场取样，A公司对此并未提出过异议，故其认为不能以鉴定中所取样品进行鉴定的主张不能成立”。

六、鉴定过程中，一方当事人申请变更鉴定范围，对方当事人无异议的，不违反法律规定（It's not against the law if one party apply for altering examination extent during the examination and the other party does not object it.）

案例十三：江西省高级人民法院审理的A公司、钟某平侵害商业秘密纠纷案［（2015）赣民三终字第22号］认为，“缩小鉴定范围是为了减轻鉴定费负担和缩短鉴定时间，实质是A公司对权利的部分放弃，不存在鉴定违法的问题”。

七、鉴定机构的鉴定依据除双方提供的各种技术资料外，还包括双方生产的产品实物。鉴定人员依据其专业知识和技术经验、独立运用全面覆盖原则进行检索作出的鉴定结论符合法律规定（The examination material relied by the forensic laboratory includes all kinds of technical documents provided by both parties and the products manufactured by both parties. A forensic science opinion independently made by forensic examiner with its professional knowledge and technical experience by applying the full coverage principle complies with the law.）

案例十四：最高人民法院审理的A公司诉B电子研究所等侵犯商业秘密纠纷案［（2001）民三终字第11号］认为，“异议之五是鉴定专家对重要的软件技术秘密没有进行鉴定，所下结论是推定的。对此，本院审查了鉴定意见和所依据的鉴定资料，包括A公司和希望C公司的软盘各一张。在该鉴定意见的技术对比分析部分，所述4、7、10、11、12、13、14、15等各点均涉及对软件技术的对比分析，特别是第4点已明确指出：‘由于双方样机中采用的电路不同，导致软件是不同的’。鉴定专家组的专业技术人员根据对变频器的电路、软件实物的对比分析，以及基于他们的专业知识和经验，得出双方的软件不同的结论，有充分的依据。A公司认为鉴定意见没有对软件技术进行鉴定，所下结论是推论的，显然与实际情况不符”。

案例十五：最高人民法院审理的A公司诉B电子研究所等侵犯商业秘密纠纷案［（2001）民三终字第11号］认为，“异议之六是鉴定意见认为A公司的部分技术为公知技术的依据不充分……鉴定专家组的成员们根据相关的参考文献、普遍运用的设计思想以及本行业的一般技术人员都具备的常识，认为变频器主电路元件的选择方法、采用软、硬件结合的思想进行各种保护和处理的技术和利用康铜丝测量电流的技术为公知技术，其依据和论证都是充分的，并且得到了省质检站《产品技术鉴定报告》的印证。A公司的此一异议同样不能成立”。

案例十六：上海市第二中级人民法院审理的A公司与B公司、洪某侵害商业秘密纠纷再审民事判决书［（2013）沪二中民五（知）再重字第1号］认为，

“关于被告提供的包括C鉴定中心鉴定结论在内的反证材料应否采信以及变更鉴定范围的争议，因本院委托D鉴定中心所进行的鉴定为原告主张技术密点的公知性鉴定，D鉴定中心的鉴定依据不受双方当事人所提供材料的局限，独立运用全面覆盖原则进行检索，其检索文献包括但不限于当事人提供的材料，其鉴定结论应予采信。鉴定结论只是证据之一，鉴定的目的是借助鉴定结论查明相关事实，凭目前的鉴定结论并结合原E司法鉴定所的鉴定结论足以认定被告是否构成侵权，在当事人就鉴定范围已经达成一致意见且没有新事实发生的情况下，不应变更鉴定范围”。

案例十七：江苏省高级人民法院审理的德国A公司等与杨某等侵犯商业秘密纠纷上诉案［（2010）苏知民终字第0067号］认为，“B公司上诉称涉案技术不是非公知技术，主要依据有两点，一是认为鉴定时参考信息不准确，未能参考其提供的FR2783744号专利文献资料；二是认为根据江苏省无锡市锡城公证处于2009年9月1日制作的（2009）锡证民内字第5024号公证书内容，可以证明公证中所登录网页对涉案技术进行了披露。对此，本院认为，在一审中出庭作证的鉴定专家徐关寿陈述，鉴定时因提交的FR2783744专利是法文资料，因此根据该资料中的图形进行了分析，并认为不足以破坏德国A公司、无锡A公司的非公知技术；现根据庭审中看到的译文，仍认为原判断是正确的。因此，虽然在科技查新报告中所提及的检索结果未包括FR2783744专利，但参考到庭专家意见，B公司提供的FR2783744专利不足以否定涉案技术为非公知技术。其次，B公司在二审中提供的公证书，因未能提供中文译本，无法据此判断鉴定时B公司使用涉案技术是否为公知技术，且由于查询上述网站所依据的检索词也未超出科技查新报告所用检索词范围，因此，对B公司据此主张涉案技术应为公知技术的意见，本院不予采信”。

案例十八：江苏省高级人民法院审理的A公司与华某守等侵犯技术秘密纠纷案［（2006）苏民三终字第0078号］认为，“被上诉人对此提出异议，认为参与鉴定的技术专家并未看到上诉人记载其主要制造工艺的相关图纸等载体，而是根据现场勘察后自身认识得出有关结论……对此，本院认为，首先，现场勘验属于技术鉴定中获取鉴定资料的方式之一，同时上诉人提供的鉴定材料中亦包含铺层工艺的相关图纸，鉴定机构通过现场勘验，结合上诉人提供的相关鉴定材料及鉴定专家的技术经验，并据此作出鉴定结论符合法律规定，并无不当之处”。

案例十九：上海市高级人民法院审理的A公司与洪某志等侵害商业秘密纠纷上诉案［（2009）沪高民三（知）终字第112号］认为，“对于上诉人提出一审鉴定所进行技术对比与分析的科学性、可采性问题，本院认为，第一，在技术对比方法上，鉴定专家既采用技术资料比对，又采用现场勘察方法，已进行比较细致全面的比较。在鉴定报告中，先在比较基础上确定上诉人所主张各技术秘密点是否属于公知技术，后在比较基础上确定被上诉人技术与上诉人非公知技术是否相同，分析与阐述方法清晰合理。第二，上诉人认为被上诉人没有提供完整的技术资料，对此，本院认为，根据双方当事人提交技术资料以及现场勘查，技术专家认为 DWHS 系统没有'蒸汽喷射器'，DWHS 系统中吸收塔填料层没有像 HRS 系统那样分级，DWHS 系统与 HRS 系统主要工艺设备具体设计不同，足以说明双方流程不相同。同时，在各具体设备上，被上诉人 DWHS 系统也与上诉人 HRS 系统中采用的非公知技术存在差异。这种情形下，没有必要穷尽双方所有技术资料进行比较。第三，专家在现场勘查中对能够通过外部观察进行比对的设备与技术已进行比对，上诉人提到一些在现场勘查中需进行进一步核对的设备技术，如 DWHS 系统泵和泵槽的材料，需要将被上诉人设备进行破坏性打开，将给被上诉人生产经营造成损失。对此，一方面上诉人对被上诉人与上诉人技术一致负有举证责任，另一方面如前所述在已确定 DWHS 系统与 HRS 系统工艺流程、设备技术不同的情形下，采用破坏性打开被上诉人设备这种经济上极浪费的方法全无必要。第四，上诉人认为技术鉴定报告不适当地扩大了上诉人 HRS 系统技术的'公知技术'范围，而限缩了'技术秘密'范围。上诉人依据其技术资料主张技术秘密点，一方面应该明确地主张技术秘密点，另一方面应提交与其主张技术秘密点相对应的具体技术信息。在上诉人主张技术秘密点不明确的情形下，鉴定专家只能根据上诉人提交的技术信息进行公知性判断。凡专家认定为公知技术的，技术报告中都对上诉人所主张秘密点与公开的技术文献进行了详尽的对比，上诉人二审并没有就这些对比提供反驳与反证"。

案例二十：上海市高级人民法院审理的 A 公司等与 B 公司侵犯技术秘密纠纷上诉案［（2008）沪高民三（知）终字第 168 号］认为，"两上诉人认为，原审认定'公证产品使用了与 GJ 探测器技术密点中 1、2、3、6、8、9 的相同技术'，没有依据，鉴定应以技术资料为比对对象，而非实物。本院认为，《司法鉴定一》《司法鉴定二》载明，鉴定比对的依据除双方生产的产品实物外，还包括双方提供的各种技术资料，而对于承载双方技术信息的产品实物，当然也是固定双方技术信息的载体，因此，一审期间的鉴定比对对象并无错误。两上诉人该上诉理由，本院不予支持"。

八、鉴定程序合法、鉴定方法科学，鉴定结论经各方当事人质证，有关鉴定专家出庭接受质询、对各方异议进行答复的，该鉴定意见应作为证据予以采纳。鉴定意见如果未经质证程序的，不得作为证据采信（A forensic science opinion shall be adopted as evidence if the examination procedure is legitimate, the examination method is scientific, the forensic science opinion has been cross-examined by each party, and the expert witness has been questioned by each party in court. A forensic science opinion shall not be adopted as evidence if such opinion has not been cross-examined by both parties.）

案例二十一：最高人民法院审理的A公司诉B电子研究所等侵犯商业秘密纠纷案［（2001）民三终字第11号］认为，“异议之十是原审法院未进行严格的质证程序，对省质检站所作的《产品技术鉴定报告》未经上诉人质证；上诉人对鉴定意见提出的合理意见未得到鉴定专家的解释，鉴定意见质证程序形同虚设。为此，本院查阅了原审法院的有关庭审笔录。关于《产品技术鉴定报告》，原审法院2000年11月6日质证笔录上明确记载有对该份鉴定报告质证的经过和双方当事人陈述的意见，并且有A公司的两名委托代理人在笔录上的签名。关于鉴定意见的质证情况，原审法院2001年9月15日的庭审笔录上也清楚地作了记载。鉴定单位指派了技术鉴定专家组成员刘某中、李某俊两位高级工程师及鉴定单位工作人员谢某斌到庭接受询问。法庭上宣读了鉴定结论，并将《鉴定意见》文本交双方当事人阅读。到庭的两位专家组成员回答了当事人提出的有关问题。原审法院审判人员在法庭上征求A公司对鉴定意见的客观性和公正性有无异议的意见时，A公司的法定代表人吴某林表示无异议，但对所鉴定的样机不具有代表性等方面也陈述了自己的意见。该笔录有A公司的委托代理人的签名。由此可见，A公司关于原审法院未进行严格的质证程序的说法，显然与事实不符”。

案例二十二：最高人民法院审理的A公司与B链条厂等侵犯商业秘密纠纷上诉案［（2000）知终字第10号］认为，“本案的争议焦点是A公司的商业秘密是否存在，而认定的关键在于原审法院委托有关机构所作鉴定能否采信。原审法院就本案所涉及的A公司生产链条套筒的技术是否在国内公开使用过或者为公众所知以及该公司与链条厂所使用的图纸是否相同两个专业技术问题，委托C大学链传动研究所组织有关专业技术人员进行技术鉴定，是经过双方当事人协商同意的。鉴定单位作出《鉴定意见》后，原审法院公开开庭对该鉴定意见予以质证，鉴定单位指派鉴定小组成员金某副研究员到庭接受了询问，并于庭后又针对A公司对鉴定意见所提出的异议进行了书面答复，原审法院并再次开庭进行质证。因此，无论是原审法院，还是鉴定单位和参加鉴定的专业技术人员，对于本案的鉴定都是持慎重、认真和负责的态度。综合鉴定单位出具的《鉴定意见》及其附件《鉴定意见的说明》《对安徽省 A 公司异议书的回复意见》以及鉴定小组成员金某副研究员在一审庭审中就有关鉴定问题所作的陈述来看，鉴定人员通过对公开文献和国内套筒卷制模具技术现状的分析，以及通过对 A 公司的模具图纸与链条厂的模具图纸进行对比分析，而得出的 A 公司所主张的一次成形的四工位模具等 5 项技术内容与冲压行业已有技术及链条行业现有技术相比，其主要结构与关键工序相同或相仿及双方的套筒卷制模具图纸并不完全相同的结论，因此不能认定链条厂的模具是按 A 公司的图纸制造。该鉴定意见与 A 公司所主张的上述技术为其技术秘密，以及链条厂使用了其技术秘密的观点相比，其依据和论证的理由更加充分和翔实。因此，制作《鉴定意见》程序合法，鉴定内容基本正确，应当予以采信。A 公司上诉称《鉴定意见》存在缺乏科学和事实依据等五个方面的问题，明显不足以推翻《鉴定意见》的结论，其认为该鉴定意见不能作为证据采信的上诉理由，本院不予采纳。

案例二十三：上海市高级人民法院审理的 A 公司等与潘某山侵害商业秘密纠纷上诉案［（2005）沪高民三（知）终字第 146 号］认为，“本院认为：从程序上看，原审法院在鉴定前，就鉴定的内容、专家人选等充分听取了各方当事人的意见。《鉴定报告》形成后，原审法院又听取了各方当事人的意见，并由专家针对这些意见出具了两份鉴定补充意见。一审庭审中，专家还到庭接受各方当事人的质询。就《鉴定报告》本身而言，它是专家在研究分析有关鉴定材料和进行现场勘验的基础上，经过充分的研究讨论，并取得一致意见后形成的。因此《鉴定报告》形成的程序是规范的。从内容看，《鉴定报告》是专家在运用了有关的技术资料并经充分研究分析后形成的。也无充分证据能从技术上推翻该《鉴定报告》的结论。《上海市新产品鉴定证书》中也只是反映了有关专家对‘免切削电机壳’在‘简要技术说明及主要技术指标’等方面作了评价。这些评价并不能反映 A 公司商业秘密的具体情况。也无充分证据反映上海专家意见及发明专利证书与本案《鉴定报告》相互矛盾”。

案例二十四：上海市高级人民法院审理的 A 公司与 B 公司等侵害商业秘密纠纷上诉案［（2005）沪高民三（知）终字第 33 号］认为，“原审法院依法委托科学技术部知识产权事务中心组织专家对系争技术进行对比鉴定，鉴定结论经各方当事人质证，有关鉴定专家还出庭接受质询。由于本案鉴定程序合法、鉴定方法科学，同时本院已在上文中详细论证了本案证据保全材料可以作为鉴定对比依据，因此，本案《鉴定报告》具有证据效力。上诉人主张本案《鉴定报告》所依据的对比材料不公平、鉴定对比方法不科学，因此该鉴定报告不具有证据效力，这一上诉理由不能成立”。

九、署名的鉴定人不具备相关专业知识，但辅助司法鉴定专家组人员具有相关专业知识的，不影响法院采信鉴定结论（The onymous forensic examiner does not have relevant professional knowledge may not affect a court's adoption of the forensic science conclusion, subject to the forensic science assistant expert panel have relevant professional knowledge.）

案例二十五：四川省高级人民法院审理的 A 设备厂与 B 工程研究所一案［（2005）川民终字第 81 号］认为，“A 设备厂对鉴定结论所提异议，一审法院认为：1. 关于鉴定人的专业知识背景问题。本案司法鉴定结论上署名的鉴定人税某雄、廖某确系法学教授，不具备本案技术所涉专业知识，但其属于知识产权司法鉴定人员。本案技术秘密的鉴定，是由鉴定机构指定其机电工程技术类辅助司法鉴定专家组人员朱某成、刘某光等教授会同研究后出具，该两名教授系 C 大学机电工程学科教授。故该鉴定报告中鉴定人专业知识背景的瑕疵并不足以影响对鉴定结论的采信”。

026 法院审查商业秘密司法鉴定意见的七个因素及准许重新鉴定的四种法定情形（Seven factors in court review of forensic science opinion in trade secrets cases and four statutory situations of reexamination.）

导 读

法院在审理商业秘密案件中，审查司法鉴定意见主要根据《最高人民法院关于知识产权民事诉讼证据的若干规定》第二十三条的规定，围绕以下七个方面进行审查：（一）鉴定人是否具备相应资格；（二）鉴定人是否具备解决相关专门性问题应有的知识、经验及技能；（三）鉴定方法和鉴定程序是否规范，技术手段是否可靠；（四）送检材料是否经过当事人质证且符合鉴定条件；（五）鉴定意见的依据是否充分；（六）鉴定人有无应当回避的法定事由；（七）鉴定人在鉴定过程中有无徇私舞弊或者其他影响公正鉴定的情形。

如果一方当事人对人民法院委托的鉴定部门作出的鉴定结论有异议申请重新鉴定，法院主要根据《最高人民法院关于民事诉讼证据的若干规定》第二十七条的规定进行考量和裁决。如果当事人提出证据证明存在下列情形之一的，人民法院应予准许重新鉴定：（一）鉴定机构或者鉴定人员不具备相关的鉴定资格的；（二）鉴定程序严重违法的；（三）鉴定结论明显依据不足的；（四）经过质证认定不能作为证据使用的其他情形。

裁判要旨

表述模糊、未能明确界定涉案技术为公众所知悉的具体时间段的司法鉴定意见，不应作为证据予以采信，当事人对鉴定报告有异议申请重新鉴定的，法院应予准许。

案情简介

一、华某守、华某伟曾分别任A公司总经理和金工车间主任，在职期间，华某守曾指令下属将A公司救生艇模具运离公司，在若干天后又运回公司。

二、华某守、华某伟共同成立了B公司。B公司与C公司均先后生产销售了多款自由降落式救生艇，而C公司明确了该公司的产品技术系源自B公司。

三、A公司认为华某守将公司的技术秘密提供给B公司和C公司，三者共同侵犯了A公司的商业秘密，故向无锡市中级人民法院提起民事诉讼。

四、诉讼中，一审法院委托鉴定中心对涉案技术进行非公知性鉴定和同一性鉴定。鉴定结论为：涉案技术在设计、研制阶段应属不为公众所知悉的技术秘密，但当救生艇出厂，产品公开销售后随即进入公知领域，逐渐为公众所知悉；B公司的产品设计明显借鉴了A公司，前者在研发过程中明显参照甚至沿用后者技术资料。

五、一审法院根据鉴定结论认定涉案技术因缺乏法律所规定的秘密性条件而不构成商业秘密，故判决驳回A公司的诉讼请求。A公司不服一审判决，向江苏省高级人民法院提起上诉，申请对涉案技术进行重新鉴定。

六、二审法院认为一审鉴定报告中“逐渐为公众所知悉”的表述模糊，不能明确界定涉案技术在产品公开销售后为公众所知悉的具体时间段，无法从中得出已丧失商业秘密的秘密性构成要件的明确结论。故二审法院认定一审鉴定结论不能作为证据予以采信，对上诉人重新鉴定的申请予以准许。

七、经审理，二审法院认定涉案技术构成商业秘密，华某守、B公司、C公司共同侵犯他人技术秘密的事实成立，应承担相应侵权责任。

法院判决

江苏省高级人民法院在本案民事判决书的“本院认为”部分就上述争议焦点进行如下论述：

本案二审中，上诉人向本院提出申请，请求对上诉人涉案技术是否不为公众所知悉，B公司、C公司被控侵权产品所涉技术与上诉人涉案技术是否相同或实质性相同进行技术鉴定。

本院认为，一审鉴定报告认为，A公司的GES25、GES18自由降落式救生艇（抛落艇）七项技术、工艺在设计、研制阶段应属不为公众所知悉的技术秘密，但当救生艇出厂，产品公开销售后随即进入公知领域，逐渐为公众所知悉，尤其是外观可见部分首先成为公知技术。其中，对于“逐渐为公众所知悉”各方当事人之间存在较大争议，上诉人认为从该段陈述中并不能得出上诉人涉案技术在产品销售后即为公众所知悉的结论，被上诉人则持相反意见。本院认为，一审鉴定结论中关于“逐渐为公众所知悉”的表述模糊，未能明确界定上诉人涉案技术在产品公开销售后为公众所知悉的具体时间段，从中并不能得出在本案诉讼发生时上诉人涉案技术即已被公众所知悉，从而丧失商业秘密的秘密性构成要件的明确结论。据此，一审鉴定结论不能作为评判上诉人涉案技术是否构成商业秘密的证据予以采信，上诉人申请对本案重新鉴定符合法律规定，本院予以采纳。

本案相关法律法规

《最高人民法院关于知识产权民事诉讼证据的若干规定》

第十九条 人民法院可以对下列待证事实的专门性问题委托鉴定：……（三）当事人主张的商业秘密与所属领域已为公众所知悉的信息的异同、被诉侵权的信息与商业秘密的异同……

第二十条 经人民法院准许或者双方当事人同意，鉴定人可以将鉴定所涉部分检测事项委托其他检测机构进行检测，鉴定人对根据检测结果出具的鉴定意见承担法律责任。

第二十一条 鉴定业务领域未实行鉴定人和鉴定机构统一登记管理制度的，人民法院可以依照《最高人民法院关于民事诉讼证据的若干规定》第三十二条规定的鉴定人选任程序，确定具有相应技术水平的专业机构、专业人员鉴定。

第二十二条 人民法院应当听取各方当事人意见，并结合当事人提出的证据确定鉴定范围。鉴定过程中，一方当事人申请变更鉴定范围，对方当事人无异议的，人民法院可以准许。

第二十三条 人民法院应当结合下列因素对鉴定意见进行审查：

（一）鉴定人是否具备相应资格；

（二）鉴定人是否具备解决相关专门性问题应有的知识、经验及技能；

（三）鉴定方法和鉴定程序是否规范，技术手段是否可靠；

（四）送检材料是否经过当事人质证且符合鉴定条件；

（五）鉴定意见的依据是否充分；

（六）鉴定人有无应当回避的法定事由；

（七）鉴定人在鉴定过程中有无徇私舞弊或者其他影响公正鉴定的情形。

第四十条第一款、第三款 当事人申请重新鉴定，存在下列情形之一的，人民法院应当准许：

（一）鉴定人不具备相应资格的；

（二）鉴定程序严重违法的；

（三）鉴定意见明显依据不足的；

（四）鉴定意见不能作为证据使用的其他情形。

对鉴定意见的瑕疵，可以通过补正、补充鉴定或者补充质证、重新质证等方法解决的，人民法院不予准许重新鉴定的申请。

《司法鉴定程序通则》

第三十一条 有下列情形之一的，司法鉴定机构可以接受办案机关委托进行重新鉴定：

（一）司法鉴定人不具有从事委托鉴定事项执业资格的；

（二）原司法鉴定机构超出登记的业务范围组织鉴定的；

（三）原司法鉴定人应当回避没有回避的；

（四）办案机关认为需要重新鉴定的；

（五）法律规定的其他情形。

案件来源

江苏省高级人民法院审理的 A 公司与华某守等侵犯技术秘密纠纷上诉案［（2006）苏民三终字第 0078 号］

延伸阅读及类案裁判规则

一、先刑后民的商业秘密案件，已经庭审质证并被生效刑事判决采信的司法鉴定意见，若证据不足以推翻刑事案件认定的相关事实或不属于法定重新鉴定的情形，法院不予准许在民事诉讼中对同一事项重新鉴定（If the evidence is neither enough to overturn the relevant facts determined in the criminal case nor can it apply to the statutory reidentification，a court shall not permit reexamination for a same item if a forensic science opinion which has been cross-examined on trial and adopted by a verdict.）

案例一：黑龙江省高级人民法院审理的A公司、B公司侵害商业秘密纠纷二审民事判决书［（2018）黑民终636号］认为，“在相关刑事案件中，鉴定机构根据公安机关的委托，对B公司的损失数额进行鉴定，作出的黑鑫泰司鉴字（2016）第087号司法鉴定意见书、黑亚太鉴字（2016）第01号鉴定意见书已经庭审质证，且鉴定人在相关刑事案件中出庭接受质询。已经发生法律效力的相关刑事裁判采信并认定该鉴定意见，作为定罪量刑的依据。郑某、王某一、A公司对该鉴定提出质疑，郑某、王某一申请重新鉴定，但均没有举示相反证据推翻被生效刑事裁判采信认定并作为定罪量刑根据的该鉴定意见，也没有举证证明符合重新鉴定的法定条件……此外，关于黑鑫泰司鉴字（2016）第087号司法鉴定意见书应否采信的问题。该鉴定意见书于郑某、王某一侵害商业秘密刑事案件审理过程中，已经当庭质证，并被生效刑事判决所采信，A公司并未举示足以推翻该鉴定意见的证据。该鉴定意见书系对B公司受到损失作出的鉴定，而非对A公司因侵权获益作出鉴定，故A公司实际获益仅十余万元并不能否定B公司因侵权行为受到的损失高达200余万元”。

案例二：上海市高级人民法院审理的魏某刚与A公司侵害商业秘密纠纷一案二审案［（2011）沪高民三（知）终字第56号］认为，“三上诉人提交的有关上海市化工产品质量监督检测中心以及上海化学试剂研究所检测中心等检测资质的证据材料，不足以说明相关检测机构不具备检测能力，也不足以推翻刑事案件中的鉴定结论和刑事案件认定的相关事实……二审中，三上诉人申请对被上诉人的盐浴组分和含量及控制范围是否是公知技术重新进行司法鉴定，并申请对被上诉人以及上诉人B公司的盐浴组分和含量等重新进行检验并进行比对。本院经审查认为，三上诉人提出的重新进行鉴定及检验的申请，不符合法律规定的需要重新鉴定的情形，故本院对其申请不予准许”。

案例三：深圳市中级人民法院审理的A公司与B公司侵害商业秘密纠纷二审民事判决书［（2016）粤03民终6032号］认为，“上诉人主张一审判决依据鉴定报告计算方法有明显疏漏，应该就该鉴定报告所审计评估的结果予以重新鉴定……法律规定，已为人民法院发生法律效力的裁判所确认的事实，当事人无须举证证明，当事人有相反证据足以推翻的除外。在侵害商业秘密案件中，侵权人给权利人造成损害的，应当承担损害赔偿责任；权利人的损失难以计算的，赔偿额为侵权人在侵权期间因侵权所获得的利润；并应当承担权利人因调查侵权人侵害其合法权益的不正当竞争行为所支付的合理费用。已生效的（2013）深南法知刑初字第6号刑事判决书认定，陈某某、张某某侵害被上诉人气动马达技术信息的商业秘密行为给被上诉人造成的成本损失为人民币62万元，本院依法采信。上诉人主张该损失的计算依据不合理、计算结果不准确，但其并未提交相反证据足以推翻生效刑事判决，故其主张缺乏事实依据，本院依法不予采纳”。

案例四：大连市中级人民法院审理的A公司与B公司、徐某建侵害商业秘密纠纷案［（2014）大民四终字第29号］认为，“关于徐某建要求重新鉴定的上诉请求，本院认为，《最高人民法院关于适用〈中华人民共和国刑事诉讼法〉的解释》第八十五条已对人民法院办理刑事案件时鉴定意见不得作为定案根据的情形作出明确规定，刑事判决已将三份鉴定意见作为定案根据，现徐某建在民事案件审理时，针对同一鉴定事项申请重新鉴定，没有事实和法律依据，本院不予准许”。

案例五：沈阳市中级人民法院审理的蔡某良与A公司一案一审民事判决书［（2007）沈民四知初字第189号］认为，“原告主张的经济损失包括三部分，一是刑事判决认定的直接经济损失103.9万元，被告主张不应以刑事判决中的鉴定结论作为原告遭受经济损失的依据，并且评估公司的计算方法欠妥，对于原告关于涉案设备利润率的计算没有依据。本院认为，该鉴定结论的作出是在对本案四个人被告进行刑事审理中，B公司接受公安机关的委托，依据原告公司有关与涉案产品结构及型号基本相同的设备的销售合同、财务资料结合被告C公司签订的涉案产品的销售合同，并且对原告提供的财务资料进行了抽查及现场核实，通过分析计算得出原告关于涉案产品的利润率。B公司所作的原告经济损失的鉴定结论程序合法，依据充分，被告主张B公司所做的鉴定结论及利润率的计算缺乏依据没有事实依据，本院不予采信”。

案例六：合肥市中级人民法院审理的A公司诉某某侵害商业秘密纠纷案［（2007）合民三初字第84号］认为，“被告某某辩称，安徽新安会计事务所出具的鉴定报告书的鉴定资料全部为原告提供，原告在提供资料的过程中，故意隐瞒经营成本，扩大利润，该鉴定结论不具备客观真实性，不能作为证据使用。本院认为，首先，安徽新安会计事务所系依法设立的专业鉴定机构，具备相关的专业鉴定能力和资格。该所接受肥东县公安局的委托，在对该局和 A 公司提供的鉴定材料通过检验分析的基础上，依照《中国注册会计师独立审计准则》及相关法律法规的规定，通过对鉴定资料的审阅检查，作出鉴定报告。该报告程序合法、结论明确应具有的独立性和结论性，符合民事诉讼法律规定的‘鉴定结论’的要求；其次，被告某某辩称，原告在向鉴定机构提供资料的过程中，故意隐瞒经营成本，使鉴定结论认定的损失被扩大。此节，被告某某的异议理由主要依据于对原告销售利润合理性的推断，但未能提供相应的确凿证据佐证其观点；最后，安徽新安会计事务所出具的鉴定报告书，已被肥东县人民法院生效的刑事判决作为合法证据所采信。鉴定结论所记载的‘某某私自出口瓜子给 A 公司造成直接经济损失合计为 526178.33 元人民币’。也已被该判决作为犯罪事实予以认定。该部分事实具有法律上的既判效果”。

案例七：上海市第一中级人民法院审理的 A 公司与 B 公司等侵犯商业秘密纠纷上诉案［（2004）沪一中民五（知）终字第 2 号］认为，“上诉人诉称上海市科委出具的鉴定报告存在鉴定人主体不合格，双方产品对比鉴定错误，以及对 lw-1 涂料技术与 ls-1 涂料技术的区别认定不清楚等程序和实体上的问题，原审法院采信该鉴定报告导致判决不公，因此应当重新鉴定。但经审查，该鉴定报告是公安机关在刑事案件中通过合法程序委托具有资质的鉴定机构作出的，鉴定报告具体、全面、科学，并且已为生效的刑事判决所确认，故本院对上诉人的上述上诉理由不予采纳”。

二、商业秘密民事诉讼中，当事人却未能举证证明鉴定机构或者鉴定人员不具备相关的鉴定资格或鉴定程序严重违法等法定重新鉴定情形的，法院不予准许重新鉴定（The court shall not permit reexamination in a civil case regarding trade secrets, unless a party is capable of proving statutory reexamination situation, such as ineligibility of the forensic laboratory or forensic examiner, illegality of the examination procedure.）

案例八：上海市高级人民法院审理的 A 公司与陈某昌、袁某民等侵害商业秘密纠纷二审民事判决书［（2014）沪高民三（知）终字第 43 号］认为，“原审法院就本案的技术问题委托工信鉴定所所作的司法鉴定，专家组历经现场勘验、召开专家技术听证会等程序，专家组自身以及向双方当事人多次征求、讨论及判断检测方法的科学性及合理性，最终认定无法对上诉人申请的被上诉人 B 公司曼斯微产品的菌种、组合、生产、应用技术，是否存在与上诉人技术秘密相同或者实质相同内容的鉴定事项作出明确结论。该技术鉴定机构及鉴定人员具备相关的鉴定资格，鉴定程序合法，方法无误，因此上诉人要求重新鉴定的请求，没有充分依据，本院不予支持。

案例九：上海市高级人民法院审理的魏某刚与A公司侵害商业秘密纠纷一案二审案［（2011）沪高民三（知）终字第56号］认为，“上海市科技咨询服务中心出具的数份鉴定报告系由不同的鉴定专家组作出，所得出的鉴定结论均为被上诉人A公司为B公司加工汽车气门业务中应用的相关技术及整套工艺流程系不为公众所知悉的专有技术，三上诉人虽对上述鉴定报告提出质疑，但是并未能提供充分的证据推翻上述鉴定结论，原审法院根据本案的实际情况对上述鉴定报告予以采信，亦无不当。二审中，三上诉人申请对被上诉人的盐浴组分和含量及控制范围是否是公知技术重新进行司法鉴定，并申请对被上诉人以及上诉人C公司的盐浴组分和含量等重新进行检验并进行比对。本院经审查认为，三上诉人提出的重新进行鉴定及检验的申请，不符合法律规定的需要重新鉴定的情形，故本院对其申请不予准许”。

案例十：上海市高级人民法院审理的A公司等与B公司侵犯商业秘密纠纷上诉案［（2009）沪高民三（知）终字第33号］认为，“两上诉人上诉称，《技术鉴定报告书》不能作为认定事实的依据。本院认为，能够证明被上诉人的甲和乙产品配方为公知技术的4732905号美国专利和4761427号美国专利文献是两上诉人在一审鉴定后补充提交的。对于被上诉人主张保护的其余四种产品，两上诉人既未能举证证明该四种产品的配方和工艺流程是公知技术，也未能提出任何足以反驳《技术鉴定报告书》中关于该四种产品之鉴定结论的相反证据和理由。在此情况下，原审法院根据本案查明的事实，依法采信《技术鉴定报告书》中除甲和乙产品外的其他鉴定结论，并无不当。两上诉人虽在一审中向原审法院申请重新鉴定，但其未能举证证明《技术鉴定报告书》存在需重新鉴定的情形，故原审法院对两上诉人提出的要求重新鉴定的申请不予准许，并无不当。二审中，两上诉人又申请重新鉴定，本院对该申请亦不予准许。两上诉人的这一上诉理由无事实和法律依据，本院不予支持”。

案例十一：北京知识产权法院审理的北京A公司与青岛A公司等侵害技术秘密纠纷二审民事判决书［（2017）京73民终110号］认为，“本案中，经各方当事人确认，原审法院已经对于北京A公司的模具专利与青岛A公司的技术秘密是否构成同一性进行了鉴定，在北京A公司及郭某已经在原审程序中鉴定前已经就鉴定内容、方式、鉴定机构等予以认可，且各方当事人并未举证证明该鉴定程序和结论存在重大错误的前提下，本院对于该鉴定结论予以认可。此外，关于涉案技术秘密是否已经在先公开无法直接交由鉴定机构进行鉴定，而是应当在当事人主张的前提下由当事人提交已经在先公开的技术文件，由鉴定机构对于该在先公开的技术文件和涉案技术秘密是否构成同一性进行鉴定，从而得出涉案技术秘密是否已经在先公开的结论。上诉人在原审法院 2015 年 3 月 13 日确定鉴定内容前并未主张涉案技术秘密已经在先公开，且上诉人既主张涉案商业秘密已经在先公开，又主张涉案技术秘密已经通过有偿方式转让给上诉人，该情形与常理不符。综上，本院认定北京 A 公司要求在本案二审期间再次鉴定的主张没有事实和法律依据，本院不予支持”。

案例十二：广州市中级人民法院审理的 A 公司等诉 B 公司等侵害商业秘密纠纷案［（2012）穗中法民三终字第 546 号］认为，“上诉人主张 C 司法鉴定所出具的《关于广州市工商行政管理局萝岗分局穗工商萝分字（2009）第 012 号委托鉴定的鉴定》（粤知司鉴所〔2010〕鉴字第 03 号）的鉴定结论错误，经审查，C 司法鉴定所具备相关鉴定资格，其鉴定程序符合法律规定，上诉人所提供的证据不足以推翻鉴定结论，故本院对该鉴定结论予以采纳，对上诉人提出的重新鉴定申请不予支持”。

案例十三：重庆市第一中级人民法院审理的 A 公司与 B 公司一案一审民事判决书［（2012）渝一中法民初字第 00506 号］认为，“（三）关于上诉人梁某嘉以及其辩护人提出的原判认定 C 司法鉴定所出具的〔2008〕渝科鉴字第 04 号、〔2009〕渝科鉴字第 02 号、〔2009〕渝科鉴字第 03 号司法鉴定意见书的鉴定主体、依据、事实、结论缺乏客观性、科学性，不溶性硫黄“非水一步法”中的硫黄固液分离和熟化功能是硫黄干燥的组成部分，且已在专利 ZL03117763. 8 中公开，属于公知技术，要求重新鉴定的意见。经查，C 司法鉴定所〔2008〕渝科鉴字第 04 号、〔2009〕渝科鉴字第 02 号、〔2009〕渝科鉴字第 03 号司法鉴定意见书，是由具有知识产权鉴定资质的鉴定人员，根据司法机关委托，通过科技查新等方法作出的鉴定结论，鉴定程序合法；其中〔2008〕渝科鉴字第 04 号司法鉴定意见书关于‘B 公司不溶性硫黄“一步法”生产技术及生产工艺在 2004 年 10 月 26 日前不属于公知技术’的结论，与发明专利说明书证实的‘不溶性硫黄的一步法制备方法具备创造性，不属于本领域的公知常识’相印证，具有科学性、客观性；〔2009〕渝科鉴字第 02 号、〔2009〕渝科鉴字第 03 号司法鉴定意见书明确认定‘B 公司采用的不溶性硫黄“一步法”生产技术及生产工艺在发明专利 ZL03117763. 8 中未公开的通过‘四合一’干燥器实现硫黄的固液分离、熟化两项功能，在 2004 年 10 月 27 日（该发明专利公开日）至 2007 年 12 月 31 日之前不属于公知技术’，且强调的是固液分离、熟化两项功能是通过B公司的关键设备‘四合一’干燥器实现的，而不是单纯的固液分离、熟化两项功能。原判对鉴定结论予以采信并确认相关事实，并无不当，故对该意见，不予采纳”。

案例十四：重庆市第一中级人民法院审理的A公司与B公司一案一审民事判决书［（2012）渝一中法民初字第00506号］认为，“（四）关于上诉人梁某嘉以及其辩护人提出重庆展华司鉴〔2010〕鉴字第01号司法鉴定报告书鉴定程序不当，对案件损失计算时间有误，损失截止时间应只计算到2004年10月26日，未扣减C公司代销D公司生产的产品的利润，且系‘毛利’，要求不予确认并申请重新鉴定的意见。经查，原判认定的重庆E会计师事务所有限公司出具的展华司鉴〔2010〕鉴字第01号司法鉴定报告书，是司法机关依法委托的具有司法会计鉴定资质的人员，依据C公司的财务资料对C公司2003年7月至2006年12月的不溶性硫磺销售获利（系毛利，毛利=销售收入-销售成本）2056333.92元所作出的会计鉴定，所获得的毛利，是C公司非法使用该商业秘密生产不溶性硫磺的非法收入，该鉴定结论客观公允，以此来认定B公司的损失并无不当，对该获利未扣减管理成本，可作为对梁某嘉量刑时的考量情节；梁某嘉及其辩护人提出司法鉴定认定的损失应扣减C公司代销D公司生产的不溶性硫磺这部分经营利润的意见，因在一、二审中并无证据证实C公司代销D公司生产的不溶性硫磺的事实，故请求予以扣减的理由不成立；该鉴定计算损失的时间，是上诉人梁某嘉在C公司实施侵犯B公司商业秘密，非法生产不溶性硫磺的期间，且司法鉴定证实B公司不溶性硫磺‘非水一步法’生产技术、生产工艺截至2007年12月31日属于商业秘密，原判认定的计算损失时间正确。故对该意见，不予采纳”。

三、对司法鉴定意见持异议和申请重新鉴定是两回事。如果不服司法鉴定意见，应提出重新鉴定申请，而不是仅仅提出异议却不申请重新鉴定。如仅持异议却未申请重新鉴定，法院将采信该司法鉴定意见作为证据（Objection to forensic science opinion and application for reexamination are different, one party should apply for reexamination if such party objects to a forensic science opinion, instead of only bringing an objection. A court may adopt a forensic science opinion as evidence if one party bring an objection without applying for reexamination.）

案例十五：江西省高级人民法院审理的A公司、钟某平侵害商业秘密纠纷二审民事判决书［（2015）赣民三终字第22号］认为，“关于原一审鉴定程序是否违法、鉴定意见是否应采纳的问题。钟某平等对鉴定持否定意见，理由如下：1. 鉴定机构对依法证据保全并密封的被告技术图电子硬盘擅自拆封打开，怀疑该技术图已被更改或掉包，未经双方质证就将该电子版图纸作为鉴定依据，严重违反鉴定程序。2. A公司提供用于比对的技术图电子版，是由其直接通过电子邮件发送给鉴定机构的，亦未经质证，严重违反鉴定程序；并且其部分图纸的设计时间为2012年3月，而非提供2009年3月以前的图纸作比对。

一审法院认为，重审开庭时，已经组织各方对钟某平的电子版图纸进行了质证。经当庭打开电子硬盘，显示该电子版图纸创建日期为2011年12月6日（即法院证据保全之日），没有显示任何修改日期，表明该电子版图纸未作任何修改。钟某平等称证据保全的电子版图纸已被更改或掉包的主张与事实不符。A公司提供的技术图电子版，是接法院通知通过电子邮件发送给鉴定机构的，在重审开庭时，已经组织各方进行质证。其中，钟某平提出设计日期问题的二份图纸，其电子版图纸显示创建日期为2006年7月28日和2006年10月24日，表明A公司图纸的设计时间早于钟某平等图纸设计时间。综上，原审过程中未对鉴定材料组织双方质证确属不当，但在重审时，已经组织各方进行了质证，钟某平等在重审过程中亦未申请重新鉴定，故对司法鉴定意见予以采纳”。

案例十六：四川省高级人民法院审理的A研究所与B设备厂等侵害商业秘密纠纷上诉案［（2005）川民终字第81号］认为，“一审期间，虽然B设备厂、唐某军对一审法院委托司法鉴定机构进行的司法鉴定结论持异议，但在一审判决采信了该鉴定结论，并做出判决后，B设备厂、唐某军均未对此提出上诉主张。根据民事诉讼程序的有关规定，二审法院仅就上诉人的上诉请求进行审理，因此，本院对B设备厂、唐某军就一审法院委托有关机构做出的司法鉴定提出的异议不予审理。故该司法鉴定结论应作为本案证据采纳。依据该鉴定结论，应认定A研究所的压电环组装作业指导、内置式超声波换能器装配工艺系统图工艺技术均具有新颖性”。

案例十七：北京知识产权法院审理的A公司与周某龙侵害技术秘密纠纷一审民事判决书［（2016）京73民初1006号］认为，“本案中，原告为证明其主张的技术秘密即技术密点1、2不为公众所知悉，提交了《鉴定意见书》以及相关合同书、密级证明等，并提交了查新咨询报告等其他材料用以佐证其主张，可以初步证明相关技术密点1、2均不为公众所知悉。被告虽对原告单方委托所作的《鉴定意见书》的真实性、内容等均不予认可，但被告并未申请重新鉴定，未阐述充分理由对前述《鉴定意见书》的鉴定内容及鉴定程序提出合理质疑，亦未提交有效证据反驳原告的前述主张”。

四、原告主张涉案信息不属公知信息，该项主张属消极事实，原告事实上无法举证。如被告主张涉案信息属公知信息，该项主张属积极事实，应由被告提交其认为属公知信息的文件作为对比文件。被告若不及时提交对比文件作为证据的，应承担举证不能的责任（The plaintiff claims that the information involved in the case is not public information，which is a claim of negative fact，and the plaintiff cannot provide evidence in practice. If a defendant alleges that information involved in the case is public information，which is a claim of positive fact，such defendant shall submit public documents for comparison. A defendant shall assume the obligation of a failure to meet the burden of proof if such defendant cannot submit any comparison document as evidence in a timely manner.）

案例十八：北京市高级人民法院审理的北京 A 公司等与青岛 A 公司侵害技术秘密纠纷再审审查与审判监督案［（2017）京民申 4798 号］认为，“在侵害商业秘密纠纷中，如原告主张涉案信息不属于公知信息，该项主张属于消极事实，原告事实上无法举证。如被告主张涉案信息属于公知信息，该项主张属于积极事实，应由被告提交对比文件作为证据。因此，二审法院认定北京 A 公司等对此负有举证责任，适用法律并无不当。

北京 A 公司等如欲主张涉案信息属于公知信息，应在举证期限内积极提交对比文件并据此申请鉴定。北京 A 公司等虽然提出了公知性鉴定的申请，但未及时提交对比文件作为证据，一审法院未予准许并无不当。虽然北京 A 公司等在收到一审司法鉴定报告后提交了对比文件并要求进行公知性鉴定，但司法鉴定通常耗时较长，往往造成诉讼拖延，鉴定程序不宜轻易重复启动，一审、二审法院对此未予准许亦无不当”。

案例十九：甘肃省高级人民法院审理的 A 公司诉 B 研究所侵犯商业秘密纠纷案［（2007）甘民三终字第 011 号］认为，“在 A 公司发现 B 研究所的侵权行为，而向法院提起诉讼时，B 研究所在原审法院一再督促下，拒不提供其生产多功能组合液压源的设计图纸，导致鉴定部门无法比对其生产多功能组合液压源的技术是否与 A 公司的技术实质相同，对此，B 研究所应承担举证不能的责任”。

027 当事人能否在原审判决生效后自行委托司法鉴定引发再审和重审（Whether the parties can entrust a forensic science examination after the original judgment takes effect triggers a retrial and review.）

裁判要旨

当事人在判决生效后又提供结论相左的鉴定报告，形成对原生效判决认定事实的存疑状态时，不能直接以新的鉴定结论否定之前的鉴定结论，因其尚未达到能证明原判决认定事实错误的程度，故可申请进行再审，对相应的疑点通过鉴定方式予以确定。

案情简介

一、洪某原系 A 公司的科研人员，其在工作期间主持了 GJ-Ⅱ探测器的研发工作，掌握了 GJ-Ⅱ探测器的技术秘密，双方签有《劳动合同》及《技术保密合同》。洪某离职后与案外人周某生共同投资设立了 B 公司。

二、A 公司发现 B 公司生产的 AMD 探测器，使用了 GJ-Ⅱ探测器的技术秘密，故以洪某、B 公司共同侵害商业秘密为由，向上海市第二中级人民法院提起诉讼。

三、一审法院委托 C 司法鉴定所对涉案技术进行了非公知性鉴定及同一性鉴定，法院根据鉴定结论认定涉案技术信息构成商业秘密，洪某和 A 公司侵权事实成立。

四、B 公司和洪某不服，向上海市高级人民法院提起上诉，二审法院判决维持原判。二审判决生效后，B 公司和洪某委托 D 鉴定中心对涉案秘密点进行鉴定，鉴定结论为涉案技术已为公众所知悉。

五、B 公司和洪某向最高人民法院申请再审，最高法院裁定指令上海高院再审。上海高院再审后，裁定撤销一审和二审判决，将此案发回上海市第二中级人民法院重审。

六、重审中，法院认为本案重审是由 D 鉴定中心鉴定结论所引发，但不能直接以 D 鉴定中心鉴定结论否定 C 司法鉴定所的鉴定结论，应对相应的疑点通过鉴定方式予以确定。因当事人所提出的异议是密点的公知性，故对被告提出的重新作同一性鉴定的请求不予准许。

七、法院委托北京E司法鉴定中心对涉案技术进行非公知性鉴定。由于E司法鉴定中心的鉴定结论变更了关于部分密点的认定，法院认为被告的侵权程度相较原审认定有所减弱，但被告侵权的事实仍然确定，且A公司因本案再审、重审增加了支出，故仍确定赔偿数额不变。

法院判决

上海市第二中级人民法院在本案民事判决书的“本院认为”部分就上述争议焦点进行如下论述：

本案经再审进而重审的原因是被告在原审判决生效后提供新的鉴定报告，动摇了原判决认定的事实。从严格意义而言，被告所提供D鉴定中心的鉴定报告只是形成对原生效判决认定事实的存疑状态，由此进行再审的条件确已具备，但尚未达到能证明原判决认定事实错误的程度。因为C司法鉴定所的鉴定结论虽与D鉴定中心鉴定结论意见相左，但不能直接以D鉴定中心鉴定结论否定C司法鉴定所的鉴定结论。鉴于D鉴定中心鉴定结论系被告前任律师单方委托，鉴定过程中也未通知A公司，且鉴定机构聘请的顾问与委托人又存在利害关系，故D鉴定中心的报告不能被采信。但是，鉴于本案重审由D鉴定中心鉴定结论所引发，故应当对相应的疑点通过鉴定方式予以确定。至于C司法鉴定所的报告，因当事人所提出的异议是密点的公知性，对于C司法鉴定所鉴定过程中的其他工作，如相似性比对等，在没有证据证明C司法鉴定所的鉴定过程存在瑕疵的情况下，应当予以采信。也基于这个原因，故对被告提出的重新作相似性比对的鉴定请求不予准许。

本案相关法律法规

《中华人民共和国民事诉讼法》

第七十六条 当事人可以就查明事实的专门性问题向人民法院申请鉴定。当事人申请鉴定的，由双方当事人协商确定具备资格的鉴定人；协商不成的，由人民法院指定。

当事人未申请鉴定，人民法院对专门性问题认为需要鉴定的，应当委托具备资格的鉴定人进行鉴定。

第二百零五条 各级人民法院院长对本院已经发生法律效力的判决、裁定、调解书，发现确有错误，认为需要再审的，应当提交审判委员会讨论决定。

最高人民法院对地方各级人民法院已经发生法律效力的判决、裁定、调解书，上级人民法院对下级人民法院已经发生法律效力的判决、裁定、调解书，发现确有错误的，有权提审或者指令下级人民法院再审。

第二百零七条 当事人的申请符合下列情形之一的，人民法院应当再审：

（一）有新的证据，足以推翻原判决、裁定的；

（二）原判决、裁定认定的基本事实缺乏证据证明的；

（三）原判决、裁定认定事实的主要证据是伪造的；

（四）原判决、裁定认定事实的主要证据未经质证的；

（五）对审理案件需要的主要证据，当事人因客观原因不能自行收集，书面申请人民法院调查收集，人民法院未调查收集的；

（六）原判决、裁定适用法律确有错误的；

（七）审判组织的组成不合法或者依法应当回避的审判人员没有回避的；

（八）无诉讼行为能力人未经法定代理人代为诉讼或者应当参加诉讼的当事人，因不能归责于本人或者其诉讼代理人的事由，未参加诉讼的；

（九）违反法律规定，剥夺当事人辩论权利的；

（十）未经传票传唤，缺席判决的；

（十一）原判决、裁定遗漏或者超出诉讼请求的；

（十二）据以作出原判决、裁定的法律文书被撤销或者变更的；

（十三）审判人员审理该案件时有贪污受贿，徇私舞弊，枉法裁判行为的。

《最高人民法院关于民事诉讼证据的若干规定》

第四十条第一款、第三款 当事人申请重新鉴定，存在下列情形之一的，人民法院应当准许：

（一）鉴定人不具备相应资格的；

（二）鉴定程序严重违法的；

（三）鉴定意见明显依据不足的；

（四）鉴定意见不能作为证据使用的其他情形。

对鉴定意见的瑕疵，可以通过补正、补充鉴定或者补充质证、重新质证等方法解决的，人民法院不予准许重新鉴定的申请。

《司法鉴定程序通则》

第三十一条 有下列情形之一的，司法鉴定机构可以接受办案机关委托进行重新鉴定：

（一）司法鉴定人不具有从事委托鉴定事项执业资格的；

（二）原司法鉴定机构超出登记的业务范围组织鉴定的；

（三）原司法鉴定人应当回避没有回避的；

（四）办案机关认为需要重新鉴定的；

（五）法律规定的其他情形。

案件来源

上海市第二中级人民法院审理的A公司与B公司、洪某侵害商业秘密纠纷再审民事判决书［（2013）沪二中民五（知）再重字第1号］

五、构成侵犯商业秘密行为的认定

（Determining acts of trade secrets misappropriation）

028 利诱竞争对手员工拍摄客户名单侵犯商业秘密

导　读

本文主要介绍了利诱竞争对手员工拍摄客户名单构成侵犯商业秘密的案例。除了该案例，还在延伸阅读及类案裁判规则部分，详细介绍了以下五种侵犯商业秘密的不正当手段。

一、员工将商业秘密从公司处发送、储存至个人电脑，直接获得商业秘密载体的行为是否属于采用不正当手段获取商业秘密，关键在于该情况是否使得商业秘密处于权利人无法控制的状态，或该行为是否为保密协议所明确禁止。

二、用人单位有权在工作电脑中安装监控并实时记录员工的电子邮件，由此收集到员工非法获取、使用公司商业秘密的证据是合法有效的。

三、员工利用自己掌握的数据库密码擅自从公司的网站复制包含商业秘密的数据库，该行为构成商业秘密侵权。

四、以为偷盗竞争对手的商业秘密为目的，指使亲属进入同业竞争的公司工作并利用职务之便获取、披露他人商业秘密的，构成商业秘密侵权。

五、邀请竞争对手公司的职工为自己提供技术指导，教唆其非法泄露公司商业秘密，属于采用非法手段获取他人的商业秘密。

裁判要旨

通过利诱的方式，教唆他人通过拍照的形式泄露客户名单，并以此对竞争对手的经营活动进行干扰，属于采取不正当的手段获取他人商业秘密，构成对商业秘密的侵害。

案情简介

一、A 公司与赵某坚、胡某、刘某、陈某桢、段某花、谢某秀、周某曹、贺某荣、李某其为拓宽家居建材等业务的销售市场，决定举办“工厂直供会”，召集业务员召开会议，强调保密原则。

二、同年，业务员们到各地进行宣传、发放资料，搜集业主的姓名、住址、联系电话、对家居建材的需求等信息并形成客户名册。客户信息资料统一交给业务员胡某萍和雷某芳打电话与客户联系，并要求二人对外保密，每次打完电话后，将客户资料上交保管，防止客户资料外泄。

三、雷某芳与李某君相熟，李某君得知上述活动后，便要求雷某芳将客户资料抄出来给他，并承诺给被告雷某芳 1000 元报酬。雷某芳将大部分客户资料拍照后发给李某君，李某君按约定交付报酬。

四、李某君拿到客户名册后，在直供会期间，派业务员打电话给客户，扰乱原告的直供会，对原告造成了一定的经济损失。A 公司、赵某坚等十人以侵害商业秘密为由向郴州市中级人民法院提起诉讼，请求判令李某君和雷某芳承担赔礼道歉、赔偿经济损失 100000 元的民事责任。

五、一审法院认为认定李某君采取利诱方式，从雷某芳处获取了原告保密的客户名单并采取了给客户打电话进行干扰的方式，给原告造成一定的经济损失，二人的行为已经构成共同侵权。故一审法院判决李某君、雷某芳连带赔偿经济损失 20000 元。

六、李某君不服一审判决向湖南省高级人民法院提起上诉，称现有证据不能证明自己利用电话号码采取了不正当竞争手段；直供会效果不好与自己没有因果联系。

七、二审法院认为李某君通过利诱的方式，唆使雷某芳通过拍照的形式泄露他人客户名单，并借此影响其潜在客户的选择。故李某君的行为属于利用不正当的手段获取他人商业秘密，并对竞争对手的经营进行干扰，构成对商业秘密的侵害。二审法院判决驳回上诉，维持原判。

法院判决

湖南省高级人民法院在本案民事判决书的“本院认为”部分就上述争议焦点进行如下论述：

本案中，上诉人通过利诱的方式，唆使雷某芳通过拍照的形式将客户名单发给自己；且上诉人提供的客户名单与被上诉人的客户名单有大面积客户信息、排列顺序相同，因此可以认定上诉人使用的客户信息来自被上诉人；再者，上诉人在被上诉人“工厂直供会”前，不当使用从被上诉人处获取的商业秘密，对被上诉人潜在客户进行干扰，尽管客户名单上的客户是否参与被上诉的直供会有不确定的因素，但上诉人进行干扰的行为，足以影响被上诉人潜在客户的选择，因此，上诉人的抗辩不成立。综上，上诉人违反诚实信用原则，利用不正当的手段获取他人商业秘密，并对竞争对手的经营行为进行不当干扰，其行为构成侵害商业秘密，应承担相应的法律责任。

本案相关法律法规

《中华人民共和国反不正当竞争法》

第九条 经营者不得实施下列侵犯商业秘密的行为：

（一）以盗窃、贿赂、欺诈、胁迫、电子侵入或者其他不正当手段获取权利人的商业秘密；

（二）披露、使用或者允许他人使用以前项手段获取的权利人的商业秘密；

（三）违反保密义务或者违反权利人有关保守商业秘密的要求，披露、使用或者允许他人使用其所掌握的商业秘密；

（四）教唆、引诱、帮助他人违反保密义务或者违反权利人有关保守商业秘密的要求，获取、披露、使用或者允许他人使用权利人的商业秘密。

经营者以外的其他自然人、法人和非法人组织实施前款所列违法行为的，视为侵犯商业秘密。

第三人明知或者应知商业秘密权利人的员工、前员工或者其他单位、个人实施本条第一款所列违法行为，仍获取、披露、使用或者允许他人使用该商业秘密的，视为侵犯商业秘密。

本法所称的商业秘密，是指不为公众所知悉、具有商业价值并经权利人采取相应保密措施的技术信息、经营信息等商业信息。

《最高人民法院关于审理侵犯商业秘密民事案件适用法律若干问题的规定》

第八条 被诉侵权人以违反法律规定或者公认的商业道德的方式获取权利人的商业秘密的，人民法院应当认定属于反不正当竞争法第九条第一款所称的以其他不正当手段获取权利人的商业秘密。

第九条 被诉侵权人在生产经营活动中直接使用商业秘密，或者对商业秘密进行修改、改进后使用，或者根据商业秘密调整、优化、改进有关生产经营活动的，人民法院应当认定属于反不正当竞争法第九条所称的使用商业秘密。

案件来源

湖南省高级人民法院审理的 A 公司、赵某坚等与李某君、雷某芳侵害商业秘密纠纷案二审民事判决书［（2016）湘民终 89 号］

延伸阅读及类案裁判规则

一、员工将商业秘密从公司处发送储存至个人电脑、获得商业秘密载体的行为，是否属于采用不正当手段获取商业秘密，关键在于该行为是否为保密协议所明确禁止（此时保密制度是否完善决定案件胜败）［To determine whether it's an act that constitute illegal acquisition of trade secrets by improper means when employees send trade secrets from office to their personal computers for storage and obtain the physical carrier of trade secrets, the key issue is that whether such act has been expressly prohibited in the confidentiality agreement (whether the confidentiality rules is complete will rule the case).］

案例一：浙江省高级人民法院审理的 A 公司与曹某卫侵犯商业秘密纠纷二审民事判决书［（2010）浙知终字第 267 号］认为，“本案中，曹某卫的涉案行为是将 A 公司的涉案商业秘密转发至其曾使用过的其他企业邮箱里。双方当事人的讼争焦点在于该涉案行为是否构成《中华人民共和国反不正当竞争法》第十条第一款第（三）项所规定的违反约定或者违反权利人有关保守商业秘密的要求，‘披露’商业秘密行为。首先，涉案保密协议第九条、第十条明确约定，员工可自备因职务上的需要可能记录 A 公司秘密信息的载体。而邮箱除具备通信的功能外，也可作为储存信息的载体，故曹某卫的涉案行为并不为涉案保密协议所禁止。其次，‘披露’商业秘密行为，是指行为人将商业秘密告知其与权利人之外的第三人，或将商业秘密的内容公之于众，其应达到的效果应为使第三方直接知悉或容易获得，或者为相关公众普遍知悉或容易获得。本案中，因曹某卫涉案邮箱的用户名和登录密码系由其本人掌握，故案外第三人无法通过合法途径进入该邮箱，获悉涉案商业秘密。且 A 公司也未能举证证明案外第三人因曹某卫的涉案行为业已获悉或使用涉案商业秘密。故曹某卫的涉案行为不构成‘披露’商业秘密行为，亦未侵犯 A 公司的涉案商业秘密”。

案例二：深圳市中级人民法院审理的 A 公司与孔某、李某利，B 公司侵害商业秘密纠纷［（2015）深中法知民终字第 1222 号］认为，“孔某、李某利均与 A 公司签订保密协议，均应遵守保密义务。孔某违反公司规定，将相关商业秘密由其在公司邮箱发至个人邮箱及其丈夫邮箱，其行为属于侵害商业秘密行为。需要特别指出的是，在离开 A 公司之前，为了履行职务需要，孔某有权接触、知晓前述商业秘密，但 A 公司为了保密需要，规定了严格的保密制度，其中包括《电子邮箱管理规定》第 6.1.2 条‘不得使用公司电子邮箱发送、转发、收取机密信息，不得使用个人电子邮箱发送、转发、收取公司信息’的规定，孔某将相关商业秘密由其在公司邮箱发至个人邮箱及其丈夫邮箱，致使前述商业秘密控制状态发生变化，原先商业秘密置于 A 公司控制状态，商业秘密由公司邮箱发到个人或他人邮箱后，孔某直接获得了前述商业秘密的载体，即便在离职后也可以随时随地查看、使用，并可向他人披露、允许他人使用，孔某所实施行为违反了 A 公司保密制度，属于非法获取商业秘密行为，孔某应承担相应法律责任”。

案例三：镇江市中级人民法院审理的 A 公司等诉王某栋侵害商业秘密纠纷案[（2005）镇民三初字第 30 号] 认为，“两原告在多年的企业发展中所形成的具有独创性的技术秘密和企业管理经验，为两原告带来了良好的经济利益，对此两原告采取了相应的保密措施。被告在两原告单位工作期间，与两原告均签订了相应的知识产权保护合同，对自己所应承担的义务是明知的。但被告王某栋在工作期间却违反了与两原告签订的知识产权保护合同，擅自将两原告的机密文件从公司的电脑中下载到自己的电脑中，还刻意制作成光盘，并将两原告的机密文件向外传送，对两原告的商业秘密造成实际侵害。被告王某栋擅自将两原告的机密文件刻录成光盘并存储于其宿舍的电脑内，其行为属于超出工作范围使用，该行为使原告采取保密措施所保护的商业秘密处于两原告无法控制的状态，严重侵害了两原告的商业秘密”。

二、用人单位在工作电脑中安装监控，收集到的员工非法获取公司商业秘密的证据是合法有效的，员工不能以侵犯隐私抗辩（To prove the fact that employees illegally acquired trade secrets of the entity, the entity collected evidence by installing surveillance devices in the employees working computers, which shall be regarded as legitimate and effective, and the employee may not defend on privacy infringement.）

案例四：广东省高级人民法院审理的张某萍等与 A 厂侵害商业秘密纠纷[（2006）粤高法民三终字第 92 号] 认为，“张某萍、佘某富上诉认为 A 厂以非法手段获得其私人电子邮箱，依法不能作为有效证据使用。本案事实证明：A 厂是在其所有的工作电脑上而不只是在张某萍、佘某富私人电脑上安装网络警（Any-

View）并进行监控，张某萍、佘某富对该事实也予以确认。因工作电脑属于A厂的财产，只能用于处理公司的事务，不能用于处理个人的事务，A厂有权对其工作电脑进行必要的监控，A厂通过监控并实时记录张某萍、佘某富的电子邮件，该行为并没有违反有关法律法规的禁止性规定。因此，张某萍、佘某富的该上诉理由不能成立，本院不予支持。张某萍、佘某富上诉认为佘某富是在2005年7月中旬离开A厂的，A厂提供的电子邮件有些是在此之后形成的，因此A厂侵犯了其通信秘密权、隐私权。但是，A厂提交的2005年7月中旬至2005年8月19日的电子邮件的收件人或发件人均是张某萍，而不是佘某富，而张某萍至2005年8月仍在A厂工作，因此，张某萍、佘某富的上诉主张不能成立，本院不予支持。张某萍的私人电子邮箱中储存了S某、G某、O某、A某客户的信息、并通过该私人邮箱和佘某富一起与其中的客户S某、O某洽谈交易，且建立了实际的交易关系并获取了利益。张某萍未经A厂许可复制了A厂的客户资料，并通过该客户资料提供的信息，以L某作为英文名，佘某富以G某为英文名，二人共同与A厂的客户S某、O某以电子邮件方式建立了商务联系，共同侵害A厂的商业秘密”。

三、保护商业秘密要防止商业间谍。以为偷盗竞争对手的商业秘密为目的，指使亲属进入同业竞争的公司工作并利用职务之便获取、披露他人商业秘密的，构成商业秘密侵权（Prevention of industrial espionage is an important part in trade secrets protection. It will constitute trade secrets infringement if anyone instruct its relatives to work for its competitors in the same industry to acquire or disclose its competitor's trade secrets for the purpose of stealing its competitor's trade secrets.）

案例五：佛山市禅城区人民法院审理的A公司与杨某寓、林某生侵害商业秘密纠纷［（2018）粤0604民初1327号］认为，“本案中，被告杨某寓于2017年5月14日在《自述书》上，确认了其在原告公司任职期间利用职务之便，与B地产林某生（杨某军）串通将盘源资料400个至500个盘输送给被告林某生，同时将原告的部分委托人房屋钥匙配匙20-30把给被告林某生。同时确认其与林某生（杨某军）为父子关系，被告林某生要求被告杨某寓进入原告公司工作，主要目的就是要求被告杨某寓每日偷取楼盘资源给被告林某生的事实。对此本院认为，原告提交的证据足以证明被告杨某寓、被告林某生非法获取、披露、使用或者允许他人使用原告所主张的房源信息，构成了商业秘密侵权行为”。

四、邀请竞争对手公司的职工为自己提供技术指导，教唆其非法泄露公司商业秘密，属于采用非法手段获取他人的商业秘密（It will constitute an acquisition of other's trade secrets by illegal manners if anyone invite its competitor's employees to provide technical support for it and solicit such employee to disclose trade secrets illegally.）

案例六：上海市高级人民法院审理的A公司与B公司、姜某海等侵害商业秘密纠纷案［（2012）沪高民三（知）终字第62号］认为，“（一）浙江省临安市人民法院（2008）临刑初字第358号刑事判决书以及浙江省杭州市中级人民法院（2009）浙杭刑终字第75号刑事裁定书，认定A公司指派姜某海到临安物色B公司职工非法获取B公司生产技术和信息材料、马某锋将大量技术信息资料提供给A公司李某发及姜某海等人、A公司通过电子邮件向马某锋提出技术问题、A公司邀请马某锋等人前往A公司进行技术指导，上述行为表明A公司非法获取了B公司的商业秘密，而且实际使用了非法获取的商业秘密，其行为构成侵权”。

案例七：洛阳市中级人民法院审理的A公司诉焦某富等侵犯商业秘密纠纷案［（2006）洛民五初字第17号］认为，“装载机用整体铸造合金钢铲刀板和铲刃板的生产工艺及相关技术是属于原告A公司所独立开发研制的，是公众所不知悉的商业秘密，被告焦某富、穆某坤、潘某林作为原告A公司的员工应按照公司的劳动纪律的要求保守该商业秘密，上述三人未经原告同意，私自收取被告B公司的金钱后，将该技术传授给了被告B公司，被告B公司采取金钱收买原告A公司员工以获取相关属于原告A公司所有的商业秘密的生产技术，这种行为属于不正当竞争的行为，原告A公司要求四被告立即停止侵权行为的诉讼请求本院予以支持。被告B公司利用原告A公司的技术进行了生产并销售，给原告A公司造成了损失，四被告应依法予以赔偿”。

029 使用通过合作磋商等方式所知悉的商业秘密是否构成侵权（Whether the use of trade secrets known through cooperative consultation constitutes infringement.）

裁判要旨

以合作之名通过磋商、洽谈获悉他人商业秘密，又违反双方之间有关保守商业秘密的要求，擅自使用其掌握的涉案商业秘密，其行为构成对商业秘密侵害，应承担民事侵权责任。

案情简介

一、程某中、A公司在公开媒体诚邀合作投资伙伴共同开发涉案房地产项目。不久，B公司的法定代表人吴某亮与程某中联系，要求其提供开发项目的详细材料。

二、程某中先后向吴某亮传真项目利润分析报告、《A公司意向书》等资料。该意向书中约定，提供的内容属于商业秘密，B公司对程某中提供的有关开发项目资料内容承担保密义务。

三、在吴某亮收到两份项目利润分析报告一周内，吴某亮与政府就开发工程有关事宜会谈，B公司即决定投资涉案房地产项目，并由B五原分公司开发销售房地产项目，获巨额利润。程某中、A公司以侵害商业秘密为由向江苏省高级人民法院提起民事诉讼。

四、一审法院认为原告主张的含有具体土地价等利润分析情况的房地产开发经营信息构成商业秘密；B公司与程某中、A公司沟通洽谈合作项目而获取含商业秘密的资料不应认定是以利诱的方式获取对方商业秘密，但从其在如此短暂的时间里即决定与政府会谈开发投资涉案项目，足以推定B公司违反保守商业秘密的要求，使用其所掌握的商业秘密，构成商业秘密侵权。一审法院判决B公司赔偿程某中及A公司损失100万元。

五、B公司不服一审判决，向最高人民法院提起上诉，称B公司是通过媒体知悉涉案项目，受政府邀请，经考察研究才确定投资的，与程某中、A公司无关，并且B公司与程某中、A公司没有建立竞争关系的客观可能。

六、二审法院认为从收到项目利润分析报告到与政府就工程有关事宜进行会谈，短短一周，B公司即做出投资涉案房地产项目的决策，结合吴某亮就涉案项目积极与程某中进行联系、磋商的事实，可以认定B公司通过磋商获悉了涉案商业秘密，并违反程某中、A公司保守商业秘密的要求，擅自使用其掌握的涉案商业秘密，构成对商业秘密的侵害，一审法院的认定并无不当。故二审法院判决驳回上诉，维持原判。

法院判决

最高人民法院在本案民事判决书的“本院认为”部分就上述争议焦点进行如下论述：

首先，从1月20日吴某亮收到两份项目利润分析报告，到1月27日吴某亮与五原县人民政府就隆兴昌大街东拓工程有关事宜进行会谈，短短一周时间，B公司即做出投资涉案房地产项目的决策，结合1月19日至21日吴某亮就涉案房地产项目积极与程某中进行联系、磋商的事实，可以认定B公司通过磋商获悉了程某中、A公司的涉案商业秘密，并违反程某中、A公司有关保守商业秘密的要求擅自使用其掌握的涉案商业秘密，构成《反不正当竞争法》第十条第一款第（三）项规定的侵害商业秘密行为。一审法院对此认定并无不当，B公司关于其未侵害涉案商业秘密的上诉理由不能成立。其次，在本案中吴某亮是否侵害了程某中、A公司的涉案商业秘密。应当明确，吴某亮在本案中的一系列行为，从与程某中就涉案房地产项目进行沟通、获取有关材料，到与五原县人民政府就涉案房地产项目进行磋商，均是其作为B公司法定代表人的职务行为，程某中、A公司在与吴某亮进行联系时亦明确指称吴某亮为“无锡C集团房地产开发有限公司吴总经理”，因此，在本案中，吴某亮作为自然人并不存在独立的侵害涉案商业秘密的行为。再次，C集团是否侵害了程某中、A公司的涉案商业秘密。根据《企业集团登记管理暂行规定》第三条的规定，企业集团不具有法人资格。同时，该法规第十四条还规定，企业集团不得以企业集团名义订立经济合同，从事经营活动。本案中，吴某亮虽然于1月21日上午传真给A公司盖有“无锡C集团”印章的《项目合作意向书》，但是，由于C集团作为组织既不能独立承担民事责任，又不能从事市场经营活动，故以其名义进行的经营活动应当由实际实施有关行为的B公司承受其地位，承担其责任。因此，C集团未侵害程某中、A公司的涉案商业秘密。最后，B公司是否侵害了程某中、A公司的涉案商业秘密。应当明确，对涉案房地产项目的开发、经营管理本身不属于侵害涉案商业秘密的行为。前已述及，涉案商业秘密的商业价值主要体现在为房地产开发企业选择投资项目、做出投资决策提供帮助。B公司是B公司使用涉案商业秘密作出投资决策并与五原县人民政府协商取得涉案房地产项目的开发资质后，于2007年7月19日成立的分公司。此时，被诉的侵害商业秘密行为已经完成，故B公司未侵害程某中、A公司的涉案商业秘密。综上，吴某亮、C集团、B公司均未侵害程某中、A公司的涉案商业秘密，一审法院对此认定并无不当，程某中、A公司的该项上诉理由不能成立。

本案相关法律法规

《最高人民法院关于审理侵犯商业秘密民事案件适用法律若干问题的规定》

第八条 被诉侵权人以违反法律规定或者公认的商业道德的方式获取权利人的

商业秘密的，人民法院应当认定属于反不正当竞争法第九条第一款所称的以其他不正当手段获取权利人的商业秘密。

第九条 被诉侵权人在生产经营活动中直接使用商业秘密，或者对商业秘密进行修改、改进后使用，或者根据商业秘密调整、优化、改进有关生产经营活动的，人民法院应当认定属于反不正当竞争法第九条所称的使用商业秘密。

《中华人民共和国反不正当竞争法》

第九条 经营者不得实施下列侵犯商业秘密的行为：

（一）以盗窃、贿赂、欺诈、胁迫、电子侵入或者其他不正当手段获取权利人的商业秘密；

（二）披露、使用或者允许他人使用以前项手段获取的权利人的商业秘密；

（三）违反保密义务或者违反权利人有关保守商业秘密的要求，披露、使用或者允许他人使用其所掌握的商业秘密；

（四）教唆、引诱、帮助他人违反保密义务或者违反权利人有关保守商业秘密的要求，获取、披露、使用或者允许他人使用权利人的商业秘密。

经营者以外的其他自然人、法人和非法人组织实施前款所列违法行为的，视为侵犯商业秘密。

第三人明知或者应知商业秘密权利人的员工、前员工或者其他单位、个人实施本条第一款所列违法行为，仍获取、披露、使用或者允许他人使用该商业秘密的，视为侵犯商业秘密。

本法所称的商业秘密，是指不为公众所知悉、具有商业价值并经权利人采取相应保密措施的技术信息、经营信息等商业信息。

案件来源

最高人民法院审理的程某中、A 公司与 B 公司、C 集团等侵害商业秘密纠纷二审民事判决书［（2013）民三终字第 6 号］

延伸阅读及类案裁判规则

通过签订承揽、承包合同获取对方商业秘密的，应当遵守保密约定，不得未经同意擅自使用所获悉商业秘密（If one obtains the other party's trade secrets by signing a contractor agreement or a contract for work done，he shall abide the confidentiality agreement and shall not use the learned trade secrets without consent.）

案例一：山西省高级人民法院审理的 A 公司与 B 公司侵害商业秘密纠纷案

[（2006）晋民终字第00178号] 认为，“上诉人A公司在2004年9月14月与被上诉人签订《承包水果出口业务的协议》时已明知该商业秘密是被上诉人要求保密的，却在双方的协议中止后，违反与被上诉人B公司的保密约定，与被上诉人B公司的客户（T公司）签订销售合同，从事水果销售业务，该行为违反了《中华人民共和国反不正当竞争法》第十条第一款第（三）项之规定。依照该法第三十条之规定，上诉人A公司侵犯了被上诉人B公司的商业秘密，给该公司造成损害，应承担赔偿责任”。

案例二：苏州市中级人民法院审理的A公司与B公司侵害商业秘密纠纷案[（2013）苏中知民初字第0375号] 认为，“A公司在经营活动中掌握FPCDWH02线路板加工制造寸法图技术信息，并与香港C公司间形成FPCDWH02线路板采购关系，掌握包括供货期限、交易价格等要素在内的交易经营信息，上述信息能为A公司带来实际的经济利益。A公司在向B公司定作FPCDWH02线路板过程中以合同形式明确了上述信息的秘密性以及权利归属，就B公司不得向任何第三方披露以及不得据此自行生产或为任何第三方设计、生产与A公司定作产品相同或相似的同类产品作出了明确的权利义务约定，属于采取了对其技术及经营信息的合理保密措施。综合上述情况，对A公司主张前述技术和经营信息构成商业秘密，应予认定。A公司与B公司间基于FPCDWH02线路板定作关系而签订保密协议所确定的权利义务，应予遵循。现B公司在未经得A公司同意的情况下，与香港C公司达成FPCDWH02线路板供货合同并实际履行，属于违背保密条款约定侵犯他人商业秘密的行为，依法应判定为侵权，需承担相应的侵权责任。B公司答辩系在不知情情况下由香港C公司主动联系并提供技术图纸，但其所提交的证据尚不足以证明双方交易过程系香港C公司主动联系，同时基于B公司与香港C公司间所交易的FPCDWH02线路板与A公司与B公司定作FPCDWH02线路板在技术细节、产品名称上的高度一致性以及交易时间时的一致性，也足以判断B公司应系明知，因此，本院对B公司的这一抗辩，不予采信。B公司违反约定使用A公司的商业秘密，构成对A公司的侵权，依法应承担停止侵权和赔偿损失的民事侵权责任”。

030 辩护律师将涉案材料给鉴定机构鉴定不构成非法披露商业秘密（It shall not constitute illegal trade secrets disclosure if an attorney submits case concerned documents to a forensic laboratory for examination.）

导 读

辩护律师将涉案材料给鉴定机构是否构成非法披露商业秘密？除了这个有意思的问题，本文延伸阅读及类案裁判规则部分解读了六种是否构成披露商业秘密的非常常见的场景：

一、在另案诉讼中将他人商业秘密作为证据向法院提交的行为不属于侵犯他人商业秘密，原因在于涉案信息未被市场经营者用于恶意挤占他人的竞争优势，为自己谋取不正当利益。

二、“披露”商业秘密应达到的效果是使第三方直接知悉或容易获得，或者为相关公众普遍知悉或容易获得。在保密协议未禁止的情况下，员工将公司的商业秘密转发至本人掌握用户名及登录密码的邮箱，不构成对商业秘密的非法披露。

三、因将商业秘密上传至百度网盘致使商业秘密泄露于互联网时，应考量该上传行为与涉案信息的重要程度是否匹配，以判断行为人是否具有故意及重大过失的主观过错。

四、知道或应当知道涉案信息系他人通过非法途径获得的，媒体刊物未尽审慎的审查核实义务，擅自公开的行为，构成对他人商业秘密的披露。

五、员工离职时带走包含原单位商业秘密的数据，后将其拷贝至存放在新公司经营场所的电脑上，即足以认定其披露了所掌握的商业秘密，至于该电脑究竟是个人电脑还是工作电脑并不影响披露行为的认定。

六、在个人简历中描述此前工作经历及具体岗位职责，但未提及用人单位具体技术方案的行为，并不构成《反不正当竞争法》所禁止的披露行为。

裁判要旨

在侵害商业秘密案件的诉讼过程中，辩护人单方以委托鉴定的方式将涉案材料提交给司法鉴定机构的行为，系其履行辩护人的职责，不构成对商业秘密的非法披露。

案情简介

一、宁波市江东区人民法院和宁波市中级人民法院对浙江省宁波市江东区人民检察院提起公诉的孟某玲、刘某杰等人犯侵犯商业秘密罪刑事案件进行了审理。作为被害人，宁波 A 厂向司法机关提交了其采取了保密措施的技术信息材料，即一系列技术图纸并指出上述技术信息材料系该厂的商业秘密。

二、在刑事案件进行过程中，B 律师所指派的律师作为被告人的辩护人，从司法机关复制了上述图纸，提交给多家司法鉴定机构进行公知性鉴定。随后鉴定机构出具了《鉴定报告书》，认为涉案技术信息均属于已为公众所知悉的信息。该辩护人将上述报告书作为证据向法庭提交。

三、宁波 A 厂认为 B 律师所未经同意，也未经司法机关许可，擅自将图纸向多家司法鉴定机构披露，即以侵犯商业秘密为由向北京市第二中级人民法院提起诉讼。

四、一审法院认为 B 律师所实施的复制涉案材料并提供给司法鉴定机构委托鉴定的行为目的是向法庭提供证据，系其履行辩护人的职责，而非与宁波 A 厂进行同业竞争。故一审法院判决驳回宁波 A 厂的全部诉讼请求。

五、宁波 A 厂不服一审判决，向北京市高级人民法院提起上诉，主张 B 律师所将涉及的图纸单方委托鉴定的行为是违法的；其擅自向多个与案件无关的第三人披露商业秘密的行为构成侵权。

六、二审法院认为查阅并复制卷宗材料是法律赋予辩护人的一项权利，其获取材料的方式正当合法，并且将涉案材料提交给有知识产权司法鉴定资质的机构的行为，系其履行辩护人的职责，显然不具有主观恶意，不属于反不正当竞争法所规定的披露行为。二审法院判决驳回上诉，维持原判。

法院判决

北京市高级人民法院在本案民事判决书的“本院认为”部分就上述争议焦点进行如下论述：

从本案诉争的 B 律师所指派的律师实施的具体行为看，查阅并复制卷宗材料是法律赋予辩护人的一项权利，其获取上述材料的方式正当、合法。根据我国刑事诉讼法的规定，辩护人有权为被告人搜集证据，并向法庭举证，以免除或减轻被告人的罪责。侵犯商业秘密罪成立的前提是商业秘密成立，而 B 律师所指派的律师为反驳该前提，将宁波A厂提交的材料提交给有知识产权司法鉴定资质的机构，以委托鉴定的方式论证商业秘密是否成立，该行为系其履行辩护人的职责，是合法的。所谓披露，指对外发表、公布，《反不正当竞争法》第十条所指的披露还要求披露人具有主观恶意，而B律师所指派的律师是为了维护其委托人的合法权利，向特定主体提供鉴定材料，显然不具有主观恶意，也不属于反不正当竞争法所规定的披露行为。B律师所的涉案行为并未侵犯宁波A厂的商业秘密，宁波A厂关于B律师所侵犯其商业秘密的主张缺乏事实及法律依据，本院不予支持。

本案相关法律法规

《中华人民共和国反不正当竞争法》

第九条 经营者不得实施下列侵犯商业秘密的行为：

（一）以盗窃、贿赂、欺诈、胁迫、电子侵入或者其他不正当手段获取权利人的商业秘密；

（二）披露、使用或者允许他人使用以前项手段获取的权利人的商业秘密；

（三）违反保密义务或者违反权利人有关保守商业秘密的要求，披露、使用或者允许他人使用其所掌握的商业秘密；

（四）教唆、引诱、帮助他人违反保密义务或者违反权利人有关保守商业秘密的要求，获取、披露、使用或者允许他人使用权利人的商业秘密。

经营者以外的其他自然人、法人和非法人组织实施前款所列违法行为的，视为侵犯商业秘密。

第三人明知或者应知商业秘密权利人的员工、前员工或者其他单位、个人实施本条第一款所列违法行为，仍获取、披露、使用或者允许他人使用该商业秘密的，视为侵犯商业秘密。

本法所称的商业秘密，是指不为公众所知悉、具有商业价值并经权利人采取相应保密措施的技术信息、经营信息等商业信息。

《最高人民法院关于审理侵犯商业秘密民事案件适用法律若干问题的规定》

第八条 被诉侵权人以违反法律规定或者公认的商业道德的方式获取权利人的商业秘密的，人民法院应当认定属于反不正当竞争法第九条第一款所称的以其他不正当手段获取权利人的商业秘密。

第九条 被诉侵权人在生产经营活动中直接使用商业秘密，或者对商业秘密进行修改、改进后使用，或者根据商业秘密调整、优化、改进有关生产经营活动的，人民法院应当认定属于反不正当竞争法第九条所称的使用商业秘密。

案件来源

北京市高级人民法院审理的宁波 A 厂与 B 律师所侵犯商业秘密纠纷上诉案［（2010）高民终字第 868 号］

延伸阅读及类案裁判规则

一、在另案诉讼中将他人商业秘密作为证据向法院提交，因涉案信息未被经营者用于恶意挤占他人的竞争优势，为自己谋取不正当利益，故不属于侵犯他人商业秘密（It shall not constitute trade secret misappropriation if a party submit other parties' trade secrets as evidence in another lawsuit，because the information concerned has not been used by such party to compete with other parties' competitive advantage in bad faith and seek improper advantage for themselves.）

案例一：深圳市中级人民法院审理的 A 公司、B 公司侵害商业秘密纠纷［（2019）粤 03 民终 1461 号］认为，“更为重要的是，退一步而言，即便上诉人案涉项目信息能认定为商业秘密，则将项目信息披露给项目工人用于该工人在劳动争议纠纷案件中进行举证的行为能否视为侵犯上诉人商业秘密。对此本院认为，反不正当竞争法将规范经营者诚信经营、维护正当市场竞争秩序作为立法宗旨，其所要规制的是市场经营者恶意挤占他人的竞争优势，为自己谋取不正当利益的不诚信行为。而本案中，首先，获取上诉人项目信息的叶某平并非从事商品生产、经营的市场主体；其次，叶某平将上诉人项目信息在其起诉对方索要劳务报酬的案件中用于证明受诉法院的管辖依据，并非将上诉人信息使用于其生产经营活动中，并将之用于挤占上诉人市场份额因而为自己谋取不正当的竞争利益为目的。因此，上述并非发生于存在竞争关系的市场经营者之间，且并非将相关信息用于谋求不正当利益为目的的行为，不属于我国反不正当竞争法所规制的侵犯他人商业秘密的行为。上诉人指控被上诉人叶某明将其项目信息向案外人叶某平披露构成侵害其商业秘密的主张缺乏事实和法律依据，本院不予支持”。

案例二：佛山市禅城区人民法院审理的 A 公司与朱某南侵害商业秘密纠纷［（2017）粤 0604 民初 15572 号］认为，“被告朱某南在原告 A 公司任职时已签署《声明书》，表示已经阅读《员工守则》，并签收领取了《员工守则》，故应遵守《员工守则》等规定的保密义务。但是，被告朱某南作为原告后整理车间普通工人，违反上述规定，利用在原告处工作之机非法获取了存放在原告办公区域的相关商业秘密（资产负债表、损益表、委托文件），并在另案诉讼中作为证据提交，属于非法获取商业秘密的行为，已侵犯了原告的商业秘密，依法应承担相应法律责任”。

二、在保密协议未禁止的情况下，员工将公司的商业秘密转发至本人掌握用户名及登录密码的邮箱不构成对商业秘密的非法披露（披露商业秘密应达到第三方直接知悉或容易获得，或者为相关公众普遍知悉或容易获得的效果）［Where it's not prohibited by confidentiality agreement，it shall not constitute illegal trade secrets disclosure if employees send employer's trade secrets to email boxes which such employees hold the user's name and password.（trade secrets disclosure refer to circumstance that a third party or the public has known directly or has easy access to such information）］

案例三：浙江省高级人民法院审理的A公司与曹某卫侵犯商业秘密纠纷二审民事判决书［（2010）浙知终字第267号］认为，“本案中，曹某卫的涉案行为是将A公司的涉案商业秘密转发至其曾使用过的其他企业邮箱里。双方当事人的讼争焦点在于该涉案行为是否构成《中华人民共和国反不正当竞争法》第十条第一款第（三）项所规定的违反约定或者违反权利人有关保守商业秘密的要求，‘披露’商业秘密行为。首先，涉案保密协议第九条、第十条明确约定，员工可自备因职务上的需要可能记录A公司秘密信息的载体。而邮箱除具备通信的功能外，也可作为储存信息的载体，故曹某卫的涉案行为并不为涉案保密协议所禁止。其次，‘披露’商业秘密行为，是指行为人将商业秘密告知其与权利人之外的第三人，或将商业秘密的内容公之于众，其应达到的效果应为使第三方直接知悉或容易获得，或者为相关公众普遍知悉或容易获得。本案中，因曹某卫涉案邮箱的用户名和登录密码系由其本人掌握，故案外第三人无法通过合法途径进入该邮箱，获悉涉案商业秘密。且A公司也未能举证证明案外第三人因曹某卫的涉案行为业已获悉或使用涉案商业秘密。故曹某卫的涉案行为不构成‘披露’商业秘密行为，亦未侵犯A公司的涉案商业秘密”。

案例四：广西壮族自治区高级人民法院审理的周某贵、梧州A公司侵害商业秘密纠纷［（2018）桂民终227号］认为，“广东省东莞市中级人民法院作出的（2015）东中法民五终字第3095号生效民事判决认定，周某贵利用其在梧州A公司工作期间使用的邮箱向非公司员工林某洲发送《检查指引（27号版本）》是事实。又根据《中华人民共和国反不正当竞争法》第十条第一款第（三）项关于‘经营者不得采用下列手段侵犯商业秘密……违反约定或者违反权利人有关保守商业秘密的要求，披露、使用或者允许他人使用其所掌握的商业秘密’的规定，本院依法认定周某贵的行为构成侵害梧州 A 公司的商业秘密，周某贵认为其不构成侵权的上诉理由不能成立”。

三、将商业秘密上传至百度网盘致使商业秘密泄露被认定侵犯商业秘密（It shall constitute trade secrets misappropriation if trade secret leakage take place due to uploading trade secrets to Cloud Storage.）

案例五：北京市朝阳区人民法院审理的 A 公司与 B 公司侵害商业秘密纠纷一审民事判决书［（2017）京 0105 民初 68514 号］认为，“B 公司被诉侵犯商业秘密行为包括两项，一项为其通过百度网盘向其公司以外人员缪某披露涉案素材，另一项为其将涉案素材以‘WKZ’为名上传至百度网盘最终导致素材泄露于互联网之上……关于第二个行为，涉案素材最终泄露于互联网之上，系因其将涉案素材上传于百度网盘所致，判断该行为是否侵犯商业秘密，应当考量 B 公司是否具有故意及重大过失的主观过错。A 公司提交微信聊天记录等证据，可证明涉案素材在双方交接过程中均系通过工作人员现场传递的方式进行，且 B 公司在与 A 公司进行沟通的过程中也表示，系由于公司内部文件传输协议故障，才将涉案素材上传至百度网盘。综合以上情况本院认为，至少在涉案电影的相关材料传递过程中，双方主要依赖手递手的方式。此外，在影视行业中，电影公开放映之前，有关电影拍摄的主要内容必然属于相关权利人最为核心的经营信息，B 公司将涉案素材上传至百度网盘，并且以‘WKZ’为名的行为，显然与上述经营信息的重要程度不相匹配。故本院认为，B 公司将涉案素材上传至百度网盘在主观上存在重大过失，且该上传行为最终导致涉案素材的泄露。综上，B 公司的该行为亦属于侵犯商业秘密，其应当承担停止侵害、消除影响、赔偿损失等法律责任”。

四、知道或应当知道涉案信息系他人通过非法途径获得的，媒体刊物未尽审慎的审查核实义务、擅自公开的行为，构成对他人商业秘密的披露（It shall constitute trade secret disclosure if a media did not fulfill its prudent review duty and disclose information which such media has known or should have known the information involved was acquired illegally.）

案例六：河北省高级人民法院审理的 A 公司与 B 公司侵害商业秘密纠纷［（2016）冀民终 467 号］认为，“首先，从某周刊微信平台上刊登的《独家爆料 | 某饮料确定换色，土豪金新罐现已大规模量产（有图有真相）》报道的内容看，‘小编接到爆料后第一时间就与几位圈内专业人士取得联系，他们分析认为……’‘另有知情人士向小编爆料……’‘大家还是跟小编一起来看看从 A 制罐厂（即 A 公司）流出的谍照吧’等内容，通篇均是以‘小编’的身份在透露 A 公司生产金

罐的信息，还附有生产线及金罐的照片。该事实足以说明，金罐信息并非如 B 公司所称的那样由网友直接上传到平台，而是经某周刊微信平台的编辑之手配文后，才予以刊载。因此，某周刊微信平台是 A 公司商业秘密的泄露者。一审判决认定 B 公司不是涉案金罐信息发布者的认定，属于认定事实错误，应予纠正。其次，正如 B 公司所称，C 公司将要换罐是行业内公开的秘密。但其具体换成何种外观的罐体及由谁生产却并不为公众所知悉，且该信息无论是对 C 公司还是 A 公司的经营，均具有重大的经济利益。B 公司创办的某周刊作为饮料行业的专业媒体，其在二审开庭时又称与 C 公司有过多次合作，就更应当知道该公司换罐信息的重大意义，亦应当知道其微信平台中所谓粉丝上传的金罐'谍照'，以及指称 A 公司为 C 公司加工生产金罐的信息，属于 C 公司和 A 公司的核心机密。在 C 公司通过正规渠道公布该信息之前，所谓粉丝获得的'谍照'金罐信息等应是通过非法途径获得的。B 公司在权利人正式公布涉案金罐信息之前，未尽审慎的审查核实义务，撰写文章公布了 A 公司生产金罐信息的消息，侵害了 A 公司的商业秘密。某周刊由 B 公司主办，其微信平台侵害了 A 公司的合法权利，依据《中华人民共和国侵权责任法》第六条'行为人因过错侵害他人民事权益，应当承担侵权责任'的规定，理应由 B 公司承担法律责任”。

五、员工离职带走原单位商业秘密后将其拷贝至在新任职公司经营场所的电脑上，即足以认定其披露了所掌握的商业秘密，至于该电脑究竟是个人电脑还是工作电脑并不影响披露行为的认定（It shall constitute trade secret disclosure if an employee takes away its former employer's trade secrets and copy such secrets into a computer which is located at its current employer's premises, no matter whether such computer is a personal computer or a working computer.）

案例七：宁波市中级人民法院审理的徐某君、A 公司侵害商业秘密纠纷［（2018）浙 02 民终 1095 号］认为，“徐某君上诉称储存相关信息的电脑系徐某君个人电脑而非 B 公司的电脑，故徐某君并未将相关信息披露给 B 公司……本院认为，储存相关信息的电脑的所有权归属情况并不影响披露行为的认定。即使储存相关信息的电脑系徐某君个人购买，但该电脑存放在 B 公司经营场所，即该电脑系用于 B 公司经营用途。徐某君在离职时，将存有 A 公司经营信息（包括销售数据、采购信息、产品相关的照片、型号、尺寸、价格、客户联系方式等信息）的移动硬盘带离公司，后又将移动硬盘上的所有数据拷贝到存放在 B 公司经营场所的电脑上，足以认定徐某君将其所掌握的商业秘密披露给 B 公司”。

案例八：山东省高级人民法院审理的 A 公司诉孙某强、姜某等侵害商业秘密纠纷一案［（2012）鲁民再终字第 26 号］认为，“本案中，B 公司的电脑中保存有 A 公司的滴丸机的图纸、软件程序、客户资料和招投标书等信息资料。孙某强亦认可上述技术资料信息系其从 A 公司取得并披露给 B 公司。本院认为，孙某强原系 A 公司的员工，接触、掌握了涉案商业秘密，并受其与 A 公司签订的《保密及竞业限制协议》的约束，应对涉案商业秘密负有保密义务。但孙某强违反约定，将涉案商业秘密披露给与 A 公司有竞争关系的 B 公司并用于滴丸机的生产，侵害了 A 公司的涉案商业秘密，应承担侵权责任”。

六、个人简历中描述此前工作经历及具体岗位职责，但未提及用人单位具体技术方案的行为，不构成披露商业秘密的行为（Without referring to former employer's specific technical plan，the description of work experience and job duties in a resume does not constitute a trade secret disclosure.）

案例九：成都市中级人民法院审理的 A 公司、宋某侵害商业秘密纠纷一审民事判决书［（2018）川 01 民初 3608 号］认为，“宋某为找工作而在个人简历中描述此前工作经历及具体岗位职责的行为具有合理性，且其个人简历仅说明了宋某在 A 公司工作期间负责或参与过的工作内容，并没有提及研发、设计的具体方法、步骤等技术方案，也没有展示任何设计图纸或计算数据，他人并不能通过阅读宋某的个人简历而知晓如何在游乐设施研制过程中使用磁悬浮技术、如何将各种传输或提升装置用于游乐设施，以及如何制造出 A 公司所主张的各种游乐设施。因此，不论 A 公司主张的信息是否构成技术秘密，宋某撰写个人简历、介绍其在 A 公司工作内容的行为都不构成《反不正当竞争法》所禁止的披露行为”。

031 销售、购买、使用侵犯商业秘密所生产的侵权产品是否构成侵权（Does selling， purchasing， or using of misappropriating product constitutes trade secrets misappropriation.）

裁判要旨

“使用商业秘密”的行为应当指直接使用商业秘密内容本身，而不包括使用商业秘密生产制造的侵权产品销售、再销售以及购买者使用的行为。销售、购买、使用侵犯商业秘密所生产的侵权产品不构成侵权。

案情简介

一、A 公司内部实行严格的保密制度，通过在劳动合同、对外签订的销售合同中约定以及员工手册规定等方式对公司技术资料等商业秘密采取了一系列保密措施。主管市场的副总经理应某愉、技术开发部经理沈某、生产制造部经理周某荣等先后辞职，至C公司就职。

二、A公司在其供应商某某公司及其客户B公司处均发现了由C公司提供的产品。这些产品的外形、技术参数和精度指标等信息与A公司作为商业秘密保护的技术信息完全一致。

三、A公司认为三员工离职后违反保密义务，私自披露、使用、允许他人使用其所掌握的商业秘密；C公司通过不正当手段，窃取并使用他人商业秘密；B公司在明知C公司生产的产品涉嫌侵犯商业秘密的情形下，仍购买侵权产品，为C公司侵权行为提供了帮助。故A公司以侵害商业秘密为由，向上海知识产权法院提起诉讼，主张的赔偿金额从立案时的50万元，在审理中增加为1200万元。

四、一审法院认为A公司主张的技术秘密构成商业秘密；周某荣、应某愉、沈某与C公司共同侵害商业秘密的事实成立。故一审法院判决该四被告承担停止侵权、连带赔偿经济损失20万元的侵权责任。

五、一审法院认为B公司通过公开招标程序购买侵权产品并使用的行为不属于"使用商业秘密"的行为，不构成侵权亦无须停止使用该侵权产品。

六、A公司不服一审判决向上海市高级人民法院提起上诉。二审法院最终判决驳回上诉，维持原判。

法院判决

上海市高级人民法院在本案民事判决书的"本院认为"部分就上述争议焦点进行如下论述：

根据《反不正当竞争法》第九条第一款、第二款的规定，反不正当竞争法规定的侵害商业秘密的行为包括使用行为，但一审法院认为《反不正当竞争法》第九条所规定的"使用"应当指直接使用商业秘密内容本身，而不包括使用商业秘密生产制造的侵权产品生产销售后，其他销售商后续销售以及购买者使用的行为。生产商以外的其他销售商销售侵害商业秘密产品的行为不属于擅自使用他人的商业秘密的行为，而是在客观上构成对使用商业秘密行为的帮助。即正是基于后续的销售行为才促成使用商业秘密损害后果的发生。因此只有在销售商明知其销售的系侵害商业秘密的产品而仍然予以销售的情况下，才可能承担帮助侵权的民事责任；经营者购买侵害商业秘密产品进行使用的行为，由于此时侵权产品已经退出市场流通，并不涉及与其他市场主体进行市场竞争的问题，不论侵权产品使用人主观上是否知道该产品涉嫌侵权，均不属于反不正当竞争法调整的范畴。当然，出于保护商业秘密权益人的需要，确保相关经营者能够向侵权产品的源头进行追索，使侵权产品退出市场流通，侵害商业秘密产品的销售商和使用者，均有义务向商业秘密权益人提供进货渠道、买家信息等信息，否则应当承担相应的补充赔偿责任。本案中，B公司系被控侵权产品的使用者，其通过公开招标程序由C公司处购买被控侵权产品并使用不属于反不正当竞争法的调整范围，且现有证据无法证明B公司知道该产品系侵权产品，而B公司能够提供该产品的购买合同，支付了相应的对价，故B公司不构成反不正当竞争法规定的擅自使用A公司涉案技术秘密的行为，亦无须停止使用含有被控侵权蜗轮蜗杆的压片机。对于A公司的相关诉讼请求，一审法院不予支持。

本案相关法律法规

《中华人民共和国反不正当竞争法》

第九条 经营者不得实施下列侵犯商业秘密的行为：

（一）以盗窃、贿赂、欺诈、胁迫、电子侵入或者其他不正当手段获取权利人的商业秘密；

（二）披露、使用或者允许他人使用以前项手段获取的权利人的商业秘密；

（三）违反保密义务或者违反权利人有关保守商业秘密的要求，披露、使用或者允许他人使用其所掌握的商业秘密；

（四）教唆、引诱、帮助他人违反保密义务或者违反权利人有关保守商业秘密的要求，获取、披露、使用或者允许他人使用权利人的商业秘密。

经营者以外的其他自然人、法人和非法人组织实施前款所列违法行为的，视为侵犯商业秘密。

第三人明知或者应知商业秘密权利人的员工、前员工或者其他单位、个人实施本条第一款所列违法行为，仍获取、披露、使用或者允许他人使用该商业秘密的，视为侵犯商业秘密。

本法所称的商业秘密，是指不为公众所知悉、具有商业价值并经权利人采取相应保密措施的技术信息、经营信息等商业信息。

《中华人民共和国侵权责任法》

第八条 二人以上共同实施侵权行为，造成他人损害的，应当承担连带责任。①

① 对应2021年1月1日起施行的《中华人民共和国民法典》侵权责任编第一千一百六十八条。

《中华人民共和国民法典》

第一千一百六十八条 二人以上共同实施侵权行为，造成他人损害的，应当承担连带责任。

案件来源

上海市高级人民法院审理的C公司、A公司等与B公司侵害商业秘密纠纷二审民事判决书［（2019）沪民终129号］

延伸阅读及类案裁判规则

一、销售侵犯商业秘密所制造的侵权产品并不属于反不正当竞争法规定的侵犯商业秘密的行为（Selling misappropriating products does not constitute trade secrets misappropriation under the *Anti-unfair Competition Law*.）

案例一：A深圳公司、A公司与B公司、B（广州）有限公司、B（昆山）有限公司、B（中国）有限公司、C印刷厂、D经营部侵犯商业秘密纠纷管辖权异议案［最高人民法院（2007）民三终字第10号］认为，“根据《中华人民共和国反不正当竞争法》第十条的规定，销售侵犯商业秘密所制造的侵权产品并不属于该法所规定的侵犯商业秘密的行为。通常情况下，使用商业秘密的过程就是制造侵权产品的过程，当侵权产品制造完成时，使用商业秘密的侵权结果即同时发生。因此，使用商业秘密的行为实施地和结果发生地通常是重合的，不宜将侵权产品的销售地视为使用商业秘密的侵权结果发生地。

本院认为，A公司、A深圳公司虽然在起诉状中指控C印刷厂、D经营部销售侵犯原告商业秘密所制造的侵权产品，但根据《反不正当竞争法》第十条的规定，销售侵犯商业秘密所制造的侵权产品并不属于该法所列明的侵犯商业秘密的行为，故C印刷厂、D经营部被控销售侵犯商业秘密所制造的侵权产品的行为不是反不正当竞争法规定的侵犯商业秘密的行为。因此，广东省佛山市中级人民法院不能因C印刷厂、D经营部被控销售侵犯商业秘密所制造的侵权产品而具有本案的管辖权。一般而言，使用商业秘密的行为实施地和结果发生地是重合的。亦即，使用商业秘密的过程，通常是制造侵权产品的过程，当侵权产品制造完成时，使用商业秘密的侵权结果即同时发生，不宜将该侵权产品的销售地视为使用商业秘密的侵权结果发生地。因此，虽然A公司、A深圳公司指控上诉人B公司等将被控侵权产品销往佛山市，但佛山市并不是上诉人B公司等使用商业秘密行为的侵权结果发生地，广东省佛山市中级人民法院亦不能据此具有本案的管辖权。关于A公司、A深圳公司指控的C印刷厂、D经营部使用侵犯原告商业秘密所制造的侵权产品，因该行为不属于反不正当竞争法规定的侵犯商业秘密的行为，故此不能成为佛山市中级人民法院管辖本案的依据。至于A公司、A深圳公司在二审答辩中提及的C印刷厂、D经营部使用侵权设备和工艺进行分条、切张等，因起诉状没有相关记载且其未提交初步证据予以证明，故此亦不能成为佛山市中级人民法院管辖本案的依据。

因此，根据民事诉讼法及其司法解释的有关规定，广东省佛山市中级人民法院对本案没有管辖权，广东省高级人民法院对本案有管辖权。但因本案与江苏省高级人民法院受理的（2004）苏民三初字第003号案件是当事人基于同一法律事实而发生的纠纷，且江苏省高级人民法院的立案时间早于广东省高级人民法院的立案时间，故根据《最高人民法院关于在经济审判工作中严格执行〈中华人民共和国民事诉讼法〉的若干规定》第二条规定，本案应移至江苏省高级人民法院合并审理。

也有案例认为，具有共同的侵权故意的情况下，明知侵权人非法使用他人商业秘密生产侵权产品的情况下，仍销售侵权产品的行为，构成商业秘密共同侵权，应承担帮助侵权的民事责任（本书作者认为，以下案例判决销售侵权产品的行为构成共同侵权值得商榷，与其认定销售侵权产品的行为构成共同侵权，不如认定销售之前的参与共同筹备等行为构成共同侵权）”。

案例二：上海市第二中级人民法院审理的A研究院与陈某元侵害商业秘密纠纷一案一审民事判决书［（2003）沪二中民五（知）初字第207号］认为，“在本案中，根据上海市普陀区人民法院刑事判决书认定的事实，2001年上半年，被告B苏州公司的法定代表人李某弟曾与李某明共同商量出资成立一家生产稳定性同位素15N标记化合物的公司，通过被告程某雄介绍认识了被告陈某元、被告强某康，并委托被告陈某元、被告程某雄以被告C公司的名义到加工单位为被告C公司定制、验收了部分生产设备，为生产侵权产品做准备。2001年7月17日，被告C公司成立，李某明担任法定代表人。被告陈某元、被告程某雄、被告强某康分别向原告A研究院及其下属的有机所提出辞职，进入被告C公司担任重要职务，生产侵权产品。2001年12月18日，李某明担任被告B苏州公司的股东及董事。因此，根据上述事实可以认定，在被告C公司成立之前，被告B苏州公司的法定代表人李某弟已参与被告C公司的筹备工作，且已明知被告陈某元、被告强某康为原告单位的涉密人员；在被告C公司成立之后，被告B苏州公司与被告C公司又互有分工，被告C公司负责生产侵权产品，被告B苏州公司负责销售侵权产品，被告C公司的法定代表人又成为被告B苏州公司的股东及董事。因此，被告陈某元、被告程某雄、被告强某康、被告 C 公司、被告 B 苏州公司具有共同的侵权故意，其中被告 B 苏州公司在明知被告 C 公司生产侵权产品的情况下，仍销售侵权产品的行为，与其余四名被告共同构成商业秘密侵权，五名被告应当承担连带赔偿民事责任”。

二、通过正常商业渠道支付合理对价购买到的是侵权产品、购买方作为善意第三人合法取得了产品所有权，不构成商业秘密侵权，不应判决停止使用侵权产品（It shall not constitute misappropriation if a bona fide purchaser has paid reasonable consideration for misappropriation products through regular business channel and obtain its legitimate ownership. A court shall not decide that such purchaser to stop using misappropriation products.）

案例三：北京知识产权法院审理的 A 设计院与 B 公司等侵害计算机软件著作权纠纷二审民事判决书［（2018）京 73 民终 1249 号］认为，“判断是否存在 1993 年《反不正当竞争法》第十条第二款所指‘第三人明知或者应知前款所列违法行为，获取、使用或者披露他人的商业秘密’之情形，既要充分保护商业秘密权利人的合法权益，又要合理确定经营主体在通常商业过程交易中所负注意义务的大小；既不能放任侵权行为，也不能对商业主体课以过高的注意义务，不适当地增大市场交易成本。此外，也要考虑裁判结果对各方预期利益的影响，以及各方的缔约角色、判断能力，保护善意交易主体的合理信赖利益。基于此，本院认为，A 设计院的被控行为不属于 1993 年《反不正当竞争法》第十条第二款规制的情形，不应承担侵权责任，理由如下：

第一，从使用主体方面来讲，A 设计院并非上述技术秘密的直接使用者，而是相关产品的终端用户，其善意取得涉案软件的所有权，不属于上述第十条第二款规制情形中的‘第三人’。1993 年《反不正当竞争法》第十条第二款中的‘第三人’是指将该条第一款情形中的商业秘密加以非法获取、利用或者披露的主体，而在本案中，涉案商业秘密属于技术秘密，即编写涉案软件过程中所使用的技术方案，而直接使用该技术方案的主体为 B 公司，A 设计院既未从 C 公司处，也未从 B 公司处获取上述技术方案，而是以终端用户的角色、善意购买了 B 公司使用上述技术秘密开发的软件。在选择涉案软件供应商的过程中，A 设计院组织了招标程序，B 公司参加投标并最后中标。

由于招标程序的对象广泛性、公开参与性、规范性和透明性等特点，能够在程序上对交易公平提供一定保障。本案中，涉案合同标的为 50 万元，对这个规模的交易来讲，组织招标程序足以保障交易程序的正当性，应当认定其属于正常的商业渠道。基于投标结果，A 设计院支付了 50 万元的开发费用，并无任何证据表明该金额有别于合理的市场价格，C 公司亦未举证证明 A 设计院在招投标过程中存在异常行为。故 A 设计院系通过组织正常的招标程序购买涉案软件，并支付了合理对价，在上述软件交付使用之后，其作为善意第三人合法取得了涉案软件的所有权。基于对招标程序正当性的信任及合理的交易预期，A 设计院的有关权益应当受到法律保护。

第二，从主观意图方面来讲，A 设计院在交易过程中尽到了合理注意义务，并不存在过错。本案涉及的商业秘密是 C 公司主张的数据库表、存储过程/函数等技术秘密，该数据库表、存储过程/函数并不体现在终端用户的界面中，虽然夏某斌曾在青岛建筑设计院作为项目接收人与 C 公司签订过《技术开发合同》，但其系管理人员而非技术人员，并无能力判断 C 公司开发的软件使用的是何种技术，包含何种不为公知的数据库表、存储过程/函数，且涉案技术秘密无法从终端用户界面予以直接判断。在夏某斌转任 A 设计院的副院长之后，A 设计院通过公开招标程序选择 B 公司作为产品供应方，属于在正常商业渠道通过正常商业模式选择交易对象的行为，故并不能仅凭 A 设计院曾经是 C 公司的客户，就认定 A 设计院应当知晓 B 公司开发的涉案软件使用了 C 公司的技术秘密。在 A 设计院的招标过程中，C 公司虽曾致函 A 设计院，但其函件中并未提供任何证据，由于 C 公司与 B 公司存在竞争关系，在 B 公司能够提供计算机软件著作权登记证书且双方又签订了知识产权保证条款的情况下，如此时要求 A 设计院在有限的时间内，投入大量的人力、物力调查 B 公司开发的软件是否使用了 C 公司的技术秘密之后，再行决定与谁签订涉案软件开发合同，显然不符合正常商业行为的时限性要求。涉案技术秘密本身具有不公开性，且仅从软件终端无法判断使用了何种技术开发，只有通过专业人员借助专业设备，同时获取双方的相关软件，才能得出比对结论，这明显超出 A 设计院的判断能力。此外，C 公司致函 A 设计院之后，B 公司获悉后就上述致函行为提起了不正当竞争诉讼，也能够从侧面证明 B 公司当时对 A 设计院所转函件的态度。综观整个交易过程，A 设计院尽到了合理注意义务，不存在过错。

第三，从后续影响方面来讲，A 设计院继续使用涉案软件不会影响 C 公司的预期利益。如前所述，保护技术秘密权利人的合法权益与维护正常合理的交易信赖秩序应当是司法机关同时追求的价值，两者不可偏废。不能片面强调权利保护，而随意扩大责任范围，损害整个交易信赖秩序安全。本案中，本院已认定 B 公司应当承担侵犯技术秘密的法律责任，C 公司的损失可在 B 公司处获得弥补。就 A 设计院获悉涉案软件为侵权产品之后是否可以继续使用的问题，如前所述，其通过正常的招标程序、尽到了合理注意义务、支付了合理对价，善意取得涉案软件的所有权，在未出现权利义务重大失衡或其他特殊理由的情况下，不宜判令停止使用，进而损害善意交易主体对正常商业秩序的信任。此外，如A设计院可以直接传播该软件使用的技术秘密，则可能对C公司的潜在市场份额造成威胁，但其仅为该软件的一般消费者，并无能力获取、披露涉案软件使用的技术秘密，且A设计院的经营业务与C公司不在同一市场，二者不存在竞争关系，其继续使用涉案软件并不会影响C公司的潜在市场份额，进而损害C公司的预期利益。

综合以上分析，A设计院作为涉案软件的购买者和消费者，在购买时并不知晓或应当知晓涉案软件属于侵犯他人技术秘密的产品，其通过招标程序、从正常商业渠道获得，并支付了合理对价，无须承担侵权责任。一审法院对A设计院的责任认定不当，本院予以纠正”。

六、不构成侵犯商业秘密行为的认定

（Identification of acts that do not constitute trade secret misappropriation）

032 掌握商业秘密的离职员工以反向工程获得技术秘密进行侵权抗辩的，法院不予支持（Where an employee who has left the post holding the trade secret makes a defense for misappropriation on the ground of reverse engineering，the court shall overrule such defense.）

裁判要旨

反向工程应以未参与或接触产品设计秘密、不了解技术开发的内情为前提。在商业秘密侵权案件中，被实施反向工程的产品应当是从公开渠道取得的产品，且反向工程的实施人不能是对商业秘密负有保密义务的人，故已掌握商业秘密的离职员工不能以通过实施反向工程获得技术秘密进行侵权抗辩。

2020 年 9 月 10 日颁布的《最高人民法院关于审理侵犯商业秘密民事案件适用法律若干问题的规定》明确规定，被诉侵权人在先以不正当手段获取权利人的商业秘密后，又以反向工程为由主张未侵犯商业秘密的，法院不予支持。

案情简介

一、A 公司为保护其技术信息，采取了保密措施：制定公司规章制度、保密条款、实施图纸借用登记制度、与客户签订保密合同、设置保密警示标志、要求员工在职做出书面保密承诺等。

二、胡某祥、王某兵分别进入 A 公司工作，与 A 公司签订《聘用协议书》《保证书》《承诺书》等协议，约定两人在任职期间和离职后都不得泄露公司的商业秘密。

三、离职后，胡某祥投资设立宁波B公司和龙游B公司，二者的生产经营范围与A公司相同。宁波B公司向国家知识产权局申请了两项相关产品的实用新型专利，发明人为胡某祥、陈某琳、王某兵。

四、A公司以侵害商业秘密为由向宁波市中级人民法院提起诉讼。宁波B公司、龙游B公司、胡某祥提出了其系在对A公司的产品进行维修和翻新的过程中通过反向工程方式获得技术秘密的抗辩主张。

五、一审法院认为对该抗辩理由不予支持，理由在于：被实施反向工程的产品应当是从公开渠道取得的产品，且反向工程的实施人不能是对商业秘密负有保密义务的人；三被告亦不能就拆卸、测绘、分析等过程进行充分举证并且作出合理说明。故一审法院判决胡某祥、王某兵及宁波B公司、龙游B公司的行为构成对A公司技术秘密的共同侵害。

六、三被告不服一审判决向浙江省高级人民法院提起上诉，称A公司未举证证明胡某祥与王某兵采取了何种不正当手段，原审法院以推定方式认定胡某祥和王某兵存在侵权行为，无事实依据。

七、二审法院认为龙游B公司、胡某祥不能证明其通过反向工程获取了上述技术信息，结合相关案情，应当认定胡某祥、王某兵、龙游B公司和宁波B公司非法披露、使用了他人的商业秘密，构成共同侵权。故二审法院判决驳回上诉，维持原判。

法院判决

浙江省高级人民法院在本案民事判决书的“本院认为”部分就上述争议焦点进行如下论述：

现本案中宁波B公司、龙游B公司、胡某祥为证明其获得A公司信息的正当性，提出了其系在对A公司的产品进行维修和翻新的过程中通过反向工程方式获得技术秘密的抗辩主张。对此，该院认为，《最高人民法院关于审理不正当竞争民事案件应用法律若干问题的解释》第十二条规定：“通过自行开发研制或者反向工程等方式获得的商业秘密，不认定为反不正当竞争法第十条第（一）、（二）项规定的侵犯商业秘密行为。前款所称‘反向工程’，是指通过技术手段对从公开渠道取得的产品进行拆卸、测绘、分析等而获得该产品的有关技术信息。当事人以不正当手段知悉了他人的商业秘密之后，又以反向工程为由主张获取行为合法的，不予支持。”

根据上述规定，被实施反向工程的产品应当是从公开渠道取得的产品，且反向工程的实施人不能是对商业秘密负有保密义务的人，如果是以不正当手段知悉了他人商业秘密之后又以反向工程为由主张获取行为合法的，该抗辩主张不能成立。龙游B公司、宁波B公司及胡某祥所举证据不能证明被实施反向工程的产品系其从公开渠道合法取得的A公司的产品，而胡某祥、王某兵作为实施人本身负有不得将A公司技术图纸泄露、保守A公司商业秘密等义务，且宁波B公司、龙游B公司、胡某祥亦不能就拆卸、测绘、分析等过程进行充分举证并且作出合理说明。相反，鉴定过程中对双方当事人提供的技术图纸进行比对，龙游B公司受控文件图纸共有22张，A公司与其对应的有21张图纸，两者图纸结构、技术要求、公差配合、视图布局基本相同，尺寸略有差异，以及龙游B公司、宁波B公司及胡某祥陈述其图纸按照日本规范绘制、产品按日本JIS标准加工等事实来看，上述反向工程抗辩主张缺乏相应的事实和法律依据，亦不符合情理，该院不予采信。胡某祥为证明其从业经历而所举助理工程师资格证书及劳动合同等证据，尚不足以证明其系通过自行开发研制方式获得A公司技术秘密，对该抗辩理由该院亦不予支持……龙游B公司、胡某祥既不能证明其取得与A公司相同的技术信息是独立开发的结果，也不能证明其通过反向工程获取了上述技术信息，或其还有其他的合法来源，结合胡某祥系龙游B公司和宁波B公司的投资人以及法定代表人，胡某祥与王某兵系宁波B公司拥有的“一种高速精密冲床连杆冷却系统”及“一种高速精密冲床的锁模装置”实用新型专利的发明人，以及龙游B公司和宁波B公司在成立后的短时间内即生产出冲床产品，与常规不符的情况，应当认定胡某祥和王某兵违反与A公司的约定或是A公司有关保守商业秘密的要求向龙游B公司和宁波B公司披露了A公司涉案冲床产品中“连杆冷却系统”和“锁模装置”的技术秘密，龙游B公司和宁波B公司非法使用了A公司的上述技术秘密。

本案相关法律法规

《最高人民法院关于审理侵犯商业秘密民事案件适用法律若干问题的规定》

第十四条 通过自行开发研制或者反向工程获得被诉侵权信息的，人民法院应当认定不属于反不正当竞争法第九条规定的侵犯商业秘密行为。

前款所称的反向工程，是指通过技术手段对从公开渠道取得的产品进行拆卸、测绘、分析等而获得该产品的有关技术信息。

被诉侵权人以不正当手段获取权利人的商业秘密后，又以反向工程为由主张未侵犯商业秘密的，人民法院不予支持。

《最高人民法院关于审理不正当竞争民事案件应用法律若干问题的解释》

第十二条 通过自行开发研制或者反向工程等方式获得的商业秘密，不认定为反不正当竞争法第十条第（一）、（二）项规定的侵犯商业秘密行为。

前款所称“反向工程”，是指通过技术手段对从公开渠道取得的产品进行拆卸、测绘、分析等而获得该产品的有关技术信息。当事人以不正当手段知悉了他人的商业秘密之后，又以反向工程为由主张获取行为合法的，不予支持。

案件来源

浙江省高级人民法院审理的A公司与宁波B公司、龙游B公司等侵害技术秘密纠纷二审民事判决书［（2014）浙知终字第60号］

延伸阅读及类案裁判规则

一、反向工程获取商业秘密，应以未参与或接触产品设计秘密、不了解技术开发的内情为前提（Anyone who obtains technical secret through reverse engineering shall be based on the premise that he has not participated in or has no access to secrets of product design or did not know about technology development.）

案例一：河南省高级人民法院审理的A公司等与B公司侵犯商业秘密纠纷上诉案［（2002）豫法民三终字第86号］认为，“关于A公司等上诉人称，DXD系列全自动包装机系A公司在对B公司产品零部件进行反向研究开发的基础上自行设计而成的，系合法取得。在此且不论A公司等上诉人利用其在B公司了解的信息从C特工分厂购买走了该厂为B公司定做的零件是否侵权的问题，仅从A公司等上诉人的陈述中就可得出，A公司的产品是在模仿B公司产品基础上的改进，而反向工程只有在此前未参与或接触该产品设计秘密、对原产品技术开发并不了解内情为前提，才可能不构成侵权。本案中，一些参加过B公司全自动包装机研发工作的人员又用反向技术研发自己参与研发的产品，这等于是用B公司的产品在‘回忆’B公司的技术，因此，用此种反向工程来论证该项技术的合法来源的理由难以成立，本院不予支持”。

二、以反向工程进行侵权抗辩的，应提交其通过拆解产品的实际测绘、分析等过程的技术数据资料作为证据（A defendant shall submit technical data obtained from actual measurement and analysis by disassembling products, as evidence if such defendant makes a defense based on reverse engineering.）

案例二：山东省高级人民法院审理的A公司与B公司、吴某庆等侵害商业秘密纠纷二审民事判决书［（2016）鲁民终1364号］认为，“B公司、吴某庆、何某良认为该六项技术信息系通用技术或可以通过反向工程的方式获得。《最高人民法院关于审理不正当竞争民事案件应用法律若干问题的解释》第十二条规定认为，‘反向工程’是指通过技术手段对从公开渠道取得的产品进行拆卸、测绘、分析等而获得该产品的有关技术信息。当事人以不正当手段知悉了他人的商业秘密之后，又以‘反向工程’为由主张获取行为合法的，不予支持。吴某庆、何某良本是A公司的职工，分别负责生产、销售，依工作职责完全具备掌握A公司商业秘密的条件和可能，二人后到B公司分别担任副总经理、销售副总，负责生产、销售工作，将其掌握的商业秘密非法披露给B公司进行甲带式给料机生产、销售。另外，B公司、吴某庆、何某良以‘反向工程’作为抗辩理由，依法应当承担相应的举证责任，提供其‘反向工程’的证据。B公司、吴某庆、何某良未能提交其主张的通过拆解同类产品获取相关技术信息的实际测绘、分析所获的技术数据，且B公司已经通过非法的方式获得了A公司的涉案商业秘密，故其‘反向工程’的抗辩理由无事实和法律依据，一审法院不予支持”。

案例三：北京市高级人民法院审理的北京A公司等与青岛A公司侵害技术秘密纠纷再审审查与审判监督民事裁定［（2017）京民申4798号］认为“六、关于反向工程。根据《最高人民法院关于审理不正当竞争民事案件应用法律若干问题的解释》第十二条第二款、第三款的规定：“前款所称‘反向工程’，是指通过技术手段对从公开渠道取得的产品进行拆卸、测绘、分析等而获得该产品的有关技术信息。当事人以不正当手段知悉了他人的商业秘密之后，又以反向工程为由主张获取行为合法的，不予支持。”鉴于郭某在青岛A公司任职期间实际接触过涉案模具技术图纸，且北京A公司、郭某、商某明、徐某海等未提交其确实是通过反向工程手段实际获取涉案技术秘密的证据，故本院对其反向工程抗辩不予支持”。

三、以反向工程进行侵权抗辩的一方所提交的样机产品与涉案被侵权产品存在明显差异时，难以证明其通过反向工程获取了相关信息（It is difficult to prove that a defendant obtains relevant information through reverse engineering if there is significant difference between the prototype provided by such defendant and the misappropriating product concerned.）

案例四：成都市中级人民法院审理的丁某刚、周某军、A公司与B公司侵害商业秘密纠纷二审民事判决书［（2014）成知民终字第75号］认为，“A公司、丁某刚、周某军还主张B公司的相关信息系其自行研发且可通过反向工程获得，但A公司、丁某刚、周某军举出的日本样机图片与B公司样机存在明显差异，其具体的结构及硬件设计、原材料选用、软件程序也不尽相同，同时A公司成立以来并未研发过手持点歌器产品，周某军、丁某刚也并未自行研发相关产品，故其不能证明其通过自行研发或反向工程获取了相关信息”。

033 员工能否凭借客户出具的声明以个人信赖进行侵权抗辩（Can an employee make a defense of infringement according to statements issued by customers.）

裁判要旨

在商业秘密侵权案件中员工以个人信赖主张抗辩时，因客户与案件处理结果存在利害关系，在无其他证据予以佐证的情况下，仅凭客户出具的自愿交易声明无法认定公司所使用的客户信息具备合法来源。

案情简介

一、钱某琴在A公司工作，担任公司销售部副经理，参与了A公司外贸客户的开发，并负责对外销售客户的联系与维护、合同谈判与签订等事务。A公司制定了相关的保密措施并与钱某琴签订了《公司商业秘密保护协议》。

二、2006年，钱某琴于离开A公司时与A公司总经理周某联名向包括上述客户在内的其所联系的所有国外客户发出传真，正式通知各客户钱某琴的工作已经更换、其工作已移交给周某，并告知了周某的联系信息。

三、2005年，B公司成立，公司的股东、法定代表人为金某菊。钱某琴与金某菊系亲属关系，钱某琴参与、指导了B公司的设立。B公司成立后生产销售与A公司相同的产品，并与A公司的客户先后发生过买卖业务。

四、A公司以侵害商业秘密为由，向南通市中级人民法院提起诉讼。B公司向法院提交了多名客户出具的关于自愿与B公司进行交易的声明作为证据。

五、一审法院认为，A公司主张的客户名单信息构成商业秘密，但钱某琴在离职时已与公司共同明确告知了客户其离职的事实，并通知了A公司新业务联系人的联系信息，并且客户出具了自愿交易的的声明。因此，可以认定这两家公司是基于对钱某琴的信任而选择与钱某琴有联系的企业进行交易，钱某琴并没有利用其原有身份接洽业务。故一审法院判决驳回A公司的诉讼请求。

六、A公司不服一审判决向江苏省高级人民法院提起上诉。二审法院认为钱某琴向相关客户告知其已离职的事实，仅能证明钱某琴未冒用A公司名义对外进行交易，而客户因与B公司具有利害关系，不能仅凭其声明即认定B公司的客户信息具备合法来源。故二审法院认定被告的个人信赖抗辩缺乏充分证据予以证实，对其不予采纳，判决B公司、钱某琴构成商业秘密侵权。

法院判决

江苏省高级人民法院在本案民事判决书的"本院认为"部分就上述争议焦点进行如下论述：

被上诉人就该问题的主要抗辩主张为：被上诉人并未采取不正当手段，台湾C公司、日本D公司系自愿与其发生交易。被上诉人主要提供了以下证据证明其诉讼主张：1. 台湾C公司、日本D公司关于其是自愿与B公司发生交易的声明；2. 钱某琴在离开A公司前向包括台湾C公司、日本D公司在内的客户明确告知其已离职的相关证据。对此，本院认为，首先，钱某琴向相关客户告知其已离职的事实仅能证明钱某琴未冒用A公司名义对外进行交易，并不能证明钱某琴未将其所掌握的客户信息披露给B公司，也不能证明B公司涉案客户信息具备合法来源。其次，鉴于台湾C公司、日本D公司已实际与B公司发生交易，与本案处理结果存在一定利害关系，因此在无其他证据予以佐证的情况下，并不能仅凭其声明即认定B公司涉案客户信息具备合法来源。据此，被上诉人的相关抗辩主张缺乏充分证据予以证实，本院对其主张不予采纳。本院同时认为，一审判决关于"即便是钱某琴将涉案客户信息披露给B公司，也可以认定涉案客户是基于对钱某琴的信任而选择与其有联系的企业进行交易"的认定不当。本院认为个人信赖条款的前提为，本案中，被上诉人必须证明台湾C公司、日本D公司之前是基于对钱某琴的个人信赖才与A公司进行市场交易。但被上诉人对此并未能予以证明，因此被上诉人并不能以存在信赖关系为由而免除责任，一审判决此项认定不当，依法应予纠正。

本案相关法律法规

《最高人民法院关于审理侵犯商业秘密民事案件适用法律若干问题的规定》

第二条第二款 客户基于对员工个人的信赖而与该员工所在单位进行交易，该员工离职后，能够证明客户自愿选择与该员工或者该员工所在的新单位进行交易的，人民法院应当认定该员工没有采用不正当手段获取权利人的商业秘密。

《最高人民法院关于审理不正当竞争民事案件应用法律若干问题的解释》

第十三条 商业秘密中的客户名单，一般是指客户的名称、地址、联系方式以及交易的习惯、意向、内容等构成的区别于相关公知信息的特殊客户信息，包括汇集众多客户的客户名册，以及保持长期稳定交易关系的特定客户。

客户基于对职工个人的信赖而与职工所在单位进行市场交易，该职工离职后，能够证明客户自愿选择与自己或者其新单位进行市场交易的，应当认定没有采用不正当手段，但职工与原单位另有约定的除外。

案件来源

江苏省高级人民法院审理的A公司与钱某琴等侵犯商业秘密纠纷上诉案［（2008）苏民三终字第0159号］

延伸阅读及类案裁判规则

一、仅有客户出具的声明不足以支持员工的个人信赖抗辩，还应举证证明客户与原用人单位的交易是基于对员工的个人信赖（A statement issued by a customer is not sufficient to support an employee's defense based on personal trust. The employee shall further prove that the transaction between such customer and former employer can be attributed to his personal trust in the employee.）

案例一：南京铁路运输法院审理的A公司、B公司与C公司、陆某侵害经营秘密纠纷一审民事判决书［（2017）苏8602民初708号］认为，"客户信赖抗辩不成立。《最高人民法院关于审理不正当竞争民事案件应用法律若干问题的解释》第十三条第二款规定，客户基于对职工个人的信赖而与职工所在单位进行市场交易，该职工离职后，能够证明客户自愿选择与自己或者其新单位进行市场交易的，应当认定没有采用不正当手段。本案被告虽然提交了25份企业出具的统一格式《声明》，但证据内容无法证明企业此前与原告交易时是否是基于对被告陆某的个人信赖。因此，一方面，该部分证明的数量确实有限，远远不能证明其持有大量原告与相关客户交易信息的正当性；另一方面，也无法证明其客户的开发获取系正常市场竞争行为中的客户个人信赖。故被告的客户信赖抗辩无法成立，本院不予采信。此外，即便综合考量被告的公开可查询抗辩和客户信赖抗辩证据，也无法基本覆盖本案原告主张的客户名册商业秘密范围。

二、商业秘密侵权案件中，若职工是利用单位所提供的物质条件或交易平台获得与客户进行交易机会的，不适用个人信赖抗辩（Defense based on personal trust shall not apply to misappropriation case if a former employee obtains the trade opportunity by using former employer's physical resource or trade platform.）

案例二：上海知识产权法院审理的A公司、岳某丽与B公司侵害商业秘密纠纷二审民事判决书［（2018）沪73民终79号］认为，"关于两上诉人主张的个人信赖抗辩，《最高人民法院关于审理不正当竞争民事案件应用法律若干问题的解释》第十三条第二款规定，'客户基于对职工个人的信赖而与职工所在单位进行市场交易，该职工离职后，能够证明客户自愿选择与自己或者其新单位进行市场交易的，应当认定没有采用不正当手段，但职工与原单位另有约定的除外'。这种抗辩的适用一般发生在医疗、法律服务等较为强调个人技能的行业领域，除非职工与原单位另有约定外，还需同时满足如下两个条件：1. 客户是基于与职工个人之间的特殊信赖而与职工所在单位发生交易。如果职工是利用所在单位所提供的物质条件、交易平台，才获得与客户进行交易机会的，则不适用个人信赖抗辩。2. 该职工从权利人处离职后，客户系自愿与其或其所属新单位发生交易，该职工不得主动联络客户，将自己在原单位服务的客户撬到自己的新单位。就本案而言，首先，岳某丽主张涉案客户名单中有27家系由其带入B公司的，并无证据予以印证。其次，根据一审查明的事实，岳某丽与B公司签订的劳动合同中约定，岳某丽对B公司自签订合同时已有效的各项规章、规则表示已知，B公司存在关于保护商业秘密的内部规章制度和公告，岳某丽应当在受聘期间或者聘用终止后，都不得使用B公司的任何商业秘密。最后，岳某丽称系客户主动自愿选择与其进行交易，但未能提供证据予以证明。综上，两上诉人主张的个人信赖抗辩，本院不予采纳。

案例三：上海市杨浦区人民法院审理的A公司、B公司与C公司、朱某佳侵害经营秘密纠纷案［（2019）沪0110民初1662号］认为，"至于两被告提供的部分客户的情况说明，以此主张客户是基于对朱某佳的信任，自愿与朱某佳和C公司发生交易往来。对此本院认为，本案中，首先被告朱某佳与两原告有无论朱某佳是否在职，不影响其承担保密义务，以及朱某佳不得协助不承担保密义务的任何第三人使用两原告商业秘密的约定；其次被告方亦无证据证明涉案客户是因朱某佳的个人投入和付出才与两原告建立的交易关系，事实上这些客户亦系朱某佳在原告处入职后，由两原告分配给朱某佳负责管理的，朱某佳是因两原告所提供的物质和其他条件才获得了与客户进行联络和交易的机会；最后从两被告提供的《情况说明》证据内容看，亦无法证明C公司与这些客户之间的交易是由客户主动发起的，因此两被告主张个人信赖的有关抗辩，本院不予采纳”。

三、主张个人信赖抗辩时提供的客户出具的《情况说明》，应由单位负责人及制作证明材料的人员签名并加盖单位印章（If an employee make a defense based on personal trust，the Statement issued by the client shall be signed by the head of the company and the drafter with official seals of the company.）

案例四：上海知识产权法院审理的A公司、徐某帼与B公司侵害商业秘密纠纷案［（2018）沪73民终162号］认为，“上诉人为证明客户是基于信赖利益主动与其进行市场交易行为，提供了涉案客户出具的《情况说明》，根据相关司法解释的规定，单位向人民法院提出的证明材料，应当由单位负责人及制作证明材料的人员签名或者盖章，并加盖单位印章。

本案中涉案客户出具的《情况说明》仅有公司的盖章，并没有相关人员的签名或者盖章。经一审法院释明，A公司、徐某帼表明经与出具情况说明的客户联系，客户均认为不必出庭作证进行说明，故本院认为，原审法院对该《情况说明》不予采纳具有合理的理由，本院予以认同”。

四、并非基于离职员工不正当行为，而是客户自主选择的结果时，不能仅凭公司与原单位的客户建立了相同业务关系就认为其侵害了商业秘密（It shall not be regarded as a trade secrets misappropriation only because a company has established the same business relationship with the former employer's customers as a result of the customer's own choice instead of the misconduct of the former employee.）

案例五：南京市中级人民法院审理的A公司与B公司、张某等侵犯商业秘密纠纷案［（2012）宁知民终字第1号］认为，“B公司、张某提交了C公司出具的《情况说明》，用以证明相关交易系C公司主动选择而为。本院认为，《情况说明》系C公司出具，并且加盖了C公司的印章，上诉人A公司提交的C公司动画项目部负责人武某的谈话笔录也证实了《情况说明》的真实性，应当认为系C公司的真实意思表示，故本院对该证据予以认定。该证据表明，C公司与B公司建立交易关系，是基于其对张某个人能力的认可和信赖等因素所为，是C公司基于公司利益所作的自主选择。而这选择是市场主体在市场经济条件下所进行的自由的、正常的商业活动，并不为法律所禁止，而应当为法律所允许。交易的达成并非完全取决于单方意愿，而需要交易双方的合意。因此，B公司与C公司的交易行为，并非基于张某或者况稳不正当地披露、使用其所接触的A公司的商业秘密而为之的结果，而系交易对方C公司的自主选择。

商业秘密权利人不仅要证明其商业秘密的存在，还必须证明行为人的行为具有不正当性。其判断标准应当是经营者或行为人是否具有恶意、是否实施了不正当竞争行为，并非仅以交易相对人选择作为唯一判断依据，本案涉案合同交易行为相对方C公司在交易过程中具有主导地位，因此在判断经营者或行为人是否违反了公认的商业道德或不正当性时，需根据特定行业领域和个案情形具体确定。本案所涉行业的一般交易惯例、交易双方主观状态和交易相对人的自愿选择等是确定正当性应考虑的因素。A公司仅凭B公司与C公司建立了相同业务关系就认为B公司、张某、况某采用了不正当手段侵害了其商业秘密的主张，没有事实和法律依据，本院不予支持”。

七、关于共同侵权的认定

（The determination of joint infringement）

034 员工利用掌握的客户信息设立公司与单位低价竞争，和其所设立的公司构成商业秘密共同侵权（An employee and the company established by it constitute joint infringement if such employee incorporated the company to compete with its employer by taking advantage of the customer information.）

裁判要旨

员工在任职期间投资设立公司，利用其掌握的客户经营信息，自己设立公司与客户联系，与用人单位进行低价竞争，致使用人单位以低于历史订单的价格进行业务交易，构成商业秘密侵权。其所设立的公司系属“明知或者应知”的情况，亦构成不正当竞争，应承担共同侵权责任。

案情简介

一、徐某自2004年就职于A公司，任业务部科长，负责开发客户和客户管理。2015年，徐某与A公司签订《劳动合同》和《竞业限制（保密）协议》，其中约定了竞业限制期限、保密范围、保密期限及保密津贴等内容。

二、2016年，徐某投资设立B公司。2017年，徐某从A公司离职。辞职前后，徐某向A公司的多名外国客户发送邮件，告知他们自己离职加入了新公司，新公司的产品质量和A公司等同，而A公司的设备维修后质量下降很多；邮件所附报价单中的产品价格低于A公司。邮件落款为B公司及其联系方式和地址。

三、随后，客户又将上述邮件转发A公司请其查看徐某的报价。徐某离职后，A公司与多名客户交易的产品价格均低于2016年相同产品的价格。A公司认为徐某、B公司使用A公司客户信息开展同业经营获利，以侵害商业秘密为由向青岛市中级人民法院提起诉讼。

四、一审法院认为A公司在本案中提交的证据不能够确实、有效地证明其主张的客户名单、产品价格构成商业秘密。故A公司要求徐某、B公司停止侵权、赔偿损失的诉讼请求，一审法院不予支持。

五、A公司不服一审判决，向山东省高级人民法院提起上诉。二审法院认为A公司主张保护的客户名单构成商业秘密；徐某代表B公司向客户发送低于A公司的产品报价，属于违反保密义务，披露、使用其所掌握的商业秘密，而B公司明知上述违法行为，获取、使用他人的商业秘密，应与徐某承担共同侵权责任。

法院判决

山东省高级人民法院在本案民事判决书的“本院认为”部分就上述争议焦点进行如下论述：

关于徐某、B公司是否实施了侵害A公司商业秘密不正当竞争行为、应否承担侵权责任的问题。A公司主张徐某、B公司披露了其客户信息，B公司使用A公司客户信息开展同业经营获利。主要依据有：1. 徐某作为A公司业务部科长，知悉A公司客户信息秘密并与A公司签订了保密协议，其承诺解除劳动合同后，不得向第三方公开A公司所拥有的不被公众知悉的商业秘密。2. 徐某于2016年9月14日在A公司任职时即担任B公司股东，于2017年2月17日离职前后，代表B公司向A公司客户提供低于A公司相同产品的产品报价以获取交易机会。徐某、B公司上述行为直接导致A公司下调产品报价、产品交易价格低于徐某离职前价格。3. 2017年4月24日，徐某代表B公司参加国际展会，宣传与A公司相同的双线圈和尼龙注塑铁丝产品。本院认为，根据已查明的事实，徐某在A公司任职长达13年，其作为A公司业务部员工，知悉A公司客户信息并具体负责联系维护与C公司的交易，徐某与A公司签订了带有保密协议条款内容的《竞业限制（保密）协议》，徐某对A公司包括客户信息在内的商业秘密负有保密义务。但徐某在2017年2月17日离职前后，代表B公司向A公司的客户发送低于A公司的产品报价，其行为违反了1993年《中华人民共和国反不正当竞争法》第十条第一款第（三）项关于“违反约定或者违反权利人有关保守商业秘密的要求，披露、使用或者允许他人使用其所掌握的商业秘密”的规定，并给A公司造成了实际损害，构成不正当竞争，徐某应承担停止侵权、赔偿损失等责任。而B公司因徐某上述行为违反了1993年《中华人民共和国反不正当竞争法》第十条第二款关于“第三人明知或者应知前款所列违法行为，获取、使用或者披露他人的商业秘密”的规定，亦构成不正当竞争，应与徐某承担共同侵权责任。

本案相关法律法规

《中华人民共和国反不正当竞争法》

第九条 经营者不得实施下列侵犯商业秘密的行为：

（一）以盗窃、贿赂、欺诈、胁迫、电子侵入或者其他不正当手段获取权利人的商业秘密；

（二）披露、使用或者允许他人使用以前项手段获取的权利人的商业秘密；

（三）违反保密义务或者违反权利人有关保守商业秘密的要求，披露、使用或者允许他人使用其所掌握的商业秘密；

（四）教唆、引诱、帮助他人违反保密义务或者违反权利人有关保守商业秘密的要求，获取、披露、使用或者允许他人使用权利人的商业秘密。

经营者以外的其他自然人、法人和非法人组织实施前款所列违法行为的，视为侵犯商业秘密。

第三人明知或者应知商业秘密权利人的员工、前员工或者其他单位、个人实施本条第一款所列违法行为，仍获取、披露、使用或者允许他人使用该商业秘密的，视为侵犯商业秘密。

本法所称的商业秘密，是指不为公众所知悉、具有商业价值并经权利人采取相应保密措施的技术信息、经营信息等商业信息。

《中华人民共和国民法典》

第一千一百六十八条 二人以上共同实施侵权行为，造成他人损害的，应当承担连带责任。

《最高人民法院关于审理侵犯商业秘密民事案件适用法律若干问题的规定》

第十一条 法人、非法人组织的经营、管理人员以及具有劳动关系的其他人员，人民法院可以认定为反不正当竞争法第九条第三款所称的员工、前员工。

第十二条 人民法院认定员工、前员工是否有渠道或者机会获取权利人的商业秘密，可以考虑与其有关的下列因素：

（一）职务、职责、权限；

（二）承担的本职工作或者单位分配的任务；

（三）参与和商业秘密有关的生产经营活动的具体情形；

（四）是否保管、使用、存储、复制、控制或者以其他方式接触、获取商业秘密及其载体；

（五）需要考虑的其他因素。

案件来源

山东省高级人民法院审理的 A 公司、徐某侵害商业秘密纠纷案二审民事判决书［（2018）鲁民终 958 号］

延伸阅读及类案裁判规则

一、负有保密义务的员工将掌握的商业秘密披露给自己担任股东、法定代表人的公司使用，二者构成对他人商业秘密的共同侵权（An employee under confidentiality obligations and the company to which the employee is a shareholder or the statutory representative shall constitute joint infringement if such employee provides the company with trade secrets.）

案例一：云南省高级人民法院审理的张某平、A 公司侵害商业秘密纠纷案［（2019）云民终 506 号］认为，“张某平先后担任 B 公司及关联公司的项目总监、商务总监等，其权限可以查看并获取‘B 知识产权管控管理信息系统’中的客户信息。张某平签订劳动合同时约定有对客户名单等商业秘密保密的条款，离职时也承诺不以电话联系、发送宣传资料、签订合同等方式自己使用，或透露，或提供给第三方使用公司客户信息，并保证已将公司的客户资料、客户名单等交还给公司。但从盘龙区市场监管局对 A 公司现场检查及对张某平所作的询问笔录可以看出，张某平私人电脑中存储了大量 B 公司的客户资料、公司流程、合同、客户名单等资料。张某平辩称 B 公司没有要求其删除上述资料，过错在 B 公司。但其离职时承诺要将所有客户资料交还给公司，故交还或删除客户资料的义务在于张某平而非 B 公司。张某平认可在 A 公司成立后，经营过程中使用了一小部分 B 公司客户信息，且盘龙区市场监管局复制拷贝的 A 公司工作电脑中存储的该公司 2017 年度签订的《知识产权服务代理委托合同》中，共有 21 份合同的相对方在张某平离职承诺书附件的客户名单中。张某平、A 公司上诉提出其交易客户信息系从‘白兔’系统、中国商标网、‘企查查’等 APP 软件查询得知，客户系自愿与 A 公司交易，但该上诉理由与盘龙区市场监管局对张某平及 C 公司项目经理杨某所作的询问笔录内容明显相悖，本院不予采纳。张某平未遵守保密约定，反而利用其在 B 公司工作时获取的客户信息及相关资料，主动与 B 公司原交易客户联系，获取交易机会，已侵犯 B 公司的商业秘密；A 公司不正当获取、使用张某平提供的 B 公司的商业秘密，视为侵犯商业秘密，两者构成共同侵权”。

案例二：安徽省高级人民法院审理的A公司与汪某国、B公司、C公司侵害商业秘密纠纷审理的［（2016）皖民终172号］认为，“首先，根据查明的事实，宁国市公安局不仅在汪某国的电脑中发现与A公司案涉产品图号、资料格式内容及客户名称（D公司）等相同的PPAP文件包及图纸等文档资料，而且从汪某国处扣押了图号分别为P2403-10013、P2403-10014、24543229、24543231防尘罩模具四套。汪某国亦认可其经手由B公司向D公司销售的案涉汽车防尘罩产品业务金额大致有四五百万元。由此，可以认定B公司销售给D公司的汽车防尘罩产品使用的商业信息与A公司的案涉产品PPAP文件包的商业秘密实质性相同。其次，汪某国在A公司工作期间主要从事产品销售工作，曾是图号为P2403-10013、P2403-10014的左、右防护罩产品项目小组的业务主管，再结合宁国市公安局扣押的图号分别为P2403-10013、P2403-10014、24543229、24543231防尘罩模具，以及B公司实际销售前述四种图号汽车防尘罩产品的事实，足以表明汪某国接触了案涉产品PPAP文件包的商业秘密。而汪某国、B公司虽抗辩称其销售给D公司的汽车防尘罩产品均系其独立开发，但其并没有提供充分证据予以证明，且其电脑里的PPAP文件包显示的内容有A公司名称、研发小组人员等信息，故本院对其此项辩称理由不予支持。综上，汪某国违反其入职时签订的保密协议，在2009年4月离职后即在2009年6月到E公司工作，于2010年年初到该公司下属的B公司工作，且为该公司的股东并担任过该公司的法定代表人，开始生产销售与原在A公司生产的案涉产品类似的产品，亦销售到A公司原来的业务单位，故可以认定汪某国及B公司侵犯了A公司商业秘密，汪某国及B公司的此节上诉理由，因与其实际生产并向D公司销售案涉四种图号汽车防尘罩产品的事实不符，故不能成立”。

案例三：江苏省高级人民法院审理的A公司与B公司等侵犯商业秘密纠纷案［（2003）苏民三终字第010号］认为，“翁某坤和B公司使用A公司以排他许可方式受让的技术秘密，侵犯了A公司的商业秘密。理由：A公司所提供的证据已经证明，其对争议的技术秘密享有排他使用权，B公司所使用的技术与A公司受让的技术系同一技术，翁某坤也具备获取A公司技术秘密的条件。因此，翁某坤和B公司应当就其所使用的技术的合法来源承担举证责任。但翁某坤和B公司未能就此提供足够的证据予以证明。因为：1. 根据A公司一审代理人于2002年6月27日对吕某标的调查笔录。吕某标称：其在A公司工作期间没有将净水剂t-a、t-b的配方和制造方法告诉过翁某坤，只告诉净水剂的名称和作用，他也知道滤料是粉煤灰。至于翁某坤在A公司工作期间会不会药剂配方和制造方法，怎样会的，其不清楚。由此可以认定，翁某坤在A公司工作期间，不可能从吕某标处获得有关技术的完整资料。2. 即使吕某标参与了B公司简介中所列，将于1999年9月调试验收的C公司和江阴市D污水处理工程，也无法证明吕某标在此之前，或在参与该两项工程的过程中，已经将本案讼争的技术秘密传授给了B公司。对此，B公司和翁某坤也未能进一步提供证据予以证明。故翁某坤和B公司所称吕某标早就与其合作并参与了B公司所承接的工程，其所使用的技术来源于吕某标的答辩理由，不能成立。因此，一审判决以A公司不能就翁某坤利用在A公司工作的职务之便非法窃取A公司讼争专有技术提供证据为由，认定翁某坤和B公司不存在侵犯A公司商业秘密的行为，显属不当，应予纠正。综上所述，翁某坤作为A公司职员对A公司的技术秘密负有不得披露和擅自使用的义务。其在A公司工作期间擅自向B公司披露其所掌握的A公司的技术秘密，而翁某坤作为B公司的法定代表人明知该技术系A公司商业秘密仍然使用该技术，均构成对A公司技术秘密的侵犯，应当赔偿A公司因此而造成的损失，并应立即停止侵权、公开赔礼道歉、消除影响”。

案例四：南京铁路运输法院审理的A公司、B公司与C公司、陆某侵害经营秘密纠纷案［（2017）苏8602民初708号］认为，“本院认为，原告客户数据库中吴江地区已签约客户及未签约的潜在客户信息共计5096条，根据国税局记录，被告C公司2016年6月25日至2017年12月1日开票记录共917次（涉及客户638家）。经比对，两者重合的客户有565家，去除非吴江地区的客户及注册日期在陆某从原告公司离职后的客户，剩余476家客户的信息被被告获取后使用。被告提出的公开可查询抗辩和客户依赖抗辩理由均不成立。C公司在成立后不满一年的时间内，仅有陆某一名员工的情况下，迅速开发476家客户，进而进行实际的交易，不具有现实的可行性，且被告开发的476家客户都是陆某在原告公司工作过程中可以从CRM管理系统中可查询到的吴江地区客户，在与被告C公司实际交易的客户中占比高达75%，被告对此没有合理解释。因此，被告陆某利用在原告处任职的便利，能够接触和掌握原告上述客户名册，并在离职后违反了保密协议的约定，违反了权利人有关保守商业秘密的要求，披露、使用以及允许被告C公司使用其所掌握的商业秘密，侵害了原告的商业秘密。被告C公司系被告陆某出资成立和掌控，在明知476家客户名册所构成的经营信息系原告的商业秘密的情况下，仍获取、使用了该商业秘密，同样构成对原告商业秘密的侵犯”。

案例五：上海知识产权法院审理的A公司与B公司、严某青等侵害技术秘密纠纷案［（2015）沪知民初字第567号］认为，“被告严某青显然对涉案技术秘密负有保密义务。但根据本院查明的事实，被告严某青违反了其本应承担的保密义务，将其接触、掌握的记载有原告涉案技术秘密中的具体技术信息的涉案产品技术图纸，披露并许可被告B公司使用。被告严某青的行为显然违反了《反不正当竞争法》第十条第一款第（三）项的规定，侵犯了原告享有的涉案技术秘密，被告严某青应当就其上述侵权行为承担侵权民事责任……被告严某青系被告B公司的股东，故被告B公司、严某青均知道，被告严某青向被告B公司披露的涉案产品技术图纸中所包含的相关技术信息属于原告的涉案技术秘密，但被告B公司仍在其生产的被控侵权产品‘全自动平板分装系统’（即平板灌装线）中使用了与原告涉案技术秘密相同或实质相同的技术信息。被告B公司的上述行为，显然违反了《反不正当竞争法》第十条第二款的规定，侵犯了原告享有的涉案技术秘密，被告B公司应当就其上述侵权行为与被告严某青共同承担侵权民事责任”。

案例六：杭州市西湖区人民法院审理的A公司与厉某、B公司侵犯商业秘密纠纷［（2012）杭西知初字第1887号］认为，“本案被告厉某在2011年1月至9月曾任原告单位游戏策划职务，并签订有保密协议。虽然被告厉某并不直接掌握原告A公司已开发完成的涉案软件，但其具有接触和获取该软件的机会和便利。事实上，在被告厉某于2011年9月申请离职后，便于同年11月成立了被告B公司，其出资75%并担任法定代表人。被告B公司于2012年9月上线运营了侵权游戏×××。在本案审理中，二被告认可两款游戏软件属实质性相似，但又未提供相应合法来源的证据。因此，基于上述事实，可以认定被告厉某以不正当手段获取原告A公司享有的涉案商业秘密，并提供给被告B公司使用，其行为已经侵犯了原告A公司的商业秘密。被告B公司应当知道被告厉某系不正当手段获取涉案商业秘密，而予以使用，依法视为侵犯了原告A公司的商业秘密。

二被告关于其未实施侵犯商业秘密行为的辩称，不能成立，本院不予采信”。

案例七：成都市武侯区人民法院审理的A公司与B公司侵害商业秘密纠纷一案［（2018）川0107民初7792号］认为，“邓某在A公司处担任技术员期间，主要负责客户使用方面的问题，其了解和掌握作为A公司商业秘密的客户资料等经营信息，其应当知道A公司对其客户经营信息进行了管理和维护，并有保密要求。但其利用职务便利，违反《劳动合同书》有关保密约定的要求，诋毁A公司，在职期间擅自向A公司的客户推销B公司的业务，构成对A公司商业秘密的侵犯，应当承担侵权责任。邓某在A公司工作期间，负有对A公司的忠实义务，其中包括对工作中接触到的经营信息进行保密的义务。而其作为B公司成立时的法定代表人，B公司的经营范围又与A公司的经营范围具有重合内容，且B公司与A公司所联系的客户在较短时间内即发生了业务交易关系，同时结合B公司未举证证明其业务往来系客户自行要求与其交易的事实，故推定 B 公司使用了邓某所掌握的为 A 公司所拥有的商业秘密。根据《中华人民共和国侵权责任法》第八条‘二人以上共同实施侵权行为，造成他人损害的，应当承担连带责任’的规定，可以认定 B 公司、邓某对 A 公司的商业秘密构成共同侵权”。

案例八：北京市第二中级人民法院审理的 A 公司诉张某等侵害商业秘密纠纷案［（2004）二中民初字第 11125 号］认为，“张某作为原告主管销售业务的副总经理，完全知悉前述原告的商业秘密。张某既为原告的高级管理人员，又是 B 公司的股东、监事，具有双重身份。而正是在此期间，B 公司与 C 药业公司签订了与原告与该公司所签合同内容基本相同的合同。通过该合同的签订，B 公司取得了更加优惠的年华系列产品进货价格，还使原告成为 B 公司的下级经销商。因此，本院认定张某向 B 公司披露了原告的商业秘密，并同该公司一起使用原告商业秘密获得经济利益。二被告此行为，已构成对原告商业秘密的侵犯，应承担相应民事责任。原告关于判决被告赔偿其经济损失的诉讼请求，本院予以支持”。

二、负有保密义务的员工隐名成立公司，足以推定其主观上有侵犯商业秘密的故意，员工与该公司构成共同侵权（If such employee incorporate an entity and become dormant shareholder. The employee and the entity constitute joint infringement.）

案例九：上海市黄浦区人民法院审理的 A 公司诉 B 公司侵犯商业秘密纠纷案［（2009）黄民三（知）初字第 107 号］认为，“被告彭某原系第三人 C 公司项目经理，负责旋流子产品的技术工作，不但接受旋流子方面的技术培训，而且负责旋流子生产中的技术工作，在工作中接触到原告交付给 C 公司的 DN100 旋流子全部技术资料。根据彭某与 C 公司签订的《企业员工保密协议》，对此这些在 C 公司工作中接触到的相关技术资料，彭某负有保密义务。然而彭某却将工作中获悉的技术资料向被告佟某披露，并与佟某共同隐名成立被告 B 公司，化名以 B 公司的名义利用原告 DN100 旋流子技术信息对外组织生产、销售并获利。根据上述查明的事实表明，彭某在对涉案技术秘密负有保密义务的前提下，隐名成立公司，并化名开展公司业务的行为，足以推定其主观上有侵犯涉案技术秘密的故意，客观上借 B 公司的名义实施了披露、使用等侵犯原告技术秘密的行为，且获取利益，因此，本院认定，彭某的行为构成对原告享有的技术秘密的侵害。被告 B 公司在其实际的经营管理人彭某和佟某的共同意志下，独立以自己的名义对外委托生产并销售的 φ100 旋流子产品。且经鉴定，B 公司的 φ100 旋流子图纸与原告 DN100 旋流子之中的技术信息构成实质性相同。故应当认定被告 B 公司在 φ100 旋流子产品使用了原告享有的技术秘密，却未经原告许可或授权，其行为亦构成对原告享有技术秘密的侵害”。

三、负有保密义务的员工在职期间成立公司，违法披露的商业秘密前夕将公司法定代表人从自己变更为亲属且将股权转让给亲属，员工与公司依然构成共同侵权（An employee who under confidentiality obligations and an company which is incorporated by such employee during employment，constitute joint infringement even though such employee transfers its stock to its relatives and alter the entity's legal representative from itself to its relatives prior to illegal trade secrets disclosure.）

案例十：上海知识产权法院审理的A公司、张某鹏与B公司侵害经营秘密纠纷案［（2017）沪73民终38号］认为，“张某鹏2015年12月起兼任B公司的销售工作，并赴C公司等处出差，张某鹏虽辩称其仅是作为司机陪同前往，且系在车内等候并未进入相关公司，但其对此并无提供充分证据证明。并且，张某鹏的职务在公司系销售人员而非驾驶员，其以驾驶员身份至C公司出差不符合常理。从证据盖然性的角度，本院认为张某鹏在为B公司工作期间接触到了B公司关于C公司的涉案经营秘密。自A公司成立至2016年3月17日，张某鹏一直系A公司的法定代表人，虽然A公司2016年4月10日与C公司签订涉案合同时，A公司的法定代表人已变更为朱某琴，但朱某琴与张某鹏系亲属关系，且朱某琴并无相关行业背景，对比C公司分别与B公司、A公司签订的合同，其中，交易产品、化学含量、HPLC、包装、计价方式、付款方式等均相同，A公司不使用张某鹏所掌握的C公司信息而在短时间内签订涉案合同不符合常理。综上，张某鹏违反B公司的保密要求，向A公司披露上述经营秘密，构成对B公司经营秘密的侵害”。

四、离职员工与自己成立的公司共同侵害原用人单位的商业秘密，主观上共同追求侵权后果的发生，应共同承担连带赔偿责任（A former employee and a company incorporated by such employee shall assume joint and several liabilities if they infringe former employer's trade secrets and expect the infringement result take place jointly.）

案例十一：广东省高级人民法院审理的房某磊、A公司侵害技术秘密纠纷［（2016）粤民终770号］认为，“在上述证据已经证明房某磊接触并掌握B公司的1553BIP核技术、A公司的1553BIP核技术与B公司的1553BIP核技术相同或者实质相同的情况下，且房某磊系A公司的法定代表人，完全有条件将其接触并掌握的上述技术信息交付A公司使用，而A公司亦无法证明其通过合法手段获得1553BIP核技术，本院据此认定房某磊、A公司共同侵害了B公司的商业秘密，依法应当承担停止侵权，并连带赔偿B公司的经济损失的民事责任。房某磊、A公司上诉主张房某磊系A公司的法定代表人，不应承担连带赔偿责任，该主张依法无据，本院不予支持。一审法院对此认定正确，本院予以维持”。

案例十二：天津市高级人民法院审理的A公司、杨某玲与B公司侵害商业秘密纠纷［（2013）一中民五终字第0055号］认为，“被上诉人成立于2003年9月17日，主要业务为制作建筑设计效果图及动画、多媒体。上诉人杨某玲于2009年11月入职B公司工作，任市场部负责人，后于2011年7月离职；同月，A公司成立。A公司的主要业务与B公司相同，为制作建筑设计效果图。杨某玲任A公司法定代表人。二审庭审中，杨某玲当庭表述A公司有两名业务人员，二上诉人并不知晓该两名业务人员在A公司任职前是否有相关行业从业经验。本院认为，杨某玲从被上诉人处离职当月即成立A公司，在A公司没有相关行业从业经验的业务人员的情况下，A公司先后与杨某玲任职过的被上诉人的客户签订数份合同。考虑杨某玲在被上诉人处任职期间作为业务部负责人可以接触被上诉人采取保密措施的客户名录，本院认定杨某玲成立A公司后，向A公司披露了其负有保密义务的被上诉人的客户名单信息。A公司在经营业务中非法使用了杨某玲披露的被上诉人的商业秘密。杨某玲、A公司共同实施了侵害B公司商业秘密的行为，应对此造成的损失承担连带赔偿责任”。

案例十三：北京知识产权法院审理的A公司与B公司等侵害计算机软件著作权纠纷案［（2018）京73民终1249号］认为，“何某亮、刘某刚、臧某杰系B公司的共同发起人，亦为公司的高级管理人员和实际控制人，掌握B公司的市场开发、技术实施等重要经营活动的各个方面，故上述三人具备与B公司实施共同侵权的客观条件。根据在案证据反映的事实可知：在主观方面，上述三人的侵权获利目的已通过签订涉案软件开发合同的方式，转化为公司意志，二者共同追求涉案侵权行为、后果的发生，主观方面已高度统一；在客观方面，就合同的签订、获利主体来讲，涉案合同的签订主体为B公司，合同款项50万元亦为B公司收取，而何某亮、刘某刚、臧某杰不仅是公司的主要股东，还是B公司的实际控制人，完全掌握涉案款项的分配，故上述三人及B公司均为涉案侵权行为的实际受益人。由此可见，上述三人通过B公司签订涉案合同、收取涉案款项，二者在人格上高度混同，主观上共同追求侵权后果的发生，客观上亦因此共同获得利益，属直接共同侵权，故B公司应当与何某亮、刘某刚、臧某杰就涉案侵权行为承担连带责任”。

五、掌握商业秘密的多名员工在职期间共同出资成立与用人单位具有竞争关系的公司，不能证明使用的涉案信息系通过合法途径获得，可认定员工与该公司构成共同侵权（In the case that several employees holding trade secrets jointly set up a company with competitive relationship with their former employer during their employment，when failing to prove that the information involved in the case is obtained legally，the employees and the company constitute joint infringement.）

案例十四：天津市高级人民法院审理的A公司与上诉人魏某桢、龙某祥、张某良、B公司、C公司，被上诉人刘某、胡某、安某峰、王某楠、杨某敏、谷某强、D公司、E公司［（2013）津高民三终字第46号］认为，“魏某桢、张某良、龙某祥在A公司工作期间，分别担任公司副总经理和直线产品处经理，即上述三人在A公司均担任重要职务，有机会接触和获得属于A公司商业秘密范畴的经营信息。而B公司、C公司均是由魏某桢、张某良、龙某祥实际出资成立的公司，上述两公司与A公司经营范围基本相同且具有竞争关系。依据F会计师事务所出具的三份《司法会计鉴定报告》以及刑事案件材料中相关客户的陈述，与B公司、C公司进行交易的客户中，有部分客户与A公司的客户名单相同，且该相同部分的客户均与A公司交易在先。在B公司、C公司不能证明通过合法途径获得或使用上述经营信息的情况下，原审法院认定B公司、C公司实施了侵害A公司商业秘密的行为并无不当。魏某桢、张某良、龙某祥违反A公司有关保守商业秘密的要求，披露并允许B公司、C公司使用其掌握的A公司客户名单，因此，魏某桢、张某良、龙某祥实施了侵害A公司商业秘密的行为。原审法院认定魏某桢、张某良、龙某祥实施了侵害A公司商业秘密的行为并无不当”。

案例十五：上海市高级人民法院审理的A公司、曹某等与B公司侵害技术秘密纠纷案［（2016）沪民终470号］认为，“因此，综合在案证据，包括曹某、李某保、周某在奉贤公安处所作陈述，一审法院认定已经出售的五台被控侵权产品都使用了‘B公司边测量边锯切的设计’技术秘密之事实，具有高度盖然性，在无相反证据的情况下，一审法院此节事实认定并无不妥，故四上诉人的该项上诉理由没有事实依据，本院不予采信。一审法院根据李某保、周某违反了与B公司之间的保密约定，未经B公司许可共同向A公司披露技术秘密，曹某、李某保、周某共同设立的A公司在明知其获取的系B公司技术秘密的情形下，仍予以使用之事实，认定四上诉人的行为共同侵害了B公司的涉案商业秘密，具有法律和事实依据，本院予以支持”。

案例十六：北京知识产权法院审理的石某田、陈某等与A公司侵害商业秘密纠纷案［（2017）京73民终1776号］认为，“根据查明的事实，A公司与B公司合作多年，针对B公司的需求、习惯、交易倾向做出了有针对性的商业开发策略，取得了单一来源谈判的资格。在此过程中付出了人力、物力和时间，也取得相应的竞争优势。陈某亦认可C公司与B公司所签协议属于平台软件的维护服务，而该平台软件的开发者就包含A公司。陈某、石某田均于2012年7月加入A公司，分别但任软件项目负责人和软件开发人员，二人均是A公司向B公司提供移动平台软件运维服务的核心人员。陈某在A公司的法定代表人杨仕敏带队与B公司进行商业谈判时亦在场，对整个商务谈判内容知情，亦知晓A公司提供的报价等敏感信息。陈某与石某田在2014年5月尚未离职时，就作为实际控制人共同发起成立了C公司，并于2014年6月双双离职，同年年底C公司即与B公司成功签署《D企业移动应用平台项目平台更新功能完善技术服务合同》，该合同的服务内容正是陈某、石某田在A公司就职期间从事的工作内容。B公司作为D系统的项下企业，对客户资质、能力有较为严格的要求。

C公司作为一个刚成立不久、规模有限的小型公司，在当时并不具备单一来源谈判资格的情形下，却在成立后不久迅速与B公司签订了大额合同，且在该合同中B公司的相关工作人员与陈某、石某田离职前所负责项目的B公司工作人员高度重合。显然这不是由C公司通过对客户有针对性的开发、研究，付出人力、物力、财力和时间，而产生的正当竞争力。C公司虽然对此否认，但未提供任何证据证明。通过以上事实可知，陈某、石某田作为实际控制人发起成立C公司之后，接续其在A公司的工作经历，利用其作为核心人员掌握的A公司与B公司之间的具体项目内容、服务运营标准、价格承受能力、相关负责人联络方式、性格特点、交易习惯、交易倾向等深度信息，抢夺A公司与B公司的交易机会，挤占A公司的市场空间，其行为违背公认的商业秩序与商业道德，构成对A公司商业秘密的侵犯”。

案例十七：广州市中级人民法院审理的A公司等诉B公司等侵害商业秘密纠纷案［（2012）穗中法民三终字第546号］认为，“萝岗工商分局于2009年6月25日在A公司经营场所查扣的手提电脑中存有包括B公司LCT机的软件项目（工程）文件在内的B公司9项技术资料、查扣的A公司生产的LCT机（半成品）使用的控制软件的技术信息与B公司持有的LCT机控制软件源程序的商业秘密具有一致性，陈某武、汪某平、林某志利用曾在B公司工作的机会，通过不正当途径获取了B公司研发生产的LCT机的相关技术信息，A公司明知上述三人非法获取B公司上述商业秘密，还与其一起将B公司的LCT机控制软件源程序的商业秘密使用在其组织生产的LCT机（半成品）上，据此，原审法院认定上诉人侵犯B公司LCT产品运行软件源程序的商业秘密并无不当。A公司、陈某武、汪某平、林某志主观上存在共同侵权的恶意，客观上共同侵犯了B公司商业秘密，应当共同承担停止侵权、赔偿B公司经济损失等民事责任”。

案例十八：无锡市中级人民法院审理的A公司与B公司、马某忠等侵害技术秘密纠纷案［（2011）锡知民初字第0233号］认为，“马某忠、孙某伟曾经分别在A公司担任过办公室主任、销售经理等职务，在日常管理及产品销售中有可能接触到涉案图纸，也知悉A公司的保密制度并领取保密费用，其有义务对涉案非公知技术信息进行保密。但是马某忠、孙某伟在A公司任职期间即与他人共同开办了B公司，生产销售同类的旋转接头产品，且使用的图纸与A公司的技术秘密构成实质性相同。本院有理由认定马某忠、孙某伟在A公司任职期间，利用职务之便，采取不正当手段获取A公司涉案技术秘密，并非法披露给B公司；B公司在明知马某忠、孙某伟上述违法行为的情况下，仍然获取、使用A公司涉案技术秘密，B公司、马某忠、孙某伟共同侵害了A公司的涉案商业秘密”。

案例十九：义乌市人民法院审理的A公司与B公司、熊某霞侵害商业秘密纠纷［（2019）浙0782民初13094号］认为，“本院认为，根据被告熊某霞的陈述，被告B公司的××网站店铺主要由被告熊某霞在负责管理经营，店铺内的管理个人信息以及交易清单上的卖家名称均系被告熊某霞；而被告B公司原法定代表人邱某科在录音中明确表示是熊某霞在管理，故本院认定被告B公司的实际经营者为被告熊某霞。被告张某璐提供了其手机号和QQ号作为B公司的网店认证信息，表明其亦是被告B公司的经营者。被告熊某霞、张某璐在原告任职期间分别负责原告的两位特定客户y某、a某，表明被告熊某霞、张某璐有机会接触上述客户信息；且被告熊某霞、张某璐在任职期间成立被告B公司，并在之后成立C公司，进而由该两个公司与两个客户发生交易，交易产品与原告此前的交易产品均相同；被告熊某霞、张某璐现有证据亦不足以证明其投入了大量人力、物力获得上述客户信息，亦无法表明所取得的客户信息具有合法来源；综上，本院认定被告熊某霞、张某璐、B公司、C公司所交易的上述两位客户信息来自原告。被告熊某霞、张某璐以不正当手段获取了权利人的商业秘密并披露给被告B公司、C公司使用；被告B公司、C公司明知被告熊某霞、张某璐系原告的前员工，仍然使用了上述商业秘密，四被告的行为共同侵犯了原告的商业秘密，均应当承担停止侵权的责任。原告诉请要求被告进行赔礼道歉，本院认为，原告现有证据无法表明四被告的行为造成了原告的商誉损失，故对该诉请，本院不予支持”。

035 第三人利诱掌握商业秘密的员工合资设立公司构成共同侵权（It constitutes joint infringement if a third party induces an employee who holds trade secrets to incorporate a joint venture.）

裁判要旨

第三人利诱任职员工以其掌握的技术秘密投资入股，共同成立公司，通过该公司以不正当手段获取、使用用人单位的商业秘密，第三人、员工与该公司构成对他人商业秘密的共同侵害，应承担共同侵权责任。

案情简介

一、A所研究开发出镉镍电池制造技术，孙某尘作为课题组长、高级工程师参与了技术攻关工作。A所制定了相应的保密制度，对技术的保密问题作了详细具体的规定。国家科委颁布《“863计划”保密规定》也将“氢镍电池制造技术”列入保密范围。

二、B县开关厂、B镇经委到A所洽谈该技术的转让事宜，A所由孙某尘、鲁某东出面洽谈，后因转让费高，三方未达成协议。

三、同年，孙某尘与B县开关厂、B镇经委签订关于组建C公司的协议，约定孙某尘以自己掌握的技术入股，获得30%的股份并担任公司董事长。此外，二者还为孙某尘夫妻提供风险金20万元和住宅。

四、孙某尘依约参与C公司的筹建工作，次年C公司成立。孙某尘为其生产提供技术指导、参与编写公司简介和产品说明书。随后，孙某尘调离A所，离开时未按规定将技术手册全部交回单位。孙某尘再次调入C公司任总工程师，负责相关技术工作，公司继续扩大生产和销售相关产品。

五、A所以侵害商业秘密为由向天津市高级人民法院提起诉讼，一审法院认为B县开关厂、B镇经委明知相关信息属技术秘密，却与孙某尘私下签订协议，采取物质引诱手段使孙某尘披露技术秘密，且通过C公司获取和使用，四者均有过错。一审法院判决四者对A所的经济损失承担连带赔偿责任。

六、C公司、B县开关厂、B镇经委不服一审判决，向最高人民法院提起上诉，称一审法院依据其与孙某尘签订的协议就认定三上诉人侵犯A所的商业秘密并不恰当。

七、二审法院认为，C 公司明知孙某尘无权将他人的技术秘密投资入股，却通过技术入股等不正当手段获取并使用该项技术。因此，B 县开关厂、B 镇经委、C 公司与孙某尘具有共同的侵权故意、实施了共同侵权行为，原审法院的认定并无不当。故二审法院判决驳回上诉，维持原判。

本案相关法律法规

《最高人民法院关于审理侵犯商业秘密民事案件适用法律若干问题的规定》

第八条 被诉侵权人以违反法律规定或者公认的商业道德的方式获取权利人的商业秘密的，人民法院应当认定属于反不正当竞争法第九条第一款所称的以其他不正当手段获取权利人的商业秘密。

第九条 被诉侵权人在生产经营活动中直接使用商业秘密，或者对商业秘密进行修改、改进后使用，或者根据商业秘密调整、优化、改进有关生产经营活动的，人民法院应当认定属于反不正当竞争法第九条所称的使用商业秘密。

第十一条 法人、非法人组织的经营、管理人员以及具有劳动关系的其他人员，人民法院可以认定为反不正当竞争法第九条第三款所称的员工、前员工。

第十二条 人民法院认定员工、前员工是否有渠道或者机会获取权利人的商业秘密，可以考虑与其有关的下列因素：

（一）职务、职责、权限；

（二）承担的本职工作或者单位分配的任务；

（三）参与和商业秘密有关的生产经营活动的具体情形；

（四）是否保管、使用、存储、复制、控制或者以其他方式接触、获取商业秘密及其载体；

（五）需要考虑的其他因素。

《中华人民共和国反不正当竞争法》

第九条 经营者不得实施下列侵犯商业秘密的行为：

（一）以盗窃、贿赂、欺诈、胁迫、电子侵入或者其他不正当手段获取权利人的商业秘密；

（二）披露、使用或者允许他人使用以前项手段获取的权利人的商业秘密；

（三）违反保密义务或者违反权利人有关保守商业秘密的要求，披露、使用或者允许他人使用其所掌握的商业秘密；

（四）教唆、引诱、帮助他人违反保密义务或者违反权利人有关保守商业秘密的要求，获取、披露、使用或者允许他人使用权利人的商业秘密。

经营者以外的其他自然人、法人和非法人组织实施前款所列违法行为的，视为侵犯商业秘密。

第三人明知或者应知商业秘密权利人的员工、前员工或者其他单位、个人实施本条第一款所列违法行为，仍获取、披露、使用或者允许他人使用该商业秘密的，视为侵犯商业秘密。

本法所称的商业秘密，是指不为公众所知悉、具有商业价值并经权利人采取相应保密措施的技术信息、经营信息等商业信息。

《中华人民共和国民法典》

第一千一百六十八条 二人以上共同实施侵权行为，造成他人损害的，应当承担连带责任。

法院判决

最高人民法院在本案民事判决书的“本院认为”部分就上述争议焦点进行如下论述：

以机械连续刮浆负极工艺为主要内容的镉镍、氢镍电池制造技术是A所自行研究开发的技术成果，属A所的技术秘密，应依法予以保护。上诉人B县开关厂、B镇经委在与A所洽谈转让该项技术未成后，却采用提供风险金、住房、技术入股等物质利诱手段，与孙某尘私下签订组建C公司的协议，获取孙某尘向该公司披露的A所的技术秘密。上述风险金、住房由B县开关厂、B镇经委和后来成立的C公司已实际提供给孙某尘，孙某尘在公司中所占有的技术股份亦在该公司的成立章程中得到确认。B县开关厂、B镇经委的上述行为，显然属于引诱他人披露商业秘密的不正当竞争行为。孙某尘明知其掌握的该项技术属于A所的技术秘密，但在B县开关厂、B镇经委的物质利诱下，却违反法律规定，擅自向C公司披露、使用，已构成对A所技术秘密的侵害。对此，有孙某尘指导C公司生产镉镍、氢镍电池的大量事实为证，且原审法院委托鉴定的检测结果，也证实孙某尘确实将A所的技术秘密披露给了C公司。C公司明知孙某尘个人无权将A所的该项技术秘密投资入股，但却通过接受入股等不正当手段获取并使用该项技术，生产、销售镉镍、氢镍电池产品，给A所造成了一定经济损失。因此，B县开关厂、B镇经委、C公司与孙某尘具有共同的侵权故意，实施了共同的侵权行为，原审法院认定三上诉人与孙某尘构成共同侵权并判决承担共同侵权的民事责任，并无不当。

案件来源

最高人民法院审理的 A 公司、B 县开关厂、B 县 B 镇经济管理委员会与孙某尘、邵某荣、鲁某东侵害商业秘密纠纷上诉案［（1997）知终字第 1 号］

延伸阅读及类案裁判规则

一、与在任职员存在密切联系的公司，在较短的时间内就与用人单位的长期客户发生业务交易，可认定该员工与公司具有共同侵权的故意（It shall be decided that an employee and an company constitute joint infringement if such company, with which the employee has a close relationship, trades with the employer's long-term customer over a short period.）

案例一：河南省高级人民法院审理的宋某超、A 公司侵害商业秘密纠纷案［（2016）豫民终 347 号］认为，"因此，可以证明宋某超存在擅自与 C 公司的客户进行交易的行为。宋某超多次参与 B 公司营业执照办理、公司事项变更、提交年检报告、公司年检、领取营业执照等公司工商登记手续的相关工作，B 公司法定代表人经两次变更的联系电话均为宋某超使用的 130××××5409 号码，宋某超以个人名义从 A 公司账户上支取 27 笔，共计 1270603.42 元，由此可以证明宋某超与 B 公司存在着紧密的联系。B 公司的经营范围与 C 公司的经营范围具有重合内容，在宋某超与 B 公司存在紧密联系的情况下，B 公司与 C 公司所长期联系的客户在较短时间内即发生了业务交易关系，二审查明 B 公司与 C 公司相重复的客户有 6 户的事实，可以认定宋某超向 B 公司披露、允许其使用所掌握的 C 公司的商业秘密。宋某超在 C 公司工作期间，签署了保密协议，C 公司也为其支付保密费用，宋某超应负有对 C 公司的忠实义务，其中包括对工作中接触到的经营信息进行保密的义务，其应对公司的相关管理规定及客户名单的非公开性、商业价值清楚明了，但宋某超私自与 C 公司的客户进行交易，而且与 B 公司来往频繁，还发生了有重复客户名单的事实，主观上具有侵权的故意。综上，宋某超违反保密约定，披露、使用、允许他人使用 C 公司经营信息的行为，可以认定宋某超侵犯了 C 公司的商业秘密……宋某超与 B 公司具有密切联系，B 公司与 C 公司所长期联系的客户在较短时间内即发生了业务交易关系，由此可证明 B 公司通过宋某超实际接触了 C 公司的经营信息。同时结合 B 公司未举证证明其业务往来系客户自行要求与其交易的事实，因此可以推定 B 公司不正当地获取、使用了宋某超所掌握的 C 公司所拥有的商业秘密。B 公司与宋某超利用所掌握的 C 公司的客户信息，与 C 公司的特定客户进行交易，侵害了 C 公司对其客户名单享有的商业秘密权利，主观上具有共同故意。宋某超、B 公司对 C 公司的商业秘密构成共同侵权”。

二、员工利用在原单位长期经手业务交易形成的便利和信任，自己成立公司并引诱客户与自己公司交易，属于采取不正当手段使用原单位的客户经营信息，二者构成共同侵权（The employee and the company established by it will constitute joint infringement if the employee induces customers to make transactions with the company established by itself by taking advantage of the convenience and trust it have gained from handling business transactions over a long period of time at its former employer.）

案例二：江苏省高级人民法院审理的曹某与 A 公司侵犯商业秘密纠纷案［（2010）苏知民终字第 0154 号］认为，“本案中，曹某和 B 公司均侵犯了 A 公司的商业秘密。具体表现在以下几个方面：1. 关于 C 公司和 D 公司。根据一审判决已经查明的事实，C 公司是 A 公司的客户，而曹某作为 A 公司的业务员在任职期间却故意误导该公司将与 A 公司的交易款项打入其与其妻杨某开办的‘×××（CHINA）LIMITED’的深圳发展银行账户。曹某明知 C 公司为 A 公司的客户，却违反约定和保密要求，为自己开办的公司利益使用了该客户信息，该行为侵犯了 A 公司的商业秘密。与此类似，曹某明知 D 公司为 A 公司的客户，亦曾试图将该公司与 A 公司的交易款项打入自己公司账户，该行为同样属于不当使用了 A 公司的客户信息，侵犯了 A 公司的商业秘密……”

案例三：北京知识产权法院审理的窦某彬、A 公司与 B 公司侵害商业秘密纠纷案［（2017）京 73 民终 1093 号］认为，“窦某彬自 2006 年开始在 B 公司的关联公司任职，后转入 B 公司工作，其间学习掌握三维动画制作技术，后作为项目三维主管，与建筑单位项目人员直接沟通需求，完成工作，故项目人员有需要完成的项目时直接与其联系。窦某彬在 B 公司工作至 2012 年 10 月，同年 7 月成立 A 公司，C 公司出具证明证实其在 2012 年 11 月以 A 公司的名义与 C 公司签约完成 D 船厂和 E 大厦两个项目，窦某彬提出如以 A 公司名义签约，每个项目可获得 2.5 万元优惠。C 公司表示，因工作长期往来关系，认为 A 公司与 B 公司之间具有关联关系或公司名称更换，所以才签订的合同。因此，A 公司在获得业务的过程中客观上利用了 B 公司的客户名单信息，以及利用了 B 公司与 C 公司的长期的合作关系，促成了自身交易的实现。因此综合整个案件证据看，A 公司与 C 公司在上述项目的交易过程中，窦某彬与 A 公司客观上使用了窦某彬在 B 公司掌握的客户信息，利用了 B 公司与C公司的良好业务往来和信任关系，使C公司误认为仍由B公司的团队完成相应工作，从而引诱其与窦某彬注册的A公司进行交易，进而使B公司的利益受到了损害。因此，可以认定A公司与窦某彬共同实施了侵害B公司商业秘密的行为，应当承担停止侵权、赔偿损失等连带责任”。

三、公司法定代表人非法获取、披露原用人单位的商业秘密时，其履行职务行为代表的是公司的行为，故公司对于侵权事实是明知的，构成共同侵权（It constitutes joint infringement if a statutory representative of a company illegally acquires and discloses its former employer's trade secrets. The company is presumed to know such misappropriation because the statutory representative perform duties on behalf of the such company.）

案例四：山东省高级人民法院审理的王某瑞、A公司与B公司侵害商业秘密纠纷案［（2008）鲁民三终字第17号］认为，“但王某瑞离开B公司后，随即到C配件厂担任了经营厂长，并利用其掌握的B公司的相关客户信息，将该厂生产的与B公司相同的钢球产品主要销往B公司的涉案三家客户，已查明的2005年的销售总金额即为5998978.26元。王某瑞虽辩称其与C配件厂无关，也非该厂的经营厂长，但A公司成立时的工商登记材料中已载明，王某瑞曾为C配件厂的经营厂长，王某瑞否认该事实依据不足。2006年3月C配件厂注销后，王某瑞又作为大股东与原C配件厂的所有人于某等人投资设立了A公司，并出任执行董事兼总经理，仍将A公司生产的与B公司相同的钢球产品继续销往B公司的涉案三家客户，2006年销售总金额为2071603.75元，2007年1-4月销售总金额为1832237.90元。王某瑞的上述行为显然违反了B公司的相关保密规定及其应负的保密义务，原审判决认定王某瑞的行为侵犯了B公司的涉案商业秘密，应当承担停止侵权并赔偿损失的民事责任并无不当。同时，因王某瑞系A公司的法定代表人，王某瑞在履行职务行为时所作的意思表示，代表的是A公司的行为，故A公司对于王某瑞将B公司的涉案客户名单披露给A公司使用的事实是明知的，A公司与王某瑞构成共同侵权，亦应当立即停止侵权并与王某瑞承担连带赔偿的民事责任”。

案例五：上海知识产权法院审理的A公司、B公司等侵害商业秘密纠纷二审案［（2019）沪73民终3号］认为，“B公司与A公司均提供IT维修等服务，两者具有竞争关系，而连某强为B公司股东及法定代表人，现有证据能够证明B公司在2017年12月-2018年6月，与A公司编号1、2、3、5、6客户进行了交易，连某强、B公司并无证据证明其与上述客户之间的交易具有正当性，故一审法院认定连某强、B公司共同侵害了A公司对编号1、2、3、5、6客户享有的商业秘密并无不当……关于A公司主张连某强系隐瞒其B公司法定代表人身份到其处工作，属于采用欺诈手段取得其商业秘密，一审法院依职权调查结果证明B公司明知涉案商业秘密系连某强通过欺诈行为获得，仍使用涉案商业秘密，连某强涉案行为系其作为B公司法定代表人的职务行为，因此，本案应适用《反不正当竞争法》第九条第一款第（一）项、第（二）项，而非适用《反不正当竞争法》第九条第一款第（三）项的”。

四、员工离职后，成为与原用人单位互相竞争的公司的股东，该公司在明知的情况下仍然使用，可推定该员工与该公司二者构成共同侵权（If an employee becomes the shareholder of a company with a competitive relationship with its former employer, it can be presumed that the employee and the company constitute joint infringement if the company uses trade secrets intentionally.）

案例六：深圳市福田区人民法院审理的A公司与B公司、毕某秋侵害商业秘密纠纷［（2013）深福法知民初字第103号］认为，“本案中，被告毕某秋在原告任职期间作为与C集团进行交易的主要负责人，熟知并掌握C集团的联系方式、融资需求、交易意向、贷款利率等经营信息，根据双方之间的约定，被告毕某秋负有保守原告商业秘密的义务。但被告毕某秋从原告处离职后当月即以变更股东的方式成为与原告经营相同业务的被告B公司的大股东，并且被告B公司在经营过程中以低于原告贷款利率的条件与C集团就原告享有优先权的C中心项目建立了实际的交易关系。被告B公司既未举证证明其与该客户发生交易关系是通过自身的努力或劳动而实现，也未举证证明该客户系自愿选择与其进行市场交易。据此，本院可以认定：被告毕某秋离职后违反原告有关保守商业秘密的要求，披露并允许被告B公司使用原告商业秘密，被告毕某秋构成对原告商业秘密的侵犯，应当承担侵权的民事责任；被告B公司明知被告毕某秋的上述违法行为，仍使用该商业秘密，与被告毕某秋构成共同侵权，应当承担连带责任”。

五、员工与他人共同出资成立与用人单位存在竞争关系的公司，在其担任该公司的股东、法定代表人或监事的情况下，推定其参与了该公司经营管理，公司不能证明其使用的信息有合法来源的，可认定该员工与该公司共同侵害原单位的商业秘密（It shall be presumed that an employee participates in business management if such employee and others incorporated an company who compete with its former employer and such employee acts as the shareholder, statutory representative, or supervisor of the company. If such company is not capable of proving the source of information is legal, the employee and the company constitute joint infringement.）

案例七：新疆维吾尔自治区高级人民法院审理的A公司、邢某与B公司、C公司侵害商业秘密纠纷［（2018）新民终149号］认为，“首先，邢某在B公司任职期间，负责B公司与C公司的相关业务，必然知悉涉及该客户的经营信息。其次，邢某在B公司任职期间，与他人共同出资成立了A公司，并担任法定代表人。A公司显然具有利用邢某所掌握之经营秘密的有利条件，且A公司向南京认证中心推荐认证C公司。结合上述认定的事实，应推定A公司使用了邢某披露的经营秘密。一审法院认定邢某、A公司的涉案行为侵害了B公司经营秘密正确，本院依法予以维持”。

案例八：福建省高级人民法院审理的徐某平、A公司侵害商业秘密纠纷案［（2017）闽民终1140号］认为，“本案中，徐某平自2012年12月1日起担任B公司的代理总经理。与B公司签订《员工保密及竞业限制协议》，就保守商业秘密作出了约定，并领取了竞业补偿金。在徐某平未提供充分反驳证据的情况下，原审法院认定徐某平从B公司领取了竞业补偿金并无不当。《中华人民共和国公司法》第一百四十八条规定，公司董事、经理等高管对公司负有忠实和勤勉义务。从法定职责及约定义务看，徐某平作为B公司的高管，对公司的商业秘密不仅负有保密义务，基于其职责还应积极采取保密措施维护公司的利益。徐某平违反法定职责及与B公司的约定，与案外人李某凯共同出资成立经营范围与B公司大致相同且存在业务竞争关系的C公司，并与徐某平离职前B公司已实际交易过的客户开展业务关系，侵害了B公司的商业秘密，应承担停止侵害B公司商业秘密的不正当竞争行为及赔偿损失的民事责任”。

案例九：山东省高级人民法院审理的A公司与B公司、张某军侵害商业秘密纠纷案［（2015）鲁民三终字第311号］认为，“根据已查明的事实，张某军自2006年5月至2010年5月一直在A公司工作并从事实心轮胎的生产工作，其有条件接触到涉案技术信息，且张某军在接受山东省济南市工商行政管理局平阴分局调查时亦陈述其在A公司工作时负责生产聚氨酯实心轮胎，掌握生产聚氨酯实心轮胎的生产工艺、流程，担任生产部长时通过A公司总经理得到了生产实心轮胎的配方。2011年5月16日，张某军与其妻作为股东成立B公司，经营聚氨酯产品等的生产销售。张某军自认B公司生产聚氨酯轮胎的生产工艺、流程都是其在A公司工作时获得的，B公司的另一股东闫某宏在接受山东省济南市工商行政管理局平阴分局调查时亦陈述，B公司成立时张某军以在A公司工作时所掌握的有关生产聚氨酯轮胎的技术出资。由上可知，张某军在A公司工作时已经掌握了A公司的涉案生产工艺，其离职后违反与A公司的保密约定，将涉案生产工艺披露给B公司使用。B公司明知张某军对涉案生产工艺负有保密义务，仍然使用涉案生产工艺生产实心轮胎。B公司、张某军的行为共同侵害了A公司的商业秘密，原审法院认定B公司、张某军构成侵权并无不当”。

案例十：江西省高级人民法院审理的A公司、钟某平侵害商业秘密纠纷案［（2015）赣民三终字第22号］认为，“根据查明的事实，钟某平曾在A公司担任生产总监、副厂长、厂长，应认定其有接触商业秘密的条件。虽然钟某平极力否认自己接触过A公司的商业秘密，并称自己仅负责生活、卫生管理工作，但其与A公司签有《竞业禁止及保密合同》，领取了保密费，A公司还给予其住房补贴，案件的基本事实不支持其未接触过商业秘密的主张。钟某平上诉虽对自己的技术来源作了包括反向工程在内的多种陈述，但均不能提交相关证据资料支持其主张，钟某平的技术图纸来源无法认定合法。钟某平在辞职后短短三个月时间里就与李某春成立B公司开展与A公司具有竞争性的行星挤出机的生产销售，其生产的系列行星挤出机经鉴定，技术图纸与A公司的技术图纸出自同一个电子版原图，仅仅是在复制的图样上做了一些非关键性修改，产品的结构、工作原理、功能都没有实质性的改变和突破。据此，可以认定钟某平非法获取、复制并使用了A公司的技术图纸秘密，构成对A公司技术秘密的侵害，应承担相应的侵权赔偿责任。……李某春系钟某平的妻子，与钟某平共同成立B公司作为侵害商业秘密的平台，制造与A公司相同的行星螺杆挤出机，均构成对A公司技术秘密的侵害，应承担侵权连带赔偿责任”。

案例十一：上海市高级人民法院审理的A公司等与B公司侵犯技术秘密纠纷上诉案［（2008）沪高民三（知）终字第168号］认为，“基于本案双方提供的证据以及专家出具的鉴定意见，原审法院认定GJ探测器技术密点1-10的具体技术信息不为所属领域的相关人员普遍知悉和容易获得，并无不当。上诉人洪某作为GJ探测器的技术开发总负责人，接触、掌握了其在B公司处工作期间内已形成的GJ探测器的技术密点。洪某离职后，成为上诉人A公司的股东，指导、参与A公司AMD探测器的设计、制造工作。现A公司生产的AMD探测器使用了与B公司GJ探测器中部分技术密点相同的技术，而两上诉人又未能对此作出合理的解释并提供相应证据。因此，原审法院认定洪某擅自披露、允许A公司使用B公司的商业秘密，构成对B公司商业秘密的侵害，亦无不当。两上诉人主张A公司独立研发成功AMD-1金属探测器，但在本案一、二审中始终未能对此提供充分的证据，故对其上述主张本院不予支持。同样，两上诉人对其主张的‘公证产品’已被人为改动的主张，亦未能提供相应证据，且其在原审法院委托鉴定时，也未对实物提出异议，因此该主张本院亦不予支持”。

案例十二：上海市第一中级人民法院审理的A公司与B公司侵犯商业秘密竞业限制纠纷案［（2011）沪一中民三（民）终字第2364号］认为，“周某在其与B公司签订的《知识产权及商业秘密保护、竞业禁止协议》中对其应承担的不作为义务存在明确约定的情况下，却仍在任职期间与他人共同投资设立A公司，从事与B公司有竞争关系的同类业务。依照A公司网站资料介绍，A公司于2009年7月成立后，在不到两年的时间内共服务了481家客户，在其所列举的13家具体客户中，有六家客户在周某任职B公司期间与B公司存在委托测试合作业务关系。对此，A公司在原审中称B公司不能证明相关客户是‘周某期间发展的客户’，未否认网页所载明客户合作业绩的真实性，二审中却称其公司在网站上列举客户名称仅是为宣传所用，并不代表存在真正的业务往来，前后矛盾，且对其二审主张未能提供充分证据予以证明，本院对此难以采信。A公司成立时，周某的出资额达到注册资本的50%，其本人并担任A公司监事，后还于2011年5月5日成为A公司法定代表人，2009年8月12日至2010年8月6日暨周某仍任职B公司期间，A公司委托B公司检测的业务发票累计金额亦达19150元，A公司称不知周某当时在B公司任职，与一般常理明显有悖，本院难以采信。而周某作为出资额达到注册资本50%的股东、监事，自称在担任A公司法定代表人之前完全不参与A公司的业务经营管理，亦与一般常理相悖。故综合本案当事人的庭审陈述及举证情况，本院认为，周某与A公司确实存在共同侵犯B公司商业秘密的行为，B公司要求周某承担侵权损害赔偿责任、A公司承担连带责任，确有依据”。

案例十三：上海市第二中级人民法院审理的A公司诉张某等侵害商业秘密纠纷案［（2002）沪二中民五（知）初字第152号］认为，“从本案原告的举证以及庭审中被告所作的陈述可以确认被告张某在原告公司工作期间，因其职务关系，其完全掌握和知悉原告的上述商业秘密，与此同时，被告张某不仅接受了与商业秘密有关的出国培训，还直接代表原告与其客户建立服务关系，对原告所拥有的T虫害控制技术的操作流程和技术文件知晓，被告张某离开原告公司后，理应对其在原告公司所掌握的商业秘密负有保密义务，但被告张某在其还未完全离开原告公司时，即与案外人共同投资成立了被告B公司，并利用其在原告处所掌握的商业秘密与原告开展市场竞争。被告张某代表B公司与C公司进行除虫服务时部分使用了原告的商业秘密，其行为构成了对原告上述商业秘密的侵犯。被告B公司明知被告张某从原告公司离职，完全有条件掌握原告的商业秘密，但被告B公司不顾基本的商业道德，使用由张某披露给其的商业秘密为其客户C公司服务。其行为同样构成了对原告商业秘密的侵犯”。

案例十四：乐清市人民法院审理的A公司诉王某德等进出口有限公司侵犯经营秘密纠纷［（2008）乐民初字第1418号］认为，“被告王某德在原告处任职期间，直接负责原告与B公司、C公司的业务，知悉原告与该两客户的经营信息，但将有关信息发送至其可操控邮箱，于2007年8月为D公司与C公司发生与原告指示灯等相同的业务，于2007年11月与被告冯某启成立被告E公司，为E公司于2008年1月与B公司发生与原告极母线、指示灯等相同的业务。而被告未提供证据证明D公司、E公司合法使用B公司、C公司客户名单的根据，且对于D公司与C公司该笔业务，被告王某德以原告名义开始洽谈，C公司也表示原以为是与原告进行的交易。故此，被告王某德违反其劳动合同、责任协议书中的保密义务，将自身掌握的原告经营秘密予以披露、使用及允许他人使用，已经侵犯了原告经营秘密。被告E公司系被告王某德、冯某启投资成立，被告王某德担任执行董事兼总经理，其明知有关B公司经营信息系原告的商业秘密仍然予以使用，与被告王某德在该行为上构成共同侵权。本案查明的被告E公司与保加利亚F公司的业务往来，因不能认定原告拥有保加利亚F公司客户名单经营秘密，故被告E公司就此并不构成对原告经营秘密的侵犯”。

036 掌握商业秘密的员工与近亲属成立公司构成共同侵权（It will constitute joint infringement if an employee holding trade secrets establish an company with its relatives.）

裁判要旨

负有保密义务的员工的近亲属设立个人独资企业，就相同业务与用人单位的客户进行交易，却不能证明其客户信息有合法来源时，可认定该员工向近亲属、个人独资企业非法披露了商业秘密，且对方明知上述情况而使用，三者构成对商业秘密的共同侵害。

案情简介

一、2005年，孙某龙就职于A公司，任机械工程师并处理公司营销事宜。在职期间代表A公司到B煤矿洽谈业务、进行技术指导服务，有大量的机会接触到包括特殊交易习惯、联系方式在内等特殊的客户信息。

二、2006年，孙某龙从A公司离职，2007年，孙某龙再次进入该公司。孙某龙向A公司出具过《保证书》，保证不泄露公司机密；又与A公司签订《保密协议》，约定具体的保密范围和保密期限。2010年，孙某龙再次离职。

三、2007年，孙某龙的弟弟孙某虎设立名为“C机械厂”的个人独资企业。不久，C厂投资人由孙某虎变更为其母申某英。C厂亦向B煤矿供应了相同的特殊的专利产品专用配件，价值约92万元。

四、A公司认为孙某龙、C厂、申某英以秘密的手段窃取了A公司的经营信息并使用，故以侵害商业秘密为由向徐州市中级人民法院提起诉讼，请求判令孙某龙、C厂、申某英承担停止侵权、赔偿经济损失100万元等民事责任。

五、一审法院认为A公司主张的客户名单构成商业秘密，在三被告不能证明其使用的相关客户信息有合法来源时，根据“实质相同+接触”的侵权认定原则，三被告侵权事实成立。一审判决孙某龙、C厂、申某英共同承担停止侵权、赔偿损失15万元的法律责任。

六、三被告不服一审判决，向江苏省高级人民法院提起上诉，主张C厂系申某英投资的个人独资企业，一审法院不应判令其同孙某龙、申某英承担共同的侵权责任。

七、二审法院认为C厂明知是以不正当手段获取的商业秘密而使用，构成侵权；投资人只在个人独资企业财产不足以清偿的情况下进行清偿，C厂可以自己的名义承担民事责任，判令C厂承担共同侵权责任并无不当。故二审法院判决驳回上诉，维持原判。

法院判决

江苏省高级人民法院在本案民事判决书的“本院认为”部分就上述争议焦点进行如下论述：

孙某龙作为A公司的工作人员，多次到B煤矿联系业务，实际上接触和掌握了A公司有关B煤矿的客户信息。C厂登记的投资人虽为申某英，但申某英与孙某龙系母子关系，也没有证据证明申某英具有相关行业的从业经验，因此在没有相反证据的情况下，应当认定孙某龙披露了A公司的商业秘密，申某英、C厂实际利用了A公司的商业秘密向B煤矿提供了博后筛配件等产品。故一审法院认定孙某龙、C厂、申某英侵害了A公司的商业秘密并无不当……上诉人主张C厂系申某英投资的个人独资企业，一审法院判令其同孙某龙、申某英承担共同的侵权责任，无法律依据。对此，本院认为，C厂利用了A公司的商业秘密与B煤矿进行交易，构成侵权。根据《中华人民共和国个人独资企业法》第三十一条规定，个人独资企业财产不足以清偿债务的，投资人应当以其个人的其他财产予以清偿。个人独资企业虽没有法人资格，但可以自己的名义对外从事经营活动，并以企业财产清偿债务，投资人只是在企业财产不足以清偿的情况下进行清偿，故C厂可以自己的名义承担民事责任，一审法院判令C厂承担共同侵权责任并无不当。

本案相关法律法规

《中华人民共和国反不正当竞争法》

第九条 经营者不得实施下列侵犯商业秘密的行为：

（一）以盗窃、贿赂、欺诈、胁迫、电子侵入或者其他不正当手段获取权利人的商业秘密；

（二）披露、使用或者允许他人使用以前项手段获取的权利人的商业秘密；

（三）违反保密义务或者违反权利人有关保守商业秘密的要求，披露、使用或者允许他人使用其所掌握的商业秘密；

（四）教唆、引诱、帮助他人违反保密义务或者违反权利人有关保守商业秘密的要求，获取、披露、使用或者允许他人使用权利人的商业秘密。

经营者以外的其他自然人、法人和非法人组织实施前款所列违法行为的，视为侵犯商业秘密。

第三人明知或者应知商业秘密权利人的员工、前员工或者其他单位、个人实施本条第一款所列违法行为，仍获取、披露、使用或者允许他人使用该商业秘密的，视为侵犯商业秘密。

本法所称的商业秘密，是指不为公众所知悉、具有商业价值并经权利人采取相应保密措施的技术信息、经营信息等商业信息。

《中华人民共和国民法典》

第一千一百六十八条 二人以上共同实施侵权行为，造成他人损害的，应当承担连带责任。

《中华人民共和国个人独资企业法》

第三十一条 个人独资企业财产不足以清偿债务的，投资人应当以其个人的其他财产予以清偿。

案件来源

江苏省高级人民法院审理的孙某龙等与A公司侵害经营秘密纠纷案［（2013）苏知民终字第0096号］

延伸阅读及类案裁判规则

一、员工采取不正当手段获涉案商业秘密，并非法披露给其亲属担任法定代表人、股东的其他公司，构成对商业秘密的共同侵权（It constitutes joint infringement if an employee acquires trade secrets concerned via improper means and illegally discloses it to an company in which its relatives act as statutory representative or shareholder.）

案例一：江苏省高级人民法院审理的A公司与华某守等侵犯技术秘密纠纷案［（2006）苏民三终字第0078号］认为，“本案中，根据B公司、C公司涉案救生艇技术与上诉人涉案技术秘密实质性相同；华某守系上诉人原总经理，其亲属分别是B公司、C公司法定代表人和公司股东；华某守从上诉人处离职前，曾组织人员将上诉人生产救生艇的关键性设备模具运离公司一段时间等一系列事实，并结合二审鉴定报告中B公司与华某守不可能在短短的四个多月里完成包括其产品设计和制造工艺在内总体技术研制工作的相关结论，本院认定华某守在其担任上诉人公司总经理期间，利用职务之便，采取不正当手段获取上诉人涉案技术秘密，并非法披露给B公司、C公司；B公司、C公司在明知华某守上述违法行为的情况下，仍然获取、使用上诉人涉案技术秘密。华某守、B公司、C公司共同侵犯了上诉人涉案技术秘密”。

案例二：上海知识产权法院审理的A公司、B公司等与施某玲侵害商业秘密纠纷案［（2017）沪73民终248号］认为，“首先，李某斌在一审审理中关于其在A公司处工作期间知晓C公司为××轨交1号线项目向A公司采购商品意向的陈述，张某榕在A公司工作期间与C公司员工就××轨交1号线项目进行联系沟通、提供技术支持的事实，足以证明李某斌、张某榕在A公司处工作期间，已经掌握了A公司的涉案商业秘密。根据劳动合同中保密条款的规定，李某斌、张某榕对A公司的涉案商业秘密显然负有保密义务。其次，李某斌与D香港公司董事及股东朱某文原系夫妻关系，李某斌与B公司法定代表人潘某荣系父子关系，李某斌在2015年8月从A公司处离职后至B公司工作。张某榕在2015年8月从A公司处离职后亦至B公司工作，且张某榕在A公司工作期间已使用B公司的工作邮箱就××轨交1号线项目与C公司员工联系。D香港公司在其签订的涉案合同中使用了A公司涉案商业秘密。B公司员工李某斌、张某榕、施某玲以B公司名义为涉案合同的签订履行与C公司进行接洽沟通，在××轨交1号线项目开通运营后，与D香港公司一起提供备品备件及维护服务，上述事实互相印证，可以得出李某斌、张某榕违反保密条款的约定，未经A公司许可向D香港公司、B公司披露了A公司的涉案商业秘密，以及D

香港公司、B 公司明知其知悉的是 A 公司的涉案商业秘密仍予以使用的结论。

一审法院据此认定李某斌、张某榕、D 香港公司、B 公司共同侵害了 A 公司的涉案商业秘密，依法有据，并无不当，本院对于李某斌、张某榕、D 香港公司、B 公司、潘某荣、朱某文的相关上诉意见不予采纳”。

二、负有保密义务的员工的近亲属成立公司，与该员工所在单位的固有客户进行同类业务交易，该公司不能证明其信息有正当来源时，可认定该员工、近亲属及其公司共同侵害他人商业秘密（An employee under confidentiality obligation, its close relatives, and the company established by its close relatives constitute joint infringement if such relatives incorporated an company to conduct similar business with the employee's employer's long-term customers and such company is not capable of proving the source of information is proper.）

案例三：南京市中级人民法院审理的上诉人 A 公司、张某侵害经营秘密纠纷案［（2015）宁知民终字第 141 号］认为，“首先，张某到 B 公司工作后，作为跟单员参与了 B 公司与 C、D、E 等客户的业务谈判和交易全过程，对 B 公司的报价、成交方式和国内供货渠道均全面了解，接触了 B 公司诉称的商业秘密；其次，张某 1 与时任 A 公司法定代表人张某 2 系夫妻关系，张某 2 在设立 A 公司前无鞋类商品出口的相关工作经历；其次，A 公司自 2011 年下半年开始与 C 等三公司就鞋类商品的出口发生业务往来，其交易商品类型、国内供货渠道和 B 公司与 C 等三公司的交易一致；最后，A 公司对 C 等三公司客户经营信息的来源均未能就获得相关信息的正当性提供证据予以证明。综上，一审判决认定 A 公司经由张某 1 接触了 B 公司的客户经营信息并进行使用并无不当。据此，张某 1 违反与被上诉人 B 公司的约定，披露、允许上诉人 A 公司使用其掌握的商业秘密，A 公司明知存在上述违法行为，仍获取、使用他人商业秘密，构成共同侵权”。

案例四：盐城市中级人民法院审理的 A 公司诉周某明等侵犯商业秘密竞业限制纠纷案［（2009）盐民三初字第 57 号］认为，“本案中，首先，周某明作为原告的业务经理，在其妻俞某成立 B 公司后，却代表 B 公司联系与原告相同的业务，并直接参与 B 公司的经营及订立合同，明显有违对原告公司忠实的法定义务，也违反了与原告约定的竞业禁止义务，给原告造成了经济损害，应当承担相应的法律责任。其次，周某明、B 公司共同侵犯了 A 公司的商业秘密。结合本案查明的事实，本院认为，被告周某明作为原告 A 公司的营销人员，在 A 公司山东片区长期负责市场营销与客户开发，有条件接触、知悉原告公司的商业秘密，其在 B 公司成立后即利用在原告公司工作期间掌握的商业信息帮助 B 公司联系业务，拦截属于原告公司的商业机会，并代表B公司与原告公司的固有客户进行同类竞业，且不能向法庭说明其实施该行为的正当性。被告周某明的上述行为符合法律规定的侵犯企业经营信息的构成要件，构成对原告A公司的商业秘密侵权。B公司系周某明之妻俞某一人独资设立，且周某明本人也多次代表B公司联系客户，B公司系该商业秘密的实际使用者，故应当认定B公司对周某明的侵权行为应属明知和应知，周某明和B公司的行为共同侵犯了原告A公司的商业秘密，应承担共同侵权的法律责任”。

案例五：盐城市中级人民法院审理的A公司诉苗某玉等侵犯商业秘密竞业限制纠纷案［（2009）盐民三初字第42号］认为，“结合本案查明的事实，本院认为，被告苗某玉作为原告A公司的管理营销人员，在四川油田和胜利油田片区具体负责市场营销与客户开发，有条件接触、知悉原告公司的商业秘密，其在任职期间，却利用在原告公司工作期间掌握商业信息的职务便利，帮助B公司联系业务，拦截本属于原告公司的商业机会，并代表B公司与原告公司的固有客户进行同类竞业，且不能向法庭说明其实施该行为的正当性。被告苗某玉的上述行为符合法律规定的侵犯企业经营信息的特征，构成对原告A公司的商业秘密侵权。B公司系苗某玉之妻张某红任法定代表人的同类型企业，在其生产、经营中，苗某玉本人多次代表B公司联系客户，B公司系该商业秘密的实际使用者与获益者，故应当认定B公司对苗某玉的侵权行为应属明知和应知。且苗某玉和B公司的行为客观上造成原告客户资源大量流失，导致原告产品销售不畅，经济损失严重。故苗某玉和B公司共同侵犯了原告A公司的商业秘密，应承担共同侵权的法律责任。被告辩称B公司的业务均系通过询价和招标的方式取得，并未侵犯A公司的商业秘密。本院认为，虽然B公司的部分销售业务在形式上是通过询价或投标的方式获得，但实际上苗某玉在A公司工作期间利用A公司人、财、物的优势开发出的市场和客户，本应属于A公司商业秘密范畴内的专有业务。就本案而言，涉案的部分与原告同类型的业务均系苗某玉在原告单位工作期间以B公司的名义接洽取得。苗某玉身为A公司培养的管理人员，却利用职务便利，替B公司开辟了本属于A公司的相关业务，这不仅是保密合同绝对禁止的，也严重侵犯了A公司的商业利益。故被告主张不构成商业秘密侵权的该项抗辩理由不足，本院不予采纳”。

案例六：厦门市湖里区人民法院审理的（2017）闽0206民初232号民事判决书［（2017）闽0206民初232号］认为，“马某洁在未经A公司许可的情况下擅自将A公司的客户信息拷贝、复制并用于办公使用，具有明显的主观过错，构成对A公司商业秘密的侵犯，应当承担侵权责任。马某洁与B公司的法定代表人邱某系夫妻关系，且本院调取的银行交易明细显示B公司与A公司的原有客户之间存在多笔款项往来，表明B公司对于马某洁侵犯A公司商业秘密的行为是明知的。B公司的经营范围又与A公司的经营范围具有重合内容，故推定B公司使用了A公司所掌握的为A公司所拥有的商业秘密，B公司与马某洁对A公司的商业秘密构成共同侵权，应承担相应的侵权责任”。

案例七：上海市卢湾区人民法院审理的A公司诉金某等侵犯商业秘密纠纷案［（2009）卢民三（知）初字第27号］认为，“本案中，被告金某1原系原告的销售代表，根据其工作范围、自认事实，可以推定其在原告处工作时接触过B公司客户名单信息，包括客户名称、联系方式、地址、产品规格型号、价格等，并与原告签订过商业秘密保护条款。因此，可以推定其明知上述信息属于原告的商业秘密。在被告金某1从原告公司离职前，其父亲金某2投资设立了与原告具有同业竞争关系的被告B公司。此后，被告B公司就与原系原告客户的C公司建立专用油类产品的供货合同关系。通过比对原告与被告B公司向C公司供应的产品，可以看出双方所提供产品的功能、特性等方面存在相同和相似之处，且后者的合同价格略低于前者。从时间上看，被告B公司与C公司开展业务时间距离被告B公司设立仅有2个月，开发客户的时间如此之短，不符合常理。因此，在被告B公司未提供证据证明上述合同信息可以从其他合法途径获得的情况下，可以推定被告金某1违反保密要求，披露并允许被告B公司使用了原告的上述商业经营信息。被告B公司明知被告金某1有侵犯他人商业秘密的行为而使用他人的商业经营信息，同样构成对他人商业秘密的侵犯，依法应当与被告金某1共同承担停止侵权，赔偿损失的民事责任”。

三、多名员工以亲属的名义共同投资设立与用人单位经营范围相同的公司，利用知悉的经营信息与客户进行交易，构成商业秘密共同侵权（It constitutes joint infringement if employees under the guise of their relatives jointly incorporate an company which has a same business scope with their employer and take advantage of the business information to trade with their employer's customers.）

案例八：深圳市南山区人民法院审理的A公司与陈某、石某佳、B公司侵害商业秘密纠纷［（2013）深南法知民初字第508号］认为，“被告一在原告处工作时作为工程部部长，对原告与上述8家客户之间的销售合同、产品订单中产品型号的相关含义，应当系知悉的；被告二在原告处工作时作为商务部销售部长，对原告与上述8家客户之间的销售合同、产品订单中价格策略、交易习惯等信息，应当系知悉的；被告一和被告二在原告处工作期间，便共同申请拟在深圳设立被告三，且在被告三成立后，被告一的妻子和被告二的岳母系被告三仅有的两名股东，因此，应当认定，被告三对原告所主张的上述商业秘密系知悉的。在三被告均知悉原告所主张的商业秘密的前提下，虽然三被告均不确认原告所提交的（2013）深罗证字第4902号《公证书》和（2013）深罗证字第4901号《公证书》中涉及邮件的真实性，但即使根据三被告的自认，被告三亦与上述原告提及的4家客户存在经济关系，销售总额达1848541元，因此，本院认定，三被告在知悉的前提下使用了原告所主张的商业秘密，三被告共同实施了侵害原告商业秘密的行为”。

案例九：上海市徐汇区人民法院审理的A公司诉B公司等侵害商业秘密纠纷案［（2012）徐民三（知）初字第23号］认为，“被告申某某、罗某某、王某某、张某某、赵某某原均系原告某某公司职工，根据本院之前论述，皆知晓需要保守原告享有的商业秘密，但在罗某某、王某某尚在原告处任职的情况下，上述被告皆以配偶名义共同投资、经营被告某某公司，并利用罗某某、王某某、申某某直接接触到原告享有的某某海南公司客户信息，抢夺原告A公司的商业机会，其行为违背了公认的商业道德，损害了原告的合法权益，上述被告对于利用原告商业秘密具有共同故意，并通过成立被告B公司来实现侵害原告权益的目的，故被告B公司、申某某、罗某某、王某某、张某某、赵某某对于原告A公司因此遭受的损害应承担连带赔偿责任，原告A公司要求被告立即停止侵害原告商业秘密行为的诉讼请求，本院予以支持”。

四、两家主要股东相同、经营混同的公司，即使其中一家为商业秘密许可使用人，也不得擅自将该商业秘密披露给另一家公司使用，否则二者构成共同侵权（If two major shareholders operate a company with the same shareholders and confused operation，even if one of them is the licensee of trade secrets，they shall not disclose the trade secrets to the other company for use without authorization，otherwise they will constitute joint infringement.）

案例十：南京市中级人民法院审理的上诉人A研究所侵害商业秘密纠纷案［（2015）宁知民终字第140号］认为，“被上诉人B公司、苏某荣对该合同涉及的技术方案负有保密义务，未经上诉人A研究所允许不得向第三方泄露。被上诉人苏某荣是B公司法定代表人，持股95%。同时，又与其妻子丁某梅持有C公司99%股份。可见二公司主要持股股东相同，在实际生产、经营中可能会存在混同经营情形。但就本案而言从法律意义上讲，二公司却是不同的法律主体，被上诉人苏某荣虽然是二被上诉人公司的主要股东，实际掌控二公司的生产和经营，但按照涉案合同的约定其也不得向C公司披露‘RSW-3燃油添加剂基本配方’。被上诉人C公司与上诉人A研究所之间没有使用‘RSW-3燃油添加剂基本配方’的约定，无权使用‘RSW-3燃油添加剂基本配方’。根据查明的案件事实，被上诉人C公司在B

公司停止向D石化公司销售涉案产品之后，被上诉人C公司开始向D石化公司销售相同品名、相同质量标准的相同产品……基于上述理由，可以认定被上诉人C公司实际使用了涉案商业秘密生产并销售了涉案产品，侵犯了上诉人A研究所的商业秘密。被上诉人B公司、苏某荣违反与上诉人的保密约定，应与C公司共同承担相应的侵权法律责任”。

五、若员工有机会接触公司商业秘密，可推定其在同一公司任职的配偶亦掌握了公司的该商业秘密（It may be presumed that the spouse of an employee, who works at the same company with his/her partner, has obtained trade secrets provided that the employee has access to trade secrets.）

案例十一：北京知识产权法院审理的A公司诉陈某等侵害商业秘密纠纷一案［（2014）京知民初字第67号］认为，“被告陈某根据其与原告A公司签订的《经营授权书》，曾担任A公司在北京办事机构的负责人，其代表A公司与B公司签订了多份《服装面料订货合同》，陈某不仅通过工作关系知道该客户，还了解该客户的交易习惯、意向、具体需求内容等信息，故陈某接触到了原告A公司的涉案商业秘密。鉴于被告陈某与被告吴某玉系夫妻关系，二人又同在A公司的北京办事机构工作，故推定吴某玉亦接触到了原告A公司的涉案商业秘密……在原告A公司与被告陈某、吴某玉签订的《A公司员工保密及禁止条例》以及制定的《保密制度》中，均要求陈某、吴某玉保守和不得泄露公司的商业秘密。在被告陈某、吴某玉还在原告A公司工作期间，被告吴某玉就出资成立了被告C公司，陈某还以被告C公司的名义与B公司签订了多份提花面料购销合同。在陈某、吴某玉正式离开A公司后，仍继续以C公司的名义与B公司进行市场交易，且未将上述情况告知A公司。陈某、吴某玉选择的交易对象恰恰是A公司的商业秘密，也是A公司在《A公司员工保密及禁止条例》中约定保守秘密的经营信息。

鉴于陈某、吴某玉系夫妻关系，且在被控侵权期间，被告陈某、吴某玉系被告C公司的自然人股东，故被告C公司之所以能够掌握原告A公司的客户名单，显系被告陈某、吴某玉披露，陈某、吴某玉的行为明显违反了与A公司达成的保密约定以及《保密制度》中的强制性要求。因此，被告陈某、吴某玉的行为侵犯了原告A公司的商业秘密”。

037 用人单位为获技术而高薪挖人可能侵犯商业秘密（An employer may constitute infringement of trade secrets if it poach people with high salary in order to obtain technology.）

裁判要旨

采用高薪利诱手段聘用掌握原公司商业秘密的员工、使用员工离职后向新用人单位披露的商业秘密，该离职员工与新用人单位构成对他人商业秘密的共同侵权，共同承担侵权民事责任。

案情简介

一、1999 年，金某峰在 A 公司从事新型涂料研究开发，其完成研制的 ls-1 涂料被认定为上海市高新技术成果转化项目。金某峰掌握该产品的配方和工艺。A 公司与金某峰签订过《劳动合同》，该合同附有《员工保密规定》，其中明确规定了保密信息的具体内容。

二、2001 年，B 公司法定代表人张某贤以高薪利诱金某峰到即将成立的 B 公司工作。随后，金某峰向 A 公司请病假，为 B 公司生产涂料做准备。金某峰与由张某贤担任总经理的 C 公司签订劳动合同，但实际并未在该公司工作，而是为 B 公司成立后生产涂料做筹备工作。

三、随后，金某峰从 A 公司辞职，并约定离职后遵守为期三年的竞业限制及《保密规定》。但金某峰在办理离职手续、移交技术资料时，却将记载有部分试验数据的笔记本及‘ls-1 硅灰石少量取代锌粉试验情况汇总’带到了 B 公司。B 公司正式成立后，由金某峰负责指导生产的 gwz-1 水性无机富锌涂料投向市场。

四、2002 年，A 公司向公安局报案称金某峰、B 公司侵犯其技术秘密。上海市浦东新区人民法院对 B 公司、张某贤、金某峰侵犯商业秘密罪作出刑事判决，判处 B 公司罚金人民币 10 万元；判处金某峰拘役四个月、罚金人民币 1.5 万元；判处张某贤拘役六个月、罚金人民币 2 万元。2003 年，上海市第一中级人民法院作出终审判决，改判张某贤拘役六个月、缓刑六个月、罚金人民币 2 万元，其余均维持原判。

五、A 公司以侵害商业秘密为由向上海市浦东新区人民法院提起民事诉讼，一审法院认为侵权事实成立，判决金某峰、B 公司停止侵权、共同赔偿原告经济损失人民币 756830 元并赔礼道歉。

六、B 公司不服一审判决，向上海市第一中级人民法院提起上诉，二审法院认为原审判决认定事实清楚，适用法律正确，故判决驳回上诉，维持原判。

法院判决

上海市第一中级人民法院在本案民事判决书的“本院认为”部分就上述争议焦点进行如下论述：

被上诉人金某峰在 A 公司工作期间直接参与了 ls-1 水性无机富锌涂料技术的研发，掌握该涂料的技术和配方，也明知该技术处于保密状态，但仍违反 A 公司的保密规定，受利益驱动，接受上诉人的邀请，在未正式离开 A 公司之前就使用 A 公司的技术为上诉人生产出 gwz-1 水性无机富锌涂料，并在之后的一年内，使用该技术为上诉人生产了 10 万余公斤产品，被上诉人金某峰的上述行为侵犯了 A 公司的商业秘密，除其已经承担的刑事责任外，还应当承担相应的民事责任。被上诉人金某峰辩称，其与 A 公司没有签订过保密协议，A 公司的技术是公开的，以及 B 公司与 A 公司的产品完全不一致等，因与事实不符，本院不予采信。

上诉人明知金某峰是 A 公司掌握涂料生产技术的工程师，仍采用利诱的手段聘用金某峰，并且在自己公司未作技术投资的情况下，公司一成立就依靠金某峰在 A 公司掌握的技术生产出与 A 公司相同的产品，上诉人的上述行为亦构成对被上诉人 A 公司商业秘密的侵犯，且上诉人与金某峰有共同侵权的故意，应当互相承担连带责任。

本案相关法律法规

《最高人民法院关于审理侵犯商业秘密民事案件适用法律若干问题的规定》

第八条 被诉侵权人以违反法律规定或者公认的商业道德的方式获取权利人的商业秘密的，人民法院应当认定属于反不正当竞争法第九条第一款所称的以其他不正当手段获取权利人的商业秘密。

《中华人民共和国反不正当竞争法》

第九条 经营者不得实施下列侵犯商业秘密的行为：

（一）以盗窃、贿赂、欺诈、胁迫、电子侵入或者其他不正当手段获取权利人的商业秘密；

（二）披露、使用或者允许他人使用以前项手段获取的权利人的商业秘密；

（三）违反保密义务或者违反权利人有关保守商业秘密的要求，披露、使用或者允许他人使用其所掌握的商业秘密；

（四）教唆、引诱、帮助他人违反保密义务或者违反权利人有关保守商业秘密的要求，获取、披露、使用或者允许他人使用权利人的商业秘密。

经营者以外的其他自然人、法人和非法人组织实施前款所列违法行为的，视为侵犯商业秘密。

第三人明知或者应知商业秘密权利人的员工、前员工或者其他单位、个人实施本条第一款所列违法行为，仍获取、披露、使用或者允许他人使用该商业秘密的，视为侵犯商业秘密。

本法所称的商业秘密，是指不为公众所知悉、具有商业价值并经权利人采取相应保密措施的技术信息、经营信息等商业信息。

《中华人民共和国民法典》

第一千一百六十八条 二人以上共同实施侵权行为，造成他人损害的，应当承担连带责任。

案件来源

上海市第一中级人民法院审理的B公司与A公司等侵犯商业秘密纠纷案［（2004）沪一中民五（知）终字第2号］

延伸阅读及类案裁判规则

一、第三人采用利诱手段，使在职员工披露其用人单位的商业秘密，员工与第三人的行为构成共同侵犯商业秘密（A third party and an employee may constitute joint infringement if such third party induce an employee to disclose its employer's trade secrets.）

案例一：最高人民法院审理的A工厂、刘某驰与B厂技术秘密侵权纠纷上诉案［（1999）知终字第5号］认为，“A厂明知B厂是生产黄药的专业厂家，为取得该厂生产设备的技术，私下找到该厂掌握此项技术的人员刘某驰，要求其提供有关技术，并在取得B厂的技术图纸后，进行了复制和抄袭，用于制造设备生产并销售黄药，其行为构成侵犯他人商业秘密；刘某驰为获得酬金，将B厂严格保密的技术图纸提供给A厂，披露了B厂的技术秘密，与A厂共同构成侵犯商业秘密行为，A厂与刘某驰应当承担共同侵犯商业秘密的法律责任”。

案例二：河南省高级人民法院审理的苏某伟、李某庆侵害商业秘密纠纷案［（2017）豫民终714号］认为，“关于苏某伟、A公司、李某庆是否侵害了B客车公司商业秘密的问题。苏某伟作为B客车公司的职员，具有保护受雇单位商业秘密的责任。苏某伟自2016年3月至2016年6月居住在李某庆家里。李某庆作为A公司的法定代表人、一个商业从业者，应当知晓苏某伟此时的涉案行为属泄露所在单位商业秘密的性质，李某庆仍故意利诱苏某伟从而获得不正当利益，侵害了B客车公司的商业秘密。至于李某庆与A公司的相互关系，李某庆自己也承认A公司的另一名股东孙某凌没有参与经营，仅为注册需要设置了两个股东，且现有证据无法区分李某庆的涉案行为是个人行为还是职务行为，而李某庆是A公司的法定代表人，并实际控制了A公司的经营，其利用将苏某伟安排吃住在自己家中的便利条件，实施侵权行为并通过A公司获取不正当利益，一审法院判决二者共同承担连带责任并无不妥”。

案例三：上海市浦东新区人民法院审理的A公司诉B公司等侵犯商业秘密纠纷案［（2011）浦民三（知）初字第169号］认为，“根据庭审查明的事实，被告B公司、被告董某在明知刘某某系原告公司员工的情况下，通过利诱的不正当手段获取原告公司的57张箱包设计稿，其中55张箱包设计稿由董某书面确认系由刘某某提供，另2张箱包设计稿（5号鉴定书表5、表10）根据原告提供的箱包图片、样品照片及鉴定报告书等证据，与原告的箱包设计稿构成实质性相似，结合被告B公司对原告公司的箱包设计稿存在接触的事实，本院认定被告B公司、董某通过不正当手段获取了原告的该两张箱包设计稿。在上述57张设计稿中，被告B公司共对其中33张设计稿（即经董某确认由刘某某提供的31张以及5号鉴定书表5、表10对应的2张）进行了制作样品、许诺销售等使用。被告刘某某作为原告公司的员工，违反《劳动合同》的约定及原告公司保守商业秘密的要求，向被告B公司、董某披露了其所掌握的商业秘密。三被告的行为互相结合，共同构成侵犯商业秘密的不正当竞争行为”。

二、若新用人单位不能举证证明获取的涉案信息的正当性，可认定离职员工向新用人单位披露了原用人单位的商业秘密，二者构成共同侵权（It shall be presumed that a resigned employee has disclosed its former employer's trade secrets to its current employer if the current employer is not capable of proving the legitimacy of information concerned. The resigned employee and its current employer constitute joint infringement.）

案例四：陕西省高级人民法院审理的A公司与B公司、惠某宁侵害商业秘密纠纷案［（2016）陕民终451号］认为，“A公司提交的《分析作业指导书》《实验报告》《保密协议书》《C集团龙腾计划锆合金化学成分分析第一阶段实验报告》《发明专利申请》等证据能够证明惠某宁在 A 公司任职期间实际接触并掌握了 A 公司涉案技术秘密，惠某宁在 B 公司任职期间违反了其与 A 公司保密协议的约定，披露、使用 A 公司涉案商业秘密，并为 B 公司获取并使用 A 公司商业秘密提供了条件。依照《最高人民法院关于禁止侵犯商业秘密行为的若干规定》第三条第一款第（四）项之规定，惠某宁的行为侵犯了 A 公司的商业秘密。1993 年《中华人民共和国反不正当竞争法》第十条规定：‘经营者不得采用下列手段侵犯商业秘密：（一）盗窃、利诱、胁迫或者其他不正当手段获取权利人的商业秘密；（二）披露、使用或者允许他人使用以前项手段获取的权利人的商业秘密……’本院认为，B 公司在本案中未能举证证明其获取涉案商业秘密的正当性，故应认定 B 公司采取了不正当手段获取并使用了 A 公司的商业秘密，B 公司的行为侵犯了 A 公司的商业秘密”。

案例五：山东省高级人民法院审理的 A 公司与 B 公司、吴某庆等侵害商业秘密纠纷案［（2016）鲁民终 1364 号］认为，“综上，吴某庆作为 A 公司的车间负责人，在其离职后，根据其与 A 公司签订的相关协议，应负有对 A 公司甲带式给料机的工装工艺技术信息保密的义务，但其却在到 B 公司工作后，将其掌握的上述技术信息非法披露给 B 公司，而 B 公司明知吴某庆存在上述行为，仍获取并使用 A 公司的技术秘密生产甲带式给料机，故 B 公司与吴某庆的行为侵犯了 A 公司的技术秘密……何金良作为 A 公司的销售人员，掌握了 A 公司的相关客户信息和包括交易价格等在内的深度经营信息，其在离职后，应对其知悉的 A 公司的客户信息和甲带式给料机的销售价格、产销策略等信息承担保密义务，但其在进入 B 公司任职后，代表 B 公司与 C 公司签订了甲带式给料机的销售合同。根据 B 公司对真实性认可的投标文件中的业绩表，能够证明 B 公司向郑州 D 公司销售了甲带式给料机，根据 B 公司提供的发票与合同，其对外销售甲带式给料机的价格均低于 A 公司的价格。因此，何某良将其掌握的特定客户信息及包括价格在内的经营信息非法披露给 B 公司，而 B 公司明知何某良存在上述行为，仍获取并使用 A 公司的经营信息销售甲带式给料机，故 B 公司与何某良的行为侵犯了 A 公司的经营信息秘密。

B 公司虽主张其交易均系通过公开渠道投标获得，但并未提供证据证明其从何种渠道获得的客户信息，且 B 公司提供的 2010 年前的合同均不包含 A 公司主张保护的上述特定客户，因此本院对其主张不予支持”。

案例六：广东省高级人民法院审理的汪某建与 A 公司一案［（2012）粤高法民三终字第 594 号］认为，“对于 B 公司是否侵犯 C 公司经营信息秘密问题。将原审法院到 B 公司保全到的‘林某华客户分级跟踪资料’文件与 C 公司提交的‘林某华客户分级跟踪资料’文件相比对，两者的内容基本相同。由于林某华曾在C公司工作，从事软件的客户联系销售工作，掌握了C公司的客户名单，离职到B公司工作后，违反其与C公司签署保密协议及离职承诺书，将其所掌握的客户名单未经C公司许可披露给B公司使用，故可以认定林某华、B公司侵犯了C公司的经营信息秘密”。

案例七：江苏省高级人民法院审理的德国A公司等与杨某等侵犯商业秘密纠纷案［（2010）苏知民终字第0067号］认为，“刘某健作为无锡A公司的职工，曾接受德国A公司培训，其在上述任职和培训过程中，与无锡A公司和德国A公司均签订相关保密协议，承诺不向第三方透露保密信息，但刘某健在2007年1月从无锡A公司离职后，将其掌握的涉案技术秘密先后向蔡某海和B公司进行了披露，该行为侵犯了德国A公司、无锡A公司的技术秘密。杨某曾代表C公司与无锡A公司签订合作保密协议，该协议虽不能证明杨某知晓相关技术秘密的具体内容，但其作为无锡A公司合作方代表，应知晓无锡A公司存在塑料型材生产工艺方面的技术秘密并为此采取保密措施。从蔡某海提供的相关证据以及刘某健的陈述，可以证明杨某出于和蔡某海、顾某华合作设立公司生产塑料型材的目的，主动联系并指使刘某健将涉案技术秘密先后向蔡某海和B公司进行了披露。杨某与刘某健的上述行为，共同侵犯了德国A公司、无锡A公司的技术秘密”。

案例八：上海市高级人民法院审理的A公司与周某龙等侵害商业秘密纠纷案［（2005）沪高民三（知）终字第148号］认为，“被上诉人周某龙在上诉人处工作时，就是从事与系争技术信息有关的技术工作的。离开上诉人公司后，周某龙即到被上诉人B公司就职，担任生产部及技术部部长，负责生产管理及技术指导工作。被上诉人B公司采用的‘自动检测台多道检测’工序，与上诉人采用的系争技术信息两者在整体上基本相同，实质上即上诉人的系争技术秘密。另外，并无充分证据反映被上诉人B公司依法开发或者通过合法途径获取了系争技术信息。两被上诉人虽称系争技术信息是由社会上操作工人在实践中不断摸索出来的，该技术并非上诉人所有，但未能充分举证予以证明。虽然涉案的有关专利申请并未包含系争技术信息，但这并不能说明上诉人在提出涉案有关专利申请时不拥有系争技术信息。综上，被上诉人周某龙擅自披露、使用或者允许他人使用上诉人的系争技术秘密。被上诉人B公司明知或者应知上述所列违法行为，而获取、使用他人的系争技术秘密。两被上诉人共同构成对上诉人上述系争技术秘密的侵权，应共同承担相应的民事责任”。

案例九：常州市中级人民法院审理的A公司与B公司、朱某刚等侵害商业秘密纠纷案［（2016）苏04民初22号］认为，“被告朱某刚离职前为原告公司总经理，被告居某芬离职前为原告公司销售经理及总经理助理，而涉案10家企业均为原告的产品销售对象，二人在职期间有充分的机会接触原告的涉案经营信息，根据生效裁判查明的事实，二人离职后至迟于2010年4月27日起即在被告B公司工作，B公司自2010年7月即使用原告的涉案经营信息与原告的涉案客户开始发生贸易往来并开具增值税发票，三被告亦未能就所获得经营信息的正当性进行举证，综合以上因素，本院认定被告朱某刚、居某芬在离职后将其在原告公司工作期间掌握的商业秘密向被告B公司予以披露，被告朱某刚、居某芬该行为构成对原告商业秘密的侵犯。根据现有证据，除涉案10家企业外，原告还就其与C进出口贸易有限公司之间的贸易关系进行了举证，可以认定在被告朱某刚、居某芬离职前，原告已与该公司之间形成长期稳定的交易往来；再根据C进出口贸易有限公司与被告B公司的原股东信息，并结合被告B公司前两点答辩意见的相关陈述，可以认定C进出口贸易有限公司对朱某刚、居某芬离职前在原告处的职务、工作内容等应当明确知晓，被告B公司亦是如此；另外，还考虑到2010年年初原告D公司向被告B公司发出的《通告》内容以及后续D公司与离职人员之间竞业限制赔偿纠纷的实际情况，基于以上三点，本院认为被告B公司应知被告朱某刚、居某芬是在违反D公司有关保守商业秘密约定的情形下向其披露了涉案商业秘密，其依然使用该商业秘密，根据《中华人民共和国反不正当竞争法》第十条第二款的规定，被告B公司依法构成对涉案商业秘密的侵犯，故本案三被告构成共同侵权”。

案例十：深圳市中级人民法院审理的A公司与黄某英侵害商业秘密纠纷［（2015）深中法知民终字第800号］认为，“本案中，黄某英于2012年5月9日至2013年12月6日在A公司处任副总经理，能接触并掌握A公司主张的涉案学员信息，黄某英与A公司签订《保密协议》，其离职后24个月内，即2015年12月6日前仍须履行保守A公司商业秘密的合同义务。黄某娜、饶某、吴某清、欧阳某霞4人原为A公司的学员，且有在A公司处再次培训的可能性，在黄某英到B公司、C管理培训中心处任职后，该4人即到B公司处培训。根据《最高人民法院关于审理不正当竞争民事案件应用法律若干问题的解释》第十三条第二款规定，客户基于对职工个人的信赖而与职工所在单位进行市场交易，该职工离职后，能够证明客户自愿选择与自己或者其新单位进行市场交易的，应当认定没有采用不正当手段。三被告虽提交了署名为上述4人的《申明》，但该4人未出庭作证，亦无其他证据予以佐证，无法确认上述《申明》的真实性及被告与该4个学员发生交易系通过自身努力或劳动所得。因此，原审法院依法认定黄某英违反与A公司之间的保密约定，向

B 公司披露了上述 4 个客户名单，构成对 A 公司商业秘密的侵犯；B 公司应当知晓黄某英的上述侵权行为，仍然获取、使用该 4 个客户名单，与黄某英构成共同侵权，亦构成对 A 公司商业秘密的侵犯”。

案例十一：上海市第二中级人民法院审理的 A 公司、卢某胜与 B 公司、王某龙等侵害商业秘密纠纷二审案［（2014）沪二中民五（知）终字第 24 号］认为，“卢某胜在 B 公司任职期间，能够接触到 B 公司的客户名单、报价体系及营销方案等商业秘密，且卢某胜擅自将上述信息通过邮件转发的形式进行披露，上述行为违反了 B 公司有关保守商业秘密的要求。卢某胜离开 B 公司到 A 公司任职后，A 公司的客户中有 13 家与 B 公司的客户名单相同，而 A 公司无法说明上述 13 家客户的来源。综合上述事实，应当认定卢某胜违反 B 公司有关保守商业秘密的要求，擅自披露 B 公司商业秘密，A 公司明知上述违法行为而使用 B 公司客户名单的行为，构成对 B 公司商业秘密的共同侵害”。

案例十二：北京市第二中级人民法院审理的李某等与 A 中心侵犯商业秘密纠纷一案［（2009）二中民终字第 6057 号］认为，“上诉人李某曾作为被上诉人 A 中心的工作人员，知悉 A 中心的商业秘密，其在辞职后到上诉人 B 中心工作。现 B 中心作为从事农药代理登记业务的同业竞争者，使用 A 中心的商业秘密，没有合理来源，应认定系李某向 B 中心披露，李某应依法承担相应的法律责任。B 中心使用李某非法披露的商业秘密，应与其共同承担侵权责任”。

案例十三：义乌市人民法院审理的 A 公司与沈某青、B 公司侵害商业秘密纠纷［（2019）浙 0782 民初 4102 号］认为，“在本案中，被告沈某青系原告公司的前员工，其在原告公司任职期间，与涉案三家客户公司有业务上的往来，实际上接触到了原告公司的客户名单商业秘密。被告沈某青从原告公司离职当天便入职被告 B 公司，而被告 B 公司在被告沈某青入职后两个月便与涉案三家客户公司开始有交易往来，且根据现有证据，能够证明被告沈某青在离职后与涉案客户进行了接触。本院认为，被告沈某青的行为违反了《保密协议》约定的保密义务，违反了反不正当竞争法的规定，侵犯了原告公司的商业秘密。被告 B 公司明知上述客户名单系原告公司的商业秘密，仍然使用该商业秘密并获取利益，其既未举证证明涉案客户系其自身通过投入人力、物力建立的交易关系，也未能举证证明涉案客户系基于对员工个人的信赖而与其发生交易，故被告 B 公司的行为也侵犯了原告公司的商业秘密，构成共同侵权”。

三、在职员工采用“飞单”的形式将用人单位的商业秘密故意披露给其他公司，二者行为属于恶意串通，共同侵害他人的商业秘密（If the incumbent employees intentionally disclose the employer’s trade secrets to other companies in the form of “flybill”, it may constitute a malicious collusion and a joint infringement of others’ business secrets.）

案例十四：常州市中级人民法院审理的瞿某、A公司与B公司侵害商业秘密纠纷案［（2019）苏04民终3773号］认为，“1. 瞿某作为B公司员工，接手B公司与英国C公司交易事项，参与双方交易过程，全面了解B公司的供货规律、价格、产品要求等，掌握了B公司诉称的商业秘密。2. 瞿某在B公司任职期间，2015年5月30日15-447号订单载明供应商为B公司，但后续交易过程中，销售合同、发票、装箱单的供应商均显示为A公司，该笔订单的货运单上载明制单员为瞿某，但其未能就上述交易变动情况作出合理解释。2015年6月22日15-450号订单供应商已显示为A公司。瞿某违反与B公司签订的保密协议的约定，向A公司披露了其掌握的诉争商业秘密并促成了交易。3. A公司与英国C公司存在交易行为，且均发生在B公司与英国C公司交易之后，A公司供货的产品种类、数量、价格及贸易形式与之前B公司与该客户交易的内容高度相同。4. A公司辩称其与英国客户早就认识，双方系自由交易的意见，但未提供相关证据证明其与英国C公司进行过谈判磋商，也未就获得相关信息的正当性提供充分证据予以证明。A公司作为B公司供应商，应当知道英国C公司系B公司客户。综上，推定瞿某违反保密协议约定向A公司披露并允许A公司使用其掌握的B公司商业秘密；A公司在应知上述情形的情况下，使用了瞿某披露的B公司商业秘密……本案中，瞿某作为B公司员工，接手B公司与英国C公司交易事项，参与双方交易过程，全面了解B公司供货规律、价格、产品要求等，掌握了B公司诉称的商业秘密。根据B公司提供的15-447号订单等证据可以证明瞿某违反与B公司签订的保密协议，向A公司披露了其掌握的诉争商业秘密并促成了交易。A公司与英国C公司存在交易行为，且均发生在B公司与英国C公司交易之后，A公司供货的产品种类、数量、价格及贸易形式与之前B公司与该客户交易的内容高度相同。瞿某和A公司上述行为违反了前述法律规定，构成了侵犯商业秘密的行为”。

四、离职员工成立新公司后，聘用原用人单位的其他离职员工，披露、使用原用人单位的商业秘密，公司与离职员工构成对他人商业秘密的共同侵权（If a resigned employee incorporated a new company to engage other resigned employees of its former employer and discloses and uses the trade secrets of its former employer, the resigned employee and its company may constitute joint infringement.）

案例十五：杭州市中级人民法院审理的A公司与王某敏、孙某彦等侵害商业秘密纠纷［（2014）浙杭知终字第215号］认为，"首先，从本案现有证据上看，无法证明B公司使用的涉案源代码系来自C交易所。其次，从原审中B公司、王某敏、孙某彦等人提交的证据《复函》的内容上看，C交易所并未提及涉案源代码的交付事宜，其反而认为A公司尚未履行《系统集成合同》《软件开发合同》项下合同义务，这与其在本案中的陈述明显不一致。A公司在本案和其他案件中也未表示涉案源代码已经交付，本案其他证据亦不足以证明涉案源代码已交付的事实。最后，根据《系统集成合同》的约定，C交易所不得将涉案源代码转让、销售、赠送或泄露给第三方，B公司虽由C交易所控股，但其仍系独立法人，属于上述合同中约定的'第三方'。综上，王某敏、孙某彦无法证明B公司使用的涉案源代码具有合法来源，应承担举证不能的不利后果。故该项上诉理由不能成立，本院不予采纳。王某敏、孙某彦、沈某、高某飞均系原A公司员工，从事研发和技术岗位工作，应当知晓其与A公司之间存在保密义务的约定；而王某敏在担任B公司法定代表人之前，系负责涉案软件开发项目的管理组成员，理应知悉合同中关于涉案源代码保密条款的约定。但王某敏、孙某彦、沈某、高某飞仍然通过不正当手段从A公司处获取了涉案源代码，并向B公司进行披露；B公司明知上述违法行为，仍然使用涉案源代码。因此，B公司、王某敏、孙某彦、沈某、高某飞存在侵害A公司商业秘密的故意并实施了共同侵权行为，应当承担相应民事责任"。

五、侵害商业秘密民事案件中，生效的刑事判决书中所确认的侵权事实可为法院所采纳，当事人有相反证据足以推翻的除外（A court may adopt the misappropriation facts found by a verdict in effect in a civil case regarding misappropriation, unless there is contrary evidence sufficient to reverse it.）

案例十六：上海市高级人民法院审理的魏某刚与A公司侵害商业秘密纠纷一案二审案［（2011）沪高民三（知）终字第56号］认为，"许某、李某准与B公司签订了《保密协议》；许某、魏某刚以高薪等手段利诱李某准至C公司任职；魏某刚、李某准按照窃取的被上诉人文件的技术要求编制了C公司的《作业指导书》《质量管理手册中的程序文件》《工艺流程卡》，以此指导C公司的生产；2001年7

月至2003年12月间，许某、魏某刚、李某准利用掌握的B公司的材料表面盐浴氮化、氧化处理技术以及按照B公司技术要求定制的盐浴炉等工具设备，为D公司等多家单位进行金属表面热处理加工业务。

上述事实均已被人民法院发生法律效力的刑事判决书所确认，三上诉人虽对上述事实提出异议，但未能提供足以推翻上述事实的相反证据”。

案例十七：山东省高级人民法院审理的A公司、B公司侵害商业秘密纠纷案［（2017）鲁民终1009号］认为，“至于C公司认为本案相关技术秘点已经另案生效刑事判决确认，无须再行查新鉴定的问题，本院认为，对于已经发生法律效力的刑事判决所确认的事实，在没有相反证据足以推翻的情形下，可以作为民事诉讼中的事实予以采信；但如果民事诉讼相关当事人并未参与该刑事诉讼程序且就被诉事实提出异议时，为保障其合法权益，应当允许民事诉讼相关当事人就被诉事实依法进行抗辩，包括采取法律允许的方式进行举证质证。本案二审中，在采取相应保密措施的情形下，本院允许A公司、B公司就C公司提交的涉案技术秘点进行查新举证，重审中一审法院应以各方提交的证据为基础，根据各方举证、质证情况对诉争事实依法作出认定”。

038 公司放任员工使用原单位的商业秘密是否要承担侵权责任（Whether an employer shall assume tort liability if it allows its employees to use their former employer’s trade secrets.）

裁判要旨

在公司明知该员工具备多年相关工作经验的情况下，若员工告知公司与其交易的客户与原用人单位的客户范围有所重合，公司应对该员工在经营活动中是否存在不正当使用他人商业秘密的行为负有审查注意义务。否则，公司可能构成共同侵犯商业秘密并应承担连带赔偿责任。

案情简介

一、郑某到A公司工作，任销售经理，负责美洲外销工作。A公司在《员工手册》制定了相应的保密制度。

二、郑某离职，A公司委托另一名离职员工转告郑某，不要与A公司的客户进行不正当交易。郑某离职后应聘至B公司工作，后来到C公司工作，负责销售相关产品。B公司的法定代表人潘某玲与C公司的法定代表人梁某义系夫妻关系。潘某玲和梁某义是C公司、B公司的股东和实际控制人。

三、郑某在A公司工作期间，通过A公司网站的统一电子邮箱与D公司进行沟通，由D公司从C公司购买产品，再出口销售给A公司的客户，并且该客户是与郑某直接联系的。后郑某在C公司期间，C公司又向A公司的多名客户出口销售相关产品。

四、A公司以侵害商业秘密为由向哈尔滨市中级人民法院提起民事诉讼。一审法院认为A公司主张的客户信息构成商业秘密，C公司任用郑某，为郑某提供资金、交易资质等条件，由郑某使用A公司的涉案客户信息，以C公司名义进行经营活动，二者构成共同侵权。故一审法院判决C公司与郑某应对给A公司造成的200万余元损失承担连带赔偿责任。

五、C公司不服一审判决向黑龙江省高级人民法院提起上诉，称郑某从未告知潘某玲涉案客户是A公司的商业秘密，潘某玲不明知或应知涉案客户是A公司的商业秘密。

六、二审法院认为在郑某已告知C公司，与其交易的客户当中有A公司的客户，且C公司明知郑某曾在A公司从事销售工作多年的情况下，C公司仅简单询问，对郑某为C公司进行经营活动而非法使用他人商业秘密的行为未尽到应有的审查注意义务。故二审法院驳回上诉，维持原判。

法院判决

黑龙江省高级人民法院在本案民事判决书的“本院认为”部分就上述争议焦点进行如下论述：

根据该条法律规定，本案中判断C公司是否侵害A公司的商业秘密，应审查其是否明知或应知阿根廷P公司等客户信息为A公司的商业秘密，且该客户信息为郑某以不正当手段获取。C公司上诉所提潘某玲是否为C公司实际控制人、郑某是否为C公司员工等均非判断C公司应否承担赔偿责任的法定要件，本院不予审查。本案中，郑某在公安机关2017年2月22日、4月17日的两次讯问笔录中均有相对稳定的供述，郑某称：潘某玲和梁某义知道哪些客户是A公司的客户，并且潘某玲向其询问过郑某是否与A公司签署过保密协议。一审判决据此将郑某供述作为认定事实的依据并无不当。在郑某已告知C公司，与其交易的客户当中有A公司的客户，且C公司明知郑某曾在A公司从事销售工作多年的情况下，C公司仅简单询问郑某是否与A公司签订保密协定，即与A公司原客户进行交易，未尽到应有的审查注意义务，一审法院认定C公司属于1993年《反不正当竞争法》第十条规定的“第三人明知或者应知前款所列违法行为”情形并无不当。尽管C公司主张曾派郑某参加过德国某木工机械展、义乌某木工机械展等多个国际、国内大型展会，但并未举示证据证明阿根廷P公司等原A公司客户系郑某或C公司在上述展会中重新开发，亦不能证明阿根廷P公司等原A公司客户系出于对郑某个人的依赖而自愿与C公司交易，C公司关于其不应承担责任的上诉主张并无证据证明，本院不予支持。

本案相关法律法规

《中华人民共和国反不正当竞争法》

第九条 经营者不得实施下列侵犯商业秘密的行为：

（一）以盗窃、贿赂、欺诈、胁迫、电子侵入或者其他不正当手段获取权利人的商业秘密；

（二）披露、使用或者允许他人使用以前项手段获取的权利人的商业秘密；

（三）违反保密义务或者违反权利人有关保守商业秘密的要求，披露、使用或者允许他人使用其所掌握的商业秘密；

（四）教唆、引诱、帮助他人违反保密义务或者违反权利人有关保守商业秘密的要求，获取、披露、使用或者允许他人使用权利人的商业秘密。

经营者以外的其他自然人、法人和非法人组织实施前款所列违法行为的，视为侵犯商业秘密。

第三人明知或者应知商业秘密权利人的员工、前员工或者其他单位、个人实施本条第一款所列违法行为，仍获取、披露、使用或者允许他人使用该商业秘密的，视为侵犯商业秘密。

本法所称的商业秘密，是指不为公众所知悉、具有商业价值并经权利人采取相应保密措施的技术信息、经营信息等商业信息。

《最高人民法院关于审理侵犯商业秘密民事案件适用法律若干问题的规定》

第十一条 法人、非法人组织的经营、管理人员以及具有劳动关系的其他人员，人民法院可以认定为反不正当竞争法第九条第三款所称的员工、前员工。

第十二条 人民法院认定员工、前员工是否有渠道或者机会获取权利人的商业秘密，可以考虑与其有关的下列因素：

（一）职务、职责、权限；

（二）承担的本职工作或者单位分配的任务；

（三）参与和商业秘密有关的生产经营活动的具体情形；

（四）是否保管、使用、存储、复制、控制或者以其他方式接触、获取商业秘密及其载体；

（五）需要考虑的其他因素。

《中华人民共和国民法典》

第一千一百六十八条 二人以上共同实施侵权行为，造成他人损害的，应当承担连带责任。

案件来源

黑龙江省高级人民法院审理的 A 公司、B 公司侵害商业秘密纠纷案二审民事判决书［（2018）黑民终 636 号］

延伸阅读及类案裁判规则

公司在明知员工掌握原公司的商业秘密未尽注意义务，可能被判处构成侵犯商业秘密（It may be determined as misappropriation if an employer has not fulfilled its duty of care as it knew that its employee holds former employer's trade secrets.）

案例一：最高人民法院审理的 A 公司与 B 公司侵犯商业秘密纠纷上诉案［（2007）民三终字第 1 号］认为，“B 公司聘用马某东和刘某时知道其曾为 A 公司职工，并掌握该公司的经营信息，故其在尚无充分客户信息来源情况下成交大量外销业务，履行必要的审查职责。但 B 公司对马某东、刘某的行为未进行询问或审查，更未采取进一步措施制止，主观上存在过错。故 B 公司对马某东、刘某二人披露和使用 A 公司商业秘密的不正当竞争行为应当承担民事赔偿责任”。

案例二：上海市第一中级人民法院审理的 A 所清算组诉 B 所清算组等侵犯商业秘密纠纷案［（2000）沪二中民再终字第 15、16 号］认为，“沈某的上述行为已经构成对原告的商业秘密的侵犯。而 B 所清算组在接受沈某等辞职员工时，应当知道他们会带走原告的客户，但仍未予阻止，并且通过他们获取、使用了原告的客户名单，依法亦应视为侵犯了原告的商业秘密。两被告辩解客户是自主、自愿选择 B 所清算组为服务对象，但由于两被告对原告客户名单的使用负有特定的义务，故并不能就此免除两被告侵权的民事责任”。

案例三：江苏省高级人民法院审理的 A 公司等与 B 实验工厂侵犯商业秘密纠纷案［（2002）苏民三终字第 054 号］认为，“A 公司、C 公司未能提供有效证据以证明其真正工艺的内容及其合法来源。由于 B 实验工厂的技术信息构成商业秘密；

A 公司、C 公司生产与实验工厂相同的产品；A 公司、C 公司使用了 B 实验工厂掌握涉案技术的技术骨干；而且，一审庭审中，A 公司、C 公司也承认菌种的培养、复壮由邵某凤完成。二审中，又承认在发酵后期使用了 B 实验工厂工艺中的某种特殊物质。因此，应推定上诉人的工艺流程来源于 B 实验工厂，A 公司、C 公司、赵某强、邵某凤侵害了 B 实验工厂的商业秘密。A 公司、C 公司、赵某强、邵某凤应承担停止使用 B 实验工厂的生产工艺生产硅酸盐菌剂并赔偿损失的法律责任”。

案例四：宁波市中级人民法院审理的 A 医院、B 公司侵害商业秘密纠纷［（2018）浙 02 民终 1448 号］认为，“各方当事人对于杨某茜利用 B 公司的商业秘密为 A 医院接洽客户，达成交易并无异议，且 A 医院认可其录用杨某茜系看中其有相关行业的从业经验，显然 A 医院对于杨某茜曾在 B 公司担任相关职务并掌握相关商业秘密的情况是明知的。故在此情况下，A 医院有义务在经营中通过具体管理措施排除此类员工在前单位获得的相关商业秘密的使用，在本案中 A 医院应对其获得相关客户信息的正当性进行举证，A 医院在原审中主张相关客户系其通过其他员工或高层及客户自愿选择获得，但 A 医院提供的证据不足以证明其该主张，故根据杨某茜在入职后利用其在 B 公司获得的商业秘密为 A 医院接洽业务，并提供相关信息给 A 医院的其他员工，利用 B 公司的商业秘密为 A 医院获取利润的事实情况，原审认定 A 医院与杨某茜构成共同侵权，并无不当”。

案例五：北京市第二中级人民法院审理的 A 公司等与 B 公司侵犯商业秘密纠纷上诉案［（2009）二中民终字第 07575 号］认为，“孙某堃、李某静离职时，均与 B 公司签订了《离职保密协议》，应当知道其对 B 公司的客户资料等经营信息负有保密义务。孙某堃、李某静认为其不应负有保密义务依据不足，本院不予支持。孙某堃、李某静从 B 公司离职后，先后进入 A 公司。在此之后，C 葫芦岛分公司以及 D 淮南分公司终止了与 B 公司的有关业务而与 A 公司建立的业务关系，且孙某堃、李某静分别参与了上述业务。可见，A 公司、孙某堃、李某静对侵犯 B 公司的商业秘密，存在主观故意。鉴于 B 公司与 A 公司在本案涉及的有关维修业务方面具有竞争关系，A 公司与孙某堃、李某静的行为，已经共同构成对 B 公司商业秘密的侵犯，应当承担相应法律责任。A 公司、孙某堃、李某静虽主张 A 公司系通过招投标方式取得的业务订单，但其未能举证证明，故此主张本院不予支持。综上，一审法院认定 A 公司、孙某堃、李某静已经共同构成对 B 公司商业秘密的侵犯，事实依据充分、适用法律正确”。

案例六：东莞市中级人民法院审理的 A 公司诉 B 公司东莞分公司等侵害商业秘密纠纷案［（2005）东中法民四知初字第 33 号］认为，“本案四名自然人被告均曾是原告员工，其中徐某林曾任原告副总经理，在离开原告后，四被告均应避免对在原告处工作时所掌握的经营信息作不当使用，从而损害原告的合法利益。徐某林离开原告后，即到被告B公司东莞分公司处任职，并于2005年5月作为该公司的联系人向C物业公司发出商函，磋商电梯维修事宜，其后原告仍与C物业公司续签了电梯维护合同，但维护费用较之以前有所下降。原告认为其维护费用下降是因徐某林曾以低价向C物业公司发出商函所致，本院采信原告这一主张，徐某林在离开原告后对所知晓的原告的经营信息有不当使用，侵犯了原告的商业秘密，应承担一定的责任，徐某林的侵权行为是到被告B公司东莞分公司任职后发生的，B公司东莞分公司应当知道徐某林到其公司任职前与原告的关联，却放任结果的发生，B公司东莞分公司与徐某林构成共同侵权”。

案例七：南通市中级人民法院审理的A公司诉B公司等侵犯商业秘密纠纷［（2004）通中民三初字第026号］认为，“被告葛某明系原告A公司技术改造工作的参与者，其掌握与技术改造相关的信息，并且其知道上述技术是原告A公司的秘密，应当负有保守上述秘密的义务。但其在离开原告A公司后，未经原告A公司的同意，利用其所掌握的原告A公司的商业秘密为被告B公司改造与原告A公司相同的粉末冶金设备，侵犯了原告A公司的商业秘密，应依法承担相应的民事责任。被告B公司在聘请被告葛某明前，了解被告葛某明在原告A公司处工作并参与涉案技术改造这一背景，被告B公司聘请被告葛某明也正是希望被告葛某明利用其掌握的技术对粉末冶金设备进行同样的改造。因此，被告B公司构成明知并使用他人商业秘密的行为，两被告的行为构成了共同侵权行为，依法应承担连带民事责任”。

案例八：宁波市北仑区人民法院审理的A公司、B公司、张某娜侵害商业秘密纠纷［（2018）浙0206民初961号］认为，“被告张某娜曾在原告公司任职，经手了原告与C公司、D公司的长期交易往来，接触并知悉原告的相关经营信息，根据劳动合同约定，被告张某娜离职后仍对原告的本案诉争信息负有保密义务。被告B公司成立时间仅略早于被告张某娜从原告离职时间，同样从事文具类外贸业务，在其成立仅约一年时间内，就与C公司、D公司成交了50多笔近700000美元的交易，交易标的同为文具类产品，贸易模式及交易流程和原告公司与该两客户的模式、流程实质性相同，交易过程亦多有被告张某娜的参与，部分对方具体联系人还系被告张某娜在原告公司曾有过联系的人员，足以认定使用了与本案诉争信息实质性相同的信息，而两被告未举证证明其所谓掌握及使用的信息的来源正当性。因此，可以认定被告张某娜违反保密约定，于离职后，自行使用，并将诉争信息向被告B公司披露，在客观上允许了该公司使用该诉争信息，并用于B公司的业务联系，其行为构成对原告商业秘密的侵犯。被告B公司明知被告张某娜系原告前员工仍然聘用其为公司员工，并让张某娜从事与原工作业务相同的业务，通过其获取诉争信息，让其与其他员工一同在业务上使用诉争信息，构成对原告商业秘密的侵犯，在同业竞争中，不正当地节约了机会成本、抢占了竞争优势。两被告关于不构成对原告商业秘密侵犯的辩称，没有法律和事实依据，本院不予采信”。

案例九：杭州市滨江区人民法院审理的A公司与周某、B公司等侵害商业秘密纠纷［（2009）杭滨知初字第26号］认为，“本案的争议焦点之三是被告B公司的行为是否侵犯原告的商业秘密。工商部门对B公司办公场所的检查中，在B公司提供给周某使用的电脑中查获了诉争的原告商业秘密。B公司与周某虽未建立正式劳动关系，但双方已有工作意向，工商部门封存的移动硬盘中有周某拟制的2009年计划书、现场封存有周某作为B公司经理并经其签字确认的名片，工商部门也从B公司的电脑服务器上保全了带有“杭某某积”字样的文档及文件夹等。以上事实相互印证，能够证明B公司应当知道周某的违法行为，仍然获取原告的商业秘密，客观上具备了在公某业务上使用诉争信息的条件，构成对原告商业秘密的侵犯，应对周某的行为承担连带责任。B公司辩称周某并非B公司员工，其不知道任何侵犯原告商业秘密的行为的意见，本院不予采纳。综上，被告周某、B公司均构成对原告商业秘密的侵犯，应当承担停止侵权、赔偿损失及为调查该侵权行为支付合理费用的责任”。

案例十：上海市浦东新区人民法院审理的A公司诉B公司侵害商业秘密纠纷案［（2011）浦民三（知）初字第473号］认为，“在C项目投标过程中，2010年3月23日刘某尚在就原告投标事宜与作为招标单位的C公司联系，3月26日还将原告报价与技术方案发送给李某。可见，李某、刘某均知悉原告关于C项目的报价信息及技术方案。被告作为与原告同样从事洁净设备的设计、安装等的企业，经营业务本身就与原告存在竞争关系，在C项目与D项目两个招投标项目中又同为潜在竞标者，在竞标之前，如果知晓原告的报价及技术方案，必然会使自己处于强于原告的竞争优势。被告明知刘某和李某系原告工作人员，且两人因参与原告同项目的投标工作必然知悉原告上述商业秘密，仍授权两人分别在两个投标项目中代表被告竞标，且在C项目中直接使用与原告相同的技术方案，可见被告有使用原告商业秘密的故意，其行为应视为侵犯商业秘密。被告关于相关侵权行为由刘某和李某实施，被告没有侵犯原告商业秘密的意见，缺乏事实与法律依据，本院不予采纳”。

八、关于侵权责任承担的问题

（Issues concerning Tort Liability）

（一）商业秘密案件是否应判决停止侵权行为

（Whether a Misappropriation Shall Be Adjudicated to Cease）

039 商业秘密权利人可主张侵权人交付、销毁商业秘密资料、设备和侵权产品

裁判要旨

在侵害商业秘密案件中，当事人约定的保密期限尚未届满，权利人可请求判令侵权人停止侵害并返还、销毁相关商业秘密载体，清除商业秘密信息。

《最高人民法院关于审理侵犯商业秘密民事案件适用法律若干问题的规定》明确规定权利人可以要求返还或者销毁商业秘密载体，清除其控制的商业秘密信息的侵权责任，可降低再次侵权的风险。

案情简介

一、2011年，陆某进入A公司工作，劳动合同存续期间，双方签订了《保密协议书》，约定陆某同意保守A公司的商业机密，且该保密规定在陆某离职后三年内仍适用。

二、陆某任公司吴江办事处经理，接触并掌握了A公司及其子公司的经营信息，包括：客户名称、具体联系方式、购买的具体软件产品及服务的价格和内容、客户交易的习惯、软件产品及服务的期限，以及有针对性的销售和优惠策略等。

三、2016年5月，陆某向公司申请辞职，同年6月，陆某出资设立B公司。B公司在成立后不满一年的时间内，在仅有陆某一名员工的情况下，迅速与其在原公司工作过程中可以从CRM管理系统中查询到的吴江地区的476家客户进行交易，

在与 B 公司实际交易的客户中占比高达 75%。

A 公司及其子公司以侵害商业秘密为由向南京运输铁路法院提起民事诉讼，请求判令陆某和 B 公司承担停止侵权、销毁且不得保留涉案商业秘密、赔偿经济损失 100 万元。

四、南京运输铁路法院认定涉案信息构成商业秘密，陆某违反有关保守商业秘密的要求，披露、使用以及允许 B 公司使用其所掌握的商业秘密，侵害了原告的商业秘密。B 公司在明知所获信息系他人的商业秘密的情况下，仍获取、使用，同样构成对商业秘密的侵犯。

五、法院认为陆某承担保密义务的期限为离职后三年内，而相关数据并未予以销毁，保密期限也尚未届满，故对 A 公司及其子公司要求被告停止侵权，销毁且不得保留原告涉案商业秘密的诉讼请求予以支持。法院判决 B 公司、陆某立即删除并销毁法院经审理认定的原告涉案客户名册且不得再行使用。

法院判决

南京铁路运输法院在本案民事判决书的“本院认为”部分就上述争议焦点进行如下论述：

关于原告要求被告停止侵权，销毁且不得保留原告涉案商业秘密的诉讼请求。本院认为，原告与被告陆某签订的保密协议约定，被告陆某承担保密义务的期限为离职后三年内。显然，相关数据并未予以销毁，保密期限也尚未届满，被告陆某的行为具有违法性。B 公司获取、使用了该商业秘密，其行为亦具有违法性。因此，对原告的该项诉讼请求，本院予以支持。

本案相关法律法规

《最高人民法院关于审理侵犯商业秘密民事案件适用法律若干问题的规定》

第十八条 权利人请求判决侵权人返还或者销毁商业秘密载体，清除其控制的商业秘密信息的，人民法院一般应予支持。

《最高人民法院关于审理不正当竞争民事案件应用法律若干问题的解释》

第十六条 人民法院对于侵犯商业秘密行为判决停止侵害的民事责任时，停止侵害的时间一般持续到该项商业秘密已为公众知悉时为止。

依据前款规定判决停止侵害的时间如果明显不合理的，可以在依法保护权利人该项商业秘密竞争优势的情况下，判决侵权人在一定期限或者范围内停止使用该项商业秘密。

案件来源

南京铁路运输法院审理的 A 公司、B 公司与 C 公司、陆某侵害经营秘密纠纷案一审民事判决书［（2017）苏 8602 民初 708 号］

延伸阅读及类案裁判规则

一、商业秘密权利人主张侵权人应返还、销毁涉案商业秘密的资料、设备、产品，应明确其具体内容（The holder of trade secrets shall specify the scope when it request the infringer to hand over or destroy the misappropriated materials, equipment and products.）

案例一：苏州市中级人民法院审理的 A 公司、B 公司与廖某强、袁某等侵害商业秘密纠纷案［（2013）苏中知民初字第 0242 号］认为，“关于停止侵权行为的具体承担方式，因 C 公司已经注销，两原告并未证明袁某仍持有相关侵权产品、专用工具或宣传资料等，因此对两原告主张的要求袁某返还或销毁其所称的上述产品、专用工具、宣传资料的请求不予支持。被告袁某存在非法窃取载有两原告技术秘密的图纸的行为，其应当对涉及本案技术秘密的载体予以销毁”。

案例二：南京市中级人民法院审理的原告 A 公司与被告陈某、B 公司侵害商业秘密纠纷案［（2012）宁知民初字第 430 号］认为，“原告 A 公司还要求两被告立即销毁侵害原告商业秘密的库存产品，立即召回已销售产品并进行销毁，但本案中原告并未举证证明被告 B 公司存在涉案‘S××’发黑剂库存产品或已销售产品，而且判令被告 B 公司停止侵权，即停止生产、销售侵害原告涉案商业秘密产品的行为已经可以达到原告制止侵权的目的，故对原告的该项诉讼请求本院不予支持”。

案例三：无锡市中级人民法院审理的 A 公司与 B 公司、马某忠等侵害技术秘密纠纷案［（2011）锡知民初字第 0233 号］认为，“A 公司要求 B 公司、马某忠、孙某伟销毁生产旋转接头产品的专用模具，但并未举证证明模具的具体内容，本院不予支持”。

案例四：佛山市禅城区人民法院审理的 A 公司与杨某寓、林某生侵害商业秘密纠纷［（2018）粤 0604 民初 1327 号］认为，“原告提出判令被告杨某寓、林某生列清从原告处所盗窃的房产中介盘源清单（400-500 个盘），并书面承诺不使用上述房产中介盘源的请求，但原告未能提交证据证明被告杨某寓、林某生列清从原告处所盗窃的房产中介盘源的具体名称和数量，故本院无法对该请求作出明确具体的判决内容，本院对该请求不予支持”。

案例五：深圳市福田区人民法院审理的 A 公司与 B 公司，毕某秋侵害商业秘密纠纷［（2013）深福法知民初字第 103 号］认为，“原告要求被告立即停止使用有关 C 集团的客户名单，理由成立，本院予以支持。原告要求销毁 C 房地产投资基金募集说明书，因该说明书并不涉及 C 集团客户名单这一商业秘密的有关内容，本院对该请求不予支持。原告同时要求销毁该基金的出资额认缴说明书、出资额认缴风险书，因原告未举证证明被告处存有该两份文件，且原告未提交该两份文件导致本院对其内容无法审查，故本院对该请求不予支持”。

二、若生产线中仅部分设备侵犯涉案技术秘密的，判决责令停止披露、使用或允许他人使用他人商业秘密足以对其进行保护的，无须销毁全部生产线（It's unnecessary to destroy all production lines if a court orders one party to stop disclosing，using，or allowing third party to use other party's trade secrets in cases of only part of equipment in production lines infringe technical secrets concerned，which is sufficient to protect such trade secrets.）

案例六：江苏省高级人民法院审理的德国 A 公司等与杨某等侵犯商业秘密纠纷案［（2010）苏知民终字第 0067 号］认为，“关于德国 A 公司、无锡 A 公司要求销毁专用生产设备的上诉意见，鉴于 B 公司 PC、PMMA 生产线中仅是部分设备存在侵犯涉案技术秘密的情形，一审判决责令停止披露、使用或允许他人使用涉案技术秘密足以保护涉案技术秘密，本院对其该项上述请求亦不予支持”。

三、将产品中涉及技术秘密点进行拆除即可达到保护商业秘密的目的时，不宜将产品整体一并销毁（It is inadvisable to destroy the whole product if the trade secrets can be protected by demolishing the technical secret parts concerned in the product.）

案例七：沈阳市中级人民法院审理的 A 公司诉苏某岭等侵害商业秘密纠纷案［（2007）沈民四知初字第 189 号］认为，“原告主张销毁被告生产的包含原告技术秘密点的产品和半成品，本院认为，原告的该项诉请目的是防止原告方的技术秘密对外泄漏，因被告制造的涉案产品除包含原告的技术秘密点外，其余部分应属合法产品，具有一定的价值，不宜销毁，将涉案产品中涉及技术秘密点进行拆除即可达到保护原告技术秘密的目的。因此，原告的该项诉请本院不能支持”。

四、双方当事人对技术交付有明确约定且协议尚未履行完毕的，法院对交付技术资料的主张不予支持，双方可另行解决（Where both parties have expressly agreed on the delivery of technology and the performance of the agreement has not been completed，and the court did not uphold the claim on the delivery of technical materials，both parties may otherwise settle the dispute.）

案例八：北京市海淀区人民法院审理的 A 公司诉虞某侵害商业秘密纠纷案

［（2004）海民初字第15173号］认为，“A公司要求虞某与B公司停止利用IDEEP技术生产产品、销毁已生产的侵权产品、返还‘××通信协议’的全部技术资料的主张，理由正当，本院予以支持。A公司要求虞某、B公司交付IDEEP技术资料，因A公司与虞某签订的协议中对该技术交付有明确约定，现该协议尚未履行完毕，如有争议，双方可另行解决”。

五、从侵权产品衍生的其他产品可通过公开技术方案获得时，不应判令侵权人停止使用、销毁该衍生产品（Where other products derived from the misappropriated products can be obtained through public technical solutions, the infringer shall not be ordered to cease using or destroy such derivative products.）

案例九：江苏省高级人民法院审理的A公司等与B实验工厂侵犯商业秘密纠纷案［（2002）苏民三终字第054号］认为，“A公司、C公司、赵某强、邵某凤应承担停止使用B实验工厂的生产工艺生产硅酸盐菌剂并赔偿损失的法律责任。但是，由于B实验工厂一、二审中并未主张将菌种作为其商业秘密要求保护，且鉴定意见认为‘依据A公司向法院提供的菌种分离资料，可以从公开的硅酸盐细菌制剂（商品）产品中分离出胶质芽孢杆菌。国内相关机构也有类似尝试。’故原审判令A公司、C公司、邵某凤、赵某强停止利用B实验工厂的胶质芽孢杆菌菌种、销毁已封存的相关菌种不当，应予纠正”。

（二）关于商业秘密案件赔偿数额的认定
（Evaluation of Compensatory Damages in Misappropriation）

040 侵害商业秘密案件中商业秘密权利人遭受的实际损失如何认定（Measuring Actual Loss of the Trade Secret Owner in Misappropriation.）

裁判要旨

可依据因侵权所造成销售量减少数×每件产品的平均毛利润的方式计算商业秘密权利人遭受的实际损失。

案情简介

一、曹某、周某、李某保原系A公司的销售人员、技术人员、售后服务人员。在工作期间，接触并掌握了相关“A公司边测量边锯切的设计”技术秘密商业秘密。三人在与A公司签订的劳动合同和保密合同中承诺承担相应的保密义务。

二、2011年，李某保、周某、曹某共同出资设立B公司，公司设立前后，三人分别从A公司离职。

三、2012年，A公司发现李某保、周某、曹某共同向B公司披露涉案商业秘密，B公司在明知其获得的信息属于A公司商业秘密的前提下，仍予以使用。A公司以侵害商业秘密为由向上海市中级人民法院提起诉讼，请求判令四被告赔偿经济损失及合理开支300万元。

四、一审法院认为涉案信息构成商业秘密且侵权事实成立，判定采用历年平均销售毛利润265249.18元/台（平均销售价格478530元/台，平均销售毛利率55.43%），以A公司因侵权所造成销售量减少数×每件产品的平均毛利所得之积1326245元计算损害赔偿额，故四被告应向A公司支付包括合理费用在内的经济损失145万元。

五、四被告不服一审判决，向上海市高级人民法院提起上诉，认为在计算权利人损失时，应按法律规定使用营业利润，而一审判决却使用了毛利润进行计算。

六、二审法院认为上诉人提出以营业利润为计算依据的主张所针对的是如何计算侵权人因侵权所获得利益，并非本案一审判决计算判赔金额时所依据的推定权利人因被侵权所受实际损失的情况，故不予采纳。二审判决驳回上诉，维持原判。

法院判决

上海市高级人民法院在本案民事判决书的“本院认为”部分就上述争议焦点进行如下论述：

首先，关于判赔金额计算的侵权产品总数，如前所述，四上诉人已出售的五台被控侵权产品未经许可使用了“A 公司边测量边锯切的设计”技术秘密，且 B 公司出售给 C 公司的一台被控侵权产品侵害了 A 公司的经营秘密，故一审法院以本案四上诉人出售的五台被控侵权产品计算为侵权产品在市场上销售的总数，并无不当，本院予以支持。其次，关于计算判赔金额时所依据的合理利润，四上诉人主张应使用系列的营业利润进行计算。本院认为，四上诉人提出以营业利润为计算依据的主张是根据《专利法司法解释（一）》第二十条第二款的规定，然而该规定所针对的是如何计算侵权人因侵权所获得利益，并非本案一审判决计算判赔金额时所依据的推定权利人因被侵权所受实际损失的情况，故四上诉人提出的该项上诉理由没有法律依据，本院不予采纳。至于四上诉人主张以系列产品的财务数据进行计算，首先，现有证据表明，虽然在 C 协会鉴定时 A 公司提供的比对检材是型号为×××的优选锯及其软件源程序等，但是在 C 协会 2 号报告关于鉴定过程的描述中显示鉴定机构收到材料包括：《关于优必选优选横截锯技术说明》《整体技术》《电器元件选型与设计说明》《A 公司优必选系列开发费用清单列表》等资料，可见在 C 协会鉴定过程中也是参考了 A 公司“系列电脑优选横截锯”的相关技术信息。此外，由于 2012 年 2 月 B 公司开始生产优选锯，在 2012 年期间 B 公司生产销售了涉案的五台被控侵权产品，若按审计报告中 2012 年系列优选横截锯的平均销售价格为 463741.7 元/台，平均销售毛利率为 59%，该年平均销售毛利润为 273607.6 元/台，高于一审判决采用的“系列电脑优选横截锯”历年平均销售毛利润 265249.18 元/台（平均销售价格 478530 元/台，平均销售毛利率 55.43%），故一审判决采用了比较合理的并且有利于四上诉人的判赔金额计算方式。考虑到一审中公证费 4500 元、专家出庭费 7000 元、律师费 80000 元、审计费 45000 元中的合理费用，一审法院综合上述 A 公司损失及相应的合理费用，酌情确定四上诉人支付包括合理费用在内的经济损失 145 万元，并无不妥，本院予以支持。

本案相关法律法规

《中华人民共和国反不正当竞争法》

第十七条第三款 因不正当竞争行为受到损害的经营者的赔偿数额，按照其因被侵权所受到的实际损失确定；实际损失难以计算的，按照侵权人因侵权所获得的利益确定。经营者恶意实施侵犯商业秘密行为，情节严重的，可以在按照上述方法确定数额的一倍以上五倍以下确定赔偿数额。赔偿数额还应当包括经营者为制止侵权行为所支付的合理开支。

《最高人民法院关于审理不正当竞争民事案件应用法律若干问题的解释》

第十七条 确定反不正当竞争法第十条规定的侵犯商业秘密行为的损害赔偿额，可以参照确定侵犯专利权的损害赔偿额的方法进行；确定反不正当竞争法第五条、第九条、第十四条规定的不正当竞争行为的损害赔偿额，可以参照确定侵犯注册商标专用权的损害赔偿额的方法进行。

因侵权行为导致商业秘密已为公众所知悉的，应当根据该项商业秘密的商业价值确定损害赔偿额。商业秘密的商业价值，根据其研究开发成本、实施该项商业秘密的收益、可得利益、可保持竞争优势的时间等因素确定。

《中华人民共和国专利法》

第七十一条第一款至第三款 侵犯专利权的赔偿数额按照权利人因被侵权所受到的实际损失或者侵权人因侵权所获得的利益确定；权利人的损失或者侵权人获得的利益难以确定的，参照该专利许可使用费的倍数合理确定。对故意侵犯专利权，情节严重的，可以在按照上述方法确定数额的一倍以上五倍以下确定赔偿数额。

权利人的损失、侵权人获得的利益和专利许可使用费均难以确定的，人民法院可以根据专利权的类型、侵权行为的性质和情节等因素，确定给予三万元以上五百万元以下的赔偿。

赔偿数额还应当包括权利人为制止侵权行为所支付的合理开支。

《最高人民法院关于审理专利纠纷案件适用法律问题的若干规定》

第十四条 专利法第六十五条规定的权利人因被侵权所受到的实际损失可以根据专利权人的专利产品因侵权所造成销售量减少的总数乘以每件专利产品的合理利润所得之积计算。权利人销售量减少的总数难以确定的，侵权产品在市场上销售的总数乘以每件专利产品的合理利润所得之积可以视为权利人因被侵权所受到的实际损失。

专利法第六十五条规定的侵权人因侵权所获得的利益可以根据该侵权产品在市

场上销售的总数乘以每件侵权产品的合理利润所得之积计算。侵权人因侵权所获得的利益一般按照侵权人的营业利润计算，对于完全以侵权为业的侵权人，可以按照销售利润计算。

案件来源

上海市高级人民法院审理的 A 公司、曹某等与 B 公司侵害技术秘密纠纷案［（2016）沪民终 470 号］

延伸阅读及类案裁判规则

一、商业秘密权利人可主张以过往交易利润作为其可得利润损失（A Trade Secret Owners may claim profits of past transactions as obtainable profits.）

案例一：安阳市中级人民法院审理的 A 公司诉齐某杰等侵犯商业秘密纠纷案［（2006）安民三初字第 48 号］认为，“关于 A 公司主张的损失数额问题，被告齐某杰、B 公司因其侵权行为而缩短了与 A 公司的竞争劣势时间，其获取的利益在一定程度上可能要远高于 A 公司所遭受的实际经济损失，因此，A 公司将其与库某于 2004 年 11 月 17 日至 2005 年 6 月 1 日所交易的一笔利润作为其今后的可得利润损失进行主张并无不当，且被告齐某杰、B 公司并未提供反证证明 A 公司主张的利润计算有不合理之处，故对 A 公司要求被告齐某杰、B 公司赔偿其未能履行的 110 架 B—17 模型飞机的利润损失 25520 元以及今后的利润损失 48863.2 元的诉请，本院予以支持。

有法院判决认为，有客户名单并不意味着必然达成交易，客户名单的信息价值与相应合同的实际利润存在差异，以过往交易利润作为损害赔偿的计算依据不合理，裁判时可将其作为参考”。

案例二：义乌市人民法院审理的 A 公司与沈某青、B 公司侵害商业秘密纠纷一审民事判决书［（2019）浙 0782 民初 4102 号］认为，“关于赔偿损失的数额，原告主张以其 2014 年至 2017 年与涉案三家客户交易利润作为赔偿依据，本院认为，法律虽然将特定的客户名单作为商业秘密予以保护，但仅有客户名单并不意味着必然达成交易，原告以过往交易利润作为损害赔偿依据，并不合理，但本院在裁判时可以将其作为参考。关于合理开支，原告主张的翻译费有相应的发票为凭，本院予以确认；但律师费中有部分系原告自行制作的表格，并无发票为凭，对该部分，本院不予确认。此外，从维护市场自由竞争的角度看，原告主张的商业秘密中的客户有自由选择原告或者其他市场主体进行交易的权利，该商业秘密的价值主要体现在为其与客户形成交易提供条件和便利，该商业秘密的存在并不必然达成交易，该商业秘密为原告所能带来的竞争优势较弱，经济价值较低。综上，本院考量涉案商业秘密的性质、被告侵权行为的性质、主观过错、侵权行为持续的时间、原告为实现权利支出的合理费用等因素，酌情确定被告沈某青、被告B公司共同赔偿原告经济损失130000元”。

案例三：金华市婺城区人民法院审理的A公司与徐某、戴某友等侵害经营秘密纠纷一审民事判决书［（2016）浙0702民初00743号］认为，“对于原告要求以被告B公司签约的合同标的为标准要求三被告共同赔偿30万元，并要求三被告共同赔偿因制止侵权付出的合理开支1.5万元的诉请，本院认为客户名单的信息价值与相应合同的实际利润存在差异，故并不能以此作为权利人因侵权受到的损失作为赔偿计算依据。本案中被告方虽未举证证明但也存在部分客户基于对被告徐某、戴某友个人的信赖而与B公司进行交易的可能，故本院考虑到该种可能并综合考量原告享有的上述六家公司的客户信息的商业价值、被告方的主观过错程度、侵权范围、侵权时间、原告为本案诉讼支出的合理费用等因素以及原告曾与被告戴某友约定过竞业限制期限、徐某作为自然人股东投资B公司时还是A公司员工、B公司注册资本10万元、原告支出了部分调查取证费并聘请律师参加诉讼等情节予以酌情判定”。

案例四：杭州市滨江区人民法院审理的A公司与高某、B公司侵害商业秘密纠纷［（2015）杭滨知初字第362号］认为，“现原告提供了与五家客户近三年交易的不开票含税金额和毛利情况汇总表，要求两被告对其因侵权所致的销售利润下降连带赔偿经济损失288526元，并要求赔偿因制止侵权付出的合理开支11474元。本院认为，原告提供的损失情况汇总表系其单方制作，且客户名单的信息价值与相应合同的实际利润存在差异，故并不能以此作为权利人因侵权受到的损失作为赔偿计算依据。本院将综合考量原告享有的C公司客户信息的商业价值、被告的主观过错程度、侵权范围、侵权时间以及原告为本案诉讼支出的合理费用等因素予以酌情判定，同时本院还注意到以下情节：1. 高某作为自然人股东投资B公司时，其还是原告公司的员工；2. 高某身为A公司员工，就以B公司名义向五家公司寄送了快递单，并与其中的C公司进行交易；3. B公司注册资本50万元；4. 原告支出了部分调查取证费，并聘请律师参加诉讼”。

案例五：上海市徐汇区人民法院审理的A公司诉B公司等侵害商业秘密纠纷案［（2012）徐民三（知）初字第23号］认为，“原告要求被告连带赔偿经济损失100万元，并为了证明其利润率，提供了自制的成本、利润清单以及相应的购销合同。首先，本院之前对上述证据已经作出了评判，在此不再赘述，其次，即使原告有充分证据证实相应合同的利润，商业秘密的信息价值与相应合同的实际利润还是存有差异，尚应扣除其他权利所产生的合理利益，故合同的利润只是本院在判定原告经济损失时重要的参考因素。因此，鉴于无法确定原告因涉案侵权行为造成的实际损失或被告实际获利，本院综合考量原告 A 公司享有 C 海南公司客户信息的商业价值、涉案被告的主观过错程度、侵权范围、侵权时间以及原、被告提供的合同价值等因素，酌情判定被告连带赔偿原告经济损失 250000 元”。

二、造成权利人产品价格下降的因素是多元的、多因一果的，被侵权是产品价格下降的原因之一，法院可综合各种因素认定商业秘密权利人因侵权所受到的损失（If the decline of the product price is caused by a variety of factors, and the misappropriation is only one of such factors, the court may determine the actual loss of the trade secret owner by taking various factors into consideration.）

案例六：镇江市中级人民法院审理的 A 公司诉张某喜侵害商业秘密纠纷案［（2005）镇民三初字第 8 号］认为，“被告张某喜对披露他人商业秘密，所产生的法律后果及所应承担的法律责任是明知的，原告在每月工资中支付给被告保密费 100 元，被告承诺保守原告方的商业秘密，如泄露原告方商业秘密自愿赔偿原告人民币 200000 元。同时原告为了证明因被告侵权所受到的损失，提供了 2004 年 2 月和 2004 年 3 月企业增值税发票，经对比 2004 年 3 月 BMC 产品的价格比上月有了大幅度的下降。从原告提供的增值税发票看，2004 年 3 月降价 1281351.47 元，但本院认为产品价格的下降是由多种因素造成的，包括市场的需求、产品的更新换代及行业竞争等，被告的侵权只是其价格下降的原因之一，综合以上多种因素考虑，本院认为原告 A 公司要求被告张某喜赔偿损失 100000 元并无不当”。

三、若商业秘密权利人赔偿其客户的损失并非由侵权行为直接导致，二者间不存在必然的因果关系，权利人不能主张此赔偿款为侵权行为造成的经济损失（If the compensation made by a trade secret owner to its customer’s loss is not directly caused by the misappropriation, it may not claim that the compensation is the economic loss caused by the infringement.）

案例七：佛山市禅城区人民法院审理的 A 公司与朱某南侵害商业秘密纠纷［（2017）粤 0604 民初 15572 号］认为，“原告主张被告赔偿损失的依据是原告因被告侵权而向客户赔偿了 35 万元，并提交了《关于泄密资料索赔函》《赔偿款通知确认函》等证据证明。对此，本院认为，原告并未举证证明其因被告侵权行为赔偿客户款项的事实，即使原告确实向客户赔偿了 35 万元，如原告提交的《关于泄密资料索赔函》《赔偿款通知确认函》所示，该赔偿款是客户基于原告泄露该客户资料、账号、该客户在原告处开发的未上市产品、双方的销售合同的行为而进行的索赔，即使原告赔偿客户的损失真实存在，亦非本案被告侵权行为直接导致，两者不存在必然的因果关系，故原告主张其赔偿客户 35 万元款项即为被告侵权行为造成的原告损失，理由不充分，本院不予采纳。综上，原告未举证证明被告使用前述商业秘密并给原告造成较大损害，本院综合考虑原告请求保护的商业秘密（财务报表、特定客户名单）、被告侵权行为性质及原告支出的维权合理费用等因素，酌定被告朱某南赔偿原告 A 公司损失人民币 20000 元。原告超出上述数额的部分，本院不予支持”。

四、因侵权行为致使商业秘密泄露的，当事人可主张以其支付给第三人的保密协议违约金作为遭受的经济损失（In the case of trade secrets leakage by misappropriation，the trade secret owner may claim liquidated damages paid to a third party under the Non-disclosure Agreement as its actual loss.）

案例八：河北省高级人民法院审理的 A 公司与 B 公司侵害商业秘密纠纷二审民事判决书［（2016）冀民终 467 号］认为，“B 公司应当赔偿 A 公司因受到侵害而遭受的损失。A 公司关于此项的诉讼请求主要包括两部分，一是已付给 C 公司的 50 万元赔偿款。在两家公司签订的保密协议中，约定的违约赔偿数额本是 200 万元。经过 A 公司与 C 公司的协商谈判，最终赔偿了 50 万元。因赔偿款 50 万元的数额远低于合同约定的 200 万元数额，属于合理范围之内，应予全额支持。二是各类维权费用共计 1154123 元。A 公司主张的各类维权费用中，一些票据无法认定专为谈判赔偿款事宜而产生的费用，本院酌定合理维权费用 5 万元比较为宜。故本案 B 公司应当赔偿 A 公司 55 万元”。

五、计算商业秘密权利人因侵权遭受的实际损失时，应以权利人的实际市场份额是否被占有为依据（The calculation of the actual loss of trade secrets owner due to misappropriation shall be based on the actual market share of the trade secret owner.）

案例九：上海市闵行区人民法院审理的 A 公司与 B 公司、朱某建等侵害商业秘密纠纷案［（2014）闵民三（知）初字第 644 号］认为，“本院认为，经 C 司法会计中心司法审计，2009 年 1 月至 2011 年 6 月，B 公司销售商用表格轮转印刷机十台，去除一台二手机，以 A 公司同期销售九台‘TOF 商用票据轮转印刷机’的营业利润计算，给 A 公司造成损失数额共计 2480000 元余。原告以其被侵权后遭受了实际损失为由，要求赔偿 2480000 元，符合法律规定，本院当予支持。但是，在上述刑事案件审理过程中，B 公司销售的十台商用表格轮转印刷机中的三台被查获并没收，嗣后，买主 D 公司向原告 A 公司购买了三台‘TOF 商用票据轮转印刷机’。因此，作为被告的犯罪金额，该三台商用表格轮转印刷机的利润应计算在内，但作为原告 A 公司的实际损失，因嗣后 D 公司向原告购买了三台‘TOF 商用票据轮转印刷机’，原告的市场份额未被 B 公司占有，原告就该三台‘TOF 商用票据轮转印刷机’未有损失，故应从原告主张的赔偿金额中按比例扣除该三台的金额，即原告实际损失六台的利润 1653333. 33 元（2480000 元÷9 台×6 台）”。

041 被侵权人的经济损失难以计算的情况下，可以侵权人所获利润作为赔偿数额（If it is difficult to calculate the infringee's economic losses, the profits obtained by the infringer may be treated as the amount of compensation.）

裁判要旨

在被侵权人的经济损失难以计算的情况下，按照侵权人所获得利润确定侵犯商业秘密的侵权赔偿数额。

案情简介

一、许某、魏某刚、李某准分别担任 A 公司总经理、市场部经理和技术部经理，其在工作期间都掌握了相应的技术、经营信息。A 公司建立了相应的保密制度并与员工签订了保密协议。

二、魏某刚与许某于在职期间成立 B 公司，此后便以高薪等手段利诱李某准至 B 公司任职。李某准利用其工作便利，将该公司技术文件复制到电脑软盘后，随即至 B 公司任职。之后，许某、魏某刚以低价揽取了原由 A 公司承接的业务，并利用李某准窃取的技术秘密指导 B 公司的生产。

三、C 公司（原 A 公司）以侵害商业秘密为由向上海市中级人民法院提起民事诉讼。一审法院确认被告侵权行为给原告造成的损失难以计算的情况下，根据会计师事务所出具的审计报告：B 公司对 D 公司业务获得的净利润为 782137. 23 元；B 公司侵权期间所获得的净利润共为 2167952. 74 元，销售净利润率为 37. 573%。确认 B 公司因侵权行为获利人民币 97 万余元，故判决魏某刚、李某准、B 公司连带赔偿 C 公司包括合理费用在内的经济损失 105 万元。

四、三被告不服一审判决，向上海市高级人民法院提起上诉，认为一审法院认定的赔偿数额过高，按照一审判决认定 97 万余元的利润计算，对应 B 公司的营业额为 2603257 元，而 A 公司的平均利润率为 5.24%，由此计算 A 公司的损失为 136392 元。

五、二审法院认为，B 公司因侵权行为获利人民币 97 万余元，结合 C 公司为制止侵权行为支出的合理费用，一审酌情确定三上诉人连带赔偿被上诉人包括合理费用在内的经济损失 105 万元，并无不当。二审法院驳回上诉，维持原判。

法院判决

上海市高级人民法院在本案民事判决书的“本院认为”部分就上述争议焦点进行如下论述：

三上诉人上诉称，原审法院认定的赔偿数额过高。本院认为，根据本案查明的事实，上诉人 B 公司因侵权行为获利人民币 97 万余元，结合被上诉人 C 公司为制止三上诉人的侵权行为而支出的合理费用，原审法院酌情确定三上诉人连带赔偿被上诉人包括合理费用在内的经济损失人民币 105 万元，并无明显不当。三上诉人的这一上诉理由不能成立，本院不予支持。

本案相关法律法规

《中华人民共和国反不正当竞争法》

第十七条第三款 因不正当竞争行为受到损害的经营者的赔偿数额，按照其因被侵权所受到的实际损失确定；实际损失难以计算的，按照侵权人因侵权所获得的利益确定。经营者恶意实施侵犯商业秘密行为，情节严重的，可以在按照上述方法确定数额的一倍以上五倍以下确定赔偿数额。赔偿数额还应当包括经营者为制止侵权行为所支付的合理开支。

《最高人民法院关于审理不正当竞争民事案件应用法律若干问题的解释》

第十七条 确定反不正当竞争法第十条规定的侵犯商业秘密行为的损害赔偿额，可以参照确定侵犯专利权的损害赔偿额的方法进行；确定反不正当竞争法第五条、第九条、第十四条规定的不正当竞争行为的损害赔偿额，可以参照确定侵犯注册商标专用权的损害赔偿额的方法进行。

因侵权行为导致商业秘密已为公众所知悉的，应当根据该项商业秘密的商业价值确定损害赔偿额。商业秘密的商业价值，根据其研究开发成本、实施该项商业秘密的收益、可得利益、可保持竞争优势的时间等因素确定。

《中华人民共和国专利法》

第七十一条第一款至第三款 侵犯专利权的赔偿数额按照权利人因被侵权所受到的实际损失或者侵权人因侵权所获得的利益确定；权利人的损失或者侵权人获得的利益难以确定的，参照该专利许可使用费的倍数合理确定。对故意侵犯专利权，情节严重的，可以在按照上述方法确定数额的一倍以上五倍以下确定赔偿数额。

权利人的损失、侵权人获得的利益和专利许可使用费均难以确定的，人民法院可以根据专利权的类型、侵权行为的性质和情节等因素，确定给予三万元以上五百万元以下的赔偿。

赔偿数额还应当包括权利人为制止侵权行为所支付的合理开支。

案件来源

上海市高级人民法院审理的魏某刚与C公司侵害商业秘密纠纷一案二审案民事判决书［（2011）沪高民三（知）终字第56号］

延伸阅读及类案裁判规则

一、商业秘密侵权案件中，侵权公司完全以侵权为业的，可以其销售利润计算其获利金额（而不是营业利润）（The sales revenue, not the operating profit, can be deemed as profits in trade secrets misappropriation cases if the infringer takes misappropriation as its business.）

案例一：重庆市第一中级人民法院审理的A公司与B公司侵害商业秘密纠纷案［（2012）渝一中法民初字第00506号］认为，“关于赔偿金额问题，本院认为，根据《最高人民法院关于审理不正当竞争民事案件应用法律若干问题的解释》第十七条第一款之规定，确定《反不正当竞争法》第十条规定的侵犯商业秘密行为的损害赔偿额，可以参照确定侵犯专利权的损害赔偿额的方法进行。根据《最高人民法院关于审理专利纠纷案件适用法律问题的若干规定》第二十条第三款之规定，侵权人因侵权所获得的利益一般按照侵权人的营业利润计算，对于完全以侵权为业的侵权人，可以按照销售利润计算。就本案而言，被告的侵权故意明显，C公司完全以侵权为业，故可以以其销售利润计算其获利金额”。

案例二：最高人民法院审理的A公司与B公司侵犯商业秘密纠纷上诉案［（2007）民三终字第1号］认为，“本案中B公司并不是完全以侵权为业的公司，在计算侵权获利时可按照该公司的营业利润为据，而不以销售利润为标准。本院综合考虑当时当地出口外销脱水蔬菜企业的一般经营状况、相关成本、费用及营业利润等情况，酌情确定B公司的损害赔偿额”。

二、商业秘密权利人主张以侵权获利计算赔偿数额时，可参照侵权人制作的投标文件中的财务报表所载业绩收入，并结合成本，确定侵权人的实际获利（When a business secret right holder claims for the calculation of compensation based on profits from infringement, it may determine the actual profits of the infringer by referring to the business performance income recorded in the financial statements in the bidding documents prepared by the infringer in combination with costs.）

案例三：山东省高级人民法院审理的A公司与B公司、吴某庆等侵害商业秘密纠纷案［（2016）鲁民终1364号］认为，“本案中，A公司主张以B公司的侵权获利计算赔偿数额，主要依据系B公司制作的投标文件。B公司认可该文件系其制作，但主张内容中的业绩和财务报表并不真实，是为了中标进行了夸大。对此，本院认为，因B公司在本院要求下无正当理由拒不提供真实的账簿、资料，再综合考虑以下因素：一是B公司对投标文件真实性表示认可；二是B公司在投标文件的投标人资格声明中认可对该投标文件内容真实性和正确性负责；三是B公司虽主张有夸大成分，但并无相反证据证明，且投标文件中的财务报表系审计机构出具的审计报告，B公司亦未举证证明该审计报告中的收入系不真实的；四是投标文件中的合同能够对应并支持业绩表中的数据。故本院对投标文件及其内容真实性予以确认并依据该投标文件计算B公司的侵权获利。

三、侵权获利可通过侵权人开具的增值税发票记录的销售金额乘以主营业务利润率计算，自起诉之日起向前推算三年计算侵权损害赔偿数额（The infringement profits may be calculated by multiplying operating margin by sales recorded under VAT receipt issued by infringer. The infringement damages shall be calculated from three years ahead of the date of bringing the action.）

案例四：山东省高级人民法院审理的王某瑞、A公司与B公司侵害商业秘密纠纷案［（2008）鲁民三终字第17号］认为，“因此，原审法院以已查明的C配件厂、A公司向涉案三家客户销售钢球开具的增值税发票记录的销售金额乘以（2007）150号审计报告确定的B公司的主营业务利润率之积计算B公司的损失数额并无不当。但根据《最高人民法院关于审理专利纠纷案件适用法律问题的若干规定》第二十三条的规定，对于连续侵权行为，侵权损害赔偿数额应当自权利人向人民法院起诉之日起向前推算2年计算。B公司提起本案诉讼之日为2007年5月29日，向前推算两年应至2005年5月29日，原审判决将损害赔偿数额计算至2005年

1 月不当，应予纠正。现已查明，2005 年 1 月至 5 月 29 日，C 配件厂向 B 公司的涉案客户销售钢球产品的销售金额共计 3123479.07 元，2005 年 B 公司的主营业务利润率为 13.88%，因此该 433538.89（3123479.07×13.88%）元应从原审判决计算的损失总额 1236684.46 元中予以扣除，即王某瑞和 A 公司的侵权行为给 B 公司造成的损失数额应为 803145.57 元，王某瑞和 A 公司对此应当予以赔偿，A 公司仍应在 404026.28 元的范围内承担连带责任”。

本书作者备注：本案判决的时候是依照原司法解释，侵权获利按照侵权人开具的增值税发票记录的销售金额×主营业务利润率计算，并且侵权损害赔偿数额自权利人向人民法院起诉之日起向前推算两年计算。

但是根据最新的司法解释，计算侵权获利侵权损害赔偿数额时，应自权利人向人民法院起诉之日起向前推算三年计算。具体司法解释如下：

《最高人民法院关于审理专利纠纷案件适用法律问题的若干规定》（2020 修正）

第十七条　侵犯专利权的诉讼时效为三年，自专利权人或者利害关系人知道或者应当知道权利受到损害以及义务人之日起计算。权利人超过三年起诉的，如果侵权行为在起诉时仍在继续，在该项专利权有效期内，人民法院应当判决被告停止侵权行为，侵权损害赔偿数额应当自权利人向人民法院起诉之日起向前推算三年计算。

四、计算侵权获利时，需结合双方当事人的主张，并考虑审计结论、研发投入、开拓客户成本、行业特点、市场竞争情况、经营风险、其他费用支出及具体侵权情况等因素，确定合理的利润率（When calculating the profits from infringement, the court shall hear the claims of both parties and consider factors such as audit conclusion, research and development investment, customer exploration cost, industry characteristics, market competition, operational risks, other expenses and costs, specific infringement, etc., so as to determine a reasonable profit margin.）

案例五：山东省高级人民法院审理的 A 公司与 B 公司、吴某庆等侵害商业秘密纠纷案［（2016）鲁民终 1364 号］认为，“根据 B 公司投标文件自认的业绩，其在 2011 年 7 月前已经销售甲带式给料机 988 台；根据 B 公司提供的销售发票和合同，能够认定其在 2011 年 11 月 30 日 A 公司起诉前已经至少销售了 100 台甲带式给料机，销售收入为 11020458.92 元，依此能够计算其甲带式给料机的平均销售价格为每台 11.02 万元；B 公司自认利润率为 20%，A 公司主张其公司利润率高达 40%，考虑到 B 公司系非法获得他人技术秘密及经营信息进行生产销售，并无研发投入和开拓客户的成本，故本院确定 B 公司利润率不低于 30%。以利润率 30%计算，B 公司 2011 年 7 月前的侵权获利就高达 3266.328 万元（988 台×11.02 万元/台×30%）。

即使按照 B 公司现有销售发票和合同对应的 100 台甲带式给料机计算，其获利也高达 330.6 万元（11020458.92 元×30%），故一审法院确定 B 公司赔偿 300 万元并无不当。且在一审法院确定赔偿数额 300 万元的情形下，B 公司消极举证，并未提供证据证明实际销售情况，在本院多次释明下，其仍未积极提供真实的财务资料来证明其真实销售情况，该怠于举证的行为也能够证明其实际获利大于一审法院确定的赔偿数额”。

案例六：江苏省高级人民法院审理的何某东等诉 A 公司侵犯商业秘密纠纷案［（2001）通中民初字第 69 号］认为，“依据审计结论，A 公司的毛利率虽为 13.89%，但考虑到通常经营过程中存在一定的风险，及除产品工料费外的其他费用支出等因素，本院以该毛利率作为参考依据，认为原判酌定每美元可获利润为人民币 0.8 元，并以此确定的赔偿额并无不当。故何某东、张某及 A 公司关于原判确定的赔偿额不当的上诉请求均不予支持”。

案例七：常州市中级人民法院审理的 A 公司与 B 公司、朱某刚等侵害商业秘密纠纷案［（2016）苏 04 民初 22 号］认为，“现已查明，被告 B 公司在 2013 年 2 月 7 日前，向涉案 9 家原告客户企业开具增值税发票，其开票金额总计 1519914.55 元。本案中，原告主张其自身平均利润率约为 20%、被告 B 公司利润率至少 30%，但未能提供明确证据，考虑到标识生产销售行业作为传统制造业，现今市场竞争充分，该行业利润率相对有限，但三被告在原告寄送《通告》并向有关部门举报的情况下，仍在竞业限制诉讼期间持续披露、使用相关商业秘密，可见相关经营信息可以产生较高利润，结合被告未按本院责令内容提交相关财务资料这一情节，本院酌定被告经营利润率为 20%，即前述开票金额中的 20%应向原告予以赔偿，同时根据本案的难易程度和差旅成本等，原告主张律师费 10 万元亦属合理范畴，本院亦予支持。故本案三被告因侵害原告商业秘密所应赔偿的数额为 403982.91 元”。

五、如果“秘点”所涉及的是侵权产品的一部分或者是部件，有些法院按侵权产品整体的利润进行计算，有些法院按根据该零部件本身的价值及其在实现成品利润中的作用等因素合理确定赔偿数额（Some courts may calculate damages pursuant to the whole profits of the infringement product while other courts may reasonably determine damages pursuant to the assembly's value and its function in the profits of the final product if the “confidential parts” involves with only parts of the infringement product.）

案例八：上海市第一中级人民法院审理的 A 公司与 B 公司等侵犯商业秘密纠纷案［（2004）沪一中民五（知）终字第 2 号］认为，“关于被上诉人 B 公司损失的计算标准，原审法院是按照上诉人生产的 gwz-1 水性无机富锌涂料的数量减去被公安机关查扣的数量，再乘以上诉人的单位利润，最后加上被上诉人 B 公司为调查侵权行为所支付的合理费用得出的。原审法院的上述计算方法符合反不正当竞争法的有关规定，并无不当。上诉人诉称，鉴定报告只是肯定被上诉人 B 公司的液料中有‘秘点’，而不涉及固料，因此应当将上诉人生产数量中的固料数量扣除。本院认为，因液料和固料组成了侵权产品的整体，因此，上诉人应将销售侵权产品获得的利益全部赔偿给 B 公司，故对上诉人的该项上诉理由，本院亦不予采纳。至于公安机关对查封的上诉人的 22096 公斤涂料的处理问题，不属于本案民事案件的审理范围”。

是按侵权产品整体的利润进行计算还是按根据该零部件本身的价值及其在实现成品利润中的作用等因素合理确定赔偿数额，是商业秘密案件中双方当事人在诉讼中经常发生的争议焦点。关于该问题，本书作者认为：

一、如果“秘点”所涉及的是侵权产品的一个密不可分的组成部分，可以按侵权产品整体的利润进行计算确定赔偿数额。

二、如果“秘点”所在部分构成系整个侵权产品的部件，我们认为应该按照下述规则确定赔偿金额，而不是按侵权产品整体的利润进行计算：“侵犯发明、实用新型专利权的产品系另一产品的零部件的，人民法院应当根据该零部件本身的价值及其在实现成品利润中的作用等因素合理确定赔偿数额。”具体司法解释如下：

（一）《最高人民法院关于审理不正当竞争民事案件应用法律若干问题的解释》第十七条　确定反不正当竞争法第十条规定的侵犯商业秘密行为的损害赔偿额，可以参照确定侵犯专利权的损害赔偿额的方法进行；确定反不正当竞争法第五条、第九条、第十四条规定的不正当竞争行为的损害赔偿额，可以参照确定侵犯注册商标专用权的损害赔偿额的方法进行。

因侵权行为导致商业秘密已为公众所知悉的，应当根据该项商业秘密的商业价值确定损害赔偿额。商业秘密的商业价值，根据其研究开发成本、实施该项商业秘密的收益、可得利益、可保持竞争优势的时间等因素确定。

（二）《最高人民法院关于审理侵犯专利权纠纷案件应用法律若干问题的解释》（法释〔2009〕21 号）

第十六条　人民法院依据专利法第六十五条第一款的规定确定侵权人因侵权所获得的利益，应当限于侵权人因侵犯专利权行为所获得的利益；因其他权利所产生的利益，应当合理扣除。

侵犯发明、实用新型专利权的产品系另一产品的零部件的，人民法院应当根据该零部件本身的价值及其在实现成品利润中的作用等因素合理确定赔偿数额。

侵犯外观设计专利权的产品为包装物的，人民法院应当按照包装物本身的价值及其在实现被包装产品利润中的作用等因素合理确定赔偿数额。

（三）有些地方性法院的指导意见，对此也有类似的规定，可以参考：

（1）《重庆市高级人民法院关于确定知识产权侵权损害赔偿数额若干问题的指导意见》

第八条　专利侵权案件中，侵权产品中体现成品的技术功能和效果的关键部位侵犯权利人专利权的，可以按照成品的利润计算赔偿数额；在成品中只起辅助性作用的部件侵犯专利权的，应当按照该部件本身的价值及其在实现成品利润中所起的作用等因素合理确定赔偿数额。

（2）《上海市高级人民法院关于知识产权侵权纠纷中适用法定赔偿方法确定赔偿数额的若干问题的意见（试行）》

六、侵犯专利权案件中赔偿数额的确定

26. 侵犯发明、实用新型专利权的产品系另一产品的零部件的，可根据该零部件本身的价值及其在实现成品利润中的作用等因素合理确定赔偿数额。

六、单纯从侵权人的出口额中无法当然计算出其侵权获利，要结合业务交易金额、汇率以及销售业务利润率范围，计算因侵权行为所获得的利润（To calculate the profits generated from the infringement，the Transaction Amount，Exchange Rate and the Profit Range on Sales shall be considered together with infringer's export volume.）

案例九：宁波市北仑区人民法院审理的A公司、B公司、张某娜侵害商业秘密纠纷［（2018）浙0206民初961号］认为，“关于赔偿数额，根据《反不正当竞争法》第十七条的规定，因不正当竞争行为受到损害的经营者的赔偿数额，按照其因被侵权所受到的实际损失确定，实际损失难以计算的，按照侵权人因侵权所获得的利益确定。赔偿数额还应当包括经营者为制止侵权行为所支付的合理开支。经营者违反本法第六条、第九条规定，权利人因被侵权所受到的实际损失、侵权人因侵权所获得的利益难以确定的，由人民法院根据侵权行为的情节判决给予权利人五百万元以下的赔偿。现原告未能举证证明其所受到的实际损失金额，从被告B公司的出口额中无法当然的计算出其侵权获利”。

案例十：北京市昌平区人民法院审理的A公司与B公司侵害商业秘密纠纷一案［（2012）昌民初字第5900号］认为，“本案中，A公司未能提交证据证明其因B公司和郭某锋的侵权行为所受到的实际损失，故本院将根据B公司和郭某锋侵权期间，B公司因涉案侵权行为而达成的业务交易金额、美元兑人民币汇率以及A公司声称的激光雕刻机销售业务利润率范围，估算 B 公司在侵权期间因侵权行为所获得的利润作为其赔偿 A 公司经济损失的数额”。

七、若侵权人的违法经营额和违法所得因产品品种及价位由多个部分组成而无法确认的，由法院酌定赔偿金额（Where the illegal turnover and illegal income of the trade secret infringer cannot be determined due to the variety of products and their intricate pricing, the court may determine the compensation amount at its discretion.）

案例十一：宁波市北仑区人民法院审理的李某林与 A 公司（组织机构代码一案［（2011）甬仑知初字第 29 号］认为，“原告主张的损失包括两部分，第一部分是根据三被告的违法经营额要求赔偿 30 万元，其主要是依据工商调取资料中反映的营业收入，而根据被告王某华在宁波工商局北仑分局 2009 年 3 月 25 日的询问笔录反映，B 公司从成立至 2009 年 2 月经营额为 2785892.77 元，净利润为负 374697.39 元，但其违法经营额和违法所得因其生产制造的产品品种及价位由好几个部分组成，无法分清也无法确认，即被告人在侵权期间因侵权所获得的利润无法确认。第二部分系原告为制止侵权而支付的合理费用，包括律师费、调查费、差旅费等。本院综合本案商业秘密的类型、被告侵权行为的性质和情节、被告的主观恶意等因素，酌定赔偿金额为 8 万元（含原告为制止侵权而支出的合理费用）”。

042 能否以侵权人、权利人主张的利润率来计算商业秘密侵权所获利益（Can the profit margin claimed by the infringer or the trade secret right holder can be used to calculate the profit obtained from misappropriation?）

导 读

能否以侵权人、权利人主张的利润率来计算商业秘密侵权所获利益？可否以侵权人的账簿、资料来计算侵权所获利益？

有些情况下，根据侵权人提供的账簿、资料显示，侵权人公司是亏损的或者盈利利润率非常小，是否可采信？

本书作者认为：如果侵权人提供的账簿、资料显示利润率显著低于行业利润率，或者显著低于权利人的利润率，则不能全凭侵权人的账簿、资料作出判决。结合我们在商业秘密领域办理大量案例总结的经验，我们认为：

（一）如果侵权人提供的账簿、资料显示的利润率在正常范围之内的，可以考虑采信该证据。

（二）侵权人提供的账簿、资料显示利润率显著低于行业利润率，或者显著低于权利人的利润率的，就不应该采信侵权人提供的账簿、资料作为定案证据，而应该以行业利润率或权利人的利润率作为计算依据。

我们认为，财务资料中成本非常容易虚高列支，如果允许侵权人可以通过虚列成本、降低利润率的方式，就可以不赔偿或少赔偿损失，显然对权利人不公平，也助长了做假账的风气。

裁判要旨

考虑到侵权人系非法获得他人技术秘密及经营信息进行生产销售，并无研发投入和开拓客户的成本，故应在侵权人、权利人各自主张的利润率的基础上，确定一个合理的利润率。

案情简介

一、吴某庆、何某良在A公司工作，分别系A公司车间及供应科第一负责人和销售部区域经理，二人均与A公司签订了《劳动合同书》《A科技人员在离职人员保密协议书》，其中约定了保密义务。

二、吴某庆长期负责车间生产及采购等管理工作，曾长期从A公司领取并掌管技术图纸，并且很多图纸并未归还。2009年，吴某庆、何某良离开A公司，后到B公司分别担任副总经理、销售副总，负责生产、销售工作。

三、B公司就相同的产品与A公司的多名客户签订了涉案产品买卖合同，但其售价还不到A公司的一半。A公司以吴某庆、何某良和B公司侵害商业秘密为由向济宁市中级人民法院提起诉讼，主张其赔偿经济损失300万元。

四、一审法院认为A公司所主张的经营信息和技术信息属于商业秘密，并且B公司、吴某庆、何某良共同侵犯其商业秘密的事实成立，应承担连带责任。B公司2008年、2009年、2010年三年的营业额分别为18682.46万元、21809.29万元、26464.26万元，总计66956.01万元。一审法院认为即使该营业额不全部是销售涉案产品所得，B公司的侵权获利额也是特别巨大的，且A公司的涉案商业秘密在生产、销售中起着极为重大的不可替代的作用，故对A公司主张的赔偿金额予以支持。

五、三被告不服一审判决向山东省高级人民法院提起上诉，主张一审法院根据B公司的具有夸张成分的投标文件认定B公司的营业额错误。

六、二审法院认为B公司无正当理由拒不提供真实的账簿、资料，故法院对投标文件及其内容真实性予以确认并依据该投标文件计算B公司的侵权获利并无不当。

七、B公司自认利润率为20%，A公司主张其公司利润率为40%，二审法院认为考虑到被告并无研发投入和开拓客户的成本，应确定B公司利润率不低于30%。根据B公司提供的投标文件、销售发票和合同，其在2011年7月前已销售侵权产品988台；在2011年11月A公司起诉前已至少销售了100台侵权产品，销售收入为11020458.92元，平均销售价格为每台11.02万元。以利润率30%计算，B公司2011年7月前的侵权获利就高达3266.328万元（988台×11.02万元/台×30%）。即使按照现有销售发票和合同对应的100台甲带式给料机计算，其获利也高达330.6万元（11020458.92元×30%），故一审法院确定B公司赔偿300万元并无不当。

法院判决

山东省高级人民法院在本案民事判决书的“本院认为”部分就上述争议焦点进行如下论述：

本案中，A公司主张以B公司的侵权获利计算赔偿数额，主要依据系B公司制作的投标文件。B公司认可该文件系其制作，但主张内容中的业绩和财务报表并不真实，是为了中标进行了夸大。对此，本院认为，因B公司在本院要求下无正当理由拒不提供真实的账簿、资料，再综合考虑以下因素：一是B公司对投标文件真实性表示认可；二是B公司在投标文件的投标人资格声明中认可对该投标文件内容真实性和正确性负责；三是B公司虽主张有夸大成分，但并无相反证据证明，且投标文件中的财务报表系审计机构出具的审计报告，B公司亦未举证证明该审计报告中的收入系不真实的；四是投标文件中的合同能够对应并支持业绩表中的数据；故本院对投标文件及其内容真实性予以确认并依据该投标文件计算B公司的侵权获利。根据B公司投标文件自认的业绩，其在2011年7月前已经销售甲带式给料机988台；根据B公司提供的销售发票和合同，能够认定其在2011年11月30日A公司起诉前已经至少销售了100台甲带式给料机，销售收入为11020458.92元，依此能够计算其甲带式给料机的平均销售价格为每台11.02万元；B公司自认利润率为20%，A公司主张其公司利润率高达40%，考虑到B公司系非法获得他人技术秘密及经营信息进行生产销售，并无研发投入和开拓客户的成本，故本院确定B公司利润率不低于30%。以利润率30%计算，B公司2011年7月前的侵权获利就高达3266.328万元（988台×11.02万元/台×30%）。即使按照B公司现有销售发票和合同对应的100台甲带式给料机计算，其获利也高达330.6万元（11020458.92元×

30%)，故一审法院确定B公司赔偿300万元并无不当。且在一审法院确定赔偿数额300万元的情形下，B公司消极举证，并未提供证据证明实际销售情况，在本院多次释明下，其仍未积极提供真实的财务资料来证明其真实销售情况，该怠于举证的行为也能够证明其实际获利大于一审法院确定的赔偿数额。

本案相关法律法规

《最高人民法院关于审理侵犯商业秘密民事案件适用法律若干问题的规定》

第二十四条 权利人已经提供侵权人因侵权所获得的利益的初步证据，但与侵犯商业秘密行为相关的账簿、资料由侵权人掌握的，人民法院可以根据权利人的申请，责令侵权人提供该账簿、资料。侵权人无正当理由拒不提供或者不如实提供的，人民法院可以根据权利人的主张和提供的证据认定侵权人因侵权所获得的利益。

《最高人民法院关于知识产权民事诉讼证据的若干规定》

第三十一条 当事人提供的财务账簿、会计凭证、销售合同、进出货单据、上市公司年报、招股说明书、网站或者宣传册等有关记载，设备系统存储的交易数据，第三方平台统计的商品流通数据，评估报告，知识产权许可使用合同以及市场监管、税务、金融部门的记录等，可以作为证据，用以证明当事人主张的侵害知识产权赔偿数额。

《中华人民共和国反不正当竞争法》

第十七条第三款、第四款 因不正当竞争行为受到损害的经营者的赔偿数额，按照其因被侵权所受到的实际损失确定；实际损失难以计算的，按照侵权人因侵权所获得的利益确定。经营者恶意实施侵犯商业秘密行为，情节严重的，可以在按照上述方法确定数额的一倍以上五倍以下确定赔偿数额。赔偿数额还应当包括经营者为制止侵权行为所支付的合理开支。

经营者违反本法第六条、第九条规定，权利人因被侵权所受到的实际损失、侵权人因侵权所获得的利益难以确定的，由人民法院根据侵权行为的情节判决给予权利人五百万元以下的赔偿。

《最高人民法院关于审理不正当竞争民事案件应用法律若干问题的解释》

第十七条 确定反不正当竞争法第十条规定的侵犯商业秘密行为的损害赔偿额，可以参照确定侵犯专利权的损害赔偿额的方法进行；确定反不正当竞争法第五条、第九条、第十四条规定的不正当竞争行为的损害赔偿额，可以参照确定侵犯注册商标专用权的损害赔偿额的方法进行。

因侵权行为导致商业秘密已为公众所知悉的，应当根据该项商业秘密的商业价值确定损害赔偿额。商业秘密的商业价值，根据其研究开发成本、实施该项商业秘密的收益、可得利益、可保持竞争优势的时间等因素确定。

《中华人民共和国专利法》

第七十一条第一款至第三款 侵犯专利权的赔偿数额按照权利人因被侵权所受到的实际损失或者侵权人因侵权所获得的利益确定；权利人的损失或者侵权人获得的利益难以确定的，参照该专利许可使用费的倍数合理确定。对故意侵犯专利权，情节严重的，可以在按照上述方法确定数额的一倍以上五倍以下确定赔偿数额。

权利人的损失、侵权人获得的利益和专利许可使用费均难以确定的，人民法院可以根据专利权的类型、侵权行为的性质和情节等因素，确定给予三万元以上五百万元以下的赔偿。

赔偿数额还应当包括权利人为制止侵权行为所支付的合理开支。

《最高人民法院关于审理侵犯专利权纠纷案件应用法律若干问题的解释（二）》

第二十七条 权利人因被侵权所受到的实际损失难以确定的，人民法院应当依照专利法第六十五条第一款的规定，要求权利人对侵权人因侵权所获得的利益进行举证；在权利人已经提供侵权人所获利益的初步证据，而与专利侵权行为相关的账簿、资料主要由侵权人掌握的情况下，人民法院可以责令侵权人提供该账簿、资料；侵权人无正当理由拒不提供或者提供虚假的账簿、资料的，人民法院可以根据权利人的主张和提供的证据认定侵权人因侵权所获得的利益。

案件来源

山东省高级人民法院审理的A公司与B公司、吴某庆等侵害商业秘密纠纷案二审民事判决书［（2016）鲁民终1364号］

延伸阅读及类案裁判规则

一、权利人没有充分证据证明自己公司的利润率，法院可结合相关侵权行为的时间、情节等因素，在权利人主张的基础上酌定利润率（Where the right holder does not have sufficient evidence to prove its profit margin, the court may determine its profit margin on the basis of the right holder's claim, in accordance with the time and circumstance of the misappropriation.）

案例一：江苏省高级人民法院审理的A公司与苗某玉等侵犯商业秘密、竞业限制纠纷案［（2010）苏知民终字第0002号］认为，“四、一审判决确定的赔偿数额适当。由于苗某玉违反竞业禁止约定，与B公司共同侵犯了A公司的商业秘密，导致A公司丧失了很多与C物资总公司等四川客户交易的机会，A公司因此必然遭受经济损失。鉴于A公司的经济损失及B公司因侵权行为获得的利润都难以查清，故一审法院综合考虑侵权行为的性质、时间、情节，结合苗某玉应当承担的违约责任，酌定苗某玉与B公司共同赔偿A公司经济损失40万元，具有充分的事实与法律依据。A公司认为一审判决的赔偿额不当，理由是B公司侵权所得利润应为73万余元，甚至更多，但这是按照A公司自己的利润率计算所得结果，本院难以采信”。

案例二：河南省高级人民法院审理的A公司等与B公司侵犯商业秘密纠纷案［（2002）豫法民三终字第86号］认为，“关于损失赔偿问题，原审判决是以相关产品的研发费加上销售产品的利润计算三年为计算方法，因为研发费中开支项目和数额以及原审认定的销售数量、利润率等计算依据双方分歧很大，目前有关的证据又不很充分，本院根据本案中侵权行为的时间、行为的情节轻重、A公司生产、销售情况、B公司利润损失情况等综合情况分析，酌定赔偿损失20万元”。

案例三：常州市中级人民法院审理的A公司与B公司、朱某刚等侵害商业秘密纠纷案［（2016）苏04民初22号］认为，“本案中，原告主张其自身平均利润率约为20%、被告B公司利润率至少为30%，但未能提供明确证据，考虑到标识生产销售行业作为传统制造业，现今市场竞争充分，该行业利润率相对有限，但三被告在原告寄送《通告》并向有关部门举报的情况下，仍在竞业限制诉讼期间持续披露、使用相关商业秘密，可见相关经营信息可以产生较高利润，结合被告未按本院责令内容提交相关财务资料这一情节，本院酌定被告经营利润率为20%，即前述开票金额中的20%应向原告予以赔偿，同时根据本案的难易程度和差旅成本等，原告主张律师费10万元亦属合理范畴，本院亦予支持。故本案三被告因侵害原告商业秘密所应赔偿的数额为403982.91元”。

二、行业利润率是测算的参考依据，并不等于侵权人的实际获利利润率，当事人在经营规模、成本控制及最终业绩效益方面存在较大差异时，不宜简单地适用行业平均利润率作为计算依据（The average profit margin of the industry provides a reference for calculation, but it is not equivalent to the actual profit margin of the infringer. Where there are relatively large differences concerning operation scale, cost control and final performance benefits among manufacturers, it is inappropriate to simply apply the average profit margin of the industry as the basis for calculation.）

案例四：上海市高级人民法院审理的A公司等与潘某山侵害商业秘密纠纷上诉

案［（2005）沪高民三（知）终字第146号］认为，“上诉人A公司诉称：原审判决对上诉人损失认定，存在明显不足：1. B公司侵权获利事实清楚，其截至2004年2月的出厂产品已达56.763吨之多，根据铝业协会出具的一般利润率，不难测出被上诉人的赢利水平；2. 上诉人的商业信誉受损的事实明显。本院认为：产品出厂的数量和一般利润率只是测算的一种参考依据，并不等于实际获利的数额。获利的实际数额是由多种因素决定的。鉴于秦某、B公司的侵权获利及A公司的损失均无法确切计算，原审判决根据有关销售发票，秦某、B公司的主观过错，以及B公司使用上述商业秘密的具体情况等综合因素和A公司的诉讼请求，酌情确定赔偿数额，并无不当。上诉人虽诉称其商业信誉受损，但并未提供充分证据予以证明，故原审判决对其要求赔偿商誉损失的诉请不予支持，也无不当”。

案例五：南京市中级人民法院审理的上诉人A公司、张某侵害经营秘密纠纷案［（2015）宁知民终字第141号］认为，“最后，结合被告提交的《损益表》所反映的B公司的0.5%及1.4%利润率，以及原告当庭所作的关于其利润率21%左右的陈述，存有较大差距，故B公司外贸出口平均合理利润难以确定。因此，原告计算的结果不能确定为B公司因侵权所遭受的损失……此外，原告陈述B公司外贸出口利润率为21%左右，被告陈述A公司外贸出口利润率不高于5%，差距明显，鉴于各家外贸企业在经营规模、成本控制及最终业绩效益方面的差异，故在本案中不宜简单通过鞋帽出口行业平均利润率的查明而将之应用在本案中，且此做法也与原告对其自身合理利润率主张的计算标准相悖。因此，依据本案原、被告提供的证据，B公司的损失、A公司获得的利益均难以确定，故对于赔偿数额，本院将依据相关法律规定综合考虑商业秘密的价值、侵权行为的性质、情节等因素予以酌定”。

案例六：太仓市人民法院审理的A公司与B公司、张某明等侵害技术秘密纠纷案［（2014）太知民初字第00021号］认为，“根据太仓市国税局开具的证明及太仓工商局的发票统计表可知，被告B公司向原告的客户销售同类产品，会造成原告的客户订单损失，但是仅凭上述发票无法确定原告因侵权所受到的实际经济损失。关于B公司因侵权获利的情况，原告主张按照太仓工商局查明的被告B公司的销售额2000多万元乘以全国铜加工行业平均利润率3.33%计算被告的侵权获利金额。虽然根据发票可以确认B公司的部分销售情况，但是无其他财务资料证明其实际因侵权获利的情况。因此原告主张的该计算标准缺乏事实和法律依据，本院不予采纳。原告提供的证据不足以证明被告B公司、周某因使用其技术秘密的行为给原告造成的经济损失或所获得的利益情况，因此本院将综合考虑侵权行为人的侵权恶意、非法披露行为的范围和造成的后果、持续时间、销售情况、行业平均利润情况、原告为制止侵权行为的合理开支等因素，依法酌定被告 B 公司、周某应承担的侵权赔偿数额为 20 万元”。

三、司法鉴定中以相同产品的销售合同和财务资料为依据、结合侵权人签订的涉案销售合同，并对权利人提供的财务资料进行抽查及现场核实，据此分析计算的利润率可作为计算权利人经济损失的依据（A profit margin may be used to calculate right holder's losses if such profit margin is calculated based on sales contract and financial documents of the same product and the sales contract concerned signed by infringer, and the financial documents provided by right holder has been spot checked and reviewed on site by financial documents during forensic science examination.）

案例七：沈阳市中级人民法院审理的 A 公司诉苏某岭等侵害商业秘密纠纷案［（2007）沈民四知初字第 189 号］认为，“刑事判决认定的直接经济损失 103.9 万元，被告主张不应以刑事判决中的鉴定结论作为原告遭受经济损失的依据，并且评估公司的计算方法欠妥，对于原告关于涉案设备利润率的计算没有依据。本院认为，该鉴定结论的作出是在对本案四个人被告进行刑事审理中，B 公司接受公安机关的委托，依据原告公司有关与涉案产品结构及型号基本相同的设备的销售合同、财务资料结合被告 C 公司签订的涉案产品的销售合同，并且对原告提供的财务资料进行了抽查及现场核实，通过分析计算得出原告关于涉案产品的利润率。B 公司所作的原告经济损失的鉴定结论程序合法，依据充分，被告主张 B 公司所做的鉴定结论及利润率的计算缺乏依据，没有事实依据，本院不予采信……关于被告主张其生产的化学气相沉积及离子注入系统有高能离子源外购部件，B 公司关于化学气相沉积及离子注入系统的利润率计算不真实，本院认为，根据 B 公司出具的经济损失价值评估鉴定说明中所载明的内容可以得出 B 公司是依据与该系统结构类似的设备计算的原告利润率，依据真实合理，并且被告也未提供证据证明其购买了高能离子源部件用于该系统的生产。因此，被告的该项抗辩理由不能成立，本院不予采信”。

043 产品部分侵权时可否按侵权产品整体利润作为侵权赔偿金额（Whether the profits of the whole infringement product may be deemed as infringement damages if the infringement is caused by part of product.）

导 读

是按侵权产品整体的利润进行计算还是根据该零部件本身的价值及其在实现成品利润中的作用等因素合理确定赔偿数额，是商业秘密案件中双方当事人在诉讼中经常发生的争议焦点。关于该问题，本书作者认为：（一）如果“秘点”所涉及的是侵权产品的一个密不可分的组成部分，或者是核心关键的组成部分，那么可以按侵权产品整体的利润进行计算以确定赔偿数额；（二）如果“秘点”所在部分构成系整个侵权产品的可分拆的部件，而不是整个侵权产品的核心组成部分，那么我们认为应该按照下述规则确定赔偿金额，而不是按侵权产品整体的利润进行计算：“侵犯发明、实用新型专利权的产品系另一产品的零部件的，人民法院应当根据该零部件本身的价值及其在实现成品利润中的作用等因素合理确定赔偿数额。”具体司法解释详见本案例后续法规链接部分。

裁判要旨

涉案技术秘密在整个产品生产工艺流程中未占据主导地位，对产品产量与质量的提高并非起到决定性作用时，不能以侵权产品整体的全部获利作为计算侵权人因侵权所获利润的依据。

案情简介

一、A铜材总厂与B公司签订《技术转让合同》，约定A铜材总厂将其享有所有权的精密铜管制造的专业技术秘密和受控技术许可给B公司使用，B公司在约定使用期限内不得泄密，不得将技术让与第三方。合同生效后，相关技术资料被陆续移交给B公司，并提供了相应新开发的后续技术，B公司也支付了500万元的转让费。

二、C公司、B公司及A铜材总厂之间签订《技术转让合同补充协议》，约定将原A铜材总厂与B公司签订的《技术转让合同》中的权利和义务转由C公司享有和履行；技术的所有权也归属C公司所有。

三、王某、张某斌、毛某在B公司分别担任副总经理、生产调度、工程师，并分别与公司签订了保密协议，对岗位涉及的生产技术信息等负有保密义务。三人先后离开B公司到D公司工作，担任与原工作相关的职务。

四、C公司以侵害商业秘密为由向上海市第一中级人民法院提起诉讼，主张以D公司申报高新技术项目的申请报告作为其侵权实际获利为依据，赔偿经济损失3000万元。

五、一审法院认定D公司构成商业秘密侵权，应承担停止侵权、赔偿损失等民事责任。法院认为涉案技术秘密在整个生产工艺流程中并非占主导地位，有的仅是某个具体的方法或诀窍，对产量与质量的提高并非起到决定性作用。故以侵权产品的全部获利作为其赔偿依据并不合理。故一审法院判决D公司赔偿C公司经济损失40万元。

六、D公司不服一审判决，向上海市高级人民法院提起上诉，C公司则答辩认为一审判赔金额过低。

七、二审法院认为，涉案商业秘密仅系整体生产工艺中的一部分，具体比重难以确定，因此无法以D公司的侵权获利来确定本案的赔偿数额，由法院酌情确定赔偿数额并无不妥。二审法院判决驳回上诉，维持原判。

法院判决

上海市高级人民法院在本案民事判决书的“本院认为”部分就上述争议焦点进行如下论述：

对此原审法院认为，首先，铜管铸轧技术的主要工艺流程和工序早已在国内外公开，属于公知技术，原告涉案技术秘密在整个铜管生产工艺流程中并非占主导地位，有的仅是某个具体的方法或诀窍，如轧制工序中的“粘带防乱卷诀窍”、退火工序中的“海绵球与铜管内径比例参数”等，对铜管产量与质量的提高并非起到决定性作用。其次，根据上述申请报告记载，被告D公司隶属于拥有二十多年铜管专业生产历史的E铜材集团有限公司，其主要依托E铜材集团有限公司的技术和经济实力设立并投产，被告D公司铜管产品产量的提高，不仅与生产工艺，而且与生产设备先进与否也具有密切关系。正如前文所述，原告技术秘密在整个铜管生产工艺流程中并非占据主导地位，因此，即使该申请报告中销售利润的数据准确，也不能认定系被告D公司因侵犯原告技术秘密而取得的利润，原告以被告D公司铜管产品的全部获利作为其赔偿依据显然不合理，也于法无据……鉴于本案现有证据不足以证明原告因被告D公司侵害其技术秘密而给其带来的具体损失以及被告D公司因侵害原告技术秘密而非法获利的具体数额，原审法院综合考虑原告涉案技术秘密在铜管生产工艺中所占的比重以及其体现的商业价值，被告D公司通过不正当手段获取、使用原告涉案技术秘密的期间、范围等因素，酌情确定被告D公司赔偿原告经济损失40万元……本院认为，涉案商业秘密仅系C公司整体铜管生产工艺中的一部分，具体比重难以确定，且涉案商业秘密并未因本案侵权行为而向社会公开，因此不能按照C公司铜管生产工艺的研发投入费用确定本案赔偿数额。本案中，C公司也无有效证据证明其实际损失的具体金额，故无法以其实际损失计算本案的赔偿数额。同时，D公司侵权获利的具体数额也无有效证据予以证明，而涉案商业秘密亦非D公司全部的铜管生产工艺，因此法院同样无法以D公司的侵权获利来确定本案的赔偿数额……在现有证据难以证明C公司因侵权所受损失以及D公司因侵权所获利益的情况下，由法院综合具体案情确定本案的赔偿数额，并无不妥。C公司认为对D公司应当加重处罚的上诉意见，并无法律依据。因此，C公司要求判赔3000万元的上诉请求，本院不予支持；对D公司认为一审判赔40万元属错误的上诉意见，本院亦不予支持。

本案相关法律法规

《最高人民法院关于知识产权民事诉讼证据的若干规定》

第三十一条 当事人提供的财务账簿、会计凭证、销售合同、进出货单据、上市公司年报、招股说明书、网站或者宣传册等有关记载，设备系统存储的交易数据，第三方平台统计的商品流通数据，评估报告，知识产权许可使用合同以及市场监管、税务、金融部门的记录等，可以作为证据，用以证明当事人主张的侵害知识产权赔偿数额。

《中华人民共和国反不正当竞争法》

第十七条第三款 因不正当竞争行为受到损害的经营者的赔偿数额，按照其因被侵权所受到的实际损失确定；实际损失难以计算的，按照侵权人因侵权所获得的利益确定。经营者恶意实施侵犯商业秘密行为，情节严重的，可以在按照上述方法确定数额的一倍以上五倍以下确定赔偿数额。赔偿数额还应当包括经营者为制止侵权行为所支付的合理开支。

《最高人民法院关于审理不正当竞争民事案件应用法律若干问题的解释》

第十七条 确定反不正当竞争法第十条规定的侵犯商业秘密行为的损害赔偿额，可以参照确定侵犯专利权的损害赔偿额的方法进行；确定反不正当竞争法第五条、第九条、第十四条规定的不正当竞争行为的损害赔偿额，可以参照确定侵犯注册商标专用权的损害赔偿额的方法进行。

因侵权行为导致商业秘密已为公众所知悉的，应当根据该项商业秘密的商业价值确定损害赔偿额。商业秘密的商业价值，根据其研究开发成本、实施该项商业秘密的收益、可得利益、可保持竞争优势的时间等因素确定。

《中华人民共和国专利法》

第七十一条第一款至第三款 侵犯专利权的赔偿数额按照权利人因被侵权所受到的实际损失或者侵权人因侵权所获得的利益确定；权利人的损失或者侵权人获得的利益难以确定的，参照该专利许可使用费的倍数合理确定。对故意侵犯专利权，情节严重的，可以在按照上述方法确定数额的一倍以上五倍以下确定赔偿数额。

权利人的损失、侵权人获得的利益和专利许可使用费均难以确定的，人民法院可以根据专利权的类型、侵权行为的性质和情节等因素，确定给予三万元以上五百万元以下的赔偿。

赔偿数额还应当包括权利人为制止侵权行为所支付的合理开支。

《最高人民法院关于审理侵犯专利权纠纷案件应用法律若干问题的解释》

第十六条 人民法院依据专利法第六十五条第一款的规定确定侵权人因侵权所获得的利益，应当限于侵权人因侵犯专利权行为所获得的利益；因其他权利所产生的利益，应当合理扣除。

侵犯发明、实用新型专利权的产品系另一产品的零部件的，人民法院应当根据该零部件本身的价值及其在实现成品利润中的作用等因素合理确定赔偿数额。

侵犯外观设计专利权的产品为包装物的，人民法院应当按照包装物本身的价值及其在实现被包装产品利润中的作用等因素合理确定赔偿数额。

有些地方性法院的指导意见，对此也有类似的规定，可以参考：

（一）《重庆市高级人民法院关于确定知识产权侵权损害赔偿数额若干问题的指导意见》

第八条 专利侵权案件中，侵权产品中体现成品的技术功能和效果的关键部位侵犯权利人专利权的，可以按照成品的利润计算赔偿数额；在成品中只起辅助性作用的部件侵犯专利权的，应当按照该部件本身的价值及其在实现成品利润中所起的作用等因素合理确定赔偿数额。

（二）《上海市高级人民法院关于知识产权侵权纠纷中适用法定赔偿方法确定赔偿数额的若干问题的意见（试行）》

六、侵犯专利权案件中赔偿数额的确定

26. 侵犯发明、实用新型专利权的产品系另一产品的零部件的，可根据该零部件本身的价值及其在实现成品利润中的作用等因素合理确定赔偿数额。

案件来源

上海市高级人民法院审理的C公司、D公司等侵害商业秘密纠纷二审民事判决书［（2013）沪高民三（知）终字第134号］

延伸阅读及类案裁判规则

一、若涉案技术是相关产品中不可或缺的核心技术、对产品整体利润的价值贡献起关键作用，或者涉案技术与其他技术共同成为一个整体，则应将销售侵权产品获得的全部利益作为赔偿金额（If the technology involved in misappropriation is an indispensable part in the relevant products and plays a key role in the value contribution to the total profit of the products, or the technology involved and other technologies together become a whole, then the total profit from the sales of the infringing products shall be deemed as the amount of compensation.）

案例一：广东省高级人民法院审理的房某磊、A公司侵害技术秘密纠纷［（2016）粤民终770号］认为，"其次，根据举证责任分配原则，关于涉案1553BIP核技术在B公司生产的1553B测试设备中对整体利润的价值贡献这一事实问题，首先应由权利人即B公司进行初步举证，房某磊、A公司作为抗辩，亦应提交证据证明其主张。B公司以C司鉴所〔2013〕鉴字第17号《鉴定意见书》证明其1553BIP核技术是相关产品中不可或缺的核心技术，对产品整体利润的价值贡献起到关键作用，因此应以相关产品的成品利润来计算赔偿数额。经查，上述鉴定意见中明确认定'1553BIP核技术是1553B总线电缆测试系统不可或缺的重要核心技术，只有利用1553BIP核，才能生产出1553B总线电缆测试系统'，而且，1553B总线电缆测试系统必须符合GJB5186.5-2004要求，其中，'波形畸变测试包括的三项测试都对波形的激励信号有严格要求，由于1553BIP核技术具有很强的灵活性，它的功能模块可以根据测试系统的要求进行剪裁或添加，故可通过修改1553BIP核内部的编码并配合调节外围信号调理电路，方可达到对以上信号参数的控制，使其符合GJB5186.5-2004的要求，这是目前唯一的实现方法'，该鉴定意见表明生产1553B

测试设备只能采用1553BIP核技术，别无替代。

据此，B公司主张以相关产品的成品利润来计算赔偿数额，已经完成其举证证明责任。房某磊、A公司则主张1553BIP核技术在相关产品中对实现成品利润的价值贡献极低，但不能提供证据证明1553BIP核技术对于1553B总线电缆测试系统的技术贡献比例……本案中，房某磊、A公司的侵权行为是生产、销售了侵害B公司商业秘密的1553B测试设备，房某磊、A公司并无证据证明B公司的1553B测试设备中承载1553BIP核的FPGA芯片能够单独销售，B公司法定代表人颜某在公安机关侦查阶段的陈述中亦未承认FPGA芯片能够单独销售，且本案并无证据证明颜某所述的能够单独销售的芯片与1553B测试设备中承载1553BIP核的FPGA芯片为同一种芯片。因此，虽然颜某陈述中确称对外销售的芯片为2000元至2万元不等，但并不能以此得出1553B测试设备中承载1553BIP核的FPGA芯片价值至多2万元的结论，更不能以2万元作为单价计算B公司的实际损失。综合上述分析，房某磊、A公司缺乏证据证明其上述主张，应承担举证不能的法律后果。本案应以B公司生产、销售的1553B测试设备的整体价值来计算赔偿数额"。

案例二：上海市第一中级人民法院审理的A公司与B公司等侵犯商业秘密纠纷案［（2004）沪一中民五（知）终字第2号］认为，"关于被上诉人B公司损失的计算标准，原审法院是按照上诉人生产的gwz-1水性无机富锌涂料的数量减去被公安机关查扣的数量，再乘以上诉人的单位利润，最后加上被上诉人B公司为调查侵权行为所支付的合理费用得出的。原审法院的上述计算方法符合反不正当竞争法的有关规定，并无不当。上诉人诉称，鉴定报告只是肯定被上诉人B公司的液料中有'秘点'，而不涉及固料，因此应当将上诉人生产数量中的固料数量扣除。本院认为，因液料和固料组成了侵权产品的整体，因此，上诉人应将销售侵权产品获得的利益全部赔偿给B公司，故对上诉人的该项上诉理由，本院亦不予采纳"。

二、按照侵权人因侵权所获得的利益确定赔偿数额时，侵权人因其他权利和生产要素产生的利润应合理扣减（When determining the amount of compensation in light of the benefits obtained by the infringer from the infringement, the profits of the infringer from other rights and production factors shall be deducted reasonably.）

案例三：广东省高级人民法院审理的A公司、B公司侵害技术秘密纠纷二审民事判决书［（2014）粤高法民三终字第831号］认为，"A公司上诉认为，在计算侵权损害赔偿额时应考虑'本案技术秘密在被诉侵权产品中所占的技术比重及其对营业利润的贡献'。本院认为，侵权损害赔偿数额按照侵权人因侵权所获得的利益确定时，侵权人的侵权获利应当与侵权行为之间具有直接的因果关系，因其他权利和生产要素产生的利润应当合理扣减。A 公司上诉主张计算赔偿数额时应考虑本案技术秘密对营业利润的贡献，扣减因其他权利产生的利润，既未能举证证明本案技术秘密所产生的利润在侵权产品总营业利润中的占比，也不能举证证明应当扣除的因其他权利产生的利润数额。在没有其他相反证据的情况下，本院应以被诉侵权产品的营业利润作为 A 公司的侵权获利来计算侵权损害赔偿数额”。

三、商业秘密的贡献率难以准确认定、侵权获利数额难以准确计算的，法院可适用法定赔偿方法确定赔偿数额。有证据表明侵权获利数额在法定赔偿限额之上的，也可以在法定赔偿限额之上酌情确定赔偿数额（Where it is difficult to accurately determine the contribution rate of business secrets or to accurately calculate the amount of profits generated from infringement, the court may apply the statutory compensation method to determine the amount of compensation. Where there is evidence proving that the amount of profits generated from infringement is above the statutory compensation limit, the court may determine the amount of compensation at its discretion above the statutory compensation limit.）

案例四：上海市高级人民法院审理的 A 公司与 B 公司、姜某海等侵害商业秘密纠纷二审民事判决书［（2012）沪高民三（知）终字第 62 号］认为，“B 公司虽举证证明 A 公司在 2006 年以及 2007 年 1-9 月的利润情况，但 A 公司的整体利润有各种来源因素，难以认定其经营所获利润全归因于系争商业秘密，因此 A 公司因侵权所获利润亦难以准确计算。同时，本案无证据表明有合理的许可费可资参照。但是，本案一审中 B 公司即已提供 A 公司 2005 年度财务报告、A 公司 2006 年度财务报告、A 公司 2007 年 1-9 月财务报告等证据并被法院采纳，证明 A 公司 2005 年经营亏损，而 2006 年获利达 4661478. 46 元、2007 年前 9 个月获利达 93880684. 16 元。值得注意的是，2006 年年初至 2007 年 9 月有本案所涉的侵权行为发生，本院认为 A 公司 2006 年至 2007 年 9 月间生产经营的获利，与其侵权行为之间存在一定的因果关系。虽然系争商业秘密在 A 公司经营中的贡献率难以准确认定，其侵权获利数额亦难以准确计算，但在案证据表明其侵权获利数额远在法定赔偿限额 100 万元之上，因此本院认为本案不应适用法定赔偿方法确定赔偿数额，而应在法定赔偿限额 100 万元之上酌情确定赔偿数额”。

044 侵犯商业秘密案件赔偿金额可否参照技术许可使用费（Can misappropriation cases damages be calculated in reference to technology license fee.）

裁判要旨

若涉案商业秘密签订过技术许可使用合同，商业秘密权利人可请求以技术许可使用费作为计算依据，确定侵犯商业秘密的侵权赔偿数额。

《最高人民法院关于审理侵犯商业秘密民事案件适用法律若干问题的规定》规定，法院可以参照商业秘密许可使用费确定因被侵权所受到的实际损失，并明确了相关考虑因素，包括许可的性质、内容、实际履行情况以及侵权行为的性质、情节、后果等。

案情简介

一、2009 年，A 研究所与 B 公司签订了技术合同书。双方约定 B 公司向 A 研究所首付技术许可使用费 500000 元，此后每月支付技术许可使用费 23000 元。2012 年 3 月始，B 公司自称不生产经营该产品，不再向其支付技术许可使用费。

二、A 研究所未将该项技术秘密转让给 B 公司之外的任何第三方，却发现 C 公司正在生产经营相同的产品。C 公司的股东正是 B 公司法定代表人苏某荣及其妻子。

三、A 研究所以侵害商业秘密为由向法院提起诉讼，A 研究所以涉案合同约定的 B 公司应支付的使用费为计算依据，请求判令 B 公司、苏某荣、C 公司连带赔偿 2012 年 4 月至 2013 年 9 月的经济损失 414000 元。一审判决认定原告主张被告实施侵权证据不足、涉案技术信息不构成商业秘密。

四、A 研究所不服一审判决向南京市中级人民法院提起上诉。二审法院认定涉案技术信息符合商业秘密的构成要件，并且认为苏某荣是二公司的主要股东、实际掌控二公司的生产和经营。按照涉案合同的约定，B 公司不得向 C 公司披露涉案技术信息，故 C 公司无权使用涉案技术信息。C 公司实际使用他人商业秘密生产并销售了涉案产品，侵犯了 A 研究所的商业秘密。B 公司、苏某荣违反与保密约定，与 C 公司共同承担侵权法律责任。

五、二审法院判决以涉案合同约定的技术许可使用费为计算依据，判令B公司、苏某荣、C公司连带赔偿2012年4月至2013年9月的经济损失414000元。

法院判决

南京市中级人民法院在本案民事判决书的“本院认为”部分就上述争议焦点进行如下论述：

上诉人要求被上诉人承担的侵权赔偿数额是以涉案合同约定的被上诉人B公司应支付的使用费为计算依据，如果B公司正常履行合同，上诉人就能正常获得该项收益。故此，上诉人此项诉请有事实和法律依据，应予支持……被上诉人B公司、苏某荣、C公司连带赔偿上诉人A研究所2012年4月至2013年9月的经济损失414000元。

本案相关法律法规

《最高人民法院关于审理侵犯商业秘密民事案件适用法律若干问题的规定》

第二十条 权利人请求参照商业秘密许可使用费确定因被侵权所受到的实际损失的，人民法院可以根据许可的性质、内容、实际履行情况以及侵权行为的性质、情节、后果等因素确定。

人民法院依照反不正当竞争法第十七条第四款确定赔偿数额的，可以考虑商业秘密的性质、商业价值、研究开发成本、创新程度、能带来的竞争优势以及侵权人的主观过错、侵权行为的性质、情节、后果等因素。

《最高人民法院关于知识产权民事诉讼证据的若干规定》

第三十二条 当事人主张参照知识产权许可使用费的合理倍数确定赔偿数额的，人民法院可以考量下列因素对许可使用费证据进行审核认定：

（一）许可使用费是否实际支付及支付方式，许可使用合同是否实际履行或者备案；

（二）许可使用的权利内容、方式、范围、期限；

（三）被许可人与许可人是否存在利害关系；

（四）行业许可的通常标准。

《最高人民法院关于审理不正当竞争民事案件应用法律若干问题的解释》

第十七条 确定反不正当竞争法第十条规定的侵犯商业秘密行为的损害赔偿额，可以参照确定侵犯专利权的损害赔偿额的方法进行；确定反不正当竞争法第五条、第九条、第十四条规定的不正当竞争行为的损害赔偿额，可以参照确定侵犯注册商标专用权的损害赔偿额的方法进行。

因侵权行为导致商业秘密已为公众所知悉的，应当根据该项商业秘密的商业价值确定损害赔偿额。商业秘密的商业价值，根据其研究开发成本、实施该项商业秘密的收益、可得利益、可保持竞争优势的时间等因素确定。

《中华人民共和国专利法》

第七十一条第一款至第三款 侵犯专利权的赔偿数额按照权利人因被侵权所受到的实际损失或者侵权人因侵权所获得的利益确定；权利人的损失或者侵权人获得的利益难以确定的，参照该专利许可使用费的倍数合理确定。对故意侵犯专利权，情节严重的，可以在按照上述方法确定数额的一倍以上五倍以下确定赔偿数额。

权利人的损失、侵权人获得的利益和专利许可使用费均难以确定的，人民法院可以根据专利权的类型、侵权行为的性质和情节等因素，确定给予三万元以上五百万元以下的赔偿。

赔偿数额还应当包括权利人为制止侵权行为所支付的合理开支。

案件来源

南京市中级人民法院审理的上诉人 A 研究所侵害商业秘密纠纷一案的民事判决书［（2015）宁知民终字第 140 号］

延伸阅读及类案裁判规则

一、可以技术秘密的一般转让费作为认定商业秘密权利人的经济损失赔偿的标准（The general transfer fee of technical secret may be deemed as measure of damages for trade secrets right holder's losses.）

案例一：最高人民法院审理的 A 公司、B 县开关厂、B 县 B 镇经济管理委员会与孙某尘、邵某荣、鲁某东侵害商业秘密纠纷上诉案［（1997）知终字第 1 号］认为，“至于对 C 所经济损失的赔偿，原审法院以该项技术秘密的一般转让费为标准，综合考虑本案具体情况，确定三上诉人及孙某尘对 C 所的应赔偿数额，亦属合理，并无不当”。

二、以技术转让费作为侵权赔偿数额的依据时，涉及多项技术一体转让情况下，应以涉案的转让费用为标准确定赔偿额，不应以多项技术的技术整体转让费用为依据（The transfer fee concerned, not the whole transfer fees for all technologies, shall be used to determine damages when the transfer fee has been deemed as the base of infringement damages if such transfer involves multiple technologies.）

案例二：江苏省高级人民法院审理的 A 公司等与 B 实验工厂侵犯商业秘密纠

纷上诉案［（2002）苏民三终字第054号］认为，“关于侵权赔偿的数额。一审法院判决赔偿损失的主要依据为：《2000年度大三元复合肥应用推广情况调查表》所载在丰县的销售量，‘大三元复合肥’技术的转让费。由于调查表不能作为定案证据使用，且200万元的技术转让费为‘大三元复合肥’技术的转让费用，非本案硅酸盐菌剂生产技术的转让费，硅酸盐菌剂生产技术为‘大三元复合肥’技术中的‘一元’，即生物单元。故原审法院以‘大三元复合肥’技术转让费为标准确定赔偿额显然不妥，应予纠正，原判赔偿数额应予变更。由于因A公司、C公司等的侵权行为造成了B实验工厂技术转让费或经营利润、调查费用支出等损失，而B实验工厂未能提供证据证明本案侵权产品的数量以及受损或A公司、C公司获利的具体数额。因此，本院参考‘大三元复合肥’技术的转让费、涉案产品的利润、B实验工厂合理的调查费用、律师代理费等因素酌定A公司、C公司赔偿B实验工厂损失人民币50万元”。

三、侵权人因转让他人商业秘密，而以实物方式收取的技术转让费，应依法认定为其因侵权所获利润，作为侵权赔偿数额依据（If an infringer charges technology transfer fee in the form of physical objects for transferring others’ trade secrets, such fee shall be regarded as infringement profits and be used as a base for calculating infringement damages.）

案例三：四川省高级人民法院审理的A公司等与B公司侵犯技术秘密纠纷［（2005）川民终字第237号］认为，“结合《委托开发合同》约定原电池厂向B研究所支付研究开发费98万元，B研究所自认实际支付研究开发费130万元的情况，C公司在向A公司转让诉争LR6技术时，以实物折价120万元作为该技术的转让费与当时的情况基本相符。根据《中华人民共和国反不正当竞争法》第二十条第一款‘经营者违反本法规定，给被侵害的经营者造成损害的，应当承担损害赔偿责任，被侵害的经营者的损失难以计算的，赔偿额为侵权人在侵权期间因侵权所获得的利润’的规定，C公司转让LR6技术，以实物方式所收取的120万元转让费应依法认定为其因侵权所获利润。依据《委托开发合同》中关于如果双方同意转让成果或销售设备，D电池厂分享利润的70%、B研究所分享利润的30%的约定，B研究所因C公司的转让行为而应获取的赔偿数额应为360000元。此外，根据一审法院在A公司现场勘验到的一条生产线，并参考一审庭审中A公司自认其生产、销售过十几台设备，以及成都市锦江区人民法院作出的（2001）锦江经初字第504号民事判决书查明一条LR6碱性电池生产线销售价约为1000万元的相关事实认定，B研究所要求A公司赔偿侵权损失25万元合理，本院予以支持”。

四、若当事人签订的技术许可使用合同包括了对后续开发技术的许可，则其中的技术信息与涉案商业秘密不完全相同，不能以此许可使用费用作为确定赔偿数额的依据（The license fee shall not be deemed as damages base if the technology license agreement includes licensing for later development technology and such technical information is not the same as the trade secrets concerned.）

案例四：上海市高级人民法院审理的A公司、B公司等侵害商业秘密纠纷案[（2013）沪高民三（知）终字第134号]认为，“此外，A公司与C公司之间的许可合同，其许可使用的时间长达20年，且包括了后续开发技术的许可，与本案涉案的商业秘密并不完全相同，因此其500万元许可费也难以作为确定本案赔偿数额的依据”。

045 侵犯商业秘密但未造成损失，可按照保密协议约定诉请赔偿损失（One party may claim for losses pursuant to confidentiality agreement if there is no loss due to misappropriation.）

裁判要旨

在侵害商业秘密案件中，即使侵权行为尚未对权利人造成实际损失，也可按照保密协议、劳动合同中约定的违约金确定侵权损害赔偿金额。

案情简介

一、2013年，A公司与徐某君签订《商业秘密保护协议》，约定徐某君应对其在工作期间获悉的商业秘密进行保密，若违反保密协议在保密期内与A公司的客户发生联系但未构成交易的，徐某君应赔偿A公司违约金10万元。

二、2016年，A公司与徐某君签订《解除劳动合同协议书》，约定解除双方于2014年签订的劳动合同，但签订的《商业秘密保护协议》作为协议附件，双方应继续遵守；若有违反《商业秘密保护协议》的条款，徐某君向A公司支付违约金6万元。

三、2016年，徐某君在尚未办理离职手续的情况下与他人合资成立B公司，其为该公司的实际经营者。徐某君将A公司在工作中接触到的所有资料拷贝到移动硬盘上。离职后，徐某君又将移动硬盘中的经营信息拷贝到B公司的电脑上。经查明，徐某君以及B公司尚未因使用A公司商业秘密实际获利。

四、A公司以侵害商业秘密为由向宁波市鄞州区人民法院提起民事诉讼，请求根据《商业秘密保护协议》判令徐某君赔偿经济损失10万元。一审法院认为，徐某君将其所掌握的商业秘密披露给B公司，构成侵权。当事人之间有关于侵权赔偿的约定，应该从其约定。因2016年的协议中约定违约金为6万元，应视为双方对2013年的协议进行了变更，故认定按照变更后的金额6万元确定赔偿数额。

五、徐某君不服一审判决，向宁波市中级人民法院上诉，主张其未实施交易行为、A公司不存在损失、赔偿金额过高。二审法院认为一审法院按照《解除劳动合同协议书》约定的金额6万元确定赔偿数额并无不当，判决维持一审关于赔偿数额的判决结果。

法院判决

宁波市中级人民法院在本案民事判决书的“本院认为”部分就上述争议焦点进行如下论述：

关于原审判决徐某君赔偿A公司经济损失6万元是否合理。上诉人主张其未实施交易行为，被上诉人不存在损失，赔偿金额过高。本院认为，徐某君违反其与A公司签订的《商业秘密保护协议》《解除劳动合同协议书》中约定的保密义务，擅自将原告的商业秘密披露给B公司，已侵害了A公司的商业秘密，应当承担赔偿损失的民事责任，原审法院按照《解除劳动合同协议书》约定的金额6万元确定赔偿数额并无不当。

本案相关法律法规

《中华人民共和国反不正当竞争法》

第十七条第三款、第四款 因不正当竞争行为受到损害的经营者的赔偿数额，按照其因被侵权所受到的实际损失确定；实际损失难以计算的，按照侵权人因侵权所获得的利益确定。经营者恶意实施侵犯商业秘密行为，情节严重的，可以在按照上述方法确定数额的一倍以上五倍以下确定赔偿数额。赔偿数额还应当包括经营者为制止侵权行为所支付的合理开支。

经营者违反本法第六条、第九条规定，权利人因被侵权所受到的实际损失、侵权人因侵权所获得的利益难以确定的，由人民法院根据侵权行为的情节判决给予权利人五百万元以下的赔偿。

《中华人民共和国民法典》

第五百八十五条 当事人可以约定一方违约时应当根据违约情况向对方支付一定数额的违约金，也可以约定因违约产生的损失赔偿额的计算方法。

约定的违约金低于造成的损失的，人民法院或者仲裁机构可以根据当事人的请求予以增加；约定的违约金过分高于造成的损失的，人民法院或者仲裁机构可以根据当事人的请求予以适当减少。

当事人就迟延履行约定违约金的，违约方支付违约金后，还应当履行债务.

案件来源

宁波市中级人民法院审理的徐某君、A公司侵害商业秘密纠纷二审民事判决书[（2018）浙02民终1095号]

延伸阅读及类案裁判规则

一、侵权人在承诺书中确认权利人的经济损失并表示愿意赔偿，可认定双方就侵权赔偿额达成一致，权利人可主张按照约定确定赔偿金额（It shall be determined that both parties agreed on infringement damages if an infringer confirms right holder's losses and plans to indemnify such losses in a commitment letter. A right holder may claim for damages pursuant to such agreement.）

案例一：无锡市中级人民法院审理的A公司与B公司、谯某侵害经营秘密纠纷案[（2016）苏02民初136号]认为，“本案中，谯某及B公司在向A公司出具的承诺书中，确认A公司主张的经济损失数额，并表示愿意赔偿，由此可以认定双方就侵权赔偿额达成一致。同时，A公司也提供了上述经济损失额的具体计算方法，足见上述经济损失额并非A公司随意主张。根据《最高人民法院关于审理不正当竞争民事案件应用法律若干问题的解释》第十七条第一款规定，确定反不正当竞争法第十条规定的侵犯商业秘密行为的损害赔偿额，可以参照确定侵犯专利权的损害赔偿额的方法进行。《最高人民法院关于审理侵犯专利权纠纷案件应用法律若干问题的解释（二）》第二十八条规定，权利人、侵权人依法约定专利侵权的赔偿数额或者赔偿计算方法，并在专利侵权诉讼中主张住所该约定确定赔偿数额的，人民法院应予支持。据此，本院可参照上述规定，支持A公司主张的赔偿额”。

二、在参考《承诺书》约定赔偿金额的基础上，应综合考虑侵犯商业秘密的情节、时间和承诺书签署当时的客观情况等酌情确定，对不合理的赔偿金额进行调整（Unreasonable damages may be adjusted with reference to damages provided in the Commitment Letter and consideration of misappropriation circumstances, date, and the circumstance when signing the commitment letter.）

案例二：宁波市鄞州区人民法院审理的 A 公司与侯某明侵害商业秘密纠纷［（2016）浙 0212 民初 5277 号］认为，“被告存在侵犯原告商业秘密的行为，并出具承诺书对此予以确认，承诺进行赔偿，原告依据该承诺书向被告主张侵权赔偿于法有据。对于赔偿金额，本院认为，承诺书中虽载明被告愿意连带赔偿 10 万元，但鉴于被告开设的 B 公司在 2015 年 5 月 19 日才成立，承诺书签署时间为同年 7 月 10 日，被告侵权的时间并不长，按照承诺书约定的 10 万元进行赔偿并不妥当。本院在参考承诺书约定赔偿金额的基础上，综合考虑被告侵犯商业秘密的情节、开设公司的时间、承诺书签署当时的客观情况等，酌情确定原告因被告侵犯商业秘密的经济损失为 4 万元（包含维权费用）。对于原告主张的利息，本院认为，承诺书虽约定了赔偿款支付时间，但从本案审理结果来看，承诺书约定的赔偿金额确实存在一定不合理之处，本院在审理中亦进行了调整，故被告未按承诺书内容履行赔偿义务属于事出有因，对于原告主张的利息损失，本院不予支持”。

三、侵权人和权利人达成调解协议后，若一方不愿意继续履行调解协议的，在侵权诉讼中不能以调解协议确定的金额作为确定损失金额的依据（The amounts provided in settlement agreement shall not be deemed as damages base in tort suits if one party does not perform such settlement agreement after infringer and right holder reaching a settlement agreement.）

案例三：成都市中级人民法院审理的丁某刚、周某军、A 公司与 B 公司侵害商业秘密纠纷案［（2014）成知民终字第 75 号］认为，“B 公司在本案中要求 A 公司、丁某刚、周某军向其赔偿经济损失 240 万元，并举出了其与 C 公司在原审法院主持下达成的调解书及据此向 C 公司支付赔偿款的凭据，B 公司主张的经济损失 240 万元的具体构成是：向 C 公司赔偿经济损失 50 万元、退还研发费用 50 万元及因 C 公司取消了委托 B 公司进行生产部分而造成的其他经济损失 140 万元。对此，原审法院认为，B 公司所主张的其他经济损失 140 万元未举证予以证明，且也无证据证明该损失系必然发生之损失，故对 B 公司主张的该损失，原审法院不予支持；对于 B 公司主张的依据调解书所产生的损失，原审法院认为，该调解协议系 B 公司与 C 公司在互谅互让基础上协商一致的结果，并非其必然承担的赔偿责任，故该调解协议不能作为确定其实际损失的依据”。

四、若当事人在保密合同中约定了违约责任及赔偿金额，商业秘密权利人可在约定的范围内主张侵权损害赔偿额（Trade secrets right holder may claim for infringement damages if the parties to confidentiality agreement specifies breach of contract liabilities and damages.）

案例四：中山市中级人民法院人民法院审理的A公司诉吴某银等侵害商业经营秘密纠纷［（2003）中中法民三初字第12号］认为，“对于吴某银违反保密义务而应承担的经济赔偿责任，双方在《保密合同》中曾约定吴某银如向他人泄露A公司的客户资料，将根据其泄露的程度向A公司赔偿1万元至20万元。由于吴某银离职时承诺若其离职后至2003年年底前主动联系A公司的经销商经销其他厂家生产与A公司同类的产品，应向A公司赔偿10万元，变更了原约定的赔偿方法。A公司要求按吴某银的离职承诺支付赔偿金10万元理据充分，本院予以支持”。

案例五：东莞市第二人民法院审理的A公司与郭某飞侵害商业秘密纠纷［（2017）粤1972民初1830号］认为，“被告侵犯了B公司的商业秘密，理应停止侵权，并承担相应的侵权赔偿责任。原告与B公司签订的《技术服务协议合同》及《保密协议》明确约定了违反保密义务的违约责任及赔偿金额。通过B公司发出的函件、原告与B公司签订的《赔偿协议书》B公司出具的发票及原告提供的中国建设银行股份有限公司活期存款明细表显示，原告已经依据协议向B公司承担300000元的赔偿责任，鉴于原告的相应损失系由于被告的行为所导致，根据原、被告签订的《保密协议》的约定，原告有权要求被告进行赔偿。该赔偿金额未超出原告与B公司合同约定的范围，且原告已经实际履行，故原告诉求被告予以赔付事实清楚，证据充分，本院依法予以支持”。

案例六：温岭市人民法院审理的A公司与李某庆侵害商业秘密纠纷一审民事判决书［（2014）台温知初字第32号］认为，“被告因违约进行经营的时间较短，且此时被告尚在原告单位任职，其实际经营B公司的时间有限，故该违约行为给原告造成的损失不大。在B公司的另一股东杨某与原告约定每月保密费2000元的情况下，双方之间约定的违约金同样也是20万元，而原、被告仅约定保密费含于工资中，该款即使已支付，也明显低于杨某，且即使已支付，从2012年10月到2014年3月也只有支付5400元，与原告主张的违约金20万元差距过分悬殊，同时根据现有证据，被告仅是有时兼任送货事务的驾驶员，其能掌握原告商业秘密的范围有限。综上，原、被告约定的违约金并不公平合理，根据被告的请求，本院依法予以调整并酌情确定违约金为30000元。虽然被告违反了保密协议的约定，但原告未能举证证明造成其实际损失的数额，故对其要求由被告赔偿经济损失 30 万元的诉讼请求，本院不予支持。被告称保密协议违反法律规定，对被告没有约束力，其不存在违反保密协议的情形，无须承担违约责任，没有事实依据，其主张本院不予支持。对原告诉讼请求中的合理部分，本院予以支持”。

046 侵害商业秘密案件可根据商业秘密的商业价值确定赔偿金（The cases damages may be determined pursuant to the trade secrets business value.）

裁判要旨

因侵权行为导致商业秘密已为公众所知悉的，应当根据该项商业秘密的商业价值确定损害赔偿额。商业秘密的商业价值，根据其研究开发成本、实施该项商业秘密的收益、可得利益、可保持竞争优势的时间等因素确定。

案情简介

一、A 公司策划和创意了《＊＊＊答外国元首和记者问》（以下简称《答记者问》）的图书意向，并取得了该书稿的著作权。A 公司与员工、书稿编撰者和照排人员均签订协议，约定其对《答记者问》书稿负有保密义务。

二、后 A 公司与 B 出版社洽商出版事宜并将《答记者问》书稿及其修改稿电子版一并发送给对方。A 公司就出版报批事宜与 B 出版社沟通时仅与其负责人联系并严格限制了书稿内容的知悉范围。但根据国家相关规定，《答记者问》书稿未能通过相关审批程序。

三、随后，B 出版社与王某签订委托编辑协议书，约定由王某编写《＊＊＊与外国首脑及记者会谈录》（以下简称《会谈录》）并由 B 出版社出版。经申报，该选题通过了相关审批程序，最终得以出版。经比对，B 出版社的《会谈录》与 A 公司的《答记者问》在选题创意策划、体例编排、内容选取方面存在高度的相似性。

四、A 公司以侵害商业秘密为由，向北京市第二中级人民法院提起诉讼，请求判令 B 出版社承担赔偿损失、赔礼道歉的民事责任。一审法院认为，因该商业秘密已为公众所知悉，可根据商业秘密的商业价值确定损害赔偿数额，故判决被告赔偿 A 公司经济损失 8 万元。

五、A 公司不服一审判决向北京市高级人民法院提起上诉，认为根据图书的利润和销量，被告销售所得利润至少 240 万元，并且研究开发成本包括 A 公司取得著作权时支付给作者的费用，实施该项商业秘密的收益和可得利益可作为被告的侵权所得利益，故原审判决确定的经济损失数额过低。

六、二审法院认为，A 公司不能证明侵权图书的印刷数量，且已印刷的图书能否真正实现获利是不确定的，但原审判决的赔偿数额明显过低，故在综合考虑市场调研成本、商业秘密经济价值、市场需求及经营风险等因素，对原审判决确定的赔偿数额予以调整。二审法院判决 B 出版社赔偿 A 公司 50 万元。

法院判决

北京市高级人民法院在本案民事判决书的“本院认为”部分就上述争议焦点进行如下论述：

北京市第二中级人民法院认为：关于具体的赔偿数额，鉴于该商业秘密已为公众所知悉，法院根据商业秘密的商业价值确定损害赔偿数额，综合考虑 A 公司相关市场调研成本、实施该项商业秘密的收益、可得利益、可保持竞争优势的时间等因素酌情确定。对 A 公司所主张的因本案诉讼支出费用的合理部分，亦予以支持。A 公司就该侵权行为主张的经济赔偿损失及合理支出的数额明显过高，对此不予全额支持……本案中，A 公司的损失难以确定，虽然 A 公司提出了其所主张的赔偿数额的计算方法，但其主张的侵权图书的印刷数量缺乏足够的证据予以证明，且图书出版行业亦存在市场经营风险，已印刷的图书能否真正实现获利还存在多种不确定因素，因此，A 公司要求 B 出版社赔偿经济损失 1200 万元的上诉请求缺乏事实依据，本院不予全额支持。原审判决虽然综合考虑相关因素，酌定了 B 出版社赔偿 A 公司经济损失的具体数额和诉讼合理支出，但该赔偿数额明显过低，不足以弥补 A 公司因侵权行为而受到的损失，故本院在综合考虑相关市场调研成本、商业秘密的经济价值、市场需求及经营风险等因素，对原审判决确定的赔偿数额予以适当调整。

本案相关法律法规

《中华人民共和国反不正当竞争法》

第十七条第三款、第四款 因不正当竞争行为受到损害的经营者的赔偿数额，按照其因被侵权所受到的实际损失确定；实际损失难以计算的，按照侵权人因侵权所获得的利益确定。经营者恶意实施侵犯商业秘密行为，情节严重的，可以在按照上述方法确定数额的一倍以上五倍以下确定赔偿数额。赔偿数额还应当包括经营者为制止侵权行为所支付的合理开支。

经营者违反本法第六条、第九条规定，权利人因被侵权所受到的实际损失、侵权人因侵权所获得的利益难以确定的，由人民法院根据侵权行为的情节判决给予权利人五百万元以下的赔偿。

《最高人民法院关于审理不正当竞争民事案件应用法律若干问题的解释》

第十七条 确定反不正当竞争法第十条规定的侵犯商业秘密行为的损害赔偿额，可以参照确定侵犯专利权的损害赔偿额的方法进行；确定反不正当竞争法第五条、第九条、第十四条规定的不正当竞争行为的损害赔偿额，可以参照确定侵犯注册商标专用权的损害赔偿额的方法进行。

因侵权行为导致商业秘密已为公众所知悉的，应当根据该项商业秘密的商业价值确定损害赔偿额。商业秘密的商业价值，根据其研究开发成本、实施该项商业秘密的收益、可得利益、可保持竞争优势的时间等因素确定。

《最高人民法院关于审理侵犯商业秘密民事案件适用法律若干问题的规定》

第十九条 因侵权行为导致商业秘密为公众所知悉的，人民法院依法确定赔偿数额时，可以考虑商业秘密的商业价值。

人民法院认定前款所称的商业价值，应当考虑研究开发成本、实施该项商业秘密的收益、可得利益、可保持竞争优势的时间等因素。

案件来源

北京市高级人民法院审理的A公司、B出版社与C公司第一分公司、马某侵害商业秘密纠纷上诉案［（2013）高民终字第34号］

延伸阅读及类案裁判规则

一、涉案商业秘密因侵权行为已为公众所知悉的，商业秘密权利人可主张根据商业秘密的价值作为确定赔偿金的标准（Trade secrets right holder may claim that measure of damages shall be determined by trade secrets value if the trade secrets concerned has been known to the public due to infringement.）

案例一：最高人民法院审理的A公司与B公司侵犯商业秘密纠纷上诉案［（2007）民三终字第1号］认为，“本案诉争的商业秘密属于外销出口业务中客户名单经营信息，尚无证据证明该商业秘密已被扩散而导致被公众所知悉。因此，侵权人承担其披露、使用A公司商业秘密造成损失的赔偿责任即可，而不应再行承担对该商业秘密开发费用的赔偿责任。B公司就此的上诉理由成立，应予支持”。

案例二：广东省高级人民法院审理的邱某海与陈某辉一案二审民事判决书［（2012）粤高法民三终字第543号］认为，“全额赔偿研发费用的条件是侵权行为导致商业秘密已为公众所知悉。秘密性是技术秘密保有竞争优势的关键，也是其与专利技术的根本区别。技术秘密一旦丧失秘密性，由专有领域进入公共领域，则不再具备秘密的价值，其研发费用也相当于全部捐献给了社会公众。陈某辉、王升平在本案仅能举证证明涉案技术秘密已经为李某梁、梅某翰、邱某海所获取、使用，不能证明已经为公众所知。涉案技术秘密并未因为李某梁、梅某翰、邱某海的侵权行为丧失商业价值，只要其仍然具备经济性、实用性，C公司及C公司终止后的权利人仍可从中享受技术秘密的市场利益。只是涉案技术秘密的市场利益，由于侵权行为的存在而被分割，不能被权利人独享。侵权人对技术秘密的分享，意味着其无偿分享权利人的研发费用。权利人相应产生的研发费用的损失，应由侵权人承担。原审判决根据涉案技术秘密的研发周期和研发费用等，按照侵权人的侵权时间进行分摊，公平合理，符合法律规定”。

案例三：深圳市中级人民法院审理的郑某广、A公司侵害技术秘密纠纷二审民事判决书［（2018）粤03民终12865号］认为，“至于A公司主张的商业秘密价值损失660000元、评估费25000元、营业收入损失130000元的认定问题，原审法院认为，经评估，A公司拥有的涉案技术信息价值为330万元，B公司并未公开该涉案技术信息，使之成为公开技术而彻底丧失其独特性、技术优势和市场竞争优势。在B公司停止侵害行为后，其技术重新成为A公司独有的技术秘密，并未有价值减损，故原审法院不予支持A公司主张的评估费及商业秘密价值损失”。

案例四：温州市鹿城区人民法院审理的A公司与胡某苗、阮某良等侵害商业秘密纠纷［（2013）温鹿知初字第360号］认为，“原告并未举证因侵权行为其商业秘密已为公众所知悉，故其要求将研发成本计入赔偿因素，本院不予支持”。

二、涉案商业秘密仅产品生产工艺中的一部分且具体比重难以确定时，不宜按照生产工艺整体的研发投入费用确定赔偿数额（The damages may not be determined pursuant to R&D expenses for the whole manufacture process if only part of manufacture process relates to trade secrets and the specific ratio of the trade secrets cannot be determined.）

案例五：上海市高级人民法院审理的A公司、B公司等侵害商业秘密纠纷案［（2013）沪高民三（知）终字第134号］认为，“涉案商业秘密仅系A公司整体铜管生产工艺中的一部分，具体比重难以确定，且涉案商业秘密并未因本案侵权行为而向社会公开，因此不能按照A公司铜管生产工艺的研发投入费用确定本案赔偿数额”。

三、作为赔偿标准的商业秘密研发费用，应是与涉案商业秘密形成有关的费用，且应是涉案商业秘密载体形成之前支出的费用（The trade secrets R&D expenses being deemed as measure of damages shall be the expenses for developing trade secrets concerned and shall be paid prior to the formation of the trade secrets concerned vehicle.）

案例六：最高人民法院审理的程某中、A 公司与 B 公司、C 集团等侵害商业秘密纠纷二审民事判决书［（2013）民三终字第 6 号］认为，“其次，程某中、A 公司上诉称一审法院对涉案商业秘密研发费用的认定错误，《专项审计报告》中列明的 A 公司经营亏损 892463.62 元，应当认定为涉案商业秘密的研发费用。对此，本院认为，由于《专项审计报告》是针对 A 公司自 2005 年 3 月至 2009 年 6 月的经营情况所作的数据分析，而涉案商业秘密的载体——两份项目利润分析报告——形成于 2006 年 11 月 8 日，故一审法院在明确指出‘能够作为商业秘密调研的费用，必须是涉案商业秘密的载体形成之前支出的费用’，以及‘必须是与涉案商业秘密形成有关的费用’的基础上，酌情确定涉案商业秘密的研发费用，并无不当。程某中、A 公司该项上诉理由不能成立”。

四、因侵权行为致使商业秘密以专利的形式为公众所知悉时，若商业秘密权利人取得了该专利权，则无权再向侵权人要求赔偿商业秘密的研发费用（The trade secrets right holder is not entitled to claim for trade secrets R&D expense if the trade secrets has been known to the public in the format of patent due to infringement and the trade secrets right holder has been granted such patent right.）

案例七：佛山市中级人民法院审理的 A 公司与 B 公司、黄某、刘某侵害商业秘密纠纷申诉、申请民事裁定书［（2014）佛中法立民申字第 88 号］认为，“本案中，黄某、刘某原为 A 公司的员工，其违反《员工保密协议》的约定，将其在 A 公司处掌握的技术运用于黄某设立的 B 公司，B 公司使用该商业秘密并生产侵权产品，上述行为均构成对 A 公司商业秘密的侵害。但黄某已将包含该商业秘密的技术方案申请了名称为‘圆筒物品包装膜叠边机构’、专利号为 ZL2009×××57621.8 的实用新型专利权，而本院（2012）佛中法知民初字第 89 号案件生效判决将该实用新型专利权判归 A 公司、C 大学所有。A 公司在享有该实用新型专利权的情况下，必然需要支出该专利权的研发费用，因此 A 公司无权再向被申请人要求赔偿上述研发费用”。

047 为制止商业秘密侵权行为所支付的合理开支应由侵权人赔偿（The infringer shall indemnify reasonable expenses paid for preventing trade secret misappropriation.）

裁判要旨

商业秘密案件的侵权人依法应当承担为制止商业秘密侵权行为所支付的合理开支。但承担的费用应在“合理”的范围内，其中数额过高的律师费用难以得到法院的支持。

案情简介

一、刘某健、汪某均曾为无锡A公司员工，分别负责技术方面和进出口采购方面的工作。两人与无锡A公司之间均签订有劳动协议和保密协议，其中均附有严格的保密条款。

二、2007年，刘某健、汪某分别从无锡A公司辞职，并在辞职前夕分别从公司非法带走大量技术资料、生产线图纸、产品、完整的供应商及客户信息。

三、自2004年起，杨某曾代表B公司与无锡A公司签订合作保密协议，其知晓无锡A公司存在塑料型材生产工艺的技术秘密并为此采取保密措施。杨某出于和蔡某海、顾某华合作生产塑料型材的目的，共同出资设立了C公司，而刘某健、汪某分别担任其生产经理和销售经理。

四、C公司设立后，利用刘某健、汪某从无锡A公司非法获取的相关商业秘密，照搬无锡A公司的生产模式，从事加工制造和生产业务，致使无锡A公司遭受巨额经济损失。

五、无锡A公司以侵害商业秘密为由向无锡市中级人民法院提起诉讼，请求判令刘某健、汪某、杨某、顾某华、C公司承担停止侵权、赔偿损失的民事责任，并赔偿因调查侵权行为所支出的合理费用。一审法院认为涉案技术信息构成商业秘密，侵权事实成立，其中关于合理费用部分，法院判决被告赔偿其为调查侵权行为所支出费用中的324346元为合理费用。

六、原、被告不服一审判决向江苏省高级人民法院提起上诉，原告认为一审法院支持合理费用金额过低，请求判令赔偿合理费用767244元；而被告认为一审法院认定的合理费用 32 万余元明显不合理，而且公证认证费用也不是必须支出的费用。

七、二审法院认为无锡 A 公司虽提供了上述律师费、公证费、翻译费实际支付证据，但其提供的高额律师费用支出依据不充分，一审法院仅对上述费用中的部分予以支持，并无不当，故判决维持原判决。

法院判决

江苏省高级人民法院在本案民事判决书的“本院认为”部分就上述争议焦点进行如下论述：

对于德国 A 公司、无锡 A 公司为调查侵权行为所支出费用中的合理部分，一审法院亦予以支持……关于德国 A 公司、无锡 A 公司主张的为制止侵权行为支出的合理费用 767244 元，其虽然提供了上述律师费、公证费、翻译费实际支付证据，但其提供的高额律师费用支出依据不充分，故一审法院仅对上述费用中的合理支出 324346 元予以支持，亦无不当。

本案相关法律法规

《中华人民共和国反不正当竞争法》

第十七条第三款 因不正当竞争行为受到损害的经营者的赔偿数额，按照其因被侵权所受到的实际损失确定；实际损失难以计算的，按照侵权人因侵权所获得的利益确定。经营者恶意实施侵犯商业秘密行为，情节严重的，可以在按照上述方法确定数额的一倍以上五倍以下确定赔偿数额。赔偿数额还应当包括经营者为制止侵权行为所支付的合理开支。

案件来源

江苏省高级人民法院审理的德国 A 公司等与杨某等侵犯商业秘密纠纷案［（2010）苏知民终字第 0067 号］

延伸阅读及类案裁判规则

一、若法院只采信了司法鉴定报告中的部分结论，权利人在鉴定中所主张涉案信息秘密点没有全部确认为商业秘密，则不应由侵权人负担全额鉴定费用（The infringer may not assume all forensic science examination expenses if a court only adopt part of forensic science opinion and not all the secret information claimed by right holder are determined as trade secrets.）

案例一：上海市高级人民法院审理的A公司等与B公司侵犯商业秘密纠纷上诉案［（2009）沪高民三（知）终字第33号］认为，“两上诉人上诉称，原审法院判决鉴定费用由两上诉人承担是错误的。本院认为，第一，能够证明被上诉人的百×得BRC-PLUS和DBNPA-20产品配方为公知技术的47×××05号美国专利和47×××27号美国专利文献是两上诉人在一审鉴定后补充提交的。而且法院是否采信鉴定结论不是鉴定机构收取鉴定费用的依据，上诉人关于鉴定单位不应足额收取鉴定费用的主张无法律依据。第二，一审中，上诉人与被上诉人均向原审法院提出了对本案涉及的相关技术问题进行鉴定的申请，原审法院根据本案的实际情况委托鉴定机构对相关技术问题进行技术鉴定，符合法律规定。第三，鉴于原审法院对于《技术鉴定报告书》中百×得BRC-PLUS和DBNPA-20产品的鉴定结论未予采信，并确认两上诉人侵犯了被上诉人的其余四种产品（百×得BQI、百×得DI、锰×得CCD-PLUS、百×得GTQ）的配方和生产工艺，故两上诉人关于其不应全额负担鉴定费的主张具有事实和法律依据。原审法院关于两上诉人全额承担鉴定、检测费的认定不尽合理，本院将根据本案的实际情况予以调整”。

二、商业秘密权利人可通过其他正常手段调查侵权行为的情况下，专门聘请调查公司的费用不属于“合理费用”的范畴（The expenses paid for hiring investigation firm shall not be deemed as reasonable expenses if trade secrets right holder can investigate misappropriation through other regular manners.）

案例二：江苏省高级人民法院审理的A公司与钱某琴等侵犯商业秘密纠纷上诉案［（2008）苏民三终字第0159号］认为，“上诉人主张被上诉人应承担其相关合理费用的支出，其提供了由B调查有限公司出具的发票以证明其诉讼主张。对此，本院认为，在上诉人可以通过其他正常手段调查被上诉人侵权行为的情况下，该笔费用不应视为上诉人就本案所支付的合理费用，上诉人该项诉讼主张缺乏事实和法律依据，本院不予采纳”。

三、在商业秘密刑事案件中支出的律师费，不能在后续商业秘密民事案件中认定为合理维权费用（The attorney fees paid for criminal cases regarding trade secrets shall not be determined as reasonable expenses in the following civil cases regarding trade secrets.）

案例三：广东省高级人民法院审理的陈某明与 A 公司专利权权属纠纷［（2015）粤高法民三终字第 150 号］认为，“关于 A 公司主张合理维权费用人民币 40 万元的问题。《委托代理合同》显示人民币 15 万元为提供陈某明涉嫌侵害商业秘密刑事专项法律服务的费用，该项收费并非本案的合理维权费用，原审法院不予支持。涉及本案的 9 万元未提交相关的支付票据，原审法院根据律师费已实际发生的事实予以酌情认定。A 公司提交的其他鉴定费、评估费、公证费等票据，原审法院将根据本案维权的实际需要予以酌情认定”。

四、权利人为制止侵权行为支付的法律咨询费用属于合理费用的范畴（The legal consultation fees paid by right holder for preventing trade secret misappropriation shall be deemed as reasonable expenses.）

案例四：上海市高级人民法院审理的魏某刚与 A 公司侵害商业秘密纠纷一案二审案［（2011）沪高民三（知）终字第 56 号］认为，“一审法院查明，2004 年 3 月，B 公司与 C 律师事务所签订《聘用律师合同》，约定就其商业秘密被侵犯向公安举报等事宜聘请律师。之后，原告先后支付给 C 律师事务所律师费、咨询费人民币 10.5 万元。原告于 2006 年 12 月支付给 D 律师事务所律师费人民币 5 万元。2009 年 4 月 8 日，E 律师事务所向原告开出账单称，该所为有关 F 公司侵犯原告商业秘密的法律调查和法律咨询服务，收费工作时间为 230 小时，每小时 1100 元，服务费总计人民币 253000 元。4 月 22 日，E 律师事务所开具给原告金额为人民币 253000 元的律师费发票。本院认为，被上诉人 A 公司为制止三上诉人的侵权行为进行了调查、取证，并聘请律师参与了本案诉讼，原审法院根据本案的实际情况，酌情支持被上诉人为制止三上诉人侵权行为而支出费用中的合理部分，并无明显不当。原审法院并未支持被上诉人关于其在刑事案件中支出的律师费由三上诉人承担的主张。故三上诉人称‘被上诉人提供的有关律师服务的材料，不能证明与本案有关，也不能说明承办律师为此提供的法律服务真实存在，同时刑事案件的律师费由对方当事人支付的主张缺乏法律依据’，这一上诉理由亦不能成立，本院不予支持”。

五、应结合案件证据事实、诉讼难度、审理时长、律师工作量、律师费收费标准等因素确定制止侵权的合理费用（The reasonable expenses for preventing misappropriation shall be determined with reference to facts in the case，litigation risk，trial period，attorney's workload，and attorney's fee schedule.）

案例五：南京铁路运输法院审理的A公司、B公司与C公司、陆某侵害经营秘密纠纷案［（2017）苏8602民初708号］认为，“关于原告要求两被告共同承担原告为制止侵权行为所支付的必要合理支出30000元的诉讼请求。本院认为，本案证据事实复杂、诉讼难度较大、审理历时较长，原、被告双方的委托诉讼代理人均认真负责并付出了艰苦的努力。原告已提交律师费20000元的票据，且实际委托律师出庭诉讼，原告委托诉讼代理人在本案中的工作较为繁重，另10000元中包括公证费及其他调查取证等维权合理开支，原告虽未提交票据，但本案原告提交的书证中有公证书，且在诉讼过程中确实会产生调查取证费用和差旅费等，因此对于原告主张为制止侵权行为的合理费用30000元，本院予以支持”。

案例六：上海市闵行区人民法院审理的A公司与B公司、朱某建等侵害商业秘密纠纷案［（2014）闵民三（知）初字第644号］认为，“关于原告主张的律师费。本院认为，原告为维权，聘请律师收集证据，出庭诉讼，支出的合理的律师费用系属维权的合理费用，当由侵权者承担。但是，本院注意到原告主张的律师费过高，因有刑事案件判决在先，原告提起本案民事诉讼，并未花费太多的工作量，故本院根据律师的工作量、结合律师费收费标准等酌定支持10000元律师费”。

案例七：太仓市人民法院审理的A公司与B公司、张某明等侵害技术秘密纠纷案［（2014）太知民初字第00021号］认为，“鉴于原告聘请律师出庭参加本案诉讼以及前期调查取证、鉴定、查新检索、咨询等客观事实存在，本院将综合考虑本案的案情难易程度、诉讼标的、原告委托代理人的工作量及相关律师收费标准以及鉴定、查新检索等事实，依法酌定被告B公司、周某在本案中应当承担的合理费用”。

案例八：深圳市福田区人民法院审理的A公司与B公司、毕某秋侵害商业秘密纠纷［（2013）深福法知民初字第103号］认为，“原告要求两被告连带赔偿其律师费15万元，律师费属于原告为制止侵权的合理开支，两被告对此应承担赔偿责任，但原告诉请的律师费过高，本院参考《广东省律师服务收费管理实施办法》的相关规定并考虑到本案实际情况，酌情确定为3万元，超过部分本院不予支持”。

案例九：上海市徐汇区人民法院审理的A公司诉B公司等侵害商业秘密纠纷案［（2012）徐民三（知）初字第23号］认为，“原告A公司主张的合理开支，其中公证费及法律服务费系原告为收集证据、进行诉讼的必要、合理支出，本院予以支持；律师代理费，由本院根据原告聘请律师实际工作量、实际判赔额与诉请赔偿金额比例及律师服务收费政府指导价标准等因素予以酌定；原告主张的调查取证费，其中包含原告职工单独前往 B 海南公司的费用，因原告与该公司有长期业务往来，故在原告未进一步举证的情况下，本院无法认定上述费用系为涉案诉讼调查取证所支出，其余费用由本院根据原告维权所需予以认定。综上，本院认定被告连带赔偿原告合理开支 50000 元”。

六、商业秘密权利人放弃主张部分权利的，相应部分合理费用不应再由侵权人承担（The infringer shall not assume appropriate reasonable expenses if trade secrets right holder waive a claim for part of rights.）

案例十：上海市浦东新区人民法院审理的 A 公司等诉 B 公司等侵犯技术秘密、侵犯经营秘密纠纷案［（2009）浦民三（知）初字第 173 号］认为，“原告主张的合理费用中，其中公证费 8000 元、交通费 6391.97 元、住宿费 1975 元、彩扩费 84 元，共计 16450.97 元系原告用于对被告 B 公司生产的混凝土智能真空饱水机的取证费用，现原告在本案中不再主张将混凝土真空饱水机计算机芯片的目标程序作为技术秘密来保护，则相关取证费用不应在本案中主张。扣除上述费用后，其中（2009）京求是内民证字第 2172 号、（2009）京求是内民证字第 2173 号公证书系原告用于主张 C 建科院作为原告客户名单保护的证据，现因本院对原告的上述主张未予支持，故相关公证费不应由被告承担。原告主张的其余公证费、购买侵权产品费用、交通费、住宿费属本案合理费用范畴，应由被告 B 公司和杨某某承担。原告主张的律师费和委托律师查档的费用过高，由本院根据相关律师收费办法和原告律师的工作量予以酌定”。

九、商业秘密刑事、行政案件与民事案件的关系

（The relationship among criminal case，administrative case，and civil case regarding trade secrets）

048 商业秘密行政处罚案件中行政部门认定的基本事实，权利人在民事诉讼中无须再证明（A right holder do not need to prove facts in a civil proceeding if such facts have been determined by administrative agencies in an administrative sanction case for trade secrets.）

裁判要旨

相关行政部门对侵害商业秘密行为已作出生效行政处罚决定的，在商业秘密民事诉讼中法院对行政部门认定的基本事实予以采信，但有相反证据足以推翻的除外。

《最高人民法院关于知识产权民事诉讼证据的若干规定》规定，对于行政行为认定的基本事实或已为生效裁判所确认的部分，当事人在知识产权民事诉讼中无须再证明。

案情简介

一、徐某文在A公司先后担任软件工程师、研发部经理等职，具备公司源代码服务器的完全访问权限，并已签订《保密协议》和《竞业禁止协议》。后徐某文从A公司辞职，同年，创立了B公司。

二、A公司向市场监督管理局投诉徐某文侵犯其商业秘密。经立案调查，该局查明徐某文从A公司离职前，未经公司同意擅自将其参与开发的软件项目源代码复制备份，并在离职后一直持有上述源代码直至案发。但未发现徐某文使用源代码获取违法所得的事实。

三、厦门市市场监督管理局作出《行政处罚决定书》，认定徐某文构成盗窃A公司商业秘密的行为，责令其彻底删除擅自复制备份的源代码并罚款5万元。徐某

文不服，提起行政复议。厦门市人民政府作出《行政复议决定书》，维持上诉《行政处罚决定书》。

四、A 公司以侵害商业秘密为由向厦门市中级人民法院提起民事诉讼，请求判令徐某文停止侵害、赔礼道歉及赔偿经济损失 50 万元。

五、一审法院认为上述《行政处罚决定书》和《行政复议决定书》对被告构成盗窃原告商业秘密行为的认定，具有合法性和合理性，应予采信。

六、徐某文不服一审判决，向福建省高级人民法院提起上诉，主张市场监督管理局认为徐某文构成盗窃权利人商业秘密行为，系错误认定，法院对此采信属认定事实错误。

七、二审法院认为市场监督管理局依法认定徐某文行为违法且作出的行政处罚决定已生效，故徐某文的行为侵犯了 A 公司的商业秘密。徐某文通过不当行为获取涉案商业秘密后，即构成了对商业秘密的侵害，与其是否使用以及是否为其带来经济效益不存在必然联系。二审法院对徐某文该项答辩理由不予采纳。

法院判决

福建省高级人民法院在本案民事判决书的“本院认为”部分就上述争议焦点进行如下论述：

本案中，厦门市市场监督管理局查明被告在未经原告同意的情况下擅自将其参与开发的软件项目（包括“web3D 可视化编辑工具”）源代码复制备份，并在离职后一直持有上述源代码直至案发。该局在厦市监处（2016）20 号《行政处罚决定书》中认定被告构成盗窃原告商业秘密的行为。被告提起行政复议后，厦门市人民政府作出厦府行复（2016）79 号《行政复议决定书》，维持厦市监处（2016）20 号《行政处罚决定书》。一审法院认为，上述《行政处罚决定书》和《行政复议决定书》对被告构成盗窃原告商业秘密行为的认定，具有合法性和合理性，应予采信。被告抗辩其未使用涉案软件，且厦门市市场监督管理局在调查时也未发现被告使用涉案软件获取违法所得。一审法院认为，经营者以盗窃手段获取权利人商业秘密的，即构成侵害商业秘密的行为，是否使用权利人的商业秘密，非构成侵权的必要条件，故被告的该项抗辩不成立，被告应承担停止侵犯原告商业秘密的不正当竞争行为及赔偿损失的民事责任。

……

徐某文在 A 公司工作期间，作为具体负责研发工作的经理，知悉并掌握涉案商业秘密，其在离职后擅自将其参与开发的软件项目（包括“web3D 可视化编辑工具”）源代码复制备份并存储在其个人电脑中，后经A公司投诉，厦门市市场监督管理局依法认定徐某文离职后擅自将其参与开发的“web3D可视化编辑工具”源代码复制备份，构成盗窃权利人商业秘密的行为，并作出责令删除擅自复制备份“web3D可视化编辑工具”源代码及罚款的行政处罚决定，该决定已生效。故，徐某文的上述行为属于《中华人民共和国反不正当竞争法》第九条规定的“以盗窃、贿赂、欺诈、胁迫、电子侵入或者其他不正当手段获取权利人的商业秘密”，侵犯了A公司的商业秘密。徐某文主张该源代码是其离职后未及时删除原单位工作内容，不存在盗窃的行为，依据不足，不予支持。徐某文通过不当行为获取涉案商业秘密后，即构成了对A公司享有的商业秘密的侵害，与其是否使用该商业秘密以及是否为其带来经济效益不存在必然联系。徐某文关于其未使用该源代码、未披露或允许他人使用权利人的商业秘密，且未给自己带来经济效益，不构成侵犯商业秘密的主张，不能成立。

本案相关法律法规

《最高人民法院关于知识产权民事诉讼证据的若干规定》

第六条 对于未在法定期限内提起行政诉讼的行政行为所认定的基本事实，或者行政行为认定的基本事实已为生效裁判所确认的部分，当事人在知识产权民事诉讼中无须再证明，但有相反证据足以推翻的除外。

《最高人民法院关于民事诉讼证据的若干规定》

第十条 下列事实，当事人无须举证证明：

（一）自然规律以及定理、定律；

（二）众所周知的事实；

（三）根据法律规定推定的事实；

（四）根据已知的事实和日常生活经验法则推定出的另一事实；

（五）已为仲裁机构的生效裁决所确认的事实；

（六）已为人民法院发生法律效力的裁判所确认的基本事实；

（七）已为有效公证文书所证明的事实。

前款第二项至第五项事实，当事人有相反证据足以反驳的除外；第六项、第七项事实，当事人有相反证据足以推翻的除外。

案件来源

福建省高级人民法院审理的徐某文、A公司侵害商业秘密纠纷案二审民事判决

书［（2019）闽民终 424 号］

延伸阅读及类案裁判规则

一、当事人在商业秘密民事诉讼中提出的主张与行政机关所作的询问笔录内容所陈述的事实明显相悖的，法院采信当事人在行政部门调查时所陈述的事实（A court shall adopt facts stated by one party during administrative investigation if such party's claims in a civil proceeding for trade secrets is different from the facts provided in administrative agencies question record.）

案例一：云南省高级人民法院审理的张某平、A 公司侵害商业秘密纠纷案［（2019）云民终 506 号］认为，“张某平认可在 A 公司成立后，经营过程中使用了一小部分 B 公司客户信息，且盘龙区市场监管局复制拷贝的 A 公司工作电脑中存储的该公司 2017 年度签订的《知识产权服务代理委托合同》中，共有 21 份合同的相对方在张某平离职承诺书附件的客户名单中。张某平、A 公司上诉提出其交易客户信息系从“白兔”系统、中国商标网、“企查查”等 APP 软件查询得知，客户系自愿与 A 公司交易，但该上诉理由与盘龙区市场监管局对张某平及 C 公司项目经理杨某所作的询问笔录内容明显相悖，本院不予采纳”。

案例二：山东省高级人民法院审理的 A 公司与 B 公司、张某军侵害商业秘密纠纷案［（2015）鲁民三终字第 311 号］认为，“根据已查明的事实，张某军自 2006 年 5 月至 2010 年 5 月一直在 A 公司工作并从事实心轮胎的生产工作，其有条件接触到涉案技术信息，且张某军在接受山东省济南市工商行政管理局平阴分局调查时亦陈述其在 A 公司工作时负责生产聚氨酯实心轮胎，掌握生产聚氨酯实心轮胎的生产工艺、流程，担任生产部长时通过 A 公司总经理得到了生产实心轮胎的配方。2011 年 5 月 16 日，张某军与其妻作为股东成立 B 公司，经营聚氨酯产品等的生产销售。张某军自认 B 公司生产聚氨酯轮胎的生产工艺、流程都是其在 A 公司工作时获得的，B 公司的另一股东闫某宏在接受山东省济南市工商行政管理局平阴分局调查时亦陈述，B 公司成立时张某军以在 A 公司工作时所掌握的有关生产聚氨酯轮胎的技术出资。由上可知，张某军在 A 公司工作时已经掌握了 A 公司的涉案生产工艺，其离职后违反与 A 公司的保密约定，将涉案生产工艺披露给 B 公司使用。B 公司明知张某军对涉案生产工艺负有保密义务，仍然使用涉案生产工艺生产实心轮胎。B 公司、张某军的行为共同侵害了 A 公司的商业秘密，原审法院认定 B 公司、张某军构成侵权并无不当”。

案例三：苏州市中级人民法院审理的 A 公司、B 公司与廖某强、袁某等侵害商业秘密纠纷案［（2013）苏中知民初字第0242号］认为，“根据当庭比对情况，工商部门从C公司处取得的技术图纸，大部分均标注了A公司的企业名称，经与D知识产权司鉴所提供的技术光盘进行抽样比对，其中大部分图纸上的技术信息与两原告享有技术秘密的图纸相同或仅存在细微差别，与技术光盘内的技术秘密构成相同或实质相同。故本院认定工商部门从C公司处取得的技术图纸中包含了两原告享有商业秘密的技术图纸。结合袁某在接受相城工商局调查时的陈述，其在B公司任职期间，私自通过QQ传输、下载等方式复制了B公司的大量技术图纸，并在C公司设立后带到C公司，应当认定袁某存在非法窃取两原告商业秘密并予以披露的行为。同时，根据本院在B公司处的勘验情况，A公司通过公证保全的方式从C公司购得转子插纸机一台，其铭牌标注了C公司的企业名称，应当认定该机器设备系C公司生产并销售。经比对，该被诉侵权设备的构成组件与两原告研制的R36转子插纸机相同，袁某承认其零部件形状与两原告的转子插纸机相同，但认为技术要求和公差尺寸不同。尽管被诉侵权设备的公差尺寸、技术要求是否相同未经专业机构的鉴定无法判断，但结合袁某、杨某华在接受工商部门调查时的陈述，可以认定C公司的主要产品的技术图纸系来自袁某从B公司所窃取的涉密图纸。同时袁某、杨某华在接受工商部门调查时亦自认其产品与B公司的产品在运行结构、技术参数上基本一致。因此即使C公司生产的产品与两原告的涉密图纸相比存在部分零部件的技术要求、公差尺寸等方面的差异，本案亦应当认定C公司实际使用了袁某从B公司窃取的技术秘密进行生产经营。C公司法定代表人为袁某，实际由袁某、杨某华负责生产经营，两人均曾在C公司工作过并学习了公司的相关保密制度，而袁某带到C公司的技术图纸上标注了A公司的企业名称，再结合杨某华在接受工商局调查时的陈述，其应当知晓上述技术图纸系袁某从B公司处所窃取。结合上述情况，应当认定C公司存在《反不正当竞争法》第十条规定的第三人明知他人存在非法获取或披露商业秘密的违法行为而使用该商业秘密的行为。故C公司的行为亦构成对两原告商业秘密的侵害，并与袁某构成共同侵权”。

案例四：徐州市中级人民法院审理的吴某军与A公司一案［（2006）徐民三初字第9号］认为，“原告虽然主张被告的侵权期间为2003年8月起至2004年7月（即泉山工商局作出行政处罚决定之日）止，但没有证据来证明两被告自2003年8月即开始实施侵权行为，根据被告在泉山工商局的陈述，2003年10月1日起，B公司正式开通并使用了由吴某军获取的A网配载信息。因此本院认定两被告的侵权期间为2003年10月1日至2004年7月15日”。

案例五：上海市浦东新区人民法院审理的A公司与B公司、徐某帼侵害商业秘密纠纷一审民事判决书［（2016）沪0115民初71357号］认为，“但在该43家客户中，C国际货物运输代理（上海）有限公司在浦东市场监管局的调查中陈述，徐某帼未主动要求该公司更换软件维护企业，也未贬低原告或介绍原告、B公司的服务质量情况，该公司系因对原告的服务态度不满意，在主动联系徐某帼后与B公司签订服务合同。可见，该公司与B公司发生交易系基于其主动和自愿的选择，应当认定两被告未采用不正当手段。对于原告关于该客户的主张，本院不予支持。对于其余的浙江D实业集团股份有限公司等42家客户，虽然两被告提交了部分客户出具的自愿与B公司交易的情况证明，但鉴于本院对该部分证据不予采纳，故难以认定该部分客户系基于自愿选择而与B公司发生交易。尤其是，E国际海运有限公司上海代表处在浦东市场监管局的调查中陈述，徐某帼系主动告知该代表处其已离开原告，并提出希望该代表处与被告B公司签订维护合同后，该代表处同意与B公司建立交易关系。可见，两被告在针对该客户的交易中采取了不正当手段。因此，对两被告关于该部分客户系自愿选择与B公司交易的辩解，本院不予采纳”。

二、已发生法律效力的工商局（市场监督局）作出的行政处罚决定书或法院作出的行政判决书中认定的侵权事实，可以在商业秘密民事诉讼中予以采信［A court may adopt facts in a civil proceeding for trade secrets if such infringement facts has been determined by a legally binding administrative sanction decision made by industrial and commercial bureau（i. e.，market supervision bureau）or administrative judgment made by court.］

案例六：义乌市人民法院审理的A公司与翁某鑫、陈某宇侵害商业秘密纠纷［（2017）浙0782民初2954号］认为，“第一、第二被告与原告公司签订了劳动合同、保密协议书，约定严守与本身工作相关之商业机密，不泄露给与本身工作无关的内部或外单位人员，对公司的客户资料负有保密义务。但第一、第二被告违反与原告签订的有关商业秘密的要求，披露、使用其所掌握的商业秘密，擅自将客户信息披露给当事人，从中谋取利益。两被告的行为已构成侵权，应承担相应的侵权责任。原告主张第三被告系共同侵权方，但从原告举证的证据来看，义乌市市场监督局的行政处罚决定书，仅认定本案第一、第二被告构成侵权，并未认定第三被告构成侵权，故第三被告在本案中不应承担责任”。

案例七：义乌市人民法院审理的朱某元诉陈某玲侵犯技术秘密纠纷案［（2007）义民初字第7813号］认为，“本案所涉香精香料配方的权利人为本案原告，被告未经权利人许可委托厂家生产与权利人配方相同的香精香料并进行销售，事实清楚，有已发生法律效力的义乌市工商局作出的行政处罚决定书和义乌市人民法院及金华市中级人民法院作出的行政判决为凭。被告陈某玲的行为已经侵犯了原告的技术秘密，给原告造成了损失，依法应承担相应的侵权责任”。

三、若司法鉴定意见书是作出行政处罚的依据，法院直接采纳该鉴定意见书有利于确保与行政处罚的一致性，但审判中其是否属于商业秘密仍应由法院独立进行司法认定（A court's direct adoption of a forensic science opinion helps to assure the consistency between the judgment and administrative sanction if such administrative sanction is based on forensic science opinion. However, the court shall independently determine whether it is a trade secret during trial.）

案例八：长沙市中级人民法院审理的A公司、B公司等与何某菲侵害商业秘密纠纷案［（2016）湘01民初2078号］认为，“2016年7月8日，长沙市望城区公安局聘请C司法鉴定中心进行商业秘密鉴定。2016年8月18日，C司法鉴定中心作出湘科协司鉴中心（2015）知鉴字第2号《鉴定意见书》证实：根据长沙市望城区公安局的委托，对其提交的何某菲个人电脑在2015年12月5日被人通过移动硬盘从中拷贝的数据（共计23813个文件）是否属于商业秘密进行鉴定。该中心分析认为：1. 这些文件材料在各种公开的媒体上无法检索到，不为公众所知悉。2. 其中，《赛普流程制度3. 18》《工程建设部流程2013》《岗位薪酬》《发展规划》四个文件夹中的文件，对于A公司十分重要且能够带来较大经济效益；其他文件（如岗位职责书、招聘协议等）不会直接给A公司带来较大效益，但一旦泄露，无形中会给公司运营带来影响。3. 从A公司提供的《保密管理规定》《劳动合同书》《任职承诺书》等相关文件材料来看，公司对其技术资料及经营信息等均采取了较为严格的保密措施。该中心的最终鉴定意见为：由长沙市望城区公安局转交的由A公司提供的电子版证据材料属公众不可知悉的技术信息或经营信息，采取了保密措施，具有实用性，能为企业带来较大的经济效益，属于商业秘密。本案中，湘科协司鉴中心（2015）知鉴字第2号《鉴定意见书》，是长沙市望城区公安局在执法办案过程中，委托C司法鉴定中心作出的专业鉴定结论。该鉴定中心，具有相应鉴定资质；鉴定程序公正、合法；该鉴定结论客观、真实。在被告未提供反证或其他有效反驳意见的情况下，可以采纳为本案的定案依据”。

案例九：黑龙江省高级人民法院审理的A公司与B公司等侵犯技术秘密纠纷案［（2008）黑知终字第35号］认为，“C知识产权事务中心的《技术鉴定报告书》系受国家行政机关委托作出的，具有较强的证明力。该鉴定结论亦表明B公司同类产品与A公司产品的技术信息比较，二者产品的原理相同，具体设计不一致”。

三、商业秘密民事诉讼中无法证明权利人遭受经济损失的具体金额时，可根据市场监督局查证的相关材料酌定合理赔偿金额（The reasonable damages may be determined pursuant to appropriate documentations confirmed by market supervision bureau if right holder cannot prove specific number of losses in a civil proceeding for trade secrets.）

案例十：义乌市人民法院审理的 A 公司与翁某鑫、陈某宇侵害商业秘密纠纷［(2017) 浙 0782 民初 2954 号］认为，“本案中原告所提供的证据无法证明遭受经济损失的具体金额，本院根据义乌市市场监督局查证的相关材料以及两被告获利的数额，酌定原告的合理赔偿金额为 50000 元。原告合理部分的诉请，本院予以支持”。

四、对侵害商业秘密的行为，相关行政处罚中已责令停止违法行为，法院对要求停止侵权等诉讼请求不再重复处理。侵害商业秘密造成损害的，法院仍应判决赔偿责任（A court may not repeatedly proceed claims such as termination of misappropriation if appropriate administrative sanction has included termination of trade secret misappropriation. A court shall decide indemnification liability if there is damage caused by trade secret misappropriation.）

案例十一：金华市中级人民法院审理的 A 公司、叶某波不正当竞争纠纷二审民事判决书［（2018）浙 07 民终 5279 号］认为，“根据查明事实，叶某波从 A 公司复制的资料中，包括了 A 公司的宣传册稿、产品证书、产品报价、供应商信息、生产单、客户邮箱、客户名片及相关合同等，前述信息具有现实或潜在的商业价值，能为 A 公司带来竞争优势和经济利益，叶某波获取前述信息后与 A 公司客户联系交易，且根据其在行政处罚案中的自认，其利用从 A 公司获取的该公司老客户信息与阿联酋的客户至少成交了一笔订单，根据 1993 年《中华人民共和国反不正当竞争法》第十条的规定，其行为已侵犯了 A 公司的商业秘密。鉴于叶某波已经金华市金东区市场监督管理局行政处罚，责令停止违法行为，故 A 公司要求叶某波停止侵权，销毁销售合同、客户资料的诉讼请求，本院不再重复处理。根据《中华人民共和国行政处罚法》第七条的规定，违法行为造成他人损害的，行为人仍应承担民事责任，故 A 公司要求叶某波赔偿损失的诉讼请求，本院予以支持”。

049 侵害商业秘密民事诉讼可采信生效刑事判决书中所确认的事实，当事人有相反证据足以推翻的除外（A court may adopt the facts found by a verdict in effect in a civil proceeding regarding trade secret misappropriation, unless there is contrary evidence sufficient to reverse it.）

导 读

一般而言，在侵害商业秘密民事诉讼中，法院可依法采信已生效刑事判决中所确认的事实，当事人有相反证据足以推翻的除外。实践中，大部分都是这么判决的，但也有部分案件中法院在已经有在先刑事判决书的情况下还是要求在商业秘密民事诉讼中提供商业秘密载体作为法院判定的依据。

根据2020年9月10日颁布的《最高人民法院关于审理侵犯商业秘密民事案件适用法律若干问题的规定》，法院审理侵犯商业秘密民事案件时，对在侵犯商业秘密犯罪刑事诉讼程序中形成的证据，应当依法审查，而非径直采纳；明确支持当事人向法院申请调取由公安机关、检察机关或者人民法院保存的与被诉侵权行为具有关联性的证据；明确法院可援引生效刑事裁判确认的事实；以及中止相关民事案件的要求，厘清民刑案件交叉引发的相关问题。

裁判要旨

侵害商业秘密民事诉讼中，法院可依法采信已生效刑事判决中所确认的事实，当事人有相反证据足以推翻的除外。

案情简介

一、A公司将“一种固体燃料熔制玻璃的方法及燃料供给系统”的技术成果申报发明专利。在2007年1月前，此专利申请文件未公开，为保守商业秘密，A公司制定了严格的保密制度。

二、2006年，A公司下属子公司与翟某华所在的B公司签订了《工业品买卖合同》。翟某华到A公司生产线安装现场进行设备调试，接触并了解了整个设备的布局、构造，A公司总经理向其告知了技术主要原理及参数，并要求保守商业秘密。

三、2009年，A公司发现翟某华违反A公司的保密要求，早就以B公司的名义私自将其在A公司处掌握的技术转卖给其他公司营利。A公司遂向公安机关报案。该案经审理，以（2011）威经技区刑初字第17号刑事判决认定：翟某华的行为构成侵犯商业秘密罪、非法获利1000余万元。

四、随后，A公司以侵害商业秘密为由向威海市中级人民法院提起民事诉讼，请求法院判令翟某华、B公司赔偿经济损失1000万元。一审法院认为侵权事实成立，根据生效刑事判决书认定的A公司的损失数额为1000万元，判决被告连带赔偿A公司经济损失1000万元。

五、翟某华、B公司不服一审判决，向山东省高级人民法院提起上诉，认为翟某华侵犯商业秘密罪的生效刑事判决书不能作为本案依据，原审判决仅依据生效刑事判决认定的事实确定侵权事实及赔偿金额，未能综合考虑多种因素。

六、二审法院认为翟某华、B公司在上诉中提交的证据未能推翻生效刑事判决的认定事实，原审法院确定1000万元的赔偿数额也并无不当，故二审判决驳回上诉，维持原判。

七、翟某华、B公司不服二审判决，向最高人民法院申请再审，最高人民法院裁定指定江苏省高级人民法院再审该案，再审的判决结果目前还未知。

法院判决

山东省高级人民法院在本案民事判决书的“本院认为”部分就上述争议焦点进行如下论述：

本案中，A公司主张翟某华的行为系违反保密约定，向B公司披露涉案技术；B公司的行为系明知翟某华的上述违法行为，获取并披露涉案技术。1. 翟某华在其刑事案件中供述，2006年9月，其到A公司调试设备时，掌握了玻璃窑喷煤技术，且如前文所述，翟某华对涉案技术负有保密义务，翟某华对其将被控侵权技术披露给B公司亦无异议。2. B公司的法定代表人胡某丽是翟某华之妻，生效刑事判决认定B公司于2007年2月与C玻璃厂签订合同将被控侵权技术披露给C玻璃厂。虽然B公司与C玻璃厂签订合同的时间在涉案商业秘密申请的专利2007年1月31日公开之后，但根据生效刑事判决的认定，C玻璃厂在签订合同之前就与翟某华、B公司就涉案技术进行了反复论证，C玻璃厂并非从公开的专利文献处获得的该技术，根据现有证据能够认定C玻璃厂所使用的被控侵权技术系B公司所披露。3. 虽然翟某华、B公司主张被控侵权技术与涉案技术秘密不同，但生效刑事判决已认定被控侵权技术与涉案技术秘密相同，翟某华、B公司的现有证据亦未能推翻生效刑事判决的认定，所以，本院认为能够认定被控侵权技术与涉案商业秘密相同。

综上，本院认为，根据现有证据，翟某华的行为系违反保密约定，向B公司披露涉案商业秘密，B公司的行为系明知翟某华的上述违法行为，获取并披露涉案商业秘密，上述行为均侵害了A公司的涉案商业秘密。

……

本案中，生效刑事判决认定翟某华的侵权行为给A公司造成1000余万元的损失。翟某华、B公司称公安机关出具的收入情况表中所列收入并非全部为有关玻璃窑喷吹项目技术收入情况并在原审提交相关证据。本院认为，虽然收入情况表中所列收入为2600余万元，但生效刑事判决已认定该2600余万元包含设备收入，不能全部认定为有关涉案商业秘密的损失数额，并且翟某华在刑事案件中也供述称其纯收入在1000余万元。所以，综合上述事实，翟某华、B公司在本案中提交的相关证据仍未能推翻生效刑事判决的认定，原审法院确定1000万元的赔偿数额并无不当。

本案相关法律法规

《最高人民法院关于审理侵犯商业秘密民事案件适用法律若干问题的规定》

第二十二条 人民法院审理侵犯商业秘密民事案件时，对在侵犯商业秘密犯罪刑事诉讼程序中形成的证据，应当按照法定程序，全面、客观地审查。

由公安机关、检察机关或者人民法院保存的与被诉侵权行为具有关联性的证据，侵犯商业秘密民事案件的当事人及其诉讼代理人因客观原因不能自行收集，申请调查收集的，人民法院应当准许，但可能影响正在进行的刑事诉讼程序的除外。

第二十三条 当事人主张依据生效刑事裁判认定的实际损失或者违法所得确定涉及同一侵犯商业秘密行为的民事案件赔偿数额的，人民法院应予支持。

第二十五条 当事人以涉及同一被诉侵犯商业秘密行为的刑事案件尚未审结为由，请求中止审理侵犯商业秘密民事案件，人民法院在听取当事人意见后认为必须以该刑事案件的审理结果为依据的，应予支持。

《最高人民法院关于审理不正当竞争民事案件应用法律若干问题的解释》

第十四条 当事人指称他人侵犯其商业秘密的，应当对其拥有的商业秘密符合法定条件、对方当事人的信息与其商业秘密相同或者实质相同以及对方当事人采取不正当手段的事实负举证责任。其中，商业秘密符合法定条件的证据，包括商业秘密的载体、具体内容、商业价值和对该项商业秘密所采取的具体保密措施等。

《最高人民法院关于民事诉讼证据的若干规定》

第十条 下列事实，当事人无须举证证明：

（一）自然规律以及定理、定律；

（二）众所周知的事实；

（三）根据法律规定推定的事实；

（四）根据已知的事实和日常生活经验法则推定出的另一事实；

（五）已为仲裁机构的生效裁决所确认的事实；

（六）已为人民法院发生法律效力的裁判所确认的基本事实；

（七）已为有效公证文书所证明的事实。

前款第二项至第五项事实，当事人有相反证据足以反驳的除外；第六项、第七项事实，当事人有相反证据足以推翻的除外。

《最高人民法院关于适用〈中华人民共和国民事诉讼法〉的解释》

第九十条 当事人对自己提出的诉讼请求所依据的事实或者反驳对方诉讼请求所依据的事实，应当提供证据加以证明，但法律另有规定的除外。

在作出判决前，当事人未能提供证据或者证据不足以证明其事实主张的，由负有举证证明责任的当事人承担不利的后果。

案件来源

山东省高级人民法院审理的A公司与翟某华、B公司侵害商业秘密纠纷二审民事判决书［（2014）鲁民三终字第19号］

延伸阅读及类案裁判规则

一、侵犯商业秘密刑事诉讼中被采信的鉴定报告，可作为证据在相关民事诉讼中被采信（有相反证据足以推翻已经生效裁判文书的除外）［A forensic science opinion may be adopted as evidence in appropriate civil proceeding if such opinion has been adopted in criminal cases for trade secret misappropriation (unless there is contrary evidence sufficient to reverse such verdict in effect).］

案例一：上海市高级人民法院审理的A公司与B公司、姜某海等侵害商业秘密纠纷案［（2012）沪高民三（知）终字第62号］认为，“鉴定报告是否应当被采纳。本院认为，《技术鉴定报告书》系浙江省临安市人民法院（2008）临刑初字第358号刑事案件中委托鉴定所形成的证据，且该证据已为生效刑事裁判文书所采纳。根据该被采纳的证据，浙江省临安市人民法院（2008）临刑初字第358号刑事案件及其上诉案件的生效刑事裁判文书认定‘微生物酶法拆分生产D-泛酸钙工艺中的技术指标、生产操作的具体方法和要点、异常情况处理方法等技术信息、5000T泛酸钙的工艺流程图中记载技术信息的整体组合’系非公知信息。根据《最高人民法院关于民事诉讼证据的若干规定》，已为人民法院发生法律效力的裁判所确认的事实，当事人无须举证证明。本案中B公司是将浙江省临安市人民法院（2008）临刑初字第358号刑事案件及其上诉案件的生效裁判文书作为证据主张权利，现A公司并无相反证据足以推翻上述已经生效的刑事裁判文书。本案中，法院根据生效的刑事裁判文书认定的事实来认定本案事实，于法有据，本院不就《技术鉴定报告书》的证明力作具体分析认定。如A公司认为上述生效刑事裁判文书侵害其合法权益，可根据《最高人民法院关于适用〈中华人民共和国刑事诉讼法〉的解释》第三百七十一条的规定，作为案外人提出申诉，以维护其合法权益。对于中磊专审字（2008）第9001号《司法会计鉴定报告》，本院认为，该司法会计鉴定报告在上述刑事案件中形成并被采纳，本案原审中B公司亦作为证据提供且经质证，该鉴定报告可以作为本案证据被原审法院采纳。

综上，本院对上诉人A公司关于鉴定报告不应被采纳的上诉意见不予采信”。

也有部分法院认为，不同法院、不同案件性质的审判是相互独立的，不得以在先刑事判决书已认定涉案信息构成商业秘密为由，在民事诉讼中拒绝提供商业秘密载体，导致对商业秘密的内容缺乏客观实际的判定依据。例如，下述武汉市中级人民法院审理的A公司与杨某侵害商业秘密纠纷［（2016）鄂01民初6530号］民事判决书。

对此，本书作者认为有待商榷。根据《最高人民法院关于民事诉讼证据的若干规定》，已为人民法院发生法律效力的裁判所确认的事实，当事人无须举证证明。除非有相反证据足以推翻已经生效的刑事裁判文书。如果当事人认为在先判决确有错误，应该通过再审或申诉的方式予以纠正。

武汉市中院的下述判决，很容易造成同一事实在不同法院得到截然不同的判决结果，造成人民群众的困惑，影响司法的权威。

案例二：武汉市中级人民法院审理的A公司与杨某侵害商业秘密纠纷一审民事判决书［（2016）鄂01民初6530号］认为，“本案中，原告所主张的商业秘密为：1. A公司（LXSSZ-15E）相关的水表底层软件代码源代码和目标代码技术信息；2. 水表PCB电路板图记载元器件连接关系的相关技术信息；3. 智能卡式水表（LXSSZ-15E）设位卡数据结构相关信息；4. 4442卡四型水表2000版数据结构的相关数据信息，对此，原告应当依据前述法律规定的举证义务，提交该商业秘密载体等相关证据证明上述秘密点的客观实用性。

本案审理过程中，合议庭根据原告的诉请，庭前多次释明要求原告提交相关商业秘密载体证据（原告生产的水表及水表卡、相关技术材料等）。对此，原告明确知晓该项举证义务，但以在先刑事判决书已认定商业秘密为由，拒绝提供商业秘密的载体。本院认为，不同法院、不同案件性质的审判是相互独立的审判，原告不能因已有深圳市宝安区人民法院就被告行为在先作出了刑事判决，就能免除其在本院提起侵害商业秘密民事诉讼中的举证责任。即使本院依原告的申请，亦仅从深圳市宝安区人民法院调取原告用于生产四型水表生产物料表及原理图等原告研发资料，并未取得原告所主张为商业秘密的水表底层软件代码源代码和目标代码技术信息、水表 PCB 电路板图记载元器件连接关系的相关技术信息等技术信息资料。另原告主张的商业秘密载体，均应由原告持有或掌握，原告距离该证据最近，并不存在客观无法提供的现实困难。因此，原告拒绝提供载体证据的结果导致其主张商业秘密的内容缺乏客观实际的判定依据，其商业秘密成立与否难以作出有效判断。《最高人民法院关于适用〈中华人民共和国民事诉讼法〉的解释》第九十条规定，当事人对自己提出的诉讼请求所依据的事实或者反驳对方诉讼请求所依据的事实，应当提供证据加以证明，但法律另有规定的除外。在作出判决前，当事人未能提供证据或者证据不足以证明其事实主张的，由负有举证证明责任的当事人承担不利的后果。在原告未能提供有效的商业秘密载体证据证明其商业秘密符合法定条件情况下，本案原告的举证义务并未完成，其指控侵权是否成立也因此缺乏认定基础，因此，本案原告的诉讼请求本院不予支持”。

二、共同侵权人的侵犯商业秘密案件，若部分侵权人已给予一定赔偿，法院确定侵权赔偿额时可在认定的损失金额基础上酌情减少（A court may deduct damages at its discretion when determining damages for joinder in trade secret misappropriation if some infringers have indemnified the right holder.）

案例三：扬州市中级人民法院审理的颜某尧与 A 公司侵害商业秘密纠纷案［（2019）苏 10 民终 1380 号］认为，“本院认为一审法院认定颜某尧承担的赔偿责任并无不当。（2016）苏 1002 刑初 319 号刑事判决书、（2017）苏 10 刑终 199 号刑事裁定书认定颜某尧侵害 A 公司商业秘密造成的损失为 778540 元，一审法院根据生效法律文书认定的损失金额，结合 A 公司为维护自身合法权益而发生的各种合理开支，并考虑颜某尧所涉刑事案件系共同犯罪，共同犯罪中的有关从犯已经给予了 A 公司一定赔偿，弥补了 A 公司一些损失等因素，酌定上诉人颜某尧向 A 公司赔偿经济损失以及合理费用共计 68 万元并无不当”。

三、侵权人在民事案件审理中对已生效的刑事判决提出异议，法院不予采纳，当事人应通过申诉途径处理（A court shall not accept any objections to verdict in effect brought by infringer during civil proceeding trial. Such party shall proceed it through petition.）

案例四：扬州市中级人民法院审理的颜某尧与A公司侵害商业秘密纠纷案［（2019）苏10民终1380号］认为，“颜某尧对于刑事判决中认定的损失金额提出异议，本院认为上述两份生效的刑事法律文书对颜某尧侵害A公司商业秘密造成的损失已作出认定，颜某尧若对已经发生法律效力的刑事判决提出异议应当依法通过申诉途径进行处理。故对于本案中颜某尧提出的该理由，本院不予采信”。

案例五：深圳市中级人民法院审理的郑某广、A公司侵害技术秘密纠纷［（2018）粤03民终12865号］认为，“首先，原审法院认定的侵权损失系以已生效刑事判决中确定的犯罪金额为依据，郑某广对该刑事判决认定的犯罪事实及定罪量刑亦未上诉。其次，郑某广所提交的采购合同及销售统计表上大多只有B公司的单方印章且无相关交易凭据佐证，真实性不能确认。此外，涉案商业秘密的鉴定费用及收集证据、向公安机关举报所支付的律师费等，均属维权合理支出的范畴，原审法院的处理并无不当。综上，原审法院对侵权损失及合理维权费用的认定合法有据，本院予以维持”。

四、即便侵害商业秘密侵权人已承担刑事责任（包括罚金或其他刑罚），权利人依然可请求民事侵权赔偿责任［A right holder may claim for misappropriation liability in civil cases even though an infringer has assumed criminal liability（including fines and other penalty）for trade secret misappropriation.］

案例六：广东省高级人民法院审理的李某莉、卞某军侵害商业秘密纠纷［（2018）粤民终1574号］认为，“李某莉还主张，其已经在刑事案件承担罚金责任，不应当承担民事赔偿。对此，本院认为，侵害他人商业秘密所应当承担的法律责任，包括刑事、民事及行政责任。李某莉在承担刑事责任的同时，A公司仍然有权依据反不正当竞争法的规定，向侵害人追索其因侵权所遭受的损失。李某莉的上诉理由依据不足，本院不予支持。A公司于2012年7月20日向深圳市南山区人民法院出具的《谅解备忘》，并未免除卞某军所承担的民事责任，卞某军上诉认为依据《谅解备忘》其不应当承担赔偿责任，依据不足，本院不予支持”。

案例七：上海市高级人民法院审理的A公司与B公司、姜某海等侵害商业秘密纠纷案［（2012）沪高民三（知）终字第62号］认为，“凡从事了不正当竞争行为的行为人，均应受到《中华人民共和国反不正当竞争法》的规制，否则将违背其立法宗旨。不正当竞争行为人与受侵害经营者之间存在侵害与被侵害的关系，是不正当竞争行为的实质。姜某海直接实施了非法获取本案系争商业秘密的行为，其行为具有破坏他人竞争优势、损害竞争秩序的后果，且其行为已被浙江省临安市人民法院（2008）临刑初字第358号刑事案件及其上诉案件的生效裁判文书认定犯侵犯商业秘密罪，其在本案中属于侵害行为人，可以作为本案被告。姜某海虽然已经因其行为承担刑事责任，但权利人对其商业秘密受到侵害而请求民事赔偿的权利，并不受侵害行为人已承担刑事责任的限制，姜某海作为侵害行为人仍应承担相应民事责任。故原审被告姜某海所称的其并非《中华人民共和国反不正当竞争法》意义上的经营者，因而不是本案适格被告的意见，这一上诉理由不能成立”。

十、商业秘密民事诉讼纠纷的举证责任规则

(Burden of proof in a civil proceeding for trade secrets)

050 商业秘密案件中未提交商业秘密载体的应驳回诉讼请求

(A court shall overrule claims of trade secrets cases if plaintiff has not submitted trade secrets carrier.)

裁判要旨

商业秘密的保护范围需要权利人在诉讼过程中予以明确和固定，否则后续的审理便无法进行。根据2020年9月10日颁布的《最高人民法院关于审理侵犯商业秘密民事案件适用法律若干问题的规定》的最新规则，权利人应在一审法庭辩论结束前明确所主张的商业秘密具体内容。仅能明确部分的，人民法院对该明确的部分进行审理。显然，当事人指称他人侵犯其商业秘密的，首先应当是商业秘密的载体，否则法院无法对涉案技术是否属于商业秘密作出判断。

案情简介

一、A公司与B公司签订《技术转让协议》，约定将四氯化硅冷氢化技术及其装置设备，以电子或其他形式或媒介交付资料转让给A公司。

二、唐某东在A公司工作期间历任C分厂厂长、C装置总监、生产副总经理助理兼生产运营部经理等技术要职，熟知公司的核心技术，并签订过《保守商业秘密与竞业限制变更协议》。

三、D公司以高薪为条件邀请唐某东加入其团队，唐某东遂从A公司辞职至D公司工作。

四、A公司要求公安机关追究唐某东的侵害商业秘密犯罪行为。徐州市公安局委托北京E鉴定中心就“A公司的多晶硅生产工艺及装置中的冷氢化、精馏及渣浆处理、还原尾气回收等工艺流程图纸以及大型还原炉等设备图纸”进行司法鉴定，鉴定中心出具《司法鉴定意见书》的结论为上述技术属于非公知技术信息。

五、A公司以侵害商业秘密为由向徐州市中级人民法院提起诉讼。经最高人民法院裁定，该案移送新疆维吾尔自治区高级人民法院审理。

六、A公司主张案涉技术属于商业秘密的依据是北京E鉴定中心出具的《司法鉴定意见书》。法院要求A公司明确商业秘密的载体以及具体内容，A公司则表示其要求保护的商业秘密是技术包，具体内容无法向法庭呈现。第二次庭审过程中，A公司提交了25张图纸，明确该25张图纸为其所主张保护的商业秘密的载体。

七、因北京E鉴定中心的鉴定报告的委托人是徐州市公安局而非A公司，故A公司向法院递交《调取证据申请书》，申请调取北京E鉴定中心司法鉴定意见书中送鉴的多晶硅工艺流程图和多晶硅生产图纸。

八、法院认为A公司未能就其所主张保护的商业秘密符合法定条件提交有效证据，故法院就涉案技术及其装置设备不予认定属于A公司的商业秘密。法院判决驳回原告的诉讼请求。

法院判决

新疆维吾尔自治区高级人民法院在本案民事判决书的“本院认为”部分就上述争议焦点进行如下论述：

“关于商业秘密的载体以及具体内容的问题，A公司主张案涉商业秘密为四氯化硅冷氢化技术及其装置设备，根据A公司与B公司所签《技术转让协议》的约定，该技术来源于B公司，B公司按照合同约定，以其决定的电子或其他形式或媒介交付资料（包括工序设计包）给A公司，故A公司主张保护的商业秘密的载体及具体内容应是B公司向其交付的相关资料（包括工序设计包）。但A公司向本院提交的是其委托天津市化工设计院进行工艺设计，形成的管道及仪表流程图纸20张，以及委托F公司对设备进行加工生产，形成的冷氢化单元设备装配图纸5张，上述25张图纸并非B公司向A公司交付的相关资料（包括工序设计包），故针对A公司主张保护的商业秘密，A公司并未能依照法律规定对该商业秘密符合法定条件进行举证。因A公司未能就其所主张保护的商业秘密符合法定条件提交有效证据，本院无法对案涉技术是否不为公众知悉、是否具有商业价值以及A公司对该技术所采取的具体保密措施是否合理等进行审查并作出判断，故在此情况下，对A公司所要求保护的四氯化硅冷氢化技术及其装置设备，本院不予认定属于A公司的商业秘密。”

本案相关法律法规

《最高人民法院关于审理不正当竞争民事案件应用法律若干问题的解释》

第十四条 当事人指称他人侵犯其商业秘密的，应当对其拥有的商业秘密符合法定条件、对方当事人的信息与其商业秘密相同或者实质相同以及对方当事人采取不正当手段的事实负举证责任。其中，商业秘密符合法定条件的证据，包括商业秘密的载体、具体内容、商业价值和对该项商业秘密所采取的具体保密措施等。

《最高人民法院关于知识产权民事诉讼证据的若干规定》

第二条 当事人对自己提出的主张，应当提供证据加以证明。根据案件审理情况，人民法院可以适用民事诉讼法第六十五条第二款的规定，根据当事人的主张及待证事实、当事人的证据持有情况、举证能力等，要求当事人提供有关证据。

《最高人民法院关于审理侵犯商业秘密民事案件适用法律若干问题的规定》

第二十二条 人民法院审理侵犯商业秘密民事案件时，对在侵犯商业秘密犯罪刑事诉讼程序中形成的证据，应当按照法定程序，全面、客观地审查。

由公安机关、检察机关或者人民法院保存的与被诉侵权行为具有关联性的证据，侵犯商业秘密民事案件的当事人及其诉讼代理人因客观原因不能自行收集，申请调查收集的，人民法院应当准许，但可能影响正在进行的刑事诉讼程序的除外。

案件来源

新疆维吾尔自治区高级人民法院审理的A公司与唐某东、D公司侵害商业秘密纠纷一审民事判决书［（2019）新民初14号］

延伸阅读及类案裁判规则

一、商业秘密的内容应当固定在相应的载体上，但人脑不能作为技术秘密的载体。没有载体、仅仅储存于人脑中的信息不构成商业秘密（The content of trade secrets shall be affixed to appropriate carrier. However, human brain shall not be deemed as carrier of trade secrets.）

案例一：天津市高级人民法院审理的A公司与B公司侵害商业秘密纠纷一案［（2012）津高民三终字第40号］认为，“第4项有关人员作为技术秘密的载体所承载的商业秘密。本院认为，以人作为载体，以储存于人脑中的相关信息作为商业秘密，因缺乏有形的载体固定涉密信息的内容，故不符合商业秘密的构成条件，上诉人将该项作为商业秘密的主张不能成立”。

二、商业秘密不保护单纯的“思想”，因为单纯的思想无法构成完整的、可供实施的技术方案（Pure thoughts shall not be protected as trade secrets because pure thought cannot constitute complete and operational technical plan.）

案例二：成都市中级人民法院审理的 A 公司、宋某侵害商业秘密纠纷案［（2018）川 01 民初 3608 号］认为，“然而 A 公司在本案中主张的信息并非任何技术方案，其所主张技术秘密分为两类：一类是思想，其自称为“想法”，即认为是自己公司提出了将原来多用于工业领域的磁悬浮技术用于制造游乐设施，以及利用皮带机、滚筒机、链条传动机、皮筏机等输送、传动或提升设备来实现游乐设施中的多级提升、垂直或斜坡提升的功能或效果的想法，却没有说明在游乐设施研制过程中使用磁悬浮技术的步骤、方法及操作流程。虽然由经验和知识构成的技术属于思想的范畴，但缺少具体步骤、方法的思想无法构成完整的、可供实施的技术方案，更难以通过实施来解决问题或创造经济价值。《反不正当竞争法》框架下，仅凭‘第一个想到可以这么做’这一抽象、概括的‘想法’并不能产生‘禁止他人也这么做’的法律效果；法律禁止的是他人使用相同的操作步骤或实施方案来削弱技术秘密持有人的竞争优势”。

三、商业秘密的具体内容应当固定在相应载体上，没有载体的不构成商业秘密（The specific content of trade secrets shall be affixed to appropriate carrier. There are no trade secrets without carrier.）

案例三：广州知识产权法院审理的 A 制品厂与朱某健侵害商业秘密纠纷一审民事判决书［（2018）粤 73 民初 514 号］认为，“原告 A 制品厂主张变频器参数的调节方法是由调机师傅掌握的一种经验，没有形成书面材料，A 制品厂所主张的上述调节方法并不具有载体，亦没有明确的具体内容，不符合商业秘密的法定条件，故不属于商业秘密”。

案例四：杭州市余杭区人民法院审理的 A 公司与吕某树、B 公司侵害技术秘密纠纷［（2016）浙 0110 民初 17163 号］认为，“《A 技术保密协议》规定的目的及适用范围均表明保密范围仅限于涉及知识产权和有保密要求的技术文件、资料。故吕某树负有保密义务的技术秘密应具有有形载体”。

四、担心“二次泄密”，并非当事人拒绝向法院提交商业秘密载体的正当理由（It's not a good cause if one party refuse to submit trade secrets carrier to court to avoid second leakage.）

案例五：东莞市中级人民法院审理的 A 公司与盛某弢侵害商业秘密纠纷［（2014）东中法知民终字第 265 号］认为，“上诉人主张的技术信息及经营信息中的订购总表、供应商目录、报价单、宣传资料等是否属于商业秘密。首先，对于技术信息及经营信息中的订购总表、供应商目录，上诉人以担心二次泄密为由，拒绝向法院提交任何信息材料，本院对上诉人主张何为商业秘密、是否符合商业秘密的构成要件、被上诉人是否有接触及是否具有侵权行为等均无法查明，故上述信息不能认定为商业秘密”。

五、商业秘密是某种信息，而不是载体本身，不能将载体本身认定为商业秘密（Trade secrets are information，not carrier itself. A carrier shall not be deemed as trade secrets.）

案例六：郑州市中级人民法院审理的A公司与张某涛侵害商业秘密纠纷案［（2018）豫01民初2942号］认为，“需要注意的是，商业秘密只是某种信息，而不是载体本身，因此只能将某种信息认定为商业秘密，而不能将承载该信息的载体认定为商业秘密。原告提交的通话录音等证据仅能证明B美容店、C悦容店、D美容汝河路店与原告存在某种业务上的联系，被告亦同D美容汝河路店客户有过业务上的联系。但原告并未举证证明其与上述客户的合作模式、合作期间及其调查了解上述客户的特殊需求等信息，以及被告与上述客户合作模式及该合作模式使用了原告的商业秘密”。

案例七：南京铁路运输法院审理的A公司与华某、B公司侵害经营秘密纠纷案［（2017）苏8602民初1199号］认为，“本案中，原告主张被告华某以被告B公司的名义与C公司签订运输合同侵犯其经营秘密。但是原告始终没有指出秘密点是什么，也没有举证证明该秘密点符合法定条件。虽然原告及被告B公司先后与C公司签订运输合同，合同书可能是商业秘密的载体，但是，商业秘密应当是某种信息，而不是载体本身，不能将承载该信息的载体认定为商业秘密”。

案例八：深圳市福田区人民法院审理的A公司、B公司与梅某明、梅某豪侵犯商业秘密纠纷［（2013）深福法知民初字第1263号］认为，“本案中，两原告虽然主张涉案12本图书的样版和电子文档为商业秘密，但样版和电子文档是图书的载体，两原告实际上主张保护的是涉案12本图书的内容。上述图书于2012年之前已经公开出版发行，即已经为公众所知悉，不具有秘密性。故即使两原告为涉案12本图书的样版和电子文档的权利人，所提交的证据也不足以证明其所主张的为商业秘密”。

六、当事人除了明确商业秘密的具体内容，还应当提供与商业秘密点内容相一致的载体（The party shall specify the specific content of trade secrets，as well as provide carrier which contained the same content of trade secrets.）

案例九：天津市高级人民法院审理的A公司与B公司侵害商业秘密纠纷

[（2012）津高民三终字第40号] 认为，“C公司的经营合同因记载了具体的交易信息，有可能含有商业秘密保护的内容……庭审中，上诉人承认无论是C公司还是D公司的经营合同其均从未见过，无法指明其经营合同中区别于相关公知信息的特殊客户信息。C公司庭审中表示鉴于公司的经营现状，已无法找到原来的经营合同，而上诉人也不能提供经营合同仍然存在的证据或线索。鉴于上诉人对其主张的商业秘密信息与公知信息的区别点无法作出充分合理的解释或者说明，亦不能提供证据加以证明，故上诉人该项主张，本院不予支持”。

案例十：黑龙江省高级人民法院审理的A公司与刘某等侵犯技术秘密和不正当竞争纠纷案 [（2008）黑知终字第60号] 认为，“A公司在2001年的授权信中并未提及交与刘某的技术资料的具体名称、内容及载体。双方在因授权信中有关合作事宜发生纠纷后，于2003年5月29日签署的《协议书》中约定了刘某交还授权书授权范围内全部技术文件及资料复印件，包括设计及制造方法、实验室分析协助方法、安全措施、专利文件等。由此可以认定A公司向刘某交付了‘T-677N柠檬酸铝设计及制造方法、实验室分析协助方法、安全措施、专利文件等’技术资料。但是，由于双方均不能举示该技术资料的原始载体，故无法确认《协议书》中‘T-677N柠檬酸铝设计及制造方法、实验室分析协助方法、安全措施、专利文件等’技术资料的具体内容。A公司虽然于2007年诉讼中提供了《工业化柠檬酸铝配制方法细节》等技术秘密的文字资料，并主张曾将上述资料交付给刘某，但刘某未予认可。在哈尔滨市中级人民法院此前受理的A公司与刘某、B公司侵犯商业秘密纠纷一案审理过程中，A公司张罗提供的技术秘密载体为英文原件，附中文要点说明，这些技术材料与A公司于2007年诉讼中提供的《工业化柠檬酸铝配制方法细节》等技术秘密的文字资料也不完全相同。因此，根据现有证据无法认定《协议书》中提及的技术资料中包括A公司于2007年诉讼中提供的《工业化柠檬酸铝配制方法细节》等技术秘密。原审判决认为不能认定A公司在2003年5月以前交付给刘某涉案技术秘密，不能认定刘某及B公司使用了A公司2007年1月1日出具的《工业化柠檬酸铝配制方法细节》等技术秘密并无不当。大庆市科学技术局作出的《撤销技术成果鉴定的决定》未涉及《工业化柠檬酸铝配制方法细节》等技术秘密的内容，故不能认定刘某所得的‘技术文件’就是本案所涉《工业化柠檬酸铝配制方法细节》等技术秘密”。

案例十一：嘉兴市中级人民法院审理的A公司与廖某广、B公司侵害商业秘密纠纷 [（2014）浙嘉知终字第9号] 认为，“A公司主张B公司及廖某广侵犯其SMT技术秘密，首先应对技术秘密的具体内容予以明确，并在客观上有适当载体予以体现。二审中，A公司陈述SMT技术是电子电路表面组装技术，由客户提供元器件，A公司负责技术加工以达到客户的要求，因不同客户的产品需要编制不同的技术参数，优化所得的参数即为其主张的技术秘密的保护范围。为此，A公司应当举证该技术秘密的载体，借以固定该技术秘密的具体内容。但至本案二审庭审结束，A公司仅列举了其中一个客户的部分SMT技术加工编程资料，并未能完整反映其主张的技术秘密的具体内容，导致法院及对方当事人无法知悉其技术秘密的具体内容，也无法与被控侵权信息进行比对”。

案例十二：嘉兴市中级人民法院审理的A公司与翁某中、翁某镳等侵害商业秘密纠纷［（2010）浙嘉知初字第108号］认为，“请求保护商业秘密的内容应当固定在相应的载体上，通过载体能够重现商业秘密的具体内容。本案中，尽管原告在本案第二次庭审中明确了其商业秘密的具体内容，即其主张的生产化纤消光用二氧化钛整个工艺流程、添加的助剂的比例、配比及超细粉碎机的刀片为其商业秘密的秘密点，但是由于其仅仅提供第三方的证明、试验、试用报告等资料，却无法提供固定其商业秘密的载体，从而导致本院无法确认其在本案中主张的技术信息就是其在1999年以前开发研制并具体运用的技术信息故原告所主张的商业秘密不符合法定条件”。

案例十三：上海市第二中级人民法院审理的A公司诉B公司侵害商业秘密纠纷案［（2004）沪二中民五（知）初字第269号］认为，“本案中，原告主张手持机及感应卡的加密程序是其商业秘密，但原告未向本院递交该加密程序，故本院无法了解其主张的商业秘密的具体内容，也无法对其主张的商业秘密是否符合法律规定的构成要件作出判断。虽然原告为此提供了非接触式感应卡密钥说明，但其在庭审中明确，说明仅是对其商业秘密的描述，并非载体，加密程序才是其商业秘密的载体，因此，原告递交的说明无法体现其主张的商业秘密的全部内容”。

案例十四：上海市浦东新区人民法院审理的A公司诉钟某侵犯技术秘密纠纷案［（2010）浦民三（知）初字第81号］认为，“本案中，原告主张商业秘密的载体是被告向案外人提供的光盘中名称为‘美国NET节能建筑’的动画，其所归纳的商业秘密点分为两类，一类是建造环保房屋的施工流程，该流程由6个步骤组成，其作为一个整体主张权利；第二类是建造环保房屋施工流程中每一步骤所涉及的技术，6个步骤中每一个步骤均作为单独的一项技术秘密主张权利。本院认为，原告主张的商业秘密均不成立。首先，原告主张的商业秘密点应当与其载体表现的内容相一致，否则法院无法判断该商业秘密的客观存在性。经审查，原告归纳的建造环保房屋的施工流程中的第4至6步骤的内容，并未体现在‘美国NET节能建筑’动画中，经本院提示后，原告仍未作出具体的说明。因此，本院难以认定原告以动画形式体现的建造环保房屋的过程中存在上述第 4 至 6 步骤，该 3 个步骤既无法作为施工流程中的组成部分也无法作为单独的技术秘密点而构成原告的商业秘密。而且，原告主张权利的载体同时又是其主张被告侵权的证据，在其归纳的商业秘密点与载体内容不相符合的情况下，即便原告主张的商业秘密成立，也无法证明被告实施了侵犯原告商业秘密的行为”。

七、报价单等经营信息载体作为公司内部制作的凭证必然系由单方形成，不宜因其是由权利人单方形成而否认其真实性（Business information carrier such as quotations，which are internal receipts，may only generated ex parte. A court may not deny its truthfulness just because it was generated by right holder ex parte.）

案例十五：常州市中级人民法院审理的 A 公司与 B 公司、朱某刚等侵害商业秘密纠纷案［（2016）苏 04 民初 22 号］认为，“尽管被告对原告提交的报价单等经营信息载体真实性提出异议，但是报价单作为原告内部制定价格以及下单交由生产部门进行制作的凭证，必然系由原告单方形成，其内容具体翔实，甚至包括不同部件的连接关系、切割角度、打孔位置等内容，不宜仅因系原告单方形成而否认其真实性，更为重要的是，该等经营信息载体并非孤证，而是与增值税发票、付款凭证等其他证据相互印证，相关交易真实发生，故本院对其真实性予以采信，对于联络信息等手写件或打印件证据，同理本院亦予采信。基于上述客户信息载体证据的相互印证，本院对原告所提供客户信息的真实性均予采纳，本院认为，涉案 10 家企业相关经营信息需要经过长期积累方能形成，非实际参与交易者不经过充分的市场努力将无从知晓，满足秘密性要件”。

051 权利人提供初步证据证明存在侵害商业秘密时，不存在侵权行为的证明责任转移给涉嫌侵权人（The burden of proof shall be shifted to the accused party where the holder of a trade secret has produced prima facie evidence of trade secret misappropriation.）

裁判要旨

商业秘密权利人提供初步证据，证明其已对主张的商业秘密采取保密措施，且合理表明商业秘密被侵犯时，商业秘密权利基础的证明责任转移给涉嫌侵权人；商业秘密权利人提供初步证据证明侵权行为存在时，不存在侵犯商业秘密行为的证明责任转移给涉嫌侵权人。

根据2020年9月10日颁布的《最高人民法院关于审理侵犯商业秘密民事案件适用法律若干问题的规定》，最新规则中引入了举证妨碍制度，即在权利人已经提供侵权人因侵权所获得的利益的初步证据，但与侵犯商业秘密行为相关的账簿、资料由侵权人掌握的情况下，权利人可以向法院申请，责令侵权人提供该账簿、资料。侵权人无正当理由拒不提供或者不如实提供的，应当承担不利后果，法院可以根据权利人的主张和提供的证据认定侵权人因侵权所获得的利益。

案情简介

一、徐某颜就职于A公司，公司制定的《2018年提成以外奖励机制表》中规定，所有的客户资源归公司所有，员工离职后不能带走任何客户。公司的每个客户对应由电子商务部固定的对应员工接触，需输入公司密码登录才能与客户交易。

二、徐某颜在职期间即与其接触的公司客户发生两次交易，但上述付款未进入A公司账户。徐某颜离职后，再次与客户交易，交易款支付至B公司账户。

三、A公司以侵害商业秘密为由向梅州市中级人民法院提起诉讼，并提交了公司已采取保密措施、徐某颜离职后仍与客户交易的初步证据。

四、法院认为根据A公司规定客户资源归公司且公司客户只有特定岗位对应的员工输入公司密码才能交易，可认定A公司向员工提出了对客户名单的保密要求，同时采取对涉密信息限定知悉范围、控制接触人群等相应保密措施，故涉案客户信息构成商业秘密。

五、A公司提供徐某颜离职后仍与客户交易的初步证据，即完成了基本举证义务，而徐某颜没有提供证据证明是客户自愿选择与其或者B公司进行市场交易，应认定其侵害了A公司的商业秘密，应承担相应的侵权责任。

法院判决

梅州市中级人民法院在本案民事判决书的“本院认为”部分就上述争议焦点进行如下论述：

客户A某在徐某颜离开A公司之前并不为B公司所知，且A某成为A公司客户后，在两个月时间内与A公司频繁交易达5次之多，多次获得好评，该交易行为能提升公司竞争力，带来经济利益，具有商业价值。根据A公司对外贸易的经营性质，其在《2018年提成以外奖励机制表》规定客户资源归公司，任何人不得损害公司利益，且公司客户只有特定岗位对应的员工输入公司密码才能交易，可以认定A公司向员工提出了对客户名单的保密要求，同时采取对涉密信息限定知悉范围、控制接触人群等相应保密措施，A某客户信息属A公司的商业秘密。A公司提供徐某颜离职后仍与A某交易的初步证据，徐某颜对此亦认可，A公司完成了基本举证义务。徐某颜作为A公司的原员工负责与客户A某接触，应当知道该客户与公司的交易情况，离职后徐某颜继续与A某交易，徐某颜没有提供证据证明是A某自愿选择与其或者B公司进行市场交易，徐某颜离职后仍与A某交易，侵害了A公司的商业秘密，应承担相应的侵权责任。A公司要求徐某颜承担侵害A某客户信息的责任，理由充分，予以支持。徐某颜抗辩没有侵权，理由不充分，不予采信。A公司没有证据证明B公司明知或者应知客户A某是A公司的商业秘密，其要求B公司承担相应的侵权责任，无事实和法律依据，不予支持。B公司抗辩没有侵权，理由充分，予以采信。A公司主张徐某颜、饶某兰就职B公司后盗用原公司经营计划、财务资料、货源渠道、标底、标书给B公司，侵害了其商业秘密。A公司对此主张没有提供充分的证据证明，应承担举证不能的法律后果，其要求徐某颜、饶某兰、B公司对此承担赔偿责任，无事实依据，不予支持。

本案相关法律法规

《中华人民共和国反不正当竞争法》

第三十二条　在侵犯商业秘密的民事审判程序中，商业秘密权利人提供初步证据，证明其已经对所主张的商业秘密采取保密措施，且合理表明商业秘密被侵犯，涉嫌侵权人应当证明权利人所主张的商业秘密不属于本法规定的商业秘密。

商业秘密权利人提供初步证据合理表明商业秘密被侵犯，且提供以下证据之一的，涉嫌侵权人应当证明其不存在侵犯商业秘密的行为：

（一）有证据表明涉嫌侵权人有渠道或者机会获取商业秘密，且其使用的信息与该商业秘密实质上相同；

（二）有证据表明商业秘密已经被涉嫌侵权人披露、使用或者有被披露、使用的风险；

（三）有其他证据表明商业秘密被涉嫌侵权人侵犯。

《最高人民法院关于知识产权民事诉讼证据的若干规定》

第二十四条　承担举证责任的当事人书面申请人民法院责令控制证据的对方当事人提交证据，申请理由成立的，人民法院应当作出裁定，责令其提交。

第二十五条　人民法院依法要求当事人提交有关证据，其无正当理由拒不提交、提交虚假证据、毁灭证据或者实施其他致使证据不能使用行为的，人民法院可以推定对方当事人就该证据所涉证明事项的主张成立。

当事人实施前款所列行为，构成民事诉讼法第一百一十一条规定情形的，人民法院依法处理。

《最高人民法院关于审理不正当竞争民事案件应用法律若干问题的解释》

第十四条 当事人指称他人侵犯其商业秘密的，应当对其拥有的商业秘密符合法定条件、对方当事人的信息与其商业秘密相同或者实质相同以及对方当事人采取不正当手段的事实负举证责任。其中，商业秘密符合法定条件的证据，包括商业秘密的载体、具体内容、商业价值和对该项商业秘密所采取的具体保密措施等。

案件来源

梅州市中级人民法院审理的 A 公司与 B 公司、徐某颜著作权权属纠纷一审民事判决书［（2019）粤 14 民初 5 号］

052 非法获得的信息不能作为商业秘密进行保护（Information acquired illegally shall not be protected as trade secret.）

裁判要旨

商业秘密受到法律保护的前提在于该商业秘密具有合法性，不能举证证明收集、使用的个人信息是经合法程序或经过有关公民许可而获取时，涉案信息不属于商业秘密的范畴。

案情简介

一、A 公司为 B 公司提供各类打印输出服务。双方签订《相互保密协议书》，约定保密的内容包括 B 公司所提供的各类打印输出服务所需要的数据、报告及各类文件，B 公司客户的名称及其客户各个活动的内容。

二、B 公司分别与 C 公司、D 公司签订《直邮市场活动服务合同》：B 公司为两公司的顾客招募活动分别提供 5000 条与 10000 条数据；数据选择范围指向上海地区的时尚富有人群、社会精英。合同中还约定：数据只供一次性使用，B 公司在所提供数据中插入少量种子数据。

三、之后，B 公司为履行其与 C 公司和 D 公司的合同，委托 A 公司打印信封标签共计 15000 条数据，每条数据包含了姓名、性别、城市、地址、邮政编码等内容，地址中的收件人姓名系其从真实的自然人姓名与公司名称所组成的数据库中随机抽取文字，重新组合而成的虚拟姓名。

四、上述数据中的多名收件人收到了以 E 公司、F 公司、G 协会名义发出的广告函。A 公司承认上述广告函是由其接受案外人委托发出的信函。

五、B 公司认为 A 公司、E 公司、F 公司和 G 协会使用自己的保密信息，向数据组中的对象邮寄产品广告和服务宣传资料等信函，故 B 公司以侵害商业秘密向上海市第一中级人民法院提起诉讼，诉请判令四名被告停止侵权、赔礼道歉。

六、一审法院认为 B 公司主张的 15000 条数据符合商业秘密的构成要件，但现有证据不足以证明四被告侵犯其商业秘密。一审法院判决驳回原告的诉讼请求。

七、B 公司不服一审判决，向上海高级人民法院提起上诉。二审法院认为商业秘密能够受到法律保护的前提是其具有合法性，但原告未举证证明其取得及使用的个人信息具有合法的依据，二审法院据此判决驳回上诉，维持原判。

法院判决

上海市高级人民法院在本案民事判决书的“本院认为”部分就上述争议焦点进行如下论述：

当事人对自己提出的主张，有责任提供证据。当事人对自己提出的诉讼请求所依据的事实或者反驳对方诉讼请求所依据的事实有责任提供证据加以证明。没有证据或者证据不足以证明当事人的事实主张的，由负有举证责任的当事人承担不利后果。对于商业秘密侵权纠纷案件来讲，权利人的商业秘密是否能够受到法律的保护，前提条件就是其诉称的该商业秘密是否具有合法性。所谓合法性，即当事人对该技术信息和经营信息的获取、使用等均不违反法律的规定以及不损害他人的合法权益。经查，由于本案所涉的有关数据信息涉及公民个人的有关信息，与其他技术信息和经营信息相比，其具有较大的特殊性。如果不经过合法程序而对这些个人信息进行获取和使用将会造成对公民个人权利的损害。因此，上诉人对其主张的有关数据信息商业秘密，应当举证证明其取得及使用这些有关数据信息具有合法的依据。否则，上诉人要求保护的商业秘密不能受到法律的保护。从本案的有关证据来看，无法反映上诉人是合法取得该有关数据信息的，也无法反映上诉人对于该有关数据信息的使用是经过有关公民的许可的。因此，上诉人关于要求保护其有关数据信息商业秘密的诉请，尚缺乏足够证据的支持。

本案相关法律法规

《中华人民共和国民法典》

第一千零三十四条 自然人的个人信息受法律保护。

个人信息是以电子或者其他方式记录的能够单独或者与其他信息结合识别特定自然人的各种信息，包括自然人的姓名、出生日期、身份证件号码、生物识别信息、住址、电话号码、电子邮箱、健康信息、行踪信息等。

个人信息中的私密信息，适用有关隐私权的规定；没有规定的，适用有关个人信息保护的规定。

第一千零三十五条 处理个人信息的，应当遵循合法、正当、必要原则，不得过度处理，并符合下列条件：

（一）征得该自然人或者其监护人同意，但是法律、行政法规另有规定的除外；

（二）公开处理信息的规则；

（三）明示处理信息的目的、方式和范围；

（四）不违反法律、行政法规的规定和双方的约定。

个人信息的处理包括个人信息的收集、存储、使用、加工、传输、提供、公开等。

《中华人民共和国反不正当竞争法》

第九条第四款 本法所称的商业秘密，是指不为公众所知悉、具有商业价值并经权利人采取相应保密措施的技术信息、经营信息等商业信息。

《最高人民法院关于审理不正当竞争民事案件应用法律若干问题的解释》

第十四条 当事人指称他人侵犯其商业秘密的，应当对其拥有的商业秘密符合法定条件、对方当事人的信息与其商业秘密相同或者实质相同以及对方当事人采取不正当手段的事实负举证责任。其中，商业秘密符合法定条件的证据，包括商业秘密的载体、具体内容、商业价值和对该项商业秘密所采取的具体保密措施等。

案件来源

上海市高级人民法院审理的A公司与B公司等侵害商业秘密纠纷上诉案[（2006）沪高民三（知）终字第92号]

延伸阅读及类案裁判规则

违反国家法律法规、损害社会公共利益、违背社会公共秩序的信息，即使在形式上符合商业秘密的构成要件，也不受法律保护（Any information shall not be protected by laws if such information violates applicable national law, damage public interest, and breaches public order, even though it complies with the element of trade secrets in the format.）

案例一：西安市中级人民法院审理的A公司与姜某侵害商业秘密纠纷一审民事判决书［（2018）陕01民初725号］认为，"姜某虽认可拷贝了刷单信息，因刷单本身就是经营者组织进行的虚假交易，其利益并不受法律保护，故刷单信息不属于商业秘密范畴"。

案例二：南京市中级人民法院审理的A公司诉姚某强侵犯商业秘密纠纷案［（2007）宁民三初字第137号］认为，"原告A公司主张的'商业秘密'为'经营信息，学生姓名、数量、分布情况和家长的自然情况'。对此，本院认为，商业秘密是一种私权，其取得和行使必须遵循法律法规的规定，符合社会公共利益和社会公共秩序。凡是违反国家法律法规，损害社会公共利益，违背社会公共秩序的'商业秘密'不受法律保护。我国为实施科教兴国战略，促进教育事业的健康发展，维护各类学校和受教育者的合法权益，制定了《教育法》《民办教育促进法》及《民办教育促进法实施条例》等法律法规来规范教育秩序。民办教育作为一种社会公益性事业，其设立和教学活动应当遵守法律法规的规定。原告A公司在南京市、镇江市等地区开展的幼儿英语教学培训，属于学前教育范围，应当经过县级以上人民政府教育行政部门的审批，取得教育行政部门颁发的《社会力量办学许可证》（2003年9月1日之前）和《民办学校办学许可证》（2003年9月1日之后）。但直至本案庭审结束，原告A公司未能向本院提供《社会力量办学许可证》和《民办学校办学许可证》，不能证明其合法办学的资质。因此，即使原告A公司在幼儿英语教学培训中积累的"经营信息"在形式上符合商业秘密的构成要件，但由于原告不能证明其办学活动经教育行政部门审批许可，符合相关法律法规规定，实质上也不能构成受法律保护的商业秘密。因此，原告关于'依法追究被告侵犯其商业秘密'的诉讼请求也无事实和法律依据，本院亦不予支持"。

053 商业秘密共有人共同起诉时，应明确各项涉案信息的形成时间和相应权利人，不能以“最原始权利人”笼统主张（The co-owner of trade secrets shall specify each information’s formation time and right holder and shall not bring a suit under the name of original right holder generally.）

裁判要旨

商业秘密共有人可共同起诉主张权利，但起诉时应明确涉案信息形成的具体时间以及对应的权利人，不能以“最原始权利人”进行笼统的主张。

案情简介

一、周某敏、陈某新均先后任A材料厂和B公司的高管；陈某与周某敏系夫妻关系，曾是A材料厂员工；戴某勋原系A材料厂员工，后任C公司区域销售员；李某敏原系A材料厂研发部门的员工。

二、2000年B公司设立，A材料厂系股东之一；2003年，C公司设立，B公司将其所拥有技术信息作价投入C公司，系股东之一。涉案信息中的一部分以出资的方式，在A材料厂与B公司之间，以及B公司与C公司之间，先后经历了两次权利人的变更。

三、D公司成立于2003年，以PBT改性产品的生产、销售为主。周某敏、陈某新、陈某、李某敏、戴某勋离开原单位后，陆续至D公司工作。周某敏任总经理，陈某新任副总经理，陈某、李某敏从事产品研发工作，戴某勋从事销售工作。

四、2005年，A材料厂、B公司、C公司要求公安部门依法查办周某敏等人和D公司涉嫌侵犯商业秘密一事。港闸分局对举报内容进行了立案侦查。在公安询问笔录中，五名自然人称在D公司曾参照、使用过A材料厂的相关技术信息和经营信息。2007年，港闸分局以“情节显著轻微、危害不大、不认为是犯罪”为由，作出了撤销案件的决定。

五、三公司主张其PBT改性产品系C公司主导生产，其他两家提供技术、人员服务，故B公司、C公司在实际生产经营中也执行A材料厂规定的保密措施。三公司以五自然人、D公司侵害商业秘密为由共同向江苏省高级人民法院提起民事诉讼。

六、D公司等对涉案技术信息的权利主体发生争议，一审法院认为C公司已表示将其商业秘密与A材料厂、B公司共有，故原告以商业秘密的共有人的身份共同起诉主张权利，并无不当。但三原告未对涉案信息采取合理的保密措施，不构成商业秘密，涉案侵权指控不能成立。

七、三家公司不服一审判决向最高人民法院提起上诉。二审法院认为三上诉人不能合理说明其主张的各项涉案信息的形成时间和对应的权利人，因而无法确定其是否采取了保密措施，由此产生的不利后果自行承担，二审法院判决维持原判。

八、A材料厂、B公司、C公司不服最高法院的二审判决，向最高人民法院申请再审。最终，最高人民法院裁定驳回三申请人的再审申请。

法院判决

最高人民法院在本案民事判决书的“本院认为”部分就上述争议焦点进行如下论述：

一、A材料厂、B公司、C公司可以共同主张权利

根据2007年修正的《中华人民共和国民事诉讼法》第一百一十九条第（一）项的规定，在民事诉讼中，原告应当是与本案有直接利害关系的公民、法人和其他组织。据此，在商业秘密侵权纠纷案件中，原告应首先证明其因自行研究开发或受让等原因而合法拥有涉案的技术信息或经营信息，即其有权对相关技术信息或经营信息主张权利。否则，人民法院将直接驳回其起诉。

本案中，D公司等对A材料厂、B公司是否有权主张涉案技术信息的相关权利提出了异议，对此A材料厂等陈述了其认为自己有权作为原告共同起诉的理由。究其陈述内容的实质：一是三者构成企业法人人格混同，二是涉案技术信息真正的权利人C公司愿意与A材料厂、B公司共同共有涉案技术信息。对此，一审法院认为：

……

虽然目前各方当事人就涉案技术信息的权利主体发生争议，但D公司等也承认该技术信息的权利主体至少应包括C公司。在此种情形下，C公司已明确表示同意将其所拥有的技术信息与A材料厂、B公司共有。该行为属民事权利主体对自身权利的处分，不违反法律规定，应予准许。故A材料厂、B公司、C公司以涉案技术信息的共有人身份共同起诉主张权利，并无不当。但A材料厂、B公司享有的权利不能超过C公司对涉案技术信息所享有的权利。

另，因A材料厂等主张涉案客户名单系三者共有，且D公司等对此亦未提出异议，故A材料厂等可就涉案客户名单共同主张权利。

……

涉案信息实际上是在较长时间内，在A材料厂、B公司和C公司三个民事主体处分别形成的。涉案信息中的一部分以出资的方式，在A材料厂与B公司之间，以及B公司与C公司之间，先后经历了两次权利人的变更。因此，A材料厂采取的保密措施仅适用于在该厂形成的有关涉案信息，不能作为在B公司、C公司处取得或形成的有关涉案信息的保密措施。相应的，B公司采取的保密措施，也不能作为在C公司处取得或形成的有关涉案信息的保密措施。本案中，三上诉人以共有为名，对于涉案信息一并主张商业秘密保护。但是，只有在三上诉人明确涉案各项技术、经营信息形成的具体时间以及对应的权利人的情况下，方能确定三上诉人主张的各项涉案信息是否采取了合理的保密措施，构成商业秘密。然而，经本院多次释明，三上诉人始终不能就其主张的各项涉案信息的形成时间和对应的权利人作出合理说明或证明，由此产生的不利后果应当由其自行承担。三上诉人有关“若要追溯最早或最原始的形成时间和主体，是难以实现的”，“A材料厂是所有商业秘密的最原始权利人”的主张，缺乏事实和法律依据，本院不予支持。

本案相关法律法规

《中华人民共和国民法典》

第二百九十七条 不动产或者动产可以由两个以上组织、个人共有。共有包括按份共有和共同共有。

第二百九十八条 按份共有人对共有的不动产或者动产按照其份额享有所有权。

第二百九十九条 共同共有人对共有的不动产或者动产共同享有所有权。

第三百零五条 按份共有人可以转让其享有的共有的不动产或者动产份额。其他共有人在同等条件下享有优先购买的权利。

《最高人民法院关于审理不正当竞争民事案件应用法律若干问题的解释》

第十一条 权利人为防止信息泄漏所采取的与其商业价值等具体情况相适应的合理保护措施，应当认定为反不正当竞争法第十条第三款规定的“保密措施”。

人民法院应当根据所涉信息载体的特性、权利人保密的意愿、保密措施的可识别程度、他人通过正当方式获得的难易程度等因素，认定权利人是否采取了保密措施。

具有下列情形之一，在正常情况下足以防止涉密信息泄漏的，应当认定权利人采取了保密措施：

（一）限定涉密信息的知悉范围，只对必须知悉的相关人员告知其内容；

（二）对于涉密信息载体采取加锁等防范措施；

（三）在涉密信息的载体上标有保密标志；

（四）对于涉密信息采用密码或者代码等；

（五）签订保密协议；

（六）对于涉密的机器、厂房、车间等场所限制来访者或者提出保密要求；

（七）确保信息秘密的其他合理措施。

第十五条 对于侵犯商业秘密行为，商业秘密独占使用许可合同的被许可人提起诉讼的，人民法院应当依法受理。

排他使用许可合同的被许可人和权利人共同提起诉讼，或者在权利人不起诉的情况下，自行提起诉讼，人民法院应当依法受理。

普通使用许可合同的被许可人和权利人共同提起诉讼，或者经权利人书面授权，单独提起诉讼的，人民法院应当依法受理。

案件来源

最高人民法院审理的A材料厂、C公司等与F公司（原D公司）、陈某新等侵害技术秘密纠纷二审民事判决书［（2014）民三终字第3号］和最高人民法院审理的E商社、C公司侵害技术秘密纠纷再审审查与审判监督民事裁定书［（2017）最高法民申1602号］

延伸阅读及类案裁判规则

一、公司与子公司约定共享商业秘密，两公司均系商业秘密共同权利人，均有权提起诉讼（A parent company and its affiliates are the co-owner of trade secrets if they agree to share trade secrets. Both of them are entitled to bring a suit.）

案例一：南京铁路运输法院审理的A公司、B公司与C公司、陆某侵害经营秘密纠纷案［（2017）苏8602民初708号］认为，“本案中，原告A公司全资设立了B公司，并在设立后即与其签订《关于涉税软件产品研发销售安排的备忘录》，对涉税软件市场的产品研发、市场推广、销售和服务进行了全面资源整合约定，并对客户资源的开发、共享、保密，客服团队的培养、使用，新形成知识产权权利的共有，以及权利被侵害的维护等事项进行了具体约定。根据两原告提交的合同、CRM

管理系统等证据，可以证明两原告在实际经营中也是按照备忘录的约定予以履行。通过商业经营的约定和实际履行的情况，本院认为，两原告系本案所主张的商业秘密的共同权利人，有权向法院提起诉讼，共同主张相关权益”。

二、事实上共享商业秘密，其他共有人未提出异议的，商业秘密部分共有人有权单独提起诉讼（A co-owner of trade secrets is entitled to bring a suit solely if other co-owners did not raise any objection regarding factual shared trade secrets.）

案例二：最高人民法院审理的王某晖、刘某侵害商业秘密纠纷再审审查与审判监督民事裁定书［（2018）最高法民申 4529 号］认为，“根据一、二审法院查明的事实，涉案自动清洗过滤器技术、吊车激光定位导航系统技术、全自动树脂锚固剂生产线技术系 A 公司等四公司其中一家或多家通过研发、反向工程等途径获取并掌握，涉案经营信息亦通过分别签订商业秘密共有协议的形式在各公司之间达成了共享，且该共享并未违反相关法律的禁止性规定，应属有效，因此，A 公司等四公司可作为本案适格主体提起诉讼。另，在案外人未提出异议的前提下，与案外人共享部分信息的事实并不能成为妨碍 A 公司等四公司提起本案诉讼以主张权利的事由”。

刑事篇

（Criminal Procedure）

一、侵犯商业秘密罪刑事案件的程序问题

（Procedural issue for trade secret misappropriation crime）

054 侵犯商业秘密罪案件由犯罪行为地或犯罪结果发生地法院管辖（A trade secret misappropriation crime shall be governed under jurisdiction of where the crime takes place or where the criminal result takes place.）

裁判要旨

侵犯商业秘密罪案件由犯罪地的人民法院管辖，犯罪地包括犯罪行为地和犯罪结果发生地。

案情简介

一、被告人俞某于1997年进A化工厂工作，A公司制定保密制度，要求公司员工在工作期间及离职后必须保守秘密，并采取了对员工培训、在内网上公布、要求签订保密协议等保密措施。

二、2008年，B公司决定启动维生素E生产项目，通过李某联系时任A公司下属子公司C公司烯醇车间主任的俞某，公司遂指派时任副总经理的被告人吴某甲负责商务谈判。

三、2008年3月，被告人吴某甲、蔡某至新昌与俞某、李某、金某见面，初步了解维生素E的生产技术。同年5月至8月，被告人吴某甲、蔡某先后到新昌县、嵊州市与俞某等人碰面，签订技术转让合同。

四、之后俞某将其工作中掌握的维生素E中间体橙花叔醇的生产工艺流程图、工艺规程等技术材料去除“A公司”等字样，交付给蔡某、吴某甲。

五、经鉴定，A公司的制备橙花叔醇的工艺规程记载的技术信息系不为公众所知悉的技术信息。

六、一审法院认为，俞某等人犯侵犯商业秘密罪，上诉后，二审法院维持了一

审判决。

法院判决

绍兴市中级人民法院在本案刑事裁定书的“本院认为”部分就上述争议焦点进行如下论述：

一审法院对本案是否有管辖权的问题。本院认为，根据《中华人民共和国刑事诉讼法》第二十条、第二十四条及《最高人民法院、最高人民检察院、公安部关于办理知识产权刑事案件适用法律若干问题的意见》第一条规定，刑事案件由犯罪地的人民法院管辖，犯罪地包括犯罪行为地和犯罪结果发生地。权利人受到实际侵害的犯罪结果发生地也具有管辖权。本案被告单位B公司、被告人俞某、吴某甲等人谈判、买卖维生素E中间体橙花叔醇技术资料发生在新昌县，且本案所涉商业秘密的权利人A公司的主营业地、登记地均在新昌县，故一审法院对本案有管辖权。上诉人及辩护人就管辖权提出的上诉意见，本院不予采纳。

本案相关法律法规

《中华人民共和国刑事诉讼法》

第二十五条 刑事案件由犯罪地的人民法院管辖。如果由被告人居住地的人民法院审判更为适宜的，可以由被告人居住地的人民法院管辖。

《最高人民法院关于适用〈中华人民共和国刑事诉讼法〉的解释》

第二条 犯罪地包括犯罪行为地和犯罪结果地。

针对或者主要利用计算机网络实施的犯罪，犯罪地包括用于实施犯罪行为的网络服务使用的服务器所在地，网络服务提供者所在地，被侵害的信息网络系统及其管理者所在地，犯罪过程中被告人、被害人使用的信息网络系统所在地，以及被害人被侵害时所在地和被害人财产遭受损失地等。

《公安机关办理刑事案件程序规定》

第十五条 刑事案件由犯罪地的公安机关管辖。如果由犯罪嫌疑人居住地的公安机关管辖更为适宜的，可以由犯罪嫌疑人居住地的公安机关管辖。

法律、司法解释或者其他规范性文件对有关犯罪案件的管辖作出特别规定的，从其规定。

第十六条 犯罪地包括犯罪行为发生地和犯罪结果发生地。犯罪行为发生地，包括犯罪行为的实施地以及预备地、开始地、途经地、结束地等与犯罪行为有关的地点；犯罪行为有连续、持续或者继续状态的，犯罪行为连续、持续或者继续实施的地方都属于犯罪行为发生地。犯罪结果发生地，包括犯罪对象被侵害地、犯罪所得的实际取得地、藏匿地、转移地、使用地、销售地。

居住地包括户籍所在地、经常居住地。经常居住地是指公民离开户籍所在地最后连续居住一年以上的地方，但住院就医的除外。单位登记的住所地为其居住地。主要营业地或者主要办事机构所在地与登记的住所地不一致的，主要营业地或者主要办事机构所在地为其居住地。

《最高人民检察院、公安部关于公安机关办理经济犯罪案件的若干规定》

第八条 经济犯罪案件由犯罪地的公安机关管辖。如果由犯罪嫌疑人居住地的公安机关管辖更为适宜的，可以由犯罪嫌疑人居住地的公安机关管辖。

犯罪地包括犯罪行为发生地和犯罪结果发生地。犯罪行为发生地，包括犯罪行为的实施地以及预备地、开始地、途经地、结束地等与犯罪行为有关的地点；犯罪行为有连续、持续或者继续状态的，犯罪行为连续、持续或者继续实施的地方都属于犯罪行为发生地。犯罪结果发生地，包括犯罪对象被侵害地、犯罪所得的实际取得地、藏匿地、转移地、使用地、销售地。

居住地包括户籍所在地、经常居住地。户籍所在地与经常居住地不一致的，由经常居住地的公安机关管辖。经常居住地是指公民离开户籍所在地最后连续居住一年以上的地方，但是住院就医的除外。

单位涉嫌经济犯罪的，由犯罪地或者所在地公安机关管辖。所在地是指单位登记的住所地。主要营业地或者主要办事机构所在地与登记的住所地不一致的，主要营业地或者主要办事机构所在地为其所在地。

法律、司法解释或者其他规范性文件对有关经济犯罪案件的管辖作出特别规定的，从其规定。

案件来源

绍兴市中级人民法院审理的俞某犯侵犯商业秘密罪二审刑事裁定书［（2015）浙绍刑终字第874、875号］

延伸阅读及类案裁判规则

一、侵犯商业秘密罪犯罪结果地对侵犯商业秘密罪案件有管辖权（A court, where the criminal result occurs, has jurisdiction over trade secret misappropriation crime.）

案例一：湘潭市中级人民法院审理的李某湘等人侵犯商业秘密罪一案的刑事判决书［（2014）潭中刑终字第326号］认为，本案两上诉人共同披露权利人A公司的商业秘密，致权利人遭受重大损失，权利人受到实际侵害的犯罪结果地是企业所在地韶山市，故韶山市公安局有管辖权。韶山市检察院、韶山市法院对此案亦有管辖权。

二、犯罪预备属于犯罪行为，犯罪行为预备地法院对侵犯商业秘密罪案件有管辖权（Preparation for crime constitute crime. A court, where the preparation for crime occurs, has jurisdiction over trade secret misappropriation crime.）

案例二：湖北省汉江中级人民法院审理的幸某侵犯商业秘密案［（2008）汉刑终字第9号］认为，关于上诉人幸某及其辩护人宋某峰、张某颢提出幸某涉嫌侵犯A公司商业秘密的行为发生在天津市津南区，原审法院对本案没有管辖权，一审程序违法的上诉理由和辩护意见。审理查明的事实表明，（1）幸某是A公司的技术研发人员，在A公司涉密岗位工作多年，其掌握了A公司的技术秘密。（2）幸某受过单位的保密教育，明知A公司的保密制度，负有保守A公司商业秘密的义务，其离开涉密岗位时不得将其所掌握的技术资料带走，且不得抄写或者复制其掌握的技术资料。（3）幸某明知其带走A公司的秘密技术资料行为违反A公司的保密规定。（4）幸某在A公司工作期间，即与B公司签订了劳动合同，随后离开A公司时，将属于A公司的轴承图纸等秘密技术资料带到B公司，在该公司从事三牙轮钻头产品设计工作中使用了其从A公司带走的部分秘密技术资料。因此，幸某违约带走A公司的秘密技术资料的行为是其实施侵犯商业秘密犯罪的预备行为，其实施上述侵犯商业秘密犯罪预备行为的犯罪地在潜江市，故潜江市人民法院对此案有管辖权。幸某及其辩护人宋某峰、张某颢提出的上诉理由和辩护意见不能成立。

三、侵犯商业秘密的侵权产品销售地不应视为使用商业秘密的侵权结果发生地（Where misappropriated products are saled shall not be regarded as the place of the trade secret misappropriation results takes place.）

案例三：最高人民法院审理的A深圳公司、A公司与B公司、B（广州）有限公司、B（昆山）有限公司、B（中国）有限公司、C印刷厂、D经营部侵犯商业秘密纠纷管辖权异议案［（2007）民三终字第10号］认为，A公司、A深圳公司虽然在起诉状中指控C印刷厂、D经营部销售侵犯原告商业秘密所制造的侵权产品，但根据《反不正当竞争法》第十条的规定，销售侵犯商业秘密所制造的侵权产品并不属于该法所列明的侵犯商业秘密的行为，故C印刷厂、D经营部被控销售侵犯商业秘密所制造的侵权产品的行为不是反不正当竞争法规定的侵犯商业秘密的行为。因此，广东省佛山市中级人民法院不能因C印刷厂、D经营部被控销售侵犯商业秘密所制造的侵权产品而具有本案的管辖权。一般而言，使用商业秘密的行为实施地和结果发生地是重合的。亦即使用商业秘密的过程，通常是制造侵权产品的过程，当侵权产品制造完成时，使用商业秘密的侵权结果即同时发生，不宜将该侵权产品的销售地视为使用商业秘密的侵权结果发生地。因此，虽然A公司、A深圳公司指控上诉人B公司等将被控侵权产品销往佛山市，但佛山市并不是上诉人B公司等使用商业秘密行为的侵权结果发生地，广东省佛山市中级人民法院亦不能据此具有本案的管辖权。关于A公司、A深圳公司指控的C印刷厂、D经营部使用侵犯原告商业秘密所制造的侵权产品，因该行为不属于反不正当竞争法规定的侵犯商业秘密的行为，故此不能成为佛山市中级人民法院管辖本案的依据。至于A公司、A深圳公司在二审答辩中提及的C印刷厂、D经营部使用侵权设备和工艺进行分条、切张等，因起诉状没有相关记载且其未提交初步证据予以证明，故此亦不能成为佛山市中级人民法院管辖本案的依据。

055 检察院对侵犯商业秘密罪不起诉的，被害人可直接向法院提起侵害商业秘密罪自诉（A victim may bring private prosecution against trade secret misappropriation to court directly if the prosecutors' office decides to drop the charge against trade secret misappropriation.）

裁判要旨

人民检察院不起诉，被害人有证据证明的侵犯商业秘密刑事案件，被害人可以直接向人民法院起诉。

案情简介

一、刘某是A公司的渠道商，熟悉A公司的经营和盈利模式。林某2、尹某、林某1、周某分别在A公司从事市场营销、技术研发工作，并掌握A公司支付平台源代码。

二、2015年7月，林某2、尹某、林某1、周某先后从A公司离职，并伙同刘某成立了B公司，经营与A公司相同的移动支付业务。尹某、林某1违反A公司的《保密协议》，将其在A公司掌握的A移动支付平台源代码直接上传至B公司VPN服务器，尹某组织林某1、周某将上述源代码修改成B移动支付营销平台并上线运行。

三、经鉴定，案涉源代码属于商业秘密，评估价值为人民币118万元。

四、深圳市福田区人民检察院认为，刘某犯罪情节轻微，具有认罪、悔罪等情节，已经对被害人进行了赔偿，被害人对其表示谅解。根据《中华人民共和国刑法》第三十七条的规定，不需要判处刑罚，决定对刘某不起诉。

五、A公司以刘某涉嫌侵犯商业秘密罪向一审法院提起自诉，一审法院经审理后裁定不予受理。A公司不服，提出上诉。

六、二审法院经审理后裁定撤销一审裁定，指令一审法院受理本案。

法院判决

深圳市中级人民法院在本案刑事裁定书的“本院认为”部分就上述争议焦点进行如下论述：

《中华人民共和国刑事诉讼法》（2012）第一百七十三条第二款规定：对于犯罪情节轻微，依照刑法规定不需要判处刑罚或者免除刑罚的，人民检察院可以作出不起诉决定。第一百七十六条规定：对于有被害人的案件，决定不起诉的，被害人如果不服，可以自收到决定书后七日以内向上一级人民检察院申诉，请求提起公诉。对人民检察院维持不起诉决定的，被害人可以向人民法院起诉。被害人也可以不经申诉，直接向人民法院起诉。人民法院受理案件后，人民检察院应当将有关案件材料移送人民法院。按照前述规定，人民检察院不起诉，被害人有证据证明的侵犯知识产权案刑事案件，被害人可以直接向人民法院起诉。

本案相关法律法规

《中华人民共和国刑事诉讼法》

第一百七十七条 犯罪嫌疑人没有犯罪事实，或者有本法第十六条规定的情形之一的，人民检察院应当作出不起诉决定。

对于犯罪情节轻微，依照刑法规定不需要判处刑罚或者免除刑罚的，人民检察院可以作出不起诉决定。

人民检察院决定不起诉的案件，应当同时对侦查中查封、扣押、冻结的财物解除查封、扣押、冻结。对被不起诉人需要给予行政处罚、处分或者需要没收其违法所得的，人民检察院应当提出检察意见，移送有关主管机关处理。有关主管机关应当将处理结果及时通知人民检察院。

第一百八十条 对于有被害人的案件，决定不起诉的，人民检察院应当将不起诉决定书送达被害人。被害人如果不服，可以自收到决定书后七日以内向上一级人民检察院申诉，请求提起公诉。人民检察院应当将复查决定告知被害人。对人民检察院维持不起诉决定的，被害人可以向人民法院起诉。被害人也可以不经申诉，直接向人民法院起诉。人民法院受理案件后，人民检察院应当将有关案件材料移送人民法院。

案件来源

深圳市中级人民法院审理的A公司侵犯商业秘密二审刑事裁定书［（2018）粤03刑终2393号］

056 侵犯商业秘密罪的被害人能否提起刑事附带民事诉讼（Whether a victim of trade secret misappropriation can bring collateral civil action for criminal prosecution.）

导 读

司法实践对被害人在侵犯商业秘密罪案件中能否提起刑事附带民事诉讼的问题有不同的看法。一种观点认为，被害人可以提起刑事附带民事诉讼，在刑事诉讼中一次性彻底解决刑事责任与民事责任两大问题。例如，裴某良侵犯商业秘密罪案、娄某犯侵犯商业秘密罪案等案例。也有观点认为，由于侵犯商业秘密罪既不涉及人身权利遭受侵犯，也不涉及财物被犯罪分子毁坏而遭受物质损失的情况，所以被害人在侵犯商业秘密罪案件中不能提起刑事附带民事诉讼。

本书作者分析研究了大量的侵犯商业秘密刑事附带民事案件，发现在有些侵犯商业秘密刑事案件中，权利人不能提起刑事附带民事诉讼。在有些侵犯商业秘密罪的刑事案件中，有些法院判决认定侵犯商业秘密罪被害人可以提起刑事附带民事诉讼，有些法院甚至在刑事自诉案件中被害人提起的附带民事诉讼被法院支持。具体请参见本节延伸阅读及类案裁判规则部分。希望未来通过立法或者司法解释就此问题作出明确具体的规定或者详细的司法解释，以统一裁判规则。

裁判要旨

被害人对因被告人的犯罪行为而遭受物质损失的，有权提起刑事附带民事诉讼。

案情简介

一、2002 年被告人娄某到 A 公司工作，与 A 公司签订了“保密与风险责任协议书”，承诺不擅自披露、使用公司商业秘密。

二、2012 年 8 月，娄某从 A 公司辞职后，利用 A 公司工作期间获取的生产图纸和客户名册、信息等资料，生产网带式保护气氛连续钎焊炉及备件，并利用从 A 公司获取的客户名册、信息等经营信息向上述客户名册内 42 家客户及其他买家进行销售。经鉴定，共给 A 公司造成直接经济损失 170 余万元。

三、西安市中级人民法院认为，被告人娄某的行为已构成侵犯商业秘密罪，判处被告人娄某有期徒刑二年，并判决被告人娄某停止侵权行为，赔偿附带民事诉讼原告人 A 公司 170 万元。

四、宣判后，被告人娄某及附带民事诉讼原告人 A 公司均不服，分别提出上诉。

五、陕西省高级人民法院经审理认为，原审判决认定事实清楚，证据确实、充分，定罪准确，量刑适当。裁定驳回上诉，维持原判。

法院判决

陕西省高级人民法院在本案刑事裁定书的“本院认为”部分就上述争议焦点进

行如下论述：

对于娄某及其辩护人提出本案不属于刑事附带民事诉讼受案范围，原审判决对娄某从重处罚没有法律依据的上诉理由和辩护意见，经查，（1）依据《中华人民共和国刑诉法》及司法解释规定，被害人对因被告人的犯罪行为而遭受物质损失的，有权提起刑事附带民事诉讼。

本案相关法律法规

《中华人民共和国刑事诉讼法》

第一百零一条 被害人由于被告人的犯罪行为而遭受物质损失的，在刑事诉讼过程中，有权提起附带民事诉讼。被害人死亡或者丧失行为能力的，被害人的法定代理人、近亲属有权提起附带民事诉讼。

如果是国家财产、集体财产遭受损失的，人民检察院在提起公诉的时候，可以提起附带民事诉讼。

《最高人民法院关于适用〈中华人民共和国刑事诉讼法〉的解释》

第一百七十五条 被害人因人身权利受到犯罪侵犯或者财物被犯罪分子毁坏而遭受物质损失的，有权在刑事诉讼过程中提起附带民事诉讼；被害人死亡或者丧失行为能力的，其法定代理人、近亲属有权提起附带民事诉讼。

因受到犯罪侵犯，提起附带民事诉讼或者单独提起民事诉讼要求赔偿精神损失的，人民法院一般不予受理。

案件来源

陕西省高级人民法院审理的娄某犯侵犯商业秘密罪一案二审刑事附带民事裁定书［（2017）陕刑终 29 号］

延伸阅读及类案裁判规则

本书作者分析研究了大量的侵犯商业秘密刑事附带民事案件，发现在有些侵犯商业秘密刑事案件中，权利人不能提起刑事附带民事诉讼。在有些侵犯商业秘密罪的刑事案件中，有些法院判决认为侵犯商业秘密罪被害人可以提起刑事附带民事诉讼，有些法院甚至在刑事自诉案件中被害人提起的附带民事诉讼被法院支持。希望未来通过立法或者司法解释就此问题作出明确具体的规定或者详细的司法解释，以统一裁判规则。

一、有些法院判决认为权利人不能提起侵害商业秘密刑事附带民事诉讼（Some judgments decided that right holders shall not bring collateral civil action for criminal prosecution for trade secret misappropriation.）

案例一：兰州市红古区人民法院审理的A公司与某某某民事其他一案［（2014）红刑附民字第71—1号］认为，因人身权利受到犯罪侵犯而遭受物质损失或者财务被犯罪分子毁坏而遭受物质损失的，可以提起刑事附带民事诉讼，而附带民事诉讼原告人A公司的起诉不属上述范围，依照《最高人民法院关于刑事附带民事诉讼范围的规定》第一条之规定，裁定如下：对A公司的起诉，本院不予受理。

案例二：沈阳市中级人民法院审理的苏某岭等侵犯商业秘密罪案［（2007）沈刑二终字第259号］认为，上诉人苏某岭、陈某政、何某旭和原审被告人蔡某良以不正当的手段获取、使用权利人的商业秘密，给权利人造成重大损失，其行为均已构成侵犯商业秘密罪，应予惩处。但原审在刑事判决中作出民事赔偿和财产处分的裁判，没有法律依据，应予纠正。首先，本案的权利人没有向法院提起附带民事诉讼，即判决书中没有民事诉讼主体，且本案亦不属于《最高人民法院关于刑事附带民事诉讼范围问题的规定》第一条第一款规定的附带民事诉讼的范畴。

案例三：江苏省高级人民法院海审理的A公司侵犯商业秘密罪案［（2014）苏知刑终字第00007号］认为，《中华人民共和国刑事诉讼法》第九十九条规定，被害人由于被告人的犯罪行为而遭受物质损失的，在刑事诉讼过程中，有权提起附带民事诉讼。《最高人民法院关于适用〈中华人民共和国刑事诉讼法〉的解释》第一百三十八条规定，被害人因人身权利受到犯罪侵犯或者财物被犯罪分子毁坏而遭受物质损失的，有权在刑事诉讼过程中提起附带民事诉讼。本案中，B公司指控A公司侵犯其商业秘密犯罪，既不属于因人身权利受到犯罪侵犯，也不属于其财物被犯罪分子毁坏而遭受物质损失。同时，根据现有证据亦无法认定B公司主张的经营信息构成商业秘密，故其提起附带民事诉讼不符合法定条件，一审法院据此驳回其起诉亦无不当。

二、有些法院判决认为权利人可以提起侵害商业秘密刑事附带民事诉讼（Some judgments decided that right holders may bring collateral civil action for criminal prosecution for trade secret misappropriation.）

案例四：西安市中级人民法院审理的裴某良侵犯商业秘密罪案［《最高人民法院公报》2006年第12期（总第122期）］认为，《最高人民法院关于执行〈中华人民共和国刑事诉讼法〉若干问题的解释》第八十六条第（五）项规定：附带民事诉讼中依法负有赔偿责任的人包括其他对刑事被告人的犯罪行为依法应当承担民事赔偿责任的单位和个人。被告人裴某良受聘于附带民事诉讼被告人 A 公司，是项目技术负责人。裴某良为完成 A 公司交付的设计任务，将窃取附带民事诉讼原告人 B 所的技术秘密上传到 A 公司局域网，供 A 公司的设计人员在为 C 公司、D 公司设计、制造板坯连铸机时使用。裴某良是为履行公职而直接侵权，其行为属于单位侵权，应当由其所在单位 A 公司承担侵权的民事责任。客观上，A 公司也是靠裴某良上传的图纸，才能在短时间内为 C 公司、D 公司完成板坯连铸机的设计、制造工作，从而谋取了巨额利润。A 公司的行为与裴某良的行为共同导致侵犯 B 所合法民事权益的损害结果发生，均与损害结果之间存在着法律上的因果关系。单从民事角度讲，A 公司也应对 B 所遭受的经济损失承担赔偿责任。将 A 公司列为本案附带民事诉讼被告人，不仅合法，而且合理。

案例五：广西壮族自治区北海市中级人民法院审理的李某廷侵犯商业秘密案［（2007）北刑终字第 101 号］认为，A 公司的鹅肥肝生产技术、工艺和经营信息是该公司与法国 MIDI 进行技术合作后，对鹅肥肝项目投资进行产业化开发形成的，与公知的鹅肥肝生产技术和信息有区别，具有实用性，已为 A 公司带来经济利益并确定一定的市场竞争优势，且经 A 公司采取保密措施，是商业秘密。上诉人李某廷违反 A 公司有关保守商业秘密的要求，披露和使用其在 A 公司工作期间获得的上述商业秘密，造成 A 公司的重大经济损失，其行为已触犯《中华人民共和国刑法》第二百一十九条第一款第（三）项的规定，构成侵犯商业秘密罪。A 公司被侵权所受到的损失或者 B 公司因使用李某廷披露商业秘密所获得的利益难以确定，原审法院参照该公司技术合作转让费及为引进技术所支出的培训费用来计算 A 公司的经济损失，也不违反法律的规定。李某廷的犯罪行为给 A 公司造成经济损失，除依法应给予刑事处罚外，还应赔偿 A 公司的经济损失。李某廷于 2001 年 11 月应聘到 A 公司工作，先后任基地部副经理、畜牧兽医技术负责人、技术开发部经理等职务。在工作期间接触、获取了 A 公司的商业秘密。在没有与 A 公司解除劳动关系的情况下，李某廷私下与 B 公司签订技术服务合同，违反 A 公司有关保守商业秘密的规定，披露和使用 A 公司的商业秘密，获取 B 公司的技术服务费。李某廷上诉提出 A 公司的鹅肥肝生产技术及管理方法已属公知技术及其在 A 公司工作期间无法获知 A 公司鹅肥肝生产技术等意见与事实不符，本院不予采纳。原判认定上诉人李某廷犯罪事实清楚，定罪准确，适用法律正确，审判程序合法，并根据其犯罪事实、情节、危害程度等作出适当量刑。李某廷上诉请求改判其无罪并驳回 A 公司的诉讼请求，缺乏事实和法律依据，本院不予支持。

案例六：湖南省株洲市中级人民法院审理的A公司、杨某钊侵犯商业秘密案［（1999）株中刑二终字第46号］认为，同意一审意见。一审法院湖南省株洲市荷塘区人民法院认为，附带民事诉讼原告单位B公司IC卡食堂电脑管理系统中存在不为公众所知，能为B公司带来经济利益，具有实用性并经B公司采取保密措施的技术信息和经营信息，即商业秘密。该商业秘密的权利人为B公司。被告单位A公司、被告人杨某钊故意利诱和采取其他不正当手段获取B公司的商业秘密，并使用该商业秘密而给B公司造成重大损失的行为均已构成侵犯商业秘密罪。公诉机关指控被告单位A公司、被告人杨某钊涉嫌犯侵犯商业秘密罪的罪名成立。被告单位A公司诉讼代表人刘某华、被告人杨某钊及其辩护人辩称不构成侵犯商业秘密罪的观点与庭审质证查明的事实和有关法律规定不符，不予采纳。A公司、杨某钊的犯罪行为给B公司造成的损失应予赔偿，赔偿额为A公司在侵权期间因侵权所获得的利润，损失的计算以株洲市石峰区人民检察院检察技术鉴定书株石检技会字（99）第9号及补充说明为准。由于侵犯商业秘密罪是《刑法》实施后的新罪名，故A公司给B公司造成的损失以1997年10月1日之后造成的损失2578227元计算。辩护人辩称应对B公司利润予以审计的观点，法院已予采纳。

案例七：浙江省宁波市江东区人民法院审理的黎某琪侵犯商业秘密案［（1998）甬东刑初字第206号］认为，被告人黎某琪采用贿赂、高薪聘用、安排住房等利诱手段，获取A厂有关八音琴产品的关键技术，并使用以上述手段获取的技术，生产和销售与A厂同一的八音琴产品，已给商业秘密权利人A厂造成特别严重的后果，其行为已构成侵犯商业秘密罪，公诉机关指控被告人黎某琪犯侵犯商业秘密罪的罪名成立。由于被告人黎某琪侵犯商业秘密的犯罪行为而使被害单位A厂遭受了相应的经济损失，A厂要求被告人黎某琪赔偿经济损失的诉讼请求应予支持。被告人黎某琪获取的八音琴产品的关键技术来源于A厂的事实已为法定鉴定机构的科学鉴定所证实，并为人民法院的有关民事判决所确认，其辩护人关于被告人的八音琴技术有其他来源的辩护意见无据可证，不予采信。被告人黎某琪后期侵犯商业秘密的行为主要通过私营独资企业B厂实施，其行为不具有单位犯罪的法律属性，其辩护人关于被告人的行为是以集体企业名义实施从而应属单位犯罪的辩护意见，与事实不符，就本案犯罪主体提出的异议不能成立。本院为维护社会主义市场经济秩序，保护企业的知识产权不受侵犯，严肃国法，惩罚犯罪，依照《中华人民共和国刑法》第二百一十九条、第三十六条及《中华人民共和国民法通则》第一百一十八条之规定，判决如下：一、被告人黎某琪犯侵犯商业秘密罪，判处有期徒刑3年，并处罚金人民币20万元。罚金于判决生效后1个月内缴纳。二、被告人黎某琪赔偿原告 A 厂经济损失人民币 100 万元，于判决生效后 3 个月内支付。

三、有些法院判决认为在刑事自诉案件中被害人亦可提起附带民事诉讼（Some judgments decided that victims may bring collateral civil action for private prosecution.）

案例八：江苏省镇江市中级人民法院审理的姚某生侵犯商业秘密案［（2006）镇刑二终字第 25 号］认为，A 公司自行研制和拥有的生产高纯石墨碳材的连续石墨化生产工艺技术，经 A 公司采取保密措施后构成商业秘密而为法律所保护。上诉人（原审被告人）姚某生在职期间和离职后违反权利人有关保守商业秘密的要求，披露、使用其所掌握的商业秘密，从中实际获利 100 万元，并给权利人造成重大损失，其行为已构成侵犯商业秘密罪，依法应予惩处。由于上诉人（原审被告人）姚某生的犯罪行为给原审自诉人造成的经济损失，依法应予赔偿。上诉人（原审被告人）姚某生及其辩护人提出的上诉理由和辩护意见，经查：（1）A 公司对其自主研发的连续石墨化生产工艺技术，经鉴定机构依法定程序鉴定，该技术构成了商业秘密；（2）上诉人（原审被告人）姚某生通过电话指导、修改图纸或现场指导，对 B 公司石墨化焦电煅炉的温控系统提出改进建议，提供了生产方面的技术指标参数，并帮助 B 公司解决炉内衬材料的选取和采购工作，其行为直接泄露了相关的商业秘密；（3）B 公司研制的高纯石墨碳材虽未投产，但上诉人（原审被告人）姚某生披露、使用其所掌握的商业秘密，致使商业秘密外泄，给权利人造成了重大损失，该损失数额可按上诉人（原审被告人）姚某生的实际获利所得认定。据此，上诉人（原审被告人）姚某生的上诉理由及其辩护人的辩护意见均不能成立。

四、有些案件中侵犯商业秘密罪案件被告人无罪、但附带民事诉讼被法院支持（Defendant was found not guilty in some trade secret misappropriation cases while the court rule for collateral civil action.）

案例九：内蒙古自治区呼和浩特市郊区人民法院审理的 A 机械加工厂、刘某智、高某云侵犯商业秘密案［（1999）郊附民初字第 34 号］认为，被告单位 A 机械加工厂的法定代表人刘某智和高某云利用高某云擅自从 B 公司带走的图纸和掌握的技术，生产淀粉设备，其中洗薯机、真空吸滤机、离心筛属商业秘密。A 机械加工厂生产的设备尚未制造完毕，也未交付订货厂家使用，所侵犯的商业秘密没有向外扩散，其情节显著轻微，社会危害不大，不认为是犯罪。三被告应赔偿因侵犯商业秘密给附带民事诉讼原告所造成的一定的经济损失。

二、构成侵犯商业秘密罪的认定

057 公司使用明知是非法披露的商业秘密，应认定构成侵犯商业秘密罪（If a company uses trade secrets which it clearly knows are illegally disclosed, it shall be deemed to have committed the crime of infringing trade secrets.）

裁判要旨

单位犯罪，是指公司、企业、事业单位、机关、团体为本单位或者本单位全体成员谋取非法利益，经单位集体决定或者主要负责人员决定，由直接责任人员具体实施的犯罪。公司使用明知是非法披露的商业秘密，应认定构成侵犯商业秘密罪。

案情简介

一、上诉人余某、罗某、肖某、李某原系被害单位A公司的员工，该四上诉人在日常工作中，能够接触并掌握A公司的客户名单、价格体系等经营信息类商业秘密，负有保守商业秘密的义务。

二、上诉人余某与江西商人黄某成立B公司，生产打印机用硒鼓等耗材产品，并成立上诉人C公司及香港D公司、美国D公司、欧洲D公司销售B公司产品。

三、上诉人余某、罗某、李某、肖某窃取被害单位A公司经营信息制定B公司、C公司部分产品的销售价格体系。

四、上诉人余某、罗某、肖某、李某等人利用上述价格体系向原属于A公司的部分客户销售相同型号的产品，给被害单位A公司造成了巨大经济损失。

五、原判决认为余某、罗某、李某、肖某违反约定，披露、使用、允许他人使用所掌握的商业秘密，被告单位B公司、C公司使用明知是他人非法披露的商业秘密，给商业秘密权利人造成特别严重后果，其行为均已构成侵犯商业秘密罪。

六、一审判决作出后，B公司、C公司以本案不够成单位犯罪等为由提出上诉，二审法院经审理认为，原判决认定上诉人B公司、C公司均构成单位犯罪，定性准确。各上诉人及其辩护人提出本案不构成单位犯罪的上诉理由、辩护意见均不能成立。

法院判决

广东省珠海市中级人民法院在本案刑事判决书的“本院认为”部分就上述争议焦点进行如下论述：

单位犯罪，是指公司、企业、事业单位、机关、团体为本单位或者本单位全体成员谋取非法利益，经单位集体决定或者主要负责人员决定，由直接责任人员具体实施的犯罪。所谓“为单位谋取非法利益”，是指违法犯罪所得收益直接或者说首先归属于单位，而不是直接归属于实施犯罪行为的自然人。至于归属于单位后，单位按照股份或者其他分配原则进行分配，不影响“为单位谋取非法利益”的认定。单位犯罪的构成要件是：(1) 单位犯罪是由单位的决策机构按照单位的决策程序决定，由直接责任人员实施的；(2) 单位犯罪是为本单位谋取非法利益或者以单位名义为本单位全体成员谋取非法利益；(3) 单位犯罪是公司、企业、事业单位、机关、团体犯罪，即单位本身犯罪，而不是单位的各个成员犯罪的集合。《最高人民法院关于审理单位犯罪案件具体应用法律有关问题的解释》第二条规定：“个人为进行违法犯罪活动而设立的公司、企业、事业单位实施犯罪的，或者公司、企业、事业单位设立后，以实施犯罪为主要活动的，不以单位犯罪论处。”上诉人B公司、C公司是否构成单位犯罪，也应从该两上诉人的行为是否符合单位犯罪的全部构成要件进行分析。具体如下：

(1) 上诉人余某系上诉人B公司、C公司的销售事务最高决策人，并且是香港D公司、美国D公司、欧洲D公司的实际控制人，其对上诉人B公司、C公司的销售模式具有相当程度的建议权和决定权。

(2) 上诉人余某、罗某、李某、肖某等人窃取被害单位A公司的客户名单、价格体系等商业秘密。在此基础上，上诉人余某、罗某制定上诉人B公司、C公司的销售策略和美国价格体系、欧洲价格体系，价格低于被害单位A公司，并以该价格向A公司的客户销售对应型号的产品。

(3) 上诉人B公司是产品的制造者，上诉人C公司以及香港D公司、美国D公司、欧洲D公司是B公司产品的销售者。

上诉人B公司、C公司经其主要负责人余某策划并由上诉人余某、罗某、李某、肖某等人具体实施，利用通过不正当方法窃取A公司的客户名单、价格体系等商业秘密，以较低的价格向A公司的部分客户销售对应型号的产品，给A公司造成经济损失共计人民币22705737.03元（2011年5月至12月，造成经济损失人民币11319749.58元；2012年1月至4月，造成经济损失人民币11385987.45元）。《最高人民法院、最高人民检察院关于办理侵犯知识产权刑事案件具体应用法律若干问题的解释》第七条规定：实施刑法第二百一十九条规定的行为之一，给商业秘密的权利人造成损失数额在五十万元以上的，属于“给权利人造成重大损失”，应当以侵犯商业秘密罪判处三年以下有期徒刑或者拘役，并处或者单处罚金。给商业秘密的权利人造成损失数额在二百五十万元以上的，属于刑法第二百一十九条规定的“造成特别严重后果”，应当以侵犯商业秘密罪判处三年以上七年以下有期徒刑，并处罚金。根据《最高人民法院、最高人民检察院关于办理侵犯知识产权刑事案件具体应用法律若干问题的解释（二）》第六条的规定，单位实施刑法第二百一十九条规定的行为，按照《最高人民法院、最高人民检察院关于办理侵犯知识产权刑事案件具体应用法律若干问题的解释》和本解释规定的相应个人犯罪的定罪量刑标准定罪处罚。B公司、C公司主观上具有非法利用被害单位A公司商业秘密获取非法利益的共同故意，客观上也共同实施了侵犯被害单位A公司商业秘密的行为。根据上述司法解释的规定，B公司、C公司给A公司造成的经济损失已属“造成特别严重后果”，依法均应以侵犯商业秘密罪定罪处罚。

上诉人B公司、C公司均系依法成立的企业法人，具有独立的法律人格。原判决认定上诉人B公司、C公司以及香港D公司、美国D公司、欧洲D公司为一个公司的三个部门，属认定事实错误；原判决认定上诉人B公司、C公司共给A公司造成经济损失23200264.31元有误。对此，本院一并予以纠正。

上诉人B公司、C公司虽然已在本案一审期间向法庭提交了《专家意见》以证明其不构成单位犯罪，但因《专家意见》不符合证据的法定性、客观性和关联性特征，不能作为证据采信。原判决认定上诉人B公司、C公司均构成单位犯罪，定性准确。各上诉人及其辩护人提出本案不构成单位犯罪的上诉理由、辩护意见均不能成立。

本案相关法律法规

《中华人民共和国刑法》

第三十条 公司、企业、事业单位、机关、团体实施的危害社会的行为，法律规定为单位犯罪的，应当负刑事责任。

第三十一条 单位犯罪的，对单位判处罚金，并对其直接负责的主管人员和其他直接责任人员判处刑罚。本法分则和其他法律另有规定的，依照规定。

《最高人民法院关于审理单位犯罪案件具体应用法律有关问题的解释》

第二条 个人为进行违法犯罪活动而设立的公司、企业、事业单位实施犯罪的，或者公司、企业、事业单位设立后，以实施犯罪为主要活动的，不以单位犯罪论处。

案件来源

广东省珠海市中级人民法院审理的 B 公司等侵犯商业秘密案二审刑事判决书［（2013）珠中法刑终字第 87 号］

延伸阅读及类案裁判规则

一、公司不是以实施犯罪为主要活动的（为违法犯罪活动而设立的公司、公司设立后以实施犯罪为主要活动），以单位犯罪论处，而不认定个人犯罪（Where a company does not commit crimes as its main activity, it shall be prosecuted as a crime committed by the company, rather than an individual crime.）

案例一：台州市中级人民法院审理的 A 公司、张某辉等犯侵犯商业秘密罪二审刑事裁定书［（2015）浙台知刑终字第 2 号］认为，上诉单位 A 公司关于其不构成单位犯罪主体的意见，经审查，上诉单位人格独立，财务制度健全，除涉案侵权产品外尚有其他产品研发生产，并不属于个人为进行违法犯罪活动而设立的公司，或者公司设立后以实施犯罪为主要活动的情形，故构成单位犯罪，对该意见不予采纳。

二、为违法犯罪活动而设立的公司，或者公司设立后以实施犯罪为主要活动的，不以单位犯罪论处，而是直接认定个人犯罪（A company established for the purpose of committing a crime or, after its establishment, commits a crime as the main activity, shall not be regarded as a crime committed by the company, but shall be directly recognized as a crime committed by individuals.）

案例二：衡阳市中级人民法院审理的罗某、邓某勇等侵犯商业秘密罪二审刑事裁定书［（2018）湘 04 刑终 158 号］认为，A 公司于 2014 年 11 月 10 日由罗某担任法定代表人以后，从 2015 年 1 月至 2016 年 11 月，通过 B 公司员工刘某波大量窃取 B 公司的专利产品技术图纸获取该公司的商业秘密资料，利用刘某波、涂某志、李某丹等人在 B 公司所掌握的专利技术和业务资源，加工、仿制、销售 B 公司的接收器、传感器、电动缸、二次仪表等专利产品进行牟利，侦查机关从A公司查获的数十台电动缸、二次仪表、接受器、涡流传感器等仿制品，从罗某、涂某志等人的电脑中查获的数百张窃取的B公司技术图纸，以及查获A公司自2015年1月至2016年11月以销售加工、仿制B公司专利产品为主的订货、采购合同、交易票据、送货单、报价单、现场照片等证据，足以证明A公司是以实施侵犯商业秘密的犯罪为主要活动，《最高人民法院关于审理单位犯罪案件具体应用法律有关问题的解释》第二条规定："个人为进行违法犯罪活动而设立的公司、企业、事业单位实施犯罪的，或者公司、企业、事业单位设立后，以实施犯罪为主要活动的，不以单位犯罪论处。"据此，对A公司不以单位犯罪论处。上诉人罗某提出"一审认定A公司成立后以实施本案的犯罪为主要活动与事实不符，本案应当属于单位犯罪"的理由不成立。

案例三：深圳市中级人民法院审理的黄某等人侵犯商业秘密罪二审刑事判决书[（2013）深中法知刑终字第35号]认为，A公司设立后，以生产销售侵犯B公司商业秘密的固态硬盘产品为主要活动，且本案中并无相关证据证实A公司构成单位犯罪，依法不应以单位犯罪论处，一审认定A公司构成单位犯罪不当，本院予以纠正。

三、侵犯商业秘密的非法所得归单位所有的，应当以单位犯罪论处（Where the illegal gains derived from the infringement of trade secrets are owned by an entity, the entity shall be accused for committing a crime.）

案例四：上海市第一中级人民法院审理的A公司、张某贤等侵犯商业秘密案[（2003）沪一中刑终字第343号]认为，被告人金某峰直接参与了B公司LS—1涂料技术的研制，掌握了该涂料的技术及配方，在被告人张某贤的利诱下，在未正式离开B公司之前就向A公司披露该技术，并在之后的一年内，允许A公司使用该技术生产了10万余公斤的侵权产品，侵占了被害单位同类产品的销售市场，被告单位A公司获取并使用他人技术秘密后，生产侵权产品的数量造成B公司的经营损失已达到了刑事追诉标准。因被告人张某贤是A公司的法定代表人，A公司所获非法利益也都归入了A公司，故被告单位A公司构成单位犯罪，应依法处以罚金。被告人张某贤作为A公司原法定代表人，对金某峰许以高于B公司所给予金某峰的待遇和职权的利诱条件，引进金某峰，使其披露并允许A公司使用他所掌握的他人技术秘密；在本公司内组织生产侵权产品，使用他人技术秘密。被告人张某贤的行为侵犯了他人的商业秘密，造成权利人重大损失，是直接责任人员，其个人也构成了侵犯商业秘密罪。被告人金某峰对商业秘密权利人负有保密义务，但在张某贤的利诱下，违背保密承诺，披露并允许 A 公司使用该技术秘密，造成权利人重大损失，构成侵犯商业秘密罪。

058 侵害商业秘密造成 50 万元损失的可追究刑事责任（The person whose misappropriation causes financial losses up to 500,000 shall be prosecuted for criminal liabilities.）

导 读

目前我国侵犯商业秘密罪立案追诉标准是侵权人侵犯商业秘密造成权利人因损失五十万元。2020 年 6 月 17 日，最高人民法院、最高人民检察院发布的《关于办理侵犯知识产权刑事案件具体应用法律若干问题的解释（三）》（征求意见稿）第四条规定，实施刑法第二百一十九条规定的行为，具有下列情形之一的，应当认定为"给商业秘密的权利人造成重大损失"：（一）给商业秘密的权利人造成损失数额在三十万元以上的；（二）因侵犯商业秘密违法所得数额在三十万元以上的；（三）直接导致商业秘密的权利人因重大经营困难而破产、倒闭的；（四）造成商业秘密的权利人其他重大损失的。给商业秘密的权利人造成损失数额或者因侵犯商业秘密违法所得数额在二百五十万元以上的，应当认定为刑法第二百一十九条规定的"造成特别严重后果"。

但是，2020 年签订的中美经贸协议要求"双方应取消任何将商业秘密权利人确定发生实际损失作为启动侵犯商业秘密刑事调查前提的要求"。执行该协定的话，未来将不再要求造成损失 50 万元即可追究侵犯商业秘密罪，这显著降低了侵犯商业秘密刑事案件的门槛。

中美经贸协议规定中国"（一）作为过渡措施，应澄清在相关法律的商业秘密条款中，作为刑事执法门槛的'重大损失'可以由补救成本充分证明，如为减轻对商业运营或计划的损害或重新保障计算机或其他系统安全所产生的成本，并显著降低启动刑事执法的所有门槛；以及（二）作为后续措施，应在可适用的所有措施中取消将商业秘密权利人确定发生实际损失作为启动侵犯商业秘密刑事调查前提的要求。"

裁判要旨

给商业秘密的权利人造成损失数额在 50 万元以上的，属于"给商业秘密的权利人造成重大损失”，应当以侵犯商业秘密罪判处三年以下有期徒刑或者拘役，并处或者单处罚金。

案情简介

一、被告人颜某尧、周某东、陈某香原系A扬州分公司员工，在职期间均与该公司签订了保密协议。

二、A公司对纳入其CRM管理体系中的商机、客户名单采取了保密措施。CRM系统对于登陆的人员均设置了查看权限及登录密码，属于密级程度较高的管理系统。CRM管理系统中的商机信息、客户名单等信息能为A公司带来项目合同，形成销售，最终能为公司创造收入。

三、2013年4月，颜某尧、周某东、陈某香等A扬州分公司员工共同出资成立B公司。颜某尧利用A公司的并不为公众所知悉的经营性信息和客户档案等商业秘密为B公司牟利，给A扬州分公司造成经济损失778540元。

四、一审期间辩护人以颜某尧所造成的损失达不到五十万元为由认为颜某尧无罪，但一审法院未采纳该辩护意见，认为构成侵犯商业秘密罪。

五、颜某尧不服一审判决提起上诉，二审法院认为一审判决认定的事实清楚，定罪量刑并无不当，裁定驳回上诉，维持原判。

法院判决

扬州市中级人民法院在本案刑事裁定书的“本院认为”部分就上述争议焦点进行如下论述：

关于上诉人颜某尧是否构成侵犯商业秘密罪。《最高人民法院、最高人民检察院关于办理侵犯知识产权刑事案件具体应用法律若干问题的解释》第七条规定：实施刑法第二百一十九条规定的行为之一，给商业秘密的权利人造成损失数额在五十万元以上的，属于“给权利人造成重大损失”，应当以侵犯商业秘密罪判处三年以下有期徒刑或者拘役，并处或者单处罚金。关于A公司损失的计算。在知识产权受到侵害时，依据损失计算的一般原则，权利人的实际损失、侵权人的违法所得以及权利人通过合同授权所获得的利益均可作为计算赔偿的依据。原审法院依据A公司因上诉人颜某尧的涉案行为丧失了商业交易机会，按照合同价款-软件成本+A扬州分公司应收软件服务费计算实际损失数额为778540元并无不妥。对于上诉人颜某尧提出的“应该排除基本的购买软件成本、排除维护费用、合理的开销和人员成本、提成、奖金、给代理商的合理利润”，以及上诉人颜某尧辩护人提出的“B公司通过给A公司打款购买软件的方式使得A公司的损失得到补偿，金蝶实际损失金额应当扣减补偿金额和软件实施服务费”，本院认为B公司获得的服务费系上诉人颜某尧因侵犯商业秘密，导致A公司丧失交易机会而获取的非法所得。B公司运营产生的人员成本等费用系犯罪成本，不属于A公司实际损失，上述费用均不应扣减。另外B公司所谓的“补偿金额”实系进货成本已在损失计算中予以扣减不应重复扣减，且原审法院仅对颜某尧销售K/3WISE产品造成的损失进行了认定，故对该上诉理由本院不予采纳。原审法院根据案涉事实和证据认定颜某尧构成侵犯商业秘密罪并无不妥，原审量刑也未违反法律规定。另外，原审被告人周某东、陈某香系共同犯罪，原审法院对该两人定罪量刑亦无不当。

本案相关法律法规

《中华人民共和国刑法》

第二百一十九条 有下列侵犯商业秘密行为之一，情节严重的，处三年以下有期徒刑，并处或者单处罚金；情节特别严重的，处三年以上十年以下有期徒刑，并处罚金：

（一）以盗窃、贿赂、欺诈、胁迫、电子侵入或者其他不正当手段获取权利人的商业秘密的；

（二）披露、使用或者允许他人使用以前项手段获取的权利人的商业秘密的；

（三）违反保密义务或者违反权利人有关保守商业秘密的要求，披露、使用或者允许他人使用其所掌握的商业秘密的。

明知前款所列行为，获取、披露、使用或者允许他人使用该商业秘密的，以侵犯商业秘密论。

本条所称权利人，是指商业秘密的所有人和经商业秘密所有人许可的商业秘密使用人。

为境外的机构、组织、人员窃取、刺探、收买、非法提供商业秘密的，处五年以下有期徒刑，并处或者单处罚金；情节严重的，处五年以上有期徒刑，并处罚金。

《最高人民法院、最高人民检察院关于办理侵犯知识产权刑事案件具体应用法律若干问题的解释》

第四条 实施刑法第二百一十九条规定的行为，具有下列情形之一的，应当认定为“给商业秘密的权利人造成重大损失”：

（一）给商业秘密的权利人造成损失数额或者因侵犯商业秘密违法所得数额在三十万元以上的；

（二）直接导致商业秘密的权利人因重大经营困难而破产、倒闭的；

（三）造成商业秘密的权利人其他重大损失的。

给商业秘密的权利人造成损失数额或者因侵犯商业秘密违法所得数额在二百五十万元以上的，应当认定为刑法第二百一十九条规定的“造成特别严重后果”。

《最高人民检察院、公安部关于公安机关管辖的刑事案件立案追诉标准的规定（二）》

第七十三条 侵犯商业秘密，涉嫌下列情形之一的，应予立案追诉：

（一）给商业秘密权利人造成损失数额在五十万元以上的；

（二）因侵犯商业秘密违法所得数额在五十万元以上的；

（三）致使商业秘密权利人破产的；

（四）其他给商业秘密权利人造成重大损失的情形。

案件来源

扬州市中级人民法院审理的颜某尧、周某东等侵犯商业秘密罪二审刑事裁定书［（2017）苏10刑终199号］

延伸阅读及类案裁判规则

一、行为人侵犯商业秘密获利数额超过五十万元，给权利人造成重大损失，构成侵犯商业秘密罪，应判处三年以下有期徒刑或者拘役，并处或者单处罚金（Where an offender infringes a business secret and profits more than CNY500，000 and thus causes heavy losses to the right holder，the offender shall be sentenced to fixed-term imprisonment of no more than three years or criminal detention，and/or be sentenced to a fine if the offense constitutes a crime of business secret infringement.）

案例一：漳州市中级人民法院审理的陈某敏犯职务侵占罪、侵犯商业秘密罪二审刑事判决书［（2015）漳刑终字第254号］审理的，参照《中华人民共和国反不正当竞争法》第二十条及相关侵犯知识产权法律和司法解释的规定，原审按照查明的事实，根据侦查机关依法委托漳州A会计师事务所作出的专项审计报告意见，将上诉人陈某敏在2005年3月至2014年4月，通过B公司出口给C公司客户（扣除与 C 公司供货有关）的挂钟所产生的业务利润总额人民币 1312980.46 元认定为给 C 公司造成的重大损失，并无不当。故原判认定上诉人陈某敏构成侵犯商业秘密罪，并依法予以定罪处罚，是正确的。综上，上诉人陈某敏及其辩护人认为其不构成侵犯商业秘密罪等相关诉辩意见，缺乏事实和法律依据，均不能成立，不予采纳。

二、侵犯商业秘密，给权利人造成损失二百五十万元以上，属于造成特别严重后果，应当以侵犯商业秘密罪判处三年以上十年以下有期徒刑，并处罚金（Where an misappropriation of trade secrets causes losses of not less than CNY2.5 million to a right holder, which is deemed to have caused especially serious consequences, the offender shall be sentenced to a fixed-term of imprisonment of no less than three years but no more than ten years for the crime of business secret infringement, and be concurrently imposed with a fine.）

案例二：台州市中级人民法院审理的 A 公司、张某辉等犯侵犯商业秘密罪二审刑事裁定书［（2015）浙台知刑终字第 2 号］认为，侵犯商业秘密罪以权利人损失作为定罪量刑标准。鉴于作为 B 公司原负责售后服务的被告人张某泉曾供述 B 公司是当时市场上唯一的涉案产品供应商；向被告单位 A 公司购买涉案产品的各家客户，在笔录中悉数陈述仅向 B 公司或 A 公司购买过涉案产品，均未能举出其他曾生产销售涉案产品的厂家名称；各被告人作为业内人员，未能提供其他厂家案发之前生产销售涉案产品的有效依据。综上，综合考虑涉案产品当时的市场竞争情况、B 公司对涉案产品的生产能力等因素，应当认定由于被告人侵犯商业秘密的行为，使 B 公司丧失了本应属于其的交易机会。根据浙江 C 资产评估有限公司于浙武资评字（2013）第 1159 号资产评估报告的鉴定评估，2011 年至 2013 年 B 公司所销售的三通滴斗乳胶帽自动组装机的当年单台利润，分别乘以 2011 年至 2013 年被告单位 A 公司生产销售侵犯 B 公司商业秘密的三通滴斗乳胶帽自动组装机的当年数量，累计得出各被告人的行为给 B 公司造成的损失超过 250 万元。但权利人的损失与涉商业秘密部分占整机的成本比重并无直接关联，原判在确定权利人损失中考虑成本占比因素不当，应予以纠正，但对于量刑没有实质影响。根据《最高人民法院、最高人民检察院关于办理侵犯知识产权刑事案件具体应用法律若干问题的解释》第七条第二款的规定，给商业秘密的权利人造成损失数额在 250 万元以上的，属于刑法第二百条规定的“造成特别严重后果”。故两上诉人及辩护人关于原审犯罪数额鉴定方式有误的意见部分予以采纳。

案例三：台州市中级人民法院审理的徐某侵犯商业秘密罪二审刑事裁定书

［（2013）浙台知刑终字第 4 号］认为，侵犯商业秘密罪以权利人损失作为定罪量刑标准，原判以被告人获利为标准认定不当，本院予以纠正。根据在案证据分别查明的 2008 年、2009 年被告人犯罪营业额数额，及临海市节日灯行业平均主营业务利润率，被告人徐某的行为给 A 公司造成的损失超过 250 万元。根据《最高人民法院、最高人民检察院关于办理侵犯知识产权刑事案件具体应用法律若干问题的解释》第七条第二款的规定，给商业秘密的权利人造成损失数额在 250 万元以上的，属于刑法第二百一十九条规定的"造成特别严重后果"。故被告人的行为属于造成特别严重后果，对被告人关于在犯罪金额的认定、因果关系的判定上证据不足、违反证据认定规则的辩护意见亦不予采纳。

案例四：北京市第一中级人民法院审理的许某海等侵犯商业秘密二审刑事裁定书［（2019）京 01 刑终 329 号］认为，本案属于给商业秘密权利人造成特别严重后果。理由如下：1. 在案的被告人许某海的供述证明，A 公司出口电表至 C 合营公司的利润包括出口退税获利和 A 公司从徐某处进货单价为 155 元人民币，出口朝鲜单价为 26 美金，随着汇率浮动，中间差价在人民币 2 元左右。2. 上诉人徐某在供述中自认其与许某海合作制造了三四十万个电表，且二审检察员提交了工作记录，证明胡某曾于 2014 年受使领馆委派随同 B 公司人员前往 C 合营公司与负责人磋商，并签订了会议纪要，该会议纪要及工作记录证明 2014 年 7 月 16 日 C 合营公司河某承认收到 A 公司销售的电能表（FD3327K）共计 39 万个。3. 在案的报关单、出口报税、退税相关材料、增值税专用发票等材料证明，A 公司向 C 合营公司销售涉案电表的单价，印证上述出口电表的数量，以及退税率为 15%。综上，结合上述证据，A 公司仅退税获利就超出人民币 250 万元，在案的涉案程序研发成本审计报告系由公安机关依法委托有合法资质的审计主体依法作出，审计报告虽主要基于被害单位提供的相关材料作出，但相关材料系公安机关依法调取，程序合法，有客观的合同、票证等书证印证，审计依据真实可靠，审计过程和方法符合相关专业规范要求，审计结论客观真实，并无不当。原判综合涉案程序研发成本、上诉人获利情况认定二上诉人侵犯商业秘密行为非法获利巨大，并无不当。侵犯商业秘密案件中，被告人的巨大获利使得被害单位通过正常交易行为获得的收益减少，该罪名保护的法益是以知识产权交易的市场经济秩序，其中必然包含被害单位因商业秘密可获得的收益。因此，被害单位损失的认定可以参考被告人的获利数额。故上诉人许某海对审计提出异议以及二上诉人的辩护人对于造成特别严重后果认定的相关意见，本院均不予采纳。

059 违反保守商业秘密要求非法使用并造成重大损失的，构成侵犯商业秘密罪（The Employee commits the crime of trade secrets misappropriation if he/she illegally uses trade secrets and causes significant losses in violation of the requirements for confidentiality.）

裁判要旨

违反约定或者违反权利人有关保守商业秘密的要求，披露、使用或者允许他人使用其所掌握的商业秘密，给商业秘密的权利人造成重大损失的，构成侵犯商业秘密罪。

案情简介

一、被告人颜某尧、周某东、陈某香原系 A 扬州分公司员工，在职期间均与该公司签订了保密协议。

二、A 公司对纳入其 CRM 管理体系中的商机、客户名单采取了保密措施。CRM 系统对于登陆的人员均设置了查看权限及登录密码，属于密级程度较高的管理系统。CRM 管理系统中的商机信息、客户名单等信息能为 A 公司带来项目合同，形成销售，最终能为公司创造收入。

三、2013 年 4 月，颜某尧、周某东、陈某香等 A 扬州分公司员工共同出资成立 B 公司。颜某尧利用 A 公司的并不为公众所知悉的经营性信息和客户档案等商业秘密为 B 公司牟利，给 A 扬州分公司造成经济损失 778540 元。

四、一审法院认为，颜某尧、周某东、陈某香违反保守商业秘密的约定和要求，使用其掌握的商业秘密，给商业秘密权利人造成重大损失，其行为已构成侵犯商业秘密罪。

五、颜某尧不服一审判决提起上诉，二审法院认为一审判决认定的事实清楚，定罪量刑并无不当，裁定驳回上诉，维持原判。

法院判决

扬州市中级人民法院在本案刑事裁定书的“本院认为”部分就上述争议焦点进

行如下论述：

关于上诉人是否侵犯了A公司的商业秘密。上诉人颜某尧作为A扬州分公司的总经理，对公司的商业秘密不仅负有保密义务，基于其职责还应积极采取保密措施维护公司的利益。颜某尧基于其在A扬州分公司所任职务与涉案客户有过接触，其所使用的客户信息与A公司的商业秘密具有同一性。根据商业秘密接触加实质性相似的侵权判定原则，可以认定颜某尧违反保密义务，侵犯了A公司商业秘密。即便其设立的B公司为A公司代理商，但上诉人颜某尧非法使用A扬州分公司的客户信息，通过B公司使用A扬州分公司的办公设施、人力资源，将A扬州分公司的商业交易机会交由B公司完成，且向A公司隐瞒B公司系其设立并运营的事实，具有明显的主观恶意，该行为不属于职务行为的范畴。故颜某尧及其辩护人认为颜某尧系履行职务行为的理由不能成立，本院不予采纳。

关于上诉人颜某尧是否构成侵犯商业秘密罪。《最高人民法院、最高人民检察院关于办理侵犯知识产权刑事案件具体应用法律若干问题的解释》第七条规定：实施刑法第二百一十九条规定的行为之一，给商业秘密的权利人造成损失数额在五十万元以上的，属于“给商业秘密的权利人造成重大损失”，应当以侵犯商业秘密罪判处三年以下有期徒刑或者拘役，并处或者单处罚金。关于A公司损失的计算。在知识产权受到侵害时，依据损失计算的一般原则，权利人的实际损失、侵权人的违法所得以及权利人通过合同授权所获得的利益均可作为计算赔偿的依据。原审法院依据A公司因上诉人颜某尧的涉案行为丧失了商业交易机会，按照合同价款-软件成本+A扬州分公司应收软件服务费计算实际损失数额为778540元并无不妥。对于上诉人颜某尧提出的“应该排除基本的购买软件成本、排除维护费用、合理的开销和人员成本、提成、奖金、给代理商的合理利润”，以及上诉人颜某尧辩护人提出的“B公司通过给A公司打款购买软件的方式使得A公司的损失得到补偿，A公司实际损失金额应当扣减补偿金额和软件实施服务费”，本院认为B公司获得的服务费系上诉人颜某尧因侵犯商业秘密，导致A公司丧失交易机会而获取的非法所得。B公司运营产生的人员成本等费用系犯罪成本，不属于A公司实际损失，上述费用均不应扣减。另外B公司所谓的“补偿金额”实系进货成本已在损失计算中予以扣减不应重复扣减，且原审法院仅对颜某尧销售K/3WISE产品造成的损失进行了认定，故对该上诉理由本院不予采纳。原审法院根据案涉事实和证据认定颜某尧构成侵犯商业秘密罪并无不妥，原审量刑也未违反法律规定。另外，原审被告人周某东、陈某香系共同犯罪，原审法院对该两人定罪量刑亦无不当。

本案相关法律法规

《中华人民共和国刑法》

第二百一十九条 有下列侵犯商业秘密行为之一，情节严重的，处三年以下有期徒刑，并处或者单处罚金；情节特别严重的，处三年以上十年以下有期徒刑，并处罚金：

（一）以盗窃、贿赂、欺诈、胁迫、电子侵入或者其他不正当手段获取权利人的商业秘密的；

（二）披露、使用或者允许他人使用以前项手段获取的权利人的商业秘密的；

（三）违反保密义务或者违反权利人有关保守商业秘密的要求，披露、使用或者允许他人使用其所掌握的商业秘密的。

明知前款所列行为，获取、披露、使用或者允许他人使用该商业秘密的，以侵犯商业秘密论。

本条所称权利人，是指商业秘密的所有人和经商业秘密所有人许可的商业秘密使用人。

为境外的机构、组织、人员窃取、刺探、收买、非法提供商业秘密的，处五年以下有期徒刑，并处或者单处罚金；情节严重的，处五年以上有期徒刑，并处罚金。

案件来源

扬州市中级人民法院审理的颜某尧、周某东等侵犯商业秘密罪二审刑事裁定书［（2017）苏10刑终199号］

延伸阅读及类案裁判规则

违反保密约定，披露、使用或者允许他人使用其所掌握的商业秘密，给商业秘密的权利人造成重大损失的，构成侵犯商业秘密罪（Any person who, in violation of the confidentiality agreement, discloses, uses or allows any other person to use the trade secrets he has possessed, which causes heavy losses to the obligee of the trade secrets, shall be deemed to have committed the crime of trade secrets misappropriation.）

案例一：南京市中级人民法院审理的上诉人段某苗侵犯商业秘密一案的刑事裁

定书［（2014）宁知刑终字第1号］认为，2010年8月至2011年5月，被告人段某苗在A公司任职期间，利用担任森某秀雄翻译的便利条件，违反A公司保密规定，多次将该公司处于非公开状态、不为公众所知悉的生产金刚石线锯设备的技术图纸、配方、工艺程序、试验记录、设备提供商等资料拷贝到公司配发的工作笔记本电脑中，并擅自将上述资料复制到个人笔记本电脑中。综上所述，上诉人段某苗在A公司涉案设备的创新技术刚刚研发成功后的短时间内，以不正当手段获取A公司的商业秘密，制造出涉案设备并将含有商业秘密的设备公开销售，给A公司造成了特别严重的后果，上诉人段某苗的行为构成侵犯商业秘密罪。依照《刑法》第二百一十九条的规定，应当处三年以上七年以下有期徒刑，并处罚金。

案例二：上海市第二中级人民法院审理的潘某侵犯商业秘密罪一案二审刑事裁定书［（2009）沪二中刑终字第253号］认为，2007年年初，被告人邬某某、盛某某在担任A院设备所所长、副所长期间，因不满上级的工作安排，欲辞职自行成立公司开展业务。春节后，被告人邬某某、盛某某经与A院设备所退休返聘职工黄某某及被告人何某某、徐某等人商定，分别从A院辞职，成立公司，主要开展与A院设备所相同的业务。被告人潘某及被告人何某某、徐某在被告人邬某某、盛某某的默许下，违反A院规定，利用工作便利，采用拷贝自己或其他设计人员设计的技术图纸的方法，窃得A院的技术信息。……原审法院认定B公司采用拷贝技术图纸的方法，侵犯了A院的商业秘密，并给A院造成直接经济损失人民币282万余元的事实清楚，证据确实、充分，根据被告单位和五名被告人构成侵犯商业秘密罪的事实、性质、情节和对社会的危害程度，所作出的判决并无不当，且审判程序合法。B公司和邬某某、盛某某、何某某、徐某、潘某的上诉理由以及B公司和邬某某、盛某某、何某某辩护人的辩护意见因与事实不符，不予采纳。上海市人民检察院第二分院的意见正确。

案例三：北京市第一中级人民法院审理的许某海等侵犯商业秘密二审刑事裁定书［（2019）京01刑终329号］认为，许某海、徐某原系B公司的员工，与B公司签订保密协议，对于B公司合法有权享有的商业秘密具有保密义务。许某海非法使用B公司所有的涉案核心程序，生产并出口电表至C合营公司。在案虽无证据证明徐某直接实施了掌控和植入程序的行为，但其在侦查机关的多次供述均自认其明知许某海使用被害单位核心电表程序，仍予以积极配合，采购元器件、组装电表。二人的行为均符合侵犯商业秘密罪的构成要件，且二人在共同犯罪中的地位、作用相当，均应承担主犯责任。综上，对二上诉人及其辩护人的相关无罪意见，本院均不予采纳。上诉人许某海、徐某违反权利人有关保守商业秘密的要求，使用其所掌握的权利人商业秘密，造成特别严重的后果，其行为均已构成侵犯商业秘密罪，依法应予惩处。二人合谋侵犯被害单位商业秘密，并相互分工配合，共同分赃获利。鉴于徐某到案后曾能如实供认其部分罪行，犯罪情节相对许某海较轻，原判已经根据这一情节对徐某在量刑时予以充分考虑，量刑适当，对于上诉人徐某所提罚金刑过重的上诉理由，本院不予采纳。一审法院根据二人犯罪的事实，犯罪的性质、情节及对于社会的危害程度所作出的判决，事实清楚，证据确实、充分，定罪及适用法律正确，量刑适当，审判程序合法，依法应予维持。

案例四：衡阳市中级人民法院审理的罗某、邓某勇等侵犯商业秘密罪二审刑事裁定书［（2018）湘04刑终158号］认为，A公司研制的“结晶器钢水液面测控系统”“电动非正弦振动控制系统”及“全自动涡流柱塞控制系统”形成了其专有技术，各型号的相关技术图纸均属于该公司的专有技术信息，A公司的受订单及货品物料配方表等技术资料均属于该公司的专有技术信息，上述技术信息具有秘密性，能够给A公司带来利益，A公司也采取了相应保护措施，故涉案技术信息构成A公司的商业秘密。上诉人罗某、邓某勇通过不正当手段获取A公司的商业秘密，实施了生产、销售侵权设备的行为；上诉人刘某波、涂某志、李某丹违反与A公司有关保守商业秘密的要求，披露、使用其所掌握的商业秘密，均构成侵犯商业秘密罪。

案例五：安庆市中级人民法院审理的刘某富侵犯商业秘密二审刑事裁定书［（2017）皖08刑终218号］认为，上诉人（原审被告人）刘某富利用在A公司担任研发部技术主管工程师的职务便利，违反与该公司的保密协定，采取不正当手段非法获取并使用该公司商业秘密，给商业秘密的权利人A公司造成重大经济损失，其行为侵害了国家对商业秘密权利人的无形资产专有权和社会主义市场的管理秩序，已构成侵犯商业秘密罪，依法应予惩处。

案例六：哈尔滨市中级人民法院审理的李某艳侵犯商业秘密二审刑事裁定书［（2016）黑01刑终649号］认为，被告人李某艳为获取非法利益，明知谭某侵犯A公司非公知技术信息为B公司研发电力动态无功补偿装置和电力滤波装置情况下，违反与A公司所签订的保密协议约定，将相关侵权产品向其所熟悉和掌握与A公司长期合作的C公司、D公司等单位进行销售，给权利人A公司造成巨额经济损失，具有特别严重的后果，其行为构成侵犯商业秘密罪。上诉人李某艳违反有关保守商业秘密的要求，非法使用权利人的非公知技术信息的商业秘密，给权利人造成特别严重的后果，其行为构成侵犯商业秘密罪。

三、侵犯商业秘密罪刑事案件中如何认定被害人经济损失

（How to Determine the Economic Losses of a Victim in Criminal Cases of Trade Secret Misappropriation）

060 参照技术许可使用费认定侵犯商业秘密损失的前提条件（Precondition for Determining Losses by Reference to Technology Royalties.）

裁判要旨

对于商业秘密权利人的损失数额的认定，在司法实践中主要是根据侵犯商业秘密的具体行为方式来认定的。行为人在获取商业秘密后尚未销售，也未公开披露，难以确定权利人具体损失金额或者行为人获利金额的，在权利人的损失及侵权人的获利均难以查清时，可参照该商业秘密的开发成本、技术许可使用费等因素合理确定损失数额。

案情简介

一、劳某与叶某某原皆系A公司的员工，均与A公司签署过劳动合同。A公司通过《员工守则》《劳动合同》等制定了相关企业保密规定，将设备图纸列为企业保密信息的范围。

二、1999年至2008年10月31日，原审被告人劳某在A公司担任高级工程师，主要从事气流机机械设计工作。

三、2008年12月至2009年4月、2009年5月至2010年1月，劳某与叶某某先后在B有限公司、C公司利用A公司的气流机机械图纸，以技术入股的形式，与两公司合作组织生产出气流机。

四、一审法院经审理认为，劳某的行为构成侵犯商业秘密罪，由于已使用技术生产出产品但尚未销售，且技术秘密尚未对外披露，造成了权利人许可使用费的损失，根据鉴定证实的技术许可费，认定损失为218万元。

五、劳某不服一审判决提起上诉，二审法院经审理认为，原判认定事实清楚，证据确实充分，裁定驳回上诉，维持原判。

法院判决

深圳市中级人民法院在本案刑事裁定书的“本院认为”部分就上述争议焦点进行如下论述：

本案中，上诉人犯罪行为表现为违反A公司的保密规定，获取并使用权利人的商业秘密技术研发生产出了气流机，但尚未销售、尚未对外披露该商业秘密。对于商业秘密权利人的损失数额的认定，在司法实践中主要是根据侵犯商业秘密的具体行为方式来认定。在权利人的损失及侵权人的获利均难以查清时，可参照该商业秘密的开发成本、技术许可使用费等因素合理确定损失数额。本案中，上诉人的行为势必造成商业秘密权利人的技术许可使用费的损失。经侦查机关委托相应的鉴定、评估机构证实，A公司被侵犯的涉案商业秘密技术许可使用费是218万元。该鉴定评估机构具备相关资质，依照法定程序进行鉴定评估，符合法律规定。故对一审法院认定的损失数额，本院予以确认。对上诉人及辩护人的该项诉辩意见不予采纳。

本案相关法律法规

《中华人民共和国刑法》

第二百一十九条 有下列侵犯商业秘密行为之一，情节严重的，处三年以下有期徒刑，并处或者单处罚金；情节特别严重的，处三年以上十年以下有期徒刑，并处罚金：

（一）以盗窃、贿赂、欺诈、胁迫、电子侵入或者其他不正当手段获取权利人的商业秘密的；

（二）披露、使用或者允许他人使用以前项手段获取的权利人的商业秘密的；

（三）违反保密义务或者违反权利人有关保守商业秘密的要求，披露、使用或者允许他人使用其所掌握的商业秘密的。

明知前款所列行为，获取、披露、使用或者允许他人使用该商业秘密的，以侵犯商业秘密论。

本条所称权利人，是指商业秘密的所有人和经商业秘密所有人许可的商业秘密使用人。

案件来源

深圳市中级人民法院审理的劳某犯侵犯商业秘密罪一案［（2013）深中法知刑终字第 47 号］

延伸阅读及类案裁判规则

一、侵害商业秘密所获得利益难以确定，参照该公司技术合作转让费及为引进技术所支出的培训费来计算权利人的经济损失（If it is difficult to determine the benefits of trade secrets misappropriation，the economic losses of the trade secret owner shall be calculated with reference to the fees cost for importing such secret technology.）

案例一：广西壮族自治区北海市中级人民法院审理的李某廷侵犯商业秘密案［（2007）北刑终字第 101 号］认为，A 公司被侵权所受到的损失或者 B 公司因使用李某廷披露商业秘密所获得的利益难以确定，原审法院参照该公司技术合作转让费及为引进技术所支出的培训费用来计算 A 公司的经济损失，也不违反法律的规定。李某廷的犯罪行为给 A 公司造成经济损失，除依法应给予刑事处罚外，还应赔偿 A 公司的经济损失。

二、侵害商业秘密所获得利益难以确定，可以该商业秘密的许可使用费来计算权利人的经济损失（If it is difficult to determine the profits grained from trade secret misappropriation，the economic losses of the trade secret owner may be calculated using the licensing fees of such trade secret.）

案例二：广东省深圳市中级人民法院审理的李某光等侵犯商业秘密案［（2004）深中法刑二终字第 258 号］认为，原审判决认定：本案中，A 公司经过立项、组织人员开发了“彩神”数友喷绘机“彩神”源代码的生产专有技术，该技术含有不对外公开、不为公众知悉的技术信息，且该技术信息通过生产、销售，能够为权利人带来经济利益，A 公司对其采取了保密措施，与公司人员签订了保密协议。据此，该技术属于商业秘密。三被告人盗用权利人的商业秘密生产出产品，其侵犯商业秘密的行为给 A 公司造成了实际损失，但现有证据难以计算其实际损失。因此，该商业秘密的许可使用费人民币 300 万元应当认定为 A 公司的重大损失。……三上诉人盗用 A 公司的商业秘密并生产出产品，其行为给 A 公司造成了经济损失，原审判决采用该商业秘密的许可使用费认定 A 公司的损失是符合法律规定的。

案例三：广东省深圳市罗湖区人民法院审理的何某平等侵犯商业秘密案［（2001）深罗法刑初字第651号］认为，本案中，A公司经过立项、组织公司人员开发了“短信息中心技术”，该技术含有不对外公开、不为公众知悉的技术信息，且该技术信息通过生产、销售，能够为权利人带来经济利益，A公司对其采取了保密措施，与公司人员签订了保密协议。因此，该技术属于商业秘密。二被告人侵犯商业秘密的行为给A公司造成的实际损失难以计算，也没有因侵犯商业秘密而产生非法利润，因此，该商业秘密的许可使用费人民币204.48万元应当认定为A公司的重大损失。

061 侵犯商业秘密罪案件可以被告所获利润作为认定损失的依据（In a trade secret misappropriation case, the profits obtained by the defendant may be taken as the basis for determining the losses.）

裁判要旨

侵犯商业秘密罪案件中，可以按照被告人所获利润作为认定损失的依据，作为定罪量刑的依据。

案情简介

一、2010年，被告人彭某与叶某东邀约A公司工程师赵某一、宋某成立公司，生产反渗透膜。之后，叶某东、宋某、赵某一于2011年1月至5月相继离开A公司，并违反保密制度复制该公司涉密资料私自保存。

二、贵州市人民检察院以彭某犯侵犯商业秘密罪向贵州市中级人民法院提起公诉。

三、贵州中院认为，被告人彭某伙同叶某东、赵某一、宋某共同实施了侵犯他人商业秘密的行为。鉴于A公司无有效证据证明其实际损失的具体金额，法院结合《司法会计鉴定报告》经计算所得出A公司因彭某等侵犯其商业秘密所造成的损失为375.468万元，故以该金额作为经济损失的金额，判处彭某四年有期徒刑。

四、彭某不服一审判决，以一审判决损失计算有误等事项为由，向贵州高院提起上诉。

五、二审法院经审理认为，一审判决定罪准确，量刑适当，遂驳回了彭某的上诉。

法院判决

贵州省高级人民法院在本案刑事裁定书的“本院认为”部分就上述争议焦点进行如下论述：

鉴于A公司无有效证据证明其实际损失的具体金额，原审判决结合贵州B司法鉴定所出具《司法会计鉴定报告》［黔B司会鉴字（2013）003号］中关于“A公司2012年及2013年1月至3月各型号反渗透膜销售单支毛利鉴定”，经计算C门市部的该四种反渗透膜生产支数乘以A公司在该期间正常的销售价格下的利润，得出A公司因彭某等侵犯其商业秘密所造成的损失为375.468万元。由于彭某等人设立公司后未按相关会计制度规定进行规范的财务核算，其在生产销售反渗透膜产品过程中的销售收入、销售成本和销售利润率不能进行司法会计鉴定，且罗某去向不明，亦无法进行核实，原审法院计算A公司的损失数额并无不妥。故对上诉人彭某及其辩护人所提“应该以D公司的销售金额加上罗某账户的销售金额来确认损失”的上诉理由，本院不予采纳。

本案相关法律法规

《中华人民共和国刑法》

第二百一十九条 有下列侵犯商业秘密行为之一，情节严重的，处三年以下有期徒刑，并处或者单处罚金；情节特别严重的，处三年以上十年以下有期徒刑，并处罚金：

（一）以盗窃、贿赂、欺诈、胁迫、电子侵入或者其他不正当手段获取权利人的商业秘密的；

（二）披露、使用或者允许他人使用以前项手段获取的权利人的商业秘密的；

（三）违反保密义务或者违反权利人有关保守商业秘密的要求，披露、使用或者允许他人使用其所掌握的商业秘密的。

明知前款所列行为，获取、披露、使用或者允许他人使用该商业秘密的，以侵犯商业秘密论。

本条所称权利人，是指商业秘密的所有人和经商业秘密所有人许可的商业秘密使用人。

为境外的机构、组织、人员窃取、刺探、收买、非法提供商业秘密的，处五年以下有期徒刑，并处或者单处罚金；情节严重的，处五年以上有期徒刑，并处罚金。

《最高人民法院、最高人民检察院关于办理侵犯知识产权刑事案件具体应用法律若干问题的解释》

第四条 实施刑法第二百一十九条规定的行为，具有下列情形之一的，应当认定为“给商业秘密的权利人造成重大损失”：

（一）给商业秘密的权利人造成损失数额或者因侵犯商业秘密违法所得数额在三十万元以上的；

（二）直接导致商业秘密的权利人因重大经营困难而破产、倒闭的；

（三）造成商业秘密的权利人其他重大损失的。

给商业秘密的权利人造成损失数额或者因侵犯商业秘密违法所得数额在二百五十万元以上的，应当认定为刑法第二百一十九条规定的“造成特别严重后果”。

案件来源

江苏省高级人民法院审理的彭某侵犯商业秘密二审刑事裁定书［（2016）黔刑终593号］

延伸阅读及类案裁判规则

一、被告人所获利润可以作为认定侵犯商业秘密罪案件中损失的依据（The profits obtained by the defendant may be used as the basis for determining the losses in the case of trade secret misappropriation.）

案例一：陕西省高级人民法院审理的娄某犯侵犯商业秘密罪一案刑事附带民事裁定书［（2017）陕刑终29号］认为，娄某的犯罪行为导致权利人A公司市场配额被侵占，致使利润下降；陕西B司法会计鉴定所根据A公司2012年至2014年的财务资料确定了该公司生产的钎焊炉、备件及配料被侵权前的平均利润率，结合C公司外销涉及A公司商业秘密的侵权产品的销售收入，得出的A公司因被侵权遭受物质损失的数额是客观、公正的；原审判决依据鉴定意见认定娄某侵权行为造成A公司直接物质损失170万余元的事实是正确的，故对此上诉理由和辩护意见不予支持。

案例二：北京市第一中级人民法院审理的许某海等侵犯商业秘密二审刑事裁定书［（2019）京01刑终329号］认为，侵犯商业秘密案件中，被告人的巨大获利使得被害单位通过正常交易行为获得的收益减少，该罪名保护的法益是以知识产权交易的市场经济秩序，其中必然包含被害单位因商业秘密可获得的收益。因此，被害单位损失的认定可以参考被告人的获利数额。故上诉人许某海对审计提出异议以及二上诉人的辩护人对于造成特别严重后果认定的相关意见，本院均不予采纳。

案例三：安庆市中级人民法院审理的刘某富侵犯商业秘密二审刑事裁定书［（2017）皖08刑终218号］认为，关于上诉人及其辩护人提出认定上诉人给A公司造成损失的证据《资产评估报告》不合法，不能作为认定损失的定案依据的上诉理由和辩护意见，经查，侵犯他人商业秘密，给权利人造成的损失一般主要是根据侵犯商业秘密行为给权利人造成的经济损失数额来判定。经济损失数额一般为被害人的实际损失，包括前期研发成本的投入、现实利润的减少以及市场竞争优势的丧失等。鉴于上述损失计算的不确定性和复杂性，上海B资产评估有限公司通过计算侵权人因侵权所得的利益来确定损失数额，其适用的计算方式为C公司出售侵权产品的收入乘以行业平均利润率，这已体现出了评估机构谨慎保守的态度，计算方法总体上是有利于侵权人一方的。

二、侵权人收取的涉案技术使用费是被告人侵犯商业秘密的违法所得，在计算所获利润时不应扣除（The fees for using the technology involved in the case collected by the infringer are the illegal gains obtained by the defendant from infringing upon trade secrets, and shall not be deducted in calculating the profits obtained.）

案例四：扬州市中级人民法院审理的颜某尧、周某东等侵犯商业秘密罪二审刑事裁定书［（2017）苏10刑终199号］认为，关于A公司损失的计算。在知识产权受到侵害时，依据损失计算的一般原则，权利人的实际损失、侵权人的违法所得以及权利人通过合同授权所获得的利益均可作为计算赔偿的依据。原审法院依据A公司因上诉人颜某尧的涉案行为丧失了商业交易机会，按照合同价款-软件成本+A扬州分公司应收软件服务费计算实际损失数额为778540元并无不妥。对于上诉人颜某尧提出的“应该排除基本的购买软件成本、排除维护费用、合理的开销和人员成本、提成、奖金、给代理商的合理利润”，以及上诉人颜某尧辩护人提出的“B公司通过给A公司打款购买软件的方式使得A公司的损失得到补偿，A公司实际损失金额应当扣减补偿金额和软件实施服务费”，本院认为B公司获得的服务费系上诉人颜某尧因侵犯商业秘密，导致A公司丧失交易机会而获取的非法所得。B公司运营产生的人员成本等费用系犯罪成本，不属于A公司实际损失，上述费用均不应扣减。另外B公司所谓的“补偿金额”实系进货成本已在损失计算中予以扣减不应重复扣减，且原审法院仅对颜某尧销售K/3WISE产品造成的损失进行了认定，故对该上诉理由本院不予采纳。

三、在侵犯商业秘密犯罪案件中，若尚未规模销售无法以销售利润作为认定损失依据，可采用商业秘密许可使用费的倍数以及商业秘密的商业价值作为依据（In a trade secret misappropriation case, if the sales profit cannot be taken as the basis for determining the loss before the large-scale sale, the court may adopt the multiple license fee of the trade secret and the business value of the trade secret as the basis.）

案例五：绍兴市中级人民法院审理的俞某侵犯商业秘密罪二审刑事裁定书［（2015）浙绍刑终字第874、875号］认为，关于A、B公司及俞某提出评估机构既适用了原告损失的计算方法，又适用了许可使用费的计算方法，属于重复计算的意见，本院认为，在侵犯商业秘密犯罪案件中，重大损失的计算主要存在四种方式，即权利人的实际损失、侵权人的获利、商业秘密许可使用费的倍数以及商业秘密的商业价值。因本案B公司生产的维生素E尚未规模销售，不可能以发生的销售利润作为认定损失依据，故评估机构根据第三种计算方式对泄密技术的价值损失进行评估，而评估机构在评估许可使用费价值损失采用研发成本加利润乘以剩余使用年限的计算方法。研发成本价值系评估许可使用费的重要依据之一。A、B公司以及俞某认为评估机构采用了两种计算方式，属于重复计算的意见与事实不符。

四、侵犯商业秘密罪案件中计算侵权人获利时，不相关的其他客户利润不应作为计算利润率的鉴定对象（When calculating the profits of the infringer in a business secret infringement case, the unrelated profits of other clients shall not be the appraisal object for calculating the profit margin.）

案例六：厦门市中级人民法院审理的李某某侵犯商业秘密罪二审刑事判决书［（2015）厦刑终字第590号］认为，关于对被害单位A公司损失的鉴定是否合理。行为是否造成严重侵害后果是侵犯商业秘密罪的构成要件之一。《最高人民法院、最高人民检察院关于办理侵犯知识产权刑事案件具体应用法律若干问题的解释》第七条规定，给商业秘密的权利人造成损失数额在五十万元以上的，属于给商业秘密的权利人造成重大损失，应当以侵犯商业秘密罪判处三年以下有期徒刑或者拘役，并处或者单处罚金。经查，2010年8月至2011年7月，B公司与上述七家客户完成总计1127034.5美元的鞋子出口贸易，获得利润人民币456410元。原判认定A公司因此造成的损失达人民币804139.11元。但是，证明该损失的《司法会计鉴定报告书》以李某某负责的整个鞋帽部的交易额来计算平均利润率确有不当。其一，李某某负责的鞋帽部客户众多，各家利润不一，把不相关的其他客户利润计入缺乏客观性、合理性。其二，涉案客户与B公司的交易发生在2010年、2011年，鉴定的时间为2009年、2010年，与B公司实际交易的时间不符。其三，鉴定报告未体现汇率对利润率的影响。其四，鉴定报告体现A公司的利润与B公司上报税务机关的毛利润不符，前者高于后者。因此，以李某某在A公司期间负责的鞋帽部所有的经营利润为基础来计算利润率，鉴定对象不当，认定造成损失的依据不足。李某某关于对被害单位A公司损失的鉴定存在不合理之处的上诉理由成立，本院予以采纳。

062 商业秘密被侵权人违法公开的，研发成本可作为侵犯商业秘密罪中的损失（Where a trade secret is illegally disclosed by an infringer， the research and development cost may be treated as the loss in the crime of trade secret misappropriation.）

裁判要旨

商业秘密一旦被他人公开、披露、使用，权利人在开发商业秘密过程中的支出势必受到损失。因此，研发成本可以作为认定侵犯商业秘密罪损失的依据。

因侵权行为导致商业秘密已为公众所知悉的，应当根据该项商业秘密的商业价值确定损害赔偿额。商业秘密的商业价值，根据其研究开发成本、实施该项商业秘密的收益、可得利益、可保持竞争优势的时间等因素确定。

案情简介

一、被告人黄某、王某、颜某、柳某、吴某和邢某某为A公司员工，分别担任副总经理、工程师等职务，其陆续在2007年至2009年离职。

二、在A公司与被告人王某、颜某、柳某、吴某、邢某某的劳动合同中均有保密协议条款；被告人黄某在庭审中亦表示清楚A公司固态硬盘的源代码仅限于“工作需要”和“研发人员”。

三、2008年4月，六被告人成立B公司，将在A研发的源代码进行修改后，生产出固态硬盘开始在市场上销售。

四、一审法院认为，B公司为牟取非法利益，以不正当手段获取并非法使用A

公司的商业秘密，给权利人造成特别严重后果，其行为已构成侵犯商业秘密罪。

五、一审宣判后，被告人提起上诉，二审法院经审理后认为，上诉人的行为构成侵犯商业秘密罪，鉴于王某和黄某认罪、悔罪态度好，对二人宣告缓刑。

法院判决

深圳市中级人民法院在本案刑事判决书的“本院认为”部分就上述争议焦点进行如下论述：

商业秘密是指不为公众所知悉、能为权利人带来经济利益，具有实用性并经权利人采取保密措施的技术信息和经营信息。研发商业秘密包含了权利人的开发费用、薪酬费用、开发利润等支出，如果商业秘密一旦被他人公开、披露、使用，权利人在开发商业秘密过程中的上述支出势必受到损失。因此，研发商业秘密的成本流失就是权利人受到的损失。本案中，A公司商业秘密被六上诉人非法披露、使用，A公司在开发、保守上述商业秘密中的成本支出遭受了损失，其研发涉案固态硬盘产品的成本支出由有资质的评估机构评估，经侦查机关、公诉机关查证并在一审庭审中由被告人质证，一审法院对该证据进行了核查并依法剔除其中不合理的部分研发成本。因此，原审以经质证的A公司涉案产品研发成本作为该司遭受技术秘密被侵犯的损失，符合法律的规定，本院予以确认。B公司的审计报告仅能证明其侵占了A公司的市场份额，对A公司的经济损失仅具有参考作用。故，上诉人吴某关于本案评估报告及被害单位损失认定有误的辩护意见，缺乏事实和法律依据，本院不予采纳。

本案相关法律法规

《中华人民共和国刑法》

第二百一十九条 有下列侵犯商业秘密行为之一，情节严重的，处三年以下有期徒刑，并处或者单处罚金；情节特别严重的，处三年以上十年以下有期徒刑，并处罚金：

（一）以盗窃、贿赂、欺诈、胁迫、电子侵入或者其他不正当手段获取权利人的商业秘密的；

（二）披露、使用或者允许他人使用以前项手段获取的权利人的商业秘密的；

（三）违反保密义务或者违反权利人有关保守商业秘密的要求，披露、使用或者允许他人使用其所掌握的商业秘密的。

明知前款所列行为，获取、披露、使用或者允许他人使用该商业秘密的，以侵犯商业秘密论。

本条所称权利人，是指商业秘密的所有人和经商业秘密所有人许可的商业秘密使用人。

为境外的机构、组织、人员窃取、刺探、收买、非法提供商业秘密的，处五年以下有期徒刑，并处或者单处罚金；情节严重的，处五年以上有期徒刑，并处罚金。

《中华人民共和国反不正当竞争法》

第十七条第三款、第四款 因不正当竞争行为受到损害的经营者的赔偿数额，按照其因被侵权所受到的实际损失确定；实际损失难以计算的，按照侵权人因侵权所获得的利益确定。经营者恶意实施侵犯商业秘密行为，情节严重的，可以在按照上述方法确定数额的一倍以上五倍以下确定赔偿数额。赔偿数额还应当包括经营者为制止侵权行为所支付的合理开支。

经营者违反本法第六条、第九条规定，权利人因被侵权所受到的实际损失、侵权人因侵权所获得的利益难以确定的，由人民法院根据侵权行为的情节判决给予权利人五百万元以下的赔偿。

《最高人民法院关于审理不正当竞争民事案件应用法律若干问题的解释》

第十七条 确定反不正当竞争法第十条规定的侵犯商业秘密行为的损害赔偿额，可以参照确定侵犯专利权的损害赔偿额的方法进行；确定反不正当竞争法第五条、第九条、第十四条规定的不正当竞争行为的损害赔偿额，可以参照确定侵犯注册商标专用权的损害赔偿额的方法进行。

因侵权行为导致商业秘密已为公众所知悉的，应当根据该项商业秘密的商业价值确定损害赔偿额。商业秘密的商业价值，根据其研究开发成本、实施该项商业秘密的收益、可得利益、可保持竞争优势的时间等因素确定。

案件来源

深圳市中级人民法院审理的黄某等侵犯商业秘密罪二审刑事判决书［（2013）深中法知刑终字第35号］

延伸阅读及类案裁判规则

商业秘密被公开，权利人研发投入必然会遭受损失。应考虑取得商业秘密的成本等因素合理认定侵犯商业秘密罪的损失（When the trade secret is made public, the R&D investment of thetrade secret owner is bound to suffer losses. The loss of the crime of trade secret misappropriation shall be reasonably determined by taking into account such factors as the cost of obtaining the trade secret.）

案例一：肇庆市中级人民法院审理的曾某兴、林某琳犯侵犯商业秘密罪二审刑事判决书［（2014）肇中法刑一终字第110号］认为，对于研发费用损失的计算，因A公司是从事PVC热稳定剂的研发、生产和销售，其所投入的研发均是围绕PVC热稳定剂开展，且研发的技术之间具有沿革及相辅相成的关系，而不是仅仅针对某项具体的产品，无法将某项研发投入与某项产品进行绝对的联系或割立，而上诉人曾某兴在A公司工作期间参与PVC热稳定剂的研发和生产，已掌握A公司PVC热稳定剂的核心技术和生产工艺。因此，评估报告以上诉人曾某兴、林某琳在A公司入职期间即2007年至2012年2月A公司所投入的研发费用支出核算出研发费用的损失为1565.56万元并无不当，应予以认定。

案例二：肇庆市中级人民法院审理的朱某虎侵犯商业秘密罪二审刑事判决书［（2015）肇中法刑一终字第97号］认为，对于上诉人及其辩护人提出上诉人未将商业秘密通过网络或者出版物进行公布，且上诉人已经被抓获，不再使用侵犯的商业秘密，不应认为上诉人已将商业秘密公布于众，因此，资产评估公司不应将产品研发损失纳入直接损失中的意见。经查，虽然上诉人未将其知晓的A公司的商业秘密通过网络或者出版物等方式公布于众，但是B公司是A公司的竞争对手，上诉人朱某虎将与A公司产品实质相同的配方通过手机的方式发送给B公司的工作人员，并在B公司进行生产、销售，且案发时依然在销售侵权产品，其行为已经造成了A公司的商业秘密被除A公司、朱某虎外的第三人知晓。因此，上诉人朱某虎及其辩护人认为上诉人未将产品配方公布于众而不应将研发费用计入实际损失中的意见理据不足，不予采纳。

063 未造成商业秘密扩散，预计未来损失不属侵犯商业秘密罪中的经济损失（Without dissemination of trade secrets，future losses shall not constitute economic losses under the crime of trade secrets misappropriation.）

裁判要旨

没有证据证明被告人造成商业秘密扩散的，预计的未来损失不能作为侵犯商业秘密造成的经济损失。

案情简介

一、被告人林某利用其在A仪表厂工作中掌握该厂核心技术和销售客户资料的便利，在辞职前将核心技术和客户资料刻录带走。

二、2010年12月，被告人林某从A仪表厂辞职。2011年4月开始，被告人林某及其妻子作为股东成立了B公司，生产、销售物位开关。

三、相关产品的启动程序和电路图都是利用林某掌握的A仪表厂的模式制作，其中电路图有部分修改，核心技术没有改变。被告人林某利用其掌握原A仪表厂的客户资料，将其产品销售给原属于A仪表厂的客户。导致A仪表厂损失合计237万元。

四、在案件审理过程中，一审法院未认定商业秘密扩散造成的预计损失。

五、一审法院认为，被告人林某的行为已构成侵犯商业秘密罪，判处有期徒刑二年八个月，并处罚金十五万元。

六、一审判决作出后，林某不服，提出上诉。二审法院经审理后认为，由于没有证据证实上诉人林某已经将技术扩散，原判未认定上诉人林某给权利人A仪表厂造成未来经济损失是恰当的。原判认定事实清楚，证据确实充分，裁定驳回上诉，维持原判。

法院判决

肇庆市中级人民法院在本案刑事裁定书的“本院认为”部分就上述争议焦点进

行如下论述:

关于上诉人林某的侵权行为造成A仪表厂的损失金额问题。经查，增值税专用发票、收据、评估报告等证据证实，上诉人林某成立B公司后将产品销售给原A仪表厂的客户等，造成了产品销售及研发费用投入的损失，经鉴定其造成了A仪表厂的经济损失合计2371526.25元。其中：第一，广东C会计鉴定所出具的粤C鉴定字（2015）001、002号司法会计鉴定报告证实，2011年4月至2012年3月28日，上诉人林某生产、销售的物位仪表产品共339台，造成A仪表厂损失862561.28元；2012年3月28日后，上诉人林某继续生产、销售同类型产品共281台，造成A仪表厂损失881964.97元。第二，广东D资产评估房地产估价有限公司出具的粤京资评字（2012）第002号资产评估报告书证实，上诉人林某的侵权行为导致A仪表厂六个专有技术研发费用（无形资产）损失62.7万元。原判认定上诉人林某的行为造成权利人A仪表厂的损失理据充分。此外，由于没有证据证实上诉人林某已经将技术扩散，原判未认定上诉人林某给权利人A仪表厂造成未来经济损失是恰当的。上诉人林某及辩护人认为原判认定损失数额计算不当的意见理据不足，不予采纳。

本案相关法律法规

《中华人民共和国刑法》

第二百一十九条 有下列侵犯商业秘密行为之一，情节严重的，处三年以下有期徒刑，并处或者单处罚金；情节特别严重的，处三年以上十年以下有期徒刑，并处罚金：

（一）以盗窃、贿赂、欺诈、胁迫、电子侵入或者其他不正当手段获取权利人的商业秘密的；

（二）披露、使用或者允许他人使用以前项手段获取的权利人的商业秘密的；

（三）违反保密义务或者违反权利人有关保守商业秘密的要求，披露、使用或者允许他人使用其所掌握的商业秘密的。

明知前款所列行为，获取、披露、使用或者允许他人使用该商业秘密的，以侵犯商业秘密论。

本条所称权利人，是指商业秘密的所有人和经商业秘密所有人许可的商业秘密使用人。

为境外的机构、组织、人员窃取、刺探、收买、非法提供商业秘密的，处五年以下有期徒刑，并处或者单处罚金；情节严重的，处五年以上有期徒刑，并处罚金。

案件来源

肇庆市中级人民法院审理的林某侵犯商业秘密二审刑事裁定书［（2016）粤12刑终268号］

延伸阅读及类案裁判规则

如无证据证明被告人造成商业秘密扩散、无法证实市场占有率下降、技术优势丧失等损失，所以预计的未来损失不能作为侵犯商业秘密造成的经济损失（If there is no evidence proving that the Defendants caused losses such as the diffusion of trade secrets，decrease in market share and loss of technical advantage，etc.，the anticipated future losses cannot be considered as economic losses caused by trade secrets misappropriation.）

案例一：肇庆市中级人民法院审理的曾某兴、林某琳犯侵犯商业秘密罪二审刑事判决书［（2014）肇中法刑一终字第110号］认为，对于因秘密遭侵犯而造成的技术扩散预计损失2161.81万元，由于没有证据证实上诉人曾某兴、林某琳的行为造成了A公司的技术扩散，亦没有证据证实技术扩散的范围以及由此造成的损失。因此，评估报告中确定技术扩散（丧失技术优势）所预计损失的依据不足，应不予认定。

案例二：肇庆市中级人民法院审理的朱某虎侵犯商业秘密罪二审刑事判决书［（2015）肇中法刑一终字第97号］认为，关于预计损失部分。经查，对于因配方侵权而导致的市场占有率下降和丧失技术优势带来的预计损失，由于没有证据证实上诉人朱某虎的行为造成了A公司的技术扩散，亦没有证据证实技术扩散的范围以及由此造成的损失，且市场占有率影响的因素具有不确定性。因此，评估报告中确定市场占有率下降和丧失技术优势所预计损失的依据不足，应不予采纳。

四、如何为侵犯商业秘密罪案件被告人作无罪辩护

（**How to make actual innocence defense for defenders in trade secret misappropriation cases**）

064 证明没有犯罪故意是侵犯商业秘密罪无罪辩护的关键点之一（One of the key points for actual innocence defense in a trade secret misappropriation crime is to prove that there is not criminal intent.）

裁判要旨

公司对技术研发人的劳动成果的不尊重，对他人知识产权权益保护的漠视，但这种不尊重研发人意见的主观故意与构成侵犯商业秘密罪中的未经商业秘密权利人许可的主观故意不同。如不能排除权利人已将商业秘密转让给被告人的可能，被告人公开商业秘密的行为即无犯罪故意，不应以犯罪论处。

案情简介

一、2010 年，郭某入职青岛 A 公司任技术员，郭某于同年 12 月 1 日签订劳动合同、保密协议和竞业禁止协议。

二、2011 年 3 月 4 日，青岛 A 公司申请成立北京 A 公司。2011 年 12 月 24 日，齐某、尹某、商某签署三方合作协议，三方同意将齐某拥有的纵向轨枕技术及与之相关的所有技术资源和项目资源统一整合到一个新的企业平台上进行市场开发和运作，齐某青岛 A 公司将其全部技术和业务已转归目标公司。

三、根据三方协议，北京 A 公司作为新平台承接青岛 A 公司各项业务，青岛 A 公司包括郭某在内的部分员工于 2012 年 3 月陆续转至北京 A 公司工作，职务与工作内容和在青岛 A 公司基本一致。

四、郭某于 2013 年间向北京 A 公司提出用涉案模具技术申请专利，后北京 A

公司在未征求涉案模具技术的主要研发人齐某等青岛A公司原员工的意见的情况下，于2013年向国家知识产权局申请实用新型专利，后国家知识产权局将该专利授权公告公开。

五、经评定，该专利内容五个核心秘点技术信息中有一个与青岛A公司设计的模具的核心秘点技术信息具有同一性，经鉴定并估算，青岛A公司为研发上述模具投入资金共计80余万元。一审法院认为北京A公司和郭某违反保守商业秘密的要求，构成侵犯商业秘密罪。

六、北京A公司和郭某不服一审判决提起上诉，二审法院经审理认为，现有证据不能排除北京A公司、郭某认为涉案模具技术已经转让给北京A公司的可能性，北京A公司、郭某没有犯罪故意，故改判北京A公司、郭某无罪。

法院判决

北京市第二中级人民法院在本案刑事判决书的“本院认为”部分就上述争议焦点进行如下论述：

虽然生效民事裁决已经确认依据三方协议，涉案模具技术并未转移给北京A公司，但三方协议“三方同意将甲方拥有的纵向轨枕和减振轨道系统技术及与之相关的所有技术资源和项目资源统一整合到一个新的企业平台上进行市场开发和运作，用较快的速度将技术成果转化为经济价值和企业利润”中的有关“与之相关的所有技术资源”的约定，存在词语外延不明确的问题，易出现不同的理解。涉案模具技术虽独立于纵向轨枕技术和减振轨道系统技术，但涉案模具技术是用来生产模制纵向轨枕模具的技术，纵向轨枕是产品，模具是生产产品的工具，二者之间又存在一定关联，那么，“与之相关”是否包含此种关联可能会有不同理解，由此“与之相关的所有技术资源”是否包含此种关联下的模具技术也可能存在不同理解。故，现有证据不能排除北京A公司、郭某认为涉案模具技术已经转让给北京A公司的可能性，认定北京A公司、郭某明知涉案模具技术属于青岛A公司商业秘密而故意将之申请专利予以公开的证据不足。郭某作为青岛A公司原员工并与公司签订有保密协议，郭某及北京A公司主要领导知道齐某等青岛A公司原员工是涉案模具技术的主要研发人，在将涉案模具技术申请专利时，不征求齐某等主要研发人的意见，体现出北京A公司、郭某对技术研发人的劳动成果的不尊重，对他人知识产权权益保护的漠视，但这种不尊重研发人意见的主观故意与构成侵犯商业秘密罪中的未经商业秘密权利人许可的主观故意不同，未达到犯罪所需的主观故意程度。

综上，本院认为认定北京A公司、郭某具有侵犯商业秘密罪的主观故意的证据不足，北京A公司、郭某均不构成侵犯商业秘密罪，相关人员认为北京A公司、郭某不具有犯罪故意、不构成侵犯商业秘密罪的上诉理由及辩护意见成立，本院予以采纳；相关人员认为北京A公司、郭某构成侵犯商业秘密罪的意见不能成立，本院不予采纳。

本案相关法律法规

《中华人民共和国刑法》

第二百一十九条 有下列侵犯商业秘密行为之一，情节严重的，处三年以下有期徒刑，并处或者单处罚金；情节特别严重的，处三年以上十年以下有期徒刑，并处罚金：

（一）以盗窃、贿赂、欺诈、胁迫、电子侵入或者其他不正当手段获取权利人的商业秘密的；

（二）披露、使用或者允许他人使用以前项手段获取的权利人的商业秘密的；

（三）违反保密义务或者违反权利人有关保守商业秘密的要求，披露、使用或者允许他人使用其所掌握的商业秘密的。

明知前款所列行为，获取、披露、使用或者允许他人使用该商业秘密的，以侵犯商业秘密论。

本条所称权利人，是指商业秘密的所有人和经商业秘密所有人许可的商业秘密使用人。

为境外的机构、组织、人员窃取、刺探、收买、非法提供商业秘密的，处五年以下有期徒刑，并处或者单处罚金；情节严重的，处五年以上有期徒刑，并处罚金。

案件来源

北京市第二中级人民法院审理的北京A公司等侵犯商业秘密二审刑事判决书［（2019）京02刑终425号］

延伸阅读及类案裁判规则

一、证据不足以证实公司明知或应知雇员与前公司签有保密合同并实施侵犯商业秘密的行为，亦不足以证实公司实施或者指使雇员实施侵犯前雇主公司商业秘密的行为的，不能认定公司构成侵犯商业秘密罪（A court shall not determine that an entity constitute trade secret misappropriation if the evidence is not sufficient for proving such entity has known or should have known that its employee has signed confidentiality agreements with former employer and committed trade secret misappropriation, or the evidence is not sufficient for proving such entity committed or instigated its employee to committed trade secret misappropriation.）

案例一：温州市鹿城区人民法院审理的章某侵犯商业秘密罪一审刑事判决书［（2014）温鹿刑自字第6号］认为，1. 被告人章某辩解，其未实际参与公司经营，不知道专利的技术来源，专利的申请是由罪犯胡某苗等人具体操作的；罪犯胡某苗、阮某良、陈某东在侦查机关的供述及其他证据不能证实被告人章某知道涉案专利的技术来源，亦不能证实被告人章某与涉案专利的申请有何关联；另，罪犯胡某苗等人于2011年5月30日归案，直至2012年3月31日被一审判决，涉案专利的申请正是在罪犯胡某苗等人归案前提出、并在刑事诉讼过程中获得批准的。综上，根据现有证据，不排除被告人章某上述辩解成立的可能性。自诉人提供的专利证书、专利目录及对比目录不足以证实被告人章某主观上应明知或应知所申请涉案专利的技术来源，以及被告人章某与涉案专利的申请有何关联。2. 被告人章某辩解，A公司已于罪犯胡某苗等人侵犯商业秘密一案案发后便停止经营，没有继续生产产品，并在办理注销手续。自诉人应对被告人章某有继续侵犯商业秘密的行为进行举证，仅凭自诉人提供的（2013）浙温华证内字第9888号公证书中“至2013年5月24日，A公司的网站上仍有涉嫌侵权产品信息”的表述，不能证实被告人章某或者A公司有继续生产侵权产品的事实，况且，不排除上述涉嫌侵权产品的信息系之前所留而一直未被删除的可能性。3. 被告人章某辩解，新成立的B公司与其没有关系；除此之外，目前亦没有其他证据证明被告人章某、A公司与B公司有何关联，自诉人提供的（2014）浙温华证内字第17967号公证书既不能证明B公司的“董经理”就是A公司的董某胜，亦不能证明B公司是在A公司的基础上成立的，或者被告人章某、A公司与B公司存在关联性，故不能证实被告人章某有继续侵害自诉人商业秘密的行为。4. 被告人章某辩解，其既不知道罪犯胡某苗、陈某东、阮某良等人实施侵犯C公司商业秘密的行为，亦没有指使罪犯胡某苗、陈某东、阮某良等人实施上述行为；罪犯胡某苗、阮某良、陈某东在侦查机关的供述及其他证据不能证实被告人章某明知或应知罪犯胡某苗、阮某良、陈某东等人与C公司签有保密合同并实施侵犯C公司商业秘密的行为，亦不能证实罪犯胡某苗等人是受被告人章某的指使来实施侵犯C公司的商业秘密行为；罪犯胡某苗等人侵犯商业秘密罪案的一审判决书认定罪犯胡某苗等人的行为属单位犯罪证据不足，即以现有证据无法证实罪犯胡某苗等人的行为是受A公司指使或者决定实施的，以及罪犯胡某苗等人是为了A公司的利益而侵犯C公司的商业秘密，二审裁定维持原判；检察机关的不起诉决定书亦认为被告人章某主观上明知或应知胡某苗等人侵犯C公司商业秘密的证据不足。综上，现有证据不足以证实被告人章某明知或应知罪犯胡某苗、阮某良、陈某东等人与C公司签有保密合同并实施侵犯C公司商业秘密的行为，亦不足以证实被告人章某实施或者指使罪犯胡某苗等人实施侵犯C公司商业秘密的行为。

案例二：浙江省温州市中级人民法院审理的章某、A公司侵犯商业秘密罪案［（2014）浙温知刑终字第7号］认为，上诉人在一审中提供的（2013）浙温华证内字第9888号公证书、（2014）浙温华证内字第17967号公证书及在二审中提供的证据，均无法证明章某与胡某苗等三人存在侵犯商业秘密的共同故意，也无法证明章某对胡某苗等人侵犯商业秘密的行为系明知或应知。综上，上诉人A公司在一、二审提供的证据无法形成完整的证据链证明其对章某的控诉。上诉人A公司要求二审认定章某构成侵犯商业秘密罪的诉称理由不成立，不予采纳

二、行为人明知其对公司商业秘密有保密义务，但仍然实施侵犯商业秘密行为的，应当认定其有侵犯商业秘密的故意（Where an actor is fully aware of his obligation to keep the company'strade secrets confidential but still commits infringement upon the company's business secrets，it shall be determined that he has intent to infringe upon trade secrets.）

案例三：广东省深圳市中级人民法院审理的黄某等侵犯商业秘密案［（2013）深中法知刑终字第35号］认为，对于上诉人柳某提出其没有侵犯被害单位商业秘密的主观故意、客观上也没有侵害行为的上诉、辩护意见，经查，上诉人柳某与被害单位A公司签订的劳动合同中有保密条款，其清楚地知道其对A公司的商业秘密有保密义务，但其仍在研发B公司固态硬盘产品时使用了A公司的商业秘密，故上诉人柳某的相关上诉、辩护意见与查明事实不符，本院不予采纳。

065 证明涉案技术信息已被公开是侵犯商业秘密罪无罪辩护的关键点之一

裁判要旨

即使行为人通过不正当手段获取技术信息，但由于不能排除涉案技术信息已经被使用公开的合理怀疑，行为人不构成侵犯商业秘密罪。

案情简介

一、2003年9月1日，武某军进入A公司技术岗位工作，负责设计图纸。2005年3月29日，A公司与武某军签订商业秘密保护协议。

二、武某军在A公司工作期间私自收集该公司的技术资料，在A公司采取保密措施后，仍利用局域网及公司领导的电脑秘密窃取各种技术图纸。

三、A公司的生产原料供货商蒋某辉于2009年年底至2010年年初，邀请武某军合作成立B公司。2010年4月26日，武某军向A公司提出辞职后，与蒋某辉一起将相应技术图纸用于B公司生产、销售。

四、一审法院经审理认为蒋某辉、武某军构成侵犯商业秘密罪。

五、蒋某辉、武某军不服一审判决，提起上诉。二审法院经审理认为，涉案技术信息存在已经被使用公开的合理怀疑，原审判决认定涉案技术信息属于商业秘密继而认定蒋某辉、武某军构成侵犯商业秘密罪有误，应予纠正。

法院判决

江苏省无锡市中级人民法院在本案刑事判决书的“本院认为”部分就上述争议焦点进行如下论述：

秘点1、2所涉技术信息因使用而公开系合理怀疑，鉴定意见⑤等证据尚不能达到排除合理怀疑的证明标准，蒋某辉及其辩护人、武某军及其辩护人提出秘点1、2不符合商业秘密非公知性要件的上诉意见，本院予以采纳。……现并无证据证明A公司在对外销售涉案产品时设置身份障碍或选择特定客户，进而要求采购方对产品进行保密，采购企业生产厂区内也无禁止他人参观、访问的提示。本案的实际情况是A公司涉案产品早已销售给多家单位，上诉人的辩护人、北京C鉴定中心鉴定人员均顺利进入安置有涉案产品的厂区进行现场勘验、拍照。该产品已经处于不特定主体想购买即可购买的状态，再以购买者范围限定“相关公众”才能进行观察，并不合理。辩方鉴定人员作为“相关公众”发表意见，并未超出法律规定的主体要求。……只要被出售的设备使秘点技术内容处于公众想得知就能够得知的状态，即为使用公开。相关公众能够从出售的已存在的技术信息的载体中获取该技术信息，只需存在能够获取的可能性就够了，并不需要已经实际上从中获取了该技术信息。鉴于此，使用公开关注的是技术信息的可获得性，与相对人对该技术信息载体是否采取保密措施并不具有必然联系。以不正当手段获得技术信息并不能免除证明存在商业秘密的责任，仍应证明系争技术信息具有非公知性等构成要件、能够作为商业秘密获得保护。因而本案中判断秘点1、2是否构成使用公开并不取决于蒋某辉、武某军是否实际通过购买设备而获得技术。

综上，虽然本案中上诉人武某军通过不正当手段从A公司获取冷芯盒射芯机的相关技术信息，上诉人蒋某辉明知前述情况仍与上诉人武某军一起将该技术信息用于B公司生产冷芯机，但由于不能排除涉案两项技术信息已经被使用公开的合理怀疑，原审判决认定涉案技术信息属于商业秘密继而认定蒋某辉、武某军构成侵犯商业秘密罪有误，应予纠正。

本案相关法律法规

《中华人民共和国刑法》

第二百一十九条 有下列侵犯商业秘密行为之一，情节严重的，处三年以下有期徒刑，并处或者单处罚金；情节特别严重的，处三年以上十年以下有期徒刑，并处罚金：

（一）以盗窃、贿赂、欺诈、胁迫、电子侵入或者其他不正当手段获取权利人的商业秘密的；

（二）披露、使用或者允许他人使用以前项手段获取的权利人的商业秘密的；

（三）违反保密义务或者违反权利人有关保守商业秘密的要求，披露、使用或者允许他人使用其所掌握的商业秘密的。

明知前款所列行为，获取、披露、使用或者允许他人使用该商业秘密的，以侵犯商业秘密论。

本条所称权利人，是指商业秘密的所有人和经商业秘密所有人许可的商业秘密使用人。

为境外的机构、组织、人员窃取、刺探、收买、非法提供商业秘密的，处五年以下有期徒刑，并处或者单处罚金；情节严重的，处五年以上有期徒刑，并处罚金。

案件来源

江苏省无锡市中级人民法院审理的蒋某辉二审刑事判决书［（2017）苏02刑终38号］

延伸阅读及类案裁判规则

一、无法确认案涉技术信息具有非公知性，被告人不构成侵犯商业秘密罪（Where it is impossible to confirm the non-public nature of the technical information in question, the defendant does not commit the crime of infringing upon trade secrets.）

案例一：天津市滨海新区人民法院审理的A公司、张某某等犯侵犯商业秘密罪一审刑事判决书［（2014）滨汉刑初字第66号］认为，通过上述对控辩双方争议焦点的分析，依据公诉机关当庭出示的相关证据，由于无法确认被告人缪某某对其参与B公司工艺研发期间所获知的技术信息负有保密义务，使被告人缪某某向被告人张某某给付其掌握的上述技术信息的行为是否违反与B公司的约定或违反B公司有关保守技术信息的要求的认定不能进行；由于无法明确被告人张某某自被告人缪某某处获得技术信息的具体内容（总反应釜装配图、乙烷储料罐图除外），故而不能准确判断被告单位A公司能否利用被告人张某某获取的技术信息直接从事三乙基铝生产；由于主张B公司可能受到侵犯的技术信息为不为公众知悉的技术信息的鉴定意见无法达到"排除合理怀疑"的证明标准，使上述技术信息系商业秘密的认定缺失了"非公知性"这一核心要素；由于《评估报告》和《专项审计报告》不能作为定案根据使用，使B公司遭受经济损失的具体数额缺乏有效证据予以证明。因此，公诉机关指控被告单位A公司、被告人张某某、缪某某犯侵犯商业秘密罪，证据不足，无法满足侵犯商业秘密罪犯罪构成的要求，其指控不能成立。依照《中华人民共和国刑法》第二百一十九条、《中华人民共和国刑事诉讼法》第一百九十五条第（三）项之规定，判决如下：被告单位A公司、被告人张某某、缪某某无罪。

二、虽然涉案相关技术获专利，但若技术信息并不相同、虽然少量工艺技术已被专利公开，但大部分具体而又关键的信息并未被文献公开的，不应认定技术信息已对外公开（Although the relevant technology involved is patented，if the technical information is not the same，and a small amount of process technology has been disclosed to the public but most of the specific and critical information has not been disclosed to the public，the technical information shall not be determined to be disclosed to the public.）

案例二：上海市高级人民法院周某隆等人侵犯商业秘密二审案［《中华人民共和国最高人民法院公报》2005 年第 3 期（总第 101 期）］认为，上海专利商标事务所于 2001 年 8 月出具的《专有技术分析报告》证实，A 公司的“刺孔型干爽网面”工艺技术信息，在所查领域内未发现有采用相同生产工艺制造该专有设备的方法。虽然龚某等人关于“机械打孔装置”的相关发明已获国家专利，但上述专利与涉案工艺技术信息并非等同。上海 B 情报研究所、上海市 B 委员会分别出具的鉴定意见说明，虽然 A 公司的工艺技术信息有少量已经被专利文献公开，但大部分具体而又关键的信息并未被文献公开。周某隆加入 A 公司后，应根据双方签订的合同遵守保守公司商业秘密的约定，对其掌握的公司工艺技术信息承担保密义务，不能将 A 公司向周某隆提供模片的行为视为该公司的工艺技术信息已经对外公开。

066 证明侵犯商业秘密造成经济损失未达法定标准，是侵犯商业秘密罪无罪辩护的关键点之一（Proving that the economic losses caused by trade secret misappropriation are below the statutory standard is one of the key points in the innocent defense of trade secret misappropriation crime.）

裁判要旨

关于经济损失的认定事实不清，证据不足，被告人不构成侵犯商业秘密罪。

案情简介

一、李某某系 A 公司鞋帽部经理，负责鞋类商品的进出口业务。

二、B 公司成立后，主要从事批发、零售服装鞋帽、皮制品以及经营各类商品和技术的进出口业务，法定代表人为曾某某。曾某某系被告人李某某的丈夫。

三、被告人李某某在 B 公司成立后，将其在 A 公司掌握的七家客户介绍给 B 公司做鞋类产品的业务。

四、一审法院查明，2010 年 8 月至 2011 年 7 月，B 公司与上述七家客户完成总计 112.7 万美元的鞋子出口贸易，获得利润 45.6 万元。按 2009 年、2010 年两年度的平均利润率计，A 公司因此造成经济损失达人民币 80.4 万元。

五、一审法院认为，李某某为牟取非法利益，违反与 A 公司的保密约定，披露、并通过 B 公司使用其掌握的 A 公司的客户信息，给 A 公司造成人民币 80.4 万元的重大经济损失，被告人李某某的行为已构成侵犯商业秘密罪。

六、李某某不服一审判决，提起上诉。二审法院经审理认为，原审判决证明损失的《司法会计鉴定报告书》以李某某负责的整个鞋帽部的交易额来计算平均利润率确有不当。以李某某在 A 公司期间负责的鞋帽部所有的经营利润为基础来计算利润率，鉴定对象不当，认定造成损失的证据不足，上诉人李某某的行为不构成侵犯商业秘密罪，应改判无罪。

法院判决

厦门市中级人民法院在本案刑事判决书的“本院认为”部分就上述争议焦点进行如下论述：

关于对被害单位 A 公司损失的鉴定是否合理。行为是否造成严重侵害后果是侵犯商业秘密罪的构成要件之一。《最高人民法院、最高人民检察院关于办理侵犯知识产权刑事案件具体应用法律若干问题的解释》第七条规定，给商业秘密的权利人造成损失数额在五十万元以上的，属于给商业秘密的权利人造成重大损失，应当以侵犯商业秘密罪判处三年以下有期徒刑或者拘役，并处或者单处罚金。经查，2010 年 8 月至 2011 年 7 月，B 公司与上述七家客户完成总计 1127034.5 美元的鞋子出口贸易，获得利润人民币 456410 元。原判认定 A 公司因此造成的损失达人民币 804139.11 元。但是，证明该损失的《司法会计鉴定报告书》以李某某负责的整个鞋帽部的交易额来计算平均利润率确有不当。其一，李某某负责的鞋帽部客户众多，各家利润不一，把不相关的其他客户利润计入缺乏客观性、合理性。其二，涉案客户与 B 公司的交易发生在 2010 年、2011 年，鉴定的时间为 2009 年、2010 年，与 B 公司实际交易的时间不符。其三，鉴定报告未体现汇率对利润率的影响。其四，鉴定报告体现 A 公司的利润与 B 公司上报税务机关的毛利润不符，前者高于后者。因此，以李某某在A公司期间负责的鞋帽部所有的经营利润为基础来计算利润率，鉴定对象不当，认定造成损失的依据不足。李某某关于对被害单位A公司损失的鉴定存在不合理之处的上诉理由成立，本院予以采纳……上诉人李某某以被害单位A公司名义开发的客户名单属于A公司所有，涉案七家客户名单具有商业秘密的属性。但原审判决对被害单位A公司损失的认定事实不清，证据不足，上诉人李某某的行为不构成侵犯商业秘密罪，应改判无罪。

本案相关法律法规

《中华人民共和国刑法》

第二百一十九条 有下列侵犯商业秘密行为之一，情节严重的，处三年以下有期徒刑，并处或者单处罚金；情节特别严重的，处三年以上十年以下有期徒刑，并处罚金：

（一）以盗窃、贿赂、欺诈、胁迫、电子侵入或者其他不正当手段获取权利人的商业秘密的；

（二）披露、使用或者允许他人使用以前项手段获取的权利人的商业秘密的；

（三）违反保密义务或者违反权利人有关保守商业秘密的要求，披露、使用或者允许他人使用其所掌握的商业秘密的。

明知前款所列行为，获取、披露、使用或者允许他人使用该商业秘密的，以侵犯商业秘密论。

本条所称权利人，是指商业秘密的所有人和经商业秘密所有人许可的商业秘密使用人。

为境外的机构、组织、人员窃取、刺探、收买、非法提供商业秘密的，处五年以下有期徒刑，并处或者单处罚金；情节严重的，处五年以上有期徒刑，并处罚金。

《最高人民法院、最高人民检察院关于办理侵犯知识产权刑事案件具体应用法律若干问题的解释》

第四条 实施刑法第二百一十九条规定的行为，具有下列情形之一的，应当认定为“给商业秘密的权利人造成重大损失”：

（一）给商业秘密的权利人造成损失数额或者因侵犯商业秘密违法所得数额在三十万元以上的；

（二）直接导致商业秘密的权利人因重大经营困难而破产、倒闭的；

（三）造成商业秘密的权利人其他重大损失的。

给商业秘密的权利人造成损失数额或者因侵犯商业秘密违法所得数额在二百五十万元以上的，应当认定为刑法第二百一十九条规定的“造成特别严重后果”。

《最高人民检察院、公安部关于公安机关管辖的刑事案件立案追诉标准的规定（二）》

第七十三条 侵犯商业秘密，涉嫌下列情形之一的，应予立案追诉：

（一）给商业秘密权利人造成损失数额在五十万元以上的；

（二）因侵犯商业秘密违法所得数额在五十万元以上的；

（三）致使商业秘密权利人破产的；

（四）其他给商业秘密权利人造成重大损失的情形。

案件来源

厦门市中级人民法院审理的李某某侵犯商业秘密罪二审刑事判决书［（2015）厦刑终字第590号］

延伸阅读及类案裁判规则

一、可以侵权产品的销售数，乘以权利人因被侵权而被迫降价前的平均销售利润，来计算权利人的经济损失（The economic loss can be calculated by multiplying the sales volume of the infringing products by the average sales profit before the infringement.）

上海市高级人民法院审理的周某隆等人侵犯商业秘密二审案［《中华人民共和国最高人民法院公报》2005年第3期（总第101期）］认为，认定侵犯商业秘密的行为应追究刑事责任的数额标准，以侵权人给商业秘密权利人造成50万元直接经济损失为起点。而公诉机关提交的《审计报告》对A公司造成的直接经济损失采取了两种计算方法：一是以侵权人侵权产品的销售吨数乘以权利人因被侵权而被迫降价前的平均销售利润；二是以权利人被侵权后销售量的减少吨数乘以权利人因被侵权而被迫降价前的平均销售利润。从本案的实际情况看，生产卫生巾、尿不湿网面材料的企业不仅为A公司和B公司，但A公司专有技术所生产的“刺孔型干爽网面”与其他网面材料相比，具有竞争优势。故从市场竞争的不确定因素考虑，A公司被侵权后销售量的减少并不一定完全是B公司侵权造成的结果；而侵权人侵权产品的销售数量不仅反映了侵权的客观事实，而且能反映权利人被侵权后造成的直接损失。因此，以第一种计算方法即“侵权人侵权产品的销售吨数乘以权利人因被侵权而被迫降价前的平均销售利润”计算出A公司的直接经济损失，更为公平、合理。

二、给商业秘密的权利人造成损失数额在五十万元以上的，属于“给商业秘密的权利人造成重大损失”（Causing loss of over CNY 500,000 to right holders shall be deemed to have “caused heavy losses to right holders of trade secrets”.）

扬州市中级人民法院审理的颜某尧、周某东等侵犯商业秘密罪二审刑事裁定书［（2017）苏10刑终199号］认为，关于上诉人颜某尧是否构成侵犯商业秘密罪。《最高人民法院、最高人民检察院关于办理侵犯知识产权刑事案件具体应用法律若干问题的解释》第七条规定：实施刑法第二百一十九条规定的行为之一，给商业秘密的权利人造成损失数额在五十万元以上的，属于“给商业秘密的权利人造成重大损失”，应当以侵犯商业秘密罪判处三年以下有期徒刑或者拘役，并处或者单处罚金。关于A公司损失的计算。在知识产权受到侵害时，依据损失计算的一般原则，权利人的实际损失、侵权人的违法所得以及权利人通过合同授权所获得的利益均可作为计算赔偿的依据。原审法院依据A公司因上诉人颜某尧的涉案行为丧失了商业交易机会，按照合同价款-软件成本+A扬州分公司应收软件服务费计算实际损失数额为778540元并无不妥。对于上诉人颜某尧提出的“应该排除基本的购买软件成本、排除维护费用、合理的开销和人员成本、提成、奖金、给代理商的合理利润”，以及上诉人颜某尧辩护人提出的“B公司通过给A公司打款购买软件的方式使得A公司的损失得到补偿，A公司实际损失金额应当扣减补偿金额和软件实施服务费”，本院认为B公司获得的服务费系上诉人颜某尧因侵犯商业秘密，导致A公司丧失交易机会而获取的非法所得。B公司运营产生的人员成本等费用系犯罪成本，不属于A公司实际损失，上述费用均不应扣减。另外B公司所谓的“补偿金额”实系进货成本已在损失计算中予以扣减不应重复扣减，且原审法院仅对颜某尧销售K/3WISE产品造成的损失进行了认定，故对该上诉理由本院不予采纳。原审法院根据案涉事实和证据认定颜某尧构成侵犯商业秘密罪并无不妥，原审量刑也未违反法律规定。另外，原审被告人周某东、陈某香系共同犯罪，原审法院对该两人定罪量刑亦无不当。

五、侵犯商业秘密罪刑事责任

（Criminal Liability for Trade Secret Misappropriation）

（一）关于侵犯商业秘密罪量刑的问题
（Sentencing for Trade Secret Misappropriation）

067 法院判处侵犯商业秘密罪被告人缓刑的四个前提条件
（Four conditions for a court to rule probation in trade secret misappropriation crime.）

导 读

根据《中华人民共和国刑法》第七十二条规定，对于被判处拘役、三年以下有期徒刑的犯罪分子，同时符合下列条件的，可以宣告缓刑，对其中不满十八周岁的人、怀孕的妇女和已满七十五周岁的人，应当宣告缓刑。（一）犯罪情节较轻；（二）有悔罪表现；（三）没有再犯罪的危险；（四）宣告缓刑对所居住社区没有重大不良影响。上述关于缓刑的适用标准，同样适用于侵犯商业秘密罪定罪量刑。

裁判要旨

侵犯商业秘密犯罪情节较轻，有悔罪表现，没有再犯罪的危险，宣告缓刑对所居住社区没有重大不良影响，可以对被告人宣告缓刑。

案情简介

一、为保护涉密信息，A 公司对其技术图纸进行加密保护，仅授予公司综合部主管、销售部主管解密图纸的权力。

二、2011 年至 2015 年，被告人李某英、胡某、董某磊、黄某先后入职 A 公司，四被告人均与A公司签订了包含保密条款的劳动合同，经A公司综合部主管阳明授权，胡某获得了该公司技术图纸的解密权。

三、2016年5月，李某英、胡某、黄某、袁某成立B公司，2016年8月，董某磊入职B公司并担任技术部部长。之后，B公司使用董某磊、胡某从A公司窃取的技术图纸生产气雾化制粉末设备并对外销售，给某公司造成损失共计107万元。

四、一审法院认为四被告人的行为均构成侵犯商业秘密罪。根据原审被告人黄某的犯罪情节及悔罪表现，适用缓刑对其所居住的社区无重大不良影响，可宣告缓刑，故对被告人黄某适用缓刑。

五、一审判决后，李某英、黄某提出上诉，二审法院审理后裁定驳回上诉，维持原判。

法院判决

益阳市中级人民法院在本案刑事裁定书的“本院认为”部分就上述争议焦点进行如下论述：

上诉人（原审被告人）胡某、原审被告人董某磊盗窃被害单位A公司的技术类商业秘密，并伙同上诉人（原审被告人）李某英、黄某使用该商业秘密生产、销售气雾化制粉末设备，给被害单位A公司造成重大损失，四人的行为均已构成侵犯商业秘密罪。在共同犯罪中，上诉人李某英、胡某、原审被告人董某磊均起主要作用，系主犯，应当按照其所参与的全部犯罪处罚；原审被告人黄某起次要作用，系从犯，应当减轻处罚。上诉人胡某、原审被告人黄某主动向公安机关投案，并如实供述了自己的罪行，系自首，可从轻处罚。原审被告人董某磊到案后如实供述了自己的罪行，系坦白，可以从轻处罚。根据原审被告人黄某的犯罪情节及悔罪表现，适用缓刑对其所居住的社区无重大不良影响，可宣告缓刑。

本案相关法律法规

《中华人民共和国刑法》

第二百一十九条 有下列侵犯商业秘密行为之一，情节严重的，处三年以下有期徒刑，并处或者单处罚金；情节特别严重的，处三年以上十年以下有期徒刑，并处罚金：

（一）以盗窃、贿赂、欺诈、胁迫、电子侵入或者其他不正当手段获取权利人的商业秘密的；

（二）披露、使用或者允许他人使用以前项手段获取的权利人的商业秘密的；

（三）违反保密义务或者违反权利人有关保守商业秘密的要求，披露、使用或者允许他人使用其所掌握的商业秘密的。

明知前款所列行为，获取、披露、使用或者允许他人使用该商业秘密的，以侵犯商业秘密论。

本条所称权利人，是指商业秘密的所有人和经商业秘密所有人许可的商业秘密使用人。

为境外的机构、组织、人员窃取、刺探、收买、非法提供商业秘密的，处五年以下有期徒刑，并处或者单处罚金；情节严重的，处五年以上有期徒刑，并处罚金。

《中华人民共和国刑法》

第七十二条 对于被判处拘役、三年以下有期徒刑的犯罪分子，同时符合下列条件的，可以宣告缓刑，对其中不满十八周岁的人、怀孕的妇女和已满七十五周岁的人，应当宣告缓刑：

（一）犯罪情节较轻；

（二）有悔罪表现；

（三）没有再犯罪的危险；

（四）宣告缓刑对所居住社区没有重大不良影响。

宣告缓刑，可以根据犯罪情况，同时禁止犯罪分子在缓刑考验期限内从事特定活动，进入特定区域、场所，接触特定的人。

被宣告缓刑的犯罪分子，如果被判处附加刑，附加刑仍须执行。

《最高人民法院、最高人民检察院关于办理侵犯知识产权刑事案件具体应用法律若干问题的解释（二）》

第三条 侵犯知识产权犯罪，符合刑法规定的缓刑条件的，依法适用缓刑。有下列情形之一的，一般不适用缓刑：

（一）因侵犯知识产权被刑事处罚或者行政处罚后，再次侵犯知识产权构成犯罪的；

（二）不具有悔罪表现的；

（三）拒不交出违法所得的；

（四）其他不宜适用缓刑的情形。

案件来源

益阳市中级人民法院审理的李某英、胡某、董某磊、黄某侵犯商业秘密一案二审刑事裁定书［（2020）湘09刑终100号］

延伸阅读及类案裁判规则

一、侵犯商业秘密罪案件，犯罪情节较轻、有悔罪表现、没有再犯罪的危险、宣告缓刑对所居住社区没有重大不良影响，可适用缓刑（A court may employ probation if the crime is a misdemeanor，the defendant has showed repentance，the defendant is not likely to commit any crime again，and there is no material adverse effect for the community where the defendant lives under probation.）

案例一：深圳市中级人民法院审理的黄某等侵犯商业秘密罪二审刑事判决书［（2013）深中法知刑终字第35号］认为，本案二审期间，鉴于上诉人黄某、王某向本院提交了悔过书并主动缴纳罚金，认罪、悔罪态度好，被害单位A公司也已对该二人出具谅解函，对二人适用缓刑确实不致再危害社会，故本院决定对其宣告缓刑。两上诉人及其辩护人关于对两上诉人适用缓刑的上诉及辩护意见，本院予以采纳。

二、一审适用缓刑，上诉并发回重审后改判实刑，违反了上诉不加刑原则，应当依法缓刑（It violates prohibition of reformatio in peius and shall employ probation pursuant to law if an appellant receive incarceration in retrial while probation is employed in the first instance decision.）

案例二：常德市中级人民法院审理的李某华侵犯商业秘密案刑事判决书［（2014）常刑二终字第64号］认为，上诉人（原审被告人）李某华无视国家法律，在A公司进行GMP指导工作期间，采取不正当手段获取商业秘密"天麻首乌片"的技术资料，并将其用于专利申请，致使"天麻首乌片"处方中各成分剂量配比被披露，给权利人造成了重大损失，其行为已构成侵犯商业秘密罪。李某华上诉及其辩护人提出，本案原来一审判处李某华缓刑，重审后改判为实刑，违反了"上诉不加刑"原则。经查，本案武陵区人民法院初审作出（2010）武刑初字第255号刑事判决，判处李某华有期徒刑二年六个月，缓刑三年，并处罚金五万元。李某华上诉后，本院裁定发回重审，武陵区人民法院重审作出（2010）武刑重字第255号刑事判决，判处李某华有期徒刑二年六个月，并处罚金人民币五万元，加重了李某华的刑罚，违反了“上诉不加刑”的原则。鉴于本案二审期间李某华认罪悔罪，且其居住地社区矫正机构同意对其实行社区矫正，对李某华可以依法改判缓刑。李某华的上诉理由成立，本院予以采纳。

068 侵犯商业秘密案件中以证人身份被询问时如实交代犯罪事实的应认定自首，可从轻或者减轻处罚（It shall constitute confession if a witness confesses its crime when it has been examined in trade secret misappropriation cases. A court may mitigate or reduce a sentence.）

裁判要旨

刑事侦查立案之前，犯罪嫌疑人以证人身份接受公安机关询问的过程中，如实交代犯罪事实的，应当认定为自首。

案情简介

一、被告人黄某、王某、颜某、柳某、吴某和邢某某为A公司员工，分别担任副总经理、工程师等职务，其陆续在2007年至2009年离职。

二、在A公司与被告人王某、颜某、柳某、吴某、邢某某的劳动合同中均有保密协议条款；被告人黄某在庭审中亦表示清楚A公司固态硬盘的源代码仅限于“工作需要”和“研发人员”。

三、2008年4月，六被告人成立B公司，将在A研发的源代码进行修改后，生产出固态硬盘开始在市场上销售。

四、一审法院认为，B公司为牟取非法利益，以不正当手段获取并非法使用A公司的商业秘密，给权利人造成特别严重后果，其行为已构成侵犯商业秘密罪。

五、一审宣判后，颜某、柳某、吴某以及邢某某四人上诉称，其具有自首情节，请求二审判决撤销一审判决的量刑部分。

六、二审法院经审理认为，根据查明的事实，当本案尚未立案侦查，在公安机关对上诉人颜某、柳某、吴某、邢某某以证人身份进行询问的过程中，四上诉人已经向公安机关如实交代了自己的罪行，对该四人应认定为自动投案，依法具有自首情节，可以从轻或者减轻处罚。但鉴于一审已对颜某等上诉人适用缓刑，量刑适当，维持了对四上诉人的量刑。

法院判决

深圳市中级人民法院在本案刑事判决书的“本院认为”部分就上述争议焦点进行如下论述：

关于上诉人颜某、柳某、吴某、邢某某是否具有自首情节的问题。犯罪以后自动投案，如实供述自己的罪行的，是自首。《最高人民法院关于处理自首和立功具体应用法律若干问题的解释》第一条规定，自动投案，是指犯罪事实或者犯罪嫌疑人未被司法机关发觉，或者虽被发觉，但犯罪嫌疑人尚未受到讯问、未被采取强制措施时，主动、直接向公安机关、人民检察院或者人民法院投案。如实供述自己的罪行，是指犯罪嫌疑人自动投案后，如实交代自己的主要犯罪事实。《最高人民法院关于处理自首和立功若干具体问题的意见》对于如何具体认定“自动投案”列举了“在司法机关未确定犯罪嫌疑人，尚在一般性排查询问时主动交代自己罪行的”等情形。根据查明的事实，当本案尚未立案侦查，在公安机关对上诉人颜某、柳某、吴某、邢某某以证人身份进行询问的过程中，四上诉人已经向公安机关如实交代了自己的罪行，对该四人应认定为自动投案，依法具有自首情节。四上诉人关于其具有自首情节的上诉、辩护意见，有事实依据，本院予以采纳。根据法律规定，对于自首的犯罪分子，可以从轻或者减轻处罚。鉴于一审已根据四上诉人的犯罪情节和悔罪表现，对该四人适用缓刑，量刑适当，本院予以维持。

本案相关法律法规

《中华人民共和国刑法》

第六十七条 犯罪以后自动投案，如实供述自己的罪行的，是自首。对于自首的犯罪分子，可以从轻或者减轻处罚。其中，犯罪较轻的，可以免除处罚。

被采取强制措施的犯罪嫌疑人、被告人和正在服刑的罪犯，如实供述司法机关还未掌握的本人其他罪行的，以自首论。

犯罪嫌疑人虽不具有前两款规定的自首情节，但是如实供述自己罪行的，可以从轻处罚；因其如实供述自己罪行，避免特别严重后果发生的，可以减轻处罚。

《最高人民法院关于处理自首和立功具体应用法律若干问题的解释》

第一条 根据刑法第六十七条第一款的规定，犯罪以后自动投案，如实供述自己的罪行的，是自首。

（一）自动投案，是指犯罪事实或者犯罪嫌疑人未被司法机关发觉，或者虽被发觉，但犯罪嫌疑人尚未受到讯问、未被采取强制措施时，主动、直接向公安机关、人民检察院或者人民法院投案。

犯罪嫌疑人向其所在单位、城乡基层组织或者其他有关负责人员投案的；犯罪嫌疑人因病、伤或者为了减轻犯罪后果，委托他人先代为投案，或者先以信电投案的；罪行尚未被司法机关发觉，仅因形迹可疑，被有关组织或者司法机关盘问、教育后，主动交代自己的罪行的；犯罪后逃跑，在被通缉、追捕过程中，主动投案的；经查实确已准备去投案，或者正在投案途中，被公安机关捕获的，应当视为自动投案。

并非出于犯罪嫌疑人主动，而是经亲友规劝、陪同投案的；公安机关通知犯罪嫌疑人的亲友，或者亲友主动报案后，将犯罪嫌疑人送去投案的，也应当视为自动投案。

犯罪嫌疑人自动投案后又逃跑的，不能认定为自首。

（二）如实供述自己的罪行，是指犯罪嫌疑人自动投案后，如实交代自己的主要犯罪事实。

犯有数罪的犯罪嫌疑人仅如实供述所犯数罪中部分犯罪的，只对如实供述部分犯罪的行为，认定为自首。

共同犯罪案件中的犯罪嫌疑人，除如实供述自己的罪行，还应当供述所知的同案犯，主犯则应当供述所知其他同案犯的共同犯罪事实，才能认定为自首。

犯罪嫌疑人自动投案并如实供述自己的罪行后又翻供的，不能认定为自首，但在一审判决前又能如实供述的，应当认定为自首。

案件来源

深圳市中级人民法院审理的黄某等侵犯商业秘密罪二审刑事判决书［（2013）深中法知刑终字第35号］

延伸阅读及类案裁判规则

一、在侵犯商业秘密共同犯罪中起辅助作用、构成从犯的，应当从轻处罚（A court shall mitigate a sentence in trade secret misappropriation case if a defendant plays a subsidiary role to complicity crime and it constitutes accessory.）

案例一：常州市中级人民法院审理的刘某明、徐某锋侵犯商业秘密罪二审刑事裁定书［（2017）苏04刑终162号］认为，上诉人刘某明违反权利人有关保守商业秘密的要求，使用其所掌握的商业秘密，原审被告人徐某锋明知刘某明违反权利人有关保守商业秘密的要求，使用其所掌握的商业秘密，共同给商业秘密的权利人造成重大损失，其行为已构成侵犯商业秘密罪，系共同犯罪。上诉人刘某明在共同犯罪中起主要作用，系主犯。原审被告人徐燕峰在犯罪中起辅助作用，系从犯，依法应当从轻或者减轻处罚。

案例二：扬州市中级人民法院审理的颜某尧、周某东等侵犯商业秘密罪二审刑事裁定书［（2017）苏10刑终199号］，原审法院认为，被告人颜某尧、周某东、陈某香违反保守商业秘密的约定和要求，使用其掌握的商业秘密，给商业秘密权利人造成重大损失，其行为已构成侵犯商业秘密罪。被告人颜某尧、陈某香、周某东系共同犯罪。在共同犯罪中，被告人颜某尧起主要作用，系主犯，依法应当按其所参与的全部犯罪处罚；被告人陈某香、周某东起辅助作用，系从犯，依法应当从轻处罚。被告人颜某尧、陈某香、周某东归案后如实供述了自己的犯罪事实，依法可以从轻处罚。结合被告人颜某尧、周某东、陈某香的犯罪事实、犯罪情节、悔罪表现，可给予其一定的缓刑考验期限。公诉机关指控被告人颜某尧、周某东、陈某香犯侵犯商业秘密罪的事实清楚，证据确实、充分，指控的罪名正确，应予以支持。……二审法院认为原审法院根据案涉事实和证据认定颜某尧构成侵犯商业秘密罪并无不妥，原审量刑也未违反法律规定。另外，原审被告人周某东、陈某香系共同犯罪，原审法院对该两人定罪量刑亦无不当。

二、在侵犯商业秘密犯罪案件中，如实供述自己罪行的，可以从轻处罚（A court may mitigate a sentence in trade secret misappropriation case if a defendant confesses its crime.）

案例三：常州市中级人民法院审理的刘某明、徐某锋侵犯商业秘密罪二审刑事裁定书［（2017）苏04刑终162号］认为，上诉人刘某明违反权利人有关保守商业秘密的要求，使用其所掌握的商业秘密，原审被告人徐某锋明知刘某明违反权利人有关保守商业秘密的要求，使用其所掌握的商业秘密，共同给商业秘密的权利人造成重大损失，其行为已构成侵犯商业秘密罪，系共同犯罪。上诉人刘某明在共同犯罪中起主要作用，系主犯。原审被告人徐燕峰在犯罪中起辅助作用，系从犯，依法应当从轻或者减轻处罚。原审被告人徐某锋归案后如实供述，依法予以从轻处罚。

案例四：扬州市中级人民法院审理的颜某尧、周某东等侵犯商业秘密罪二审刑事裁定书［（2017）苏10刑终199号］，原审法院认为，被告人颜某尧、周某东、陈某香违反保守商业秘密的约定和要求，使用其掌握的商业秘密，给商业秘密权利人造成重大损失，其行为已构成侵犯商业秘密罪。被告人颜某尧、陈某香、周某东系共同犯罪。在共同犯罪中，被告人颜某尧起主要作用，系主犯，依法应当按其所参与的全部犯罪处罚；被告人陈某香、周某东起辅助作用，系从犯，依法应当从轻处罚。被告人颜某尧、陈某香、周某东归案后如实供述了自己的犯罪事实，依法可以从轻处罚。结合被告人颜某尧、周某东、陈某香的犯罪事实、犯罪情节、悔罪表现，可给予其一定的缓刑考验期限。公诉机关指控被告人颜某尧、周某东、陈某香犯侵犯商业秘密罪的事实清楚，证据确实、充分，指控的罪名正确，应予以支持。原审法院认为，被告人颜某尧、周某东、陈某香违反保守商业秘密的约定和要求，使用其掌握的商业秘密，给商业秘密权利人造成重大损失，其行为已构成侵犯商业秘密罪。被告人颜某尧、陈某香、周某东系共同犯罪。在共同犯罪中，被告人颜某尧起主要作用，系主犯，依法应当按其所参与的全部犯罪处罚；被告人陈某香、周某东起辅助作用，系从犯，依法应当从轻处罚。被告人颜某尧、陈某香、周某东归案后如实供述了自己的犯罪事实，依法可以从轻处罚。结合被告人颜某尧、周某东、陈某香的犯罪事实、犯罪情节、悔罪表现，可给予其一定的缓刑考验期限。公诉机关指控被告人颜某尧、周某东、陈某香犯侵犯商业秘密罪的事实清楚，证据确实、充分，指控的罪名正确，应予以支持。……二审法院认为原审法院根据案涉事实和证据认定颜某尧构成侵犯商业秘密罪并无不妥，原审量刑也未违反法律规定。另外，原审被告人周某东、陈某香系共同犯罪，原审法院对该两人定罪量刑亦无不当。

案例五：重庆市第五中级人民法院审理的陈某、付某等侵犯商业秘密罪二审刑事裁定书［（2014）渝五中法刑终字第00527号］认为，被害单位A公司系主要从事螺杆泵系列产品生产和销售的企业，其研发的CS系列双头单螺杆泵技术信息是不为公众所知悉，能为该企业带来经济利益，具有实用性并经该企业采取保密措施的技术信息，应当被认定为商业秘密。上诉单位B公司以不正当手段获取A公司研发的CS系列双头单螺杆泵技术信息，生产、销售与A公司CS系列双头单螺杆泵技术秘点相同或实质相同的产品，给A公司造成重大损失，上诉单位B公司违法所得数额达198万余元，其行为已构成侵犯商业秘密罪，依法应予惩处。上诉人陈某及原审被告人付某、朱某某均是B公司直接负责的主管人员，依法亦应以侵犯商业秘密罪予以处罚。上诉人陈某及原审被告人朱某某到案后能够如实供述自己的罪行，依法可予以从轻处罚。

三、在侵犯商业秘密罪中，归案后认罪态度较好，确有悔罪表现的，可以酌情从轻处罚（A court may mitigate a sentence at its discretion in trade secret misappropriation case if a defendant is willing to confess its crime and showes repentance.）

案例六：绍兴市中级人民法院审理的俞某犯侵犯商业秘密罪二审刑事裁定书［（2015）浙绍刑终字第874、875号］，一审法院认为，被告人陈某甲归案后认罪态度较好，确有悔罪表现，宣告缓刑对所居住社区没有重大不良影响，可酌情从轻处罚并适用缓刑。二审法院认为，原判认定事实清楚，适用法律正确。量刑时对各被告人犯罪事实、犯罪性质、量刑情节及罪后表现予以综合考量，量刑适当。

四、在侵犯商业秘密罪中，被告人属于初犯、偶犯，且认罪态度好，可以从轻处罚（A court may mitigate a sentence in trade secret misappropriation case if a defendant is a first-time offender or non-habitual offender and is willing to confess its crime.）

案例七：深圳市中级人民法院审理的刘某华侵犯商业秘密罪二审刑事裁定书［（2013）深中法知刑终字第 18 号］认为，上诉人刘某华违反约定及 A 公司关于保守商业秘密的要求，向第三方披露其掌握的成本价值为人民币 1840718.84 元的“埃塞现网站点及配置总表 V1.0（20110811）”文档，给 A 公司造成重大损失，其行为已经构成了侵犯商业秘密罪，应依法予以惩处。一审考虑到刘某华属初犯、偶犯，认罪态度好，判处其有期徒刑一年，是依法对其从宽处理。

五、被告人构成自首的，可以从轻或者减轻处罚（A court may mitigate or reduce a sentence if a defendant constitutes confession.）

案例八：重庆市第五中级人民法院审理的陈某、付某等侵犯商业秘密罪二审刑事裁定书［（2014）渝五中法刑终字第 00527 号］认为，被害单位 A 公司系主要从事螺杆泵系列产品生产和销售的企业，其研发的 CS 系列双头单螺杆泵技术信息是不为公众所知悉，能为该企业带来经济利益，具有实用性并经该企业采取保密措施的技术信息，应当被认定为商业秘密。上诉单位 B 公司以不正当手段获取 A 公司研发的 CS 系列双头单螺杆泵技术信息，生产、销售与 A 公司 CS 系列双头单螺杆泵技术秘点相同或实质相同的产品，给 A 公司造成重大损失，上诉单位 B 公司违法所得数额达 198 万余元，其行为已构成侵犯商业秘密罪，依法应予惩处。上诉人陈某及原审被告人付某、朱某某均是 B 公司直接负责的主管人员，依法亦应以侵犯商业秘密罪予以处罚。……原审被告人付某系自首，依法可予以从轻处罚。

六、在侵犯商业秘密罪案件中，对被害人损失进行弥补的，可以酌情从轻处罚（A court may mitigate a sentence at its discretion in trade secret misappropriation case if a defendant indemnifies against victim's losses.）

案例九：温州市中级人民法院审理的谢某猛、宋某明侵犯商业秘密二审刑事裁定书［（2016）浙 03 刑终 1451 号］认为，宋某明犯罪后能自动投案并如实供述其罪行，是自首，依法从轻处罚；另外，宋某明未直接从侵犯商业秘密的过程中非法获利且取得 A 公司的谅解，可酌情从轻处罚。辩护人就上述从轻处罚所提出的辩护意见，可予采纳；但考虑到A公司因商业秘密被侵害所造成的经济损失均未得到弥补，故不宜对宋某明宣告缓刑，辩护人就此提出的辩护意见，不予采纳。

案例十：台州市中级人民法院审理的徐某侵犯商业秘密罪二审刑事裁定书［（2013）浙台知刑终字第4号］认为，上诉人（原审被告人）徐某在担任A公司销售部经理期间，伙同他人违反商业秘密权利人A公司有关保守商业秘密的要求，使用其所掌握的商业秘密获取非法利益，造成特别严重后果，其行为已构成侵犯商业秘密罪。上诉人徐某退出部分违法所得，酌情予以从轻处罚。

069 如何认定侵犯商业秘密罪的主犯和从犯（How to determine a principal and an accessory in trade secret misappropriation crime.）

裁判要旨

行为人是实施侵犯商业秘密公司的股东，并且在侵犯商业秘密的共同犯罪中起主要作用的，是侵犯商业秘密罪的主犯；只有在共同犯罪中起次要、辅助作用的，才属于从犯。

案情简介

一、2007年4月17日，被告人李某艳入职A公司工作，并与该公司签订保密协议。李某艳负责销售分公司的管理及A公司产品销售工作。

二、2012年期间，李某艳在未从A公司离职且公司不知情的情况下，与公司多名原员工相继加入与A公司生产经营同类产品的B公司，李某艳任公司股东、天津销售分公司经理。

三、李某艳在明知侵犯A公司非公知技术信息的情况下，违反保密协议的约定，将侵权产品向多家企业进行销售，给A公司造成巨大经济损失。

四、一审法院认定李某艳犯侵犯商业秘密罪，判处有期徒刑五年六个月，并处罚金50万元。宣判后，李某艳以其在共同犯罪中是从犯为由提出上诉。

五、二审法院经审理认为，李某艳在共同犯罪中应属从犯的辩护意见与事实不符，不予采纳。裁定驳回上诉，维持原判。

法院判决

哈尔滨市中级人民法院在本案刑事裁定书的“本院认为”部分就上述争议焦点进行如下论述：

上诉人李某艳违反有关保守商业秘密的要求，非法使用权利人的非公知技术信息的商业秘密，给权利人造成特别严重的后果，其行为构成侵犯商业秘密罪。原判认定事实清楚，证据确实、充分，定罪准确，量刑适当，诉讼程序合法。

原审法院认为，被告人李某艳为获取非法利益，明知谭某侵犯A公司非公知技术信息为B公司研发电力动态无功补偿装置和电力滤波装置的情况下，违反与A公司所签订的保密协议约定，将相关侵权产品向其所熟悉和掌握与A公司长期合作的C公司、D公司等单位进行销售，给权利人A公司造成巨额经济损失，具有特别严重的后果，其行为构成侵犯商业秘密罪。公诉机关指控的犯罪事实及罪名成立，提出的适用法律意见正确，应予采纳。本案有证人孙某、翟某的证言、涉案人谭某的供述及被告人的供述等证据相互印证，足以认定李某艳在B公司系股东身份。本案系共同犯罪，李某艳在犯罪中起主要作用，系主犯，应对给A公司造成的损失总额负责。李某艳2007年即在A公司工作，任销售分公司总经理，属于公司高管，与公司签订过保密协议，结合B公司股东会议的电话录音，应当认定李某艳明知谭某参与研发并掌握的相关技术成果属于A公司所有。故其主观上无侵害A公司商业秘密的故意辩解及辩护人提出李某艳无罪和李某艳在共同犯罪中应属从犯的辩护意见与事实不符，不予采纳。

本案相关法律法规

《中华人民共和国刑法》

第二十六条　组织、领导犯罪集团进行犯罪活动的或者在共同犯罪中起主要作用的，是主犯。

三人以上为共同实施犯罪而组成的较为固定的犯罪组织，是犯罪集团。

对组织、领导犯罪集团的首要分子，按照集团所犯的全部罪行处罚。

对于第三款规定以外的主犯，应当按照其所参与的或者组织、指挥的全部犯罪处罚。

第二十七条　在共同犯罪中起次要或者辅助作用的，是从犯。

对于从犯，应当从轻、减轻处罚或者免除处罚。

案件来源

哈尔滨市中级人民法院审理的李某艳侵犯商业秘密二审刑事裁定书［（2016）黑01刑终649号］

延伸阅读及类案裁判规则

一、积极实施犯罪行为，在侵犯商业秘密的共同犯罪中起主要作用的，属于侵犯商业秘密罪的主犯（A principal in trade secret misappropriation crime is an offender who played a leading role in a complicity crime and actively commit crime.）

案例一：衡阳市中级人民法院审理的罗某、邓某勇等侵犯商业秘密罪二审刑事裁定书［（2018）湘04刑终158号］认为，上诉人邓某勇是A公司的第二股东，邓某勇根据罗某的指示与刘某波联系，由刘某波通过邮箱、U盘大量提供B公司的技术图纸，在这些技术图纸上明确标识了B公司的名称，并有“此为B公司产权，未经授权，任何公司或个人不得采用”的声明，邓某勇明知属于B公司商业秘密的技术资料，却故意将电子档图纸上面的B公司名称删除，并与A公司其他人员按照图纸仿制生产与B公司相同的产品进行销售牟利，在共同犯罪中起主要作用，符合主犯的地位。B公司作为本案的受害一方，派人对A公司侵犯B公司商业秘密仿制其相同产品进行辨识和指认，符合法律规定。上诉人邓某勇提出“是从犯，办案过程中有B公司在职人员参与，影响办案公平公正”的理由不能成立。

案例二：深圳市中级人民法院审理的劳某犯侵犯商业秘密罪一案［（2013）深中法知刑终字第47号］认为，关于上诉人是否系从犯，是否为犯罪中止的问题。经查，本案上诉人违反A公司规定，利用职务之便私自将不得复制带出的设计图纸复印扫描存入其自用电脑，并在离职后与叶某某参与另两家公司的气流机生产研发。上诉人在共同犯罪中具有主观故意，并积极参与实施犯罪行为，在犯罪活动中起到了主要作用。且上诉人使用权利人的商业秘密技术生产出了气流机，其并未自动放弃犯罪或自动有效地防止犯罪结果发生。因此，对上诉人、辩护人关于其是从犯、为犯罪中止的诉辩意见，本院不予采纳。

二、在侵犯商业秘密犯罪活动中负责运营管理及指导工作的是主犯，承担次要或辅助作用的是从犯（A principal in trade secret misappropriation crime is an offender who is responsible for management and guidance while an accessory is an offender who played a secondary or subsidiary role.）

案例三：深圳市中级人民法院审理的黄某等侵犯商业秘密罪二审刑事判决书

［（2013）深中法知刑终字第 35 号］认为，上诉人黄某负责架构设计并通过电子邮件等方式对研发工作进行指导，上诉人王某负责运营及行政管理，该二人在共同犯罪中起主要作用，系主犯，对该二人应按照其所参与的或者组织、指挥的全部犯罪处罚。上诉人颜某负责固态硬盘产品源代码的编写，上诉人柳某负责测试工具，上诉人吴某和邢某某负责控制器部分，该四人在共同犯罪中起次要或辅助作用，系从犯，对该四人应根据其各自在共同犯罪中所起的作用，依法减轻处罚。

三、各被告人所起作用相当、不宜区分主从犯的，根据其在犯罪中的地位和作用分别对其作出相应的刑罚（A court shall impose relevant punishment for the accused pursuant to their position and roles in crime if each defendant have similar roles and it's improper to differentiate principal from accessory.）

案例四：绍兴市中级人民法院审理的俞某犯侵犯商业秘密罪二审刑事裁定书［（2015）浙绍刑终字第 874、875 号］认为，关于蔡某提出其应当认定从犯的上诉意见，本院认为，蔡某在寻找技术来源、谈判、交易整个过程中所起作用积极，与吴某甲作用相当，不宜区分主从犯，原判未认定其从犯并无不当。

案例五：上海市第二中级人民法院审理的潘某侵犯商业秘密罪一案二审刑事裁定书［（2009）沪二中刑终字第 253 号］认为，本案系单位犯罪，各名被告人又各施其职，承担不同的责任，不划分主从犯，应根据各名被告人在犯罪中的地位、作用等，分别对其作出相应的处罚，故对被告人何某某、徐某的辩护人提出被告人何某某、徐某系从犯的意见，均不予采纳。

（二）关于侵犯商业秘密罪适用主刑的问题
（Punishment for Trade Secret Misappropriation）

070 侵犯商业秘密罪造成250万元以上损失的、属造成特别严重后果、应判三年以上十年以下有期徒刑（It shall be sentenced a fixed-term imprisonment between three years and ten years if the accused causes losses more than 250,000 RMB Yuan in trade secret misappropriation， which constitutes material adverse result.）

裁判要旨

给商业秘密的权利人造成损失数额在二百五十万元以上的，属于刑法第二百一十九条规定的“造成特别严重后果”，应当以侵犯商业秘密罪判处三年以上十年以下有期徒刑，并处罚金。

案情简介

一、2010年7月，A公司聘请段某苗担任公司日本专家森某秀雄日语翻译，并要求其遵守保密和竞业限制的规定。

二、2010年8月至2011年5月，段某苗利用担任翻译的便利条件，违反A公司保密规定，多次将该公司未公开的技术信息拷贝到个人笔记本电脑中。

三、2011年5月11日，被告人段某苗以技术入股的形式，与他人成立B公司。该公司利用段某苗从A公司获取的金刚石线锯生产设备技术，制造金刚石线锯生产设备。B公司共销售涉案设备7台，非法销售额2063万元，非法获利为1092万元（156×7）。

四、一审法院认为，A公司的相关技术信息构成商业秘密，A公司系涉案设备商业秘密的合法权利人。被告人段某苗违反与A公司有关保守秘密的要求，非法使用其商业秘密，给A公司造成特别严重的后果，其行为构成侵犯商业秘密罪。

五、段某苗不服一审判决，提起上诉。二审法院经审理认为，段某苗以不正当手段获取A公司的商业秘密，制造出涉案设备并将含有商业秘密的设备公开销售，给A公司造成了特别严重的后果，其行为构成侵犯商业秘密罪。

法院判决

南京市中级人民法院在本案刑事裁定书的“本院认为”部分就上述争议焦点进行如下论述：

段某苗以不正当手段获取的技术信息包括：一、A公司设备图纸所记载和体现的技术信息；二、A公司涉案设备的外观图和照片所体现的技术信息；三、A公司的该设备与工艺的相关技术参数以及相关生产、调试的技术信息。这些技术信息中，前处理和加厚系统、上砂机系统的具体技术信息和小圆钛篮图纸所记载的确切信息，经C鉴定中心出具的C知鉴字（2012）14号、（2012）74号司法鉴定意见书证实，与A公司的相应技术信息相同和实质相同。段某苗利用这些信息委托他人生产前处理和加厚系统、上砂机系统和小圆钛篮等设备和部件；段某苗利用A公司的相关设备技术参数以及生产、调试经验等技术信息对设备进行组装、调试，从而制造了涉案设备。

对此本院认为，段某苗在A公司的涉案设备研发成功刚刚投产后的短时间内，以不正当手段从A公司获取了涉案设备的整体技术方案，并利用这些商业秘密，成立B公司快速制造出涉案设备，销售给C公司、D公司，获取不正当利益，致使部分商业秘密处于公开扩散的状态。段某苗的行为同时具有《刑法》第二百一十九条第一款第（一）项、第（三）项规定的情形，侵犯了A公司的商业秘密。

A公司以其商业秘密所形成的先进技术优势，研发出涉案设备，生产出高质量的金刚石线锯产品，并取得巨大的商业利益，而且该商业秘密可以给A公司带来长期的巨大市场利益。段某苗的行为给A公司造成的后果表现为：一、其将涉案设备在市场上公开销售，使得A公司的商业秘密被非法扩散甚至有丧失的危险；二、购买这些设备的C公司等利用该设备生产金刚石线锯产品，与A公司形成竞争，削弱了A公司金刚石线锯产品的竞争优势，影响其市场份额和产品销售的正常利润；三、A公司正当合法的创新利益所受到的经济损失难以计算。《中华人民共和国反不正当竞争法》第二十条规定，被侵害的经营者的损失难以计算的，赔偿额为侵权人在侵权期间因侵权所获得的利润；《最高人民法院关于审理不正当竞争民事案件应用法律若干问题的解释》第十七条第二款规定，因侵权行为导致商业秘密已为公众所知悉的，应当根据该项商业秘密的商业价值确定损害赔偿额。依照上述法律规定，权利人因侵权行为而造成的损失、权利人商业秘密的研发损失、商业秘密的价值损失、侵权人因侵权而获取的非法利润，都可以视为权利人的损失。侵权人获得的非法利润只是《刑法》第二百一十九条规定的“重大损失”或“特别严重后果”的社会评价情形之一，并非全部。

本院认为，A 公司因上诉人段某苗的行为造成的损失难以直接计算，可以以侵权利润视为 A 公司的损失。原审法院认定第 1 台设备净利润为 156 万余元，有证据支持，本院予以确认。原审法院在查实涉案设备的销售价格基础上，认为（10 线）涉案设备技术含量高，售价越高，获得的利润越多，从有利于被告人角度出发，认定 A 公司的经济损失为 1092 万元（156 万元×7 台）并无不当。《最高人民法院、最高人民检察院关于办理侵犯知识产权刑事案件具体应用法律若干问题的解释》第七条第二款规定，给商业秘密的权利人造成损失数额在二百五十万元以上的，属于刑法第二百一十九条规定的“造成特别严重后果”。原审法院认定段某苗侵犯商业秘密行为给 A 公司“造成特别严重后果”，结论正确。

本案相关法律法规

《中华人民共和国刑法》

第二百一十九条 有下列侵犯商业秘密行为之一，情节严重的，处三年以下有期徒刑，并处或者单处罚金；情节特别严重的，处三年以上十年以下有期徒刑，并处罚金：

（一）以盗窃、贿赂、欺诈、胁迫、电子侵入或者其他不正当手段获取权利人的商业秘密的；

（二）披露、使用或者允许他人使用以前项手段获取的权利人的商业秘密的；

（三）违反保密义务或者违反权利人有关保守商业秘密的要求，披露、使用或者允许他人使用其所掌握的商业秘密的。

明知前款所列行为，获取、披露、使用或者允许他人使用该商业秘密的，以侵犯商业秘密论。

本条所称权利人，是指商业秘密的所有人和经商业秘密所有人许可的商业秘密使用人。

为境外的机构、组织、人员窃取、刺探、收买、非法提供商业秘密的，处五年以下有期徒刑，并处或者单处罚金；情节严重的，处五年以上有期徒刑，并处罚金。

《最高人民法院、最高人民检察院关于办理侵犯知识产权刑事案件具体应用法律若干问题的解释》

第四条 实施刑法第二百一十九条规定的行为，具有下列情形之一的，应当认定为“给商业秘密的权利人造成重大损失”：

（一）给商业秘密的权利人造成损失数额或者因侵犯商业秘密违法所得数额在三十万元以上的；

（二）直接导致商业秘密的权利人因重大经营困难而破产、倒闭的；

（三）造成商业秘密的权利人其他重大损失的。

给商业秘密的权利人造成损失数额或者因侵犯商业秘密违法所得数额在二百五十万元以上的，应当认定为刑法第二百一十九条规定的“造成特别严重后果”。

案件来源

南京市中级人民法院审理的段某苗侵犯商业秘密一案的刑事裁定书［（2014）宁知刑终字第1号］

延伸阅读及类案裁判规则

一、侵犯商业秘密罪案件中给商业秘密权利人造成二百五十万元以上损失的，属于造成特别严重后果，应当以侵犯商业秘密罪判处三年以上十年以下有期徒刑，并处罚金（Whoever causes losses of more than CNY2.5 million to a trade secret owner in a case of the crime of trade secret infringement shall be sentenced to a fixed-term of imprisonment of not less than three years but no more than ten years under the crime of trade secret infringement with a fine.）

案例一：贵州省高级人民法院审理的彭某侵犯商业秘密二审刑事裁定书［（2016）黔刑终593号］认为，彭某明知叶某东、赵某一、宋某以不正当手段获取A公司的商业秘密，并与叶某东、赵某一、宋某共同非法使用A公司的商业秘密进行生产、销售反渗透膜，其主观上对非法使用A公司商业秘密的情况应当是明知的，客观上也实施了侵犯A公司商业秘密的行为，造成A公司375.468万元的经济损失，后果特别严重，其行为已构成侵犯商业秘密罪。故上诉人彭某及其辩护人所提的相关上诉理由、辩护意见与查明事实不符，本院不予采纳。本院认为，上诉人彭某伙同叶某东、赵某一、宋某共同实施了侵犯他人商业秘密的行为，导致商业秘密的权利人375.468万元的经济损失，造成特别严重后果。

二、仅退税获利就超二百五十万元，可认定侵犯商业秘密的行为造成特别严重后果，应以侵犯商业秘密罪判处三年以上十年以下有期徒刑，并处罚金（It can be ascertained that the act of business secret infringement has caused especially serious consequences, if its tax refund profits exceed CNY 2.5 million, and the offender shall be sentenced to fixed-term imprisonment ranging from three to ten years for the crime of business secret infringement with a fine.）

案例二：北京市第一中级人民法院审理的许某海等侵犯商业秘密二审刑事裁定书［（2019）京01刑终329号］认为，结合上述证据，A公司仅退税获利就超出人民币250万元，在案的涉案程序研发成本审计报告系由公安机关依法委托有合法资质的审计主体依法作出，审计报告虽主要基于被害单位提供的相关材料作出，但相关材料系公安机关依法调取，程序合法，有客观的合同、票证等书证印证，审计依据真实可靠，审计过程和方法符合相关专业规范要求，审计结论客观真实，并无不当。原判综合涉案程序研发成本、上诉人获利情况认定二上诉人侵犯商业秘密行为非法获利巨大，并无不当。侵犯商业秘密案件中，被告人的巨大获利使得被害单位通过正常交易行为获得的收益减少，该罪名保护的法益是以知识产权交易的市场经济秩序，其中必然包含被害单位因商业秘密可获得的收益。因此，被害单位损失的认定可以参考被告人的获利数额。故上诉人许某海对审计提出异议以及二上诉人的辩护人对于造成特别严重后果认定的相关意见，本院均不予采纳。

……上诉人许某海、徐某违反权利人有关保守商业秘密的要求，使用其所掌握的权利人商业秘密，造成特别严重的后果，其行为均已构成侵犯商业秘密罪，依法应予惩处。

（三）关于侵犯商业秘密罪适用附加刑的问题
(Additional Punishment for Trade Secret Misappropriation)

071 侵犯商业秘密被行政机关罚款的金额应折抵刑罚的罚金
(Fines made by administrative agencies due to trade secret misappropriation shall be deducted from criminal fines.)

裁判要旨

违法行为构成犯罪，人民法院判处罚金时，行政机关已经给予当事人罚款的，应当折抵相应罚金。

案情简介

一、被告人林某利用其在A仪表厂工作中掌握该厂核心技术和销售客户资料的便利，在辞职前将核心技术和客户资料刻录带走。

二、2010年12月，被告人林某从A仪表厂辞职。2011年4月开始，被告人林某其妻子作为股东成立了B公司，生产、销售物位开关。

三、相关产品的启动程序和电路图都是利用林某掌握的A仪表厂的模式制作，其中电路图有部分修改，核心技术没有改变。被告人林某利用其掌握原A仪表厂的客户资料，将其产品销售给原属于A仪表厂的客户。导致A仪表厂损失合计2371526.25元。

四、2012年3月28日，肇庆工商行政管理局查处B公司，后于2012年12月12日对被告人林某及B公司作出行政处罚。

五、一审法院认为，被告人林某的行为已构成侵犯商业秘密罪，判处有期徒刑二年八个月，并处罚金十五万元。

六、一审判决作出后，林某不服，提出上诉，称其因侵犯商业秘密被肇庆市工商局处以行政罚款7万元且由广东省工商行政管理局复议维持，根据《行政处罚法》第二十八条第二款的规定，依法应折抵相应的罚金。

七、二审法院经审理后认为，上诉人林某辩解行政处罚中的罚款应当抵扣罚金刑的理据充分，予以采纳。鉴于现有证据没有反映上诉人林某是否已缴纳行政罚款，原审法院在本案生效后执行本案罚金刑时应协调工商行政部门对于上诉人林某已缴纳的罚款予以折抵。最终裁定原判认定事实清楚，证据确实充分，裁定驳回上诉，维持原判。

法院判决

肇庆市中级人民法院在本案刑事裁定书的"本院认为"部分就上述争议焦点进行如下论述：

对于行政处罚中的罚款是否可抵扣罚金刑的问题。经查，根据《行政处罚法》第二十八条第二款的规定，违法行为构成犯罪，人民法院判处罚金时，行政机关已经给予当事人罚款的，应当折抵相应罚金。本案中，上诉人林某因侵犯商业秘密行为被肇庆市工商局处以行政罚款 7 万元且由广东省工商行政管理局复议维持，依法可折抵相应的罚金。上诉人林某辩解行政处罚中的罚款应当抵扣罚金刑的理据充分，予以采纳。鉴于现有证据没有反映上诉人林某是否已缴纳行政罚款，原审法院在本案生效后执行本案罚金刑时应协调工商行政部门对于上诉人林某已缴纳的罚款予以折抵。

本案相关法律法规

《中华人民共和国刑法》

第二百一十九条 有下列侵犯商业秘密行为之一，情节严重的，处三年以下有期徒刑，并处或者单处罚金；情节特别严重的，处三年以上十年以下有期徒刑，并处罚金：

（一）以盗窃、贿赂、欺诈、胁迫、电子侵入或者其他不正当手段获取权利人的商业秘密的；

（二）披露、使用或者允许他人使用以前项手段获取的权利人的商业秘密的；

（三）违反保密义务或者违反权利人有关保守商业秘密的要求，披露、使用或者允许他人使用其所掌握的商业秘密的。

明知前款所列行为，获取、披露、使用或者允许他人使用该商业秘密的，以侵犯商业秘密论。

本条所称权利人，是指商业秘密的所有人和经商业秘密所有人许可的商业秘密使用人。

为境外的机构、组织、人员窃取、刺探、收买、非法提供商业秘密的，处五年以下有期徒刑，并处或者单处罚金；情节严重的，处五年以上有期徒刑，并处罚金。

《中华人民共和国行政处罚法》

第三十五条 违法行为构成犯罪，人民法院判处拘役或者有期徒刑时，行政机关已经给予当事人行政拘留的，应当依法折抵相应刑期。

违法行为构成犯罪，人民法院判处罚金时，行政机关已经给予当事人罚款的，应当折抵相应罚金；行政机关尚未给予当事人罚款的，不再给予罚款。

《最高人民法院关于适用〈中华人民共和国刑事诉讼法〉的解释》

第五百二十三条 罚金在判决规定的期限内一次或者分期缴纳。期满无故不缴纳或者未足额缴纳的，人民法院应当强制缴纳。经强制缴纳仍不能全部缴纳的，在任何时候，包括主刑执行完毕后，发现被执行人有可供执行的财产的，应当追缴。

行政机关对被告人就同一事实已经处以罚款的，人民法院判处罚金时应当折抵，扣除行政处罚已执行的部分。

案件来源

肇庆市中级人民法院审理的林某侵犯商业秘密二审刑事裁定书［（2016）粤12刑终268号］

072 侵犯商业秘密罪案件确定罚金数额的两个重要规则（Two Important Rules for Determining the Amount of a Fine in Cases of the Crime of Trade Secrets Misappropriation.）

裁判要旨

构成侵犯商业秘密罪，按照违法所得的一倍以上五倍以下，或者按照非法经营数额的50%以上一倍以下确定罚金数额。

案情简介

一、2010年7月，A公司聘请段某苗担任公司日本专家森某秀雄日语翻译，并要求其遵守保密和竞业限制的规定。

二、2010年8月至2011年5月，段某苗利用担任翻译的便利条件，违反A公司保密规定，将该公司未公开的技术信息拷贝到个人笔记本电脑中。

三、2011年5月11日，被告人段某苗以技术入股的形式，与他人成立B公司。该公司利用段某苗从A公司获取的金刚石线锯生产设备技术，制造金刚石线锯生产设备。非法销售额2063万元，非法获利为1092万元。

四、一审法院认为，A公司的相关技术信息构成商业秘密，被告人段某苗违反保守秘密的要求，非法使用其商业秘密，给A公司造成特别严重的后果，其行为构成侵犯商业秘密罪。

五、段某苗不服一审判决，提起上诉。二审法院经审理认为，段某苗构成侵犯商业秘密罪，维持了一审判决。

法院判决

南京市中级人民法院在本案刑事裁定书的“本院认为”部分就上述争议焦点进行如下论述：

依照《最高人民法院、最高人民检察院关于办理侵犯知识产权刑事案件具体应用法律若干问题的解释（二）》（法释（2007）6号）第四条的规定，对于侵犯知识产权犯罪的，人民法院应当综合考虑犯罪的违法所得、非法经营数额、给权利人造成的损失、社会危害性等情节，依法判处罚金。罚金数额一般在违法所得的一倍以上五倍以下，或者按照非法经营数额的50%以上一倍以下确定。依段某苗在B公司持有40%的股份进行计算，其在本案中的违法所得超过400万元，原审法院只判处200万元的罚金，该罚金与法律规定不符。但根据二审法院不得加重被告人的刑罚的法律规定，本院不再纠正，确定判处罚金200万元。

本案相关法律法规

《中华人民共和国刑法》

第二百一十九条 有下列侵犯商业秘密行为之一，情节严重的，处三年以下有期徒刑，并处或者单处罚金；情节特别严重的，处三年以上十年以下有期徒刑，并处罚金：

（一）以盗窃、贿赂、欺诈、胁迫、电子侵入或者其他不正当手段获取权利人的商业秘密的；

（二）披露、使用或者允许他人使用以前项手段获取的权利人的商业秘密的；

（三）违反保密义务或者违反权利人有关保守商业秘密的要求，披露、使用或者允许他人使用其所掌握的商业秘密的。

明知前款所列行为，获取、披露、使用或者允许他人使用该商业秘密的，以侵犯商业秘密论。

本条所称权利人，是指商业秘密的所有人和经商业秘密所有人许可的商业秘密使用人。

为境外的机构、组织、人员窃取、刺探、收买、非法提供商业秘密的，处五年以下有期徒刑，并处或者单处罚金；情节严重的，处五年以上有期徒刑，并处罚金。

《最高人民法院、最高人民检察院关于办理侵犯知识产权刑事案件具体应用法律若干问题的解释（二）》

第四条 对于侵犯知识产权犯罪的，人民法院应当综合考虑犯罪的违法所得、非法经营数额、给权利人造成的损失、社会危害性等情节，依法判处罚金。罚金数额一般在违法所得的一倍以上五倍以下，或者按照非法经营数额的50%以上一倍以下确定。

案件来源

南京市中级人民法院审理的段某苗侵犯商业秘密一案的刑事裁定书［（2014）宁知刑终字第1号］

延伸阅读及类案裁判规则

构成侵犯商业秘密罪的，在违法所得的一倍以上五倍以下，或者按照非法经营数额的50%以上一倍以下确定罚金数额（Where a crime of trade secrets misappropriation is constituted, the amount of fine shall be one time up to five times of the illegal income or 50% up to one time of the amount of illegal business operation.）

案例一：南京市中级人民法院审理的郁某侵犯商业秘密罪一案二审刑事裁定书［（2013）宁知刑终字第3号］认为，关于上诉人郁某提出一审法院判处罚金60万元没有根据的上诉意见，本院认为，基于上诉人给权利人造成损失的数额认定为110万元的分析理由，按照《最高人民法院、最高人民检察院关于办理侵犯知识产权刑事案件具体应用法律若干问题的解释（二）》第四条的规定，一审法院综合考虑上诉人郁某的非法经营数额、给权利人造成的损失、社会危害性、权利人的损失已发还等情节，判处罚金 60 万元，符合法律规定，量刑适当。

案例二：南京市雨花台区人民法院审理的秦某与田某某、于某侵犯商业秘密罪一审刑事判决书［（2014）雨知刑初字第 1 号］认为，三被告人在本院审理期间已主动赔偿被害单位 A 公司相关经济损失，取得了被害单位的谅解，被害单位 A 公司表示在三被告人已进行了相应的经济赔偿后不再对三被告人追究民事部分的损失赔偿责任。另三被告人已主动缴纳部分罚金，已减少了其社会危害性和主观恶性，故对三被告人单处罚金已能达到惩罚目的，本院根据罪行的轻重，对被告人罚金的数额以在其违法所得即已上线游戏按照合同结算收入为 29585.25 元的一倍以上五倍以下确定。

案例三：兰州市红古区人民法院审理的刘某侵犯商业秘密一案一审刑事判决书［（2014）红刑初字第 71 号］认为，《中华人民共和国刑法》第二百一十九条规定，给商业秘密权利人造成重大损失的，处三年以下有期徒刑，并处或者单处罚金。造成特别严重后果的，处三年以上十年以下有期徒刑，并处罚金。根据以上规定，被告人刘某侵犯商业秘密的犯罪行为，依法应当判处三年以上七年以下有期徒刑，并处罚金，根据《最高人民法院、最高人民检察院关于办理侵犯知识产权刑事案件具体应用法律若干问题的解释（二）》第四条的规定，罚金的数额一般在违反所得的一倍以上五倍以下，或者非法经营数额的 50%以上一倍以下确定。据此，本院认为以侵犯商业秘密罪判处被告人刘某有期徒刑三年六个月，并处罚金 450 万元。

附录：中国商业秘密案件法院管辖最新规定（全面梳理）

［The Latest Regulations on the Court's Jurisdiction in China's Trade Secret Cases（A comprehensive summary）］

商业秘密作为一种重要的知识产权，在企业中发挥着举足轻重的作用，甚至是企业生存的核心竞争力。因此，加大对企业商业秘密的司法保护力度是加强知识产权保护的重要一环。在确定商业秘密案件的管辖方面，最高人民法院和各地高院纷纷出台相应规定，就知识产权案件的管辖进行调整，明显体现出各级法院对于加强商业秘密法律保护的决心。但是正因为大量颁布的商业秘密案件管辖调整的新规和措施，促使商业秘密案件的管辖出现了较多的新规则。为了明晰商业秘密管辖方面繁多的规则，我们尝试从散落在最高人民法院和各级法院各种文件中的各种纷繁复杂的规定出发，从民事、刑事、行政三个层面厘清商业秘密案件管辖的具体脉络，供各位读者参考。

一、侵犯商业秘密案件民事诉讼管辖

（一）地域管辖

《中华人民共和国民事诉讼法》第二十八条规定："因侵权行为提起的诉讼，由侵权行为地或者被告住所地人民法院管辖。"《最高人民法院关于适用〈中华人民共和国民事诉讼法〉若干问题的意见》第二十八条规定，侵权行为地包括侵权行为实施地、侵权结果发生地。

根据上述规则，对于侵害商业秘密纠纷案件的地域管辖，应该按照一般侵权案件确定管辖，即由侵权行为地或者被告住所地人民法院管辖。其中，侵权行为地包括侵权行为实施地和侵权结果发生地。但与一般侵权案件相比，在商业秘密案件中就侵权行为实施地和侵权结果发生地的确定问题往往存在较大争议，由此导致商业秘密案件中产生诸多关于管辖权的争议，核心争议点在于如何理解侵权行为地。

根据《中华人民共和国反不正当竞争法》第十条第一款的规定，侵害商业秘密的行为包括：（一）以盗窃、利诱、胁迫或者其他不正当手段获取权利人的商业秘密；（二）披露、使用或者允许他人使用以前项手段获取的权利人的商业秘密；（三）违反约定或者违反权利人有关保守商业秘密的要求，披露、使用或者允许他人使用其所掌握的商业秘密。上述规定了多种侵害商业秘密的行为模式，这些窃取、披露和使用商业秘密等的地点都可被认定为侵权行为实施地。并且，在大多数的商业秘密案件中，发生的侵权行为往往并不单一，由此导致存在多个侵权行为实施地。如多个侵权行为实施地并非在同一地点，将导致存在多个法院对案件有管辖权。通常而言，在此种情形下，权利人可选择向任何一个有管辖权的法院提起诉讼。

就窃取商业秘密的行为而言，由于权利人的商业秘密通常保存在权利人住所地，能够窃取权利人商业秘密的人员通常为权利人的员工。如果员工在单位任职期间履行职务行为时可正当接触、复制权利人的商业秘密，但在其离职后仍不交回原单位管理或销毁该商业秘密，并在其他单位披露、使用该技术秘密，其复制技术秘密的行为已经转变成了实施侵权行为的窃取行为，也即权利人所在地即成为侵权行为实施地。如在四川省高级人民法院审理的A公司、尹某大侵害技术秘密纠纷案［（2017）川民辖终113号］① 中，四川省高级人民法院认为，“本案被上诉人尹某大在上诉人单位任职期间接触、复制案涉技术秘密系正当职务行为，但在其离职后仍不交回原单位管理或销毁该技术秘密，并在其他被上诉人单位披露、使用该技术秘密，其复制技术秘密的行为已经转变成了实施侵权行为的窃取行为，该窃取行为的地点在四川省眉山市。虽然被上诉人披露、使用该技术秘密的地点在山东省德州市和浙江省宁波市，上述两地是侵权行为实施地。但本案的侵权行为实施地也包括四川省眉山市”。

就披露商业秘密的行为而言，权利人的商业秘密被披露的方式存在多样性，商业秘密被披露的地点也存在不固定性。部分情形中，被告所在地为商业秘密被披露的地点，但也有部分情形下，权利人商业秘密被披露的地点并非原、被告所在地，故对于披露商业秘密的行为实施地应视客观情况进行认定。如在重庆市第五中级人民法院审理的A公司与B公司等侵害商业秘密纠纷案［（2017）渝05民初1312号］② 中，重庆市第五中级人民法院认为，“原告起诉的是，两被告之间就已经转让给原告独家生产、销售的羊包虫疫苗生产签订技术转让合同并申报生产批准文

---

① 参见四川省高级人民法院作出的（2017）川民辖终113号判决书。

② 参见重庆市第五中级人民法院作出的（2017）渝05民初1312号判决书。

号，侵犯了原告在中国境内合法拥有的技术秘密的权利，即本案两被告涉嫌的侵权行为是，两被告签订涉案包虫疫苗生产的技术转让合同的行为以及就涉案技术向农业部申报生产批准文号的行为。两被告之间的技术转让合同的签订地、履行地及申报行为发生地等均系商业秘密侵权行为的实施地，两被告陈述上述行为均发生在北京，而原告未就上述行为实施地发生在重庆市提供相关证据证明”。

就使用商业秘密的行为而言，侵权人使用商业秘密的过程通常是制造侵权产品的过程，而侵权人制造侵权产品的地点通常为被告所在地。故权利人的商业秘密被使用的行为发生地即为侵权产品制造地，大多数情形下为被告所在地，但也不排除侵权人在住所地以外的地点使用获取的商业秘密制造侵权产品。因此，使用商业秘密的行为实施地应视具体情形进行认定。

在商业秘密侵权案件中，侵权结果发生地也可作为案件管辖地。对于侵权结果发生地的认定，则需注意以下两个问题：

一是不能简单地将原告所在地认定为侵权结果发生地。实践中，当事人往往认为侵权行为导致的结果是致使原告受到损害，因此原告常常主张自身所在地即为侵权结果发生地，但是最高人民法院对此规定，不能简单地将原告所在地认定为侵权结果发生地。《最高人民法院关于全国部分法院知识产权审判工作座谈会纪要》第二部分第二条第（二）项地域管辖规定：在知识产权侵权纠纷案件中，侵权结果发生地，应当理解为侵权行为直接产生的结果发生地，不能以原告受到损害就认为原告所在地就是侵权结果发生地。如在南昌市中级人民法院审理的 A 公司、马某乾侵害商业秘密纠纷案①［（2017）赣 01 民辖终 189 号］中，南昌市中级人民法院认为，“本案上诉人 A 公司所谓的侵害商业秘密的侵权结果发生地为侵权行为直接产生的结果发生地，即长沙经济开发区漓湘中路 99 号，亦即被上诉人 B 公司住所地。B 公司的住所地属于湖南省长沙市长沙县人民法院管辖区域。根据《最高人民法院关于同意指定湖南省长沙县和津市市人民法院审理部分知识产权民事纠纷案件的批复》（法函（2011）57 号））的规定，长沙县人民法院可以管辖诉讼标的额在 300 万元以下的普通知识产权民事纠纷案件。因此，本案的被告住所地及侵权行为地均属于长沙县人民法院管辖区域，南昌经济技术开发区人民法院将本案移送湖南省长沙市长沙县人民法院处理并无不当”。

二是侵权产品的销售地不属于侵权结果的发生地。侵犯商业秘密的直接结果是使商业秘密不再处于不为公众所知悉的状态，而销售侵权产品的前提是侵权产品已

① 参见南昌市中级人民法院作出的（2017）赣 01 民辖终 189 号判决书。

经通过使用获取的商业秘密制造完毕，使用获取的商业秘密制造侵权产品的过程已经导致侵权结果的发生。销售制造的侵权产品不属于《反不正当竞争法》第十条第一款、第二款规定的侵犯商业秘密行为，侵权产品的销售地当然也不属于侵权结果的发生地。如最高人民法院审理的 A 深圳公司、A 公司与 B 公司、B（广州）有限公司、B（昆山）有限公司、B（中国）有限公司、C 印刷厂、D 经营部侵犯商业秘密纠纷管辖权异议案［(2007）民三终字第 10 号］① 中，最高人民法院认为，“A 公司、A 深圳公司虽然在起诉状中指控 C 印刷厂、D 经营部销售侵犯原告商业秘密所制造的侵权产品，但根据《反不正当竞争法》第十条的规定，销售侵犯商业秘密所制造的侵权产品并不属于该法所列明的侵犯商业秘密的行为，故 C 印刷厂、D 经营部被控销售侵犯商业秘密所制造的侵权产品的行为不是反不正当竞争法规定的侵犯商业秘密的行为。因此，广东省佛山市中级人民法院不能因 C 印刷厂、D 经营部被控销售侵犯商业秘密所制造的侵权产品而具有本案的管辖权。一般而言，使用商业秘密的行为实施地和结果发生地是重合的。亦即使用商业秘密的过程，通常是制造侵权产品的过程，当侵权产品制造完成时，使用商业秘密的侵权结果即同时发生，不宜将该侵权产品的销售地视为使用商业秘密的侵权结果发生地。因此，虽然 A 公司、A 深圳公司指控上诉人 B 公司等将被控侵权产品销往佛山市，但佛山市并不是上诉人 B 公司等使用商业秘密行为的侵权结果发生地，广东省佛山市中级人民法院亦不能据此具有本案的管辖权。关于 A 公司、A 深圳公司指控的 C 印刷厂、D 经营部使用侵犯原告商业秘密所制造的侵权产品，因该行为不属于反不正当竞争法规定的侵犯商业秘密的行为，故此不能成为佛山市中级人民法院管辖本案的依据。至于 A 公司、A 深圳公司在二审答辩中提及的 C 印刷厂、D 经营部使用侵权设备和工艺进行分条、切张等，因起诉状没有相关记载且其未提交初步证据予以证明，故此亦不能成为佛山市中级人民法院管辖本案的依据。因此，根据民事诉讼法及其司法解释的有关规定，广东省佛山市中级人民法院对本案没有管辖权，广东省高级人民法院对本案有管辖权。但因本案与江苏省高级人民法院受理的（2004）苏民三初字第 003 号案件是当事人基于同一法律事实而发生的纠纷，且江苏省高级人民法院的立案时间早于广东省高级人民法院的立案时间，故根据《最高人民法院关于在经济审判工作中严格执行〈中华人民共和国民事诉讼法〉的若干规定》第二条规定，本案应移至江苏省高级人民法院合并审理”。

① 参见最高人民法院（2007）民三终字第 10 号裁定书。

（二）商业秘密案件的级别管辖经历过三次重要变迁

近年来因为国际国内知识产权保护形势发生很大的变化，与此相应的我国关于商业秘密案件的级别管辖规则，一共经历了3次变化，经历了由简单到逐步复杂化的过程。

1. 第一次变化：从2007年开始商业秘密一审案件由中级人民法院管辖

2007年2月1日实施的《最高人民法院关于审理不正当竞争民事案件应用法律若干问题的解释》第十八条规定："反不正当竞争法第五条、第九条、第十条、第十四条规定的不正当竞争民事第一审案件，一般由中级人民法院管辖。各高级人民法院根据本辖区的实际情况，经最高人民法院批准，可以确定若干基层人民法院受理不正当竞争民事第一审案件，已经批准可以审理知识产权民事案件的基层人民法院，可以继续受理。"根据上述规定，侵犯商业秘密纠纷案件通常由各地中级人民法院管辖，经最高人民法院批准，也可由基层法院管辖。

2. 第二次变化：大幅提高案件管辖金额，根据标的额划分级别管辖法院

2010年1月18日，最高人民法院发布《关于调整地方各级人民法院管辖第一审知识产权民事案件标准的通知》（法发〔2010〕5号）规定：

"一、高级人民法院管辖诉讼标的额在2亿元以上的第一审知识产权民事案件，以及诉讼标的额在1亿元以上且当事人一方住所地不在其辖区或者涉外、涉港澳台的第一审知识产权民事案件；

二、对于本通知第一项标准以下的第一审知识产权民事案件，除应当由经最高人民法院指定具有一般知识产权民事案件管辖权的基层人民法院管辖的以外，均由中级人民法院管辖；

三、经最高人民法院指定具有一般知识产权民事案件管辖权的基层人民法院，可以管辖诉讼标的额在500万元以下的第一审一般知识产权民事案件，以及诉讼标的额在500万元以上1000万元以下且当事人住所地均在其所属高级或中级人民法院辖区的第一审一般知识产权民事案件，具体标准由有关高级人民法院自行确定并报最高人民法院批准……"

3. 第三次变化：中级人民法院管辖上限调整为50亿元

2019年4月30日，最高人民法院发布《关于调整高级人民法院和中级人民法院管辖第一审民事案件标准的通知》（法发（2019）14号）规定：

一、中级人民法院管辖第一审民事案件的诉讼标的额上限原则上为50亿元（人民币），诉讼标的额下限继续按照《最高人民法院关于调整地方各级人民法院

管辖第一审知识产权民事案件标准的通知》（法发〔2010〕5号）、《最高人民法院关于调整高级人民法院和中级人民法院管辖第一审民商事案件标准的通知》（法发〔2015〕7号）、《最高人民法院关于明确第一审涉外民商事案件级别管辖标准以及归口办理有关问题的通知》（法〔2017〕359号）《最高人民法院关于调整部分高级人民法院和中级人民法院管辖第一审民商事案件标准的通知》（法发〔2018〕13号）等文件执行。

二、高级人民法院管辖诉讼标的额50亿元（人民币）以上（包含本数）或者其他在本辖区有重大影响的第一审民事案件。

三、知识产权民事案件的级别管辖标准按照本通知执行，但《最高人民法院关于知识产权法庭若干问题的规定》第二条所涉案件类型除外。

此外，为加大知识产权司法保护力度，优化科技创新法治环境，2018年12月28日，最高人民法院发布《关于知识产权法庭若干问题的规定》（法释〔2018〕22号），该规定第二条第（四）项规定："知识产权法庭审理下列案件：（四）全国范围内重大、复杂的本条第一、二、三项所称第一审民事和行政案件"。也即最高人民法院设立知识产权法庭审理全国范围内的重大、复杂技术秘密案件。

根据上述规定的变化，对目前全国层面关于商业秘密案件级别管辖的规定总结如下：

最高人民法院知识产权法庭	重大、复杂的技术秘密案件
高级人民法院	标的额在50亿元以上的商业秘密案件
基层人民法院	1. 标的额在500万元以下的商业秘密案件 2. 诉讼标的额在500万元以上1000万元以下且当事人住所地均在其所属高级或中级人民法院辖区的商业秘密案件 3. 需经最高人民法院指定
中级人民法院	除以上情形外的商业秘密案件

（三）集中管辖

为了加强知识产权运用和保护，健全技术创新激励机制，截至目前除最高人民法院设立的知识产权法庭外，全国各地共设立4个知识产权法院和19个知识产权法庭，对部分商业秘密案件实施跨区域集中管辖。

1. 在一些行政区域设立专门的知识产权法院，实现商业秘密案件的审理跨区

域集中管辖

2014 年 10 月 31 日，最高人民法院发布的《关于北京、上海、广州知识产权法院案件管辖的规定》（法释〔2014〕12 号）规定，北京、上海、广州知识产权法院对北京市、上海市、广东省内的技术秘密案件实行跨区域集中管辖，北京市、上海市、广东省内的基层人民法院不再管辖技术秘密案件。

2014 年 12 月 24 日，最高人民法院进一步发布了《关于知识产权法院案件管辖等有关问题的通知》（“法〔2014〕338 号”通知），其中第一部分规定：“知识产权法院所在市辖区内的第一审知识产权民事案件，除法律和司法解释规定应由知识产权法院管辖外，由基层人民法院管辖，不受诉讼标的额的限制。不具有知识产权民事案件管辖权的基层人民法院辖区内前款所述案件，由所在地高级人民法院报请最高人民法院指定具有知识产权民事案件管辖权的基层人民法院跨区域管辖。”

此外，2020 年 12 月 22 日，提请十三届全国人大常委会第二十四次会议审议的一份决定草案显示，我国拟设立海南自由贸易港知识产权法院，保障中国特色自由贸易港建设，完善知识产权法院布局，加大知识产权司法保护力度。2021 年第一个工作日，海南自由贸易港知识产权法院开始正式收案。

但北京、上海、广东、海南地区的商业秘密纠纷案件并未就此形成知识产权法院管辖技术秘密案件，基层法院管辖经营秘密案件，且不受标的额限制的格局。此后，北京、上海、广东分别出台系列规定，根据诉讼标的额及跨区域集中管辖对本地区知识产权案件的级别管辖和地域管辖作出了进一步划分。

（1）北京商业秘密案件管辖调整

2015 年，北京市高级人民法院发布《关于北京市基层人民法院知识产权民事案件管辖调整的规定法院》规定：

①自 2016 年 1 月 1 日起，对北京市基层人民法院知识产权民事案件的管辖进行如下调整：（一）北京市东城区人民法院管辖本辖区并跨区域管辖北京市通州区、顺义区、怀柔区、平谷区、密云区人民法院辖区内的第一审知识产权民事案件；（二）北京市西城区人民法院管辖本辖区并跨区域管辖北京市大兴区人民法院辖区内的第一审知识产权民事案件；（三）北京市丰台区人民法院管辖本辖区并跨区域管辖北京市房山区人民法院辖区内的第一审知识产权民事案件；（四）北京市石景山区人民法院管辖本辖区并跨区域管辖北京市门头沟区、昌平区、延庆区人民法院辖区内的第一审知识产权民事案件。

②北京市朝阳区人民法院、北京市海淀区人民法院第一审知识产权民事案件的管辖不做调整，仍继续审理本辖区内的第一审知识产权民事案件。

③北京市辖区内基层人民法院管辖的第一审知识产权民事案件的类型与范围，应依照《最高人民法院关于知识产权法院案件管辖等有关问题的通知》（法〔2014〕338号）第一条的规定确定。

④北京市房山区、大兴区、顺义区、昌平区、怀柔区人民法院自2016年1月1日起，不再受理第一审知识产权民事案件。2015年12月31日以前，当事人已经向北京市房山区、大兴区、顺义区、昌平区、怀柔区人民法院提交起诉材料但尚未立案或尚未审结的，由上述基层人民法院继续审查、立案、审理。

2017年11月2日，北京市高级人民法院进一步发布《关于调整本市法院知识产权民事案件管辖的规定》规定：

一、【高级法院管辖】市高级人民法院管辖诉讼标的额在2亿元以上且当事人住所地均在本市的第一审知识产权民事案件，以及诉讼标的额在1亿元以上且当事人一方住所地不在本市或者涉外、涉港澳台的第一审知识产权民事案件。

二、【知识产权法院管辖】北京知识产权法院管辖：

（一）诉讼标的额在2亿元以下且当事人住所地均在本市的，以及诉讼标的额在1亿元以下且当事人一方住所地不在本市或者涉外、涉港澳台的专利、植物新品种、集成电路布图设计、技术秘密、计算机软件、垄断以及涉及驰名商标认定的第一审知识产权民事案件。

（二）诉讼标的额在1亿元以上、2亿元以下且当事人住所地均在本市的，以及诉讼标的额在5000万元以上、1亿元以下且当事人一方住所地不在本市或者涉外、涉港澳台的著作权、商标、技术合同、不正当竞争、特许经营合同等第一审知识产权民事案件。

三、【基层法院管辖】基层人民法院管辖诉讼标的额在1亿元以下且当事人住所地均在本市的，以及诉讼标的额在5000万元以下且当事人一方住所地不在本市或者涉外、涉港澳台的著作权、商标、技术合同、不正当竞争、特许经营合同等第一审知识产权民事案件。

综合上述北京市相关规定的变化，我们对北京市商业秘密案件的管辖总结如下：

省份	名称	管辖区域范围	案件类型	案件标的
北京	北京市高级人民法院	北京市	商业秘密	50 亿元以上
	北京知识产权法院	北京市	商业秘密	50 亿元以下超出基层法院管辖标的
	东城区人民法院	东城区、通州区、顺义区、怀柔区、平谷区、密云区	商业秘密	1 亿元以下且当事人住所地均在本市的，以及诉讼标的额在 5000 万元以下且当事人一方住所地不在本市或者涉外、涉港澳台
	西城区人民法院	西城区、大兴区	商业秘密	1 亿元以下且当事人住所地均在本市的，以及诉讼标的额在 5000 万元以下且当事人一方住所地不在本市或者涉外、涉港澳台的
	丰台区人民法院	丰台区、房山区	商业秘密	1 亿元以下且当事人住所地均在本市的，以及诉讼标的额在 5000 万元以下且当事人一方住所地不在本市或者涉外、涉港澳台
	石景山区人民法院	石景山区、头沟区、昌平区、延庆区	商业秘密	1 亿元以下且当事人住所地均在本市的，以及诉讼标的额在 5000 万元以下且当事人一方住所地不在本市或者涉外、涉港澳台的
	朝阳区人民法院	朝阳区	商业秘密	1 亿元以下且当事人住所地均在本市的，以及诉讼标的额在 5000 万元以下且当事人一方住所地不在本市或者涉外、涉港澳台
	海淀区人民法院	海淀区	商业秘密	1 亿元以下且当事人住所地均在本市的，以及诉讼标的额在 5000 万元以下且当事人一方住所地不在本市或者涉外、涉港澳台

（四）上海商业秘密案件管辖调整

2016 年 2 月 19 日，上海市高级人民法院发布的《关于调整本市法院知识产权民事案件管辖的规定》（沪高法〔2016〕35 号）中明确：

一、具有知识产权民事案件管辖权的基层人民法院管辖：涉及侵害经营秘密的不正当竞争第一审民事案件，且不受诉讼标的额限制；

二、上海知识产权法院管辖：诉讼标的额在 1 亿元以下且当事人一方住所地不在上海市或者涉外、涉港澳台的，以及诉讼标的额在 2 亿元以下且当事人住所地均在上海市内的涉及技术秘密的第一审民事案件；

三、上海市高级人民法院管辖：诉讼标的额在 2 亿元以上的，以及诉讼标的额在 1 亿元以上且当事人一方住所地不在上海市或者涉外、涉港澳台的涉及技术秘密的第一审民事案件。

四、浦东新区人民法院管辖浦东新区辖区的第一审知识产权案件；黄浦区人民法院管辖黄浦区、长宁区辖区内的第一审知识产权案件；杨浦区人民法院管辖杨浦区、虹口区、宝山区、崇明县辖区内的第一审知识产权案件；徐汇区人民法院管辖徐汇区、松江区、金山区辖区内的第一审知识产权案件；闵行区人民法院管辖闵行区、奉贤区辖区内的第一审知识产权案件；普陀区人民法院管辖普陀区、静安区、嘉定区、青浦区辖区内的第一审知识产权案件。

2018 年 6 月 29 日，上海市高级人民法院进一步发布《关于调整基层法院知识产权案件、行政案件和未成年人刑事案件集中管辖的公告》，将基层人民法院的相对集中管辖，由此前的 6 个法院调整为 4 个法院。内容如下：

基层人民法院受理的知识产权案件实行相对集中管辖，由上海市浦东新区、徐汇区、杨浦区、普陀区人民法院负责审理。浦东新区人民法院管辖浦东新区内的第一审知识产权案件；徐汇区人民法院管辖徐汇区、长宁区、闵行区、奉贤区、松江区、金山区内的第一审知识产权案件；杨浦区人民法院管辖杨浦区、黄浦区、虹口区、宝山区、崇明区内的第一审知识产权案件；普陀区人民法院管辖普陀区、静安区、嘉定区、青浦区内的第一审知识产权案件。

综合上述上海市相关规定的变化，我们对上海市商业秘密案件的管辖总结如下：

省份	名称	管辖区域范围	案件类型	案件标的
上海	上海市高级人民法院	上海市	技术秘密	50 亿元以上
	上海知识产权法院	上海市	技术秘密	50 亿元以下超出基层法院管辖标的

续表

省份	名称	管辖区域范围	案件类型	案件标的
上海	浦东新区人民法院	浦东新区	技术秘密	1. 500万元以下 2. 500万元以上1000万元以下且当事人住所地均在其所属高级或中级人民法院辖区
			经营秘密	不受标的额限制
	徐汇区人民法院	徐汇区、长宁区、闵行区、奉贤区、松江区、金山区	技术秘密	1. 500万元以下 2. 500万元以上1000万元以下且当事人住所地均在其所属高级或中级人民法院辖区的
			经营秘密	不受标的额限制
	杨浦区人民法院	杨浦区、黄浦区、虹口区、宝山区、崇明区	技术秘密	1. 500万元以下 2. 500万元以上1000万元以下且当事人住所地均在其所属高级或中级人民法院辖区的
			经营秘密	不受标的额限制
	普陀区人民法院	普陀区、静安区、嘉定区、青浦区	技术秘密	1. 500万元以下 2. 500万元以上1000万元以下且当事人住所地均在其所属高级或中级人民法院辖区的
			经营秘密	不受标的额限制

（五）广东商业秘密案件管辖调整

2013年6月14日，最高人民法院发布《关于同意调整广东省基层法院管辖第一审知识产权民事案件标准的批复》[10]（法〔2013〕135号）规定：

同意广州市越秀区人民法院、珠海区人民法院、天河区人民法院、白云区人民法院、萝岗区人民法院、南沙区人民法院，深圳市罗湖区人民法院、福田区人民法院、南山区人民法院、盐田区人民法院、龙岗区人民法院、宝安区人民法院，佛山市南海区人民法院、禅城区人民法院、顺德区人民法院、三水区人民法院，江门市蓬江区人民法院、新会区人民法院，东莞市第一人民法院，中山市第一人民法院、第二人民法院管辖标的额500万元以下的第一审一般知识产权民事案件，以及标的额500万元以上1000万元以下且当事人住所地均在其所属中级人民法院管辖权的第一审一般知识产权民事案件。

2014年，最高人民法院发布《关于同意广东省深圳市两级法院继续管辖专利等知识产权案件的批复》（法〔2014〕315号）规定：

一、深圳市中级人民法院管辖所在市辖区内下列第一审知识产权民事案件：（1）专利、植物新品种、集成电路布图设计、技术秘密、计算机软件民事。（2）涉及驰名商标认定的民事案件。（3）诉讼标的额超过辖区内基层法院法定管辖数额，且未到达高级人民法院法定管辖数额的知识产权民事案件。

二、深圳市各基层法院（罗湖区、福田区、南山区、盐田区、龙岗区、宝案区、前海合作区人民法院）管辖其余第一审知识产权民事案件（除第1项中由深圳市中级人民法院一审管辖的知识产权民事案件外），但受诉讼标的额的限制。诉讼标的额具体规定如下：管辖诉讼标的额为500万元以下，以及诉讼标的额500万元以上1000万元以下且当事人住所地均在其所述中级人民法院管辖区的。

三、广东省高级人民法院管辖深圳市辖区内诉讼标的额在2亿元以上的第一审知识产权民事案件，以及诉讼标的额在1亿元以上且当事人一方住所地不在其辖区或者涉外、涉港澳台的第一审知识产权民事案件。

2016年，最高人民法院下发《关于同意指定深圳前海合作区人民法院、珠海横琴新区人民法院管辖一般知识产权民事案件的批复》（法〔2016〕196号）规定：

1. 同意深圳前海合作区人民法院管辖发生在前海、蛇口自由贸易区范围内，珠海横琴新区人民法院管辖发生在横琴新区范围内除专利、植物新品种、集成电路布图设计、技术秘密、计算机软件、涉及驰名商标认定纠纷案件及垄断纠纷案件之外的第一审一般知识产权民事案件。

2. 深圳前海合作区人民法院、珠海横琴新区人民法院管辖诉讼标的额500万元以下，以及诉讼标的额为500万元以上1000万元以下，且当事人住所地均在所在市的上述案件。

2017年12月26日，经最高人民法院批准，深圳市中级人民法院在前海合作区设立深圳知识产权法庭。管辖范围为：1. 深圳市辖区内的专利、植物新品种、集成电路布图设计、驰名商标认定及垄断纠纷的第一审知识产权民事案件；2. 深圳市辖区内诉讼标的额在500万元以上的技术秘密、计算机软件、著作权、商标权、不正当竞争、技术合同纠纷等第一审一般知识产权民事案件；3. 深圳市辖区内除基层法院管辖范围之外的第一审知识产权行政和刑事案件，以及垄断行政案件；4. 不服深圳市辖区内基层人民法院审理的第一审知识产权民事、刑事、行政案件的上诉案件。

综合上述广东省相关规定的变化，我们对广东省内商业秘密案件的管辖总结如下：

省份	名称	管辖区域范围	案件类型	案件标的
广东	广东省高级人民法院	广东省	商业秘密	50 亿元以上
	广州知识产权法院	广东省（除深圳）	技术秘密	50 亿元以下超出基层法院管辖标的
	深圳市中级人民法院	深圳市	经营秘密	50 亿元以下超出基层法院管辖标的
	深圳知识产权法庭	深圳市	技术秘密	500 万元以上，50 亿元以下
	深圳市罗湖区、福田区、南山区、盐田区、龙岗区、宝案区人民法院	本区内	商业秘密	管辖诉讼标的额为 500 万元以下，以及诉讼标的额 500 万元以上 1000 万元以下且当事人住所地均在其所述中级人民法院管辖区
	深圳前海合作区人民法院	本区内	经营秘密	标的额 500 万元以下，以及诉讼标的额为 500 万元以上 1000 万元以下，且当事人住所地均在所在市
	珠海横琴新区人民法院	本区内	经营秘密	标的额 500 万元以下，以及诉讼标的额为 500 万元以上 1000 万元以下，且当事人住所地均在所在市
	广州市越秀区人民法院、珠海区人民法院、天河区人民法院、白云区人民法院、萝岗区人民法院、南沙区人民法院	本区内	商业秘密	标的额 500 万元以下的第一审一般知识产权民事案件，以及标的额 500 万元以上 1000 万元以下且当事人住所地均在其所属中级人民法院管辖权

续表

省份	名称	管辖区域范围	案件类型	案件标的
广东	佛山市南海区人民法院、禅城区人民法院、顺德区人民法院、三水区人民法院	本区内	商业秘密	标的额500万元以下的第一审一般知识产权民事案件，以及标的额500万元以上1000万元以下且当事人住所地均在其所属中级人民法院管辖权
	江门市蓬江区人民法院、新会区人民法院	本区内	商业秘密	标的额500万元以下的第一审一般知识产权民事案件，以及标的额500万元以上1000万元以下且当事人住所地均在其所属中级人民法院管辖权
	东莞市第一人民法院	本区内	商业秘密	标的额500万元以下的第一审一般知识产权民事案件，以及标的额500万元以上1000万元以下且当事人住所地均在其所属中级人民法院管辖权
	中山市第一人民法院、第二人民法院	本区内	商业秘密	标的额500万元以下的第一审一般知识产权民事案件，以及标的额500万元以上1000万元以下且当事人住所地均在其所属中级人民法院管辖权

（六）海南商业秘密案件管辖调整

2019年9月26日，海口知识产权法庭挂牌成立，成为全国设立的第20家知识产权专门法庭。海口知识产权法庭集中管辖以下案件：一是有关专利、技术秘密、计算机软件、植物新品种、集成电路布图设计、涉及驰名商标认定及垄断纠纷等“技术类”第一审知识产权民事和行政案件；二是基层法院管辖范围之外的“非技术类”第一审知识产权民事、行政和刑事案件。

海口琼山法院和三亚城郊法院集中管辖标的额在200万元以下的第一审“非技术类”知识产权案件。其中，海口琼山法院管辖发生在海南省北部的海口市、儋州市、洋浦经济开发区、文昌市、琼海市、澄迈县、屯昌县、临高县、定安县、琼中黎族苗族自治县、昌江黎族自治县及三沙市辖区内的案件；三亚城郊法院管辖发生在海南省南部的三亚市、东方市、万宁市、五指山市、陵水黎族自治县、保亭黎族苗族自治县、白沙黎族自治县、乐东黎族自治县辖区内的案件。

此后，除海南省高级人民法院、海口中级人民法院、海口琼山法院、三亚城郊法院外，其他法院不再受理知识产权案件。

2020 年 12 月 22 日，最高人民法院院长周强在第十三届全国人民代表大会常务委员会第二十四次会议上作出《关于设立海南自由贸易港知识产权法院的决定（草案）》的说明，就设立海南自由贸易港知识产权法院作出说明，并明确海南自由贸易港知识产权法院专门管辖海南省内应由中级人民法院管辖的知识产权民事、行政、刑事案件，实行知识产权审判“三合一”。具体包括：跨区域管辖发生在海南省的有关专利、技术秘密、计算机软件、植物新品种、集成电路布图设计、涉及驰名商标认定及垄断纠纷等专业性、技术性较强的第一审知识产权民事、行政案件；海南省基层人民法院管辖范围之外的第一审知识产权民事、行政和刑事案件。也即海口知识产权法庭升级为海南自由贸易港知识产权法院，并实行知识产权民事、行政、刑事案件审判“三合一”。但对于海口琼山法院和三亚城郊法院的集中管辖仍未发生变化。

综合上述相关规定的变化，我们对海南省内商业秘密案件的管辖总结如下：

省份	名称	管辖区域范围	案件类型	案件标的
海南	海南省高级人民法院	海南省内	商业秘密	50 亿元以上
	海南自由贸易港知识产权法院	海南省内	技术秘密	50 亿元以下
			经营秘密	200 万元以下
	海口琼山法院	海南省北部的海口市、儋州市、洋浦经济开发区、文昌市、琼海市、澄迈县、屯昌县、临高县、定安县、琼中黎族苗族自治县、昌江黎族自治县及三沙市辖区内	经营秘密	200 万元以上
	三亚城郊法院	海南省南部的三亚市、东方市、万宁市、五指山市、陵水黎族自治县、保亭黎族苗族自治县、白沙黎族自治县、乐东黎族自治县辖区内	经营秘密	200 万元以下

需特别说明的是：

（1）在最高人民法院发布《关于调整高级人民法院和中级人民法院管辖第一审民事案件标准的通知》（法发〔2019〕14 号）前，虽然最高人民法院发布的《关于北京、上海、广州知识产权法院案件管辖的规定》（法释〔2014〕12 号）规定北京、上海、广东的技术秘密案件由各地知识产权法院统一管辖，但并未对管辖的标的作出限制。此后，北京、上海、广东纷纷结合最高人民法院发布的《关于调整地方各级人民法院管辖第一审知识产权民事案件标准的通知》（法发〔2010〕5 号）规定，根据标的额对本地区内技术秘密案件的级别管辖进行调整划分，以求与“法发〔2010〕5 号”文件一致。其中，知识产权法院与中级人民法院的管辖同步。但 2019 年 4 月 30 日，最高人民法院发布《关于调整高级人民法院和中级人民法院管辖第一审民事案件标准的通知》（法发〔2019〕14 号），将知识产权案件中级人民法院的管辖上限变更为 50 亿元以下。我们认为，根据此前各地高院的态度，在知识产权案件中级人民法院管辖的上限变更为 50 亿元以下后，各地知识产权法院的管辖上限也应随之变更为 50 亿元以下，以求与最高人民法院的“法发〔2019〕14 号”文件一致。故在本文中，我们在总结知识产权法院的管辖上限时，均将标的额调整为 50 亿元以下。

（2）关于上海市内经营秘密的管辖，我们注意到，2016 年 2 月 19 日，上海市高级人民法院发布的《关于调整本市法院知识产权民事案件管辖的规定》（沪高法〔2016〕35 号）中明确规定，具有知识产权民事案件管辖权的基层人民法院管辖：涉及侵害经营秘密的不正当竞争第一审民事案件，且不受诉讼标的额限制。而在此后上海市高级人民法院发布的文件中仅对基层法院的跨区域管辖进行调整，并未对标的额进行调整。因上海市高级人民法院对经营秘密的管辖标的作了特别规定，故我们在总结上海市关于经营秘密案件的管辖时，依据上海市高级人民法院发布的特别规定进行整理。

（3）以上对北京、上海、广东地区商业秘密案件管辖的总结，均是遵从特别规定优先于一般规定，新法优于旧法的原则进行整理。对于最高人民法院层面有规定，但地方高院做了特殊调整的，遵从地方高院的特殊规定。对于各地后出台的规定改变在先规定的，依据在后出台的规定进行整理；对于在后出台的规定未改变在先规定的，仍适用在先规定。

2. 法院内设专门跨区域管辖知识产权案件的知识产权法庭

最高人民法院分别作出《关于同意南京市、苏州市、武汉市、成都市中级人民法院内设专门审判机构并跨区域管辖部分知识产权案件的批复》（法〔2017〕2号)、《关于同意杭州市、宁波市、合肥市、福州市、济南市、青岛市中级人民法院内设专门审判机构并跨区域管辖部分知识产权案件的批复》（法［2017］236号)、《关于同意长春市中级人民法院内设专门审判机构并跨区域管辖部分知识产权案件的批复》等，各地先后成立了南京知识产权法庭、苏州知识产权法庭、杭州知识产权法庭、宁波知识产权法庭、成都知识产权法庭、武汉知识产权法庭、合肥知识产权法庭、福州知识产权法庭、济南知识产权法庭、青岛知识产权法庭、长春知识产权法庭、长沙知识产权法庭、天津知识产权法庭、西安知识产权法庭、郑州知识产权法庭、深圳知识产权法庭、南昌知识产权法庭、兰州知识产权法庭、海口知识产权法庭、乌鲁木齐知识产权法庭，对技术秘密案件进行专属管辖。由于2021年，海口知识产权法庭升级为海南自由贸易港知识产权法院，故全国知识产权法庭由20个变为19个。

由于各地知识产权法庭仅着眼于集中管辖，各地未对知识产权案件的级别管辖作出规定，导致对于商业秘密案件的集中管辖和级别管辖仍存在较大冲突。为此，2017年，江苏省高级人民法院出台《关于明确全省法院知识产权民事案件级别管辖标准的通知》（苏高法〔2017〕231号)，对江苏省知识产权案件的管辖作出了进一步明确，但其他地区尚未作出进一步明确。“苏高法〔2017〕231号”文件规定：

一、江苏省高级人民法院管辖诉讼标的额在2亿元以上且当事人住所地均在江苏省内的第一审知识产权民事案件，以及诉讼标的额在1亿元以上且当事人一方住所地不在江苏省内或者涉外、涉港澳台的第一审知识产权民事案件。

二、南京市中级人民法院管辖下列知识产权民事案件：（一）除江苏省高级人民法院管辖的第一审知识产权民事案件外，发生在南京市、镇江市、扬州市、泰州市、盐城市、淮安市、宿迁市、徐州市、连云港市辖区内的专利、技术秘密、计算机软件、植物新品种、集成电路布图设计、涉及驰名商标认定及垄断纠纷的第一审知识产权民事案件。（二）除江苏省高级人民法院管辖的第一审知识产权民事案件外，发生在南京市辖区内，诉讼标的额为200万元以上的商标、著作权、不正当竞争、技术合同纠纷等第一审知识产权民事案件，发生在镇江市、扬州市、泰州市、盐城市、淮安市、宿迁市、徐州市、连云港市辖区内，诉讼标的额为300万元以上的商标、著作权、不正当竞争、技术合同纠纷等第一审知识产权民事案件。

三、苏州市中级人民法院管辖下列知识产权民事案件：（一）除江苏省高级人民法院管辖的第一审知识产权民事案件外，发生在苏州市、无锡市、常州市、南通市辖区内的专利、技术秘密、计算机软件、植物新品种、集成电路布图设计、涉及驰名商标认定及垄断纠纷的第一审知识产权民事案件。（二）除江苏省高级人民法院管辖的第一审知识产权民事案件外，发生在苏州市辖区内，诉讼标的额为200万元以上的商标、著作权、不正当竞争、技术合同纠纷等第一审知识产权民事案件，发生在无锡市、常州市、南通市辖区内，诉讼标的额为300万元以上的商标、著作权、不正当竞争、技术合同纠纷等第一审知识产权民事案件。

四、其他中级人民法院管辖诉讼标的额为300万元以下的商标、著作权、不正当竞争、技术合同纠纷等第一审知识产权民事案件。

五、有知识产权民事案件管辖权的各基层人民法院管辖下列知识产权民事案件：

南京市鼓楼区人民法院、南京市玄武区人民法院、南京市建邺区人民法院、南京铁路运输法院、苏州市虎丘区人民法院、苏州工业园区人民法院、昆山市人民法院、太仓市人民法院、常熟市人民法院、吴江市人民法院、张家港市人民法院、无锡市滨湖区人民法院、无锡市新吴区人民法院、江阴市人民法院、宜兴市人民法院管辖诉讼标的额在200万元以下的商标、著作权、不正当竞争、技术合同纠纷等第一审知识产权民事案件。

常州市新北区人民法院、常州市天宁区人民法院、常州市武进区人民法院、常州市钟楼区人民法院、镇江经济开发区人民法院、丹阳市人民法院、南通市通州区人民法院、启东市人民法院、如皋市人民法院、南通市海安县人民法院、扬州市广陵区人民法院、高邮市人民法院、仪征市人民法院、盐城市亭湖区人民法院、大丰市人民法院、靖江市人民法院、泰州医药高新技术产业开发区人民法院管辖诉讼标的额在100万元以下的商标、著作权、不正当竞争、技术合同纠纷等第一审知识产权民事案件。

此外，根据《最高人民法院关于同意指定杭州铁路运输法院跨区域管辖一般知识产权民事案件的批复》（法〔2016〕136号）的精神，自2016年6月1日起，杭州铁路运输法院将作为第一审法院，跨区域管辖发生在浙江省杭州市江干区、上城区、下沙经济技术开发区、富阳区、临安市、建德市、淳安县、桐庐县辖区诉讼标的额在人民币500万元以下的除专利、植物新品种、集成电路布图设计、技术秘密、计算机软件、涉及驰名商标认定和垄断纠纷案件之外的一般知识产权民事案件。

结合上述规定，我们对除了北京、上海、广东、海南之外的地区商业秘密案件集中管辖总结如下：

省份	名称	管辖区域范围	案件类型
江苏	江苏省高级人民法院	江苏省	50亿元以上商业秘密案件
江苏	南京知识产权法庭	南京市	50亿元以下技术秘密案件； 标的额为200万元以上50亿元以下的经营密案件
江苏	南京知识产权法庭	镇江市、扬州市、泰州市、盐城市、淮安市、宿迁市、徐州市、连云港市辖区内	50亿元以下技术秘密案件； 标的额为300万元以上50亿元以下的经营密案件
江苏	苏州知识产权法庭	苏州市	50亿元以下技术秘密案件； 标的额为200万元以上50亿元以下的经营密案件
江苏	苏州知识产权法庭	无锡市、常州市、南通市辖区内	50亿元以下技术秘密案件； 标的额为300万元以上50亿元以下的经营密案件

续表

省份	名称	管辖区域范围	案件类型
江苏	其他中级人民法院	本辖区内	300万元以下商业秘密案件
	南京市鼓楼区人民法院、南京市玄武区人民法院、南京市建邺区人民法院、南京铁路运输法院、苏州市虎丘区人民法院、苏州工业园区人民法院、昆山市人民法院、太仓市人民法院、常熟市人民法院、吴江市人民法院、张家港市人民法院、无锡市滨湖区人民法院、无锡市新吴区人民法院、江阴市人民法院、宜兴市人民法院	本辖区内	标的额在200万元以下的商业秘密案件
	常州市新北区人民法院、常州市天宁区人民法院、常州市武进区人民法院、常州市钟楼区人民法院、镇江经济开发区人民法院、丹阳市人民法院、南通市通州区人民法院、启东市人民法院、如皋市人民法院、南通市海安县人民法院、扬州市广陵区人民法院、高邮市人民法院、仪征市人民法院、盐城市亭湖区人民法院、大丰市人民法院、靖江市人民法院、泰州医药高新技术产业开发区人民法院	本辖区内	标的额在100万元以下的商业秘密案件
	杭州知识产权法庭	杭州市、嘉兴市、湖州市、金华市、衢州市、丽水市辖区内	技术秘密

续表

省份	名称	管辖区域范围	案件类型
浙江	杭州知识产权法庭	杭州市、嘉兴市、湖州市、金华市、衢州市、丽水市辖区内	技术秘密
	杭州铁路运输法院	杭州市江干区、上城区、下沙经济技术开发区、富阳区、临安市、建德市、淳安县、桐庐县辖区	除技术秘密外的标的500万元以下的商业秘密案件
	宁波知识产权法庭	宁波市、温州市、绍兴市、台州市、舟山市辖区内	技术秘密
四川	成都知识产权法庭	四川省辖区内	商业秘密
湖北	武汉知识产权法庭	湖北省辖区内	技术秘密
安徽	合肥知识产权法庭	安徽省辖区内	技术秘密
福建	福州知识产权法庭	福建省辖区内	技术秘密
山东	济南知识产权法庭	济南市、淄博市、枣庄市、济宁市、泰安市、莱芜市、滨州市、德州市、聊城市、临沂市、菏泽市辖区内	技术秘密
	青岛知识产权法庭	青岛市、东营市、烟台市、潍坊市、威海市、日照市辖区内	技术秘密
吉林	长春知识产权法庭	吉林省辖区内	技术秘密
湖南	长沙知识产权法庭	湖南省辖区内	技术秘密
天津	天津知识产权法庭	天津市辖区内	技术秘密
陕西	西安知识产权法庭	陕西省辖区内	技术秘密
河南	郑州知识产权法庭	河南省辖区内	技术秘密
江西	南昌知识产权法庭	江西省辖区内	技术秘密

续表

省份	名称	管辖区域范围	案件类型
甘肃	兰州知识产权法庭	甘肃省内	技术秘密
新疆	乌鲁木齐知识产权法庭	新疆维吾尔自治区内	技术秘密

二、侵犯商业秘密罪刑事案件管辖

权利人的商业秘密被侵害后，除选择通过民事诉讼的方式请求侵权人停止侵害、赔偿损失外，还可以通过刑事诉讼的方式追究侵权人的刑事责任。刑事案件的管辖分为立案管辖和审判管辖。与一般的刑事案件相比，我国对于商业秘密案件的立案标准和审判管辖法院均有一些特殊规定。且近年来，随着社会经济的发展，对于商业秘密案件的立案标准和审判管辖法院的规定均不断发生变化。

（一）侵犯商业秘密罪的立案管辖

《最高人民法院、最高人民检察院、公安部关于办理侵犯知识产权刑事案件适用法律若干问题的意见》第一条中规定，侵犯知识产权犯罪案件由犯罪地公安机关立案侦查。必要时，可以由犯罪嫌疑人居住地公安机关立案侦查。侵犯知识产权犯罪案件的犯罪地，包括侵权产品制造地、储存地、运输地、销售地，传播侵权作品、销售侵权产品的网站服务器所在地、网络接入地、网站建立者或者管理者所在地，侵权作品上传者所在地，权利人受到实际侵害的犯罪结果发生地。而《最高人民检察院公安部关于公安机关办理经济犯罪案件的若干规定》第八条第一款也规定："经济犯罪案件由犯罪地的公安机关管辖。如果由犯罪嫌疑人居住地的公安机关管辖更为适宜的，可以由犯罪嫌疑人居住地的公安机关管辖。"第二款中规定："犯罪地包括犯罪行为发生地和犯罪结果发生地……"

根据上述规定可以看出，商业秘密刑事案件一般由犯罪地公安机关立案侦查为主，必要时可由犯罪嫌疑人居住地公安机关立案侦查。但值得注意的是，对于犯罪地虽然也包括行为发生地和结果发生地，但与民事案件不同的是，刑事案件中对行为地的认定不仅包括侵权产品制造地，还包括储存地、运输地、销售地。可见，与民事案件相比，商业秘密刑事案件的地域管辖更为宽泛。

对于商业秘密案件刑事立案追诉标准问题，根据最高人民检察院、公安部于2020年9月17日联合发布的《关于修改侵犯商业秘密刑事案件立案追诉标准的决定》，对《最高人民检察院、公安部关于公安机关管辖的刑事案件立案追诉标准的规定（二）》第七十三条侵犯商业秘密刑事案件立案追诉标准进行了修改。根据修改后的规定，侵犯商业秘密，涉嫌下列情形之一的，应予立案追诉：（一）给商业秘密权利人造成损失数额在三十万元以上的；（二）因侵犯商业秘密违法所得数额在三十万元以上的；（三）直接导致商业秘密的权利人因重大经营困难而破产、倒闭的；（四）其他给商业秘密权利人造成重大损失的情形。对比修改前后的规定可以看出，商业秘密刑事案件的追诉标准由此前的50万元调整为30万元，我国对商业秘密的刑事司法保护力度在逐步加强。

而对于未到达刑事案件追诉标准的，根据《最高人民法院关于适用〈中华人民共和国刑事诉讼法〉的解释》第一条中的规定，被害人有证据证明的轻微的侵犯知识产权的案件，可直接向人民法院起诉。也即对于轻微的商业秘密刑事案件，权利人可直接向人民法院起诉，追究侵权人的刑事责任。

（二）侵犯商业秘密罪刑事案件的审判管辖

商业秘密刑事案件的审判管辖与一般刑事案件的管辖相同。在级别管辖方面，根据《中华人民共和国刑事诉讼法》第二十条至第二十三条的规定，最高人民法院管辖全国性的重大刑事案件；高级人民法院管辖全省（自治区、直辖市）性的重大刑事案件；中级人民法院管辖危害国家安全、恐怖活动案件和可能判处无期徒刑、死刑的案件。基层人民法院管辖第一审普通刑事案件。而根据《中华人民共和国刑法》第二百一十九条的规定，侵犯商业秘密情节严重的，处三年以下有期徒刑，并处或者单处罚金；情节特别严重的，处三年以上十年以下有期徒刑，并处罚金。

根据上述规定，侵犯商业秘密的案件通常由基层法院管辖。但我们注意到，近年来，随着各地知识产权法院和知识产权法庭的建立，部分地区侵犯商业秘密刑事案件的管辖也开始实行相对集中管辖。如上海市高级人民法院发布的《关于调整基层法院知识产权案件、行政案件和未成年人刑事案件集中管辖的公告》中规定：

一、上海法院知识产权案件实行民事、行政、刑事“三合一”审判机制，知识产权刑事案件包括《中华人民共和国刑法》分则第三章“破坏社会主义市场经济秩序罪”第一节“生产、销售伪劣商品罪”规定的刑事犯罪案件和第七节“侵犯知识产权罪”规定的刑事犯罪案件。

二、基层人民法院受理的知识产权案件实行相对集中管辖，由上海市浦东新区、徐汇区、杨浦区、普陀区人民法院负责审理。

三、基层人民检察院就辖区内本公告第一条第一款所确定的知识产权刑事案件向所在地基层人民法院提起公诉，不具有知识产权刑事案件管辖权的基层人民法院应当根据本公告第一条第二款规定将案件移送具有管辖权的相应法院。

又如，海南省高级人民法院与省检察院、省公安厅共同签署印发的《关于知识产权刑事案件指定管辖若干问题的意见》明确，海口琼山法院和三亚城郊法院按照“非技术类”知识产权案件的管辖区域划分，分别管辖辖区内发生的知识产权刑事案件。知识产权刑事案件指法律规定的七类案件，即假冒注册商标罪，销售假冒注册商标的商品罪，非法制造、销售非法制造的注册商标标识罪，假冒专利罪，侵犯著作权罪，销售侵权复制品罪，侵犯商业秘密罪。如前所述，侵犯商业秘密案件的刑事管辖基本在基层法院，海南省关于侵犯商业秘密案件的刑事管辖将集中在海口琼山法院和三亚城郊法院两个法院。

我们理解，知识产权类案件的审理对法官的专业性、技术性要求较强，故全国各地开始逐步成立专门的知识产权法院和知识产权法庭，对知识产权类案件实行有针对性的集中管理，提高知识产权类案件的审判质量。目前，我国针对知识产权类案件的民事审判集中管辖已逐步建立，但对于同样具有较强专业性和技术性的知识产权刑事案件的审判却尚未开启全面集中管辖的模式。尤其对于商业秘密刑事案件而言更是如此。虽然各地中级人民法院管辖的知识产权类刑事案件均调整为由各地建立的知识产权法院庭管辖，但由于商业秘密刑事案件在级别管辖上集中在基层法院，因此，大部分地区对于商业秘密刑事案件的管辖仍分散在各地基层法院。基于商业秘密刑事案件较强的专业性和技术性，我们认为，未来各地参照上海、海南的做法，加强具有知识产权管辖权的基层法院对商业秘密刑事案件的集中管辖也会成为一种趋势。

三、侵犯商业秘密行政管辖

权利人商业秘密受到侵害后，除采取民事诉讼、刑事诉讼的方式维护自身权益外，还可通过行政处罚的方式获得救济。

根据《反不正当竞争法》第二十一条的规定，经营者以及其他自然人、法人和非法人组织违反本法第九条规定侵犯商业秘密的，由监督检查部门责令停止违法行为，没收违法所得，处十万元以上一百万元以下的罚款；情节严重的，处五十万元以上五百万元以下的罚款。但《反不正当竞争法》对于监督检查部门未做进一步明确。2020 年 9 月 4 日，国家市场监督管理总局发布了《商业秘密保护规定（征求意见稿）》，公开征求意见。《商业秘密保护规定（征求意见稿）》进一步完善了商业秘密行政救济途径，基于《反不正当竞争法》在实操层面做了多方面的规定和补充。

根据国家工商行政管理局于 1995 年发布的《关于禁止侵犯商业秘密行为的若

干规定》第四条规定：“侵犯商业秘密行为由县级以上工商行政管理机关认定处理。”2018 年，根据国务院机构改革方案，国家工商行政管理局并入国家市场监督管理总局。根据国家市场监督管理总局发布的关于《商业秘密保护规定（征求意见稿）》第二十条的规定，侵犯商业秘密行为由县级以上市场监督管理部门认定查处。根据上述规定，权利人商业秘密受到侵犯时，可请求县级以上市场监督管理部门认定查出。

值得注意的是，国家市场监督管理总局发布的关于《商业秘密保护规定（征求意见稿）》权利人商业秘密被侵犯后的行政救济途径进行了诸多完善，将更有利于权利人通过行政手段维护自身合法权益。如第二十五条中规定，经权利人申请并提供初步证明，市场监督管理部门可将在执法调查过程中查获的可能被认定为商业秘密侵权的证据进行查封和扣押。包括但不限于往来邮件、聊天记录、存储介质、侵权物品和设备、内部发文及会议纪要等。由于商业秘密侵权具有较强的隐蔽性，故商业秘密案件中权利人的举证难度相对较大。该条规定市场监督管理部门在执法过程中可适当进行证据保全，将会在一定程度上降低权利人的举证难度，未来商业秘密权利人选择通过行政执法的途径获得救济的概率也会大大增加。

四、结语

知识产权案件的管辖逐步复杂化，随着全国层面的规定和各地规定的出台，不同规定之间的冲突也日趋激烈。这也从一个侧面反映了我国对知识产权案件保护的力度在不断加强。

近年来商业秘密案件越来越频发，而侵犯技术秘密案件对法官审判能力要求较高、专业性更强，故商业秘密案件实行集中管辖、提高管辖级别是非常必要的：一方面通过集中管辖，可以让集中管辖法院有机会审理更多的商业秘密案件，负责审理商业秘密的法官逐渐积累更多的审理商业秘密案件的经验。没有集中管辖之前，一些地方法院的法官在审理商业秘密案件的时候表示“这是我审理的第一个商业秘密案件，没有这方面的经验，案情复杂、适用规则复杂”；另一方面通过最高法院直接审理二审案件，能够迅速在全国统一裁判规则，最大限度避免裁判规则不统一的情况。

尽管上述规则已经在现阶段能够起到一定意义的优化作用，但是由于上述关于商业秘密案件的管辖分散在全国各地省高院等司法文件中，既散乱又不严肃，我们强烈建议全面梳理上述规则，并且建立健全一个全国统一的关于知识产权案件管辖的规则，便于人民群众更好地行使诉讼权利。

图书在版编目（CIP）数据

商业秘密案件裁判规则：全面梳理中国商业秘密案件司法裁判规则 / 唐青林编著．—北京：中国法制出版社，2022.4

ISBN 978-7-5216-2582-0

Ⅰ.①商… Ⅱ.①唐… Ⅲ.①商业秘密—经济犯罪—审判—研究—中国 Ⅳ.①D924.334

中国版本图书馆 CIP 数据核字（2022）第 045457 号

责任编辑　王林林　　　　封面设计　杨泽江

商业秘密案件裁判规则——全面梳理中国商业秘密案件司法裁判规则

SHANGYE MIMI ANJIAN CAIPAN GUIZE——QUANMIAN SHULI ZHONGGUO SHANGYE MIMI ANJIAN SIFA CAIPAN GUIZE

编著/唐青林
经销/新华书店
印刷/保定市中画美凯印刷有限公司
开本/710 毫米×1000 毫米　16 开　　　　印张/ 31.75　字数/ 489 千
版次/2022 年 4 月第 1 版　　　　2022 年 4 月第 1 次印刷

中国法制出版社出版
书号 ISBN 978-7-5216-2582-0　　　　定价：128.00 元

北京市西城区西便门西里甲 16 号西便门办公区
邮政编码 100053　　　　传真：010-63141600
网址：http：//www.zgfzs.com　　　　**编辑部电话：010-63141672**
市场营销部电话：010-63141612　　　　**印务部电话：010-63141606**

（如有印装质量问题，请与本社印务部联系。）